Das große Bassermann

Grund Kochbuch

BASSERMANN

Die Deutsche Bibliothek – CIP-Einheitsaufnahme

Gutta, Margrit:
Das grosse Bassermann-Grundkochbuch / Margrit Gutta.
[Fotos: Edith Gerlach. Zeichn.: Wally Löw]. –
Niedernhausen/TS.: Bassermann, 1992
(Bassermann-Ratgeber)
ISBN 3-8094-0055-6

ISBN 3 8094 0055-6

Titelbild und Fotos: Edith Gerlach, Frankfurt am Main
Zeichnungen: Wally Löw
Fachliche Betreuung: Institut für Ernährungswissenschaft Gießen durch Dipl. oec. troph. Dieter Rosen. Die Ratschläge in diesem Buch sind von Autorin und Verlag sorgfältig erwogen und geprüft, dennoch kann eine Garantie nicht übernommen werden. Eine Haftung der Autorin bzw. des Verlags und seiner Beauftragten für Personen-, Sach- und Vermögensschäden ist ausgeschlossen.
Druck: Neografia, ČSFR Martin

1901414383X7 2635 4453 6271

Geleitwort

Ernährung und Gesundheit sind zwei untrennbar miteinander verbundene Begriffe – in guten und in schlechten Zeiten. Vor allem heute, am Ende des 20. Jahrhunderts, spielen Fragen nach ausreichender oder »richtiger« Ernährung eine immer größere Rolle, weil einerseits ein beträchtlicher Teil der Menschheit hungert, bei einem anderen Teil in den hochindustrialisierten Staaten zwar ein Überfluß an Nahrungsmitteln vorhanden ist, die Ernährung vieler Menschen aber dennoch nicht so ausgewogen und »gesund« ist, wie es nach Erkenntnissen der Ernährungswissenschaft wünschenswert wäre. So entspricht die durchschnittliche Nährstoffversorgung in der Bundesrepublik Deutschland derzeit einem Übersoll, gemessen am Bedarf. Dieses Zuviel zeigt sich vor allem bei der Versorgung mit Nahrungsenergie, mit der Folge des zunehmenden Übergewichts und den hiermit verbundenen Risiken für die Entstehung von zu hohen Blutfettwerten, zu hohem Blutdruck, zu hohen Blutzucker- und Harnsäurewerten. Auf eine einfache Formel gebracht könnte man auch sagen: Wir ernähren uns im Durchschnitt zu fett, zu süß – häufig auch zu salzig – und zu alkoholisch.

Daneben gibt es unzweifelhaft aber auch Anzeichen dafür, daß infolge falscher und einseitiger Nahrungswahl die Versorgung mit bestimmten Vitaminen und Mineralstoffen zumindest für einige Bevölkerungsgruppen unzureichend geworden ist. Hierbei handelt es sich insbesondere um die Mineralstoffe Calcium, Eisen und Jod sowie um die Vitamine Thiamin und Folsäure.

Wo liegt die Ursache für diese Fehlentwicklung und was läßt sich tun, um die Ernährungsgewohnheiten in eine gesündere Richtung zu lenken, die den Vorstellungen der Ernährungslehre besser entspricht?

Auf die Frage nach den Ursachen ergeben sich zahlreiche Gründe, die für die Entstehung falschen Ernährungsverhaltens eine Rolle spielen können: zunehmende Industrialisierung und Technisierung des Lebens unter Beibehaltung früherer Gewohnheiten, Veränderung des Freizeitverhaltens bis hin zum inaktiven Fernsehzuschauer, Verfügbarkeit von Lebensmitteln unabhängig von der Jahreszeit und die Möglichkeit, sich (fast) jeden Genuß zu erlauben, Innovationsfreudigkeit der Ernährungsindustrie, verbunden mit Werbung und zunehmendem Einfluß der Medien sowie Unter- und Überproduktion bestimmter Nahrungsgüter aus wirtschaftlichen Gründen. Hinzu kommt eine verbreitete Unkenntnis über naturwissenschaftliche Zusammenhänge zwischen Ernährung und Gesundheit und über Zusammensetzung und Nährwert unserer Lebensmittel durch unzureichende oder einseitige und irreführende Informationen in Schule und Medien, die den Verbraucher zunehmend ratlos und unsicher machen.

Auf die Frage nach den Möglichkeiten zur Änderung falscher Gewohnheiten in eine gesündere Richtung wird von eifrigen Reformern immer wieder eine »Rückkehr zur Natur« gefordert. Diese Forderung – in strengem Sinne – halte ich weder für notwendig oder berechtigt, noch für realistisch unter den Bedingungen einer Industriegesellschaft. Abgesehen davon, daß die Natur dem Menschen keineswegs immer nur freundlich gesonnen ist und eine reine Selbstversorgung mit Nahrungsmitteln ohne Mitwirkung der Industrie heute eine Utopie wäre, ist Essen für den Menschen immer schon mit dem Wunsch nach Genuß verbunden, wenn er es sich leisten konnte. Jeder Versuch zur Änderung des Ernährungsverhaltens mit warnend erhobenem Zeigefinger ist aller Erfahrung nach ein fast aussichtsloses Unterfangen, wenn hiermit eine deutliche Verminderung dieses Genußwertes verbunden ist. Weitaus erfolgversprechender ist dagegen jede Anregung zu »gesunder Ernährung«, wenn sie mit alten und neuen appetitlichen Rezepten verbunden ist, die keine Einseitigkeit und keine Einbuße des Genußwertes erwarten lassen, sondern eher eine Bereicherung.

Hier neue und auf Dauer erfolgreiche Wege zu finden, ist allerdings ein schwieriges, letztlich aber auch dankbares Feld der Zusammenarbeit zwischen Ernährungswissenschaft, Ernährungsberatung und »Kochwissenschaft«, der auch dieses in der Praxis erprobte Grundkochbuch seine Entstehung verdankt. Es kann nach meinem Eindruck einen wertvollen Beitrag zur Änderung und Verbesserung falscher Ernährungsgewohnheiten leisten, wobei insbesondere auch die für ein Kochbuch ungewöhnlich ausführlichen Abschnitte über Fragen der Ernährung, der Lebensmittelkunde, der Gerätetechnik und der nährwertschonenden Zubereitungsverfahren hilfreich und begrüßenswert sind. Ich schließe mich daher gern dem Wunsch der Autorin an, daß dieses Buch vielen Menschen helfen möge, sich schmackhaft, aber auch vernünftiger und gesundheitsbewußter zu ernähren.

Prof. Dr. Erich Menden
(Institut für Ernährungswissenschaft der
Justus-Liebig-Universität)

Inhalt

Vorwort

Kochen lernen kann jeder. Um nach den Anforderungen heutiger Ernährungswissenschaftler und Ärzte »gut«, d. h. richtig und gesund zu kochen, gehört allerdings etwas mehr als nur die praktische Erfahrung am Herd.
Anliegen dieses GRUNDKOCHBUCHES ist es deshalb, einerseits leicht vollziehbare Rezepte nach modernen Zubereitungsmethoden vorzustellen, andererseits soll aber auch ein vielseitiges Grundwissen über alle Fragen vermittelt werden, die mit einer gesunden Art der Ernährung verbunden sind. Zusätzlich sollen wichtige Informationen über modernes Haushalten gegeben – und gezeigt werden, wie in der täglichen Praxis die schonendsten Garmethoden unter heutigen technischen Voraussetzungen angewendet werden können.
Wichtiges Anliegen ist, zu vermitteln, daß die beste Voraussetzung, sich lange einer guten Gesundheit zu erfreuen, unter anderem ist, auch richtig und gesund kochen zu lernen.
Das vorliegende Grundkochbuch ist nicht das Ergebnis einer Schreibtischarbeit, sondern das Resultat aus vielen Jahren praktischer Arbeit und theoretischer Untermauerung. Es waren lange Vorarbeiten nötig, um das Material zusammenzutragen, zu sichten, auszuwählen, die Gerichte zu »kosten«.
Alle Rezepte wurden von mir erprobt. Viele der Rezepte wurden zusätzlich ein zweites Mal mit Teilnehmern und Teilnehmerinnen von 12 speziellen Koch- und Backkursen getestet.
Zum Teil ERNÄHRUNG HEUTE und HAUSHALTEN HEUTE wurden Begleitseminare durchgeführt, um Fragen zeitgemäßer Ernährung und Haushaltsführung mit interessierten Verbrauchern zu diskutieren.
Durch den persönlichen Kontakt mit Kochkursteilnehmern der verschiedensten Altersstufen und unterschiedlicher Vorkenntnisse war ein guter Beobachtungsspielraum gegeben. Es konnte z.B. gemeinsam erprobt werden, nach welchen Rezeptbeschreibungen auch unerfahrene Anfänger kochen lernen können, was bei Rezeptbeschreibungen für Fortgeschrittene zu beachten ist – oder wo allgemein beim Kochenlernen Schwierigkeiten auftreten.
Viele der in den Kapiteln gegebenen Tips, Anregungen und Erklärungen sind deshalb nicht nur als Ergebnis eigener Erfahrung zu werten, sondern haben einen direkten Bezug zu den an mich gestellten Fragen von jungen, unerfahrenen Hausfrauen und Hausmännern, Singles oder auch erfahrenen Hausfrauen und Hobbyköchen.

Dieses GRUNDKOCHBUCH enthält viele hundert Rezepte für alle Gelegenheiten des täglichen oder festtäglichen Lebens. Es erleichtert durch die in Schritt-für-Schritt-Fotos dargestellte Zubereitung vieler Rezepte auch ganz unerfahrenen Anfängern den Einstieg in die Kochpraxis.
Es ist aber gleichzeitig ebenso als praktischer Ratgeber für Fortgeschrittene oder für erfahrene Hausfrauen und Hobbyköche geeignet. Es paßt in jeden Haushalt – den Kleinhaushalt der Junggesellen und Junggesellinnen, kurz Singles genannt, genauso wie in den größeren Familienhaushalt.
Wenn durch die Art der Beschreibung und die ausgewählten Rezepte vermittelt werden kann, daß ein zeitgemäßes und gesundes Kochen gleichermaßen ein Genuß für die Augen, den Gaumen, den ganzen Körper sein kann, wenn durch die große Zahl der Farbbilder die Lust zum Nachkochen geweckt wird – und durch die ersten Erfolge das Kochen als interessante und spaßmachende Tätigkeit entdeckt wird –, ist mein Anliegen erfüllt.
Allen denen, die mit den Rezepten dieses Buches den Einstieg in die Küchenpraxis wagen, wünsche ich viel Erfolg und gutes Gelingen.
Bei allen, die bei der Entstehung dieses GRUNDKOCHBUCHES mitgewirkt haben, möchte ich mich auf diesem Weg bedanken. Bei den Kurs- und Seminarteilnehmern und -teilnehmerinnen, die viele Anregungen durch ihre Fragen gaben. Bei dem »Handmodell«, das als Vegetarierin bei den Aufnahmen zu den Fleischkapiteln trotz großer Seelenpein weiter mitwirkte.
Die vielen schönen Aufnahmen in diesem Buch sind Frau Edith Gerlach zu verdanken. Ihr gilt für die sehr gute Zusammenarbeit während der monatelangen Fotoarbeiten ein ganz besonders herzliches Dankeschön.

Margrit Gutta

Bevor das Kochen beginnt!

Der Sprung in die Praxis ist beim Kochenlernen bei allen Menschen mit einigen Anfangsschwierigkeiten verbunden. Kochenlernen an sich ist nicht schwer und macht den meisten Menschen Spaß, vor allem dann, wenn die Speisen gut gelingen. Aber auch wenn beim ersten Versuch etwas nicht glückt, sollte man es sich nicht verdrießen lassen. Kleine Mißgeschicke in der Küche sind zwar im ersten Moment ärgerlich, manchmal auch peinlich, später kann man dann aber über die gemachten Erfahrungen lachen und weiß, wie es besser zu machen ist.
Zum Trost sei gesagt: Es gibt niemanden, der ohne diese kleinen Mißgeschicke kochen lernt. Wer behauptet, daß ihm in der Küche noch nie etwas angebrannt, übergekocht, zusammengefallen oder sonstwie mißglückt ist, hat entweder ein schlechtes Gedächtnis oder noch nie einen Kochlöffel angerührt. Denn bekanntlich fallen auch im 20. Jahrhundert die Meisterköchinnen oder -köche nicht vom Himmel.
Und aus meiner langjährigen Praxis kann ich verraten, daß viele der im Buch gegebenen Tips und Hinweise entstanden sind, weil ich immer wieder selbst erproben oder beobachten konnte, wie etwas anders oder besser gemacht werden kann.
Damit Ihr Sprung in die Praxis mit wenig Schwierigkeiten verbunden ist und die Freude am Kochenlernen erhalten bleibt, wurden die einzelnen Kapitel des Buches so gestaltet, daß auch Anfänger mit den Rezepten problemlos umgehen können.
Wichtig für den Anfang ist allerdings, daß die folgenden Erläuterungen der in den Rezepten verwendeten Symbole und Maßangaben gelesen werden.
Alle Rezepte in diesem Buch folgen einem bestimmten Aufbau. Bei den Zutaten wird angegeben, für welche *Personenzahl* die Mengen berechnet sind.
Darüber finden sich Symbole, durch die z.B. vermittelt wird, wie schwierig die Zubereitung dieses Gerichtes ist, ob es als Schonkost geeignet ist, ob man es einfrieren kann, in welcher Zeit die Zubereitung erfolgt usw.
Unter der Zeile mit den Symbolen sind auf der linken Seite die für das Gericht benötigten Zutaten in der Reihenfolge des Gebrauchs aufgeführt.
Auf der rechten Seite werden die wichtigsten für die Zubereitung benötigten *Arbeitsgeräte* aufgezählt.
Unter den Arbeitsgeräten wird die *Zubereitungszeit* aufgegliedert in Vorbereitungszeit, Garzeit oder Backzeit usw. angegeben. Es folgt jeweils dabei auch ein Hinweis, wenn z.B. bei Zubereitung im Schnellkochtopf eine Zeitersparnis eintritt!
Die eigentliche *Rezeptbeschreibung* ist schrittweise nach Vorbereitung, Garzeit und Anrichtehinweis gegliedert. Die fortlaufenden Arbeitsschritte werden häufig auch zusätzlich mit Bildern erklärt.
Am Ende des Rezepts folgt jeweils ein *Serviervorschlag* mit Hinweis, welche passende Ergänzungen empfohlen werden können, welche Getränke z.B. bei einem Menü dazu passen.
Tips oder *Anregungen* für einfache Rezeptvariationen werden ebenfalls gegeben.
Und für die Ernährungsbewußten wird der *Nährwert* pro Portion (oder Stück) angegeben. Jedes Rezept enthält die Angabe darüber, wieviel Eiweiß, Fett, Kohlenhydrate in einer Portion enthalten sind und wieviel Kalorien/Joule das ergeben. Diese Angaben sollen dazu beitragen, das Ernährungsbewußtsein mehr zu aktivieren. Außerdem kann die Rezeptauswahl auch nach der Höhe des Nährwerts getroffen werden. Wer z.B. abnehmen oder sein Gewicht halten möchte, kann geeignete Rezepte auswählen.

Die Bedeutung der Symbole

Einfaches Rezept (Grundrezept), das sich auch von Anfängern ohne Kocherfahrung problemlos zubereiten läßt. Die Rezepte sind meist sehr ausführlich beschrieben. Viele der Arbeitsschritte im Rezept werden zusätzlich durch Bilder verdeutlicht.

Die Rezepte sind etwas schwieriger in der Zubereitung; gut geeignet für Fortgeschrittene mit etwas Erfahrung. Die Rezeptbeschreibung ist da – wo möglich – weniger ausführlich, da Erfahrung im Umgang mit Rezepten vorausgesetzt wird. Schwierige Zubereitungsschritte werden ausführlich – eventuell auch bildlich – erläutert.

Die Zubereitung der Gerichte mit diesem Symbol setzt einige Erfahrung voraus, ist gut geeignet für Fortgeschrittene.

Rezepte mit diesem Symbol eignen sich auch für die Zubereitung im Kleinhaushalt (z.B. 2 Personen). Die Zutatenmenge wird halbiert, die Zubereitungsart bleibt.

Rezepte mit diesem Symbol schmecken vielen Kindern (und Erwachsenen) besonders gut.

♥ Gerichte mit diesem Symbol sind leicht verdaulich, deshalb z.B. als Schonkost geeignet.

Nach diesem Rezept lassen sich Schnellgerichte zubereiten. Für die Zubereitung eines Gerichtes nach dem Rezept wird maximal 30–35 Minuten Zubereitungszeit benötigt.

Nach diesem Rezept läßt sich ein preiswertes Gericht (Spargericht) zubereiten. Gerichte mit diesem Symbol helfen also, die Haushaltskasse zu entlasten.

✱ ✱✱ ✱✱✱ Gerichte, die nach Rezepten mit diesen Symbolen zubereitet werden, lassen sich gut einfrieren. Die Haltbarkeit ohne nennenswerte Geschmackseinbuße beträgt bei ✱ = 3 Monate, bei ✱✱ = 6 Monate, bei ✱✱✱ = 9 Monate (bei Lagertemperatur von – 18° C).

Mengen · Maße · Gewichte

Bei den einzelnen Rezepten werden die Mengen der Zutaten genau angegeben:
Größere Mengen z.B. in Gramm (g) oder Kilogramm (kg). Für kleinere Zutatenmengen werden zum Abmessen Teelöffel (TL), Eßlöffel (EL), Messerspitze (Msp.) oder Tasse benutzt.
Es ist wichtig, zum Abmessen Arbeitsgeräte zu verwenden, die ein bestimmtes Fassungsvermögen haben, damit die Mengenverhältnisse bei der Zubereitung der Gerichte stimmen. Es gibt z.B. Teelöffel oder Eßlöffel in unterschiedlichen Größen (um die 100 verschiedene!), auch Tassen können sehr verschiedene Größen haben (etwa 20 verschiedene).
Man kann sich gut vorstellen, was passiert, wenn z.B. ein Gericht mit 1 TL Salz (von durchschnittlichem Gewicht von 5 g) abgeschmeckt werden soll, aber ein Teelöffel verwendet wird, der z.B. 7–8 g Salz faßt.
Wird im Rezept z.B. 1 TL Salz, Zucker usw. angegeben, so ist ein gestrichener Teelöffel gemeint. Gestrichen voll heißt, nur die Innenrundung ist bis zum Löffelrand gefüllt. Bei der Angabe »gehäuft« dagegen ist der Löffel so gefüllt, daß nichts mehr darauf paßt – also mit kleinem Berg!
Für die Rezeptangaben in diesem Buch wurden Teelöffel, Eßlöffel und Tassen der folgenden Größe (= Fassungsvermögen in Wasser gemessen!) verwendet:

1 TL = 5 g oder 5 ml Wasser (ml = cm^3)
1 EL = 15 g oder 15 ml Wasser
1 Tasse = 125 g oder 125 ml Wasser (= 1/8 l) bei normal vollgegossener Tasse. Randvoll gefüllt, beträgt das Fassungsvermögen etwa 150 g oder 150 ml Wasser.

Mengen: 1 Tasse, 1 Messerspitze, 1 Eßlöffel, 1 Teelöffel, 1 gestrichener Teelöffel, 1 Prise; hinten: Meßbecher.

Mengen: Päckchen, Dosen, Bund.

HINWEIS

Im Fachhandel gibt es die aus den USA kommenden genormten Meßbehälter cup, ½ cup, 1 tablespoon, 1 teaspoon. Das entspricht Tasse, ½ Tasse, 1 Eßlöffel, 1 Teelöffel.
Zum Abwiegen einer größeren Zutatenmenge sollte möglichst eine Küchenwaage benutzt werden, falls die passende Zutatenmenge nicht fertig abgewogen gekauft werden kann. Oder ein Meßbecher mit genauer Grammeinteilung kann zum schnellen Abmessen/Wiegen verwendet werden.
Dieser eignet sich auch zum Abmessen von Flüssigkeiten.
Weitere in den Rezepten angegebenen Maße sind z.B.

1 Glas = Weinglas, Likörglas mit gleichzeitiger Angabe in ml (1 ml = 1 cm^3)
1 l = Liter = 1000 ml = 1000 cm^3
½, ¼ oder 1/8 l

Zum Abschmecken der Gerichte werden die Angaben *Prise* und *Messerspitze* (Msp.) verwendet.

1 Prise = die Menge, die zwischen Daumen und Zeigefinger Platz hat.
1 Msp. = die Menge eines Gewürzes, die Platz auf 1 cm Spitze des Küchenmessers (also eines kleinen Messers) hat.

Mit der Angabe *Bund* (z.B. bei Petersilie, Suppengrün, Radieschen, Kräutern) ist die handelsübliche Abpackmenge gemeint.
Werden die Bezeichnungen *Päckchen, Packung, Beutel* verwendet, so wird zusätzlich die Mengenangabe/Inhalt gemacht, da es auf dem Markt bekanntlich die verschiedensten Abpackungen gibt.
Bei den Angaben *Dose, Glas* wird zusätzlich die Zirka-Einwaage in ml angegeben, da es auch dabei sehr unterschiedliche Abfüllgrößen gibt (DIN-Größe bei Dosen, Gläser mit Füllmenge, Einwaage oder Grammangabe muß jeweils auf dem Produkt angegeben sein).

Schnell gewogen (Durchschnittswerte)

1 TL Butter	etwa 4 g
1 EL Butter	etwa 12 g
1 TL Öl	etwa 4 g
1 EL Öl	10–12 g
1 EL Milch/Sahne/Dosenmilch	etwa 15 g
1 Tasse Milch	etwa 125 ml (= 1/8 l)
1 TL Zucker	etwa 5 g
1 EL Zucker	etwa 15 g
1 Stück Würfelzucker	3–5 g
1 EL Honig	etwa 25 g
1 EL Marmelade	20–25 g
1 EL Mehl/Stärkemehl	etwa 10 g
1 EL Reis	etwa 15 g
1 EL Salz	etwa 15 g
1 TL Salz	etwa 5 g
1 EL Haferflocken (gehäuft)	etwa 10 g
1 Scheibe Brot (normale Größe)	etwa 40 g
1 Scheibe Weißbrot/Toastbrot	etwa 30 g
1 Scheibe Knäckebrot	8–10 g
1 Brötchen	etwa 45 g
1 Zwieback	etwa 8 g
1 Scheibe Käse (dünn)	etwa 20–25 g
1 Scheibe Käse (dick)	etwa 40 g
1 Scheibe Schinken (dünn)	etwa 25 g
1 Scheibe Schinken (dick; gekocht)	40–50 g
1 Scheibe Cornedbeef	25–30 g
1 Scheibe Roastbeef	etwa 30 g
4 Scheiben Salami (dünn)	etwa 20 g
1 EL Quark	etwa 30 g
1 EL Quark (gehäuft)	etwa 50 g
1 kleiner Apfel	100–125 g
1 mittelgroßer Apfel	125–150 g
1 großer Apfel	etwa 200 g
1 kleine Birne/Banane	100–125 g
1 große Birne/Banane	150–200 g
1 mittelgroße Orange	etwa 150 g
1 große Orange	etwa 200 g
1 Grapefruit (Pampelmuse)	300–400 g
1 kleiner Pfirsich	etwa 75 g
1 mittelgroßer Pfirsich	etwa 100 g
1 großer Pfirsich	120–150 g
1 Tomate	etwa 50 g
1 Gemüsetomate	200–250 g
1 Salatgurke	etwa 400 g
1 mittelgroße Zwiebel	etwa 50 g
1 Bund Radieschen	etwa 50 g

Wie groß sind normale Portionen?

(Berechnung der Zutatenmenge pro Mahlzeit)

Welche Lebensmittelmengen muß ich zur Zubereitung der Mahlzeit einkaufen? Wie groß sind die zubereiteten Portionen? Diese Fragen stellt sich jeder, der kochen lernt – gleich, ob nur für sich allein oder für mehrere Personen.
Ganz genau beantworten läßt sich die Frage nach der normalen Portionsgröße natürlich nicht. Denn was für den einen als »normale« Portion gilt, ist für den nächsten eine »kleine« und für den dritten wiederum eine »große« Portion.
Bekanntlich ist der Nährstoffbedarf je nach Alter, Körpergröße, Berufsarbeit und Freizeitbeschäftigung von Mensch zu Mensch verschieden.
Die in den Rezepten angegebenen Zutatenmengen sind deshalb auch nur als Durchschnittswerte zu sehen, um die Einkaufsplanung zu erleichtern und um einen Anhaltspunkt für die Nährstoffberechnung zu geben.
Die angegebenen Zutatenmengen resultieren aus den Erfahrungen über den Sättigungswert der einzelnen Lebensmittel, berücksichtigen aber auch die Empfehlungen, die von den Ernährungswissenschaftlern für den täglichen Nährstoffbedarf gegeben wurden.
Die folgenden Angaben für benötigte Zutatenmengen je Mahlzeit und pro Portion können als durchschnittliche Richtwerte für die Einkaufsplanung und Speisezubereitung verwendet werden.

Normale Portion (vorne), große Portion (oben), kleine Portion (rechts).

1 Portion je Person

Suppe als Vorgericht 1 Teller	= 250 ml (= 1/4 l)
Suppe als Vorgericht 1 Tasse	= 150 ml
Suppe als Hauptgericht (Eintopf)	= etwa 500 ml (= 1/2 l)
Soße zu Fleisch 3–6 EL	= etwa 50–100 ml
Soße zu Dessert 3–4 EL	= 45–60 ml
Fleisch (ohne Knochen)	= 100–150 g (Rohgewicht)
Fleisch (mit Knochen)	= 125–200 g (Rohgewicht)
Fleisch (kurzgebraten, wie Koteletts, Schnitzel, Steaks)	= 125–200 g (Rohgewicht)
Wurst, Würstchen, Leberkäse	= 80–125 g
Geflügel (mit Knochen gebraten, wie Huhn, Ente, Gans)	= 300–400 g (Rohgewicht)
Geflügelfleisch (ohne Knochen)	= 150–200 g (Rohgewicht)
Fisch als Filet	= 150–200 g (Rohgewicht)
Fisch im Ganzen (mit Gräten, Kopf)	= 200–300 g (Rohgewicht)
Gemüse (küchenfertig geputzt)	= 150–200 g (Rohgewicht)
Gemüse (küchenfertig als Hauptgericht)	= 250–400 g (Rohgewicht)
Gemüse (als Rohkost zubereitet)	= 50–100 g
Salat (grüner Salat, Feldsalat usw.)	= etwa 50 g
Kartoffeln (ungeschält, etwa 3 hühnereigroße)	= 200–250 g (Rohgewicht)
Kartoffelbrei (Püree) 3–4 geh. EL	= 150–200 g
Kartoffelsalat 3–4 geh. EL	= 150–200 g
Kartoffelklöße (2–3 je nach Größe)	= 200–250 g
Reis (als Hauptgericht, Brei)	= etwa 100 g (Rohgewicht)
Reis (als Beilage)	= etwa 50 g (Rohgewicht)
Reis (als Suppeneinlage) 1 EL	= 10–15 g (Rohgewicht)
Teigwaren (Nudeln, Spätzle, als Hauptgericht)	= etwa 100 g (Rohgewicht)
Teigwaren (als Beilage)	= etwa 50 g (Rohgewicht)
Teigwaren (als Suppeneinlage)	= 10–15 g (Rohgewicht)
Hülsenfrüchte (für Eintopf)	= 60–90 g (Rohgewicht)
Obst, frisch	= 100–150 g (Rohgewicht)
Obstkompott	= 125–150 g
Nachspeise (Cremes, Pudding, Flammeris, Joghurt)	= 125–200 g

Zum Binden von Flüssigkeit (jeweils für 1 Liter für 4 Portionen) benötigt man für die Zubereitung von

	Soßen	**Suppen**	**Brei**	**zum Stürzen**
Stärkemehl (Kartoffelstärke, Puddingpulver)	40 g	30 g	60 g	90 g
Mehl	60–100 g	50 g	120 g	–
Grieß	–	60 g	100 g	120–125 g
Haferflocken	–	60 g	120 g	–
Reis	–	40–60 g	200 g	220–250 g
Sago	–	40 g	–	120–125 g

Kalorien/Joule – was ist das?

Der Körper setzt die mit der Nahrung aufgenommenen Nährstoffe Eiweiß, Fett und Kohlenhydrate, aber auch Alkohol, in Energie um. Diese Energie (Brennstoff) wird in Kilokalorien (kcal) bzw. seit einigen Jahren auch mit der internationalen Meßeinheit Kilojoule (kJ) gemessen. Physikalisch ausgedrückt ist

> 1 Kilokalorie (kcal) die Wärmeeinheit, mit der 1 l Wasser um 1° C erwärmt werden kann.
> 1 Kilokalorie (kcal) = 4,184 Kilojoule (kJ) oder 1 Kilojoule = 0,239 Kilokalorien (kcal) (k steht jeweils für Kilo – kcal/kJ)

Bei der Verbrennung im Körper liefern z.B. 1 g Eiweiß oder 1 g Kohlenhydrate 4,1 kcal (17 kJ), 1 g Fett 9,3 kcal (38 kJ), 1 g Alkohol 7 kcal (30 kJ).
Jede körperlich sichtbare Leistung, wie Arbeit und Freizeitbeschäftigung, Sport und Bewegung, verbraucht Energie. Aber auch die nicht direkt sichtbaren Leistungen des Körpers, wie Wachstum, Aufbau oder Erneuerung der Körpersubstanz, die Verdauungsarbeit und Atmung, verbrauchen Energie.
Diese nicht direkt sichtbaren Körperleistungen und der damit verbundene Energieverbrauch (in Ruhestellung des Körpers) wird als **Grundumsatz** bezeichnet. Rechnet man zu diesem Grundumsatz die vom Körper für die verschiedensten sichtbaren Tätigkeiten benötigte Energiemenge dazu, so ergibt sich der **Gesamtenergieumsatz.** Er wird etwas einfacher ausgedrückt als *Kalorien-/Joulebedarf* bezeichnet.
Dieser Kalorien-/Joulebedarf ist von verschiedenen Faktoren abhängig. Alter, Geschlecht, Körpergröße, Art der Beschäftigung in der Freizeit und im Beruf spielen eine wichtige Rolle. Nehmen wir z.B. Personen gleicher Körpergröße, gleichen Alters und Gewichts an, so ist der Grundumsatz in Ruhestellung der gleiche. Eine der Personen, mit körperlicher Schwerarbeit, hat einen höheren täglichen Energiebedarf als die andere Person, die nur einer leichten sitzenden Bürotätigkeit nachgeht. Würde nun die Person mit Bürotätigkeit sich mit der Nahrungsmenge des Schwerarbeiters ernähren, so ist in kurzer Zeit das Körpergewicht höher als empfohlen. Sie darf also nicht soviel essen wie der Schwerarbeiter, wenn das Körpergewicht normal bleiben soll – oder muß in ihrer Freizeit durch sportliche Betätigung mehr Energie verbrauchen.
Die meisten Tätigkeiten erfordern durch die Technisierung weniger Energie als früher; der Kalorien-/Joulebedarf ist geringer geworden (siehe Tabelle).
Wir könnten die Mehraufnahme natürlich durch mehr Bewegung, mehr körperliche Betätigung wieder verbrauchen. Bedauerlicherweise wird aber durch viele der üblichen Tätigkeiten in der Freizeit nicht so viel an Kalorien/Joule verbraucht wie zum Ausgleichen der Bilanz gut wäre.
Wie schnell man sich beim Kalorienverbrauch verschätzen kann, mag die folgende Aufstellung verdeutlichen. Jeder kann daran ablesen, was er zusätzlich an Betätigungen auf sich nehmen muß, um das zuviel gegessene Stück Kuchen (etwa 300 kcal) wieder folgenlos zu verbrauchen.
Man kann es aber zum Lebensprinzip machen, sich generell mehr Bewegung zu verschaffen und nicht aus Bequemlichkeit jeden kleinen Weg in die Stadt, zum Einkaufen usw. mit dem Auto zurückzulegen. Auch Treppensteigen ist gesünder als das ständige Benutzen von Aufzügen (falls man nicht gerade in den oberen Stockwerken eines Hochhauses wohnt!). **Trimm dich fit – durch mehr Bewegung,** ist in den letzten Jahren ein beliebter Slogan geworden. In Verbindung mit einer gesünderen Art sich zu ernähren ist das ein guter Weg, sich lange gesund und aktiv zu fühlen.

Pro Tag verbraucht man bei	*Frauen kcal/kJ*	*Männer kcal/kJ*
leichter Beschäftigung, die meist sitzend ausgeübt wird (z.B. Büroarbeit)	*2200/ 9210*	*2400/10045*
mittelschwerer Arbeit, die meist stehend ausgeübt wird (z.B. Krankenschwester, Maschinenschlosser)	*2400/10045*	*2800/11710*
schwerer Arbeit, (z.B. Bauarbeiter, Leistungssportler)	*2800/11710*	*3300/13820*
Schwerstarbeit, (z.B. im Straßenbau oder Hochleistungssport)	----	*4000/16745*

Zeit	körperliche Aktivität	kcal/kJ
1 Std.	Spazierengehen	etwa 300/1255
1 Std.	Dauerlauf	etwa 700/2930
1 Std.	schnelles Fahrradfahren	etwa 450/1885
1 Std.	Schwimmen	etwa 500/2090
1 Std.	schwere körperliche Arbeit, z.B. beim Hausputz oder im Garten, je nach Art	etwa 300–600/1255–2510

Ernährung heute

Die Nährstoffe und ihre Bedeutung

Wir essen und trinken die verschiedensten Dinge, haben innerhalb der Familie, unseres Landes ganz andere Eßgewohnheiten als andere Menschen.
In unserer Nahrung sind Nährstoffe enthalten, die jeder Mensch braucht, um sich am Leben zu erhalten, um zu wachsen, Kraft für die verschiedensten Tätigkeiten zu haben, ja, sich am Leben freuen zu können.

Stellen wir uns vor, der menschliche Körper wäre ein Haus. Dann wären alle Nährstoffe, Mineralstoffe und Spurenelemente, die Vitamine, das Wasser und die Luft die Bausteine und Bauträger, die dem Gebäude die solide Grundlage und einen dauerhaften Halt geben.
Einige der Bausteine müssen von besonders guter Qualität sein und können durch nichts ersetzt werden. Andere lassen sich zeitweise ersetzen oder können für andere eine gewisse Stützfunktion übernehmen.
Sehen wir uns auf den folgenden Seiten etwas genauer an, welche Aufgaben die einzelnen Bausteine für unser Körpergebäude haben, in welcher Menge sie für den Aufbau und Betrieb gebraucht werden – und auch, was geschieht, wenn einer der Bausteine in zu geringer Menge, dafür andere in zu großer Zahl eingesetzt werden.

Eiweiß (Protein)

Eiweiß (Protein) ist der Nährstoff, der durch keinen anderen ersetzt werden kann. Man bezeichnet Eiweiß deshalb auch als essentiellen, d.h. lebensnotwendigen Nährstoff.

> Ohne Eiweiß ist kein Leben möglich;
> ohne ausreichende Eiweißmenge kann der Körper nicht wachsen;
> ohne Eiweiß können die Körperzellen nicht erneuert werden.

Das Fehlen von Eiweiß in der Nahrung kann vom Körper nicht ausgeglichen werden und führt in kurzer Zeit zu schweren gesundheitlichen Schäden.
Durch Eiweißmangel bedingte Krankheiten treten in den reichen Industrieländern kaum auf. In den Ländern der dritten Welt dagegen ist der permanente Eiweißmangel in der Nahrung die Ursache für die Unterernährung und Krankheiten. Vor allem die Kinder sind davon besonders stark betroffen; denn ohne ausreichende Eiweißversorgung ist keine volle körperliche und geistige Entwicklung möglich.

Worin ist Eiweiß enthalten?

In einigen Bereichen der Ernährungswissenschaft und Medizin ging man lange davon aus, daß Eiweiß tierischer Herkunft höher zu bewerten sei als Eiweiß pflanzlicher Herkunft.
Neuere Untersuchungen sind zu dem Ergebnis gekommen, daß die optimale Ausnutzung des Eiweißes im Körper eher gewährleistet ist, wenn die Kost Eiweiß aus tierischen und pflanzlichen Nahrungsmitteln enthält.
Die Eiweißmenge läßt sich dann z.T. erheblich verringern, da der Körper das Eiweiß besser ausnutzen kann. So wurde bei Untersuchungen (vom Max-Planck-Institut für Ernährungsphysiologie, Dortmund) festgestellt, daß eine Kost, die aus dem Eiweiß von Kartoffeln und Eiern kombiniert war, am besten ausgenutzt wurde.
Nach unseren Ernährungsgewohnheiten kann natürlich nicht nur von der Versuchssituation ausgegangen werden, deshalb wird der Eiweißbedarf eines Erwachsenen pro kg Körpergewicht mit etwa 0,9 g angegeben (siehe auch Tabelle).
Wodurch kommt nun die Ergänzung von tierischem und pflanzlichem Eiweiß im Körper zustande?
Alles Eiweiß aus tierischen und pflanzlichen Produkten setzt sich aus winzigen Bausteinen, den Aminosäuren zusammen. Das Eiweiß aus der aufgenommenen Nahrung wird beim Abbau im Körper in diese winzigen Bausteine zerlegt. Der Körper hat dann die Fähigkeit, aus diesen kleinen Bausteinen neue Verbindungen zu schaffen nämlich das Körpereiweiß.

Produkte mit tierischem Eiweiß.

Produkte mit pflanzlichem Eiweiß.

Bildlich kann man sich diese Zusammenhänge folgendermaßen vorstellen: so wie sich Worte aus verschiedenen Buchstaben zusammensetzen, so wird Eiweiß aus verschiedenen Bausteinen (= Aminosäuren) aufgebaut. Es gibt 20 verschiedene Aminosäuren, von denen 8 lebensnotwendig sind (die essentiellen Aminosäuren).
Je nachdem, wieviel Körpereiweiß aus 100 g eines Nahrungseiweißes aufgebaut werden kann, desto höher wird der Wert dieses Eiweißes eingestuft. Die Ernährungsphysiologen bezeichnen den Wert des Eiweißes mit »biologischem Wert«.
Der Körper hat nicht nur die Fähigkeit, die verschiedenen Aminosäuren in körpereigenes Eiweiß umzuwandeln, er kann die Verbindungen auch so schaffen, daß Aminosäuren, die allein gesehen nicht so wertvoll sind, mit anderen kombiniert und dann »biologisch wertvoll« werden.

So wie am Beispiel der Kartoffel-Ei-Kombination können wir uns die Erfahrung für die Praxis zunutze machen, indem die Zusammenstellung von Gerichten so erfolgt, daß jeweils pflanzliches und tierisches Eiweiß darin enthalten sind.

Gut ergänzen sich Kartoffeln mit Eiern, Quark und Milchprodukten.
Gerichte, in denen diese Kombination enthalten sind:
gekochte Pellkartoffeln mit Kräuterquark,
gekochte Kartoffeln mit Spiegeleiern und Spinat,
Kartoffelpüree mit Milch zubereitet, dazu Rührei und Salat usw.

Pellkartoffeln mit Quark.

Müsli mit Milch und Obst.

Gut ergänzt sich Brot mit Fleisch, Fisch oder Milchprodukten.
Diese Kombination ist z.B. vorhanden, wenn man
Vollkorn- oder Graubrot mit kaltem Braten, Wurst oder Käse ißt,
Brötchen mit Räucherfisch, Geflügelfleisch usw. belegt, dazu Kakao oder Milchmixgetränke reicht.

Gut ergänzen sich Getreideerzeugnisse z.B. mit Milchprodukten.
Diese Kombination haben wir z.B., wenn
Vollkornbrot mit Butter und Quark und Milchgetränke gereicht werden,
Müsli (aus Haferflocken oder geschrotetem Getreide) mit Milch, Kefir und frischem Obst bereitet wird usw.

Eiweißstoffe, die der Körper nicht zum Aufbau verwendet, dienen als Brennstoff. 1 g Eiweiß liefert beim Verbrennen 4,1 kcal/17 kJ.
Von Ernährungswissenschaftlern und Medizinern wird heute darauf hingewiesen, daß eine zu eiweißhaltige Kost, vor allem, wenn sie zuviel tierisches Eiweiß enthält, sich nachteilig auswirken kann.
Verschiedene Zivilisationskrankheiten (z.B. Gicht oder auch Nierenerkrankungen) können bei stark eiweißhaltiger Kost (u.a. durch den Purin- und Cholesteringehalt in tierischen Produkten) verstärkt werden.

Wie hoch ist der Bedarf an Eiweiß?

Der Eiweißbedarf ist individuell verschieden und richtet sich nach dem Lebensalter, dem Körpergewicht und unterschiedlichen Lebensbedingungen.
Der Eiweißbedarf wird mit Gramm je kg Körpergewicht angegeben. Babys haben zum Beispiel den höchsten Eiweißbedarf, ebenso benötigen Kleinkinder, Kinder und Jugendliche mehr Eiweiß, da ihr Körper noch im Aufbau begriffen ist. Auch für ältere Erwachsene wird wieder eine leichte Erhöhung der Eiweißmenge empfohlen.
Am geringsten ist der Bedarf erwachsener Personen, ausgenommen in Zeiten besonders starker Körperbelastung. Schwangere Frauen oder stillende Mütter, auch Kranke und Genesende, Sportler und Schwerarbeiter benötigen mehr Eiweiß.
In der Nahrungsmenge soll das Eiweiß (Protein) 13–15 % der benötigten Energiemenge betragen.
Die folgende Tabelle gibt Empfehlungen für die durchschnittliche Höhe der Zufuhr (aus Empfehlungen für die Nährstoffzufuhr der Deutschen Gesellschaft für Ernährung (DGE), Seite 13).

		Eiweiß (Protein) g/kg Körpergewicht am Tag		
		Männer		Frauen
Erwachsene			0,9	
Schwangere	ab 6. Monat			1,5
Stillende	[X]			0,9
Säuglinge	0– 6 Monate		2,5	
	7–12 Monate		2,2	
Kinder	1– 3 Jahre		2,2	
	4– 6 Jahre		2,0	
	7– 9 Jahre		1,8	
	10–12 Jahre	1,5		1,4
Jugendliche	13–14 Jahre	1,5		1,4
	15–18 Jahre	1,2		1,0

([X] Stillende je 100 g Leistung 5 g Eiweiß zusätzlich)

Eiweiß- und Fettgehalt einiger Lebensmittel

Eiweiß ist in tierischen und pflanzlichen Lebensmitteln enthalten. Der Eiweißgehalt weist allerdings sehr große Unterschiede auf.
Beim Wunsch, eine eiweißreiche Kost zu bereiten, muß berücksichtigt werden, daß die Nahrungsmittel nicht nur Eiweiß enthalten. Vor allem tierisches Eiweiß tritt meist in Gesellschaft von Fett auf. Und Fett enthält viel Energie, die in Körperfett umgewandelt wird, wenn sie nicht verbraucht wird.
Beim Einkauf sollte man deshalb auf den Fettgehalt der Nahrungsmittel achten. Es gilt: Je größer der Fettanteil ist (z.B. in Fleisch, Fisch, Käse usw.), um so geringer ist der Eiweißanteil und umgekehrt.
Weniger Kalorien/Joule nehmen wir auf, wenn die Nahrung viel Eiweiß pflanzlichen Ursprungs enthält.
Die folgenden Tabellen zeigen jeweils den Eiweiß- und Fettgehalt von tierischen und pflanzlichen eiweißhaltigen Lebensmitteln (aus »Richtig gekocht, vollwertig ernährt«, DGE).

Eiweiß- und Fettgehalt tierischer Nahrungsmittel

(i. D. = im Durchschnitt)

Der genießbare Teil von 100 g eingekaufter Ware enthält	Eiweiß g	Fett g	Energie kcal	kJ
Vollmilch	3,5	3,5	66	276
Buttermilch	4	1	36	150
Joghurt	5	4	74	309
Quark, mager	17	1	88	368
Sahnequark	12	12	166	694
Hartkäse, dreiviertelfett	27	16	279	1167
Hartkäse, vollfett	25	27	372	1557
Hühnerei (1 Stück etwa)	7	6	84	351
Fleisch, mager i.D.	19	5	130	544
Fleisch, mittelfett i.D.	16	18	240	1004
Fleisch, fett i.D.	12	30	340	1423
Wurst i.D.	14	33	370	1548
Wurst, fettarm i.D.	17	19	250	1046
Kabeljau, Dorsch (ganzer Fisch)	10	–	44	184
Rotbarschfilet	19	3	112	468
Aal	9	18	209	874
Hering (ganzer Fisch)	11	12	161	673
Hering, mariniert	17	13	203	849
Heringe in Soßen	17	20	268	1121
Aal, geräuchert	14	19	246	1025
Seelachs, geräuchert	19	1	87	364

Etwa je 15 – 20 g tierisches Eiweiß (TE) sind enthalten in:
½ Milch, Joghurt, Buttermilch, Sauermilch
100 g magerem Quark
60 g Hartkäse
100 g Fleisch, mager – mittelfett
100 g Fischfilet
2 großen Eiern

Beispiel für eine Tageskost mit etwa 50 g TE

Nahrungsmittel	Menge	Eiweiß g	Fett g
Trinkmilch oder -joghurt	½ l	18	18
Fleisch	125 g	20	20
Käse, 45 % F.i.T.	30 g	8	8
Wurst	30 g	5	8
		51	54

Beispiele für eine Tageskost mit etwa 50 g TE und geringerem Fettgehalt

Nahrungsmittel	Menge	Eiweiß g	Fett g
Trinkmilch oder -joghurt	¼ l	9	9
Buttermilch oder Quark	¼ l		
	60 g	10	2
Fleisch, mager – mittelfett	125 g	21	17
Käse, 30 % F.i.T.	30	8	5
		48	33

oder

Nahrungsmittel	Menge	Eiweiß g	Fett g
Trinkmilch oder -joghurt	½ l	18	18
Fischfilet (Kabeljau, Dorsch Seelachs, Schellfisch)	150 g	27	2
Ei	1 Stück	7	6
		52	26

Eiweiß- und Kohlenhydratgehalt pflanzlicher Nahrungsmittel

Der genießbare Teil von 100 g eingekaufter Ware enthält:	Eiweiß g	Kohlenhydrate g	Energie kcal	kJ
Brot i.D.	7	51	253	1058
Nährmittel i.D.	8	76	375	1569
Haferflocken	14	66	402	1682
Eierteigwaren	13	72	390	1632
Mehl	11	74	370	1548
Kartoffeln (mit Schale)	2	15	68	284
getrocknete Hülsenfrüchte	22	57	354	1481
Frischgemüse	2	4	25	104
Nüsse, Mandeln i.D.	18	16	669	2800

(Nüsse und Mandeln enthalten rund 60 % Fett!)

Fett

Fett ist bei vielen Verbrauchern der Nährstoff mit dem Negativimage.
Die Zunahme des Übergewichts bei der Mehrzahl der Bundesbürger und der durch die Fettsucht (Übergewicht) verursachten Erkrankungen des Herz-Kreislauf-Systems in den letzten Jahrzehnten werden auf den starken Fettverzehr zurückgeführt. Denn die tatsächliche Aufnahme an Fett in der täglichen Nahrung überschreitet seit langem den Bedarf. Durch gezielte Ernährungsaufklärung ist es in den letzten Jahren gelungen, ein Problembewußtsein in der Bevölkerung zu wecken. Laut Ernährungsbericht (1980) stagniert der Fettverzehr, er ist nach Angaben des Statistischen Bundesamtes sogar leicht rückläufig (1981). Der derzeitige Verzehr mit etwa 138 g pro Tag ist natürlich zu hoch.
Fett wird nach der Herkunft in tierisches und pflanzliches eingeteilt. Es liefert bei der Verbrennung im Körper doppelt so viel an Energie wie Eiweiß oder Kohlenhydrate.
1 g Fett = 9,3 kcal/38 kJ.
Fett als konzentrierter Energieträger ist von großer Bedeutung bei Personen, die einen hohen Energiebedarf haben, z.B. Schwerarbeiter, Sportler, aber auch Kinder und Jugendliche. Bei Menschen mit leichterer Berufstätigkeit kann die durch zuviel Fett zugeführte Energiemenge allerdings problematisch werden.
Die folgende Tabelle gibt einen Überblick über die Höhe der für verschiedene Lebensalter empfohlenen Fettmenge.

		Fett in Prozent des Energiebedarfs
Erwachsene		25 - 35
über 65 Jahre		unter 30
Säuglinge	0 - 6 Monate	35 - 50
	7 - 12 Monate	35 - 50
Kinder	1 - 3 Jahre	35 - 40
	4 - 6 Jahre	35 - 40
	7 - 9 Jahre	35 - 40
	10 - 12 Jahre	35 - 40
	13 - 14 Jahre	35 - 40
Jugendliche	15 - 18 Jahre	30 - 40
Schwangere	ab 6. Monat	25 - 35
Stillende		25 - 35

Die Höhe der Fettzufuhr sollte beim körperlich nicht stark Arbeitenden 25–35 % der Gesamtenergiezufuhr nicht überschreiten. Der Durchschnittsbürger nimmt täglich zuviel Fett auf. Das ist häufig auf Unkenntnis des Fettgehalts der Nahrungsmittel zurückzuführen. Denn Fett ist nicht nur gut sichtbar in *Butter und Margarine, Öl, Schmalz und Sahne* enthalten. Fett hat die unangenehme Eigenschaft, sich hervorragend zu tarnen. Deshalb unterteilt man die Nahrungsfette auch in *sichtbares und unsichtbares Fett.*

Unsichtbares Fett versteckt sich in sehr vielen Nahrungsmitteln. Wer vermutet z.B., daß in 100 g fettem Schweinefleisch ungefähr 37 g Fett enthalten sind – oder Nüsse zum großen Teil aus Fett bestehen? Sehr viel unsichtbares Fett ist in fetter Wurst und fettem Käse, fettem Fleisch und fettem Fisch, in Eiern, in Kuchen und Backwaren, Schokolade, Pralinen und Pommes frites versteckt. Dieses unsichtbare Fett muß bei der Berechnung der Fettzufuhr berücksichtigt werden.

Sichtbares Fett in Öl, Schmalz, Butter, Sahne usw.

Unsichtbares Fett in Wurst, Käse, Gebäck, Pommes frites usw.

Zusammensetzung von Fett

Pflanzliche und tierische Fette setzen sich aus verschiedenen Fettsäuren und Glyzerin zusammen.
Je nach dem chemischen Aufbau unterscheidet man Fette, die aus gesättigten, ungesättigten oder mehrfach ungesättigten Fettsäuren zusammengesetzt sind.
Für die menschliche Ernährung haben die ungesättigten bzw. mehrfach ungesättigten Fettsäuren die größte Bedeutung. Man bezeichnet sie als »essentielle«, d.h. lebensnotwendige Fettsäuren. Sie sind vor allem in den Pflanzenölen enthalten und leichter verdaulich als die tierischen Fette. Die gute Verdaulichkeit und der gesundheitliche Wert hängen bei den Fetten von der Menge der ungesättigten Fettsäuren (z.B. Linolsäure) ab. Reich an ungesättigten und mehrfach ungesättigten Fettsäuren sind Distelöl, Leinöl, Sonnenblumenöl, Sojaöl und Maiskeimöl. Vor allem kalt gepreßte Öle sind von hohem Wert.
Reich an gesättigten Fettsäuren und für den Körper belastend sind vor allem Erzeugnisse wie Wurst, Käse, Fertiggerichte, Backwaren usw.
Fett hat in der Nahrung nicht nur Bedeutung als Energielieferant, sondern noch einige wichtige Funktionen zu erfüllen. So sind in Fetten und fetthaltigen Nahrungsmitteln die fettlöslichen Vitamine enthalten, dazu gehören die Vitamine A, D, E und K. Vollkommener Verzicht auf fetthaltige Nahrungsmittel ist also wenig ratsam. Nur sollte die Fettmenge insgesamt verringert werden. In der Küche sind vorzugsweise pflanzliche Öle und Fette zu verwenden.
Fette und der Fettgehalt der Nahrung haben noch andere Funktionen, z.B. als Geschmacksträger bestimmter Stoffe und um die Speisen bei der Verdauung gleitfähiger zu machen.

Tips für die Einsparung von Fett im Haushalt

Beim Einkauf fängt das Einsparen bereits an. Auf vielen Produkten, wie Milch und Milcherzeugnissen, Wurst, Käse, Fleischwaren, Gebäck usw., ist der Fettgehalt als F.i.Tr. = Fett in der Trokkenmasse auf der Verpackung angegeben. Wenn wir Lebensmittel unterschiedlicher Fettstufen wählen, können sehr viele Kalorien/Joule eingespart werden.
100 g halbfetter Käse (20% F.i.Tr.) enthält etwa 195 kcal/815 kJ
100 g Doppelrahmkäse (60% F.i.Tr.) enthält etwa 354 kcal/1482 kJ
Der Unterschied wird sehr deutlich.
Vergleichen Sie auch den Fett- und Eiweißgehalt bei verschiedenen Nahrungsmitteln in der Tabelle auf Seite 16.
Man sollte bei der Zubereitung auch die Garmethoden wählen, bei denen auf das Anbraten mit Fett verzichtet werden kann, z.B. beim Garen in Töpfen oder Pfannen mit Antihaftbeschichtung (oder zum fettarmen Braten geeignete Edelstahltöpfe), Garen im Römertopf, Alu- oder Sichtfolie, Grillen usw.
Meist können die üblicherweise in Rezepten angegebenen Fettmengen zum Braten, Kochen oder für Salatsoßen noch verringert werden. Die in diesem Buch zusammengestellten Rezepte haben bereits weniger hohe Kochfettangaben.
Zur Zubereitung möglichst immer Pflanzenöle verwenden, da diese leichter verdaulich sind.
Weitere Hinweise zum Einsparen von Kalorien/Joule sind auf Seite 24 zu finden.

Kohlenhydrate

Alle Kohlenhydrate bestehen aus Kohlenstoff, Wasserstoff und Sauerstoff.
Kohlenhydrate werden vom Körper als Brennstoff zur Energiegewinnung gebraucht. 1 g Kohlenhydrate liefert bei der Verbrennung 4,1 kcal/17 kJ.
Zucker, Stärke und Zellulose sind die bekanntesten Kohlenhydrate.
Zucker ist einmal der übliche Haushaltszucker (Rohr- oder Rübenzucker), aber auch Traubenzucker, Fruchtzucker, Milch- und Malzzucker. Zucker ist in allen süß schmeckenden Nahrungsmitteln, Früchten und Gemüsen, Kuchen und Backwaren, Süßspeisen, Fruchtsäften, Konfitüren, Honig, in Limonaden und Süßigkeiten enthalten.
Stärke ist vor allem in den verschiedenen Getreidearten und Hülsenfrüchten sowie in Kartoffeln zu finden. Alle Getreideerzeugnisse aus Mehl, Teigwaren, Haferflocken, Grieß und Reis bestehen zum überwiegenden Teil aus Stärke.
Zellulose ist kein Nährstoff, der Körper benötigt ihn – wie auch die Pektine – zur Verdauung (siehe auch Ballaststoffe).
Es ist nicht unwichtig, durch welche Kohlenhydrate der Energiebedarf gedeckt wird, da die Wirkungsweise für den menschlichen Körper unterschiedlich ist.
Es wird empfohlen, etwa 45–65 % der Nahrungsenergie durch Kohlenhydrate zu decken. Nach Möglichkeit sollen Getreideerzeugnisse, Kartoffeln, Obst und Gemüse die benötigten Kohlenhydrate liefern. Alle Getreideerzeugnisse, die z.B. aus dem vollen Korn hergestellt werden, enthalten außer der Stärke und Zellulose wichtige Mineralstoffe (z.B. Calcium, Phosphor, Eisen) und Vitamine (z.B. Vitamin B_1).
Kartoffeln, Obst und Gemüse sind ebenfalls reich an wichtigen Mineralstoffen und Vitaminen.

Verschiedene Zuckerarten.

Produkte mit vielen Kohlenhydraten.

Kohlenhydrate aus reinem Zucker sollten nur in unbedeutender Menge verwendet werden. Der unsichtbare Zucker in Süßigkeiten, Backwaren usw. ist dabei zu berücksichtigen!
Wie negativ sich Veränderungen der Ernährungsgewohnheiten auf den Gesundheitszustand der Bevölkerung auswirken können, wird bei den Kohlenhydraten sehr sichtbar.
Durch die industrielle Aufbereitung ist der Verbrauch von Backerzeugnissen aus dem vollen Getreidekorn zurückgegangen. Anstelle von Roggen- oder Vollkornbrot ist Weißbrot, Toast, Gebäck gefragt. Gleichzeitig stieg auch der reine Zuckerverzehr rapide an.
Der höhere Zuckerverbrauch führt häufig zu Übergewicht, da nichtverbrauchte Kohlenhydrate im Körper in Fett umgewandelt und in Fettdepots eingelagert werden. Der starke Zuckerkonsum hat auch dazu geführt, daß 90 % der Menschen in den Industrieländern an Zahnkaries leiden.
Der Rückgang des Verbrauchs an Vollkornerzeugnissen führte auch zu einer kritischen Versorgung der Bevölkerung z.B. mit Vitamin B_1.

> Seien Sie sparsam bei der Verwendung von Zucker!

Zucker benötigt beim Abbau im Körper Vitamin B_1 (Thiamin), dessen ausreichende Versorgung als kritisch anzusehen ist. Süßspeisen, Kaffee, Tee usw. lassen sich z.B. auch ohne nachteiligen Geschmack mit kalorienfreiem Süßstoff süßen!

Ballaststoffe

Ballaststoffe sind unverdauliche Zellbestandteile aus pflanzlichen Lebensmitteln. Den Ballaststoffen hat man lange keine große Bedeutung beigemessen, da sie keine Nährstoffe liefern. Inzwischen wissen wir aber, wie wichtig die Ballaststoffe für das Funktionieren einer guten Verdauung sind. Untersuchungen haben klar den Zusammenhang zwischen dem Rückgang an Ballaststoffen in der Nahrung und dem Anwachsen bestimmter Darmerkrankungen gezeigt. Erkrankungen des Dickdarms kann man durch ballaststoffreiche Kost vorbeugen.
Die heute von der Bevölkerung mit der Nahrung täglich aufgenommene Ballaststoffmenge ist zu gering. Diese Menge ist nicht ausreichend für eine gute Verdauung. Die Folge ist dann häufig Verstopfung.
Ballaststoffreich sind alle Gemüsesorten, Kartoffeln, Früchte, und Getreidevollkornprodukte.
Wer nicht genügend Ballaststoffe in der Nahrung aufnimmt, kann diese selbst durch Ballaststoffe (Weizenkleie, geschrotetes Korn) anreichern. Dann ist unbedingt zu empfehlen, mehr zu trinken (Weizenkleie usw. quellen im Magen um das Mehrfache auf). Man kann sich die Kleie aber auch gleich in Milch, Joghurt oder Kefir anrühren.

Ballaststoffe.

Wasser

Wasser ist zum Leben unentbehrlich, denn wir können längere Zeit mit wenig Nahrung auskommen, ohne Wasser aber nicht. Wasser ist in allen Nahrungsmitteln, auch in den getrockneten, enthalten. Der Wassergehalt der Nahrungsmittel ist sehr unterschiedlich. Eine Gurke z.B. besteht zu etwa 97% aus Wasser, reiner Zucker dagegen enthält nicht einmal 1% Wasser. Auch der menschliche Körper besteht zu über der Hälfte und mehr aus Wasser.
Der ständige Wasserverlust durch die Atmung, durch die Haut und durch Ausscheidungen muß unaufhörlich ersetzt werden, sonst kann es zu schwerwiegenden Störungen kommen. Das Wasser im Körper dient z.B. dazu, den Druck in den Körperzellen zu erhalten, die gelösten Nährstoffe aus der Nahrung durch den Körper zu transportieren und die Zellen damit zu versorgen. Überflüssige Stoffe werden gelöst und ausgeschieden.
Die Flüssigkeitsmenge, die der Körper für die täglichen Funktionen verbraucht, ist unterschiedlich. Sie richtet sich nach der Körpergröße und der Art der Arbeit, aber auch nach den Außentemperaturen. Im Sommer ist z.B. der Flüssigkeitsbedarf meist höher.
Die benötigte Flüssigkeitsmenge – aus Getränken und auch festen Nahrungsmitteln – wird mit 2–3 Litern täglich angesetzt. Ernährungsphysiologen warnen davor, bei der heutigen Art der Ernährung zu wenig zu trinken. Der Körper benötigt zu seiner Entschlackung eine reichliche Flüssigkeitszufuhr.
Trinkwasser ist rechtlich gesehen ein Lebensmittel und muß bestimmte Anforderungen erfüllen. Im Zuge eines wachsenden Umweltbewußtseins sollte auf eine gleichbleibend gute Qualität des Trinkwassers geachtet werden.

Alkohol

Alkohol gehört in die Gruppe der Genußmittel.
Alkohol wird im Körper zu fast 95 % in Energie umgesetzt. Da der Alkoholkonsum von Erwachsenen und Jugendlichen in der BRD beträchtlich ist, muß der Alkohol bei der Berechnung der Nahrungsenergie berücksichtigt werden.

Alkoholische Getränke.

1 g Alkohol liefert bei der Verbrennung im Körper 7 kcal/30 kJ.
So enthält z.B.:

1 kleines Glas Bier (200 ml)	94 kcal/395 kJ
1 großes Glas Bier (400 ml)	188 kcal/790 kJ
1 Glas Weißwein (150 ml)	105 kcal/441 kJ
1 Glas Rotwein (150 ml)	117 kcal/491 kJ
1 Glas Whisky (50 ml)	125 kcal/525 kJ
1 Glas Wermut (50 ml)	77 kcal/322 kJ
1 klarer Schnaps (20 ml)	36 kcal/150 kJ

Da alkoholische Getränke nicht nur Energie liefern, sondern im Körper auch negative Reaktionen hervorrufen, ist vor ständigem Gebrauch dringend abzuraten. Die Gefahr, daß aus anfänglichem Trinken auf Dauer gesehen eine Sucht wird, ist groß, wie jüngste Erhebungen über Alkoholmißbrauch von Jugendlichen ergaben. Alkohol wirkt zunächst anregend und enthemmend. Bei stärkerem Genuß wird das Reaktionsvermögen herabgesetzt, die Orientierung verloren. Ständiger Alkoholmißbrauch führt zur Sucht, schädigt das Nervensystem, Leber, Niere und auch andere Organe.

Vitamine, Mineralstoffe, Spurenelemente

Vitamine, Mineralstoffe und Spurenelemente sind lebensnotwendige Wirkstoffe, die in der täglichen Nahrung in ausreichender Menge vorhanden sein müssen.
Sie übernehmen im Stoffwechsel des Körpers wichtige Aufgaben und Funktionen. Werden sie nicht in genügender Menge aufgenommen – oder fehlen sie in der Nahrung ganz, dann kommt es zu schwerwiegenden Störungen.
Bekannte Krankheiten durch Vitaminmangel sind vor allem Skorbut als Folge von Vitamin-C-Mangel (trat früher häufig bei Seeleuten auf), oder Beriberi als Folge von Vitamin-B_1-Mangel in Ländern mit Reisernährung (durch Schälen des Reiskorns entfielen die wichtigen Vitamine).
Mangelerkrankungen treten aber auch heute bei uns auf, obwohl Nahrungsmittel in ausreichendem Maße vorhanden sind. Neuere Untersuchungen zeigen auf, daß vor allem die Versorgung mit den Vitaminen des B-Komplexes und mit Mineralstoffen – vor allem Calcium und Eisen – die Empfehlung zur wünschenswerten Nährstoffzufuhr der DGE (Deutsche Gesellschaft für Ernährung) in verschiedenen Altersgruppen unterschreiten.
Nun hat der normale Bürger natürlich selten die Möglichkeit, die von Ernährungswissenschaftlern empfohlene Vitamin- oder Mineralstoffmenge in seiner Nahrung zu errechnen. Dazu sind genaue Kenntnisse im Umgang mit Nährwerttabellen (siehe Literaturnachweis Seite 624) nötig. Trotzdem gibt es Möglichkeiten, in der Küchenpraxis einem Mangel an lebenswichtigen Vitaminen, Mineralstoffen und Spurenelementen vorzubeugen.

Ausreichende Versorgung mit Vitaminen und Mineralstoffen – wie ist sie zu erreichen?
Eine zeitgemäße, abwechslungsreiche, vollwertige Kost, die alles das an Nährstoffen enthält, was der Körper braucht, ist auch für die ausreichende Versorgung mit Vitaminen und Mineralstoffen die beste Voraussetzung.
Täglich enthalten sein sollten in der Kost frisches Obst, frische Salate und frische Rohkostsalate, frisch zubereitetes Gemüse (Konserven enthalten meist weniger Vitamine, bei Tiefkühlkost ist der Vitamingehalt gut), täglich Milch (¼–½ l für Erwachsene, für Kinder und Jugendliche mindestens ½ l) und Milcherzeugnisse, wie Quark (Magerquark), Joghurt, Käse usw. Vollkornbrot und Vollkorngetreideerzeugnisse, auch Eier, Fleisch und Fisch gehören als Bestandteile zu einer vollwertigen Kost.
Natürlich spielen die Vor- und Zubereitung der Nahrung eine große Rolle bei der Qualitätserhaltung. Unsachgemäße Behandlung zerstört die Vitamine; die licht- und luftempfindlichen z.B. werden bei langer Lagerung zerstört, Gemüse und Früchte dadurch relativ wertlos. Die wasserlöslichen werden durch Liegenlassen im Wasser (z.B. Salat- oder Gemüsewaschen) herausgespült.
Auch zu langes Kochen oder anschließendes zu langes Stehenlassen der fertigen Gerichte (Gemüse) kann zu großem Vitaminverlust führen.
Mineralstoffe oder Spurenelemente können z.B. auch bei Gemüse, Salaten und Früchten durch Wasser herausgelaugt werden.

Fazit:
Schonende Zubereitung nach modernen Garmethoden, wie in den Rezepten der einzelnen Kapitel angegeben, schafft die beste Voraussetzung für eine gute Vitamin- und Mineralstoffversorgung.

Vitamine

Vitamine sind für den menschlichen Körper lebensnotwendig. Der Mensch kann Vitamine nicht selbst produzieren. Die Zufuhr erfolgt deshalb von außen über die Nahrung.
Vitamine liefern uns – im Gegensatz zu Eiweiß, Fett und Kohlenhydraten – keine Energie. Sie sind vielmehr als Wirk- und Reglerstoffe für einen störungsfreien Ablauf des Stoffwechsels erforderlich. (Der Begriff Stoffwechsel bezeichnet alle im menschlichen Körper ablaufenden chemischen Reaktionen.)
Jedes Vitamin hat seine besondere Aufgabe. Bei einer unzureichenden Vitaminversorgung kann es zu Mangelerscheinungen kommen, die sich zunächst unspezifisch in Phänomenen wie Konzentrationsschwäche, Nervosität und Abgeschlagenheit äußern. Eine abwechslungreiche Mischkost gewährleistet am ehesten eine genügende Vitaminzufuhr.
Die Vitamine werden nach ihren Lösungseigenschaften in die Gruppe der fettlöslichen Vitamine und in die Gruppe der wasserlöslichen Vitamine unterteilt. Zu den fettlöslichen Vitaminen gehören die Vitamine A, D, E und K. Die Vitamine der B-Gruppe (Vitamin B_1, Vitamin B_2, Niacin, Vitamin B_6, Folsäure, Pantothensäure, Biotin, Vitamin B_{12}) und das Vitamin C zählen zu den wasserlöslichen Vitaminen.

Fettlösliche Vitamine

Vitamin A
Vitamin A fördert das Wachstum und die Sehkraft. Es trägt zur Infektionsabwehr bei. Wichtige Lieferanten dieses Vitamins sind Leber, Butter, Käse, Eier und vitaminisierte Margarine. Gemüse und Obst liefern uns Karotin, die Vorstufe des Vitamin A.

Vitamin D
Vitamin D ist erforderlich für den Knochenaufbau, weil es den Kalkstoffwechsel regelt. Zur Versorgung mit Vitamin D tragen vor allem Milch, Butter, vitaminisierte Margarine und Eier bei.

Produkte mit Vitamin A.

Produkte mit Vitamin D.

Vitamin E
Vitamin E ist das „Schutzvitamin" des Körpers, so schützt es z.B. die Zellen vor Oxidation. Pflanzliche Öle und vitaminisierte Margarine enthalten in hohem Maße Vitamin E.

Vitamin K
Vitamin K ist erforderlich für die Bildung der Blutgerinnungsfaktoren. Es findet sich vor allem in grünem Blattgemüse und Leber.

Produkte mit Vitamin E.

Wasserlösliche Vitamine

Vitamine der B-Gruppe
Von den 8 Vitaminen dieser Gruppe seien hier nur die wichtigsten Vertreter genannt.

Produkte mit Vitamin B_1.

Produkte mit Vitamin B_2.

Vitamin B_1
Vitamin B_1 ist wichtig für die Verwertung der Kohlenhydrate und fördert die Nervenfunktion. Vollkornbrot, Haferflocken (Müsli) und Hülsenfrüchte (Bohnen, Erbsen, Linsen, Sojabohnen) versorgen uns mit Vitamin B_1, aber auch viele Fleischarten, vor allem Schweinefleisch.

Vitamin B_2
Bei mangelhafter Vitamin-B_2-Zufuhr kommt es zu entzündlichen Haut- und Schleimhautveränderungen und zur Wachstumshemmung. Unser Bedarf wird gedeckt durch Milch und Milchprodukte, Eier, Fleisch, Innereien, Getreideprodukte, viele Gemüse und Kartoffeln.

Niacin
Bei einer unzureichenden Niacinversorgung kommt es zu Störungen bei der Verwertung der Hauptenergielieferanten: Eiweiß, Fett und Kohlenhydrate. Die wichtigsten Niacinquellen sind Fleisch und Fleischwaren, Kartoffeln und Getreideerzeugnisse.

Vitamin B_6
Vitamin B_6 ist notwendig für die Verwertung von Eiweiß. Frauen haben bei der Einnahme oraler Kontrazeptiva (»Pille«) einen erhöhten Vitamin-B_6-Bedarf. Hochausgemahlene Getreideprodukte (dunkles Brot), Kartoffeln, Blattgemüse, Eier und Leber sind wesentliche Vitamin-B_6-Lieferanten.

Folsäure
Folsäure ist ein wichtiges Vitamin für die Blutbildung. Als Quellen für Folsäure dienen Getreide, Kartoffeln, Gemüse und Zitrusfrüchte.

Vitamin C
Vitamin C stärkt die körperliche Infektionsabwehr und fördert die Wundheilung und Leistungsfähigkeit. Zur Vitamin-C-Versorgung tragen bei: Obst (insbesondere Zitrusfrüchte und Beerenobst), Gemüse und Kartoffeln.

Produkte mit Vitamin B_6.

Produkte mit Vitamin C.

Produkte mit Calcium.

Produkte mit Phosphor.

TIP

Durch eine schonende küchentechnische Bearbeitung ist die Gefahr eines Vitaminverlustes zu verringern. Deshalb Nahrungsmittel kühl lagern und z. B. langes Wässern nach dem Gemüseputzen und -zerkleinern vermeiden. Kurze Garzeiten bevorzugen und langes Warmhalten der fertigen Speisen vermeiden.

Mineralstoffe und Spurenelemente

Mineralstoffe und Spurenelemente haben im menschlichen Körper wichtige Aufgaben zu erfüllen. Sie dienen z.B. zum Aufbau der Knochen und Zähne, zur Blutbildung, regeln den Austausch der Körperflüssigkeiten – wie zwischen der Blutzirkulation und Entschlackung über die Nieren – und steuern andere lebensnotwendige biologische Vorgänge.
Der Bedarf an den einzelnen Mineralstoffen ist im Körper unterschiedlich, der Bedarf an Spurenelementen zum Teil so gering, daß sich Mengenangaben gar nicht machen lassen. Trotzdem ist bekannt, daß auch die kleinsten Spuren von Fluor, Jod, Mangan oder Kupfer wirksam sind. Jodmangel führt bekanntlich zur Kropfbildung, Kupfer ist wichtig für die Blutbildung.

Calcium

Calcium ist unentbehrlich für das Wachstum und den Aufbau von Knochen und Zähnen. Ein Mangel führt zu Wachstumshemmung und kann die Knochenbrüchigkeit bewirken (Osteoporose).
Besonders hoch ist der Calciumbedarf für Kinder und Jugendliche. Auch ältere Menschen haben wieder einen leicht erhöhten Bedarf.
Calcium ist besonders vorhanden in Milch und Milchprodukten, sowie auch in tiefgefrorenem Spinat.
Durchschnittlicher Bedarf für Erwachsene: 0,7–0,8 g/Tag.

Phosphor

Phosphor gehört mit zu den wichtigsten Bausteinen im menschlichen Körper. Es ist notwendig zur Bildung des Knochengerüstes, hat wichtige Funktionen bei der Bildung des Zellgewebes und Blutes. Der Bedarf ist etwa so groß wie bei Calcium. Das Verhältnis von Calcium und Phosphor soll 1:1 betragen oder 1:1,2.
Phosphormangel tritt praktisch nicht auf, da der Mineralstoff in fast allen Nahrungsmitteln vorkommt. Besonders reich daran sind Getreideprodukte, Gemüse, Fleisch und Innereien.

Eisen

Eisen ist notwendig zum Transport von Sauerstoff im Blut aus den Lungen zu den Zellen und für die Verwertung des Sauerstoffs im Zellstoffwechsel. Eisenmangel führt zu Blutarmut (Anämie) und Müdigkeit. Der Eisenbedarf ist abhängig vom Lebensalter aber auch abhängig vom Geschlecht. Frauen haben im gebärfähigen Alter durch den ständig bedingten Blutverlust einen größeren Eisenbedarf.
Eisen ist vor allem in Innereien (besonders Schweineleber), Eigelb und Geflügelfleisch, Fleisch, Fleischwaren und Gemüse enthalten. Spinat jedoch enthält weit weniger Eisen als gemeinhin angenommen wird.
In Zeiten erhöhten Eisenbedarfs (im Wachstum und in den Menses) sollten zusätzlich eventuell Eisenpräparate eingenommen werden.
Der tägliche Eisenbedarf beträgt durchschnittlich für Erwachsene 12 mg (in den Menses 18 mg).

Produkte mit Eisen.

Natrium, Kalium und Chlor werden im allgemeinen mit der Nahrung genügend aufgenommen. Sie üben Einfluß auf die Nierentätigkeit aus.
Zu große Natriumchloridaufnahme (Kochsalz in Speisen, Fertiggerichten) kann zur Belastung des Kreislaufs und zum Anstieg des Blutdrucks führen. Personen mit Neigung zum Bluthochdruck sollten den Natriumgehalt in der Nahrung möglichst gering halten, also weniger Kochsalz verwenden.

Welches Körpergewicht ist ideal?

Zuviel und falsch essen, das wissen die meisten Menschen, ist Ursache fürs Dicksein.
Bei Befragungen in den letzten Jahren hat es sich aber gezeigt, daß übergewichtige Personen die Ursachen des eigenen Übergewichtes oder das anderer Personen unterschiedlich einschätzen. Während bei anderen Personen grundsätzlich das falsche Ernährungsverhalten an erster Stelle genannt wurde (lt. Ernährungsbericht 1980), scheinen sich die Übergewichtigen bei der Beurteilung ihrer eigenen Person gerne ein wenig selbst zu bemogeln (= betrügen). Da wird bei vielen dann als Hauptursache die erbliche Veranlagung und gute Futterverwertung, der besonders schwere Knochenbau oder die schlecht arbeitenden Drüsen als Entschuldigung angegeben. Dieser fromme Selbstbetrug wird natürlich irgendwann aufgedeckt, wenn die Folgen des Übergewichts immer spürbarer werden und vom Arzt der Rat zum Abnehmen erteilt wird.
Wie kann man als Laie nun überhaupt feststellen, ob man das richtige oder falsche Gewicht hat?
Viele sind unsicher, wie das richtige Gewicht errechnet werden kann. Nun hat man sich in der Medizin und Ernährungswissenschaft auf bestimmte Durchschnittswerte geeinigt, bei welcher Körpergröße – je nach Alter und Geschlecht – welches Körpergewicht als richtig oder bedenklich angesehen wird.
Die Statistiker der Krankenkassen und Lebensversicherungsgesellschaften haben mit Hilfe der Mediziner herausgefunden, welche Personen bei welchem Körpergewicht die höchste Lebenserwartung haben, welches Körpergewicht einer durchschnittlichen Lebenserwartung entspricht und bei welchem Körpergewicht die Lebenserwartung sinkt.
Das Gewicht der Personen mit der durchschnittlichen guten Lebenserwartung wird nun als **Normalgewicht** bezeichnet. Die höchste Lebenserwartung hatten allerdings Personen, deren Körpergewicht noch um etwa 10% bei Männern und 15% bei Frauen darunter lag. Dieses Gewicht wurde als **Idealgewicht** bezeichnet. Davon träumen die meisten von uns natürlich nur, denn viele sind froh, wenn sie ihr **Normalgewicht** beibehalten können.
Neuere Erkenntnisse sprechen übrigens dafür, daß ein „Idealgewicht" nicht in jedem Falle das Ideale ist. Wenn der Arzt keine Risikofaktoren nachweisen kann (erhöhter Blutdruck, erhöhte Blutfettwerte u.a.), ist auch ein „Normalgewicht" das richtige Körpergewicht!
Übergewicht hat jeder, der über 10 % mehr wiegt als sein Normalgewicht beträgt. Je mehr er wiegt, um so größer wird die Gefahr, vorzeitig an einer der Krankheiten zu sterben, die durch Übergewicht begünstigt werden. So weit sollten es bewußt lebende Menschen aber möglichst gar nicht kommen lassen und sich beizeiten angewöhnen, ihr Körpergewicht unter Kontrolle zu halten.
Sein richtiges Körpergewicht kann sich jeder selbst errechnen, wenn er keine Tabelle zur Hand hat.
Das Normalgewicht errechnet man, indem von der Körpergröße in Zentimetern die Zahl 100 abgezogen wird. Der übrigbleibende Rest ist, in kg ausgedrückt, das richtige Körpergewicht, wobei Abweichungen von 1–2 kg nach unten oder oben keine Rolle spielen.
Nehmen wir als Beispiel eine männliche Person mit der Körpergröße 170 cm.

170 – 100 = 70 kg (= Normalgewicht)
70 kg – 10 % (= 7 kg) = 63 kg = Idealgewicht
70 kg + 10 % (= 7 kg) = 77 kg = Übergewicht

Wer Übergewicht vermeiden möchte, muß darauf achten, daß mit der täglichen Nahrung nur das an Nährstoffen aufgenommen wird, was der Körper auch verbraucht. Nährstoffe, die durch die verschiedenen Körpertätigkeiten nicht restlos verbraucht werden, erhöhen das Körpergewicht. Denn der Körper legt sich daraus Vorratsdepots in Form von unliebsamen Fettpolstern an.
Wie schnell auch nur ein kleines bißchen an täglich zuviel aufgenommenen Nährstoffen sichtbar wird, mag das folgende Beispiel verdeutlichen.
1–2 Pralinen (etwa 90 kcal/376 kJ) am Tag zwischendurch zusätzlich genascht – oder 1–2 Gläschen Weinbrand am Abend oder zwischendurch getrunken (etwa 90 kcal/376 kJ) – bewirken innerhalb 1 Jahres eine *Gewichtszunahme um 3,5 kg Körpergewicht.* Und stellen wir uns weiter vor, diese Nasch- und Trinkgewohnheit wird über mehrere Jahre beibehalten, ohne daß wir uns körperlich mehr betätigen und verausgaben. Dann würden wir in nur 5 Jahren um 17,5 kg schwerer werden.
Aber nicht nur die im Beispiel angeführten üblichen kleinen Naschereien schlagen auf diese Weise zu Buch. Andere Kleinigkeiten, zwischendurch oder beim Fernsehen geknabbert, wie Erdnüsse und andere Nüsse, Kartoffelchips, Salzgebäck, Bonbons, Schokolade, Kekse usw., das zusätzlich getrunkene Bier, der Wein usw., liefern Energie, die wir bei einer bewußten Ernährungsweise in die Kalorien-/Jouleberechnung miteinbeziehen müssen – sonst geraten wir über kurz oder lang aus der Form.

Abnehmen der Gesundheit zuliebe (Kapitel für Übergewichtige)

Viele von uns möchten dem sofort zustimmen, aber die Durchführung ist nicht so einfach. Und viele bleiben auf dem Weg zum Normal- oder Idealgewicht bereits nach kurzer Anlaufzeit auf der Strecke.

»Wunderkuren« zum Abnehmen gibt es viele. Wirksam sind nur einige, andere sogar gesundheitlich sehr bedenklich. Sie helfen oft mehr den Erfindern der Kuren, die abnehmewilligen Personen dagegen nehmen mehr am Geldbeutel als an Körpergewicht ab.

Man kann sein Körpergewicht natürlich durch mehr Sport und andere Aktivitäten reduzieren. Aber anhand der Tabelle (siehe S. 13) wird auch klar, daß mit zusätzlicher Bewegung allein dem Übergewicht nicht beizukommen ist.

Vor allem bei sportlicher Betätigung in frischer Luft ist anschließend der Appetit meist wesentlich größer als sonst. Wer sein Gewicht verringern will, muß seine Eßgewohnheiten umstellen.

Das ist leichter gesagt als getan, wie jeder weiß, der schon ein- oder mehrmals versucht hat »abzuspecken«. Der Mensch ist ein »Gewohnheitstier« – und die eventuell seit der Jugend eingeübte falsche Art sich zu ernähren läßt sich nicht von heute auf morgen umstellen. Kuren, die ein schnelles Abnehmen garantieren, sollten immer mit großer Vorsicht betrachtet werden. Denn so schnell, wie man abgenommen hat, kann man auch wieder zunehmen, wenn man nach der Abmagerungskur wieder seine altgewohnte Eßweise aufnimmt. Helfen – auf Dauer gesehen – kann tatsächlich nur die konsequente Beibehaltung einer vernünftigen Eßweise nach Erreichung des gewünschten Körpergewichts.

TIPS FÜR ABNEHMEWILLIGE

1. Wer sein Körpergewicht verringern möchte, ansonsten gesund ist, kann am besten durch eine Kost abnehmen, die zeitweise weniger Kalorien/Joule enthält als der übliche tägliche Bedarf beträgt.
2. Abnehmdiäten, die sehr streng sind – also auf ein Minimum an Nährstoffen beschränkt werden –, müssen *unter ärztlicher Aufsicht* erfolgen. Das gilt natürlich auch für Personen, die an bestimmten Krankheiten leiden. Diese sollten auf keinen Fall ohne vorherige Beratung durch den Arzt Abmagerungskuren beginnen.
3. Die FdH-Methode (auf deutsch »Friß die Hälfte«-Methode) sollte durch die IdR-Methode (»Iß-das-Richtige«-Methode) ersetzt werden. Denn es nützt wenig, wenn man von den falschen Nahrungsmitteln nur noch die Hälfte ißt. Um einen dauerhaften Erfolg zu erzielen, müssen die Ernährungsgewohnheiten geändert werden, d.h. »Iß das Richtige« (IdR).
4. Stellen Sie sich nach ihren eigenen Bedürfnissen einen Kostplan zusammen, der eiweißreich ist und alle anderen Nährstoffe enthält. In den einzelnen Kapiteln des Rezeptteils können wegen der Nährwertangaben die Gerichte leicht herausgesucht werden, die nicht zu kalorien-/joulereich sind. Vor allem in den Kapiteln »Singles«, »Kleine Gerichte und Vorspeisen«, »Eierspeisen«, »Salate«, »Gemüse« usw. sind genügend und für jeden Geschmack und Geldbeutel geeignete Vorschläge zu finden.
5. Abnehmen innerhalb der Familie durch vernünftige Auswahl geeigneter Gerichte hat einige unübersehbare Vorteile – die psychische und physische Belastung, die mit vielen der üblichen Abmagerungskuren im Anfangsstadium verbunden ist, bleibt für die ganze Familie erträglich. Denn die Erfahrung, daß derjenige, der abnehmen möchte, meist zuerst nicht an Körpergewicht, sondern an Humor abnimmt – braucht hierbei nicht gemacht zu werden.
   Es ist am Familientisch leichter, eine kleinere Portion von der üblichen Speise zu essen als eine eigene strenge Diät durchzuführen und dabei ständig andere Gerichte vor Augen zu haben. Da gehört zum Durchhalten schon ein gewisser Heroismus.
6. Stark übergewichtige Personen, die viel abnehmen wollen oder auf ärztlichen Rat sollen, kann heute empfohlen werden, sich eventuell einer Selbsthilfegruppe von anderen Übergewichtigen anzuschließen. Die mit dem starken Abnehmen verbundenen Probleme können innerhalb der Gruppe oft besser besprochen und bewältigt werden als alleine zu Hause. Informationen und Beratung über Selbsthilfegruppen kann man über Einrichtungen der Verbraucherberatung, über die DGE (Deutsche Gesellschaft für Ernährung, Frankfurt am Main, Feldbergstraße 28) oder das Bundesgesundheitsministerium (Bonn) erhalten.

EINIGE PRAKTISCHE HINWEISE

Viele kleine Änderungen der Lebens- und Eßgewohnheiten helfen, ohne aufwendige Abmagerungskuren, das Gewicht zu verringern:

1. Beim Einkauf auf kaloriengeprüfte Produkte achten; fettarme Wurst-, Käse- und Fleischsorten bevorzugt auswählen.
2. Speisen nach zeitgemäßen Kochmethoden, also fettarm, vitamin- und nährstoffschonend zubereiten.
3. Viel frisches Obst, Salate, Rohkost, Gemüse in den täglichen Speiseplan einbeziehen.
4. Auf kalorienreiche Naschereien, wie Schokolade, Kuchen, Nüsse, Salzgebäck, zwischendurch und abends verzichten, den Alkoholkonsum einschränken.
5. Kalorienfrei sind nur Tee und Kaffee (ohne Milch und Zukker) und Mineralwasser. Eventuell anstelle von reinem Zukker Süßstoff (ohne Kalorien) zum Süßen verwenden. Getränke wie Limonade, Cola, Fruchtsäfte, enthalten viel Zucker.
6. 5 oder mehr kleine Mahlzeiten zu sich nehmen, dann ist der Magen ständig beschäftigt – aber nicht überlastet, die Hungergefühle sind nicht so stark.
7. Die Mahlzeiten in Ruhe einnehmen und die Speisen sehr gründlich kauen. Ihr Sättigungswert ist größer als bei hastig verzehrten.
8. Ein liebevoll gedeckter Tisch oder ein freundlicher Eßplatz erhöhen den Eßgenuß. Darauf auch nicht verzichten, wenn man die Mahlzeiten alleine einnimmt.
9. ... und wie schon auf Seite 13 hingewiesen: Wer sich zusätzlich Bewegung verschafft, verbraucht mehr Energie.

Kinder lernen richtig essen (oder: Erziehungsbemühungen mit ungewissem Ausgang)

Viele Untersuchungsergebnisse aus dem Bereich der Ernährungs- und Verhaltensforschung weisen darauf hin, daß die Eßgewohnheiten in der Kindheit entscheidend geprägt werden. Falsch eingeübtes Ernährungsverhalten in der Kinderzeit führt nicht nur bei Kindern und Jugendlichen selbst zu Fehlernährung, sondern ist auch bei vielen Erwachsenen die Ursache für viele Krankheiten. Kinder sollen deshalb so früh wie möglich an eine richtige und gesunde Art der Ernährung gewöhnt werden; denn auch hier gilt, wie in anderen Erziehungsbereichen, »was Hänschen nicht lernt, lernt Hans nimmermehr« oder doch nur noch mit großen Schwierigkeiten.
Nun ist das so eine Sache mit der Erziehung zu richtigen Eßgewohnheiten, die heutigen Erkenntnissen der Ernährung entsprechen und kindgerecht sind.
Aus eigener Erfahrung – nicht nur als mal gewesenes Kind, sondern auch als Mutter – weiß ich, wie schwierig es ist, Kinder zu vernünftigem Eßverhalten zu bewegen. Unsere kleinen und größeren Lieblinge zeigen häufig andere Vorlieben als erwartet und entwickeln schon frühzeitig eigene Vorstellungen, was ihnen schmeckt und was nicht. Frisches Obst, Salate und Gemüse, Milch oder leckere Quarkspeisen, von verantwortungsvollen Müttern und Vätern angeboten, werden von den Sprößlingen manchmal oder zeitweise als völlig ungenießbar angesehen und, eventuell mit Argumenten wie »Aber Mami, ich habe doch heute schon ein Apfel-Vitamin gegessen« abgelehnt. Meist gehört eine große Portion elterlicher Geduld, gute Nerven und pädagogisches Geschick dazu, die gesunde Kost auch an das Kind zu bringen. Eigenes gutes Vorbild hilft da nicht immer sofort, schafft allerdings auf Jahre gesehen doch eine gute Voraussetzung zur eventuellen Nachahmung.
Natürlich gibt es unter den Kindern auch die vernünftigen Ausnahmen, wie mir manchmal von Eltern versichert wird, die von klein auf alle gesunden Nahrungsmittel gerne essen und mit den schädlichen Süßigkeiten wenig im Sinn haben. Leider treffe ich allerdings mehr auf Kinder, die die fatale Eigenart haben, zu meinen, man könne sich sechs- oder mehrmals in der Woche von Spaghetti mit Tomatensoße, Tomatensoße mit Spaghetti ernähren und höchstens noch Fischstäbchen mit Pommes frites und Ketchup als Ausnahme akzeptieren.
Kinder sind zeitweise in ihrem Eßverhalten viel konservativer als die »vernünftigen« Erwachsenen. Neue Speisen werden durchaus nicht mit der sonst üblichen Neugierde aufgenommen.
Solange dieses Eßverhalten kein Dauerzustand wird, können Eltern es nur mit Humor tragen und hoffen, daß die Spaghetti-Tomatensoße-Kinderkrankheit schnell vorbeigeht. Bedenklich wird es allerdings, wenn bestimmtes Ernährungsverhalten beibehalten und dann durch Schule oder Freizeitgruppen verstärkt wird. Die Hamburger-Pommes-frites-Cola-Kultur der Jugendlichen kann ebenfalls nicht als richtige Ernährung bezeichnet werden.
Eltern müssen hier versuchen, den nötigen Ausgleich zu schaffen, damit die körperliche Entwicklung der Kinder und Jugendlichen nicht gestört wird. Das ist nicht immer einfach, aber die folgenden Hinweise geben einige Anregungen, wie richtiges Eßverhalten vermittelt werden kann.

Spaghetti mit Tomatensoße ist die Lieblingsspeise vieler Kinder.

TIPS FÜR DIE FAMILIE

- Wenn Kinder bestimmte Speisen ablehnen, überlegen, ob die Art der Zubereitung und die Auswahl der Gerichte auch kindgerecht sind. Kinder haben einen anderen Geschmack und durch das Wachstum bedingt auch andere körperliche Bedürfnisse als Erwachsene.
- Die meisten Kinder mögen z.B. keine zu scharf gewürzten Gerichte, da ihre Geschmacksnerven noch nicht so abgenutzt und verbildet sind wie die von Erwachsenen.
- Bei der Aufstellung des Speiseplans auch die Wünsche der Kinder nach bestimmten Gerichten mit einbeziehen. Im Rezeptteil (auch Kapitel »Single«) sind die mit dem Zeichen 🍎 versehenen Rezepte besonders gut geeignet.
- Die Kinder schon frühzeitig beim Vorbereiten und Kochen der Gerichte helfen lassen, so lernen sie spielend die richtigen Zubereitungsmethoden kennen.
- 5 kleinere anstelle von 3 großen Mahlzeiten sind für Kinder, Jugendliche und Erwachsene gesünder, der Körper wird gleichmäßiger mit Nährstoffen versorgt.
- Kindern – und Erwachsenen – macht das Essen in einer harmonischen Atmosphäre und an einem schön gedeckten Tisch auch Freude, hastiges Essen bekommt niemandem.
- Kinder zum Leeressen des Tellers zu zwingen, wenn sie satt sind, ist abzulehnen, denn zu viel essen führt zu Übergewicht, und übergewichtige Kinder sind anfälliger gegen Krankheiten als schlanke Kinder.

Thema Süßigkeiten

Um das Thema kommen verantwortungsvolle Eltern leider nicht herum; denn fast alle Kinder (und auch Erwachsene) bevorzugen die Geschmacksrichtung süß. Problematisch ist häufig die Menge der Süßigkeiten, denen Kinder heute ausgesetzt sind. Auch wenn man nicht selbst die Angewohnheit hat, die eigenen Kinder mit Bonbons, Lutschern, Schokolade usw. zu füttern, viele Erwachsene – wie Verwandte, Bekannte, freundliche Geschäftsleute – dokumentieren ihre Kinderliebe durch süße Geschenke. Sogar Zahnärzte haben manchmal die schlechte Angewohnheit, die Kinder mit Bonbons zu »belohnen«, wenn sie bei der Kariesbehandlung stillgehalten haben.
Gegen süß an sich wäre kaum etwas einzuwenden, wenn der übermäßige Genuß auf Dauer gesehen nicht zu bestimmten Erkrankungen führt. Übergewicht und Zahnkaries sind z.B. die Folgeerscheinungen von zu großem Zuckerkonsum von Kindern und Erwachsenen.
Kinder sehen es natürlich nicht ein, wenn Süßigkeiten generell verboten werden. Man kann sie aber zu einem etwas bewußteren und vernünftigen Umgang mit Süßigkeiten bewegen. Süß – aber gesünder als Bonbons und Lutscher – sind z.B. frische Früchte, Obstsäfte, Milchmixgetränke, süße Quark- und Joghurtspeisen.
Wenn schon Nougatcreme aufs Frühstücksbrot muß, dann zumindest auf Vollkornbrot und obendrauf ein Löffel Quark oder 1 Apfel dazu.
Wichtig ist vor allem, einen Ausgleich mit Speisen zu schaffen, die reich an lebensnotwendigen Aufbaustoffen, Vitaminen und Mineralstoffen sind.

Und nach dem Essen von Süßigkeiten nie das Zähneputzen vergessen, gleich, ob zwischendurch, am Tag oder abends.

Wie werden Kinder richtig ernährt?

Jedes Alter, angefangen von der Geburt bis hin zum Erwachsenen, stellt andere Anforderungen an die Ernährung. Richtige Ernährung ist für die körperliche und geistige Entwicklung der Kinder von entscheidender Bedeutung. Der kindliche Körper kann die schwere Aufbauarbeit der mit dem Wachsen verbundenen Anforderungen nur leisten, wenn mit der Nahrung alle notwendigen Aufbaustoffe zugeführt werden.
Die Kost der Kinder sollte deshalb besonders reich an lebensnotwendigen Baustoffen wie Eiweiß sein, außerdem viel Mineralstoffe und Vitamine enthalten.
Eiweiß ist zum Aufbau besonders wichtig, es stärkt die Konzentrations- und Leistungsfähigkeit der Kinder. Fett und Kohlenhydrate liefern die Energie für den kindlichen Organismus. Mineralstoffe, wie Calcium zum Aufbau des Knochengerüstes und der Zähne und Eisen zur Bildung des Blutfarbstoffes, sind unentbehrlich. Vitamine fördern das Wachstum und die Widerstandsfähigkeit.
Der Bedarf in den einzelnen Wachstumsphasen ist unterschiedlich.
Der Nährstoffbedarf bzw. die daraus gewonnene Energiemenge richtet sich nicht nur nach dem Alter der Kinder und Jugendlichen. Körpergröße und Gewicht bestimmen den individuellen Energiebedarf mit.

Thema Süßigkeiten.

Richtiges Eßverhalten fördert das Wohlbefinden

Mediziner und Ernährungsphysiologen weisen gerne darauf hin, wie wichtig richtiges Eßverhalten für die Ernährung und das körperliche Wohlbefinden ist.
Aber auch ohne wissenschaftliche Bestätigung kann jeder selbst herausfinden, daß man sich nach einer in Ruhe eingenommenen Mahlzeit seelisch und körperlich besser fühlt als nach einem in Hetze heruntergeschlungenen Schnellimbiß. Essen unter Zeitdruck wird von den Menschen als unangenehm empfunden. Trotzdem gibt es Situationen, in denen der größte Hunger schnell am Imbißstand mit Hamburgern und Pommes gestillt wird. Zur Gewohnheit sollte dieses Eßverhalten aber nicht werden.
Essen ist zwar eine tägliche Notwendigkeit, aber wie und was wir essen, trägt viel zu unserem Wohlbefinden bei. Ein schön gedeckter Tisch, eine liebevoll zubereitete Mahlzeit in einer entspannten Atmosphäre und bei angenehmer Gesellschaft tragen dazu bei, sich gut zu fühlen. Das Essen macht dann mehr Spaß und bekommt auch besser.
Jahrhundertelang war es üblich, die Mahlzeiten mit mehreren Personen am häuslichen Tisch einzunehmen. Erst durch die Industrialisierung – und der damit verbundenen Trennung von privater Wohnwelt und der Arbeitswelt – wurde diese Tischgemeinschaft aufgelöst. Heute nimmt etwa jeder 2. Berufstätige mindestens 1 Mahlzeit außer Haus ein (in Betriebs- und Werkskantinen, Gaststätten). Und die Versorgung durch diese Gemeinschaftsverpflegung nimmt noch weiter zu.
Die alte Tischgemeinschaft ist in vielen Familien an den Arbeitstagen oft nur noch auf die Mahlzeit am Abend beschränkt. Anders sieht es am Wochenende aus, wo meist mehr Zeit da ist, um die Mahlzeiten in Ruhe einzunehmen. Diese Zeit sollte in Partnerbeziehungen und in der Familie auch genutzt werden.
Natürlich gibt es sehr viele Personen, die alleine leben und ihre Mahlzeiten ohne Gesprächspartner einnehmen. Der folgende Rat für Singles – gegeben im Jahr 1832 von Karl Julius Weber – hat auch heute noch Gültigkeit:

> »Nichts ist ungesünder, als alleine zu speisen, seinem bloßen werten ICH gegenüberzusitzen und dabei zu lesen oder gar zu denken.«

Nun, auf das Denken muß man auch als Single nicht unbedingt verzichten, das Lesen beim Essen sollte man aber doch besser unterlassen. Denn Essen ist für alleinlebende Personen genausowenig eine Nebensache wie für »paarweise« auftretende Menschen, sondern Grundlage für körperliches Wohlbefinden. Auch für sich selbst lohnt sich die Zubereitung einer vollständigen und vollwertigen Mahlzeit, die in Ruhe und an einem schön gedeckten Eßplatz eingenommen werden soll.

Die Tagesmahlzeiten

Anstelle der traditionellen Mahlzeiten Frühstück, Mittag- und Abendessen wird empfohlen, die Aufnahme der Nährstoffe gleichmäßiger über den Tag zu verteilen. 5–6 kleinere Mahlzeiten sind gesünder als 2 Hauptmahlzeiten. Denn die großen Mahlzeiten belasten den Kreislauf mehr als kleinere Mahlzeiten. Die Verdauungsorgane werden bei mehreren kleinen Mahlzeiten gleichmäßiger beansprucht, es treten keine Völlegefühle oder starke Müdigkeit nach dem Essen auf.

- Kleine Mahlzeiten gleichen die Zwischentiefen während des Tages – bei Arbeit, Schule, Sport – besser aus, die körperliche Leistungskraft sinkt nicht so stark ab.
- Kleine Mahlzeiten beschäftigen den Magen ständig. Dadurch werden die Hungergefühle nicht so stark. Man ißt zu den Hauptmahlzeiten weniger und ist auch zwischendurch weniger versucht, sich mit kalorienreichen Naschereien zu verwöhnen!

Vorschlag für ein Frühstück.

Das Frühstück

Die erste Tagesmahlzeit am Morgen ist so wichtig, daß niemand darauf verzichten soll. Mit einem vollwertigen Frühstück beginnt der Tag besser.
Es gibt Mitmenschen, die morgens langsamer in Schwung kommen als andere. Häufig hilft es, wenn erst einmal 1 Tasse Kaffee oder Tee getrunken wird und dann 1/2–1 Stunde später das Frühstück erfolgt.
Ein vollwertiges Frühstück besteht nicht nur aus einem in Eile gegessenen Marmeladenbrötchen und einer Tasse Kaffee. Zu einem vollwertigen Frühstück gehört eine abwechslungsreiche Kost, die genügend Eiweiß, viel Vitamine und Mineralstoffe enthält.
Ein Frühstück, das z.B.

> Vollkornbrot/Brötchen mit Butter, Wurst, Käse, Schinken oder Quark mit Honig, gekochte Eier, Spiegelei, frisch gepreßte vitaminreiche Fruchtsäfte, Joghurt, Müsli mit frischem Obst, Milch oder Kakaogetränke

enthält, gibt eine ausgezeichnete Grundlage für den Tag. Dabei kann nach Appetit und Nährstoffbedarf die Auswahl zwischen verschiedenen Kombinationen getroffen werden.
Zeit, um in Ruhe zu frühstücken, sollte sich jeder nehmen. Wer nicht auf die letzte Minute aufsteht, hat auch vor Beginn der Tagesarbeit oder Schule noch Zeit zum Essen.

2. Frühstück/Zwischenmahlzeiten
Wer eventuell sehr früh das Haus verlassen muß, kann sich mit einem kleinen Frühstück begnügen, dafür das 2. Frühstück mit mehr Ruhe einnehmen; oder ein Teil des 1. Frühstücks wird am späten Vormittag gegessen, um die Zeit bis zum Mittagessen leichter zu überbrücken.
Als Zwischenmahlzeit (vormittags/nachmittags) können z. B. 1 Stück Obst oder 1 Joghurt gegessen werden.

HINWEIS:
Kinder im schulpflichtigen Alter sollten besonders gut frühstücken. Leider sieht die Realität da anders aus, denn ein großer Teil der Kinder kommt heute in die Schule, ohne gefrühstückt zu haben – und ohne ein vernünftiges Pausenbrot –, dafür aber mit Geld für Süßigkeiten und Pommes frites versehen.
Bei dieser Fehlernährung brauchen sich Eltern nicht über mangelnde Leistungsfähigkeit oder fehlendes Konzentrationsvermögen zu wundern. Kinder brauchen eine besonders ausgewogene Ernährung, gerade in Wachstumszeiten und bei starken Schulanforderungen.

Mittagszeit – Essenszeit
Wenn's mittags 12 schlägt, ist für die meisten Mitteleuropäer die Welt nur in Ordnung, wenn sie sich einer ihrer beliebtesten Beschäftigungen – dem Essen – widmen können. Zwar sieht die Mittagsmahlzeit in den Familien in verschiedenen Ländern unterschiedlich aus. Bei der Außerhausverpflegung in Kantinen, Schnellimbissen oder Snackbars der Großstädte gibt es die großen Unterschiede jedoch nicht.
In den Großstädten und Ballungsgebieten wird bei uns häufig das Mittagessen nur noch von älteren Menschen und Hausfrauen mit Kindern zu Hause eingenommen.
Je nach Nährstoffbedarf (bedingt durch Arbeitsbelastung, Körpergröße, Alter usw.) soll das Mittagessen leicht oder auch mit gehaltvolleren Gerichten zusammengestellt sein. Beispielsweise so:
Vorspeise: Es kann eine leichte Suppe (Brühe oder gebundene Suppe), ein appetitanregender Gemüsesaft, frische Rohkost oder Salat gereicht werden.
Hauptgericht: Der Hauptgang kann ein Fleisch-, Geflügel-, Fisch- oder Gemüsegericht mit Beilagen sein; oder ein Eintopf mit Einlage.
Nachspeise: Frischer Obstsalat oder frische Früchte, Kompott, Quarkspeise oder Flammeri können den Abschluß der Mahlzeit bilden.
Die Zusammenstellung der Mittagsmahlzeit richtet sich nach den Arbeitsbedingungen, dem Haushaltsbudget und dem Nährstoffbedarf. Es kann dabei z.B. auch auf eine Vorspeise oder den Nachtisch verzichtet werden.

HINWEIS
In Familien mit schulpflichtigen Kindern richten sich die Essenszeiten häufig nach dem Ende des Unterrichts. Dabei kann es vorkommen, daß einzelne Familienmitglieder zu unterschiedlichen Zeiten essen müssen. Das oft praktizierte Aufwärmen von Resten für die später kommenden Personen sollte möglichst vermieden werden. Vor allem Kartoffeln und Gemüse verlieren durch längeres Stehenlassen und das Aufwärmen wichtige Vitamine. Es ist dann besser, einfache Schnellgerichte für die später kommenden Personen herzustellen (Vorschläge z.B. im Kapitel »Single«) oder Fleischgerichte durch eine frisch zubereitete Rohkost oder Obst aufzuwerten.

Zwischenmahlzeit – nachmittags
Die Kaffee- oder Kakaopause am Nachmittag gibt nochmals Gelegenheit, etwas Energie für den Nachmittag zu tanken. Ein kleiner Imbiß zum Kaffee, Tee oder Kakao kann z.B. aus Knäckebrot oder Vollkornbrot mit Butter und Honig oder Konfitüre zu einer Portion Quark bestehen. Auch frisches Obst oder Joghurt sind dabei empfehlenswerter als kalorienreiche Tortenstücke oder Kuchen. Man kann natürlich auch ein leichtes Gebäck – wie Biskuit – herstellen und mit einer Fruchtquarkcreme füllen.

Abendessen und Spätimbiß
Das Abendessen ist die Mahlzeit, die von den meisten Menschen zu Hause – in der Familie – eingenommen wird.
Das Abendessen hat eine wichtige Funktion als Ergänzungsmahlzeit, wenn tagsüber außerhalb im Betrieb, Kindergarten oder Hort gegessen wurde. Es kann aber auch die Hauptmahlzeit des Tages sein, wenn die übrigen Mahlzeiten nur klein waren.
Als warme Hauptmahlzeit sollte das Abendessen nicht zu spät eingenommen werden. Möglichst zwischen 18 und 19 Uhr, da sonst Einschlafbeschwerden auftreten können.
Viel frische Kost – Salate, Rohkost, Gemüse – sollte mit eingeplant werden.
Je nach Lebensgewohnheiten besteht eventuell am späteren Abend nochmals das Bedürfnis nach einem kleinen Imbiß. Dieser sollte dann leichtverdaulich sein, um das Einschlafen nicht zu erschweren. Eine leichte heiße Suppe mit pikantem Salat oder belegte Brote sind gut geeignet.

HINWEIS
Knabbereien oder Getränke beim Fernsehen oder vor dem Schlafengehen müssen bei der Nährwertberechnung berücksichtigt werden. Sie sind meist sehr kalorien-/joulereich (Nüsse, Chips, Pralinen, alkoholische Getränke usw.) und bewirken im Laufe der Zeit die Entstehung von unerwünschten Fettpölsterchen.

Rund um den Tisch

Ein schön gedeckter Tisch hat schon immer mit dazu beigetragen, sich mit mehr Freude und Erwartung zur Mahlzeit hinzusetzen. Ein liebevoll gedeckter Tisch sollte auch nicht nur den festlichen Anlässen vorbehalten sein. Jeder hat heute die Möglichkeit, mit geringem Zeitaufwand den Tisch für die täglichen Mahlzeiten farbenfroh und stimulierend für die Augen und das Wohlbefinden zu decken.
Pflegeleichte Tischwäsche, Geschirr, Gläser, Bestecke gibt es in großer Auswahl, den schönsten Dekors und zu durchaus erschwinglichen Preisen. Da ist es leicht, auch den Familientisch oder Eßplatz im Kleinhaushalt zu den täglichen Mahlzeiten so zu decken, daß sich das Auge bereits freuen kann, bevor die Speisen serviert werden.

Der Alltagstisch
wird im Klein- oder Familienhaushalt je nach Lebensgewohnheit mehr oder weniger aufwendig gedeckt. Eine rustikale Tischdecke oder farbige Sets auf einem schönen Holztisch werden heute von vielen bevorzugt, dazu passende einfache Geschirre und Bestecke verwendet. Ob mit oder ohne Serviette gedeckt wird, ob zum Frühstück ein Holzbrett mit Kaffeetasse und Untertasse als Platzgedeck verwendet wird, richtet sich nach dem persönlichen Empfinden.
Problematischer empfinden es viele Personen, den Tisch dagegen »richtig« zu decken, wenn Gäste erwartet werden. Gleich, ob es sich bei den Gästen um nahe Verwandte, Freunde oder Bekannte handelt, möchte man es als Gastgeberin/Gastgeber gerne besonders gut machen. Aber auch das »richtige« Tischdecken braucht niemanden in Panik zu versetzen. Es gibt dabei einige Grundregeln zu beachten, so daß auch beim ersten Male alles reibungslos klappen kann.

Einfaches Frühstücksgedeck.

Festlich gedeckter Frühstücksplatz.

Der festlich gedeckte Frühstückstisch
Der Sonntag, Geburtstage in der Familie, Jahresfeste wie Weihnachten und Ostern sind Anlässe, den Frühstückstisch festlicher als alltags zu decken. Ein farbiges oder weißes Tischtuch mit dem passenden Kaffeegeschirr ist Grundlage. Blumen- oder Tannenschmuck mit Kerzen wird je nach Anlaß gewählt.
Wird das Frühstück als Brunch (kommt von breakfast + lunch = Frühstück + Mittagessen) kombiniert, müssen für die vorgesehenen kleinen Gerichte zusätzliche Eßbestecke aufgelegt werden.
Bei einem festlichen Sektfrühstück dürfen die benötigten Sektgläser nicht vergessen werden.

Festliches Platzgedeck.

Die festlich gedeckte Kaffetafel
wird am häufigsten für die zwanglosen kleinen Nachmittagseinladungen benötigt.
Ein weißes oder farbiges, zum Geschirr passendes Tischtuch ist Grundlage der Kaffeetafel. Wie beim Frühstück wird der Kuchen-/Platzteller in die Platzmitte gestellt, Kaffeetasse und Untertasse rechts oberhalb. Der Kaffelöffel liegt rechts neben dem nach außen weisenden Tassenhenkel. Die Kuchengabel liegt rechts neben dem Kuchenteller oder wird mit der Serviette auf den Teller gelegt.
Milch- oder Sahnegießer und die Zuckerdose werden auf den Tisch gestellt. Kaffee- oder Teekanne können je nach vorhandenem Platz auf einem Wärmestövchen mit auf der Kaffeetafel stehen oder auf einem Servierwagen (Beistelltischchen). Teller mit Kuchen, Gebäckschale oder Platte mit Torte werden nach vorhandenem Platz mit auf die Kaffeetafel gestellt oder angereicht.
Kuchen sollte bereits in der Küche in handliche Portionsstücke geschnitten werden. Torten, vor allem solche mit kunstvoll gespritzter Garnierung, werden erst im Ganzen gezeigt, dann geschnitten.

TIP

Beim Schneiden von Torten mit Schokoladenüberzug oder Buttercreme- und Sahnefüllungen das Messer erst in heißes Wasser tauchen. Das Schneiden ist dann problemloser.

Die festlich gedeckte Tafel
Anlässe zu einem Festessen können die Feste der Jahreszeiten oder Familienfeiern, wie Verlobung, Hochzeit, Taufe, Jubiläen, sein. Die Art des Festtagsgedeckes richtet sich nach den ausgewählten Speisen. Bei einer einfachen Speisefolge, die z.B. aus einer Suppe, Hauptgericht und Nachspeise besteht, wird in der gleichen Art gedeckt wie zu sonst üblichen Mahlzeiten. Einziger Unterschied: Man wählt das »gute Eßgeschirr und Besteck« und besonders schöne Gläser. Bei mehrgängigen Menüs benötigt man entsprechend mehr Geschirr und Bestecke.
Was bei der Vorplanung und Vorbereitung einer festlich gedeckten Tafel zu beachten ist, vermitteln die folgenden Grundregeln.

Grundregeln für das Tischdecken

1. Rechtzeitig vor einem geplanten Festessen prüfen, ob für die Gästezahl und das vorgesehene Menü genügend Geschirr, Gläser und Bestecke vorhanden sind und ob die Tische und Tischtücher ausreichen. Fehlendes ergänzen oder ausleihen. Tischkarten oder Speisekarten schreiben.
2. Beim Vorbereiten der Festtafel bedenken, daß jeder Gast so sitzen muß, daß beim Essen genügend Bewegungsraum vorhanden ist. 60–80 cm Tischkante pro Person (füllige Personen brauchen mehr Platz!) ist das Mindeste. Werden mehrere Tische zu einer großen Tafel aneinandergeschoben, möglichst keine Gedecke bei den Tischbeinen auflegen – niemand kann dort bequem sitzen.

3. Falls vorhanden, Moltontücher (eventuell auch ein Biberbettuch) unter die großen Tafeltücher legen, die Übergänge werden dadurch sanfter kaschiert und die Tafeltücher verrutschen nicht.
4. Geschirre, Bestecke und Gläser vor dem Gebrauch noch einmal mit einem Tuch ausreiben.
5. Geschirre (Platz- oder Eßteller) und Bestecke werden so aufgelegt, daß die Unterkanten etwa 1 cm – oder 1 Finger breit – von der Tischkante entfernt sind. Grund: Beim Platznehmen fällt so leicht nichts herunter!
6. Die Bestecke werden in der Reihenfolge des Gebrauchs aufgelegt – von außen nach innen. Was zuerst gebraucht wird, liegt rechts außen, das für den späteren Gang vorgesehene Besteck innen. Die Messerschneiden zeigen immer nach innen.
7. Für Gläser gilt das Gleiche. Sie stehen rechts oberhalb des Tellers, die später benötigten weiter nach innen. Also z.B. das Weißweinglas für die Vorspeise oben rechts hinstellen, das Rotweinglas für den Hauptgang mehr nach innen.
8. Je nach Anzahl der Speisefolgen kann ein Platzteller (= großer flacher Teller/Eßteller) aufgelegt werden, auf den dann der Vorspeisenteller oder die Suppentasse mit Untertasse gesetzt werden – oder eine große Stoffserviette wird in die Platzmitte gelegt, recht, links und oberhalb davon werden die Bestecke aufgedeckt. Der für den warmen Hauptgang vorgesehene Eßteller sollte möglichst vorgewärmt aufgedeckt werden.
9. Salatschüsselchen oder kleine Teller für Brot und Butter stehen links neben dem Platzgedeck.
10. Blumenschmuck und Kerzen gehören zur festlich gedeckten Tafel. Sie sind dem Anlaß entsprechend dezent oder sehr aufwendig gestaltet. Man sollte aber immer bedenken, die Blumen so flach zu stecken, daß sich alle Tischgäste sehen können. Das sprichwörtliche »Durch-die-Blume-Reden« sollte beim Festessen vermieden werden. Hohe Vasen mit Blumendekoration können nur als Hintergrundschmuck für kalte Büfetts verwendet werden.
11. Servietten aus Stoff (oder Zellstoff) sind oft dekorativer Schmuck einer Festtafel. Eine einfach gefaltete Serviette sieht zwar weniger dekorativ aus, ist aber hygienischer. Denn je kunstvoller die Servietten gefaltet sind, um so mehr müssen sie vor dem Gebrauch mit den Händen berührt werden. Im Familien- und engen Freundeskreis wird niemand etwas dazu sagen, bei offizielleren Essen ist es besser, auf starkes Falten zu verzichten.
12. Speisen werden vor dem Servieren in der Küche fertig abgeschmeckt. Pfeffer- und Salzstreuer gehören deshalb nicht unbedingt auf die Festtafel. Ausnahme sind Salatsoßen, Öl oder Essig, falls erst bei Tisch nach eigenem Geschmack mariniert wird.
13. Aschenbecher gehören nicht auf eine Festtafel. Man kann bei einem Essen auch von starken Rauchern erwarten, daß nicht zwischen den einzelnen Gängen geraucht wird. Denn es ist für Kinder und Nichtraucher unangenehm, durch Rauch beim Essen belästigt zu werden. Und bekanntlich werden durch das Rauchen die Geschmacksnerven so beeinflußt, daß feine Geschmacksunterschiede des Festessens nicht mehr bemerkt werden. Wer rauchen will, kann das im Anschluß an das Essen tun.

Das Anreichen und Abdecken

Es ist bei einem mehrgängigen Festessen im größeren Kreis mit etwas Aufwand verbunden. Fertige Speisen, z.B. Vorspeisen oder gefüllte Suppentassen, werden von rechts aufgedeckt. Platten mit Fleisch, Geflügel oder Fisch werden von links angereicht, damit sich der Gast selbst bedienen kann – oder auch von links vorgelegt. Im Familienkreis können die Platten auch so weitergereicht werden. Schüsseln mit Gemüse und Beilagen, eventuell auch Soßen, werden auf den Tisch gestellt.
Abgedeckt wird zwischen den einzelnen Gängen von rechts, ebenso werden Getränke von dieser Seite eingegossen und nachgeschenkt.

Sitzordnung bei Tisch

Bei kleinen familiären Essen wird die Sitzordnung meist zwanglos gehandhabt, bei großen Festessen aber auch heute noch eingehalten.
Bei kleinen Festen werden die Ehrenplätze, links neben der Gastgeberin und rechts neben dem Gastgeber, den ältesten oder Ehrengästen vorbehalten. Den Ehrengästen wird der Platz meist angeboten, die übrigen Gäste können – falls keine Tischkarten aufgestellt sind – den Platz frei wählen.
Bei offiziellen Festessen (z.B. Hochzeit) dagegen gibt es eine feste Tischordnung.
Das Brautpaar sitzt nebeneinander, rechts und links vom Paar die Brauteltern. Im Anschluß daran die Großeltern, übrige Familienmitglieder und enge Freunde der Familien. Ehepaare sitzen sich getrennt gegenüber, junge, noch unverheiratete Paare nebeneinander.
Bei der Planung eines größeren Festessens ist es sinnvoll, wenn eine Liste der zu erwartenden Gäste aufgestellt und auch die Sitzordnung festgelegt wird. Tischkarten erleichtern es jedem Gast, den vorgesehenen Platz leicht zu finden.

Getränke zum Essen

Was paßt wozu?

Welches Getränk wozu getrunken wird, ist heute nicht mehr so strengen Regeln unterworfen wie früher. Ob Bier oder Wein getrunken wird, ist persönliche Geschmackssache und sollte nicht unbedingt als Stilbruch gewertet werden. Trotzdem wird bei den meisten Menschen zu festlichen Menüs Wein als Getränk bevorzugt. Wer also ein solches Essen plant, muß sich als Gastgeber rechtzeitig überlegen, welcher Wein zur ausgewählten Speisefolge harmoniert.
Zu den unterschiedlichen Speisen können auch verschiedene Weine gereicht werden. Allerdings ist es bekömmlicher, nicht zu viele verschiedene Sorten anzubieten. Bei mehr als zwei verschiedenen Weinen wird es auch für Kenner schwierig, feinere Unterschiede zwischen den Speisen und den Weinen herauszuschmecken. Es ist dann besser, zum Neutralisieren der Geschmacksnerven Tafelwasser anzubieten.

Diese Getränke passen zu:

Vorspeisen wie	
kalten Salaten, Canapés	trockene Weißweine (Mosel, Saar, Rhein)
Austern, Krabben, Hummer	Sekt, Champagner, weißer Burgunder (trockene Sorten)
Lachs, Krebse, Kaviar, Fischspezialitäten	eiskalter Aquavit, klare Schnäpse, Wodka
Suppen	werden keine Getränke gereicht, Ausnahme bei Spezialitäten wie
klare Ochsenschwanzsuppe	evtl. Sherry oder Madeira dazu.
Pasteten mit	
Geflügel- oder Fischfüllung	trockene Weißweine (Bordeaux, Baden, Rheinwein)
Wild- oder Wildgeflügelfüllung	leichte oder volle Rotweine oder Rosé, (Baden, Burgund)
gekochtem Fisch	leichte, spritzige Weißweine
gebratenem Fisch	mittelschwere Weißweine (Rheingau, Rheinhessen, Rheinpfalz)
Geflügel (Huhn, Pute)	Rosé oder mittelschwere Weißweine
Geflügel (Gans, Ente, Wildgeflügel)	leichter oder voller Rotwein, Bier
Lamm	leichter Rotwein, Rosé (italienisch, französisch)
Hammel, Wild und Rindfleisch	kräftiger Rotwein (Bordeaux, Rhone, Burgund)
Schweinefleisch	leichter Rotwein, Bier, aber auch Weißwein
Kalbsbraten und Kalbfleisch	leichte Weißweine (von Rhein und Mosel, Pfalz) und Rosé
kräftiger Hausmannskost	Bier, evtl. Schnäpse
Dessert	süße Weine, wie Portwein, Madeira oder Spätlese, evtl. Sekt oder Champagner (halbtrocken)
Käse	je nach Sorten volle Weiß- oder Rotweine (deutscher Käse mit deutschem Wein, frz. Käse mit frz. Wein); evtl. auch Bier

HINWEISE

Gute Gastgeber bedenken immer, daß genügend alkoholfreie Getränke zur Wahl stehen, z.B. Tafelwasser, Gemüse- oder Fruchtsäfte, Erfrischungsgetränke.
Weitere Anregungen für die Getränkewahl sind jeweils bei den Rezepten im Kochteil zu finden!
Bei Menüs, die bestimmte Landesspezialitäten enthalten, sollten die typischen Weine gewählt werden.

Weintemperatur

Jeder Wein schmeckt dann am besten, wenn er beim Servieren die richtige Temperatur hat. Ein eiskalt getrunkener Rotwein hat keine »Blume«, ein lauwarm servierter Weißwein verliert ebenfalls die typischen Eigenarten und schmeckt fade.
Weißwein schmeckt am besten, wenn er mit einer Temperatur zwischen 10 und 12° C serviert wird, ein leichter Rotwein mit einer Temperatur von etwa 12° C, ein schwerer Rotwein mit Temperatur zwischen 15 und 18° C, Roséwein bei 12–13° C. Weinkenner vermeiden es, Weißwein schnell herunterzukühlen. Er wird entweder zwei Stunden vor Gebrauch in den Kühlschrank gelegt (nie ins Tiefkühlfach!!) oder unter fließendem kalten Wasser langsam heruntergekühlt.
Rotwein schmeckt am vollsten, kann seine Blume am besten bei Zimmertemperatur (d.h. maximal 18°C) entfalten. Er gehört nicht in den Kühlschrank! Man läßt ihn langsam temperieren – je nach Jahreszeit und Zimmertemperatur wird er 2–12 Stunden vor Gebrauch bereitgestellt.

TIP

Beim Einschenken von Wein die Gläser nicht zu voll einschenken. Die Blume (das Bukett, der Duft) des Weines kann sich besser entfalten, kommt eher zur Geltung, wenn das Glas nicht zu voll ist.

Einiges Wissenswertes über den Wein

Wein als Getränk zu alltäglichen oder festlichen Gerichten hat in den letzten Jahren an Beliebtheit gewonnen. Doch Wein ist nicht gleich Wein, sondern von sehr unterschiedlichem Geschmack, Qualität und Preis. Über den Geschmack läßt sich bekanntlich sehr streiten, da jeder andere Vorstellungen hat, was schmeckt und welcher Wein als angenehm empfunden wird.

Trotzdem sollte bei der Wahl eines Weines zu einem Menü bedacht werden, daß der Geschmack mit dem Essen harmonieren soll. Ein zu kräftiger, voller Wein zu einem sehr leichten und zarten Gericht ist ebensowenig passend wie ein sehr leichter, spritziger Wein zu einem stark gewürzten, deftigen Essen. Nun ist es nicht gerade einfach, sich von heute auf morgen zu einem Weinkenner zu entwickeln, der das richtige Gespür dafür hat, welcher Wein, welche Rebsorte, welcher Jahrgang mit dem ausgewählten Menü harmoniert. Das bedarf einer intensiveren und jahrelangen Beschäftigung mit dem Thema Wein. Es ist aber nützlich, sich zunächst für den »kleinen Hausgebrauch« einige Grundkenntnisse anzueignen, welche Qualitätsunterschiede beim Weinkauf beachtet werden sollten.

Bevor man sich dem Weintrinken, dem Genießen eines »edlen Tropfens« hingibt, ist es sinnvoll, sich dem Thema Wein sehr nüchtern zu nähern. Klarheit bei der Wahl des Weines erspart die Erkenntnis, daß nicht alles Wahrheit sein muß, was »im Wein liegt« oder was der Preis versprach.

Worauf man beim Weinkauf achten sollte

Nicht jeder Wein eignet sich als Tischwein, als Getränk zu einem Gericht. Manche Weine kommen besser zur Geltung, wenn sie einfach »solo» genossen werden.

Als Tischwein zum Menü geeignet sind – je nach Anlaß – Qualitätsweine oder Qualitätsweine mit Prädikat (z.B. Kabinett) mit Angabe »trocken« oder »halbtrocken«.

Das Etikett auf der Weinflasche gibt beim Kauf wichtige Informationen über Herkunft, Rebsorte, Jahrgang, Güteklasse, amtliche Prüfnummer (A.P.Nr.), Prädikate, Erzeuger.

Nach dem deutschen Weingesetz wird eine Einteilung des Weines in Güteklassen vorgenommen: Deutscher Tafelwein, Landwein, Qualitätswein bestimmter Anbaugebiete (Q.b.A.) und Qualitätswein mit Prädikat.

Deutscher Tafelwein, Landwein und Qualitätswein sind verhältnismäßig preiswert, Weine mit Prädikat gehören der mittleren oder hohen Preislage an.

Deutscher Tafelwein
muß ausschließlich aus im Inland geernteten, empfohlenen oder zugelassenen Rebsorten stammen. Die für die Herstellung von Tafelwein geeigneten Moste müssen in der Zone A (alle deutschen Anbaugebiete außer Baden) einen natürlichen Mindestalkohol von 5° und in der Zone B (Baden) von 6° aufweisen. Nach erfolgter Anreicherung müssen deutsche Tafelweine einen vorhandenen Alkoholgehalt von 8,5° sowie einen Gesamtsäuregehalt von 4,5 Gramm im Liter enthalten.

Qualitätswein
Voraussetzung zur Erteilung der amtlichen Prüfungsnummer für einen Qualitätswein ist,

- daß die verwendeten Trauben ausschließlich von empfohlenen und zugelassenen Rebsorten stammen,
- daß die Trauben ausschließlich in einem einzigen bestimmten Anbaugebiet gewachsen sind und
- daß der Wein grundsätzlich in diesem Anbaugebiet hergestellt wurde.
- Der Most muß mindestens die von den Ländern für jedes bestimmte Anbaugebiet und für jede Rebsorte festgesetzten Ausgangsmostgewichte aufgewiesen haben.
- Der Wein muß in Aussehen, Geruch und Geschmack frei von Fehlern sein und bei Angabe einer Rebsorte für diese Rebsorte typisch sein.
- Der vorhandene Alkoholgehalt muß mindestens 7° betragen.
- Der Qualitätswein muß einen Mindestgesamtalkoholgehalt von 9° aufweisen.
- Konzentrierter Traubenmost darf nicht zugesetzt und eine Konzentrierung nicht vorgenommen worden sein.
- Der Wein muß den weinrechtlichen Bestimmungen entsprechen.

Voraussetzung zur Erteilung der amtlichen Prüfungsnummer für einen Qualitätswein mit Prädikat ist,

- daß die verwendeten Weintrauben ausschließlich von empfohlenen und zugelassenen Rebsorten stammen,
- daß die verwendeten Weintrauben in einem einzigen

Bereich geerntet worden sind und im betreffenden bestimmten Anbaugebiet zu Wein verarbeitet wurden,
- daß der aus den verwendeten Weintrauben gewonnene Most die unter den einzelnen Prädikaten aufgeführten Ausgangsmostgewichte aufgewiesen hat.
- Der vorhandene Alkoholgehalt muß mindestens 7°, bei Beeren- und Trockenbeerenauslesen 5,5° betragen.
- Der Qualitätswein mit Prädikat muß einen Mindestgesamtalkoholgehalt von 9° bzw. 8,5° aufweisen.
- Eine Erhöhung des Alkoholgehaltes darf nicht vorgenommen worden sein.
- Der Wein muß in Aussehen, Geruch und Geschmack frei von Fehlern und bei Angabe einer Rebsorte für diese Rebsorte typisch sein.
- Ein mit einem Prädikat gekennzeichneter Wein darf nicht vor dem auf die Ernte der verwendeten Trauben folgenden 1. Januar abgefüllt in den Verkehr gebracht werden.
- Der Wein muß den weinrechtlichen Bestimmungen entsprechen.

Für einige Prädikate gelten im übrigen folgende *zusätzliche Voraussetzungen:*

- Bei der *Spätlese* müssen die Weintrauben bei einer späten Lese und in vollreifem Zustand geerntet sein.
- Bei der *Auslese* dürfen nur vollreife Weintrauben unter Aussonderung aller kranken und unreifen Beeren verwendet werden.
- Bei der *Beerenauslese* dürfen nur edelfaule oder bereits überreife Beeren verwendet werden.
- Bei der *Trockenbeerenauslese* dürfen nur weitgehend eingeschrumpfte, edelfaule Beeren verwendet werden. Ist wegen besonderer Sorteneigenschaft oder besonderer Witterung ausnahmsweise keine Edelfäule eingetreten, genügen auch edelreife, eingeschrumpfte Beeren.
- Für das Prädikat *Eiswein* müssen die verwendeten Trauben bei ihrer Lese und Kelterung gefroren gewesen sein. Das Prädikat Eiswein darf nur neben einem der anderen Prädikate verwendet werden.

Ruländertraube.

Rieslingtraube.

Müller-Thurgau-Traube.

Spätburgundertraube.

Herkunft
Deutscher Qualitätswein kommt aus den 11 Anbaugebieten Baden, Rheinpfalz, Württemberg, Franken, Rheinhessen, Hessische Bergstraße, Rheingau, Nahe, Mittelrhein, Mosel-Saar-Ruwer und Ahr.
Jedes der 11 Anbaugebiete umfaßt mehrere Bereiche, diese wiederum mehrere Großlagen. Innerhalb der Großlagen kann es unterschiedliche Einzellagen geben. Die genaue Definition von Lage, Bereich und Anbaugebiet wird durch das Weinrecht festgelegt und ist auf dem Etikett der Weinflasche angegeben.

Rebsorte
Die wichtigsten inländischen Rebsorten sind für:
Weißwein: Müller-Thurgau, Riesling, Silvaner, Ruländer, Morio-Muskat
Rotwein: Portugieser, Spätburgunder, Trollinger.
Jede dieser Rebsorten hat einen typischen Geschmack, der den Weincharakter entscheidend prägt. Und laut Weinrecht dürfen die Winzer nur die Rebsorten anbauen, die die jeweils gebietstypischen Weine erbringen.
Laut Weinrecht wird nicht nur nach Rot- und Weißwein unterschieden, es gibt außerdem Roséwein und Rotling.
Weißwein wird aus weißen Trauben gewonnen,
Rotwein wird aus blauen Trauben rotgekeltert,
Roséwein wird aus blauen Trauben hellgekeltert. Als Qualitätswein, der nur aus einer Rotweinsorte gekeltert ist, heißt er *Weißherbst*.
Rotling wird aus Rot- und Weißweintrauben gemeinsam gekeltert.
Außer der Güteklasse, der Rebsorte und dem Anbaugebiet ist auf dem Weinetikett auch der Jahrgang angegeben, und für den Inhalt der Flasche garantiert der Winzer unter der Bezeichnung »Erzeugerabfüllung« oder »Aus eigenem Lesegut« mit Name und Adresse.

Ausländische Weine

Die beliebtesten Weine kommen aus Frankreich und Italien. Die Weine unterliegen jeweils der staatlichen Kontrolle und sind der EG-Norm angepaßt.

Französische Weine
werden in Tafelweine und Qualitätsweine bestimmter Anbaugebiete unterteilt.
Tafelwein (Vin de Table):
Es handelt sich meist um Verschnitte von Wein verschiedener Anbaugebiete ohne nähere Herkunftsbezeichnung. Als
Landwein (Vin de pays)
darf ein Tafelwein aus einer bestimmten Weingegend (Departement) bezeichnet werden.
Vin Délimité de Qualité Supérieure (V.D.Q.S.)
ist die Bezeichnung für Weine höherer Qualität bestimmter Gegenden. Das Anbaugebiet ist auf dem Etikett angegeben.
Appellation d'Origine Contrôlée (A.O.C. oder A.C.)
ist die Bezeichnung für französische Spitzenweine kontrollierter Herkunft. Anstelle von 'Origine' wird der Name des Anbaugebietes gesetzt, z.B. Appellation Bourgogne Contrôlée.
Wichtigste Weinbaugebiete in Frankreich sind: Bordeaux, Val de Loire, Champagne, Alsace (Elsaß), Bourgogne (Burgund), Côtes de Provence, Côtes du Rhône, Languedoc-Roussillon, Corse (Korsika).

Weine aus dem Elsaß.

Verschiedene französische Weine.

Italienische Weine
werden wie in den anderen EG-Ländern nach Tafelwein und Qualitätswein bestimmter Anbaugebiete unterteilt.
Tafelwein (Vino da pasto)
wird aus Trauben traditioneller Rebsorten nach ortsüblichen Methoden hergestellt. Bei Beachtung bestimmter Vorschriften darf die Bezeichnung
vino tipico (= Landwein)
mit geographischer Angabe verwendet werden.
Denominazione di Origine Controllata
(Abkürzung D.O.C. auf dem Etikett) besagt, daß es sich um Weine bestimmter Anbaugebiete handelt, hergestellt nach festgelegten Vorschriften. Das Anbaugebiet muß angegeben sein.
Die Bezeichnung
Denominazione di Origine Controllata e Garantita (D.O.C.G.)
ist auf Weinen mit kontrolliertem und garantiertem Ursprung zu finden. Die Weine müssen festgelegten Produktionsvorschriften entsprechen.
Wichtigste Weinbaugebiete in Italien sind: Südtirol, Piemont, Lombardei, Venetien, Emilia-Romagna, Marken, Toskana, Latium und Abruzzen.

Österreich
Die österreichischen Weinbaugebiete liegen am Rand des warmen, trockenen kontinentalen Klimagebietes. Sie nehmen eine Mittelstellung zwischen den nördlichen und den südlichen Weinbauregionen ein. Vom Norden haben die Weine die Frische und die Fruchtigkeit, vom Süden den Gehalt und den Körper.
Auf über 56 000 ha wird in Österreich Wein angebaut, davon etwa 60 % in Niederösterreich, 35 % im Burgenland, 4 % in der Steiermark und 1 % in Wien.
In Österreich werden hauptsächlich Weißweinsorten angebaut (84,4 %).
Rebsorten
Die am weitestverbreitete Rebsorte Österreichs ist der *Grüne Veltliner* (30,9 % der Rebfläche). Bei den Weinen dieser Sorte handelt es sich um eine echte österreichische Spezialität. Der typische Grüne Veltliner ist spritzig-süffig, fruchtig, pfeffrig, mit angenehmer Frische.
An 2. Stelle der Reben steht die *Müller-Thurgau-Rebe* (9,8 % der Rebffläche), die milde, süffige und spritzige Weine mit muskiertem Bukett liefert.
8,1 % der Rebfläche werden vom *Welschriesling* eingenommen, der Weine von mittelmäßiger Qualität liefert, die oft mit kräftigeren Tropfen verschnitten werden. In den warmen Lagen Niederösterreichs, des Burgenlandes und der Steiermark ergibt diese Sorte rassige und süffige Weine.
Der *Weiße Burgunder* wird auf 3,4 % der Rebfläche angebaut und liefert hochfeine, blumige Weine, die sich vorzüglich zur Lagerung eignen und am besten als Altweine schmecken.
Wichtigste rote Rebsorte ist der *Blaue Portugieser* (4,7 % der Anbaufläche), die einen milden und süffigen Wein mit besonders kräftiger Farbe liefert.
An 2. Stelle steht der *Blaufränkische*, früher die wichtigste österreichische Rotweinsorte (4,4 %). Diese Traube ergibt Rotweine mit feinfruchtigem, herbem Geschmack und mit hellerer bis rubinroter Farbe.
An 3. Stelle der Rotweintrauben steht der *Zweigelt*, eine Kreuzung von Blaufränkischem und St. Laurent. Er ergibt feinfruchtige Weine von milder Art und kräftiger Farbe.

Weine aus Nordostitalien.

Schweiz

Die Schweiz ist mit einer Rebfläche von etwa 13 000 ha und einer Vielzahl von Rebsorten und Weintypen ein Weinland für Spezialisten.
Die Hauptweinanbaugebiete sind:

Wallis (Valais): Das Wallis gehört zu den berühmtesten Weinanbaugebieten der Schweiz. Meist werden dort Weißweine angebaut, von denen der *Fendant* aus der Chasselas-Rebe, ein leichter, fruchtiger und süffiger Wein, der bekannteste ist.
Ein anderer Weißwein ist der *Johannisberg*, die schweizerische Variante des Silvaner. Es ist ein gehaltvoller, blumiger und feiner Wein.
Die Spezialität des Wallis ist aber der rote *Dôle*, ein körperreicher, runder und harmonischer Wein aus Pinot-noir-Trauben.

Waadt (Vaud): Dieses Weinanbaugebiet am Nordufer des Genfer Sees gliedert sich in drei Regionen: Chablais, oberhalb der Mündung der Rhone in den See, Lavaux, östlich von Lausanne am Seeufer, und La Côte zwischen Lausanne und Genf. Meist sind die Waadtländer Weine Weißweine, die hier *Dorin* genannt werden. Viele sind aber auch unter dem Namen ihrer Gemeinden oder Dörfer bekannt.

Neuenburg (Neuchâtel) und Bieler See: Im Laufe der Jahre haben sich die Weine aus dieser Gegend einen sehr bekannten Ruf erworben. Wie in der Champagne gedeihen die Reben auf Kalkboden und mineralreichem Untergrund.
Die Neuenburger Weißweine sind trocken, pikant, zum Teil leicht perlend und prickeln auf der Zunge. Die wichtigste Rebsorte ist der Chasselas.

Genf: Die fruchtigen, manchmal ganz leicht perlenden Weißweine aus der Chasselas-Rebe heißen hier *Perlan*. Der Wein ist von hellgelber Farbe, leichtem und angenehmem Bukett und mäßigem Säuregehalt.

Ostschweiz: Die Weine wachsen hier in den Kantonen Graubünden, Zürich, Schaffhausen, Thurgau, Aargau, Basel und St. Gallen. Hauptrebsorte ist der Blaue Burgunder.

Tessin: Hier wird hauptsächlich die Merlot-Traube angebaut, die einen blumigen und gefälligen Rotwein ergibt. Nach strenger amtlicher Prüfung erhalten diese Merlot-Weine die Schutzmarke *VITI* (Vini Ticinese).

Weine aus Österreich und der Schweiz.

Haushalten heute

Verbraucherrecht und Verbraucherschutz

Wer heute aus der Fülle des Marktangebotes Lebensmittel auswählt, hat meist nicht die Möglichkeit, selbst zu beurteilen, welchen Nährwert, welche Qualität das ausgewählte Produkt tatsächlich hat.
Durch die Verstädterung ist es fast unmöglich geworden, sich von Kindheit an die notwendigen Kenntnisse über die Erzeugung, Be- und Verarbeitung der Nahrung anzueignen. Das gilt für Nahrungsmittel aus dem eigenen Land, vor allem aber auch für solche, die aus anderen Teilen der Welt zu uns kommen. Da haben wir noch weniger Vergleichsmöglichkeiten, um die Qualität im Verhältnis zum Preis beurteilen zu können.
Hätte der Gesetzgeber hier keine Anhaltspunkte zum Vergleich geschaffen, so wären wir dem Marktangebot völlig hilflos ausgesetzt. Zumindest im Ansatz ist heute durch Gesetze geregelt, wie die im Handel angebotenen Lebensmittel beschaffen sein müssen, um den Verbraucher vor gesundheitlichem Schaden oder finanziellen Verlusten zu bewahren. Daß es bei der Gesetzgebung und bei der Durchsetzung in der Praxis noch viele Lücken gibt, zeigt sich allerdings auch immer wieder. Von bundesdeutschen Ernährungspolitikern wird gerne mit Stolz verkündet, daß unser Lebensmittelrecht eines der schärfsten und strengsten der Erde sei.
Wenn dies im Prinzip auch stimmt, so ist das kein Grund, sich auf den Lorbeeren auszuruhen. Denn wir sind durch Gesetze nicht vor aus Unwissenheit, aus Vorsatz oder Gewinnsucht begangenem Gesetzesbruch sicher. In der Praxis wird immer wieder deutlich, daß die amtliche Lebensmittelüberwachung oft nicht in der Lage ist, alle erforderlichen Kontrollmaßnahmen zu ergreifen, um uns vor Lebensmitteln zu bewahren, die eigentlich für den Genuß untauglich sind.
Bei der Einfuhr von Lebensmitteln aus anderen Ländern kommt es häufig zu Überschreitungen der bundesdeutschen Höchstmengenverordnungen. Aber auch Produkte aus dem eigenen Land sind nicht frei von Schadstoffen. Durch puren Zufall wird oft erst entdeckt, welche Schadstoffansammlungen in verschiedenen Lebensmitteln enthalten sind. Zum Schutz des Verbrauchers und seines Rechts auf einwandfreie Nahrungsmittel muß gefordert werden, die Überwachung zu verstärken. Dabei muß vor allem dem Bereich der Lebensmittelbelastung durch Umweltschadstoffe oder den Auswirkungen neuer Anbau- und Zuchtmethoden auf die Qualität der Lebensmittel mehr Beachtung zukommen.
Gerade in diesem Bereich wird der Verbraucher immer mehr verunsichert, ob das bestehende Lebensmittelrecht tatsächlich genügt, um gesundheitlichen Schäden durch Lebensmittel vorzubeugen.

Der informierte und verunsicherte Verbraucher

Verbraucher werden sich zunehmend bewußter, wie wichtig es ist, sich mehr Wissen über gesunde Ernährung und die Qualität der Lebensmittel anzueignen. Nun ist es auch für interessierte Verbraucher nicht einfach, sich aus den verschiedenen angebotenen Informationen das Wissen anzueignen, das ihm auch in der Ernährungspraxis, in der täglichen Zubereitung der Nahrung hilft.
Wir Verbraucher benötigen heute ein vielseitiges Wissen, um die Qualität und den gesundheitlichen Wert der Lebensmittel im Verhältnis zum geforderten Preis beurteilen zu können. Es müßten gleichermaßen die Fachkenntnisse eines Landwirts, Chemikers und Mediziners vorhanden sein. Wir müßten die Ausbildung eines Juristen haben, um uns im Dschungel der Paragraphen des Lebensmittelrechts und Handelsrechts nicht zu verirren, auch Volkswirt sein, um die Marktmechanismen zwischen Angebot und Nachfrage und Preiskalkulation einschätzen zu können. Möglichst auch noch Psychologe sein, um die Kaufmanipulation durch die Werbung besser zu durchschauen und uns davor schützen zu können. Ganz zu schweigen von dem Wissen, was in der Küchenpraxis zur schmackhaften Zubereitung der Lebensmittel notwendig ist.
Mit all dem sind wir »normalen« Verbraucher etwas überfordert. Dabei ist Essen doch ein menschliches Grundbedürfnis und soll uns auch Freude machen.
Aber die Freude am Essen wird in den letzten Jahren immer häufiger durch Nachrichten darüber getrübt, was alles in den Lebensmitteln enthalten ist – und von uns darin nicht vermutet wurde.
Dabei braucht man nicht unbedingt pessimistischer Natur zu sein, wenn man täglich aufs neue informiert wird und darüber erschrickt, was an Schadstoffen und Rückständen im Trinkwasser und in Nahrungsmitteln gefunden wurde. Es kann einem durchaus der Appetit auf das leckerste Kalbsschnitzel vergehen, wenn wir hören, daß Hormonreste im Fleisch gefunden wurden. Die schönsten Früchte und das Gemüse werden dann mit mehr Mißtrauen eingekauft, wenn sich Spuren von Insektiziden und Herbiziden, die zur Schädlingsbekämpfung eingesetzt wurden, bei Lebensmitteluntersuchungen nachweisen ließen.
Auch die häufig festgestellten Mengen und Überschreitungen der als Höchstmenge tolerierten Mengen von Schwermetallen, wie Cadmium, Blei, Quecksilber, lassen den Genuß einiger Nahrungsmittel als bedenklich erscheinen.

In einigen Nahrungsmitteln ist inzwischen die Gefahr der Anreicherung von Schwermetallen so groß, daß vom Bundesgesundheitsamt Empfehlungen gegeben wurden, diese Nahrungsmittel nicht zu häufig zu verzehren.
Der Verbraucher, der sich bewußt gesund ernähren möchte, kann nur hoffen, daß die negative Entwicklung der Umweltbelastung in absehbarer Zeit gestoppt werden kann. Mehr als früher ist es daher notwendig, sich ständig über neue Erkenntnisse aus der Ernährungsforschung und über neue Zubereitungsmethoden zu informieren. Die Chance, durch mehr Wissen sich besser vor Schaden bewahren zu können, wird von vielen noch nicht genügend wahrgenommen.

Wo kann sich der Verbraucher informieren?
Ständig neue sachliche Informationen zu Fragen der gesunden Ernährung, Schadstoffbelastung der Nahrungsmittel, Verbraucherrecht, Verbraucherschutz und Lebensmittelrecht können über die örtlichen oder regionalen *Verbraucherzentralen* eingeholt werden. Diese verfügen auch über eine Aufstellung von Fachbüchern zum Thema »Umwelt- und Ernährungsfragen«.
Informationen zu Fragen der Ernährung erteilt auch die DGE (Deutsche Gesellschaft für Ernährung, Frankfurt am Main, Feldbergstraße 28), die Bundesministeren für Gesundheit und für Ernährung und Landwirtschaft in Bonn sowie die Stiftung Warentest (Berlin 30, Lützowplatz 11–13).

Lebensmittelrecht und Handelsrecht

Im Lebensmittel- und Handelsrecht wird versucht, auf gesetzlicher Ebene die Grundlage für den Umgang und das In-den-Verkehr-Bringen von Lebensmitteln so zu regeln, daß der Verbraucher nicht benachteiligt wird.
Obwohl die Gesetzgebung sehr umfangreich ist, ist es doch wichtig, sich einige Grundkenntnisse über die gesetzlichen Bestimmungen anzueignen. Welche Gesetze und Verordnungen im Lebensmittelrecht sind z.B. geeignet, uns vor gesundheitlichem Schaden zu bewahren? Oder welche Bestimmungen und Gesetze enthält das Handelsrecht, um uns vor finanziellen Verlusten zu schützen?
Und welche Qualitätsnormen und Güterichtlinien hat die Ernährungswirtschaft erarbeitet, um den Wettbewerb übersichtlicher zu gestalten?

Das Lebensmittelrecht
hat das Ziel, den Verbraucher vor gesundheitlichen Schäden und wirtschaftlicher Benachteiligung zu schützen. Einige Sätze aus den entscheidenden Paragraphen lauten z.B. so:

§ 8 Verbote zum Schutz der Gesundheit
Es ist verboten,
1. Lebensmittel für andere derart herzustellen oder zu behandeln, daß ihr Verzehr geeignet ist, die Gesundheit zu schädigen;
2. Stoffe, deren Verzehr geeignet ist, die Gesundheit zu schädigen, als Lebensmittel in den Verkehr zu bringen.

§ 17 Verbote zum Schutz vor Täuschung
Es ist verboten,
1. zum Verzehr nicht geeignete Lebensmittel oder Lebensmittel, die entgegen den Vorschriften des § 31 hergestellt oder behandelt worden sind, als Lebensmittel gewerbsmäßig in den Verkehr zu bringen;

2. a) nachgemachte Lebensmittel,
   b) Lebensmittel, die hin-sichtlich ihrer Beschaffenheit von der Verkehrsauffassung abweichen und dadurch in ihrem Wert, insbesondere in ihrem Nähr- und Genußwert oder in ihrer Brauchbarkeit nicht unerheblich gemindert sind oder
   c) Lebensmittel, die geeignet sind, den Anschein einer besseren als der tatsächlichen Beschaffenheit zu erwecken,
   ohne ausreichende Kenntlichmachung gewerbsmäßig in den Verkehr zu bringen;

3. zugelassene Zusatzstoffe oder zugelassene Bestrahlungen auch bei Kenntlichmachung so anzuwenden, daß sie geeignet sind, den Verbraucher über den geminderten Wert oder die geminderte Brauchbarkeit eines Lebensmittels zu täuschen;

4. im Verkehr mit Lebensmitteln, die zugelassene Zusatzstoffe oder Rückstände enthalten oder die einem zulässigen Bestrahlungsverfahren unterzogen worden sind, Bezeichnungen oder sonstige Angaben zu verwenden, die darauf hindeuten, daß die Lebensmittel natürlich, naturrein oder frei von Rückständen oder Schadstoffen seien;

5. Lebensmittel unter irreführender Bezeichnung, Angabe oder Aufmachung gewerbsmäßig in den Verkehr zu bringen oder für Lebensmittel allgemein oder im Einzelfall mit irreführenden Darstellungen oder sonstigen Aussagen zu werben.

Um diese abstrakten Vorschriften auch in die Praxis umsetzen zu können, gibt es für die verschiedensten Lebensmittel Ausführungsverordnungen, z.B. die Verordnung über diätetische Lebensmittel, die Fleisch- und Hackfleischverordnung, die Butterverordnung, die Verordnung über Milcherzeugnisse, über Obsterzeugnisse, die Teigwarenverordnung, die Honigverordnung, die Verordnung über Lebensmittelzusatzstoffe u.a.

Im Handelsrecht
werden Gesetze und Verordnungen erlassen, nach deren Kriterien die Ware im Handel beurteilt werden kann. Um z.B. die Erzeugung, Güte und den Absatz von Lebensmitteln aus der Landwirtschaft, dem Gemüse-, Obst-, Garten- oder Weinbau, der Imkerei, Jagd und Fischerei zu steigern, wurden *Handelsklassen* eingeführt.
Nach § 1 des Handelsklassengesetzes werden die Merkmale festgelegt, die eine Ware aufweisen muß, um mit einer »Handelsklassen-Angabe« gekennzeichnet zu werden.
Merkmale, die dabei beurteilt werden, sind z.B. die Qualität der Produkte, Art und Zeitpunkt der Erzeugung, Gewinnung, Herstellung und Behandlung. Der Angebotszustand (z.B. frisch oder konserviert), Reinheit und Zusammensetzung, Sortierung (nach Größe/Gewicht) und Beständigkeit bestimmter Eigenschaften sind für die Zuordnung in eine bestimmte Handelsklasse von Bedeutung.
So gibt es Handelsklassenverordnungen für Eier, Geflügel, Schweine-, Rind- oder Schaffleisch, für Kartoffeln, frisches Gemüse und Obst. Die Handelsklassen für Butter und Käse sind z.B. in der Butter- bzw. Käseverordnung geregelt.
Andere Gesetze des Handelsrechts, bzw. die Ausführungsverordnungen, enthalten Vorschriften, nach denen die Qualität von Lebensmitteln festgelegt wird.
In der *Ausführungsverordnung zum Milchgesetz* wird z.B. eine Einstufung der Milch nach ihrem Fettgehalt vorgenommen (Vollmilch hat einen Fettgehalt von 3,5 %, teilentrahmte Milch = fettarme Milch hat einen Fettgehalt von 1,5–1,8 %, entrahmte Milch hat einen Fettgehalt von maximal 0,3 %). Außerdem muß die Art der Wärmebehandlung auf der Verpackung stehen (Pasteurisation, Ultrahocherhitzung oder Sterilisation). Homogenisierte Milch muß gekennzeichnet sein (beim Homogenisieren wird das Milchfett gleichmäßig fein zerkleinert, so daß es sich nicht mehr absetzt).
Außerdem wird auch die Art der Verpackung geregelt, Datumsangabe von Herstellung oder Mindesthaltbarkeitsdauer sowie Herstellungsort müssen klar ersichtlich sein.
In der *Durchführungsverordnung zum Getreidegesetz* werden z.B. auch die Eigenschaften von Produkten wie Grieß und Mehl geregelt, von Brot im Brotgesetz.
Außerdem wird durch die *Fertigpackungsverordnung* und die *Preisangabenverordnung* geregelt, daß der Käufer umfassend über Menge, Inhalt und Preis der Ware informiert wird.
Daß gegen diese Verordnungen in der Praxis häufig verstoßen wird, kann man beim Einkaufen immer wieder feststellen. Bei frischen Lebensmitteln (Fleisch, Geflügel, Obst und Gemüse) fehlen häufig die Angaben der Handelsklassen, oder die Ware ist falsch ausgezeichnet. Der Käufer hat hier die Chance, Ware ohne vollständige Kenntlichmachung sofort zu reklamieren.
Vor allem beim Einkauf von Obst und Gemüse sollte man darauf achten, daß gesetzlich vorgeschriebene Handelsklassen auch bei der Ware ersichtlich sind.

Handelsklasse Extra:	Die Ware entspricht höchster Qualität.
Handelsklasse I:	Die Ware hat gute Qualität.
Handelsklasse II:	Die Ware hat marktfähige Qualität.
Handelsklasse III:	Die Ware läßt sich noch gut verwenden.

Anmerkung: Zu kritisieren an der praktizierten Einordnung in Handelsklassen – vor allem bei Gemüse und Obst – ist allerdings, daß häufig die äußere Beschaffenheit mehr bewertet wird. Also dürfen z.B. große, gleichmäßige, fehlerlose Äpfel die Bezeichnung »Extra« tragen, auch wenn der Geschmack und Nährwert nicht überwältigend ist, während dagegen kleine, aromatische Früchte mit höherem Vitamingehalt mit einer minderen Handelsklasse ausgezeichnet werden. Den Verbrauchern wird in solchen Fällen durch die Bezeichnung »Extra« suggeriert, daß die Ware auch wertvoller, der höhere Preis gerechtfertigt sei. Kritische Verbraucher sollten also Obst und

Gemüse nicht nur nach dem äußeren Aussehen kaufen, sondern verschiedene Sorten (und Handelsklassen) ausprobieren (siehe auch Einkaufstips Seite 44).
Neben der Handelsklasse werden für Lebensmittel verschiedene *Gütezeichen* vergeben. Das amtliche Gütezeichen für Lebensmittel ist z.B. für Markenbutter und Markenkäse vorgeschrieben. Der schwarze Adler mit der ovalen Umschrift »Deutsche Landwirtschaftliche Markenware« ist uns allen von Butterpackungen bekannt.
Von der DLG (Deutsche Landwirtschafts-Gesellschaft) wird das DLG-Zeichen für Produkte vergeben, die sich durch besondere Qualität ausgezeichnet haben. Es wird z.B. vor allem bei Fleisch- und Feinkosterzeugnissen, bei Brot und Backwaren, Milch- und Milcherzeugnissen sowie Fruchtsaftgetränken vergeben. Es darf nach Vergabe von den Lebensmittelherstellern für 2 Jahre verwendet werden.
Das Deutsche Weinsiegel wird ebenfalls von der Deutschen Landwirtschafts-Gesellschaft vergeben.
Die Vergabe setzt jeweils voraus, daß bestimmte Qualitätsmerkmale erfüllt wurden. Die Produkte unterliegen der amtlichen Kontrolle.

Zur Förderung des Absatzes von Produkten aus der deutschen Landwirtschaft und Abgrenzung gegen Konkurrenzprodukte aus den anderen EG-Ländern oder dem Ausland wird für viele Produktbereiche mit dem Aufdruck »CMA Markenqualität aus deutschen Landen« geworben. Die Ware muß jeweils bestimmten Qualitätsmerkmalen entsprechen.
Es findet sich auf Lebensmittelerzeugnissen und Frischprodukten, wie Eier, Geflügel, Kartoffeln, Obst, Gemüse, Konserven, Fleischerzeugnissen und Wurstwaren, Fruchtsäften, Sauermilchkäse, Speisequark, Konserven, Honig, Brot, Kartoffelverarbeitungserzeugnissen und Fertiggerichten.
Nur Qualitätserzeugnisse der deutschen Agrar- und Ernährungswirtschaft erhalten das Gütezeichen »Markenqualität aus deutschen Landen«. Diese Produkte werden voll oder überwiegend aus deutschen Rohstoffen hergestellt. Sie werden sorgfältig und gut verarbeitet.
Um dem Anspruch des Gütezeichens gerecht zu werden, sind insgesamt 35 Prüfinstitutionen und -organisationen mit der Kontrolle »ausgezeichneter« Produkte betraut, z. B. Landwirtschaftskammern, landwirtschaftliche Untersuchungs- und Forschungsanstalten sowie insbesondere auch die Deutsche Landwirtschafts-Gesellschaft (DLG).

Die Produktprüfungen erfassen wichtige Qualitätseigenschaften: sogenannte sensorische Prüfungen, d.h. Betrachten, Probieren und Fühlen, und analytische Prüfungen geben Auskunft über Geschmack, Geruch, Zusammensetzung und Frische sowie Inhaltsstoffe der Produkte.
Dabei richten sich die Prüfungen nach strengen Qualitätsrichtlinien. Außerdem werden auch zusätzliche Anforderungen gestellt, wie z. B. im Hinblick auf technische Ausstattung der Betriebe, Verpackung usw.
Neben den Gesetzen und Verordnungen des Lebensmittelrechts und des Handelsrechts gibt es noch Richtlinien für die Herstellung und Deklaration bestimmter Produkte aus der Ernährungswirtschaft. Einige dieser Richtlinien werden auch von Überwachungsbehörden anerkannt und sind durch Leitsätze des Deutschen Lebensmittelbuches abgelöst worden.
Die *Lebensmittelbuch-Leitsätze* werden von einer Kommission erarbeitet, die sich aus Vertretern der Wissenschaft, der Lebensmittelüberwachung, der Verbraucherschaft und der Lebensmittelwirtschaft zusammensetzt.
In den Leitsätzen werden Herstellung, Beschaffenheit und sonstige Merkmale von Lebensmitteln beschrieben, die für die Verkehrsfähigkeit von Lebensmitteln von Bedeutung sind. Die Leitsätze sind keine Rechtsnormen, haben aber für Hersteller oder Verbraucher sowie bei gerichtlichen Auseinandersetzungen die Bedeutung von Sachverständigengutachten.

Internationale Regelungen
Damit das Verwirrspiel um Gesetze und Verordnungen, Handelsklassen und Gütezeichen vollständig wird, gibt es auch auf EG-Ebene Regelungen für den Warenverkehr.
Ziel im Gemeinsamen Markt (EG) ist es, alle Handelshemmnisse im Warenverkehr abzubauen. So ergeben sich z.B. Hemmnisse im Warenverkehr, wenn Produkte aus dem Ausland eingeführt werden sollen, die nicht den Bestimmungen unseres Lebensmittelrechts entsprechen.
Man bemüht sich deshalb seit Jahren mit wechselndem Erfolg, das Europäische Lebensmittelrecht weitgehend zu harmonisieren, d.h., bestimmte Richtlinien und Verordnungen müssen in die bestehenden Rechtsvorschriften der Mitgliedsstaaten eingefügt werden. Bei vielen Lebensmitteln wurden bereits auf EG-Ebene allgemeingültige Qualitätsnormen eingeführt.
Auch auf internationaler Ebene wird versucht, zur Erleichterung des Handels und Verbesserung des internationalen Verbraucherschutzes, Qualitätsnormen für Lebensmittel auszuarbeiten. Für fast alle Nahrungsmittelbereiche werden Standards erarbeitet, die in einem CODEX Alimentarius als Codex-Standards veröffentlicht werden, wenn sich im Rahmen der FAO und WHO genügend Länder zur Einhaltung der Standards bereitfinden.

Wer plant, ernährt sich besser!

Eine richtige Ernährung setzt nicht nur Kenntnisse über die beste und schonendste Zubereitung der Lebensmittel voraus. Eine richtige, d.h. vollwertige Ernährung beginnt bereits beim Einkauf und der Auswahl bestimmter Lebensmittel. Und richtiger Einkauf setzt voraus, daß vorher überlegt wurde, welche Speisen zubereitet werden sollen – und was dazu an Lebensmitteln nötig ist.
Es genügt nicht, sich beim Einkauf durch das Warenangebot anregen zu lassen, was gekocht werden soll. Das kann durchaus einmal der Fall sein, wenn nach jahreszeitlicher Marktlage besonders günstige frische Lebensmittel angeboten werden.
Ansonsten muß sich jeder bewußt sein, daß die heutige Werbung sehr darauf bedacht ist, den unentschlossenen Kunden mit optisch anreizenden und günstig aufgestellten Produkten bei leiser, stimulierender akustischer Untermalung zum Kauf von möglichst vielen Lebensmitteln zu verleiten.
Ein für mindestens 1 Woche im voraus aufgestellter Speiseplan und darauf abgestimmter Einkaufszettel machen uns weniger anfällig für die geheime Verführung durch Werbung. Die positiven Aspekte eines Speiseplans sind unübersehbar. Und die folgenden Argumente können eventuell auch diejenigen überzeugen, denen solch ein Vorplanen als sinnlos und mühsam erscheint.

Positive Argumente für die Aufstellung eines Speiseplans:

1. Die Aufstellung des Speiseplans erspart Kosten und Zeit. Das gilt für kleine und größere Haushalte gleichermaßen. Der Einkauf von haltbaren Lebensmitteln kann z.B. im Großen erfolgen. Auch die meisten frischen Lebensmittel halten kühl gelagert (siehe auch Vorratshaltung Seite 48) einige Tage.
2. Durch Vorplanen lassen sich Mahlzeiten vielseitiger gestalten, es gibt mehr Abwechslung.
3. Gesundheitliche Überlegungen lassen sich besser integrieren, wenn eine größere Übersicht über die Nährstoffverteilung gegeben ist.
4. Die Ausgaben für Lebensmittel lassen sich besser überblikken. Je nach Lage der Haushaltskasse können z.B. mehr preiswerte Gerichte miteinbezogen werden (siehe Rezepte mit Symbol 🐖).
5. Je nach Jahreszeit oder körperlicher Belastung können z.B. im Sommer leichtverdauliche Gerichte (siehe Rezepte mit Symbol ♥) oder im Winter auch eine kalorien-/joulereichere Kost (siehe Nährwertangaben) eingeplant werden.
6. Berufstätige Paare können rechtzeitig besprechen, wer an welchen Tagen die Mahlzeitenzubereitung und eventuell notwendigen Einkäufe übernimmt.

7. An Tagen mit hoher Arbeitsbelastung können z.B. Schnellgerichte (siehe Rezepte mit Symbol) eingeplant oder schon vorbereitete tiefgefrorene Gerichte (***) verwendet werden.
8. Hausfrauen, die tagsüber mit Kindern allein sind, können bei der Planung die Schlußzeiten des Schulunterrichts oder Kindergartens mitberücksichtigen. Oder es können weniger umfangreiche Mahlzeiten (siehe Kapitel »Singles«) oder besonders kinderfreundliche Speisen (siehe Rezepte mit Symbol) zubereitet werden.
9. Bei Berufstätigen, die mittags außerhalb essen, läßt sich bei Vorplanung leichter ein positiver Ausgleich zum Kantinenessen schaffen.

Wie kann ein Speiseplan aussehen?

Der eigenen Phantasie sind da bei der Entwicklung keine Grenzen gesetzt. Wer wenig Platz an der Küchenwand oder Tür hat, kann vielleicht auf einer Schiefertafel die einzelnen Tage mit den Hauptmahlzeiten eintragen. Eventuell auch für das Frühstück oder die Zwischenmahlzeiten vorgesehene Speisen vermerken.

Wer etwas mehr Platz (z.B. an der Küchentür) hat, kann auch eine große Papptafel benutzen. Die vorgesehenen Gerichte zu den Haupt- oder Zwischenmahlzeiten an den einzelnen Wochenenden können auf kleine Pappschildchen geschrieben und mit Stecknadeln in die einzelnen Kästen gesteckt werden. Das erleichtert auch einen eventuell notwendig werdenden Wechsel von Speisen.

Speiseplan Woche vom ____________ bis ____________ | Einkaufszettel

	Frühstück	Zwischenmahlzeiten*	Mittagessen	Abendessen	Einkaufszettel	für den Vorrat:
Montag	Müsli Vollkornbrot mit Wurst Tee/Kaffee	Quark-Apfelbrot Orange Joghurt	Porree-Wurst-Ragout Kartoffeln Quarkspeise	Käseröstis mit Salatteller	Vollkornbrot Wurst Joghurt Salat Quark Porree	Kartoffeln Äpfel Orangen Honig Knäckebrot
Dienstag	Sesambrötchen mit Butter und Honig frischer Orangensaft Getränke	Bananen- Milch-Mix Knäckebrot	Möhren-Apfel- Rohkost Frikadellen Kartoffelpüree	Gemüsesuppe Käsebrot	Sesambrötchen Bananen Butter Möhren Milch Suppengemüse Hackfleisch	Käse Apfelmus Aprikosen
Mittwoch	Knäcke- und Vollkornbrot mit Wurst Tee	Orangen- Apfelblüte- Milch	Chicorée im Schinken- hemd gek. Kartoffeln Apfelmus	Aprikosen-Quark- Auflauf Tomatenbrot	Tomaten Chicorée Quark Schinken Eier gek. + roh Vollkornbrot	für das Wochende:
Donnerstag	Vollkornbrot mit Käse u. Tomate Joghurt mit Sanddorn Getränke	frische Weintrauben Kakao mit Honigbrot	Szegediner Gulasch Kartoffeln Milchmix	Strammer Max grüner Salat	Weintrauben Sauerkraut Salat rote + grüne Paprika saure Sahne	Sahne Quark Eier Kartoffeln Mehl/Zucker
Freitag	Obstmüsli Milchkaffee	frische Birne und Apfel Vollkornknäcke Hagenbuttentee	Gebackener Kabeljau mit Kartoffelsalat Quarkspeise	Omelett mit Salatplatte Tomatensaft	frische Beeren Birnen Äpfel Kabeljau grüner Salat rote Bete	Kaffee
Samstag	Spiegelei mit Schinken Vollkornbrot Kaffee	Milchkaffee mit Rosinenschnecken	türk. Gemüse-Eintopf Apfelbeignets	Coque au vin Stangenweißbrot kl. Käseplatte	Bohnen Stangen- Tomaten weiß- 1 Aubergine brot Paprika Rotwein Hammelfleisch Hähnchen	Rosinen- schnecken sind eingefr.!
Sonntag	Orangensaft Eier im Glas Toast u. Vollkornbrot Honig u. Marmelade Kaffee	Kakao und Kaffee Apfelkuchen	Schweinebraten Kartoffelklöße Fruchtschaumcreme	Suppen-Imbiß: Schachbrett Tomatensuppe	Eier Toastbrot Schweinebraten Pumpernickel tiefgefr. Erdbeeren	Apfelkuchen ist eingefroren, muß aufgetaut werden!
Arbeits- teilung	Es kocht und kauft ein: Einkaufen am Dienstag und Freitag Sa = Markt		Sonja Margrit	Jens Peter	Tomatensuppe Kakao Aufschnitt Dosenmilch Butter	

*Für die Zwischenmahlzeiten gilt: immer nur 1 Teil verzehren, also 1 Orange *oder* 1 Joghurt usw.

Wer plant, kauft besser ein

Wer den Einkauf vorplant, kauft besser und preiswerter ein. Das ist eine alte Weisheit, die sich immer wieder bestätigt. Aus vielen Marktuntersuchungen und auch selbstkritischen eigenen Beobachtungen ist mir bekannt, wie leicht man sich zum Kauf von Dingen verführen läßt, die man eigentlich nicht braucht. Unnütze Geldausgaben lassen sich beim Einkauf vermeiden, wenn man mit mehr Überlegung vorgeht.
Die folgenden Tips helfen Ihnen, sich vor teuren Spontaneinkäufen zu schützen.

Einkaufstips für kritische Verbraucherinnen und Verbraucher

1. Lebensmittel nicht einkaufen, wenn man sich sehr hungrig fühlt. Man kauft dann garantiert größere Mengen als tatsächlich benötigt ein!
2. Vor dem Einkauf eine Einkaufsliste der benötigten Lebensmittel aufstellen. Dabei die Lebensmittel nach Produktbereichen ordnen. Zum Beispiel so:

   Auch im Lebensmittelhandel sind die Waren nach Produktbereichen geordnet. Sie sparen dadurch Zeit und können Preise besser zwischen Produkten verschiedener Hersteller vergleichen. Beim Preisvergleich aber auch auf den Inhalt (Gramm/Einwaage) achten!
3. Beim Einkauf von abgepackten Lebensmitteln immer auf das Abfüll- oder Herstellungsdatum bzw. Mindesthaltbarkeitsdatum achten, vor allem bei frischen Lebensmitteln, wie Fleisch, Wurst, Gemüse, Obst oder Milchprodukten.
4. Bei haltbaren Lebensmitteln auf das Herstellungs- bzw. Verfallsdatum achten, vor allem, wenn für den Vorrat eingekauft wird. Keine Ware nehmen, bei der das Verfallsdatum kurz bevorsteht!
5. Beim Einkaufen auch einmal in die Knie gehen. Und das nicht, weil die Last der Lebensmittel einen niederdrückt – sondern um Preise besser zu vergleichen. Denn kluge Köpfe in der Verkaufsbranche haben herausgefunden, daß Produkte, die gut sichtbar – in Augenhöhe – plaziert sind, schneller gekauft werden. Deshalb stellt man dort gerne die teureren Produkte hin, und die preiswerteren (mit der niedrigeren Gewinnspanne für den Händler!) sind oft weniger gut sichtbar im unteren Regalbereich oder sehr hoch plaziert.
6. Das Thema »Sonderangebote« ist besonders beachtenswert. Sonderangebote können sparen helfen – wenn es wirklich günstige Angebote sind. Aber ein kühler Kopf bewahrt einen da oft vor unnötigen Ausgaben. Es lohnt sich, die Sonderangebote genau anzusehen, auf das Verfalldatum und die Mengenangaben zu achten. Auch die Preise zu ähnlichen Produkten vergleichen. Denn Schlagworte wie »Sonderangebote«, »Preisknüller«, »Besonders günstig« usw. werden in der Werbung gerne benutzt, um Ware leichter an die Frau und den Mann zu bringen.
   Beim Kauf von Sonderangeboten sollte auch bedacht werden, ob die angebotene Mange dem Haushaltsbedarf entspricht.
7. Lebensmittel für den Vorrat sollten haltbar verpackt sein. Häufig wird aber gerade bei der Verpackung der Lebensmittel ein zu großer Aufwand betrieben, so nach dem Motto: das Produkt in den luftdichten Stanniolbeutel, diesen in einen Pappkarton, diesen mit mehreren zusammen in Folie eingeschweißt. Verpackung ist teuer – wir bezahlen sie beim Kauf mit, anschließend nochmals die Müllabfuhr (50 % des heutigen Hausmülls ist Verpackungsmaterial). Aufwendig verpackte Produkte möglichst meiden, das ist ein Beitrag zur Entlastung der Haushaltskasse und kommt auch der Umwelt zugute. Außerdem wird bei aufwendig verpackter Ware häufig ein größerer und wertvollerer Inhalt suggeriert als tatsächlich vorhanden ist.
   Lebensmittel, die von Natur aus gut verpackt sind, wie z.B. Gurken und Schalenobst, brauchen nicht zusätzlich luftdicht in Folie eingeschweißt zu werden!
8. Kritische und umweltbewußte Verbraucher achten beim Einkauf von Lebensmitteln (wie Konserven, Fertiggerichten, Halbfertigprodukten, Backwaren) darauf, Produkte zu wählen, die möglichst wenig Konservierungszusätze enthalten und nach schonenden Verfahren zubereitet sind. Produkte ohne genaue Herkunftsbezeichnung, Herstellungsdatum, Inhaltsangabe, Güteklassenangabe usw. möglichst meiden.
9. Auf fettarme Produkte (Milch, Quark, Käse, Wurst) achten (siehe auch Kapitel »Ernährung«).
10. Bei Gemüse und Obst (siehe auch Einkaufstips im Kapitel S. 18) auf wirklich frisches Aussehen achten. Nicht an offenen Ständen an verkehrsreichen Straßen kaufen (der Bleigehalt der Produkte nimmt durch Autoabgase zu!).
    Auf naturreine – also ungespritzte – Produkte achten.
    Bei Produkten von Supergröße kann man häufig davon ausgehen, daß der Geschmack weniger ausgeprägt ist und beim Anbau intensiv gedüngt wurde. Kleinere Früchte und Gemüse haben oft mehr Eigengeschmack, sind dabei manchmal auch preiswerter.
11. Wer nach dem Einkauf Beanstandungen der Ware hat, sollte vor Reklamationen nicht zurückschrecken. Entweder die Ware sofort beim Händler reklamieren oder sich an offizielle Stellen wenden. Für Lebensmittelreklamationen (falsche oder betrügerische Warenangaben) ist das Ordnungsamt zuständig. Lebensmittelüberwachung (bei verdorbener Ware) wird durchgeführt vom Gesundheitsamt, Gesundheits- oder Umweltministerium. Kostenlose Auskünfte, wohin man sich wenden kann, erhält man durch die örtliche Verbraucherberatung.

Vorratshaltung im Haushalt

Ist Vorratshaltung im Haushalt heute noch sinnvoll? Diese Frage kann mit Sicherheit bejaht werden, denn wie nützlich ein Vorrat an haltbaren Lebensmitteln sein kann, stellt sich häufig sehr schnell heraus, wenn's mal mit dem gewohnten Spontaneinkauf nicht klappte.
Vorratshaltung bringt Vorteile, macht einen unabhängiger von den unerwarteten Zwischenfällen des Lebens. Denn wer ist schon gegen Schnee, Glatteis oder Überschwemmungen gefeit? Da gibt es auch heute sehr schnell Engpässe in der Lebensmittelversorgung.
Aber von den größeren, auch in unserer hochtechnisierten Umwelt nicht auszuschließenden Katastrophen einmal ganz abgesehen, ergeben sich im privaten Alltagsleben oft genug ungeahnte Zwischenfälle. Krankheit, nicht mehr rechtzeitig einkaufen können, sich unerwartet einstellende Gäste können jeden ganz schön ins Schleudern bringen. Es gibt genügend Situationen, in denen sich ein gut gefüllter Vorratsschrank als Rettung herausstellt.
Nicht zu übersehen sind auch andere Vorteile, die die Vorratshaltung mit sich bringt:

- Es ist kein tägliches Einkaufen nötig, das erspart Zeit und Kraft für andere Tätigkeiten.
- Großeinkauf von haltbaren Lebensmitteln kann Kosten sparen, Saison- oder Sonderangebote lassen sich besser nutzen.
- Ein nicht unwesentlicher Vorteil für sehr viele Haushalte: Eine Ebbe in der Haushaltskasse läßt sich leichter überbrücken, wenn Vorräte eingesetzt werden können.

Blick in einen Vorratsschrank.

Was eignet sich für den Vorrat?

Für den Vorrat sind vor allem Lebensmittel geeignet, die eine lange Haltbarkeitsdauer haben und auch ohne Kühlung über mehrere Monate gelagert werden können. Es ist klug, für den Vorrat auch Lebensmittel zu wählen, die ohne Kochen zubereitet werden können – falls der Strom ausfällt – und sich zu vollständigen Mahlzeiten kombinieren lassen.

> *Beispiel:*
> Brot oder Knäckebrot (aus Dose oder Packung) mit Wurst- oder Fischkonserven und pikantem Salat oder Sauerkonserven reichen, dazu Pudding (ohne Kochen) mit Obstkompott, Kakao oder Fruchtsaft als Getränk.

Sehr viele der heute angebotenen Nahrungsmittel sind für die Vorratshaltung gut geeignet. Das verwendetete Verpackungsmaterial ist so beschaffen, daß eine problemlose Lagerung ermöglicht wird.
Herstellungsdatum und Haltbarkeitshinweis auf den Packungen erleichtern es zu entscheiden, welche Produkte in den Vorrat einbezogen werden – und wann diese gegen frische ausgetauscht werden müssen.
Jeder Haushalt kann den Vorrat nach Bedarf zusammenstellen. Der Bedarf richtet sich auch nach den Eßgewohnheiten in der Familie und nach den üblichen Ausgaben für Lebensmittel, nach der Größe des Haushalts und der Zahl der darin lebenden Personen. So ist z.B. der Grundvorrat für einen alleinlebenden Erwachsenen anders als bei einer Familie mit Kindern. Auch der Beruf und der dadurch unterschiedliche Nährstoffbedarf muß berücksichtigt werden.
Als Beispiel, wie solch ein Grundvorrat für 1 Person für 2 Wochen aussehen kann, dient die folgende Tabelle. Nach diesem Beispiel kann nach persönlichen Bedürfnissen ein Aus-

tausch einzelner Lebensmittel vorgenommen werden. Denn wer sonst nie Reis ißt, wird das auch nicht bei unerwarteten Zwischenfällen tun wollen – sondern lieber bei den gewohnten Kartoffeln oder Nudeln bleiben. Bei der Vorratshaltung sollte mitbedacht werden, auch genügend Getränke einzubeziehen. Als täglicher Flüssigkeitsbedarf (ohne Wasser zum Kochen) sind etwa 2 l anzusetzen.

Grundvorrat pro Person für 2 Wochen
(nach Vorschlag Bundesministerium für Ernährung, Landwirtschaft, Forsten: Vorrat – sicher ist sicher)

Lebensmittel	Empfehlenswerte Mengen pro Person	Durchschnittliche Haltbarkeit
Knäckebrot, Zwieback Hartkeks, Biskuits	2–3 Pakete	1 Jahr
Brot	1–2 Dosen	1 Jahr
Reis, Haferflocken, Teigwaren, Mehl, Grieß, getrocknete Erbsen und Bohnen	je Sorte 500 g	etwa 1 Jahr
Schnellgerichte aus Reis oder Teigwaren, Kartoffel-Trockenprodukte (Püree, Klöße) Trockensuppen (Eintöpfe)	etwa 4 Pakete	Haltbarkeitsangabe auf Packungen beachten
Zucker	1 kg	unbegrenzt
Salz	125 g	unbegrenzt
Speiseöl, Pflanzenfett, Butterschmalz	1 l 1 kg	6 Monate – 1 Jahr
Fleisch- und Fischvollkonserven	2–3 kg	2 Jahre (oder Haltbarkeitsangabe beachten)
Wurst- und Suppenkonserven	1–2 kg	2 Jahre (oder Haltbarkeitsangabe beachten)
Dosenmilch, Milchpulver	1–2 kg	6 Monate – 1 Jahr
Schmelzkäse	500 g	6 Monate
Mineralwasser (Flüssigkeit)	25–30 l	6 Monate – 1 Jahr
Obst- und Gemüsekonserven	2–3 kg	1–2 Jahre
Fruchtsäfte	3 Flaschen	1–2 Jahre
Konfitüre, Honig	500 g	1 Jahr
Instantkakao, Kaffeepulver	etwa 250 g	6 Monate – 1 Jahr
Tee	etwa 100 g	1–2 Jahre
Gewürze, Essig, Senf	—	6 Monate – 1 Jahr
Schokolade	2 Tafeln	6 Monate – 1 Jahr

(Grundvorrat kann nach Verzehrgewohnheiten variiert werden!)

TIP

Lästig, aber doch notwendig bei der Vorratshaltung ist eine gewisse »Buchführung«. Um die Übersicht zu behalten, wieviel und welche Lebensmittel vorhanden sind, wie lange diese haltbar sind, wann sie ausgewechselt werden müssen, ist ein Plan hilfreich, in dem die Lebensmittel (mit Kaufdatum, Verbrauchsdatum, Menge) vermerkt werden.

Die Haltbarkeit von Lebensmitteln, und was man darüber wissen sollte

Wer Lebensmittel einkauft – gleich, ob für den täglichen Gebrauch oder für den Vorrat –, muß sich bewußt sein, daß diese nicht unbegrenzt haltbar sind.
Je nach Art der Lebensmittel ist die Haltbarkeit von kurzer oder längerer Dauer. Frische Lebensmittel, vor allem solche mit hohem Feuchtigkeitsgehalt, wie Fleisch, Fisch, Gemüse, Früchte und Milchprodukte, sind weniger haltbar als trockene Lebensmittel, wie Teigwaren und Getreideerzeugnisse oder Hülsenfrüchte.
Frische Lebensmittel verderben schneller als konservierte oder tiefgekühlte. Was sind die Ursachen dafür?
Licht und Sauerstoffgehalt der Luft, Feuchtigkeit und Außentemperaturen wirken auf die Lebensmittel ein. Auch Zeitpunkt und Form der Ernte, Verarbeitung, Transport und Lagerung auf dem Weg zum Verbraucher haben Einfluß auf die Haltbarkeitsdauer.
Enzyme und Mikroorganismen wie Schimmelpilze, Hefen und Bakterien verursachen dabei in den Lebensmitteln Veränderungen. Innerhalb kurzer Zeit kann dadurch der Nährwert verringert und der Verderb der Lebensmittel beschleunigt werden. Das heißt, die Lebensmittel werden bei Verringerung des Nährwerts oder bei Vitaminverlust für uns wertlos oder beim Verderb ungenießbar, ja sogar hochgradig giftig (= toxisch).
Durch genaue wissenschaftliche Untersuchungen ist erwiesen, daß vor allem die Lagertemperatur der Lebensmittel einen großen Einfluß auf die Haltbarkeit und Verringerung des Nährwertes haben kann.
Eine optimale Haltbarkeit läßt sich durch tiefe Lagertemperaturen unter Sauerstoffabschluß erreichen. Geringste Haltbarkeit dagegen haben Lebensmittel, die hohen Temperaturen und Sauerstoff ausgesetzt sind.
Für die Praxis im Haushalt bedeutet das:
frische Lebensmittel also am besten im Kühlschrank lagern oder sogar tiefgefrieren. Unempfindliche (trockene) Lebensmittel dagegen können in einem kühlen, trockenen, möglichst auch dunklen Raum wie Keller, Vorratsraum mit Vorratsschrank oder Regal (mit Vorhang), gelagert werden.

Wie erkennt man den Verderb von Lebensmitteln?

Die Verminderung des Nährwerts von Lebensmitteln durch die Lagerung läßt sich im Haushalt nicht genau erkennen. Dazu wären wissenschaftliche Untersuchungen nötig. Bei einigen Lebensmitteln kann aber am Aussehen und der äußeren Beschaffenheit festgestellt werden, ob sich die Lebensmittel verändert haben. Welkes Aussehen von Gemüse oder Früchten ist z.B. der Hinweis, daß auch eine Qualitätsminderung ein-

gesetzt hat. Der einsetzende Verderb von Lebensmitteln ist in den meisten Fällen auch vom Laien erkennbar.
Veränderungen des äußeren Aussehens, der Farbe, unangenehme Geruchs- oder Geschmacksentwicklung sind Hinweise auf den einsetzenden Verderb. Sie dürfen nicht übersehen werden, da die Lebensmittel nicht nur vom Geschmack her ungenießbar werden. Lebensmittelvergiftungen – vor allem bei Fleisch, Fisch, Pilzen – können zu schweren Erkrankungen oder zum Tod führen.
Was ist zu tun, wenn sich Anzeichen von Verderb zeigen? Grundsätzlich sollte in jedem Haushalt die Sicherheit Vorrang vor dem Sparen haben. Im Zweifelsfall gehört das fragliche Lebensmittel in den Abfall und nicht mehr auf den Tisch.

Achten Sie z.B. auf alle Veränderungen im Aussehen und Geruch von Lebensmitteln.

Größte Vorsicht ist geboten bei:

- Fisch und Fischkonserven, allen Arten von Fleisch und Wurstwaren, Pilzen und Pilzkonserven.
- Konserven, bei denen sich die Deckel nach außen wölben (= Bombagen) und die Innenluft beim Öffnen mit hörbarem Zischen entweicht. Der Inhalt ist mit Sicherheit verdorben!
- Obst- und Gemüsekonserven, bei denen sich eine milchige (= kalmige, bakterienreiche) Flüssigkeitsverfärbung zeigt oder die Flüssigkeit beim Öffnen gärig hochschäumt.

- Schimmelbefall von Marmeladen, Konfitüren oder Fruchtkonserven. Die meisten Schimmelpilze bilden gesundheitsschädliche Substanzen.
- Schimmelbefall von Brot und Backwaren. Nicht nur die sichtbare Schimmelstelle herausschneiden. Die Pilze können unsichtbar bereits das ganze Brot durchzogen haben.

Vorschläge für die Vorratshaltung

Die Haltbarkeit von richtig gelagerten Lebensmitteln ist unterschiedlich lang (siehe auch Tabellen). Je nach Lebensmittel muß im Haushalt entschieden werden, wo die Lagerung am zweckmäßigsten erfolgt.
Frische und empfindliche Lebensmittel sollen z.B. möglichst kühl und trocken gelagert werden. Also am besten im Kühlschrank oder in einem kalten Vorratsraum/Keller.
Wer die Nährstoffe und Vitamine weitgehend erhalten möchte, friert frische Lebensmittel, die nicht zum unmittelbaren Verbrauch bestimmt sind, ein, z.B. in der Tiefgefriertruhe, im Tiefgefrierschrank oder Tiefgefrierfach (mit 4 Sternen).
Haltbare Lebensmittel für den Grundvorrat (siehe Tabelle) sind gut in einem Vorratsschrank untergebracht, z.B. in einer kühlen Speisekammer oder im Keller.
Anstelle des Vorratsschrankes kann ein Regal die Vorräte aufnehmen. Dabei bedenken, daß auch Lichteinwirkung zur Qualitätsminderung der Vorräte beiträgt – ein Vorhang vor dem Regal schützt vor Lichteinfall.
Die Temperatur im Keller oder in der Speisekammer soll 4–12° C betragen (bei einer relativen Luftfeuchtigkeit von nicht mehr als 70%) und frostfrei sein.
Kleinhaushalte haben es mit der Lagerung von Vorräten oft nicht einfach. Fehlen Vorratsräume ganz, so kann auch ein Karton mit haltbaren Lebensmitteln und Konserven als Vorratskiste dienen. Wichtig ist aber, auch hier darauf zu achten, daß die Aufbewahrung an einem kühlen und trockenen Ort erfolgt.

Vorratshaltung im Kühlschrank

Zur Grundausstattung der Küche gehört heute immer ein Kühlschrank (siehe auch Kapitel Küchentechnik Seite 55).
Durch den Kühlschrank wird eine zeitsparende Einkaufsplanung und Vorratshaltung von frischen Lebensmitteln für den täglichen Bedarf ermöglicht.
Die im Kühlschrank aufbewahrten Lebensmittel sollten nur für den täglichen oder alsbaldigen Verbrauch bestimmt sein. Denn generell gilt, daß frische Lebensmittel im Kühlschrank zwar länger frisch bleiben, aber über einen größeren Zeitraum nicht vor dem Verderb geschützt werden können. Richtige Aufbewahrung und ständige Kontrolle sind auch hier wichtig.

Welche Lebensmittel werden im Kühlschrank aufbewahrt?

- Alle frischen Lebensmittel, wie Milch und Milchprodukte, Butter, Käse, Eier, Fleisch und Fisch, Wurst, Gemüse, Salate, verschiedene Obstsorten, Getränke.

Lagerzeit kurzfristig haltbarer frischer und zubereiteter Lebensmittel im Kühlschrank

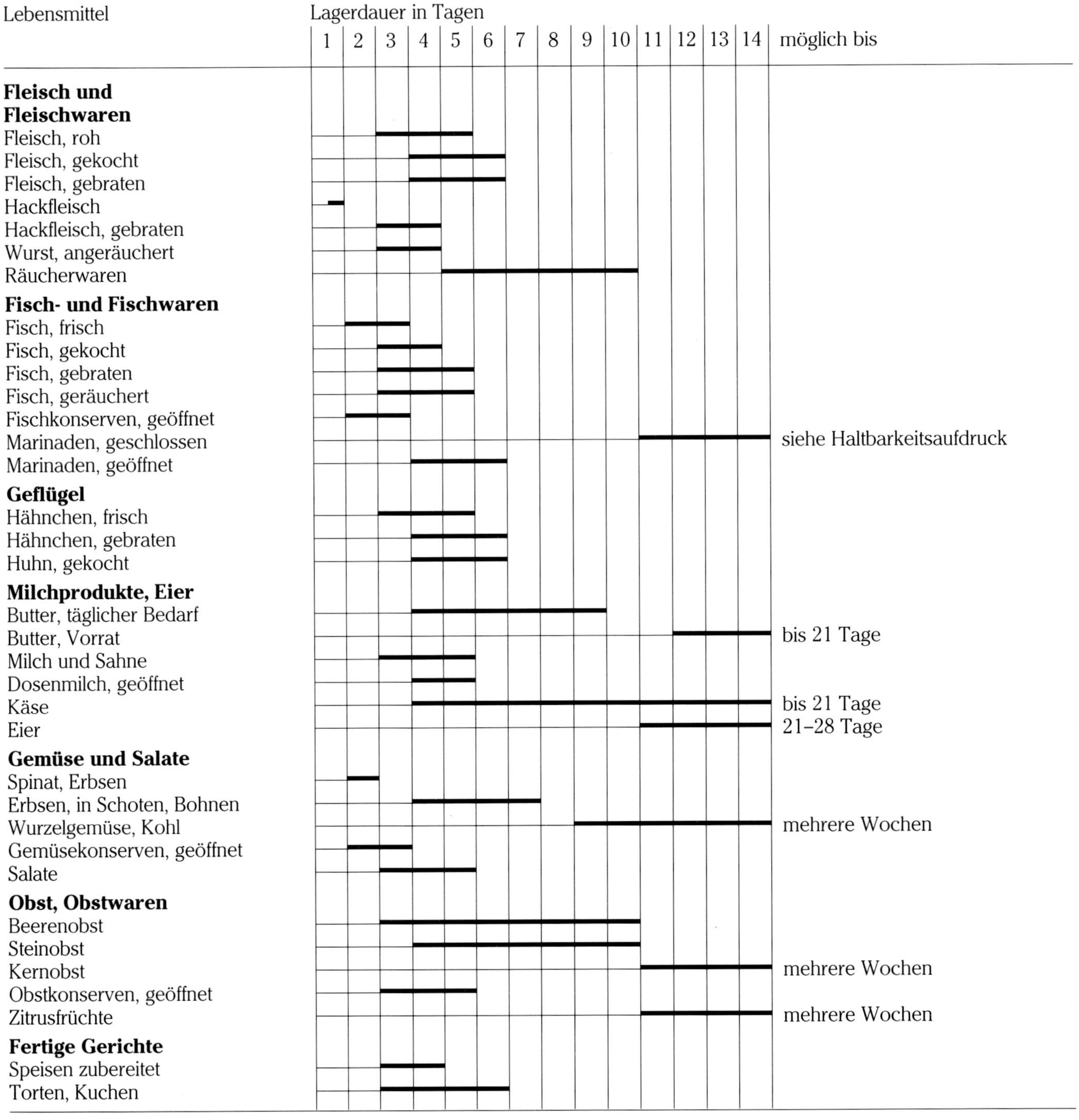

——— = übliche Lagerdauer, die möglichst nicht überschritten werden soll, wenn Wert auf ein hochwertiges Endprodukt gelegt wird.

━━━ = mögliche Lagerdauer, allerdings bei Qualitätsminderung.

- Haltbare Lebensmittel und Vollkonserven brauchen nicht im Kühlschrank gelagert werden. Nur Fisch-, Wurst- oder Fleischkonserven mit begrenzter Haltbarkeitsdauer und dem Aufdruck »Kühl lagern« werden ebenfalls im Kühlschrank aufbewahrt.

Wie werden die Lebensmittel im Kühlschrank aufbewahrt?
Offenstehende Lebensmittel trocknen in der kalten Kühlschrankluft aus. Geruchs- und Geschmacksstoffe werden auf andere Speisen, vor allem empfindliche, wie Süßspeisen, Milch, Butter usw., übertragen.

Deshalb: Grundsätzlich alle Lebensmittel in geschlossenen Behältern aufbewahren oder abdecken.

- Gut geeignet für die Lagerung im Kühlschrank sind viereckige Behälter mit Deckel. Diese können eventuell auch platzsparend gestapelt werden.
- Auch Sichtfolie, Alufolie oder Frischhaltebeutel sind gut geeignet, um die Speisen vor dem Austrocknen oder vor geschmacklichen Veränderungen zu bewahren.
- Lebensmittel, die in den Kühlschrank kommen, nach dem Einkauf aus dem Papier (Einkaufstüten oder Pergament) herausnehmen und in Behälter geben.
- Keine angebrochenen Konserven in den Kühlschrank stellen. Den Inhalt vorher in Behälter aus Porzellan, Glas oder Kunststoff umfüllen.

Wo werden die Lebensmittel im Kühlschrank aufbewahrt?
Im Kühlschrank gibt es in einzelnen Bereichen Temperaturunterschiede von +1 bis +10° C.
Oben im Kühlschrank unter dem Verdampfer (Kühlfach) ist es am kältesten, unten weniger kalt.

Deshalb: Lebensmittel wie Fleisch, Fisch, Wurst im oberen Kühlschrankbereich aufbewahren, Milchprodukte im mittleren Bereich und unten die Speisen, die weniger empfindlich sind. Gemüse und Obst werden möglichst in dem dafür vorgesehenen Gemüsefach gelagert.
Käse oder Butter, die streichfähig bleiben soll, kommen in das dafür vorgesehene Fach in der Kühlschranktür.

HINWEIS
Verbraucher von Tiefkühlkost sollten darauf achten, mit wieviel Sternen das Tiefkühlfach im Kühlschrank ausgestattet ist. Denn auch die Tiefkühlkost trägt auf der Verpackung Hinweise, wie die Haltbarkeitsdauer bei Lagerung im 1-, 2- oder 3-Sterne-Kühlfach ist. Selbsteinfrieren sollte man im Kühlfach nicht, da dazu tiefere Temperaturen (mindestens −24 bis −36° C) nötig sind.

Tips für die Aufbewahrung im Kühlschrank
- Fleisch aus der Verpackung nehmen, eventuell mit Küchenkrepp abtupfen. Dann auf einem Teller mit Sichtfolie abgedeckt in den kältesten Kühlschrankbereich stellen. Wird Fleisch für mehrere Tage im voraus eingekauft, ist es ratsam, es in eine Öl-Würz-Marinade (siehe auch Kapitel »Fleisch«) einzulegen, um die Haltbarkeit zu erhöhen. Es ist nicht zu empfehlen, größere Fleischstücke anzubraten, da Bakterien, die sich im Inneren des Fleischstückes befinden, dadurch nicht abgetötet werden, sondern durch die hier erreichten Temperaturen noch bessere Vermehrungsmöglichkeiten erhalten. Gulasch, Rouladen usw. eventuell fertig zubereiten, kalt stellen oder tiefgefrieren.
- Frischen Fisch aus der Verpackung nehmen, säubern, abtrocknen und mit Zitronensaft säuern. Dann mit Sichtfolie abgedeckt in den Kühlschrank stellen. Spätestens am nächsten Tag verbrauchen, sonst fertig zubereiten und dann kalt stellen.
- Käse und Früchte sollten vor dem Servieren aus dem Kühlschrank genommen werden, damit die Aroma- und Geschmacksstoffe sich wieder besser entfalten. Käse – je nach Außentemperatur – 1/2–1 Stunde vor Gebrauch herausstellen, Früchte etwa 1/2 Stunde vorher. Ausnahme bei Früchten, die eiskalt serviert werden, wie Melonen, Feigen usw.

Vorratshaltung im Kühlschrank.

- Empfindliche Obstsorten (z.B. Beerenfrüchte) halten im Kühlschrank besser, andere (wie Zitrusfrüchte, Ananas, Bananen) werden besser bei kühler Temperatur außerhalb des Kühlschranks aufbewahrt. Werden Früchte im Kühlschrank aufbewahrt, sollten sie vorher vorsichtig gewaschen, abgetrocknet und dann mit Sichtfolie abgedeckt werden. Oder in Frischhaltebeutel geben, leicht mit Luft aufblasen und den Beutel verschließen.
- Salate nach dem Einkauf putzen, eventuell auch waschen und abtropfen, dann in Sichtfolie oder Frischhaltebeutel luftig verschließen; im Gemüsefach aufbewahren.
- Gemüse in Frischhaltebeutel – mit Luftraum – verpacken, damit das Gemüse noch atmen kann. Es verdirbt sonst zu leicht. Im Gemüsefach aufbewahren.
  Sandiges Gemüse waschen und abtrocknen, bevor es ins Gemüsefach gelegt wird, sonst schmeckt es später bei der Zubereitung »erdig«. Kartoffeln gehören nicht in den Kühlschrank, sie könnten sich geschmacklich verändern. Zwiebeln, Knoblauch und unempfindliche Gemüsesorten lassen sich für einige Tage besser im kühlen Vorratsraum aufbewahren.
- Bei der Aufbewahrung von Lebensmitteln immer darauf achten, ob ein Haltbarkeitsdatum auf der Verpackung angegeben ist. Milchprodukte, Wurst usw. innerhalb einiger Tage verbrauchen.

Vorratshaltung im Tiefkühlschrank (Gefriertruhe)

Fast jeder zweite Haushalt besitzt bereits ein Gefriergerät und hat deshalb die Chance, durch einen entsprechenden Vorrat eingefrorener Lebensmittel in der Mahlzeitenzubereitung variabler zu sein. Viele frische Lebensmittel, fertige Speisen und Kuchen lassen sich durch das Einfrieren über einen längeren Zeitraum lagern. Die Nährstoffe werden dabei besser erhalten als bei anderen Verfahren der Haltbarmachung.
In den einzelnen Kapiteln sind die zum Einfrieren geeigneten Gerichte jeweils nach der Lagerdauer mit ✳ gekennzeichnet. Gerichte mit ✳ lassen sich ohne Geschmackseinbußen etwa 3 Monate lagern, mit ✳✳ gekennzeichnete Gerichte 6 Monate und mit ✳✳✳ gekennzeichnete Gerichte für etwa 9 Monate. Die meisten Lebensmittel sind länger als angegeben haltbar, aber nach meinen Erfahrungen sind nach einem gewissen Zeitraum doch erhebliche Geschmacksveränderungen zu bemerken. Außerdem sinkt der Nährwert mit längerer Lagerdauer. Wer frische Lebensmittel selbst einfriert, kann als Anhaltspunkt für die Lagerdauer die nachfolgende Tabelle verwenden.

Haltbarkeit von	**Monate**
Schweinefleisch, mager	6–8
Schweinefleisch, fett	4–6
Rindfleisch	10–12
Kalbfleisch	6–9
Geflügel, mager	8–10
Geflügel, fett	4–6
Wild	8–10
Fisch, mager	4–6
Fisch, fett	1–3
Bohnen, Erbsen	9–12
Rosenkohl, Kohl	10–12
Spinat	10–12
Aprikosen, Pfirsiche	8–10
Sauerkirschen, Himbeeren	10–12
Erdbeeren, Süßkirschen	8–12
Fertiggerichte	3
Brot, Brötchen, Kuchen	4–6
Butter	6–8
Sahne	1–3
Hartkäse, Schnittkäse	2–4
Weichkäse	6
Wurstwaren	3
Eiscreme	3

HINWEIS

Wenn das Tiefkühlgerät durch einen technischen Defekt ausfällt, der sich nicht schnell beheben läßt, sollte man versuchen, Trockeneis zu besorgen (über Brauereien).
Bei geschlossenem Gerät hält die Gefriertemperatur etwa 24 Stunden. Bei längerem Ausfall bleibt nichts anderes übrig, als die Rohware zuzubereiten und eventuell einzukochen.

Einfrieren von Gemüse.

Küchentechnik

Eigener Herd ist Goldes Wert

Bei der Einrichtung einer Küche gehört der Kauf des Herdes zur wichtigsten Anschaffung.
Das Geräteangebot von Herden ist sehr groß und reicht von einfachen Ausführungen bis zu Luxusmodellen, die mit allem erdenklichen Komfort ausgestattet sind. Sie können z.B. wählen zwischen Einzelkochplatten für Kleinhaushalte, den normalen Einzelherden, Kochmulden und Einbauherden.
Gerade die Vielzahl der angebotenen Modelle und die erheblichen Preisunterschiede machen es nötig, sich vor dem Kaufentscheid gut über die Funktion und Handhabung der Geräte zu informieren. Es lohnt sich, gerade beim Herdkauf die Preise von Herdmodellen gleicher Qualität zu vergleichen.
Bevor die Wahl auf ein bestimmtes Herdmodell fällt, sollten folgende Kriterien in die Kaufentscheidung einbezogen werden:

- Wie groß ist die Küche – der Haushalt, für wie viele Personen wird gekocht und wie häufig?
- Welcher Energieart wird der Vorzug gegeben? Gas oder Strom?
- Welche Bauart/Ausstattung soll der Herd haben?
- Was soll die Anschaffung kosten?
- Wie hoch ist der Energieverbrauch?
- Wie sieht es mit dem Kundendienst aus? Sind die Herde nach den Sicherheitsbestimmungen gebaut (GS- oder VDE-Plakette beachten!).

Es ist sinnvoll, zunächst neutrale Informationen einzuholen, z.B. über Beratungseinrichtungen der Versorgungsunternehmen (Lehrküchen) oder die Verbraucherberatung oder über Vergleichstests zwischen Herdmodellen der Stiftung Warentest.

Elektro- oder Gasherd?

Beide haben im Gebrauch ihre Vorzüge und sind heute perfekt und sicher in der Ausstattung.
Wer eine Küche neu einrichtet, sollte vor dem Kauf mitbedenken, wie hoch die Anschluß- bzw. Installationskosten sein werden. Für den Elektroherd wird ein gesonderter Stromkreis mit hoher Anschlußleistung benötigt.
Für den Gasherd ist ein Gasanschluß notwendig.
Ist im Hause oder in der Küche bereits ein Anschluß für den Elektro- oder den Gasherd vorhanden, sollte aus Gründen der Kostenersparnis vielleicht dieser Anschluß genutzt werden.
Wer ohne diese Gegebenheiten die Wahl trifft, sollte mitbedenken, ob eventuell bereits Erfahrungen beim Umgang mit einer Energieart vorhanden sind. Es ist natürlich einfacher, auf bereits gemachten Erfahrungen aufzubauen, als den Umgang mit einer anderen Energieart neu zu erlernen.
Zweckmäßig kann es manchmal sein, beide Energiearten mit ihren Vorteilen einzusetzen. Vor allem dann, wenn Kochmulde und davon getrennt der Backofen an anderer Stelle in der Küche eingebaut werden. Der Vorteil, nicht nur von einer Energieart vollständig abhängig zu sein, liegt auf der Hand. Man kann z.B. mit Gas kochen und mit Strom backen und hat dadurch mehr Variationsmöglichkeiten.

Bauart und Ausstattung von Elektroherden

Zur Ausstattung des Elektroherdes gehören die Kochplatten oder Kochfelder (z.B. aus Glaskeramik) und der Backofen. Bei modernen Einbauküchen ist der Kochteil mit den Kochplatten häufig vom Backofen getrennt. Es wird deshalb zwischen der Herdbauart unterschieden in:
Standherde, die frei aufgestellt werden können. Die Geräte sind meist nach DIN-Norm gebaut (Höhe 85 cm, Tiefe 60 cm, Breite 50–60 cm).
Unter- und Einbauherde werden ohne den Kochteil unter einer Arbeitsfläche oder in einem Umbauschrank (z.B. in Sichthöhe) eingebaut.
Kochmulden mit einzelnen Kochplatten oder glattem Glas-keramikkochfeld können sowohl separat als auch mit einem Unter- oder Einbauherd kombiniert in eine Arbeitsplatte installiert werden.

Die einfache Standardausstattung des Elektroherdes hat 3 oder 4 Kochplatten, den Backofen und ein Gerätefach.
Elektroherde der mittleren Preisklasse sind meist zusätzlich mit Automatikkochplatte, Gerätesteckdose, Sichtfenster in der Backofentür, eventuell mit ausziehbarem Backwagen und Gerätefach ausgestattet.
Bei Komfortherden ist häufig eine zusätzliche Schaltuhr (zum automatischen Kochen oder Backen) eingebaut, der Backofen mit Grill, Grillmotor und Selbstreinigung ausgestattet, ein ausziehbares Wärme- oder Gerätefach vorhanden.

Der Kochteil des Elektroherdes
ist mit Kochplatten in verschiedener Größe ausgestattet. Es kann aber auch eine glatte, durchgehende Glaskeramikplatte sein, unter der die einzelnen Kochstellen mit den Heizspiralen eingebettet sind.
Kochplatten haben genormte Größen von 14,5 cm, 18 oder 22 cm Durchmesser. Einige Herdmodelle sind zusätzlich mit rechteckigen Kochplatten ausgestattet.

Man unterscheidet Normalkochplatten (relativ längere Anheizzeit), Blitzkochplatten (werden schnell aufgeheizt) und Automatikkochplatten.

Elektroherd mit 4 Kochplatten.

Glaskeramik-Kochfläche.

Energieverbrauch der Kochplatten pro Stunde/Watt:

Durchmesser	Normalkochplatte	Blitzkochplatte	Automatikplatte
14,5 cm	1000 Watt	1500 Watt	1500 Watt
18 cm	1500 Watt	2000 Watt	2000 Watt
22 cm	2000 Watt	2500 Watt	----

Blitz- und Automatikkochplatten haben eine höhere Ankochleistung, werden dann aber auf kleine Stufe zurückgeschaltet.
Automatikplatten werden zeit- und auch temperaturabhängig gesteuert, d.h., sie schalten nach erreichter Wärmestufe automatisch die Energiezufuhr ab oder bei sinkender Temperatur wieder ein.
Die Normal- und Blitzkochplatten sind in Schaltstufen oder stufenlos einstellbar in 7 Schaltstellungen:

0 ½ 1 1½ 2 2½ 3

0 = Ausschaltstellung
½ = Stufe zum Warmhalten, Schmelzen, Ausquellen
1 = Stufe zum langsamen Weiterkochen oder Schmoren
1½ = Stufe zum Weiterkochen einer größeren Menge (z.B. Suppe)
2 = Stufe zum Braten
2½ = Stufe zum langsamen Ankochen und Erhitzen
3 = Stufe zum schnellen Ankochen und Anbraten

Nach dem Anbraten oder Ankochen auf die kleinen Stufen zurückschalten.

Automatikplatten werden in Schaltstufen von 1–12 eingestellt.

1–3 = Stufen zum Warmhalten, Ausquellen, Schmelzen
4–8 = Stufen zum langsamen Weiterkochen, Dünsten, Dämpfen, Schmoren
9–11 = Stufen zum Braten und Anbraten
12 = Stufe zum schnellen Erhitzen, Ankochen und Braten.

Es ist sinnvoll, bei einer größeren Zubereitungsmenge jeweils die höhere Schaltstufe im Schaltbereich, bei einer kleineren Menge, die kleinere Stufe zu wählen.

Der Elektrobackofen
Bei den heutigen Herdmodellen unterscheidet man Backöfen, bei denen die Beheizung durch Ober- und Unterhitze oder durch heiße Umluft erfolgt.
Die *konventionellen Backöfen arbeiten mit Ober- und Unterhitze.* Die Wärme wird dabei durch Strahlung an den Kuchen, das Gebäck oder den Braten übertragen. Dadurch ist es nur auf einer Ebene möglich zu garen. Je nach Herdmodell sind die Backöfen innen mit 3–4 Einschiebleisten in verschiedener Höhe versehen. Die Einschiebehöhe für das Kuchenblech oder den Bratenrost, auf den die Kuchenform oder der Braten gesetzt wird, richtet sich nach der Art und Höhe des Gargutes.

> Als Grundregel gilt:
> Hohe Kuchen, Braten, großes Geflügel werden z.B. auf der unteren Einschiebleiste,
> flache Kuchen, Aufläufe auf der mittleren,
> ganz flaches Kleingebäck auf der oberen Schiene eingeschoben.

Wie überall im Leben gibt es auch hier Ausnahmen von der Grundregel. Deshalb sollten beim Gebrauch immer die in der Backofentür angebrachten Hinweise der Gerätehersteller beachtet werden. Je nach Herdtyp und Bauart gibt es da unterschiedliche Angaben für die richtige Einschiebhöhe und passende Temperatur.
Die Backofentemperatur bei den konventionellen Backöfen läßt sich in Schaltstufen zwischen 50 und 275° C einstellen.
Der Stromverbrauch pro Stunde beträgt zwischen 2000 und 2400 Watt.

Backöfen, die mit heißer Umluft arbeiten, werden als *Heißluft- oder Umluftherde* bezeichnet. Die Luft wird bei den Geräten an der Backofenrückwand durch Heizkörper erhitzt und durch einen Ventilator umgewälzt. Dadurch wird der gesamte Innenraum gleichmäßig erwärmt.
Im Umluftbackofen kann deshalb auf den verschiedenen Einschiebhöhen zur gleichen Zeit gebacken oder gebraten werden.
Bei richtiger Nutzung kann vor allem in größeren Haushalten viel Energie eingespart werden. Es läßt sich z.B. zur gleichen Zeit ein Auflauf fürs Abendessen und ein Kuchen für den Nachmittagskaffee zubereiten, oder man kann mehrere Bleche mit Kleingebäck oder Kuchen backen.
Das bedingt natürlich auch, daß die Hausfrau schon über eine gewisse Kochpraxis verfügen muß, um mehrere Speisen oder Kuchenteige gleichzeitig vorbereiten zu können. Für einen kleinen Haushalt und Kochanfänger ist es kaum möglich, den Umluftbackofen wirklich optimal auszunutzen.
Während im konventionell beheizten Backofen das Material von Backformen einen erheblichen Einfluß auf das Backergebnis hat, spielt das Material beim Umluftbackofen keine Rolle.
Umluftherde sind in Temperaturstufen bis 190° C, bei einigen Modellen bis 250° C, eingeteilt. Meist ist genau angegeben, welche Stufe zum Backen, Braten oder Überbacken gewählt werden soll.

Elektroherde mit eingebautem Grill

In den Luxusausführungen der Herde sind der Grill und eventuell ein motorbetriebener Drehspieß eingebaut.
Der Grillheizkörper – an der Decke des Backofeninnenraumes angebracht – erzeugt Strahlungshitze, durch die das Grillgut gegart wird. Der Grill hat einen Stromverbrauch von 2000–2500 Watt/h.
Es kann entweder nur der Backofen oder nur der Grill eingeschaltet werden.

HINWEIS

Beim Grillen entsteht im Backofeninnenraum höhere Hitze. Die Backofentür bleibt beim Grillen offen, damit der Temperaturregler für die Backstufen nicht leidet.
Da die Hitze aus dem Grill nach oben abzieht, liefern viele Gerätehersteller zum Schutz der Schalterknebel (z.B. bei Standgeräten, bei getrennt eingebauter Kochmulde und Backofen nicht) ein Schutzblech mit, das vor Inbetriebnahme des Grills angebracht werden muß.
Herdmodelle der Luxusklasse sind häufig mit *Vollautomatik* ausgestattet, d.h., über eine Zeitschaltuhr kann der Backofen – oder eine der Kochplatten – in Betrieb gesetzt werden. Es werden der Beginn und das Ende der Garzeit sowie die Temperatur eingestellt. Das Gerät schaltet sich dann zur gewählten Zeit ein und auch wieder selbsttätig ab.

Bauart und Ausstattung von Gasherden

Der Gasherd ist in der Anschaffung meist teurer als ein Elektroherd. Trotzdem hat er einige unübersehbare Vorteile:

- Ohne Anheizzeit steht die Energie beim Kochen und Backen sofort zur Verfügung.
- Die Gasflamme kann stufenlos nach Bedarf reguliert oder die Gaszufuhr gestoppt werden. Es gibt deshalb keine Nachwärme, kein unbeabsichtigtes Nachheizen.
- Töpfe und Pfannen müssen nicht aus einem besonderen Material sein.
- Alle heute angebotenen Herdmodelle sind für sämtliche Gasarten geeignet, sie werden deshalb als *Allgasgeräte* bezeichnet.
- Alle Geräte sind vollgesichert, es kann kein unverbranntes Gas ausströmen.

Zur Ausstattung des Gasherdes gehört der Kochteil mit den Brennstellen und der Backofen.
Wie beim Elektroherd ist der Kochteil und der Backofen häufig getrennt, um besser in die Einbauküchen eingefügt zu werden. Es wird deshalb ebenfalls in *Standherde, Unter- und Einbauherde* und *Kochmulden* unterteilt.
Die Kochmulden können mit herkömmlichen Brennern oder mit Ceran-Kochfeldern ausgestattet sein; sie lassen sich gut in die Arbeitsplatten der Küchen einarbeiten.
Einbaubacköfen lassen sich in Sicht- oder Arbeitshöhe in Einbauschränke einplanen.
Standherde gibt es in unterschiedlicher Ausführung. Einfache Geräte (Standardherde) haben 3–4 Brennstellen im Kochteil und einen Backofen. Komfortablere Ausführungen haben Backöfen mit Sichtfenster, exklusivere Modelle zusätzlich einen eingebauten Grill, Sichtfenster, Zeituhr, Steckdose und Gerätewagen.
Nur ganz einfache Modelle werden heute noch über Streichholz gezündet. Die meisten Geräte werden auch an das Stromnetz angeschlossen, und die Gasflamme wird durch Knopfdruck (elektrische Funkenerzeugung) gezündet.
Die Brennstellen im Kochteil des Gasherdes haben unterschiedliche Größe und Wärmeleistung. Am gebräuchlichsten sind der *Normalbrenner* (= A, 1,05–2,09 kW Nennwärmebelastung), und der *Starkbrenner* (= B, 2,09–3,14 kW Nennwärmebelastung).
Einige Geräte sind mit einem *Minibrenner* (= H, 1,05 kW) ausgestattet, der vor allem zum langsamen Garen oder Nachquellen von Speisen geeignet ist. Relativ selten werden die Geräte auch mit *Großbrennern* (= C, 3,14 kW) geliefert.
Beim Kochen auf Gas gilt, daß die große Flamme zum schnellen Ankochen und Anbraten benutzt wird. Danach wird sofort auf kleinere Flamme zurückgedreht.
Der Topf soll so groß sein, daß die Flammenspitzen nicht unter dem Topfboden hervorragen. Denn »in der Flammenspitze liegt die größte Hitze«. Und wer Wert aufs Energiesparen legt, den Topfinhalt erhitzen – aber weniger die Küche heizen möchte, achtet darauf, daß sich die Flammenspitzen unter dem Topfboden befinden.

Bei luxuriösen Ausführungen werden häufig Kochmulden mit Ceran-Kochfeld angeboten. Anstelle von Brennern sind unter dem Kochfeld thermostatisch geregelte Gasstrahler installiert. Durch besondere Ableitung der Wärme und dadurch auch besserer Ausnutzung der Energie kann in einem Teil des Kochfeldes gekocht, im hinteren Teil z.B. langsam weitergekocht oder warm gehalten werden. Bei dieser Art zu kochen ist es möglich, in mehreren Töpfen nebeneinander und gleichzeitig zu garen.

Der Gasbackofen

Gasbacköfen werden als konventionelle Geräte mit *Ober- und Unterhitze* geliefert, oder als *Heißluft-/Umluftherde.*
Der Backofenbrenner – als Ringform, U- oder T-Form installiert – befindet sich unter dem Bodenblech im Backofen. Er hat pro Stunde Gebrauch eine Nennwärmeleistung von 3,5 kW.
Die Backofentemperatur wird stufenweise über einen Thermostaten geregelt. Je nach Herdmodell können sich bei den 8 Thermostatstufen geringe Temperaturunterschiede ergeben. Die Thermostatstufen lassen sich leicht mit den Temperaturstufen beim Elektrobackofen vergleichen.

Beim Gasherd entspricht die Thermostatstufe	beim Elektrobackofen
1	150–160°C
2	175–180°C
3	200°C
4	220°C
5	240°C
6	250°C
7–8	etwa 280°C

Die Temperaturstufen beim Heißluftbackofen liegen niedriger. Bei der Wahl der Temperatur ist die Angabe des Geräteherstellers zu beachten.
Bei Luxusherdmodellen kann häufig im Gasbackofen oder auf 1 Kochstelle vollautomatisch gekocht werden. Eine Zeituhr regelt den Zeitpunkt, an dem das Gerät eingeschaltet und nach dem Garprozeß die Gaszufuhr abgestellt wird. Im Backofen wird dabei die Temperatur selbsttätig eingestellt.

Gasherde mit eingebautem Grill

Der Grillbrenner wird im Gasbackofen unter der Decke angebracht. Er hat eine Wärmebelastung von etwa 2,9 kW. Es kann entweder nur gegrillt oder nur der Backofen in Betrieb genommen werden.
Durch die größere Hitzeentwicklung muß beim Grillen die Backofentür offen bleiben. Damit die heißen Grilldämpfe die Schaltknebel der Hahnblende nicht beschädigen, wird für den Grill ein Wärmeschutzblech mitgeliefert. Dieses muß vor der Inbetriebnahme des Grills angebracht werden.

Die Reinigung des Küchenherdes

Wo gekocht, gebraten, gebacken wird, entsteht auch Schmutz durch Fettspritzer usw. Meist macht es weniger Freude, die Küche von den Spuren der Speisenzubereitung zu reinigen – als diese herzustellen. Aber das eine ist ohne das andere kaum möglich.

Da die Reinigungsarbeit von den wenigsten Personen geschätzt wird, werden heute viele Herdmodelle – zumindest der Backofen – mit Selbstreinigung angeboten. Was ist darunter zu verstehen?
Backöfen mit Selbstreinigung können nach zwei Verfahren arbeiten. Beim pyrolytischen Verfahren werden Rückstände wie Fett vom Braten in einem gesonderten Arbeitsgang bei etwa 500° C verbrannt. Der zurückbleibende Staub kann dann mit einem feuchten Tuch ausgewischt werden.
Beim katalytischen Verfahren erfolgt die Reinigung gleichzeitig beim Brat- oder Backvorgang ab 200° C. Größere Verunreinigungen werden dabei weniger gut entfernt. Der Selbstreinigungseffekt läßt auch im Laufe der Zeit nach.
Wie werden Backöfen und Kochmulden sonst gereinigt?
Am besten nach jedem Gebrauch, wenn die Verunreinigungen noch frisch, nicht eingebrannt und dadurch schlecht zu lösen sind. Reinigung mit heißem Wasser, dem ein Spülmittel zugesetzt wird, genügt meist für die sofortige Reinigung. Für stärkere Verunreinigung sind z.B. Schwämme mit Topfreinigerteil praktisch. Kochmulden aus Edelstahl sollten mit den handelsüblichen Reinigungsmitteln gereinigt werden.
Spezielle Backofenreiniger sind bei starken Verunreinigungen zwar manchmal kaum zu umgehen, empfohlen können sie nicht werden. Diese Reiniger sind mit äußerster Vorsicht zu handhaben und immer für Kinder unzugänglich aufzubewahren. Sie enthalten meist scharfe, ätzende Chemikalien, die bei unsachgemäßem Gebrauch zu Gesundheitsschäden führen können. Außerdem sind sie umweltschädigend.

Mikrowellen-Kochgeräte

Diese Geräte sind kein Ersatz für den Herd. Sie werden häufig als Ergänzung der technisch perfekten Küche betrachtet. Als positiv wird das schnelle Garen frischer Lebensmittel, das schnelle Auftauen und Erhitzen von tiefgefrorenen Speisen im Mikrowellen-Kochgerät bewertet.

Vorteil:
Zeit- und Energieersparnis ergeben sich bei der Zubereitung kleiner Mengen.
Arbeitserleichternd ist, daß auf dem Serviergeschirr gegart werden kann, da die Mikrowellen nur die Nahrungsmittel erhitzen. Reinigungsarbeiten werden dadurch verringert.
Bei richtiger Anwendung bleiben Vitamine und Nährstoffe weitgehend erhalten. Wasser- und Fettzugabe kann entfallen, viele Speisen werden dadurch leichter bekömmlich.

Nachteile:
Ohne Zusatzgeräte kann keine Bräunung von Fleisch oder Kuchen erreicht werden, sogenannte Bräunungsgeschirre sind wenig effektvoll.
Unsachgemäße Anwendung, z.B. zu langes Bestrahlen, zerstört die Vitamine und Nährstoffe, Überhitzung von fetthaltigen Speisen mindert deren gesundheitlichen Wert.
Zeitvorteile bei größeren Mengen sind gegenüber herkömmlichen Kochmethoden unwesentlich.
Nur Geräte mit Sicherheitszeichen GS oder VDE bieten auch Gewähr, daß keine Mikrowellen nach außen gelangen.
Jede Form zusätzlicher Bestrahlung bei Nahrungsmitteln muß nach heutigen Erkenntnissen mit mehr Skepsis betrachtet werden. Langfristige Auswirkungen bei ständiger Anwendung der Geräte sind noch viel zu wenig untersucht worden.

Der Kühlschrank

Der Kühlschrank ist aus der Küche kaum mehr wegzudenken und gehört mit dem Herd zur wichtigsten Grundausstattung. Ohne Kühlschrank ist eine sinnvolle Einkaufsplanung kaum durchzuführen, da eine mehrtägige Aufbewahrung leichtverderblicher Lebensmittel nicht möglich wäre.
Ein Kühlschrank gehört heute einfach zur Küchenausstattung, gleich, ob es sich um einen Single- oder Mehrpersonenhaushalt handelt.
Bei der Anschaffung eines Kühlschranks sollte mitberücksichtigt werden, wie groß der Haushalt ist und wie die Eß- und Lebensgewohnheiten sind. Denn es spielt natürlich eine Rolle, ob nur für eine Person oder für mehrere gekocht wird, ob täglich oder nur ein- bis zweimal pro Woche eingekauft wird. Wer seine Lebensmittel täglich einkauft, benötigt natürlich weniger Kühlraum als ein Haushalt, in dem der Vorrat für einige Tage im voraus eingekauft wird.
Es ist also vor der Anschaffung des Kühlschranks zu überlegen, ob ein kleineres oder größeres Gerät sinnvoll ist. Als Mindestgröße – auch für Einzelpersonen – werden Geräte empfohlen, die einen Kühlraum (= Nutzinhalt) von 100–140 l aufweisen. Denn kleinere Geräte sind weder in den Anschaffungs- noch Energiekosten geringer als die größeren Kühlschränke.
Was sollte noch beim Kauf eines Kühlschranks bedacht werden?
Z.B. wo er aufgestellt werden soll. Es ist darauf zu achten, daß er nicht neben einer ständigen Wärmequelle, wie Backofen oder Heizung, steht. Das erhöht den Energiebedarf des Kühlgerätes. Bei der Entscheidung für ein bestimmtes Modell (Preisvergleiche lohnen sich!) mitbedenken, ob es einen Kundendienst in der Nähe gibt, ob das Gerät nach den Sicherheitsbestimmungen gebaut ist, also ein GS- oder VDE-Zeichen trägt.

Bauart und Ausstattung von Kühlschränken
Alle Kühlgeräte sind in Schrankform gebaut. Die Normgrößen entsprechen den modernen Einbauküchen. Deshalb werden Kühlschränke als *Tischgeräte* (in 85 cm Arbeitshöhe mit Arbeitsfläche), *Unterbaugeräte* (zum Unterbau unter eine durchgehende Arbeitsplatte), *Standgeräte* (sind meist größere Geräte über 85 cm Höhe) oder *Einbaugeräte* (die in jeder gewünschten Höhe in der Küche eingebaut werden) angeboten.
Der Kühlraum des Kühlschranks hat verschiedene Temperaturbereiche von +1 bis +10° C. Die Kälte wird durch einen Kompressor oder Absorber erzeugt. Die Mehrzahl der Geräte arbeitet mit Kompressor. Diese haben einen geringeren Energiebedarf als Absorber, dafür aber lautere Laufgeräusche.
Die Produkt-Informationskarte (PI) am Gerät gibt jeweils Auskunft über die wichtigsten Geräteeigenschaften, z.B. über Nutzinhalt, Energieverbrauch, Abtauautomatik usw.
Nach der Ausstattung mit Verdampferfach werden die Kühlschränke in *-, **- oder ***-Stern-Geräte unterschieden.

Kühlschrank: Tischgerät.

* bedeutet, daß bei −6° C gefrorene Lebensmittel etwa 3 Tage aufbewahrt werden können,
** = bei −12° C für etwa 2 Wochen, bei Geräten mit
*** = bei −18° C für etwa 3 Monate.

3-Stern-Geräte sind ideal zum Lagern von tiefgefrorenen Lebensmitteln in der Küche. Zum Selbsteinfrieren (außer Eis- oder Sorbetherstellung) sind die Geräte nicht geeignet. Nur Geräte mit einen ****-(= 4-Sterne) Fach haben die nötige Temperatur, um kleinere Mengen selbst einzufrieren und zu lagern. Für kleine Haushalte kann diese Kühl-Gefrier-Kombination praktisch sein, wenn kein anderes Gefriergerät vorhanden ist. Größere Haushalte sollten dagegen prüfen, ob es nicht sinnvoller ist, zusätzlich zum Kühlschrank ein Gefriergerät (als Schrank oder Truhe) anzuschaffen.
Beim Kühlvorgang schlägt sich die Feuchtigkeit der Luft in Form von Reifansatz am Verdampfer nieder. Je stärker der Reifansatz (Eisbildung) wird, desto höher wird der Energieverbrauch. Deshalb muß das Kühlaggregat des Kühlschranks von Zeit zu Zeit abgetaut werden. Bei einfachen Geräten wird das Abtauen durch Abschalten des Gerätes per Hand getätigt oder kann durch eine Abtauautomatik erleichtert werden. Bei Geräten mit Teilautomatik wird der Kühlschrank per Hand abgeschaltet. Nach dem Abtauvorgang schaltet sich das Gerät selbsttätig ein. Bei der Vollautomatik geht der Abtauvorgang selbsttätig vonstatten.

Sicherheit im Haushalt, in der Küche

Die meisten Unfälle geschehen bei uns nicht im Straßenverkehr, sondern im Haushalt. Und dort vor allem in der Küche. Es soll hier natürlich nicht die Rede von den ironisch als »Küchenunfälle« bezeichneten Mißgeschicken bei der Zubereitung sein, wie angebrannte, verbrannte, versalzene Speisen, sondern von Unfällen, die zu kleinen oder auch schwerwiegenden Verletzungen führen.
Schnittwunden, verbrannte oder verbrühte Finger sind da noch als kleine Unfälle zu bezeichnen. Viele Unfälle in der Küche lassen sich vermeiden, wenn alle Arbeitsgeräte in technisch einwandfreiem Zustand sind und auch sachgemäß benutzt werden. Lockere Stecker oder beschädigte Elektroschnüre an elektrischen Küchengeräten können unangenehme Folgen haben.
Viele der Unfälle, kleinere Verletzungen bei der täglichen Küchenarbeit lassen sich von vornherein ausschalten, wenn bereits die Anschaffung der Geräte mit nötiger Sorgfalt erfolgt. Nicht alles, was an Vorteilen durch die Anwendung bestimmter Geräte durch die Werbung oder das Verkaufspersonal suggeriert wird, muß sich auch in der Praxis als brauchbar herausstellen.
Es ist immer sinnvoll, sich über die Funktion und Handhabung von Küchengeräten – gleich, ob es sich um elektrisch oder per Hand betriebene handelt – zu informieren. Neutrale Fachberatung (über Verbraucherberatung) ist vor dem Kauf immer zu empfehlen. Wo diese Möglichkeit nicht besteht, können auch Gerätebeschreibungen einige wichtige Informationen enthalten. Weisen die Geräte ein Sicherheitszeichen von anerkannten Verbänden, wie z.B. das GS-, VDE- oder TÜV-Zeichen auf oder nicht? Geräte ohne diese Sicherheitsplaketten sollten mit Vorsicht betrachtet werden.
Was besagen diese Verbandszeichen für den Verbraucher?
Geräte mit diesen Zeichen wurden nach anerkannten Regeln der Technik und den DIN-Leitsätzen gebaut. Technische Arbeitsgeräte – auch die Haushaltsgeräte – dürfen nach dem Gesetz nur dann in den Verkehr (Handel) gebracht werden, wenn sie den anerkannten Regeln der Technik sowie den Arbeitsschutz- und Unfallverhütungsvorschriften entsprechen. Viele Gerätehersteller sind Mitglied im »Ausschuß für technische Arbeitsmittel« und gehören z.B. dem

DNA = Deutscher Normenausschuß,
VDE = Verband Deutscher Elektrotechniker,
DVGW = Deutscher Verein von Gas- und Wasserfachmännern,
AGV = Arbeitsgemeinschaft der Verbraucherverbände an.

In der DIN-Norm (des DNA) werden zum Beispiel für alle Haushaltsgeräte Leitsätze aufgestellt, nach deren Sicherheitskriterien diese gebaut werden dürfen.
So haben z.B. Kochstellen (Herdplatten) eine bestimmte DIN-Größe und die Bodenabmessungen der Kochtöpfe die dazu passende Größe (zur Kochplatte 14,5 paßt ein Kochtopf mit Bodenmaß 14,5, zur nächstgrößeren Herdplatte ein größerer Topf, z.B. 18 cm Durchmesser).
Elektrische Küchenmaschinen sollen nach den geltenden Bestimmungen z.B. so konstruiert sein, daß man beim Betrieb nicht mit offen laufenden Teilen (Mixer, Schnitzelwerk, Mahlwerk usw.) in Berührung kommt. Das Auswechseln von Einsatzteilen darf nur bei Stillstand erfolgen.
Es darf z.B. nicht möglich sein, bei laufenden Maschinen – um etwas nachzufüllen – so in diese hineingreifen zu können, daß es zu Verletzungen kommt. Schneidemaschinen sollen so konstruiert sein, daß die Messerschneide bis auf Schnittbreite abgedeckt werden kann. Büchsen-/Dosenöffner sollen möglichst keinen scharfkantigen Rand hinterlassen usw.

Sicherheit für Kinder

Für Haushalte mit kleinen Kindern ergeben sich häufig noch andere Gefahrenquellen als für Erwachsene.
Informationen über Gefahrenquellen erhält man über die Verbraucherberatung und die Aktion »Das sichere Haus«.
Küchenherde sollten z.B. mit einem Schutzgitter versehen werden. Bekanntlich spielen Kinder gerne an Schaltknöpfen herum. Das kann bei unbemerkt bleibender Einschaltung des Elektroherdes unangenehme Folgen haben. Auch Töpfe mit heißem oder kochendem Inhalt können durch ein Schutzgitter nicht heruntergerissen werden. Abdeckplatten für Herde sollten so gesichert sein, daß Kinderhände sie nicht herunterklappen und sich dazwischenklemmen können.
Kühl- und Gefrierschränke sollen auch von innen zu öffnen sein, sie können für spielende (sich verstecken wollende) Kinder sonst verhängnisvoll werden.

Arbeitsgeräte in der Küche

Töpfe, Pfannen und was sonst noch?

Daß zur Ausstattung der Küche nicht nur der Herd gehört, um mit dem Kochen beginnen zu können, ist klar.
Auch Kochgeschirre, wie Töpfe, Pfannen, Auflaufformen, und Arbeitsgeräte, wie Messer, Kochlöffel, Schneebesen, Schneidbrett, Schüsseln usw., sind notwendige Bestandteile der Küchenausstattung.
Wer zum ersten Mal eigenständig eine Küche einrichtet, wird sich vor allem Gedanken darüber machen, was alles an Kochgeschirren und Arbeitsgeräten gebraucht wird. Was ist z.B. als Grundausstattung nötig, was kann später – je nach Kassenlage – nachgekauft werden?
Die folgenden Hinweise sollen Anregungen für die Anschaffungsplanung und den Kauf geben.

Vorschläge für den Single- und Kleinhaushalt
Wer als Single in einer kleinen Wohnung lebt, über wenig Küchenraum verfügt, eventuell nur für sich am Abend oder Wochenende kocht, benötigt natürlich nicht sehr viel an Geschirr und Arbeitsgeräten.
Alleinlebende Personen, die auch öfter einmal Gäste haben und für 2 oder mehrere Personen kochen, werden ihre Küche dagegen mit mehr Kochgeschirr ausstatten. Es ist außerdem ein Unterschied, ob die Küche mit einem Herd mit Backofen ausgestattet ist oder nur eine Kochplatte mit 1–2 Kochstellen zur Verfügung stehen.

Als Grundausstattung für den 1–2-Personen-Haushalt genügen:

	Inhalt (l)	Bodendurchmesser (cm)
1 Stieltopf (Kasserolle)	1,5	14,5
1 Topf	1,5	14,5
1 Kochtopf, flach (Schmor- oder Bratentopf)	2,5	18
evtl. 1 Kochtopf, hoch	3–4	18
1 Bratpfanne mit Deckel		14,5
evtl. 1 Wasserkessel	1–3	14,5

Je nach Haushaltsbedarf kann diese Grundausstattung ergänzt werden, z.B. jeweils mit einem flachen oder hohen Kochtopf, einer 2. Bratpfanne mit Deckel, 1 Dampfdrucktopf (2–3 l, 18 cm), wenn ein Backofen oder Grill vorhanden ist auch mit 1–2 Auflaufformen.

Erweiterte Grundausstattung.

Vorschläge für den Mehrpersonenhaushalt
(z.B. für 3–4 oder mehr Personen)
Die benötigte Menge der Kochgeschirre richtet sich nach den jeweiligen Eß- und Lebensgewohnheiten. Werden Mahlzeiten täglich und regelmäßig zubereitet, oder wird bei Berufstätigkeit nur abends oder am Wochenende gekocht?
Zur Grundausstattung genügen:

	Inhalt (l)	Bodendurchmesser (cm)
1 Stieltopf (Kasserolle)	1,5	14,5
1 Milchtopf	1,5	14,5
1 Kochtopf, flach (Schmor- oder Bratentopf)	2,5	18
1 Kochtopf, hoch	3–5	18
1 Bratpfanne	–	18
1 Bratpfanne mit Deckel	–	18
1 Wasserkessel	2–3	18
1 Auflaufform	–	–
1 Dampfdrucktopf	5–7	18

Je nach Familienbedarf kann die Grundausstattung ergänzt werden, z.B. durch 2–3 weitere Töpfe in verschiedenen Größen (2–3 l Inhalt), zusätzlich 1 kleine Bratpfanne (14,5 cm Bodendurchmesser), 1 Auflaufform, 1 Bräter (für Braten/Fisch), 1–2 Kasserollen, 1 Dampfdrucktopf (3–4 l).

Was ist beim Kauf von Kochgeschirren zu beachten?
Koch- und Backgeschirre gibt es in unterschiedlichsten Formen, Materialien und Ausführungen. Die Koch- und Backergebnisse werden sehr stark durch das zur Herstellung verwendete Material und die Art der Ausführung und Form beeinflußt.
Nach der geltenden DIN-Norm werden nur die Maße für die Bodendurchmesser (z.B. 14,5, 18 cm usw.) und die Maße für den oberen Topfdurchmesser einschließlich des Deckels angegeben. Durch die Angabe des Bodendurchmessers für Töpfe/Pfannen weiß man, auf welcher Elektroplatte z.B. mit dieser Topfgröße am energiesparendsten gekocht werden kann, da auch die Platten nach DIN gebaut werden.
Natürlich ist es nicht einfach, sich bei der Vielzahl der angebotenen Kochgeschirre mit wunderschönen Dekors für eine Serie zu entscheiden. Leichter fällt die Entscheidung sicher dann, wenn nicht nur das Aussehen, das Dekor den Kauf beeinflussen. Es sollten andere Überlegungen mit dem Kauf verknüpft werden, da es wenig sinnvoll ist, die Kochgeschirre alle paar Jahre auszuwechseln.

Vor der Anschaffung zu überlegen ist z.B.:
- Wie viele Töpfe/Pfannen benötige ich?
- Wie hoch werden die Anschaffungskosten sein? Wo werden die gleichen Geschirre und zu welchen Preisen angeboten?
- Gibt es Qualitätsvergleiche zwischen ähnlichen Serien? Informationen dazu sind erhältlich über Fachberatung, Verbraucherberatung, Stiftung Warentest.
- Wie ist die Handhabung der Kochgeschirre, sind sie leicht oder aus schwerem Material gefertigt?
- Sind Griffe und Henkel wärmeisoliert?
- Sind die Griffe und Henkel spülmaschinenfest?
- Sind die Kochgeschirre mit Siebdeckel und Schütt- oder Tropfrand versehen?
- Sind die Kochgeschirre für den Gas- oder Elektroherd oder für beide Energiearten zu verwenden?
- Ist der Boden plangeschliffen? Das ist sehr wichtig für gleichmäßige Kochergebnisse und gleichmäßige Wärmeübertragung – vor allem beim Elektroherd!
- Ist der Dampfdrucktopf (Schnellkochtopf) nach den Sicherheitsbestimmungen geprüft (mit VDE- oder TÜV-Plakette versehen)?

Die Entscheidung zu guten, qualitätsgeprüften Kochgeschirren ist immer zu empfehlen, auch wenn der Anschaffungspreis auf den ersten Blick hoch erscheint. Man braucht ja nicht alles auf einmal zu kaufen, sondern kann die Ausstattung langsam vergrößern.
In Kochgeschirren guter Qualität sind die Kochergebnisse besser. Es brennt weniger leicht etwas an. Bei gut aufsitzenden Deckeln verkocht weniger Flüssigkeit, Töpfe mit plangeschliffenem Boden »tanzen« nicht auf der Kochstelle.

Pfanne mit und ohne Antihaftbeschichtung.

Wichtig:
Pfannen und Töpfe mit Antihaftbeschichtung sollten immer nach Herstelleranweisung benutzt werden. Beim Kauf auf eine möglichst kratzfeste Innenbeschichtung achten!
Pfannen und Töpfe, bei denen sich durch falsche oder lange Benutzung die Beschichtung löst, sind ein Gesundheitsrisiko. Sie gehören nicht mehr zur Speisenzubereitung in die Küche, sondern in den Mülleimer!

Arbeitsgeräte – die Helfer für jeden Tag

Gutes Handwerkszeug erleichtert die Arbeit. Das gilt für den Handwerksbetrieb genauso wie für den Arbeitsplatz Küche.
Viele Vor- und Zubereitungsarbeiten lassen sich ohne diese Arbeitsgeräte gar nicht – zumindest aber sehr schwierig – durchführen.
Durch den Einsatz elektrischer Küchengeräte können viele aufwendige Arbeiten in der Küche zwar auf ein Minimum an Kraft- und Zeitaufwand reduziert werden, ganz verzichten auf die herkömmlichen Arbeitsgeräte können wir nicht.
Zur Küchengrundausstattung sollten zunächst die kleinen Arbeitsgeräte gehören, elektrische Geräte können nach Bedarf auch später angeschafft werden.
Auch bei kleinen Arbeitsgeräten gibt es große Preis- und Qualitätsunterschiede. Was in der Anschaffung billig erscheint, muß sich dann bei Gebrauch nicht unbedingt auch als wirklich preiswert herausstellen. Gut und preiswert gekauft hat man dann, wenn sich die Arbeitsgeräte nicht nach kurzem Gebrauch als »unbrauchbar« herausstellen. Fachberatung lohnt sich auch beim Kauf kleiner Arbeitsgeräte.

Küchengeräte: Grundausstattung.

Nützliche Zusatzgeräte.

Vorschläge für die Grundausstattung an kleinen Arbeitsgeräten
(gilt für den Klein- und Familienhaushalt mit mehreren Personen)

für Vorbereitungsarbeiten:
1 kleines und großes Schneidbrett (aus Holz oder festem Kunststoff)

zum Schneiden/Schälen:
1 kleines scharfes Küchenmesser (mit glatter Klinge)
1 großes scharfes Messer (mit glatter Klinge zum Schneiden von Fleisch usw.)
evtl. 1 Schälmesser (für Gemüse, Kartoffeln)

zum Kochen:
1–2 Rühr-/Kochlöffel
1 Schneebesen (zum Rühren oder Schlagen)
1 Pfannenwender (zum Braten in der Pfanne)
Suppen- und Soßenkellen
Schaumlöffel oder Schaumkelle
und als wichtigstes Hilfsmittel zum Anfassen heißer Töpfe die Topflappen.

Für die Vor- und Zubereitungsarbeiten werden außerdem benötigt:
1–2 Schüsseln, Teller, 1 Durchschlag oder großes Sieb (zum Waschen und Abtropfen von Gemüse und Salat),
1 Rohkostreibe (eventuell mit verschiedenen Reib- und Hobeleinsätzen)
1 Meßbecher zum Abmessen von Flüssigkeiten und Zutaten
1 Dosenöffner zum Öffnen von Konserven
1 Flaschenöffner mit Korkenzieher
1 Küchenschere zum Öffnen von Packungen oder Schneiden von Kräutern
1 Zitronenpresse

Je nach Kochgewohnheit und Haushaltsgröße kann die Grundausstattung nach und nach durch weitere Arbeitsgeräte ergänzt werden. Nützliche Hilfen sind z.B.:
Siebe in verschiedenen Größen
eventuell auch ein Passiersieb
Spritzbeutel und Teigschaber
Ei- und Tomatenteiler
1 scharfes kleines Tomatenmesser (mit Sägeklinge)
1 scharfes großes Messer (mit Sägeklinge)
1 Küchenwaage
Rührbecher/Rührschüssel usw.

Zubereitungs-techniken – Garmethoden

Für die unterschiedlichen Tätigkeiten, die in der Küche nötig sind, um die Lebensmittel zu Speisen zu verarbeiten, werden häufig Begriffe verwendet, die einem Laien nicht immer geläufig sind.
Damit das Kochen nach den Rezepten in den folgenden Kapiteln auch für unerfahrene Kochanfänger problemlos vonstatten gehen kann, werden hier die wichtigsten Zubereitungstechniken in alphabetischer Reihenfolge erläutert. Genaue, detailliertere Beschreibungen für die verschiedenen Zubereitungstechniken werden z.T. in den Rezeptbeschreibungen gegeben.
Die Zubereitung von Lebensmitteln für Speisen läßt sich in 3 Bereiche gliedern:

Die Vorbereitung der Lebensmittel
Das Garen der Lebensmittel
Das Aufbereiten der Speisen vor dem Servieren

Die Vorbereitung der Lebensmittel

Die Vorbereitung von Lebensmitteln kann durch mechanische Bearbeitung, wie z.B. Schneiden, Zerkleinern, erfolgen oder durch eine Wärmebehandlung, wie z.B. das Blanchieren und Überbrühen. Die folgenden Definitionen der Begriffe entsprechen den in Fachkreisen anerkannten und verwendeten Küchenausdrücken.

Ausbeinen:
Herauslösen von Knochen aus rohem Fleisch mit Hilfe eines scharfen Messers. Es ist z.B. bei der Vorbereitung von Wild oder Geflügel zum Garen nötig.

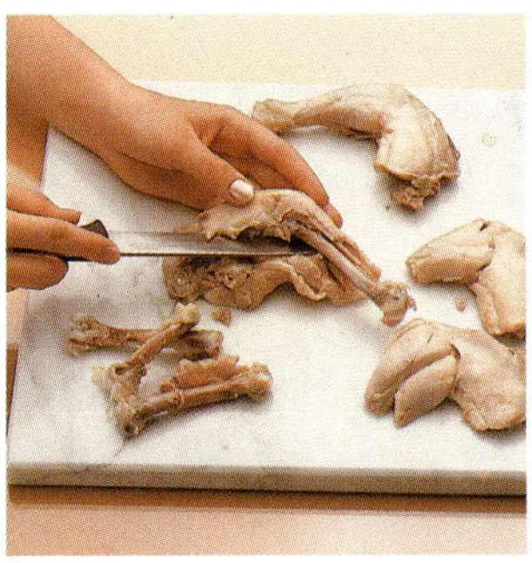

Bardieren:
das Umlegen von sehr fettarmem Wildgeflügel und Fleisch mit Speckscheiben. Die Speckscheiben werden mit Garn z.B. auf der Brustseite von Wildgeflügel oder Wildbraten festgebunden. Für zartes Fleisch ist das Bardieren eher zu empfehlen als z.B. das Spicken.

Dressieren:
Vor dem Garen werden Geflügel, Fisch oder auch bestimmten Bratenstücken eine gefällige Form gegeben. Die Flügel von Geflügel werden unter den Rücken geschoben, die Beine zusammengebunden. Fisch wird z.B. wie bei Forellen rundgebogen.
Mit Hilfe von Holz- oder Metallspießchen, Fleischklammern oder Garn (weißes Baumwollgarn/Zwirn) wird das Gargut in der gewünschten Stellung fixiert.

Durchdrehen:
das Zerkleinern durch einen Fleischwolf, wie beim Herstellen von Hackfleisch, Fischhack oder Gemüsemasse.

Emulgieren:
das Vermischen verschiedener Flüssigkeiten, die sich normalerweise nicht miteinander verbinden – wie Öl und Ei – zu einer homogenen (einheitlichen) Masse. Dazu ist der Einsatz von Geräten, wie Schneebesen, elektrische Küchenmaschine, Mixer, erforderlich, wie z.B. bei der Herstellung von Mayonnaise.

Entsaften
oder Auspressen, Ausdrücken; das Trennen des flüssigen Bestandteils eines Lebensmittels (Saft von Früchten, wie Beeren, Orangen, Zitronen usw.) vom festen Bestandteil. Dazu ist eine Handpresse oder eine elektrische Saftpresse erforderlich.

Entschoten,
auch Auspalen oder Döppen genannt: Dabei werden z.B. Erbsen oder Bohnenkerne aus den Schalen gelöst.

Farcieren:
das Füllen oder Bestreichen von Fleisch, Geflügel oder Fisch mit einer feinzerkleinerten Masse. Diese, als Farce/Füllsel bezeichnet, kann aus Fleisch/Fisch, Pilzen und Gemüse sowie Würzzutaten, Ei usw. bestehen.

Faschieren:
ein anderer Ausdruck für das Durchdrehen von Fleisch usw. durch den Fleischwolf. Zum Faschieren kann aber auch der Mixer oder Alleszerkleinerer verwendet werden.

Filieren
oder Filetieren: das Herauslösen bestimmter Stücke aus rohem Fisch oder Fleisch mit Hilfe eines Messers. Haut, Gräten oder auch Knochen werden dabei entfernt.

Filtrieren,
Filtern, Durchseihen: das Trennen von mehr oder weniger fein gelösten Stoffen aus Flüssigkeiten.
Oder das Lösen von Aroma- und Geschmacksstoffen aus gemahlenen Genußmitteln – wie Kaffee – durch heißes Wasser. Der Kaffeesatz wird beim Filtern zurückbehalten. Zum Filtern werden dünnmaschige Siebe, Papierfilter oder Leinentücher benutzt.

Hacken:
Durch schnelle, kräftige und senkrecht ausgeübte Schneidbewegungen werden Kräuter, Zwiebeln, Fleisch usw. zerkleinert. Dazu verwendet man am zweckmäßigsten ein großes scharfes Messer, Küchenbeil oder eventuell den Zwiebelschneider.

Kneten:
Verschiedene Zutaten und meist etwas Flüssigkeit werden unter Druck mit den Händen oder mit der Küchenmaschine zu einer glatten Masse (Teig) vermischt.

Mahlen:
Durch kleine Hand- oder auch Elektromahlwerke werden feste Nahrungsmittel (Nüsse, Zwieback, Schokolade, Kaffeebohnen) sehr fein zerkleinert.

Marinieren
oder Beizen: das Einlegen in eine gewürzte Flüssigkeit – die Marinade oder Beize –, um einen bestimmten Geschmack zu erzielen, einige Zeit vor dem Verderb zu bewahren oder auch, um Fleisch zarter zu machen.

Mixen:
Dabei werden Flüssigkeiten und die Geschmackszutaten schnell und gründlich miteinander vermischt, z.B. mit Hilfe eines Schneebesens, im Schüttelbecher oder im Mixer.

Panieren:
Lebensmittel, wie Fleisch-, Fisch- oder Geflügelstücke, aber auch Gemüse, werden vor dem Garen (Braten) mit einer Hülle versehen. Dazu wird z.B. ein Fleischstück (wie Schnitzel) nacheinander in Mehl, verrührtem Ei und Paniermehl gewendet.
Die Panade kann aber auch aus Mandeln, gemahlenen Nüssen, Kokosflocken usw. bestehen.
Panierte Speisen sind meist saftiger als naturell zubereitete, haben allerdings auch einen höheren Kalorien-/Joulewert.

Parieren:
eine Zubereitungstechnik, die vor allem bei festlichen Speisen angewendet wird. Dabei wird z.B. Fleisch oder Fisch in ganz gleichmäßige und gleich geformte Stücke geschnitten. Haut und Fettränder werden entfernt.

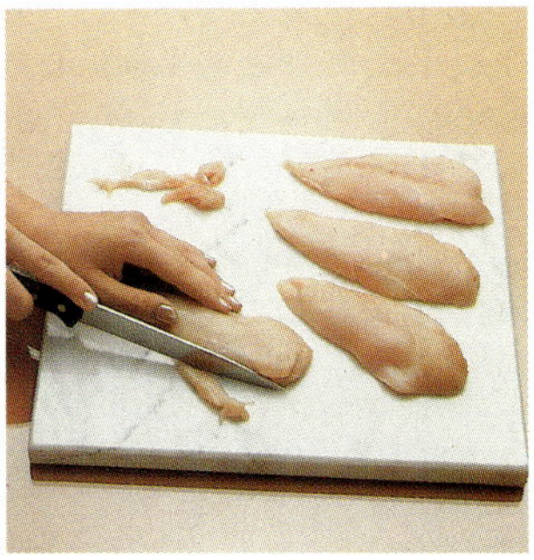

Passieren:
das Durchpressen oder Durchstreichen von weichen Lebensmitteln durch ein Sieb, Durchschlag, Passiersieb oder den Passierteil der Küchenmaschine. Die Lebensmittel können z.B. roh sein (wie Quark) oder gegart, wie z.B. beim Durchpassieren von Äpfeln zu Mus.

Pürieren:
das Zerkleinern, Zerdrücken, Zerstampfen von weichen (rohen oder gekochten) Lebensmitteln zu einer breiartigen Masse. Das kann mit Hilfe einer Gabel (z.B. bei Bananen), eines Kartoffelstampfers oder durch die elektrische Küchenmaschine (Mixer) geschehen.

Putzen:
das Entfernen von nicht eßbaren Teilen bei Gemüse, Obst usw., z.B. das Entfernen von harten Außenblättern, Wurzeln, Schalen mit Hilfe eines Messers oder Schälmessers (Kartoffel-/Gemüseschäler).

Raspeln:
das Zerkleinern von Gemüse oder Obst in mehr oder weniger grobe Streifen. Das kann mit Hilfe von Handraspeln (Rohkostreibe) oder mit mechanisch oder elektrisch betriebenem Schnitzelwerk geschehen.

Reiben/Raffeln:
Dabei werden Lebensmittel (wie Gemüse und Obst) auf einer Handreibe (Rohkostreibe), in einem mechanisch oder elektrisch betriebenen Schnitzelwerk – mit Reibeinsatz – ganz fein zerkleinert.

Rühren:
das Vermischen, Verquirlen, Vermengen von verschiedenen Lebensmitteln zu einer einheitlichen Masse, wie z.B. Suppe, Soße, Brei, Kuchenteig usw. Rühr- oder Kochlöffel, Quirl, Schneebesen oder die elektrische Küchenmaschine mit Rührwerk sind übliche Arbeitsgeräte dafür.

Schälen,
auch Pellen, Abziehen oder Schrappen: Tätigkeiten, bei denen die Schalen z.B. von Gemüse und Früchten entfernt werden.

Schlagen
oder Aufschlagen: Dabei wird Luft in flüssige oder weiche Lebensmittel geschlagen, wie bei Sahne oder Eiweiß.
Zum Schlagen können bei kleinen Mengen die Gabel oder der Schneebesen, bei größeren Mengen aber auch Schneebesen, Rührfix oder die elektrische Küchenmaschine benutzt werden.

Schneiden,
umfaßt auch Tätigkeiten wie Hobeln, Schnitzeln, Stifteln: Dabei werden Lebensmittel z.B. in Scheiben, Würfel, Stifte, Streifen usw. geschnitten. Je nach Art und Menge kann das Schneiden mit einem Messer, einer Schere, einem Pommes-frites-Schneider, Hobel oder in der elektrischen Küchenmaschine (Schnitzelwerk) geschehen.

Spicken:
Das Einziehen von dünnen Speckstreifen mit Hilfe einer Spicknadel in Fleisch. Es wird bei trockenem, fettarmem Fleisch (Wild) angewendet. Da die Fleischfasern dabei beschädigt werden, ist bei zartem Fleisch das Bardieren vorzuziehen.

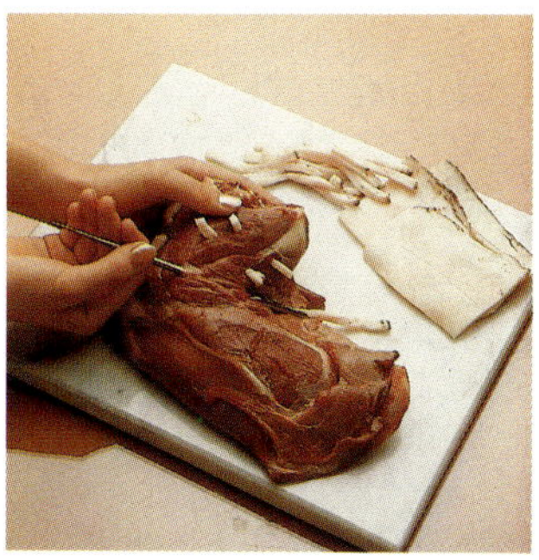

Tournieren:
Dabei wird Lebensmitteln (Fleisch, Backwaren usw.) eine ganz bestimmte einheitliche Form gegeben. Vor allem bei festlichen Anlässen werden z.B. Filets in Tournedos/Medaillons geschnitten.

Tranchieren:
Rohe oder gegarte Lebensmittel werden in gleichmäßige Scheiben geschnitten oder in Teile zerlegt, um das Servieren zu erleichtern. Bei Geflügel, großen Braten und Fisch ist zum Tranchieren ein großes scharfes Messer, ein Tranchierbesteck und eine Geflügelschere hilfreich.

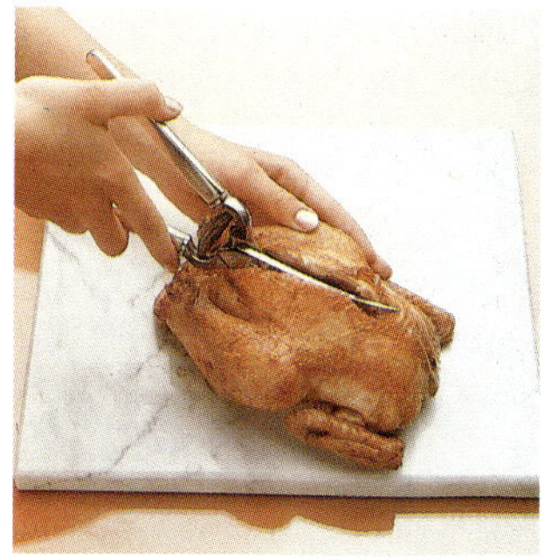

Zerlegen:
das Zerteilen größerer Fleischstücke oder Tierteile vor der weiteren Verarbeitung. Man teilt diese mit Hilfe eines großen scharfen Messers, Fleischbeils, einer Knochensäge oder Geflügelschere in Stücke praktischer Haushaltsgröße ein.

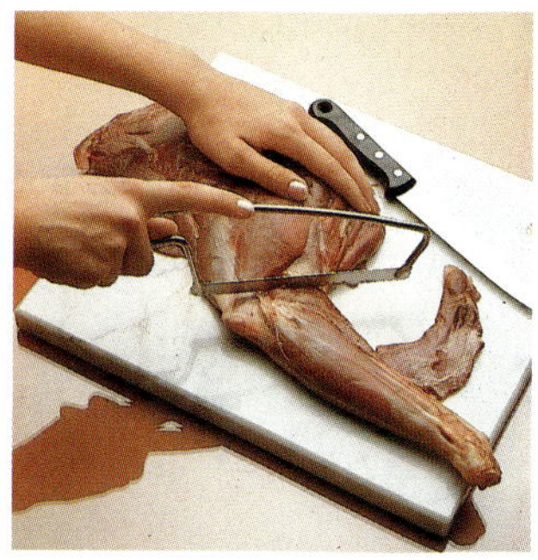

Vorbereitungstätigkeiten, bei denen eine Wärmebehandlung nötig ist

Abbrennen:
Dabei wird ein Mehl- oder Grießbrei im Topf bei Wärmezufuhr so lange gerührt, bis sich die Masse als Kloß vom Topfboden löst.

Das Garen der Lebensmittel (Garmethoden)

Als Garen bezeichnet man den Prozeß, der die vorbereiteten Lebensmittel unter Wärmeeinwirkung verändert, um sie z.B. weich (gar) und genußfähig zu machen.
Einerseits kann das Aussehen der Speisen Hinweis darauf geben, ob sie gar sind. Immer genügt der optische Eindruck aber nicht. Häufig entscheidet auch das persönliche Geschmacksempfinden darüber, ob Speisen als gar, als weich oder eventuell noch als zu bißfest oder zäh empfunden werden. Das Garen kann nach verschiedenen Verfahren erfolgen. Manchmal wird nur eine Gartechnik (ein Verfahren) benötigt, je nach Art der Speise können aber auch mehrere Verfahren zum Garprozeß beitragen.
Was bedeuten z.B. die Bezeichnungen für einzelne Gartechniken? Die folgenden Definitionen helfen bei der Unterscheidung.

Abwällen,
auch Abbrühen, Überbrühen: Dabei werden Lebensmittel (z.B. Gemüse) mit kochendem Wasser übergossen, um sie für die weitere Verwendung geschmeidiger zu machen. Bei Tomaten geschieht es, damit sich die Haut leichter abziehen läßt.

Auslassen/Ausbraten:
Dabei werden stark fetthaltige Lebensmittel (wie Speck, Flomen) auf der Kochstelle so lange erhitzt, bis das Fett flüssig herausdringt.

Blanchieren:
Dabei werden rohe Lebensmittel je nach Art 2–5 Minuten in heißer Flüssigkeit (Brühe oder Fett) oder heißem Dampf in einem Topf oder einer Pfanne vorgegart.

Karamelisieren:
Zucker wird im Topf oder in der Pfanne unter ständigem Rühren bei Wärmezufuhr erst geschmolzen, dann gebräunt und entweder mit Flüssigkeit wie Wasser oder Milch abgelöscht oder unverdünnt z.B. zum Glasieren von Mandeln, Nüssen, Früchten usw. verwendet.

Ablöschen:
Bei Einbrenne (= Mehlschwitze, siehe Soßen), Bratenfond, Karamel wird durch Zugießen von Flüssigkeit (Wasser, Brühe, Wein, Milch) »abgelöscht«, gelöst und verdünnt.

Abschlagen:
Bestimmte Speisen (feine Soßen, Cremes) werden unter Erwärmung im Wasserbad geschlagen, bis z.B. wie bei Eigelb + Milch eine dickflüssige oder cremige Masse entsteht. Die Zutaten dürfen nicht zum Kochen kommen, da sie sonst gerinnen (bei Buttersoße oder Weinschaumsoße z.B.).

Backen:
Bezeichnung für ein Garen unter gleichzeitiger Bräunung, z.B. von Kuchen oder Aufläufen im heißen Backofen bei unterschiedlichen Temperaturen (etwa zwischen 100 und 240° C).

Binden:
Flüssigkeit wird durch die Zugabe von Bindemitteln, wie Stärkemehl, Mehl, geriebenem Brot usw. sämig gemacht.

Braten:
Methode 1: Auf der Kochstelle kann in der Pfanne oder einem Topf mit oder ohne Fettzugabe gebraten werden. Die Lebensmittel (Fleisch, Fisch usw.) werden bei relativ hoher Gartemperatur gleichzeitig gebräunt. Bei Zugabe von Fett liegt die Brattemperatur zwischen 160 und 200° C.
Methode 2: Im heißen Backofen wird mit oder ohne Fettzugabe bei Temperaturen zwischen 140 und 275° C gegart und dabei auch gebräunt. Das Fleisch, Geflügel, der Fisch usw. können auf dem Bratenrost (mit Braten-/Fettpfanne) in einem Bräter oder einer Auflaufform, in Brat- oder Alufolie gebraten werden. Vorteil beim Braten in Folie ist z.B., daß keine Fettzugabe erforderlich ist und der Saft im Gargut bleibt bzw. nicht verdampft.

Dämpfen:
Das Garen in heißem Wasserdampf, z.B. im Dämpftopf oder einem Kochtopf mit Siebeinsatz.

Druckgaren:
Dabei wird in einem speziellen Topf, dem Dampfdruck-/Schnellkochtopf, unter hohem Druck (1,5–2,2 bar) gegart. Entweder in Wasserdampf in einem Siebeinsatz oder ohne Einsatz mit etwas Flüssigkeit. Vorteil beim Druckgaren ist die große Zeitersparnis.

Dünsten:
Das Garen von Gemüse oder anderen Lebensmitteln in wenig Flüssigkeit mit oder ohne Fettzugabe. Die Flüssigkeit zum Dünsten kann der Eigenanteil aus den Lebensmitteln sein oder zugesetzt werden (z.B. etwas Wein, Brühe, Wasser, Milch).
Gedünstet werden kann im gut schließenden Topf, in der Pfanne oder in Folie.

Fritieren:
Das Ausbacken und gleichzeitige Garen/Bräunen in heißem Fett. Das Gargut soll dabei in heißem Fett schwimmen können. Die Fettemperatur soll – je nach Lebensmittel – 150–190° C betragen. Fritieren kann man in einer temperaturgeregelten elektrischen Friteuse oder im Kochtopf mit Fritierkorb.

Garziehen/Pochieren:
Dabei werden die zu garenden Lebensmittel im Topf in viel kochende Flüssigkeit gegeben, dann aber bei einer Temperatur unter dem Siedepunkt gegart. Vor allem zarte Lebensmittel, die nicht zerkochen sollen, werden dadurch schonend gegart (z.B. verlorene Eier, Fisch).

Grillen:
Dabei wird unter hoher Strahlungs- oder Kontaktwärme bei gleichzeitiger Bräunung gegart. Je nach Art des Lebensmittels kann auch fettarm oder fettlos für Diätzwecke gegrillt werden. Zum Grillen wird ein Grill benötigt. Diesen gibt es als Einbaugerät für den Backofen oder als Einzelgerät.

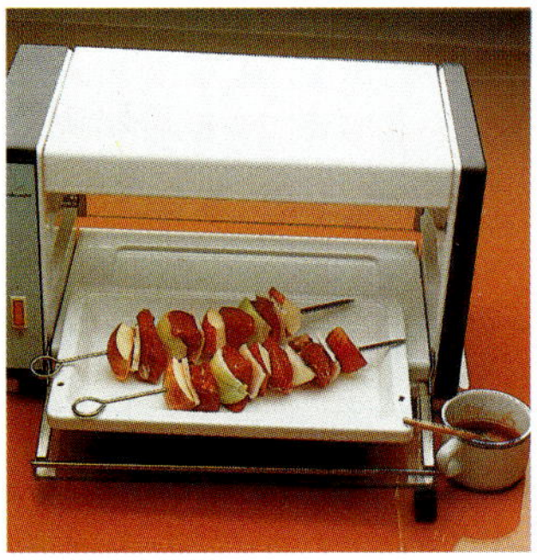

Kochen:
Mit dem Begriff »Kochen« werden in der Umgangssprache alle Tätigkeiten umschrieben, die zur Speisenzubereitung zählen. Als Definition ist das natürlich zu pauschal.
Küchentechnisch versteht man unter Kochen ein Garen in relativ viel Flüssigkeit im Topf, bei einer Siedetemperatur von etwa 100° C.
Als *Sieden/Köcheln* wird das leichte Kochen (leichte, sich kräuselnde und Bläschen zeigende Oberfläche der Flüssigkeit) bezeichnet.
Als *sprudelnd Kochen* wird das sehr starke Kochen (deutlich große Blasen werfende Oberfläche der Flüssigkeit) bezeichnet.
Wasser zur Teezubereitung muß z.B. sprudelnd kochen, wenn der Tee aufgegossen wird. Eine Suppe, die schon aufgekocht war, aber noch weitergaren soll, braucht nur sieden, leicht köcheln.

Quellen:
Lebensmittel können – je nach Art – mehr oder weniger Flüssigkeit aufnehmen, sich dadurch im Volumen vergrößern. Sie »quellen« auf. Gut feststellen kann man das z.B. bei Reis, Teigwaren, Hülsenfrüchten und Speisen, die Mehl enthalten, wie Soßen usw.

Rösten
oder Toasten: Dabei werden Lebensmittel, wie Brot, Nüsse, Gemüse usw., in trockener, heißer Luft gebräunt. Das kann z.B. im Toaster (Brot), unter dem Grill oder im Backofen geschehen, aber auch in der Pfanne mit oder ohne Fettzugabe.

Schmoren:
Bei dieser Garmethode wird z.B. Fleisch oder Gemüse zunächst in heißem Fett angebraten und anschließend unter Zugabe von wenig Flüssigkeit im geschlossenen Topf/Pfanne gegart. Die Anbrattemperatur liegt bei etwa 180° C, die Schmortemperatur bei etwa 100° C.

Stocken:
Das Garen und gleichzeitige Festwerden von flüssiger Masse aus Eiern, wie bei Rührei oder kleinen Aufläufen. Das Stocken kann mit etwas Fett in der Pfanne oder dem Topf erfolgen oder bei etwa 120° C in Förmchen, z.B. im Wasserbad.

Besondere Garmethoden
Nach den heutigen Erkenntnissen der Ernährungswissenschaft sollen Speisen nach schonenden Garverfahren und unter geringer Fettverwendung zubereitet werden.
Industrie und Gerätehersteller haben, dem Trend nach gesunder Ernährung folgend, Kochgeschirre und Produkte entwikkelt, in denen schonend und fettarm gegart werden kann. In den angebotenen Kochgeschirren werden herkömmliche Garmethoden, wie Kochen, Dünsten, Braten, Schmoren, angewendet. Ohne oder mit nur geringer Fettzugabe oder wasserarm, d.h. bei Nutzung des Wasseranteils in den Lebensmitteln, kann man in Kochgeschirren verschiedener Hersteller Speisen zubereiten.
Am kostspieligsten ist die Anschaffung von speziellen Edelstahltöpfen mit dickem Sandwichboden und Tropfdeckel (für eventuelle Flüssigkeitszugabe). Die Investition lohnt sich, aber eine besondere Handhabung der Kochgeschirre (nach der jeweiligen Gebrauchsanweisung) ist dringend erforderlich.
Ohne oder bei geringer Fettzugabe kann auch in Töpfen und Pfannen mit Innenbeschichtung gegart werden. Bei der Anschaffung ist auf hitzebeständige und kratzfeste Beschichtung zu achten.
Aber auch in Kochgeschirren aus feuerfester Keramik und anderen Materialien lassen sich Speisen schonend zubereiten.

Vorherige Fachberatung (über Handel oder Verbraucherverbände) ist anzuraten.
Fettarm und ohne Wasserzugabe kann auch im Römertopf, in Alufolie oder Bratfolie gegart werden. Vorteil: keine hohen Anschaffungskosten.

Der Römertopf,
ein Tontopf, ist nur zum Garen im Backofen geeignet. Der gewässerte Topf wird mit dem Braten, Gemüse usw. gefüllt, geschlossen und in den kalten Backofen geschoben. Dann erst die Temperatur einstellen. Die Garzeit im Römertopf ist 1/2 bis doppelt so lang wie bei der Zubereitung auf der Kochstelle.

Garen in Alufolie:
Das Fleisch oder Gemüse wird luftdicht in einem großen Stück Alufolie eingewickelt, die Seiten werden fest verschlossen. Über dem Gargut muß ein etwa 2–3 cm hoher Luftraum bleiben, sonst platzt die Folie beim Erhitzen, und der Fleisch- oder Gemüsesaft geht verloren. Die eingepackten Lebensmittel können auf der Kochstelle in einem Topf mit etwas Wasser gegart werden oder im Backofen, z.B. mit auf den Bratenrost legen, wenn ein anderes Gericht oder Kuchen gegart wird. Eventuell bei geöffneter Folie noch 10 Minuten nachbräunen.

Garen in Bratfolie:
Bei Verwendung von Bratfolie muß der Backofen benutzt werden. Fleisch, Geflügel usw. werden locker in Bratfolie oder einen Bratfolienschlauch eingepackt, die Seiten fest verschlossen. Die Bratfolie bläht sich in der Hitze des Backofens auf. Das Fleisch usw. wird im eigenen Saft gegart und auch gebräunt. Der Fleisch- oder Gemüsesaft kann zur Soßenzubereitung verwendet werden.
Bei Verwendung von Bratfolie jeweils auch die Angaben der Hersteller beachten.
In Alu- oder Bratfolie gegarte Speisen sind gut geeignet für Schonkost und Diät.

Dampfdrucktöpfe/Schnellkochtöpfe
haben sich in den letzten Jahren die Haushalte erobert. Sie ermöglichen die schnelle und auch schonende Zubereitung vieler Gerichte. Betriebsanweisungen der Töpfe müssen genau befolgt werden, denn Bedienungsfehler können zu unangenehmen Pannen und Unfällen führen. Im Dampfdrucktopf kann auf verschiedenen Ebenen gleichzeitig gegart werden. Unten wird z.B. mit wenig Flüssigkeit der Braten gegart, im Siebeinsatz darüber die Kartoffeln und das Gemüse. Unterschiedliche Garzeiten müssen beachtet werden, um Nährwertverluste zu vermeiden.

Das Aufbereiten der Speisen vor dem Servieren

Während oder nach dem Garprozeß können durch einige Tätigkeiten noch bestimmte Veränderungen bei den Speisen – in bezug auf Aussehen, Konsistenz und Geschmack – erzielt werden.

Abschrecken:
heiße, gegarte Lebensmittel, z.B. Teigwaren, gekochte Eier, werden mit kaltem Wasser übergossen.

Eindicken/Reduzieren:
Dabei wird der Flüssigkeitsanteil in der Speise verringert. So wird durch längeres Erwärmen bei offenem Topf eine dünnflüssige Soße z.B. dicker, sämiger gemacht, eine Flüssigkeit, z.B. Weinsud bei einer Buttersoße, etwas eingekocht, reduziert.

Flambieren:
Dabei wird Speisen noch eine geschmackliche Abrundung gegeben. Beim Flambieren wird etwas Alkohol erhitzt, über die Speisen gegossen und angezündet. Man läßt den Alkohol möglichst ganz verbrennen.

Glasieren:
Dabei werden Speisen mit dem eigenen Saft übergossen, bis sie glänzen, oder Früchte z.B. mit Gelee (Tortenguß) oder Zuckerglasur (Karamel) überzogen.

Garnieren/Dekorieren:
das appetitliche Anrichten der Speisen. Durch frische oder andere optisch angenehm wirkende Zutaten werden die Speisen noch verschönt, damit das Auge sich erfreut (siehe Kapitel »Garnieren« Seite 510).

Gratinieren:
Fertig gegarte Speisen werden vor dem Servieren bei starker Oberhitze überbacken, damit sie eine schöne braune Kruste erhalten.

Legieren:
Suppen, Soßen werden nach dem Kochen mit Sahne, Eigelb oder Eigelb mit Sahne verrührt. Dabei ist es sinnvoll, bereits etwas der heißen Flüssigkeit z.B. mit dem Ei in einer Tasse zu verrühren. Erst dann die Speise damit legieren. Nicht mehr kochen lassen.

Nappieren:
Warme oder kalte Speisen werden dabei mit einer dikken, gut deckenden Soße übergossen.

Schwenken:
Dabei werden z.B. gekochte Kartoffeln mit Butter und feingehackten Kräutern durchgeschüttelt, damit alles gleichmäßig verteilt wird.

Kräuter und Gewürze

Kräuter und Gewürze werden seit Tausenden von Jahren als Heilmittel in der Medizin, zur Körper- und Schönheitspflege und in der Küche verwendet. Sie waren über Jahrhunderte wichtige Handelsware und gehörten zu den begehrtesten Gütern.
Um in ihren Besitz zu gelangen, wurden neue Kontinente entdeckt und ferne Länder erobert, und um das Handelsmonopol über bestimmte Gewürze zu erhalten, wurden dann jahrhundertelang zwischen den einzelnen Staaten erbitterte Kriege geführt. Wenn wir heute Gewürze einkaufen und ganz selbstverständlich beim täglichen Kochen verwenden, ahnen wir kaum noch etwas von den Abenteuern, die Gewürzhändler früherer Jahrhunderte erlebten.
Und wer von uns macht sich noch Gedanken darüber, wenn er einen Menschen, den er nicht mag, dahin wünscht, »wo der Pfeffer wächst«? Woher dieser unfreundliche Wunsch stammt? Aus einer Zeit, in der in Europa der Gewürzhandel zu blühen begann und Reisen in die tropischen Länder, aus denen der Pfeffer und andere begehrte Gewürze kamen, mit großen Gefahren verbunden waren. Eine Rückkehr in die Heimat war immer sehr zweifelhaft.

Ernährungsphysiologie

Gewürze haben nicht nur die Aufgabe, den Speisen einen guten und abgerundeten Geschmack zu geben. Sie erfüllen im Körper wichtige Funktionen. Die moderne Ernährungswissenschaft hat in den letzten Jahren verstärkt begonnen, die Wirkungsweise vieler Gewürze und Kräuter auf bestimmte Körperfunktionen zu untersuchen. Die Ergebnisse bestätigen eine positive Wirkung einzelner Gewürze auf das körperliche Wohlbefinden, so wie es in Schriften alter Kulturen (aus China, Ägypten, Griechenland) auch schon bekannt war.
Kräuter und Gewürze regen z.B. sehr intensiv die Produktion von Verdauungssäften an. Schon der Duft einer gut gewürzten Speise läßt uns das Wasser im Mund zusammenlaufen, der Appetit wird geweckt, und der Magen bereitet sich auf die Verdauungsarbeit vor. Einzelne Gewürze wirken intensiv auf die Magennerven ein, fördern den Gallenfluß und üben somit einen Einfluß auf die Verdauung der Nahrung aus.
Wenn wir beim Kochen Gewürze und Kräuter verwenden, tun wir damit nicht nur der Nase und der Zunge einen Gefallen, sondern tragen dazu bei, uns insgesamt körperlich besser zu fühlen.

Der Gebrauch von Kräutern und Gewürzen in der Küche

In der modernen Küche haben Gewürze die Aufgabe, den Geschmack der Speisen zu unterstreichen, zu vervollkommnen oder auch bei bestimmten Spezialitäten interessante exotische Nuancen zu setzen.
Auch heute kann der Gebrauch von Gewürzen beim Kochen so etwas wie Entdeckerfreude und Abenteuerlust wecken, denn das Ausprobieren neuer Gewürze und anderer Kombinationen übt einen starken Reiz aus. Langsames Herantasten an den Geschmack eines Gewürzes und die Wirkung in einem Gericht ist vor allem für Anfänger in der Küche sehr ratsam.
Aber richtiges und gutes Würzen kann man lernen, wenn man mit etwas Fingerspitzengefühl und Phantasie an das Abschmecken geht. Die Zunge zeigt dann an, was noch als angenehm oder was schon als zuviel empfunden wird.

TIP FÜR KOCHANFÄNGER

Das »Fingerspitzengefühl« kann beim Abschmecken wörtlich genommen werden. Häufig genügt zur letzten geschmacklichen Abrundung noch 1 Prise eines Gewürzes, und 1 Prise ist genau das, was zwischen den Fingerspitzen von Zeigefinger und Daumen Platz hat.

Wer den Geschmack und die Wirkung eines Gewürzes noch nicht kennt, sollte immer mit einer kleinen Menge beginnen. Auch dann, wenn vielleicht die im Rezept angegebene Gewürzmenge als »zu wenig« angesehen wird. Nachwürzen ist leichter als das Essen von verwürzten Gerichten!

Tips für den Umgang mit Kräutern und Gewürzen

Gewürze und getrocknete Kräuter verändern sich im Geruch, Geschmack und ihrer Wirkung durch den Einfluß von Licht und Sauerstoff, da die Duft- und Aromastoffe an ätherische Öle gebunden sind. Diese haben die Eigenart, sich schnell zu verflüchtigen, wenn sie Sauerstoff ausgesetzt sind.
Einem zu schnellen Abbau der Duft- und Aromastoffe kann man nur durch richtige Lagerung vorbeugen. Bei Paprika läßt sich z.B. der Einfluß von Licht und Sauerstoff besonders gut beobachten. Innerhalb kurzer Zeit verändert sich die Paprikafarbe von Rot zu Braun, und die Würzkraft geht verloren.
Aber auch bei richtiger Lagerung sind Kräuter und Gewürze nicht unbegrenzt haltbar, innerhalb von 6–12 Monaten sinkt auch bei frisch gekaufter Ware der Würzwert.

- Deshalb möglichst immer nur die Gewürzmenge einkaufen, die innerhalb von 6–12 Monaten verbraucht werden kann. Danach werden die Kräuter und Gewürze wertlos.
- Ganze oder nur grob zerkleinerte Gewürze halten die Aromastoffe natürlich länger als gemahlene. Deshalb sollten Gewürze wie Pfeffer, Piment, Muskat usw., möglichst bei Bedarf frisch gemahlen/gerieben werden.
  Eventuell hilft beim Zerkleinern auch ein Gewürzmörser.
- Beste Aufbewahrung für Kräuter und Gewürze sind luftdicht schließende und lichtundurchlässige Behälter (z.B. Schraubgläser aus dunklem Glas). Gewürze in hellen Gläsern sollten möglichst nicht unter Lichteinfluß im Regel an der Wand hängen, der Küchenschrank ist dann der geeignetere Aufbewahrungsort. In durchsichtigen Beuteln gekaufte Gewürze und Kräuter möglichst gleich nach dem Kauf in dunkle Schraubgläser füllen.
- Kräuter und Gewürze geben ihre Duft- und Aromastoffe gerne an die Umgebung ab, nehmen aber auch andere Gerüche leicht an. Deshalb dürfen verschiedene Sorten nicht im gleichen Behälter aufbewahrt werden.

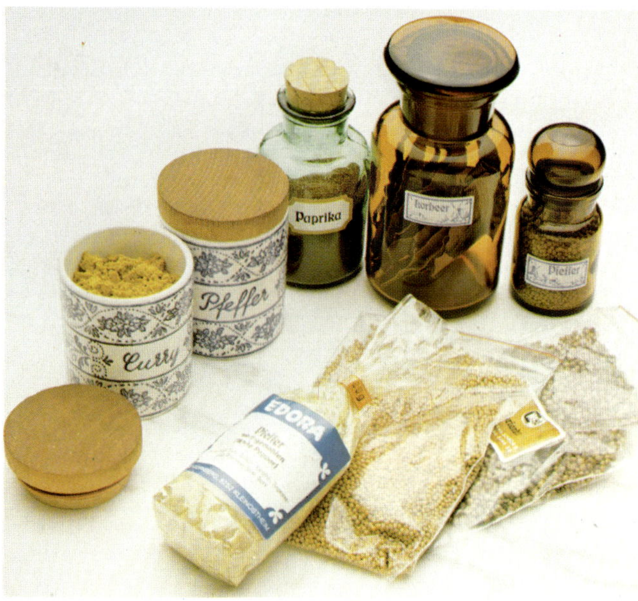

Die Küchenkräuter

Fast alle der heute bei uns üblichen Küchenkräuter wachsen und gedeihen auch hierzulande. Wer keinen eigenen Garten besitzt, kann viele der Kräuter sogar im Balkonkasten oder in Blumentöpfen und Pflanzschalen ziehen und hat dann immer frische Kräuter zum Gebrauch.
Etwas über Herkunft, die besten Verwendungsmöglichkeiten in der Küche und die gesundheitliche Wirkung der Kräuter erfahren Sie auf den folgenden Seiten.

Herkunft	Verwendung	Heilwirkung (Hausapotheke)
Basilikum auch Königskraut genannt. Stammt ursprünglich aus dem tropischen Afrika und Asien. Heute wird das Kraut in ganz Europa kultiviert. Verwendet werden die Blätter der Pflanze, bevor diese zu blühen beginnt.	Das Kraut wird frisch oder getrocknet verwendet. Das feingehackte frische Kraut paßt ausgezeichnet zu Suppen und Soßen aus Tomaten, zu Fisch-, Fleisch- und Geflügelgerichten, zu Gemüsegerichten und Rohkostsalaten. Gut geeignet zur Herstellung von Basilikum-Öl-Würze (siehe Seite 85).	Getrocknetes, gerebeltes Basilikum als Teeaufguß (1 TL pro Tasse) bei Übelkeit und Verdauungsbeschwerden, Fieber und Nierenerkrankungen. Wirkt magen- und herzstärkend.
Beifuß auch Gänsekraut genannt. Das Kraut gedeiht auf der nördlichen Erdhälfte. Geerntet werden die noch geschlossenen Blütenknospen.	Das Kraut kann frisch oder getrocknet verwendet werden. Es macht Gerichte, die viel Fett enthalten, besser verdaulich. Wird deshalb besonders zu Enten- und Gänsebraten, Schweinebraten, zu ausgelassenem Schmalz, für Karpfen und Aal verwendet.	Tee aus Beifuß (1 TL pro Tasse) wirkt anregend und stärkend bei Schwäche der Verdauungsorgane, bei Gelbsucht, Krämpfen, Rheuma und Gicht.
Bohnenkraut Das Kraut wird wegen seines scharfen Geschmacks auch als Pfefferkraut bezeichnet. Ursprünglich in Südeuropa heimisch, gedeiht das Kraut heute auch bei uns.	Das Kraut wird frisch oder getrocknet in den Gerichten mitgegart, z.T. nur kurze Zeit, da der Geschmack sehr intensiv ist – also Vorsicht bei der Dosierung. Das Kraut paßt vor allem zu Bohnengerichten und Eintöpfen, schmeckt auch zu	Bohnenkraut wirkt appetit- und verdauungsanregend. Gemüse- und Pilzgerichten und Hammelfleisch.
Borretsch auch Gurkenkraut genannt. Das Kraut wächst wild oder im Garten angebaut in ganz Europa. Verwendet werden die jungen zarten Blätter.	Kann nur frisch verwendet werden, z.B. feingehackt als Zutat für Suppen und Kräutersoßen, für grüne Salate und Gurkensalat oder als Kräutermischung für Hackfleischteig. Mit den blauen und vio-	Wirkt herzstärkend. letten Blüten können frische Salate und Obstsalate dekoriert werden.
Brunnenkresse Wächst in Mitteleuropa an Bächen oder in Gärtnereien. Verwendet werden die Blättchen und Stengel. Gartenkresse ist zarter als Brunnenkresse, aber auch von scharfaromatischem Geschmack.	Eignet sich vor allem als frischer Salat und Rohkost oder feingehackt für Kräutersuppen, Kräutersoßen und Eierspeisen.	Wirkt als frischer Salat blutreinigend und magenstärkend, fördert den Gallenfluß und die Nierentätigkeit.
Dill Das Kraut stammt aus den östlichen Mittelmeerländern, wächst heute in ganz Europa wild oder in den Hausgärten. Verwendet wird das frische zarte Grün, oder z.B. zum Einlegen von Gurken auch das ausgewachsene Kraut mit den Blütendolden.	Das Kraut hat einen ausgeprägten Eigengeschmack und sollte deshalb nicht für zu stark gewürzte Speisen verwendet werden. Wird es mitgekocht, verliert es das Aroma zu stark. Deshalb wird es am besten frisch und feingehackt den fertigen Soßen, Suppen, Eierspeisen zugefügt. Dill ist ebenso beliebt zu Fisch- und Gemüsegerichten, er gibt auch Lamm-, Kalb- und Hühnerfleisch eine gute Geschmacksrichtung.	Wirkt gegen Übelkeit und Blähungen, beseitigt, frisch gekaut, Mundgeruch.

Herkunft	Verwendung	Heilwirkung (Hausapotheke)
Estragon Das Kraut stammt aus Mittelasien, wächst heute aber in Mittel- und Nordeuropa. Die leicht pfeffrig schmeckenden Blätter werden möglichst frisch verwendet.	Estragon paßt gut zu geschmorten Hähnchen und Fischgerichten, zu Leber- und Kalbsragout. Auch mit anderen Kräutern gemischt ist das Kraut ideal geeignet zu Kräutersoßen oder Gemüsegerichten.	
Kerbel Das Kraut stammt aus Südostrußland und gehört zur gleichen Pflanzenfamilie wie die Petersilie. Der Geruch und Geschmack erinnert etwas an Anis, ist süßlich-aromatisch.	Verwendet wird nur das zarte frische Kraut. Es eignet sich feingehackt als Zugabe zu Kräuter- und Kartoffelsuppe, zu Soßen und grünen Salaten. Paßt aber auch gut zu Erbsen oder anderem gedünstetem Gemüse, zu Eierspeisen (wie Omelett, Rührei) und zu Fischgerichten.	Wirkt als Salatzugabe blutreinigend und appetitanregend.
Knoblauch Dieses zwiebelähnliche Gewächs stammt aus Westasien, wird heute vor allem in den Mittelmeerländern kultiviert. Der durchdringende Geruch und Geschmack von Knoblauch ist nicht jedermanns Sache, deshalb ist vorsichtiger Gebrauch für den Anfang ratsam.	Verwendet werden die geschälten Einzelzehen der Knolle. Je nach Größe genügen zum Würzen eines Gerichtes 1 oder 2 kleine Zehen. Diese werden fein gehackt oder durch eine Knoblauchpresse gedrückt den Gerichten zugefügt. Für Salate, Rohkost und Suppen reicht oft eine geringe Menge Knoblauch. Viele Fleischgerichte aus Hackfleisch, Schweine-, Rind- und Hammelfleisch bekommen erst das gewisse Etwas durch Knoblauch, auch Geflügel und einige Wildgerichte können damit gewürzt werden.	Knoblauch hat eine positive Wirkung auf viele Körperfunktionen, regt die Magen- und Darmtätigkeit an, hilft gegen Bluthochdruck, wirkt blutreinigend und antibakteriell, auch bei Erkältungskrankheiten. Kann für eine Frühjahrs- und Entschlackungskur (1–2 Wochen) angewendet werden (dazu täglich 1–3 Knoblauchzehen auspressen und den Saft mit Wasser verdünnt trinken). TIP: Möglichst diese Kur nur machen, wenn man nicht mit vielen anderen Personen in Berührung kommt, da diese Knoblauch vielleicht nicht sehr lieben!
Liebstöckel wird im Volksmund auch als Maggikraut bezeichnet, da der Geschmack an die Maggiwürze erinnnert. Ursprungsländer sind der Vordere Orient und die Mittelmeerländer. Inzwischen ist die Pflanze auch in Europa heimisch geworden. Verwendet werden die frischen Blätter oder der getrocknete, gemahlene Wurzelstock der Pflanze.	Das Kraut wird frisch und getrocknet verwendet. Das kräftig-würzige Kraut eignet sich zum Mitgaren z.B. in einem Kräuterbündel. Feingehackt kann es zum Würzen von Suppen und Eintöpfen, Fisch-, Geflügel- und Fleischgerichten verwendet werden.	Liebstöckelwurzel wirkt als Teeaufguß (1 TL pro Tasse) bei Erkältungen, Nerven- und Herzschwäche sowie Hautunreinheit.
Majoran Wegen der Verwendung bei der Wurstzubereitung heißt das Kraut im Volksmund auch Wurst- oder Maiwürzkraut. Die Pflanze stammt aus den Mittelmeerländern und wächst z.B. wild als Oregano. Heute wird sie auch hierzulande angebaut. Verwendet werden die frischen oder getrockneten Blättchen.	Außer bei der Wurstherstellung ist das Kraut in der Küche vor allem zu deftigen Gerichten beliebt. Das Kraut hat einen scharf-aromatischen Geschmack und sollte deshalb sparsam verwendet werden. Majoran paßt gut zu Hackfleischgerichten und Leberknödeln, zu fettem Fleisch von Schwein, Gans und Ente, zu Gerichten mit Hammelfleisch, Bohneneintöpfen und Gemüsegerichten.	Wirkt als Teeaufguß (1/2 TL pro Tasse) kräftigend bei allen Magenerkrankungen, auch in Verbindung mit Pfefferminze.
Petersilie Gehört zur Pflanzenfamilie der Doldengewächse. Sie ist das bei uns am häufigsten verwendete Küchenkraut. Die Blätter können kraus oder glatt sein, deshalb auch die Bezeichnung Krause- oder Blattpetersilie.	Petersilie wird vor allem frisch und feingehackt über fertig gegarte Gerichte gestreut. Sie paßt zu Kräutersuppen und Kräutersoßen, zu Eintöpfen, Gemüsegerichten, Ragouts und Hackfleisch. Petersilie kann als Kräuterbündel – auch mit anderen Kräutern gemischt – in Fleischsuppen und Spezialitäten mitgekocht werden.	Das Kraut wirkt appetitanregend, blutreinigend und harntreibend.

Herkunft	Verwendung	Heilwirkung (Hausapotheke)
Pfefferminze/Krauseminze auch grüne Minze genannt, gedeiht in ganz Europa. Sie wächst wild oder im Garten. Verwendet werden die frischen oder getrockneten Blätter der Pflanze.	Feingehackt werden die frischen Blätter – eventuell mit anderen Kräutern – für Soßen, Suppen und Gemüsegerichte sowie zum Würzen von Fleischteigen verwendet.	Getrocknete oder frische Pfefferminze kann als Tee aufgegossen werden (getrocknet 1 TL pro Tasse, frisch 8–10 Blätter pro Tasse) und ist durstlöschend, dabei sehr beruhigend für den Magen und die Verdauungsorgane.
Rosmarin Rosmarin ist ein immergrüner Strauch aus der Familie der Lippenblütler. Er gedeiht am besten im Mittelmeerraum, den Balkanländern, aber auch bei uns.	Zum Würzen verwendet werden die langen, nadelartigen Blätter frisch oder getrocknet. Lamm- und Hammelfleisch, Wildgerichte, Wildgeflügel, Ente und Gans werden gerne mit Rosmarin gewürzt. Gut geeignet ist Rosmarin außerdem zur Herstellung von Gewürzöl, zum Würzen von Soßen, Marinaden, Pasteten und Wurst.	Rosmarin wirkt verdauungsfördernd und stärkend bei Herzschwäche, bei Magen-, Darm-, Nieren- und Blasenleiden. Zur Kräftigung der Haut auch gut geeignet als Badezusatz oder zur Haarspülung. Als Teeaufguß 1/2–1 TL pro Tasse rechnen.
Salbei Die Pflanze stammt aus Südeuropa, kann aber auch hier kultiviert werden. In der Küche werden die stark aromatischen Blätter frisch oder getrocknet verwendet.	Dieses sehr dominierende Gewürzkraut sollte nur sparsam dosiert verwendet werden, z.B. mit anderen Kräutern, wie Rosmarin und Thymian, zu Spezialitäten mit Lamm- und Kalbfleisch oder als Einzelgewürz zu fettreichen Gerichten aus Schweinefleisch, zu Gans, Ente und Aal sowie zu Fleischragouts.	Salbei wird seit alten Zeiten in der Heilkunde verwendet. Als Teeaufguß (1 TL pro Tasse) und mit Honig gesüßt hilft Salbei bei Erkältungskrankheiten und Magenbeschwerden. Oder als Aufguß – ungesüßt – zum Gurgeln bei Mund- und Halsentzündungen.

Herkunft	Verwendung	Heilwirkung (Hausapotheke)
Sauerampfer Das Kraut wächst in ganz Europa wild auf Wiesen und an Wegrändern oder wird in Gärten kultiviert. Nur die kleinen frischen Blätter sollen verwendet werden.	Das Kraut wird meist mit anderen Kräutern feingehackt und frisch verwendet. Das säuerlich schmeckende Kraut paßt zu Kräutersuppen und Kräutersoßen oder frischen Salaten. Es kann auch – wie Spinat – gedünstet werden, muß dann vorher abgebrüht (blanchiert) werden, damit der Oxalsäuregehalt verringert wird.	Soll wegen der Oxalsäuregehalts nicht in größerer Menge genossen werden. In kleiner Menge hat Sauerampfer eine blutreinigende und nierenanregende Wirkung.
Schnittlauch Die Pflanze ist mit der Zwiebel verwandt, wächst wild auf feuchten Wiesen oder wird im Garten kultiviert.	Schnittlauch wird möglichst immer frisch verwendet und erst den Speisen feingeschnitten zugefügt, wenn diese fertig gegart sind. Schnittlauch paßt zu Suppen und Soßen, Salaten, zu Eier- und Gemüsegerichten, zu gedünstetem Fisch, Geflügel- und Kalbfleisch.	
Sellerie Ist bei uns als Knollen-, Bleich- oder Schnittsellerie heimisch. Zum Würzen in der Küche werden die Blätter vom Schnitt- und Knollensellerie verwendet.	Die frischen Blätter eigenen sich feingehackt als würzige Zugabe zu Soßen, Suppen und Eintöpfen, Quark, Rohkost- und Gemüsesalaten. Die Blätter können als Wintervorrat eingelegt werden.	Wirkt blutreinigend und anregend auf die Nierentätigkeit.
Thymian Das Kraut hat einen ausgeprägten würzigen Geruch und Geschmack. Ursprünglich in den Mittelmeerländern beheimatet, wird es heute auch bei uns kultiviert. Verwendet werden die kleinen, vor der Blüte geernteten Blätter.	Thymian kann frisch oder getrocknet verwendet werden. Die Dosierung muß sparsam erfolgen, da das Aroma andere Gewürze leicht überdecken kann. Thymian paßt gut zu Wildgerichten, Schweine- und Rindfleisch, zu Geflügel (Gans, Ente, Wildgeflügel) und Hammel, zu Bohnen- und Gemüsegerichten. Beliebt auch als Gewürz zu Bratkartoffeln und bei Fleischpasteten.	Als Teeaufguß (1/2 TL pro Tasse) ist Thymian sehr wirksam bei Erkältungskrankheiten, wirkt außerdem magen-, herz-und nervenstärkend. Ein starker Aufguß ist auch als Badezusatz bei Erkältungskrankheiten, vor allem bei Kindern, zu empfehlen.
Zitronenmelisse Ursprünglich in den Mittelmeerländern heimisch, wird die Pflanze heute auch bei uns angebaut. Verwendet werden die jungen zarten Blätter der Pflanze, die vor der Blüte geerntet werden.	In der Küche können die Blätter frisch oder getrocknet verwendet werden. Feingehackte frische Blätter machen durch den leicht aromatischen Zitronengeschmack Rohkost- und grüne Salate, Gemüse- und Hackfleischgerichte aromatischer. Auch für Obstkompotte ist die Verwendung empfehlenswert.	Getrocknete, gerebelte Melissenblätter eignen sich als Teeaufguß (1 TL pro Tasse). Der Tee ist als Alltagsgetränk gesund, wirkt anregend bei Herz- und Magenleiden, gegen Nervosität und Frauenbeschwerden. Melissentinktur (frische Melissenblätter werden mit reinem Alkohol übergossen, 3–4 Wochen stehenlassen, dann durchfiltern und aufbewahren) hilft als Zusatz zu Tee bei den aufgeführten Beschwerden, kann auch zum Einreiben und als Badezusatz verwendet werden.
Zwiebel Der Anbau erfolgt in verschiedenen Arten auf der ganzen Welt. Zu den Zwiebelgewächsen gehören auch Schalotten, Schnittlauch und Porree (Lauch). Zwiebeln werden am besten frisch verwendet, obwohl sie auch in Pulverform oder getrocknet angeboten werden.	Als würzende und geschmacksgebende Zutat findet die Zwiebel bei allen pikanten Gerichten, zu Salaten, Soßen, Suppen, Gemüse-, Fleisch- und Fischgerichten Anwendung.	Zwiebeln wirken durch den Gehalt an ätherischen Ölen antibakteriell, appetit- und verdauungsanregend.

Die Gewürze

Gewürze sind botanisch gesehen pflanzlichen Ursprungs. Zur Herstellung von Gewürzen können die unterschiedlichsten Pflanzenteile verwendet werden, z.B. der Wurzelstock bei Ingwer und Gelbwurz, die Blätter bei Lorbeer, Thymian und Majoran, die Früchte oder Samen bei Anis, Koriander, Pfeffer, Senf, Kardamom und Vanille, die Knospen bei Gewürznelken oder Blütenfäden (Narben) bei Safran, die Scheinbeeren bei Wacholder. Gewürze und Gewürzkräuter werden größtenteils in getrocknetem Zustand verwendet, manchmal aber auch frisch (siehe Kräuter).

Herkunft	Verwendung	Heilwirkung (Hausapotheke)
Anis Hauptanbaugebiete liegen im östlichen und westlichen Mittelmeerraum. Verwendet werden von dem Doldengewächs die Samen.	Der süßliche Geschmack von Anis eignet sich vor allem zum Würzen von Süßspeisen, Kompotten, Gebäck. Möglichst die Körnchen unmittelbar vor dem Gebrauch mahlen oder zerstoßen, da die ätherischen Öle leicht verflüchtigen.	Die ätherischen Öle von Anis haben eine magenberuhigende und krampfstillende Wirkung. Als Teeaufguß (1/2–1 TL pro Tasse) gute Wirkung bei Erkältungen und Blähungen.
Curry Ist kein Einzelgewürz, sondern eine Würzmischung aus 12–30 verschiedenen Gewürzen. Je nach Art der Verwendung variiert die Zusammensetzung. In Indien werden Currys für den Hausgebrauch täglich neu zusammengestellt.	Curry eignet sich für alle Arten von Reisgerichten, als Gewürz zu Suppen, Soßen, Eierspeisen und Fischgerichten, zu Geflügel, Kalb-, Hammel- und Rindfleischgerichten. Curry entfaltet das Aroma besonders gut, wenn es in Fett leicht angedünstet wird.	Curry fördert die Tätigkeit der Drüsen, regt die Magen- und Darmtätigkeit an.
Fenchel Der Gewürzfenchel ist mit Doldengewächsen, wie Anis, Kümmel und Dill, verwandt. Er kommt aus Südeuropa. Zum Würzen werden die Fenchelsamen (Früchte) verwendet. Der Geschmack ist süßlich brennend.	Fenchel wird vor allem beim Backen (auch von Brot), beim Einkochen von Gurken oder bei der Zubereitung von Obstkompott und Süßspeisen verwendet.	Durch die ätherischen Öle werden die Speichel- und Magendrüsen angeregt. Als Teeaufguß (1/2–1 TL pro Tasse) gut geeignet bei Erkältungskrankheiten und Magenbeschwerden (auch bei Blähungen von Babys).
Ingwer Die Pflanze – ein Schilfgewächs – wird in den Tropen (Asien, Westindien, Westafrika und Brasilien) angebaut. Als Gewürz verwendet wird der Wurzelstock, z.B. getrocknet und feingemahlen oder auch frisch oder kandiert. Der Geruch ist wenig ausgeprägt, der Geschmack brennend-scharf.	Feingemahlen dient Ingwer zum Würzen von Fleischgerichten, Fisch- und Geflügelgerichten, Soßen, Süßspeisen oder Gebäck. Zum Mitschmoren bei Fleischgerichten eignet sich die getrocknete Wurzel, zum Würzen von asiatischen Spezialitäten kann die frische, kleingeschnittene Wurzel verwendet werden. Zum Einlegen von Kürbis, als Zugabe zu Chutneys ebenfalls geeignet.	Ingwer wirkt anregend auf die Magennerven und Drüsen, fördert den Appetit und eine gute Verdauung. Personen mit Magenbeschwerden sollten zur Magenstärkung öfter Ingwer z.B. in kandierter Form essen.
Kardamom Ursprünglich an der Malabarküste von Vorderindien beheimatet, erfolgt der Anbau heute auch in anderen tropischen Ländern. Verwendet werden die etwa erbsengroßen Früchte des Kardamomstrauches. In der Fruchtschale sitzen die kleinen Gewürzkörner, die ganz oder feingemahlen Anwendung finden.	Kardamom ist ein beliebtes Gewürz zu indischen und orientalischen Gerichten, zu Fleisch- und Reisgerichten. Wir verwenden es vor allem bei der Herstellung von Hefeteig (auch Brot) und Weihnachtsgebäck, sowie bei der Wurstherstellung.	Kardamom wirkt magenstärkend und verdauungsanregend, fördert gleichzeitig die Nierentätigkeit.

Herkunft	Verwendung	Heilwirkung (Hausapotheke)
Knoblauch	siehe Seite 74	
Koriander		
Hauptanbaugebiete liegen rund um das Mittelmeer. Die Früchte der Pflanze sind rund, kleiner als Pfefferkörner und haben einen intensiven, würzigen Geruch. Das Gewürz sollte sparsam verwendet werden, da es sonst leicht aufdringlich wirkt.	Gemahlen oder im Mörser zerstampft wird Koriander vor allem als Gewürz beim Backen (Brot und Weihnachtsgebäck) und für asiatische Spezialitäten verwendet. Eignet sich gut zum Einlegen von süß-saurem Gemüse (Mixed Pickles, rote Bete, Kürbis).	Wirkt anregend und stärkend auf den Magen und die Verdauungsorgane, fördert den Appetit und beruhigt die Nerven.
Kümmel		
Kümmel wächst wild und kultiviert in den Mittelmeerländern und Mitteleuropa. Die Pflanze gehört zur Familie der Doldengewächse. Verwendet werden die kleinen schmalen Früchte, die das starkwürzige Kümmelöl enthalten.	Kümmel wird zu vielen Gerichten verwendet, die fettreich oder schwerverdaulich sind, z.B. zu Kohlgerichten, Hülsenfruchteintöpfen, zu Gänse- oder Schweinebraten. Auch zum Würzen von Brot, Salzgebäck und Käse eignet sich Kümmel.	Kümmel ist ein bewährtes Hausmittel mit vielseitiger Wirkung. Es weckt den Appetit, fördert die Verdauung, wirkt magenstärkend und bei Blähungen beruhigend. Kann auch als Teeaufguß (1/2 TL pro Tasse) verwendet werden.
Lorbeer		
Der Lorbeerbaum wächst in den Mittelmeerländern. Zum Würzen werden die jungen Blätter gesammelt und getrocknet. Der intensive würzige Geschmack vom Lorbeer kann leicht penetrant wirken, deshalb bitte sparsam verwenden. 1/2–1 Lorbeerblatt genügt meist als Zugabe.	Lorbeerblätter werden bei verschiedenen Fleischgerichten mitgeschmort, in Fleisch- oder Fischsuppen mitgekocht, anschließend aber herausgenommen.	
Meerrettich		
Verwendet wird die lange Pfahlwurzel der Meerrettichpflanze, die in Europa heimisch ist. Meerrettich kann nur gerieben verwendet werden und hat einen brennendscharfen Geschmack. Frisch gerieben verfärbt er sich an der Luft und muß deshalb sofort mit Zitronensaft oder Essig vermischt werden.	Beliebt ist Meerrettich vor allem als Zutat zur Meerrettichsoße, die zu gekochtem Rindfleisch und roter Bete gereicht wird. Auch mit geriebenem Apfel und geschlagener Sahne vermischt ergibt sich eine interessante Zugabe zu Fleisch- und Fischgerichten.	Geriebener Meerrettich wirkt intensiv auf die Schleimhäute und fördert die Verdauung.
Muskat		
Urheimat des Muskatnußbaumes sind die Molukken. Wichtigste Exportländer sind heute Westindien, Brasilien und Afrika. Zum Würzen verwendet man Muskatnüsse (Samen von aprikosengroßen Früchten) und den feinzermahlenen getrockneten Fruchtmantel, der als Mazis (= Muskatblüte) im Handel ist.	Muskatnuß wird am besten für den Gebrauch frisch auf einer kleinen Reibe gerieben. Muskatnuß und -blüte wird jeweils nur als Prise verwendet, da der Geschmack sehr intensiv ist. Beliebt ist Muskat zum Abschmecken von hellen Soßen zu Geflügel und Blumenkohl, für Kartoffel- und Gemüsesuppen, Rosenkohl, Fleisch- und Hackfleischgerichte und zu Gebäck.	Muskatnuß darf nur in kleinen Mengen verwendet werden, große Mengen verursachen Vergiftungen.
Nelken		
Als Gewürz werden die getrockneten Blütenknospen des Gewürznelkenbaumes verwendet. Heimat sind die Molukken, Madagaskar und Sansibar. Nelken, im Volksmund auch »Nägelein« genannt, haben einen scharf-brennenden Geschmack. Man verwendet die Nelken ganz oder gemahlen.	Ganze Nelken werden z.B. in eine Zwiebel oder in Zitronenschale gesteckt, in Fleischgerichten, Obstkompott und Obstsuppen mitgekocht oder -geschmort. Feingemahlen werden sie zum Würzen von Suppen, Soßen und Fleischgerichten und beim Backen verwendet.	Wirken verdauungsanregend. Bei Zahnschmerzen 1 Gewürznelke zwischen die Zähne stecken, das lindert den Schmerz. Beliebt als Gewürz auch in heißen Getränken, wie Grog, Punsch und Glühwein.

Herkunft	Verwendung	Heilwirkung (Hausapotheke)
Paprika Als Gewürz verwendet werden die getrockneten und gemahlenen Früchte. Je nachdem, ob die Samen und Scheidewände der Früchte, die die brennend scharfen Geschmacksstoffe enthalten, mitverwendet werden, ist das Pulver mild (edelsüß), mittelscharf (Rosenpaprika) oder scharf (ganze zermahlene Früchte).	Das Gewürz gehört zu den am meisten verwendeten. Es ist beliebt für viele Fisch-, Geflügel- und Fleischgerichte, vor allem auch zu ungarischen Spezialitäten (z.B. Gulasch), zum Würzen von Eintöpfen und Soßen.	Das Gewürz regt die Verdauung und Drüsentätigkeit an.

Herkunft	Verwendung	Heilwirkung (Hausapotheke)
Pfeffer Die Heimat der Kletterpflanze sind die Tropenländer (Sumatra, Java und Borneo, Malabar und Malakka). An den Pflanzen wachsen Fruchtstände (ähnlich den Johannisbeerrispen), die Pfefferkörner sind von rotem Fruchtfleisch umschlossen. Im Handel werden schwarzer und weißer Pfeffer angeboten. *Schwarzer Pfeffer* wird aus den grünen, noch unreifen Beeren gewonnen und ist sehr scharf. Für *weißen Pfeffer* läßt man die Beeren voll ausreifen, fermentieren und entfernt die Außenhaut. Der Pfeffer ist mild, aber sehr aromatisch.	Pfeffer verliert gemahlen rasch seine Würzkraft und sollte deshalb möglichst frisch gemahlen verwendet werden. Pfeffer ist das beliebteste Gewürz und paßt zu fast allen pikanten und würzigen Gerichten. Ganze Körner werden nur zum Mitkochen in Fleischgerichten, Suppen oder Soßen genommen. Oder der grüne Pfeffer wird für bestimmte Fleischgerichte (Pfeffersteak) als ganzes Korn verwendet.	Wirkt verdauungsanregend
Piment Auch Nelkenpfeffer genannt, sind die getrockneten, unreifen Beeren des Nelkenpfefferbaumes. Die Beeren sind größer als Pfefferkörner, der Geschmack aber auch pfeffrig scharf. Pimentkörner kommen aus Jamaika und Südamerika.	Wird frisch gemahlen zum Würzen von Fleisch- und Wildgerichten verwendet, als ganze Körner mitgekocht oder für Marinaden genommen. Ist Bestandteil vieler Gewürzmischungen.	Fördert den Appetit und die Verdauung.

Herkunft	Verwendung	Heilwirkung (Hausapotheke)
Safran Das Gewürz wird aus den Blütennarben der Safranpflanze, einer Krokusart, gewonnen. Heimat der Pflanze ist der Orient, die beste Handelsware kommt heute allerdings aus Frankreich. Safran ist mit das teuerste Gewürz. Um 1 kg zu erhalten, müssen 60.000–80.000 Blüten geerntet werden. Safran hat einen intensiven Geschmack und wird auch deshalb sehr sparsam verwendet. Außerdem färbt das Gewürz die Speisen intensiv gelb. Safran wurde früher zum Färben von Gebäck (»Safran macht den Kuchen gel«, so heißt es in einem alten Kindervers) und anderen Speisen verwendet.	Sparsam mit Safran gewürzt werden Fleischsuppen, Geflügel- und Reisspezialitäten, Gebäck und Milchbrei.	Safran wirkt antibakteriell. Als Gurgelwasser bei Mund- und Halsentzündungen z.B. 1 Messerspitze in 1 Glas lauwarmem Wasser auflösen.
Salbei	siehe Seite 75	
Senfsaat Senfsaat oder Senfkörner sind die kleinen Früchte der Senfpflanze, die vor allem in Südeuropa angebaut wird. Die Körner enthalten scharf schmeckendes Senföl (Allylsenföl). Sie (weiße und schwarze) werden gemahlen für die Senfherstellung verwendet.	Die Senfkörner werden im Ganzen zum Einlegen von süß-saurem Gemüse, Gurken, Chutneys usw., für Fisch- und Fleischmarinaden verwendet. Als Senf zubereitet wird dieser zum Abschmecken von Soßen und Salaten, zum Einreiben von Fleisch, als pikante Zutat zu Hackfleischgerichten und Würstchen geschätzt.	Zur Stärkung der Verdauungsorgane und Entschlackung können einige Senfkörner gekaut werden. Senfkörner wirken außerdem appetitanregend und magenstärkend.
Thymian	siehe Seite 76	
Vanille Die Vanilleschote ist die Kapselfrucht einer aus Mexiko kommenden Orchideenart. Die aromatischsten Vanilleschoten (= Stangen) kommen von den Inseln im Indischen Ozean. Zum Würzen werden aus der Schote die kleinen schwarzen Samenkörner herausgeschabt. Zum Mitkochen eignet sich auch die Schote selbst.	Das zartaromatische Gewürz ist besonders beliebt für viele Süßspeisenzubereitungen, zu Milchsuppen, Milchsoßen, zum Aromatisieren von Gebäck und Getränken. Vanillearoma wird heute auf synthetischem Wege hergestellt und als *Vanillinzucker* billig in den Handel gebracht.	Vanille wirkt beruhigend auf die Nerven, vor allem in heißer Milch oder Kakao gelöst.
Wacholderbeeren Als Gewürz verwendet werden die blauschwarzen Scheinbeeren des Wacholderbaumes, der zu den heimischen Gewächsen zählt. Je höher der Gehalt an ätherischen Ölen, um so größer der Würzwert der Beeren. Die aromatischsten Wacholderbeeren kommen aus Italien.	Zerstoßen oder gemahlen ist Wacholder Bestandteil von Gewürzmischungen. Ganz werden die Beeren zum Einlegen und Marinieren verwendet, für Wildgerichte und Fleisch, zu Sauerkraut usw.	Die Beeren sind appetitanregend und blutreinigend. Als Entschlackungskur können über 10–14 Tage täglich jeweils 5–10 Beeren zerkaut werden (an den Geschmack kann man sich gewöhnen).
Zimt Zimt wird aus der Rinde des Zimtlorbeerbaumes gewonnen. Der beste Zimt ist der Ceylonzimt (Kaneel), etwas gröberen Zimt liefern die Chinesen (als Kassiazimt). Zimt wird im Handel als Stangenzimt oder gemahlen angeboten.	Stangenzimt wird zum Mitkochen und Schmoren verwendet, z.B. bei Fleischgerichten oder in heißen Getränken wie Glühwein, Punsch und Kakao. Feingemahlen verwendet man Zimt zum Würzen von Fleischgerichten und Spezialitäten, vor allem aber bei Süßspeisen und Gebäcken.	Das Gewürz wirkt anregend auf die Magen-, Darm- und Drüsentätigkeit und hilft bei Blähungen.
Zitronen-/Orangenschale Zum Würzen dürfen nur naturreine, also ungespritzte Früchte verwendet werden. Die Schale kann dünn abgeschält oder fein gerieben werden.	Die Schale eignet sich für besondere Spezialitäten, vor allem zu pikanten Soßen, auch für Süßspeisen, Cremes oder für Getränke.	

Kräutersträuße

Kräutersträuße oder Bouquets garni, wie sie bei den Franzosen heißen, werden zum Mitschmoren und langsamen Mitkochen für die verschiedensten Spezialitäten, Suppen, Fleisch- und Gemüsegerichte verwendet. Sie werden aus verschiedenen Kräutern je nach Art des Gerichtes zusammengesetzt. Es eignen sich frische und getrocknete Kräuter dazu.
Kräuter mit sehr starkem Eigengeschmack, wie Salbei, Rosmarin, Thymian, Bohnenkraut, Majoran oder Lorbeerblätter, werden nur kurze Zeit mitgeschmort, damit der Geschmack nicht zu dominant (intensiv) wird.
Die Kräutersträuße werden immer mit Baumwollgarn zusammengebunden, bevor man sie den Gerichten hinzufügt.
Die folgenden Beispiele geben Anregungen für die Zusammensetzung verschiedener Kräutersträuße.

Kräuterstrauß 1
Geeignet für: gekochten und gedünsteten Fisch, für gekochtes Huhn, für Fleischsuppen und Eintöpfe.
Zusammensetzung: 3–4 Stiele Petersilie, 2 Stiele Dill und Estragon (oder Kerbel), 1–2 Schalotten mit Grün (oder 1 kleine Zwiebel), eventuell 1 Stück Porree (Lauch).
Oder: einige Stiele Petersilie, 1 Zweig Estragon, 1 Mohrrübe, 1 Stengel Sellerie mit Blättern (oder Blattsellerie).

Kräuterstrauß 2
Geeignet für: Gemüse- und Fleischsuppen, Gemüsegerichte, Ragouts und Rinderschmorbraten.
Zusammensetzung: 3–4 Stiele Petersilie, 1–2 Stiele Liebstöckel, 1–2 Stengel Sellerie (oder Blattsellerie), 1–2 Schalotten mit Grün (oder 1 kleine Zwiebel), eventuell zusätzlich 1 Zweig Thymian.

Kräuterstrauß 3
Geeignet für: Fleischgerichte aus Hammel-, Rind- oder Schweinefleisch, für Wild- und Gänsebraten.
Zusammensetzung: 3–4 Stiele Petersilie, 2 Zweige Thymian, 1 Zweig Rosmarin, 2 Zweige Oregano, 1 Zwiebel, 1–2 Lorbeerblätter, 1 Mohrrübe, 2–3 Gewürznelken, 2–4 Pfefferkörner.

Die geschälte Zwiebel einige Male einschneiden, die Lorbeerblätter, Gewürznelken und Pfefferkörner in die Einschnitte stekken. Dann die Zwiebel mit den Kräutern und der geschälten Möhre mit Baumwollgarn zusammenbinden und dem Gericht hinzufügen.

Italienischer Kräuterstrauß
Geeignet für: italienische Spezialitäten, wie Minestrone, Tomaten- und Fischgerichte, gekochtes Huhn.
Zusammensetzung: 3–4 Stiele Basilikum (mit Blättern), 2–3 Stiele Petersilie, 1 Schalotte mit Grün (oder 1 kleine Zwiebel), 1 Zweiglein Oregano (oder Majoran).

Provenzalischer Kräuterstrauß
Geeignet für: französische Spezialitäten, wie Coq au Vin, Eintopfgerichte, Lamm- und Hammelfleisch.
Zusammensetzung: 3–4 Stiele Petersilie, 1 Zweig Thymian, 1 Zweig Rosmarin, 1–2 Stengel Oregano (oder Majoran), 1 Stengel Salbei (mit 2–3 Blättern), 1 Lorbeerblatt.

Kräuter-Gewürz-Bouquet.

Kräuter-Gewürz-Bouquet
Geeignet: als Geschenkstrauß für die/den kochende/n Gastgeber/in bei einer Einladung zum Essen!
Zusammensetzung: 1–2 Bund Petersilie (Krause- oder Blattpetersilie), 3–4 Knollen Knoblauch, 1 Zweig Lorbeer mit Blättern, einige rote und grüne Peperoni, Kräuterzweige von Rosmarin, Thymian, eventuell Pfefferkörner.
Arbeitsgeräte: Baumwollgarn, lange Holzspieße, Sichtfolie, eventuell Alufolie, Tortenspitzenserviette, Geschenkband, Schere.

Die Petersilie, Lorbeer- und Kräuterzweige als Bund zusammenfassen. Die Knoblauchknollen und die Peperoni jeweils vorsichtig auf lange dünne Holzspieße stecken.
In kleinen Quadraten aus Sichtfolie jeweils 1 Teelöffel Pfefferkörner einwickeln und mit Baumwollgarn fest an Holzspieße binden. Die Holzspieße mit den Gewürzen, Knoblauch und Peperoni zwischen die Kräuterbüschel stecken. Den ganzen Bund fest mit Baumwollgarn zusammenbinden. Die Stiele mit Alufolie umwickeln.
Das Kräuter-Gewürz-Bouquet hübsch in eine Tortenspitzenserviette stecken und mit einer bunten Schleife festbinden.

TIP
Damit die Kräuter einige Tage frisch bleiben, eventuell die Stielenden in feuchte Watte einwickeln und erst dann wasserdicht mit der Alufolie einhüllen!

Vorbereitung von Kräutern zum Gebrauch

Frische Kräuter werden im allgemeinen feingehackt den Speisen hinzugefügt, manchmal auch als Kräuterbündel (siehe Seite 81) mitgekocht.
Die Kräuter werden vor der Verwendung unter fließendem kalten Wasser abgespült. Danach gut abgetropft – eventuell in einem Sieb oder speziellen Kräutersieb – und je nach Verwendung sogar zwischen einigen Bogen Küchenkrepp trockengetupft.
Die Kräuter können mit einem scharfen Messer fein geschnitten oder mit einem Wiegemesser gehackt werden.
Es ist ratsam, Kräuter auf einem Porzellanschneidbrett zu zerkleinern oder ein Plastikbrett zu verwenden. Beim Schneiden auf einem Holzbrett besteht die Gefahr, daß der Kräutersaft in das Holz eindringt und dieses verfärbt.

Die Kräuter müssen frisch sein.

Trocknen zwischen Küchenkrepp.

Mit dem Wiegemesser hacken.

Im Porzellanmörser zerkleinern.

TIP

Wer kein Porzellan- oder Plastikschneidbrett besitzt, sollte das Holzbrett vor dem Kräuterschneiden mit kaltem Wasser abspülen. Dann dringt der Kräutersaft nicht in das Holz ein!
Für Feinschmecker kann zum Kräuterzerkleinern auch ein Porzellanmörser mit kleinem runden Schneidbeil oder Porzellanstößel empfohlen werden.

Tips zum Einfrieren von Kräutern

Die meisten frischen Kräuter lassen sich für den späteren Gebrauch gut einfrieren. Die Lagerzeit beträgt z. B. für Dill, Estragon oder Schnittlauch 8–10 Monate, für Petersilie liegt sie bei 6–8 Monaten.
Für das Einfrieren bewähren sich die folgenden Methoden am besten. Bei der einen Methode werden die Kräuter feingehackt und portionsweise eingefroren, bei der anderen als Kräuterbündel.

Einfrieren von feingehackten Kräutern

Geeignet für Kräuter wie Petersilie, Dill, Basilikum, Estragon, Kerbel, die als einzelne Kräuter eingefroren werden können. Kräuter wie Borretsch, Kresse, Schnittlauch, eigenen sich als Mischung (z.B. mit Petersilie, Dill usw.) besser.

Je nach Sorte kleinschneiden.

Einfrieren in einer Eiswürfelschale.

Kräuter, die eingefroren werden, sollten sehr frisch und einwandfrei sein. Welke Blättchen und feste Stiele werden entfernt. Dann die Kräuter unter kaltem Wasser abspülen und in einem Sieb (Durchschlag) abtropfen lassen. Damit die Kräuter wirklich trocken sind, diese noch zwischen 2 Lagen Küchenkrepp abtupfen.
Dann je nach Sorte mit einem scharfen Messer fein schneiden (z.B. Schnittlauch) oder auch mit einem Wiegemesser fein hakken. Ein zweischneidiges Wiegemesser eignet sich dazu besser als ein einschneidiges.
Zum Zerkleinern einer größeren Kräutermenge ist z.B. der Mixer nur dann geeignet, wenn die Geräte sehr kurz eingeschaltet werden. Die Kräuter werden sonst zu breiig zermatscht!
Die feingehackten Kräuter werden dann je nach Haushaltsbedarf in kleine oder größere Einzelportionen geteilt. Sie können in kleinen Einfrierbehältern (Kunststoff/Alufolie), in Einfrierbeuteln oder auch in dicker Sichtfolie luftdicht eingefroren werden. Das Einfrierdatum sollte auf den Packungen vermerkt werden!
Kräuter, die als Zugabe zu Suppen, Eintöpfen oder Soßen vorgesehen sind, lassen sich bequem in einer Eiswürfelschale einfrieren. Die feingehackten Kräuter werden in die einzelnen Kästchen der Eiswürfelschale verteilt und mit etwas kaltem Wasser aufgefüllt. Nachdem die Kräutereiswürfel gefroren sind,

Die Kräuter sind fertig zum Einfrieren.

können sie wieder aus der Eisschale gelöst und dann in einem Gefrierbeutel verpackt im Tiefkühlgerät gelagert werden.
Je nach Bedarf werden dann ein oder mehrere Kräutereiswürfel entnommen und kurz vor dem Servieren in die heißen Speisen gegeben. Das Eis löst sich dabei schnell auf, und die Farbe der Kräuter bleibt bis zum Servieren erhalten.

TIP

Auch für kalte Getränke, z.B. Tomaten- oder Gemüsesaft, sind diese Kräutereiswürfel ausgezeichnet geeignet.

Einfrieren von Kräuterbündeln

Wer sich die Mühe des Feinhackens und Portionierens nicht machen möchte, kann Kräuter als Bündel (Büschelchen) einfrieren. Dazu eignen sich vor allem Petersilie und Dill, Basilikum, Estragon, Kerbel, Liebstöckel und die kräftigen Gewürzkräuter Bohnenkraut, Majoran, Thymian und Rosmarin.
Es werden nur ganz einwandfreie frische grüne Kräuter zum Einfrieren verwendet. Welke Blättchen und Stiele werden entfernt, dann die Kräuter gebündelt und mit Baumwollgarn (Zwirn) zusammengebunden.
Danach die Kräuterbündel unter kaltem Wasser gründlich abspülen und abtropfen lassen. Eventuell auch zwischen einigen Lagen Küchenkrepp abtrocknen.
Die Kräuterbündel – jedes für sich – in Gefrierbeutel stecken oder in Sichtfolie einwickeln und verschließen. Die Luft kann im Beutel bleiben. Die Beutel etikettieren – also mit Einfrierdatum versehen – und tiefgefrieren.
Werden später gehackte Kräuter für ein Gericht benötigt, zerkrümelt man die gefrorenen Kräuter, solange sie noch im Beutel sind. Das erspart Arbeitszeit.
Die Kräuterbündel können aber auch im Ganzen in Gerichten mitgekocht und dann wieder leicht herausgenommen werden.

Für bestimmte Gerichte (Eintöpfe, Spezialitäten) kann man sich z.B. die passenden Kräutersträuße zusammenstellen und einfrieren, wenn das Kräuterangebot im Handel gerade groß ist. Kräuterbündel aus Petersilie, Dill und Kerbel passen z.B. zu Fischsuppen, solche aus Estragon und Petersilie oder Basilikum und Petersilie zum Mitschmoren oder Braten bei Geflügel- und Fleischgerichten. Bündel aus Petersilie, Thymian und Rosmarin z.B. für Wildgerichte.

HINWEIS

Bei manchen Gewürzkräutern, wie Rosmarin, Thymian, Majoran, Oregano, Estragon (nur bei Sommerernte mit festeren Blättern!) ist es gut, die Kräuterbündel 1/2–1 Minute in kochendes Wasser zu tauchen (= blanchieren) und sie anschließend sofort in Eiswasser abzukühlen. Erst danach tiefgefrieren. Eiswasser erhält man, indem in kaltes Wasser zusätzlich Eiswürfel aus dem Gefrierfach gegeben werden!
Die sehr aromatischen Küchenkräuter (Thymian, Rosmarin, Majoran, Oregano usw.) werden möglichst nur in kleinen Mengen und mit frischen Kräutern (z.B. Petersilie) vermischt eingefroren.
Für diese Kräuter empfiehlt sich zum Haltbarmachen sonst eher das Trocknen. Dafür werden die gereinigten, gebündelten Kräuter sehr luftig und trocken aufgehängt. Nach dem vollständigen Trocknen können sie in Leinenbeuteln oder Sichtfolie und dann in Gläser verpackt werden.
Kräuter, die nicht als Bündel aufbewahrt werden, können auch auf einer mit Leinen oder Gaze bespannten Kiste getrocknet werden. Dann die Blätter von den Stielen streifen, zerkrümeln und in Behälter – am besten sind dunkle Gläser mit Schraubverschluß – füllen.

Manche Gewürzkräuter werden vor dem Einfrieren kurz in kochendes Wasser getaucht und anschließend in Eiswasser abgekühlt.

Würzspezialitäten aus eigener Herstellung

In den Delikatessenabteilungen der Kaufhäuser oder in den Feinkostgeschäften werden zunehmend Spezialitäten angeboten, mit denen raffinierteres Würzen von Speisen ermöglicht wird. Da gibt es Würzöle zum Grillen, für Salate oder bestimmte Zubereitungsformen, pikante Chutneys und Soßen, Würzmischungen und Würzsalze. Die meisten der angebotenen Spezialitäten sind nicht gerade preiswert.
Wer Wert auf eine etwas ausgefallenere Küche legt und Freude am Kochen hat, sollte überlegen, ob es sich nicht lohnt, selbst ein wenig herumzuexperimentieren und die Spezialitäten für den Hausbedarf selbst herzustellen. Anregungen dafür finden Sie auf den folgenden Seiten.

Gewürzöl (zum Grillen)

geeignet zum Grillen von Fleisch, Fisch und Geflügel, zum Einreiben von Braten und Herstellen von Fleischmarinaden!

Zutaten	Arbeitsgeräte
1/4 l reines Olivenöl (oder Sonnenblumenöl), 1 Zweig frischer oder getrockneter Thymian, 1 Zweig frischer oder getrockneter Rosmarin, 1 Lorbeerblatt, 1–2 Knoblauchzehen, 2–3 Pfefferkörner.	**Glasflasche (etwa 300 ml), Messer, Schneidbrett.**
	Zubereitungszeit
	5–10 Minuten

Für den baldigen Gebrauch genügt die angegebene Menge.
In eine kleine, hübsche Flasche die Kräuterzweige, das Lorbeerblatt, die geschälten, in Scheiben geschnittenen Knoblauchzehen und Pfefferkörner geben. Mit Olivenöl auffüllen und die Flasche verschließen. Etwa 2 Wochen stehenlassen, zwischendurch immer wieder durchschütteln.
Zum Gebrauch so aus der Flasche verwenden – oder das Öl durch ein feines Sieb filtern und neu abfüllen. Eventuell 1 frischen Kräuterzweig hinzufügen.

HINWEIS
Eine größere Menge Gewürzöl wird auf jeden Fall gefiltert und neu abgefüllt. Das nicht sofort benötigte Öl sollte dann dunkel und kühl aufbewahrt werden.

VARIANTE
Zum Marinieren von Fleisch, vor allem Hammel, Rind oder Wild, kann das Gewürzöl etwas anders kombiniert werden.
1/4 l Olivenöl, 1 Zweig Thymian, 1 Zweig Rosmarin, 1 Lorbeerblatt, 3 Pfefferkörner, 2 Gewürznelken, 1 kleine Stange Zimt, 1 Stück getrocknete Ingwerwurzel.

Gewürzöl (für Salate)

Zutaten	Arbeitsgeräte
1/4 l Olivenöl, 2 Zweige Estragon, 2 Knoblauchzehen, 3 Pfefferkörner, 2 EL feingehackte frische Kräuter.	**Messer, Schüssel, Durchschlag**
	Zubereitungszeit
	5 Minuten.

Zunächst wird das Olivenöl mit Estragon, den geschälten Knoblauchzehen und zerdrückten Pfefferkörnern vermischt. 2–3 Wochen an einen warmen Ort stellen. Zwischendurch schütteln.
Danach filtern, neu abfüllen und mit Kräutern vermischen. Kühl bis zum alsbaldigen Gebrauch aufbewahren.

Verschiedene Kräuteröle.

Basilikum-Öl-Würze

Zutaten

1 großes Bund Basilikum,
3–4 Knoblauchzehen,
etwa 2–4 TL Salz,
etwa 1/8 l reines Oliven- oder Sonnenblumenöl.

Arbeitsgeräte

Durchschlag,
Schneidbrett,
Messer,
kleine Schüssel,
Löffel,
Schraub- oder Weckglas.

Zubereitungszeit

10 Minuten.

Basilikum ist nur über einige Wochen im Sommer in den Geschäften erhältlich. Wer den frischen Basilikumgeschmack mag, kann in dieser Zeit als Vorrat eine Basilikum-Öl-Würze herstellen!

1 Zutaten.

2 Basilikum und Knoblauch zerkleinern.

Das Basilikum kalt abspülen und gut abtropfen lassen. Die Blättchen von den Stielen zupfen und zwischen Küchenkrepp trokkentupfen. Danach die Blätter grob zerschneiden (zerhacken). Die Knoblauchzehen schälen und in Scheiben schneiden.
Basilikum, Knoblauch und Salz vermischt in das saubere Glas geben. Mit so viel Öl begießen, daß alles gut bedeckt ist. Im Kühlschrank bis zum Gebrauch aufbewahren. Diese Würze hält etwa 6 Monate.

TIP

Zu Salatsoßen, Suppen, Gemüsegerichten, Fleischmarinaden je nach Geschmack 1–2 TL der Basilikum-Öl-Würze hinzufügen.

Liebstöckelwürze: kann genauso zubereitet und verwendet werden wie bei Verwendung von Basilikum oder Sellerie.

Estragonessig

Zutaten

1 l Obst- oder Weinessig (gute Qualität wählen!),
1 naturreine Zitrone,
2–3 Gewürznelken,
4 EL frische Estragonblätter,
2–3 Zweige Estragon.

Arbeitsgeräte

Durchschlag,
kleine Schüssel,
großes Weckglas (etwa 1 1/2 l),
Holzlöffel (Rührlöffel),
Rohkostreibe.

Zubereitungszeit

10 Minuten.

Den Estragon kalt abspülen und gut abtropfen lassen.
Die Blätter von den Stielen zupfen und in die Schüssel geben. Mit einem Holzlöffel leicht zerdrücken. In das gut gereinigte Weckglas geben.
Die Zitrone waschen, abtrocknen und die Schale auf der Rohkostreibe abraspeln. Zitronenschale und Nelken in das Glas geben und mit dem Essig übergießen. Den Deckel des Glases auflegen und dieses für etwa 2 Wochen an einen warmen Ort stellen, z.B. auf eine sonnige Fensterbank.
Den Essig zwischendurch einige Male leicht durchschütteln.
Nach 2 Wochen den Essig durchfiltern (Kaffeefilter mit Einsatz dazu verwenden) und in gründlich gereinigte Flaschen füllen. Jeweils 1–2 Zweige frischen Estragon mit in die Essigflasche stecken.
Estragonessig eignet sich für Salatsoßen und Marinaden.

Kräuteressig
Anstelle von Estragon 3–4 Eßlöffel grob gehackte frische Kräuter im Essig ansetzen und 2 Wochen stehenlassen. Dann abfüllen und mit 1–2 Zweigen frischen Kräutern vermischen. Geeignete Kräuter sind Kerbel, Basilikum, Sellerieblätter, Petersilie, Liebstöckel.

Gewürzchutneys selbstgemacht

Chutneys gehören zu den würzigen Spezialitäten, die nicht gerade preiswert sind. Ursprünglich als Beilage (eine Art süß-sauer-scharfes Kompott) zu indischen Gerichten beliebt, werden Chutneys heute bei uns auch als Abrundung und zum Würzen von Soßen zu Fleisch- und Fischgerichten verwendet oder zu kalten Fleischplatten und Fleischfondue gereicht.
Chutneys kann man sich nach persönlichem Bedarf und Geschmack selbst zubereiten. Und diese Produkte der eigenen Kreativität sind auch als Mitbringsel bei Besuchen sehr willkommen, vor allem bei Personen, die interessanten geschmacklichen Neuentdeckungen gegenüber aufgeschlossen sind.
Chutneys halten sich, wenn sie kochendheiß in Gläser gefüllt und sofort luftdicht verschlossen werden, 2–3 Monate. Wer sie länger aufbewahren möchte, sollte die gefüllten Gläser noch etwa 20 Minuten sterilisieren. Dazu die Gläser in einen Topf stellen, der bis zu 1/3 der Glashöhe mit Wasser gefüllt ist. Wenn das Wasser im Topf kocht, beginnt die Einkochzeit.

Chutneys.

Apfelchutney

Zutaten

**1,5 kg Äpfel,
500 g Zwiebeln,
250 g Sultaninen
(oder Korinthen),
250 g geschälte Mandeln,
1 EL Salz, 250 g Zucker
(oder Rohrzucker),
1 TL gemahlener Zimt,
1 TL gemahlener Ingwer,
2–3 EL Curry,
1/8 l Weinessig
(oder Obstessig),
1 Peperoni
(oder kleine Chilischoten).**

Arbeitsgeräte

**Durchschlag,
Messer, Schneidbrett,
großer Topf
(etwa 4 l Inhalt),
Rührlöffel, Schöpflöffel.**

Zubereitungszeit

etwa 90 Minuten.

Die Äpfel waschen, schälen, vierteln und die Kerngehäuse herausschneiden. Die Apfelviertel in kleine Stücke schneiden und in den Topf geben.
Die Zwiebeln schälen und in Würfel schneiden.
Die Sultaninen, die ganzen, geschälten Mandeln, Salz, Zucker, die Gewürze und den Essig mit den Zwiebelwürfeln in den Topf geben. Bei geschlossenem Topf auf mittlerer Wärmestufe (E-Herd Normalplatte 2, Automatik 8, G-Herd mittelgroße Flamme) langsam zum Kochen bringen.
Wenn die Zutaten kochen, alles vorsichtig durchrühren. Den Topf wieder schließen und den Herd auf kleinste Wärmestufe zurückschalten. Das Chutney in etwa 1 Stunde leicht musig kochen. Zwischendurch einige Male vorsichtig umrühren, damit das Chutney nicht anbrennt.
Wird Peperoni (oder Chilischoten) mit in das Chutney gegeben, diese der Länge nach aufschneiden und die Kerne herauslösen. Die Peperoni kalt abspülen und in 1/2 cm große Stücke schneiden. Nach der halben Kochzeit in das Chutney mischen.

HINWEIS

Wer Peperoni verwendet, sollte darauf achten, die Hände nach dem Kleinschneiden sehr gründlich zu waschen. Auch nicht zwischendurch ins Gesicht oder an die Augen fassen, sonst brennt die Haut sehr unangenehm. Beim ersten Mal sollte nicht zu viel Peperoni verwendet werden (außer es sind Peperoni einer milden Sorte!), da die Schärfe sehr intensiv sein kann!

Während das Chutney kocht, können die Gläser vorbereitet werden. Kleine Konfitüren- oder Einweggläser werden gründlich mit heißem Wasser, dem ein Spülmittel zugesetzt wurde, gereinigt. Anschließend nochmals mit klarem heißen Wasser ausspülen.
Das Apfelchutney einfüllen und die Gläser sofort mit einem Deckel oder mit Einmachcellophan luftdicht verschließen. Die Gläser zum Abkühlen auf ein Geschirrtuch stellen. Nach Wunsch werden die Gläser anschließend mit Etiketten beklebt, auf denen Herstellungsdatum und Inhalt angegeben werden. Für Geschenkzwecke können die Gläser mit bunten Schleifen verziert oder auch die Deckel mit bunten Stoffresten beklebt und umbunden werden.

Tomaten-Frucht-Chutney

Zutaten	**Arbeitsgeräte**
500 g Tomaten, 250 g Äpfel, 250 g Pflaumen (oder Aprikosen), 500 g Zwiebeln, 4 EL Currypulver, 1 TL Kümmel, 1 TL gemahlener Ingwer (oder 3 Scheiben frische Ingwerwurzel), 1 EL Salz, 250 g brauner Zucker (Rohr-/Farinzucker), 8–12 Knoblauchzehen, 4 EL Rosinen, 1 Tasse Weinessig.	**Schneidbrett, Messer, Schüssel, Durchschlag, großer Topf (etwa 4 l Inhalt), Rührlöffel, Schöpflöffel.** **Zubereitungszeit** **etwa 2 Stunden.**

Die Tomaten mit kochendem Wasser überbrühen, häuten und entkernen. In den Topf geben.
Die Äpfel und Pflaumen waschen und abtropfen lassen. Die Äpfel schälen, vierteln und die Kerngehäuse herausschneiden. Die Pflaumen entsteinen. Apfelviertel und Pflaumen in kleine Stücke schneiden.
Die Zwiebeln schälen und in Würfel schneiden.
Äpfel, Pflaumen und Zwiebeln in den Topf geben, die Gewürze, Salz, den Zucker, die geschälten Knoblauchzehen, Rosinen und den Essig hinzufügen. Alles bei mittlerer Wärmestufe (E-Herd Normalplatte 2, Automatik 8, G-Herd mittelgroße Flamme) zum Kochen bringen.
Einige Male umrühren, dann den Herd auf kleinste Wärmestufe zurückschalten und das Chutney bei geschlossenem Topf etwa 50 Minuten kochen lassen. Zwischendurch umrühren, damit nichts anbrennt.
In der Zwischenzeit kleine Gläser, z.B. aufbewahrte Einweggläser mit Schraubdeckel gründlich mit heißen Wasser reinigen, dem ein Spülmittel zugesetzt wurde. Dann die Gläser mit klarem heißen Wasser ausspülen.

1 Zutaten.

2 Tomaten, Äpfel und Pflaumen in den Topf geben.

Das fertige Chutney kochendheiß in die Gläser füllen und diese sofort luftdicht verschließen. Abkühlen lassen – am besten auf einem Küchentuch –, dann etikettieren.

Anstelle von Einweggläsern können natürlich auch kleine Weck- oder Marmeladengläser verwendet werden. Oder – falls das Chutney verschenkt werden soll – es wird ein dekoratives Glas damit gefüllt.

3 Alles etwa 30 Minuten kochen lassen.

4 Das fertige Chutney in die Gläser füllen.

Das Chutney kühl aufbewahren und innerhalb von 2–3 Monaten verbrauchen.

HINWEIS

Die angegebene Zutatenmenge von Tomaten-Frucht- und Apfelchutney reicht – je nach Größe – für 4–8 Gläser.

Varianten für Chutneys

Nach der Beschreibung der Rezepte können nach Wunsch weitere eigene Chutneys gekocht werden, z.B. folgende Gemüse- und Fruchtkombinationen.

Gemüsechutney
500 g Tomaten, 500 g Zwiebeln, 500 g Zucchini, 500 g Paprikaschoten, 4–6 Knoblauchzehen, je 1 EL Salz, Paprika, Cayennepfeffer und Curry, 300 g Zucker, etwa 1/4 l Weinessig.

Apfel-Minze-Chutney
1,5 kg Äpfel, 500 g Zwiebeln, 2 naturreine Zitronen, 1/4 l Obstessig, 500 g Zucker, 1 EL Salz, 100 g Pfefferminze (frische Blätter).
Die gewaschenen Pfefferminzblätter werden fein gehackt und erst in den letzten 10 Minuten der Kochzeit unter das Chutney gemischt.

Kürbischutney
1 kg Kürbis, 1 kg Äpfel, 250 g Zwiebeln, 1 EL Senfkörner, 1 EL gemahlener Zimt, 1 TL gemahlene Nelken, 1 TL gemahlener Ingwer, 1 TL Pfeffer, 500 g Zucker (oder Rohrzucker), 1/4 l Weinessig, 250 g Rosinen (oder Sultaninen).

Vorspeisen und kleine Gerichte

Kleine pikante Speisen bilden häufig den Auftakt zu einem festlichen Menü. Sie können – je nach Art des Menüs – warm oder kalt serviert werden. Bei der Planung und Zusammenstellung eines Menüs sollte aber bedacht werden, welche Funktion die Vorspeise erfüllen soll. Ist sie nur als Gaumenkitzel und angenehme Überbrükkung der Wartezeit geplant, so sollte nur eine appetitanregende Kleinigkeit serviert werden.
Wird aber eine stärkere Sättigung gewünscht, kann die Vorspeise auch gehaltvoller sein (z.B. eine gefüllte Pastete oder Sahnemuscheln).
Kleine pikante Speisen lassen sich recht gut mit Salaten, Rohkost (siehe auch Kapitel Salate) oder Aufschnitt zu leichten Mahlzeiten kombinieren.
So sind verschiedene, liebevoll zusammengestellte kleine Speisen heute bei vielen „linienbewußten" Essern beliebter als ein mehrgängiges Menü. Jeder hat dann die Möglichkeit, sich nach Geschmack und Appetit die Speisen selbst auszuwählen.
Viele der folgenden Rezepte lassen sich für den Kleinhaushalt und für zwanglose Gästebewirtungen verwenden.

Gefüllte rote Bete

Zutaten für 2–4 Personen

**6–8 mittelgroße rote Beten (etwa 600 g),
3/4–1 l Wasser,
1 gehäufter TL Salz,
2–3 EL Essig;
2 Eier, 4 Sardellenfilets,
1 TL Kapern,
2 TL feingehackte Petersilie,
1 TL Kräutersenf, 1 EL Öl,
1 EL Essig, Pfeffer und Salz.**

Arbeitsgeräte

**Topf
(2–3 l oder Dampfdrucktopf),
Bürste, Schneidbrett,
Messer, Löffel, Schüssel.**

Zubereitungszeit

**45–50 Minuten,
(im Dampfdrucktopf:
25–30 Minuten);
30–60 Minuten Kühlzeit.**

Das Wasser mit Salz und Essig bei starker Wärmestufe (E-Herd Schaltstufe 2,5–3; Automatik 10–12; G-Herd große Flamme) zum Kochen bringen.
Unterdessen die Beten (auch rote Rüben genannt) unter fließendem Wasser mit der Bürste gründlich reinigen.
Die gereinigten Rüben in das kochende Wasser geben, den Herd auf kleine Wärmestufe schalten und die Beten bei geschlossenem Topf in 25–30 Minuten, Dampfdrucktopf 10–15 Minuten (siehe den Hinweis unten!) gar kochen.
In der Zwischenzeit die Eier hart kochen, kalt abschrecken und schälen. Die Sardellenfilets unter kaltem Wasser abspülen und mit Küchenkrepp abtupfen. Die Eier und die Sardellenfilets fein hacken und mit den Kapern, der feingehackten Petersilie, dem Senf, Öl und Essig in der Schüssel vermischen.
Das Kochwasser der roten Beten abgießen und die Knollen mit kaltem Wasser abschrecken, damit sie sich leichter schälen lassen.
Die Knollen schälen und jeweils oben einen kleinen Deckel waagerecht abschneiden. Die Beten mit einem Löffel so aushöhlen, daß ein ca. 1/2 cm dicker Rand bleibt (Bild).
Das ausgehöhlte Fruchtfleisch und den Deckel fein hacken und in der Schüssel mit den anderen Zutaten vermischen. Mit Pfeffer und Salz abschmecken, in die Beten füllen und bis zum Servieren 30–60 Minuten durchkühlen lassen.

Pro Portion bei 4: 7 g E 7 g F 12 g KH 137 kcal 570 kJ

Serviervorschläge

Als Vorspeise oder als Beilage zu Rindfleisch (gekocht und gebraten) reichen.

HINWEIS

Die Garzeit verlängert sich bei abgelagerten Beten.

Birnen mit Käsecreme

Zutaten für 2 oder 4 Personen

**2 große, reife Williams-Christ-Birnen (etwa 500 g),
Saft von 1 Zitrone,
125 g Doppelrahm-Frischkäse (Hüttenkäse, Sahnekäse),
2 EL saure Sahne,
frisch gemahlener Pfeffer,
Salz,
2 große Scheiben gekochter Schinken (etwa 100 g),
1–2 Zweige Petersilie.**

Arbeitsgeräte

**Schneidbrett, Messer,
Zitronenpresse, Pinsel,
kleine Schüssel, Löffel.**

Zubereitungszeit

10 Minuten.

Die Birnen waschen, abtrocknen und der Länge nach halbieren. Das Kerngehäuse herausschneiden. Die Schnittflächen der Birnen gut mit dem Zitronensaft einpinseln, damit sie nicht braun anlaufen.
Den Frischkäse, die saure Sahne sowie etwas Pfeffer und Salz in der Schüssel verrühren und in die Birnenhälften häufen (Bild).
Die Schinkenscheiben halbieren und zu lockeren Rollen aufdrehen. Jede Birnenhälfte mit einem Schinkenröllchen und etwas Petersilie garnieren.

Pro Portion bei 4: 10 g E 14 g F 18 g KH 249 kcal 1040 kJ

Serviervorschläge

Diese Käsebirnen sind eine delikate Vorspeise oder werden zum Abendessen gereicht, z.B. mit Vollkornbrot und Butter.

HINWEIS

Die Birnen werden nur geschält, wenn die Schale nicht einwandfrei ist. In diesem Fall müssen die Birnenhälften rundherum mit Zitronensaft eingepinselt werden.

Birnen mit Käsecreme.

Gefüllte rote Bete.

Champignons in Kräutern

Zutaten für 4 Personen	**Arbeitsgeräte**
500 g frische Champignons, 1 Zwiebel, 10 g Butter, 1/2 Glas Weißwein (=5–6 EL), 1 TL Instant-Hühnerbrühe (oder 1/2 TL Salz), 2 EL feingehackte Kräuter (z. B. Kerbel, Kresse, Basilikum, Petersilie), 1 EL Öl, Pfeffer und Salz nach Geschmack.	**Schneidbrett, Messer, Topf, Rührlöffel.** **Zubereitungszeit** **25–30 Minuten + 30–60 Minuten Kühlzeit.**

Die Champignons putzen, d. h. die Stielenden und Schadstellen abschneiden. Nur bei größeren Champignons die Haut der Köpfe abziehen. Die Pilze nur kalt abspülen, wenn sie sehr sandig sind.
Die Zwiebel schälen und in kleine Würfel schneiden.
Die Butter in den Topf geben und bei mittlerer Wärmestufe (E-Herd Schaltstufe 2; Automatik 8–9, G-Herd mittelgroße Flamme) schmelzen. Die Zwiebelwürfel hineingeben und 5 Minuten andünsten.
Dann die Pilze hinzufügen und bei geschlossenem Topf 5 Minuten dünsten.
Den Weißwein und die Instantbrühe dazugeben und in weiteren 5 Minuten gar dünsten.
Unterdessen die Kräuter fein hacken und mit dem Öl unter die Pilze mischen. Mit Pfeffer und Salz abschmecken und kalt stellen.

Pro Portion: 4 g E 5 g F 5 g KH 91 kcal 380 kJ

Serviervorschlag

Als kleine Vorspeise reichen und z. B. mit Salami- oder Schinkenröllchen auf einem Teller anrichten. Dazu Toastbrot, Butter und einen Weißwein reichen.

TIP

Auch als Beilage zu kalten Bratenplatten, Geflügel und Fisch schmecken die Champignons in Kräutern ausgezeichnet.

VARIANTEN

100 g in dünne Streifen geschnittene Salami (oder rohen/gekochten Schinken) untermischen. Auf Salatblättern anrichten.
100 g Muscheln (in Marinade) und 4 Eßlöffel süße, geschlagene Sahne mit den Champignons vermischen und abschmekken. Dünne Tomatenscheiben kreisförmig auf flache Glasteller legen und den Champignon-Muschel-Cocktail daraufhäufen. Mit Kräutersträußchen garnieren.

Gurkentürmchen

Zutaten für 4 Personen

**1 Salatgurke (etwa 400 g),
2 hartgekochte Eier,
2–3 Sardellenfilets,
1 Tasse gekochter Reis (siehe Hinweis),
1 EL feingehackter Dill,
1 TL scharfer Senf,
2–3 EL fettarmer Joghurt,
1 Msp. Pfeffer, 1 Msp. Salz,
1/2 TL Paprika,
4 kleine Tomaten.**

Arbeitsgeräte

Schneidbrett, Messer, Löffel, Schüssel, Salatbesteck, eventuell kleine Kasserolle.

Zubereitungszeit

20–35 Minuten (wird Reis gekocht, 10 Minuten mehr).

Die Salatgurke waschen und abtrocknen. Die beiden Enden abschneiden und die Gurke (mit Schale) in 3–4 cm lange Stücke schneiden. Die Kerne mit einem kleinen Löffel herausbohren.
Die hartgekochten Eier schälen und fein hacken.
Die Sardellenfilets unter kaltem Wasser abspülen, mit Küchenkrepp abtupfen und ebenfalls fein hacken.
Eier und Sardellen in die Schüssel geben, den gekochten Reis und den feingehackten Dill hinzufügen. Senf, Joghurt und die Gewürze darübergeben und alles locker durchmischen. Pikant abschmecken, eventuell etwas schärfer würzen.
Die Salatmischung in die Gurken füllen.
Die Tomaten waschen, abtrocknen und halbieren. Die Schnittflächen mit etwas Pfeffer und Salz würzen. Die Tomatenhälften als rote Mützchen auf die Gurkentürmchen setzen. Auf einer Platte oder portionsweise anrichten.

Pro Portion: 6 g E 4 g F 8 g KH 95 kcal 400 kJ

Serviervorschläge

Als leichte sommerliche Vorspeise reichen; sie sind aber auch mit Vollkornbrot und Butter als leichtes Abendessen geeignet. Auf einer Platte angerichtet sind die Gurkentürmchen auch mit Salaten und anderen kleinen Speisen für eine Gästebewirtung zu empfehlen.

HINWEIS

2 gestrichene Eßlöffel Reis, in 100 ml Wasser gekocht, ergeben etwa 1 Tasse Reis.

Paradiestomaten

Zutaten für 2–4 Personen	**Arbeitsgeräte**
4 mittelgroße, feste Tomaten, 1–2 Spritzer flüssige Zwiebelwürze oder Pfeffer, 1 kleine Dose Champignons (125 g), 2 EL eingelegte Tomatenpaprika (in Streifen), 1 Scheibe Ananas, 1 kleine Zwiebel, 1 EL feingehackte Petersilie (oder Dill), einige Tropfen Tabasco, 3 EL Öl, 1–2 EL Essig, 100 g Sahnequark, 2 EL Dosenmilch, 1 Msp. Cayennepfeffer, 1/2 TL Rosenpaprika.	**Dosenöffner, Sieb (Durchschlag), Schneidbrett, Messer, Löffel, Schüssel, Salatbesteck, Spritzbeutel (mit Sterntülle).**

Zubereitungszeit

25–30 Minuten.

Die Tomaten waschen, abtrocknen und mit einem scharfen Messer oben kleine Kappen abschneiden. Das Kerngehäuse mit einem Löffel vorsichtig herauslösen. Die Tomaten innen mit der Zwiebelwürze oder etwas Pfeffer einreiben. Kühl stellen.
Die Champignons abtropfen lassen und in Scheiben, die Tomatenpaprika in kleine Würfel schneiden. Die Ananasscheibe in kleine Stücke, die geschälte Zwiebel und die Tomatenkappen in kleine Würfel schneiden.
Alle Zutaten mit der feingehackten Petersilie, einigen Tropfen Tabasco sowie dem Öl und Essig vermischen und kalt stellen.
In der Zwischenzeit den Sahnequark, die Dosenmilch und den Cayennepfeffer in einem Schüsselchen glatt verrühren. In den Spritzbeutel (große Sterntülle verwenden) füllen.
Die Tomaten mit der Salatmischung füllen und auf jede Portion einen dicken Tupfen der Käsecreme spritzen. Mit Rosenpaprika bestäuben und die Tomaten auf kleinen Tellern – eventuell auf Salatblättern – anrichten.

Pro Portion: 5 g E 11 g F 10 g KH 164 kcal 690 kJ

Serviervorschläge

Als kleine Vorspeise oder als leichtes Abendessen für 2 Personen (dann pro Portion doppelte Nährwertmenge!) mit Bauern- oder Vollkornbrot reichen. Bier oder einen trockenen Weißwein dazu trinken.

TIP

Für eine Gästebewirtung die doppelte Anzahl der Paradiestomaten (möglichst kleine Tomaten) zubereiten und zusammen mit einer Aufschnittplatte oder pikanten Salaten servieren.

Chicoréecocktail

Zutaten für 4 Personen	**Arbeitsgeräte**
500 g Chicorée, 1 Apfel, 1 Orange, 1 Banane (je etwa 150 g), 1 Becher fettarmer Joghurt, Saft von 1 Zitrone, 1 EL Chilisoße (oder Curryketchup), 1 Prise Zucker, Pfeffer und Salz nach Geschmack.	**Zitronenpresse, Schneidbrett, Messer, Salatschüssel, kleine Schüssel oder Tasse, Salatbesteck.**

Zubereitungszeit

20–25 Minuten.

Die äußeren Blätter des Chicorée entfernen. Den bitteren Kern am unteren Ende keilförmig herausschneiden (Bild).

Den bitteren Kern am unteren Ende des Chicorée herausschneiden.

Den Chicorée waschen und abtrocknen. Dann in sehr feine Streifen schneiden und in die Salatschüssel geben.
Den Apfel halbieren und das Kerngehäuse herausschneiden. Apfel, Orange und Banane schälen, in Würfel oder Scheiben schneiden und zum Chicorée geben.
In der kleinen Schüssel oder Tasse den Joghurt, den Zitronensaft, die Chilisoße, den Zucker sowie etwas Pfeffer und Salz zu einer pikanten Marinade verrühren; diese über die Salatzutaten gießen und locker durchmischen. Gut abschmecken und möglichst sofort anrichten und servieren, damit die Vitamine erhalten bleiben.

Pro Portion: 4 g E 1 g F 24 g KH 123 kcal 510 kJ

Serviervorschläge

Als Vorspeise oder mit anderen Rohkostsalaten zusammen reichen, aber auch als Beilage zu gegrilltem Hähnchen. Dazu schmeckt Weißwein, Weinschorle oder Traubensaft.

Kiwicocktail

Zutaten für 4 Personen

4 reife Kiwis,
1 Zitrone,
250 g gekochte oder gegrillte Hühnerbrust (oder Pute),
2 EL Salatmayonnaise,
1 EL geschlagene Sahne,
1 TL Tomatenmark,
Pfeffer, Salz und Curry nach Geschmack.

Arbeitsgeräte

Schneidbrett, Messer, Zitronenpresse, Schüssel, Salatbesteck.

Zubereitungszeit

etwa 20 Minuten; 15–20 Minuten Kühlzeit.

Die hauchdünne Schale der Kiwis vorsichtig abziehen. Bei reifen Früchten geht das wie bei Pellkartoffeln. Die Kiwis waagerecht in 1/2 cm dicke Scheiben schneiden und schuppenartig auf 4 kleine, flache Glasteller legen.

1 Die Kiwis schälen, in Scheiben schneiden ...

2 ... und schuppenartig auf Teller legen.

Die Zitrone auspressen und die Hälfte des Saftes über die Kiwischeiben träufeln.
Das Geflügelfleisch in ganz dünne Streifen schneiden und in die Schüssel geben. Den restlichen Zitronensaft, die Mayonnaise, die geschlagene Sahne, das Tomatenmark und die Gewürze darübergeben.
Alles locker durchmischen, pikant – aber nicht zu scharf – abschmecken und gleichmäßig auf die Teller verteilen.
Eventuell vor dem Servieren noch 10–20 Minuten durchkühlen lassen.

Pro Portion: 16 g E 5 g F 11 g KH 164 kcal 690 kJ

Serviervorschlag
Zu dieser kleinen festlichen Vorspeise getoastete Weißbrotscheibchen oder knackige Partybrötchen und Butter reichen. Einen kühlen, herben Weißwein oder Rosé dazu trinken.

Kiwicocktail.

Krabben-Spargel-Cocktail

Zutaten für 4 Personen

1 Dose Spargelstücke (etwa 220 g),
100 g gekochter Schinken,
100 g frische oder tiefgefrorene Krabben,
1 Zitrone,
2 EL Salatmayonnaise,
1 EL Sherry, 1 EL Cognac,
1 Msp. Cayennepfeffer,
1 Msp. gemahlener Ingwer,
etwas Salz,
frisch gemahlener Pfeffer,
1 Bund Dill,
50 g Räucherlachsscheiben.

Arbeitsgeräte

Dosenöffner, Sieb (Durchschlag), Schneidbrett, Messer, Zitronenpresse, Schüssel, Tasse, Salatbesteck.

Zubereitungszeit

20–25 Minuten; etwa 30 Minuten Kühlzeit.

Den Spargel zum Abtropfen in das Sieb geben. Die Stengel dann in 3 cm lange Stücke schneiden. Den Schinken in kleine Würfel schneiden.
Die Zitrone auspressen.
Spargelstücke, Schinkenwürfel und Krabben (tiefgefrorene vorher auftauen) in die Schüssel geben und mit dem Zitronensaft beträufeln.

Austern in Avocados.

Für die Salatmarinade die Mayonnaise, den Sherry, den Cognac und die Gewürze in einer Tasse verrühren.
Den Dill – bis auf 1–2 Stengel – fein hacken und mit der Marinade über die Salatzutaten geben. Alles sehr locker vermischen, abschmecken und im Kühlschrank etwa 30 Minuten durchkühlen lassen.
Den Cocktail in hochstieligen Cocktailgläsern anrichten. Jede Portion mit kleinen Räucherlachsstreifen oder -röllchen und Dillsträußchen garnieren.

Pro Portion: 13 g E 8 g F 3 g KH 152 kcal 640 kJ

Serviervorschlag
Zu dieser luxuriösen Vorspeise werden goldbrauner Toast, Butterröllchen (oder Kräuterbutter) und ein leichter Weißwein oder Rosé gereicht.

TIP
Wenn der Krabbencocktail in Avocados angerichtet wird, ist dies eine sättigende kleine Mahlzeit für festliche Gelegenheiten. Pro Portion sollte man 1/2 Avocado rechnen und diese vor dem Füllen mit Zitronensaft beträufeln und leicht mit frisch gemahlenem Pfeffer und etwas Salz würzen.

1 Portion enthält dann: 15 g E 32 g F 6 g KH 390 kcal 1630 kJ

Austern in Avocados

Zutaten für 4 Personen

2 Dosen geräucherte japanische Austern (Einwaage je Dose etwa 80 g), 2 reife Avocados, 1 Zitrone, 2 Scheiben gekochter Sellerie (aus der Dose), 4 EL Sahne, 2 EL Tomatenketchup, 1 TL Worcestersoße, 1 Msp. Salz, 1 Msp. Cayennepfeffer, 1 Msp. Zucker, 1–2 TL Sherry, etwas Petersilie.

Arbeitsgeräte

Dosenöffner, Schneidbrett, Messer, Löffel, Zitronenpresse, Schüssel, Tasse.

Zubereitungszeit

10–15 Minuten; etwa 30 Minuten Kühlzeit.

Die Austern vorsichtig aus der Dose nehmen und zum Abtropfen auf Küchenkrepp legen.
Die Avocados der Länge nach halbieren und die Kerne herauslösen. Die Hälften mit einem kleinen Löffel etwas aushöhlen, aber rundherum einen etwa 1/2 cm breiten Rand lassen.
Die Austern und die Avocados mit dem ausgepreßten Saft der Zitrone beträufeln.
Das ausgehöhlte Avocadofleisch und die Selleriescheiben in kleine Würfel schneiden und mit den Austern in die Schüssel geben.
In der Tasse die Sahne, den Tomatenketchup und die Würzzutaten zu einer pikanten Marinade verrühren. Diese über die Austern geben und alles locker durchmischen. Die Avocadohälften und die Salatmischung etwa 30 Minuten kalt stellen.
Vor dem Servieren die Austern in die Avocados füllen und mit Petersiliensträußchen garnieren.

Pro Portion: 7 g E 26 g F 11 g KH 310 kcal 1300 kJ

Serviervorschlag
Zu dieser köstlichen Vorspeise getoastete kleine Weißbrotscheibchen mit Kräuterbutter und einen Weißwein oder einen Rosé reichen.

TIPS
Möglichst nur reife Avocados verwenden, sie schmecken dann am besten. Die Frucht ist reif, wenn sie bei leichtem Fingerdruck nachgibt. Harte Früchte kann man bei Zimmertemperatur einige Tage nachreifen lassen. Avocados werden aus tropischen und subtropischen Ländern importiert.

Indische Sahnemuscheln

Zutaten für 4–6 Personen

1 Glas
Muschelfleisch naturell
(Einwaage 180–200 g),
1 kleine Dose Champignons,
1/8 l saure Sahne,
1–2 TL Curry hot,
1 EL Salatmayonnaise,
etwas Salz,
1 TL Sojasoße,
1 eingelegte Ingwerknolle
(in Zuckersirup),
1/2 Banane,
1 Prise Zucker,
frisch gemahlener Pfeffer,
4 Tomaten,
1 EL Mandelblättchen.

Arbeitsgeräte

Dosenöffner,
Sieb (Durchschlag),
Schüssel, Schneidbrett,
Messer.

Zubereitungszeit

15–20 Minuten;
eventuell 20–30 Minuten
Kühlzeit.

Die Muscheln und Champignons zum Abtropfen auf ein Sieb geben.
In einer Schüssel die Sahne mit Curry, Mayonnaise, Salz und Sojasoße verrühren.
Die Ingwerknolle in sehr feine Streifen, die geschälte Banane in kleine Würfel schneiden. Beides in die Soße mischen und mit Zucker und etwas frisch gemahlenem Pfeffer abschmecken.
Die Muscheln und die in Scheiben geschnittenen Champignons locker untermischen.
Die Tomaten waschen, abtrocknen und in sehr dünne Scheiben schneiden. Die Scheiben kreisförmig (schuppenartig) auf 4 oder 6 flache Glasteller legen. Leicht mit Pfeffer übermahlen und mit etwas Salz würzen. Die Sahnemuscheln jeweils in die Mitte auf die Toastscheiben geben und mit Mandelblättchen bestreuen. Eventuell vor dem Servieren noch 20–30 Minuten kalt stellen.

Pro Portion

bei 4 Personen:	**9 g E**	**7 g F**	**10 g KH**	**149 kcal**	**620 kJ**
bei 6 Personen:	**6 g E**	**5 g F**	**7 g KH**	**99 kcal**	**410 kJ**

Serviervorschlag

Mit frisch getoastetem Weißbrot oder kleinen Partybrötchen und Knäckebrot, Butter und einem leichten Weißwein oder Rosé als Vorspeise reichen.

Cocktailorangen

Zutaten für 4 Personen	Arbeitsgeräte
4 Orangen (à 150 g), 50 g gekochter Schinken, 2 Scheiben Ananas (aus der Dose), 2 EL eingelegte Tomatenpaprika, 100 g Krabben (frische oder tiefgefrorene), 50 g Salatmayonnaise, 1 EL Obstessig, 1 EL Tomatenketchup, 1 Msp. Salz, 1 Msp. Cayennepfeffer, 1 TL deutscher Kaviar.	**Messer, Schneidbrett, Salatschüssel, Tasse, Salatbesteck.** **Zubereitungszeit** **20–25 Minuten; 30 Minuten Kühlzeit.**

Die Orangen gründlich waschen, am besten unter lauwarmem Wasser. Abtrocknen und oben waagerecht ein Deckelchen abschneiden (Bild 1).
Das Fruchtfleisch mit einem spitzen Küchenmesser herauslösen, dabei die Schale möglichst nicht beschädigen (Bild 2).

1 Bei den Orangen oben einen Deckel abschneiden.

2 Das Fruchtfleisch mit einem Küchenmesser herauslösen.

Den gekochten Schinken, die Ananasscheiben, die Paprika und das Orangenfruchtfleisch in Würfel schneiden. Alles in die Salatschüssel geben und die Krabben (tiefgefrorene vorher auftauen) hinzufügen (4 Krabben für die Garnierung zurückbehalten).
In einer Tasse die Mayonnaise, den Essig, Tomatenketchup und die Gewürze verrühren, über die kleingeschnittenen Zutaten geben, locker durchmischen und pikant abschmecken. Etwa 30 Minuten kalt stellen.
Dann den Cocktail in die ausgehöhlten Orangen füllen.
Jede Portion mit etwas Kaviar und einer schönen Krabbe garnieren.

Pro Portion: 9 g E 9 g F 20 g KH 202 kcal 840 kJ

Serviervorschlag

Mit Stangenweißbrot oder goldgelbem Toast, Butter und Weißwein als kleine Vorspeise reichen. Eventuell auf Salatblättern anrichten.

TIP

Damit die Orangen besser stehen, kann man unten ein dünnes Scheibchen abschneiden.

Palmenherzencocktail

Zutaten für 4 Personen	Arbeitsgeräte
1 Dose Palmenherzen (etwa 225 g), 100 g frische oder tiefgefrorene Krabben (Garnelen oder Langustenfleisch), 1 Zitrone, 3 EL Salatmayonnaise, 2 EL Madeira (oder Portwein), 1 Msp. Curry, 1 Msp. Cayennepfeffer, etwas Salz und Pfeffer, 4 Salatblätter.	**Dosenöffner, Sieb (Durchschlag), Schneidbrett, Messer, Salatschüssel, Zitronenpresse, Tasse, Salatbesteck.**

Zubereitungszeit

etwa 15 Minuten; 30 Minuten Kühlzeit.

Die Palmenherzen in dem Sieb abtropfen lassen und in kleine und sehr dünne Scheiben oder Stücke schneiden. In die Schüssel geben, die Krabben hinzufügen und mit dem Saft von 1/2 Zitrone beträufeln.

Die Mayonnaise, den Madeira oder Portwein und Gewürze in einer Tasse verrühren, über die Cocktailzutaten geben und locker durchmischen.
Im Kühlschrank etwa 30 Minuten durchkühlen lassen.
Die Salatblätter waschen, trockentupfen und in flache Glasschälchen oder Sektschalen legen. Darauf den Palmenherzencocktail anrichten. Die restliche Zitronenhälfte in dünne Scheiben schneiden. Diese Scheiben etwas einschneiden und als Garnierung an die Glasränder stecken.

Pro Portion: 7 g E 16 g F 8 g KH 215 kcal 890 kJ

Serviervorschlag
Mit Toastbrot und Butter als leichte Vorspeise reichen, dazu einen Weißwein trinken.

TIP
Wer Knoblauch mag, sollte 1 Knoblauchzehe zerdrückt unter die Mayonnaise rühren, das rundet den Geschmack des Cocktails noch mehr ab!

Scampi in Teufelssoße

Zutaten für 2–4 Personen	Arbeitsgeräte
1/2 l Wasser, 2 EL Kräuteressig, 1/2 TL Salz, 5 Pfefferkörner, 1 kleine Zwiebel, 12 Scampi (aus der Tiefkühltruhe); Soße: 1 kleine Dose Tomatenmark (oder 2 EL), 2 EL Curryketchup, 2 EL Öl, 1–2 EL Zitronensaft, 1/2 TL Curry, 1 Msp. Pfeffer, 4–6 Tropfen Tabasco, 1 Msp. Zucker, eventuell 0,01 l Cognac.	**Topf (oder Kasserolle), Sieb, Messer, Schneidbrett, Schüssel, Schneebesen.**

Zubereitungszeit

25–30 Minuten.

Wasser, Essig, Salz, Pfefferkörner und die geschälte Zwiebel im Topf bei starker Wärmestufe aufkochen. Die gefrorenen Scampi hineingeben und in etwa 8 Minuten gar kochen.
In dem Sieb abtropfen lassen, dann die Schalen der Länge nach am Rücken mit einem Messer (oder Küchenschere) aufschneiden (Bild).

Das Scampifleisch aus den Schalen lösen und erkalten lassen.
Die Teufelssoße während der Kochzeit der Scampi zubereiten. Dazu alle Soßenzutaten in die Schüssel geben und mit dem Schneebesen glatt verrühren. Falls die Soße zu sämig ist, noch etwas Cognac unterrühren. Die Teufelssoße wird sehr scharf (=teuflisch) abgeschmeckt und in eine Sauciere gefüllt.
Die Scampi werden vor dem Servieren auf einer Platte oder auf kleinen Tellern angerichtet. Die Soße wird dazugereicht.

Pro Portion bei 4: 6 g E 6 g F 4 g KH 100 kcal 420 kJ

Serviervorschläge
Für 4 Personen als Vorspeise zu einem festlichen Abendimbiß reichen, mit Toastbrot und einem Roséwein dazu.
Für 2 Personen als kleines Essen auch heiß mit Reis servieren (Nährwertangaben pro Portion dann doppelt!).

Gefüllte Artischockenböden

Zutaten für 4 Personen	Arbeitsgeräte
1 Dose Artischockenböden (etwa 240 g, 10 Stück), 1 Zitrone, 1 kleine Dose Champignons, (oder frische, etwa 100 g), 50 g Salatmayonnaise, 2 TL Curryketchup, frisch gemahlener Pfeffer, 1–2 Tomaten, etwas Petersilie.	**Dosenöffner, Sieb, Zitronenpresse, Schneidbrett, Messer, Schüssel, Löffel.**
	Zubereitungszeit
	etwa 15 Minuten.

Die Artischockenböden aus der Dose nehmen und auf dem Sieb abtropfen lassen. Die Böden auf eine Platte setzen und mit ausgepreßtem Zitronensaft beträufeln.
Die Champignons abtropfen lassen, in Scheiben schneiden und in die Schüssel geben. Mayonnaise, Curryketchup, etwas Pfeffer und den restlichen Zitronensaft dazugeben. Alles mit dem Löffel verrühren und in die Artischockenböden verteilen.
Jeden Artischockenboden mit einem Tomatenachtel und etwas Petersilie garnieren.

Pro Portion: 2 g E 7 g F 7 g KH 95 kcal 400 kJ

Serviervorschlag
Als Vorspeise mit kleinen gerösteten Weißbrotscheibchen und einem leichten Weißwein reichen.

TIP
Gefüllte Artischockenböden kann man auch mit anderen kleinen Vorspeisen auf einer größeren Platte anrichten, z.B. mit gefüllten Eiern (siehe Kapitel Eierspeisen), mit kleinen Salami- oder Schinkenröllchen, mit Champignons in Kräutern, mit Ölsardinen, Mixed Pickles usw.

Lebercreme für Artischockenböden

Zutaten für 4 Personen	Arbeitsgeräte
125 g Kalbsleberwurst, 2 EL gehackte Mandeln, 4 EL geschlagene Sahne, je 1 Msp. Paprika und Pfeffer.	**Schüssel, Rührlöffel.**
	Zubereitungszeit
	5 Minuten.

Die Kalbsleberwurst mit den Mandeln, der geschlagenen Sahne, Paprika und Pfeffer zu einer Creme rühren und diese in die Artischockenböden füllen.

Pro Portion: 5 g E 22 g F 2 g KH 237 kcal 990 kJ

Serviervorschlag
Goldbrauner Toast, diagonal halbiert, und Butter dazu reichen; einen leichten Weißwein als Getränk wählen.

Artischocken mit Füllungen

GRUNDREZEPT

Zutaten für 4 Personen	**Arbeitsgeräte**
2–4 EL Essig, 4 große Artischocken (pro Person 1), 1/2 – 3/4 l Wasser, 2 TL Salz, 1 Msp. gemahlener Pfeffer, 1/8 l Weißwein (oder 2 EL Essig).	**Schüssel, Schneidbrett, scharfes Messer, Küchenschere, großer Topf, Schaumkelle.**

Zubereitungszeit

etwa 45 Minuten, davon 10 Minuten Vorbereitung und 25–30 Minuten Garzeit (Dampfdrucktopf: 10–12 Minuten).

Kaltes Wasser und Essig in eine Schüssel geben.
Von den Artischocken die unteren harten Blätter entfernen. Die Stiele am Blütenansatz abschneiden (Bild 1).
Das obere Teil der Artischocke (etwa die obere Hälfte) mit dem Messer abschneiden. Von den äußeren Blättern die harten Spitzen mit der Küchenschere wegschneiden (Bild 2).
Die Artischocken innen mit einem Löffel aushöhlen, d.h., das Heu (=Blütenfäden) muß vollständig entfernt werden (Bild 3). Das Heu kann auch erst nach dem Kochen entfernt werden, allerdings ist dann eine leichte Geschmacksbeeinflussung möglich.

1 Die Stiele am Blütenansatz abschneiden.

2 Die Spitzen der äußeren Blätter wegschneiden.

3 Die Artischocken aushöhlen.

4 Aus dem Kochsud heben.

Artischocken mit Muschelmayonnaise.

Jede der ausgehöhlten Artischocken sofort in das kalte Essigwasser legen, da sie an den Schnittflächen sehr schnell braun anlaufen. Oder die Schnittflächen sofort mit Zitronensaft einreiben.
In dem Topf (Topfgröße nach Zahl der Artischocken wählen; sie müssen nebeneinander Platz haben!) das Wasser mit Salz, Pfeffer und dem Weißwein (oder Essig) aufkochen. Die vorbereiteten Artischocken hineinlegen. Den Topf schließen, den Herd auf kleine Wärmestufe schalten und die Artischocken – je nach Größe – in 20–30 Minuten gar kochen.

TIP

Die Artischocken sind gar, wenn sich die Blätter leicht abzupfen lassen!

Während die Artischocken kochen, wird eine der angegebenen Füllungen zubereitet.
Die Artischocken mit der Schaumkelle aus dem Kochsud heben, abtropfen lassen und anrichten. Nach Wunsch füllen und als warme oder auch kalte Vorspeise servieren.

Pro Portion: 3 g E – F 15 g KH 94 kcal 390 kJ

Serviervorschläge

Je nach Art der Füllung paßt ein Weiß- oder Roséwein zu Artischocken. Stangenweißbrot oder getoastetes Brot und Butter dazu reichen. Je nach Größe der Artischocken können diese als Vorspeise oder als leichtes, aber sättigendes Abendessen gereicht werden.

Pikanter Dip für Artischocken

Zutaten für 4 Personen	Arbeitsgeräte
2 Eier, 2 Tomaten, 1/2 Bund Petersilie (oder verschiedene frische Kräuter), 2–3 Sardellenfilets, 4 EL Olivenöl, 1–2 EL Kräuteressig, Pfeffer und Salz.	Kasserolle, Schneidbrett, Messer, Schüssel, Löffel.

Zubereitungszeit

15 Minuten.

Die Eier hart kochen, kalt abschrecken und schälen. Die Tomaten waschen, halbieren und entkernen.
Eier und Tomaten in sehr kleine Würfel schneiden, die Petersilie und die kalt abgespülten Sardellenfilets sehr fein hacken.
Diese Zutaten in der Schüssel mit dem Olivenöl, dem Essig, etwas frisch gemahlenem Pfeffer und Salz vermischen und pikant abschmecken.
Die abgetropften Artischocken (nach dem Grundrezept gekocht) mit dem Dip füllen.

Pro Portion: 5 g E 14 g F 1 g KH 154 kcal 640 kJ

Currysahne für Artischocken

Zutaten für 4 Personen	Arbeitsgeräte
1/8 l süße Sahne, 1–2 TL Curry hot, 2 Msp. Salz, 1 Msp. Pfeffer, 1 kleine Banane (etwa 100 g).	elektrischer Handmixer, hoher Rührbecher, Teller, Gabel.

Zubereitungszeit

8–10 Minuten.

Die gutgekühlte Sahne in den Rührbecher geben und mit dem elektrischen Handmixer (auf höchster Schaltstufe) steif schlagen. Curry, Salz und Pfeffer unterschlagen.
Die geschälte Banane auf dem Teller mit der Gabel musig zerdrücken und cremig rühren. Die Bananencreme unter die Sahne mischen und diese pikant abschmecken.
Currysahne zum Füllen der abgetropften Artischocken verwenden.

Pro Portion: 1 g E 10 g F 7 g KH 124 kcal 520 kJ

Serviervorschlag
Artischocken mit Currysahne werden mit goldbraunem Toast und Weißwein vor allem als kalte Vorspeise serviert.

Muschelmayonnaise für Artischocken

Zutaten für 4 Personen	Arbeitsgeräte
75 g Salatmayonnaise, 1/2 Zitrone, frisch gemahlener Pfeffer, 1 Msp. Salz, 1 Msp. Cayennepfeffer, 1 EL feingehackter Dill, 100 g Muschelfleisch naturell (aus dem Glas oder frisch).	Schüssel, Löffel, Schneidbrett, Messer, Zitronenpresse.

Zubereitungszeit

8–10 Minuten.

Die Mayonnaise in der Schüssel mit dem ausgepreßten Zitronensaft, den Gewürzen, dem abgetropften Muschelfleisch und dem feingehackten Dill vermischen. Pikant abschmecken und in die Artischocken füllen.

Pro Portion: 3 g E 10 g F 2 g KH 116 kcal 480 kJ

Serviervorschlag
Mit Toastbrot und Butter als Vorspeise oder als leichtes Abendessen reichen. Weiß- oder Roséwein paßt als Getränk dazu.

HINWEIS
Die im Handel erhältlichen Fonduesoßen und Dips eignen sich gut für Artischocken. Ebenso können Geflügel- oder Krabbensalat, pikanter Wurstsalat usw. zum Füllen von Artischocken oder Artischockenböden (aus der Dose) verwendet werden.

So werden Artischocken gegessen:
Die einzelnen Blätter mit den Fingern lösen und mit dem unteren fleischigen Ende in die Füllung oder den Dip tauchen. Dann das fleischige Ende zwischen den Zähnen abstreifen. Ganz zum Schluß wird das Beste der Artischocke, der zartfleischige Boden, verspeist.

TIP
Wenn Sie Gäste mit Artischockenböden bewirten, sollten kleine Fingerschalen mit auf den Tisch gestellt werden, damit die Finger zwischendurch gereinigt werden können.
Eine Blüte, Rosenblätter oder eine Zitronenscheibe in das Wasser geben oder dieses mit einigen Tropfen Rosenwasser parfümieren. Auch besonders große Servietten sind beim Artischockenessen sehr zu empfehlen.

EINKAUFSTIPS
Im Handel werden meist zwei Arten Artischocken angeboten: kleine zarte, grünviolett aussehende oder große Artischocken mit grünen Blättern.
Die kleinen Artischocken (aus der Provence oder Italien) können im Ganzen gegart werden, da sie meist sehr zart sind. Die großen Artischocken sollten ein frisches Aussehen und einen großen Blütenboden haben. Braun und welk aussehende Artischocken können holzig sein.

Melone mit Schinken.

Melonenspießchen

Zutaten für 2–4 Personen	Arbeitsgeräte
1/2 reife Honigmelone (oder Wassermelone, etwa 500 g), 1 Glas Portwein (4 cl), 100 g Salami (in dünnen Scheiben), 100 g blaue oder grüne Weintrauben, frisch gemahlener Pfeffer.	**Löffel, Schneidbrett, Messer, Schüssel.**
	Zubereitungszeit
	15 Minuten; 10 Minuten Kühlzeit.

Die Melonenkerne mit dem Löffel herauslösen. Die Melone schälen (nicht zu dünn abschälen) und in 12–16 etwa 3 cm große Würfel schneiden. Diese in die Schüssel legen, mit Portwein übergießen und 10 Minuten ins Gefrierfach stellen.
In der Zwischenzeit die Salamischeiben zu lockeren Röllchen drehen. Die Weintrauben waschen, abtrocknen und von den Stielen zupfen. Auf 12–16 kleine Cocktailspieße jeweils Weintrauben und Salamiröllchen stecken.
Auf 4 kleine Glasteller jeweils 3–4 gekühlte Melonenwürfel legen und die Salamispießchen hineinstecken. Nach Geschmack mit frisch gemahlenem Pfeffer würzen.

Pro Portion bei 4: 5 g E 13 g F 11 g KH 193 kcal 810 kJ

Serviervorschlag
An warmen Sommertagen oder -abenden als erfrischende Vorspeise servieren.

Melone mit Schinken

Zutaten für 2–4 Personen	Arbeitsgeräte
1/2 reife Honigmelone (etwa 500 g), 4–8 Scheiben Parmaschinken (roher Schinken oder Lachsschinken, 125 g), frisch gemahlener Pfeffer.	**großes Schneidbrett, Messer, Löffel.**
	Zubereitungszeit
	5 Minuten; 10–15 Minuten Kühlzeit.

Mit dem Löffel die Kerne aus der Melone herauslösen.
Die Melone in 4–8 Spalten schneiden. Das Melonenfleisch jeweils von den spitzen Enden aus entlang der Schale lösen, aber in der Mitte nicht ganz abtrennen (Bild).
Die Melone kalt stellen, eventuell sogar 10 Minuten ins Tiefkühlfach.
Die Schinkenscheiben zu 4 oder 8 lockeren Rollen aufwickeln. Jede Melonenscheibe mit einer Schinkenrolle belegen.
Nach Geschmack bei Tisch mit frisch gemahlenem Pfeffer würzen.

Pro Portion bei 4: 6 g E 10 g F 5 g KH 144 kcal 600 kJ

Serviervorschläge
Als erfrischende Vorspeise oder als kleine Mahlzeit (für 2 Personen, Nährwertangaben pro Portion dann doppelt) an heißen Sommertagen servieren.

Melonenspießchen.

Melonencocktail

Zutaten für 4 Personen	Arbeitsgeräte
500 g Netzmelone (Kantalupe oder Honigmelone), 500 g Wassermelone, 1 Zitrone, 2 EL Cognac, frisch gemahlener Pfeffer, etwas Salz, 100 g frische Garnelen (oder 100 g roher Schinken).	Löffel, Messer, Schneidbrett, runder Gemüseausstecher, Schüssel, Zitronenpresse.

Zubereitungszeit

20–25 Minuten, davon 10–15 Minuten Kühlzeit.

Die Melonen möglichst gekühlt verwenden.
Die Kerne mit dem Löffel aus dem Melonenfleisch herauslösen.
Mit dem Gemüseausstecher verschiedenfarbige Melonenkugeln ausbohren und in die Schüssel geben.
Den ausgepreßten Zitronensaft, den Cognac, den frisch gemahlenen Pfeffer und etwas Salz über die Melonenkugeln geben. Im Tiefkühlfach 10–15 Minuten durchkühlen. Dann in flache Sektschalen verteilen und mit Garnelen (oder Schinkenstreifen) bestreuen.

Pro Portion: 6 g E – F 9 g KH 79 kcal 330 kJ

Serviervorschlag
Als festliche, erfrischende Vorspeise servieren.

Melonencocktail.

TIP
Für eine größere Personenzahl kann man einen 3farbigen Melonencocktail zubereiten. Dazu z.B. gelbe Honigmelonen, grüne Kantalupen (oder Netzmelonen) und rotfleischige Wassermelonen verwenden.

Netzmelone (hinten links), Wassermelone (hinten rechts), Ananasmelone (links und vorne), Honigmelone (Mitte), Kantalupe (Mitte rechts).

EINKAUFSTIPS
Melonen gehören in die Familie der Gurkengewächse. Unterschieden werden die Wassermelonen, die im Geschmack recht fad und wässrig sind, und die Zuckermelonen. Zu den Zuckermelonen gehören die sehr aromatische **Ananasmelone** (gelbliche Schale mit längs verlaufenden Rippen, gelbliches Fruchtfleisch), die **Netzmelone** (mit netzartiger, hellgrüner oder gelber Schale), die **Honigmelone** (gelbe Schale, gelbes Fruchtfleisch) und die **Kantalupe** (mit grüner oder grüngelber, manchmal warziger Schale, gelbgrünes Fruchtfleisch). Die Reife der Melonen stellt man fest, indem man am Stielansatz eindrückt. Bei richtiger Reife geben die Melonen dem Druck nach. Melonen möglichst vor der Verwendung schon einige Zeit kühl legen!

TIPS FÜR MELONEN
Einige Melonensorten sind bei uns im Geschmack nicht so gut, wie sie sein sollten. Das liegt daran, daß sie zu früh geerntet werden, d.h. bevor das volle Aroma sich ausgebildet hat.
Wer bei der Vorbereitung merkt, daß die Melone etwas fade schmeckt, sollte die einzelnen Spalten, Stücke oder Würfel mit Zitronensaft – nach Wahl auch mit Cognac, Sherry oder Portwein – beträufeln. Dann in den Kühlschrank stellen; bis zum Gebrauch wird der Geschmack dann weniger fade und langweilig sein.
Kleine Melonen halbieren, entkernen und die gewünschte Flüssigkeit in die Höhlung gießen.

Gefüllte Weinblätter (Dolmas, Griechenland)

Zutaten für 4–8 Personen

**2 Zwiebeln, 4 EL Öl,
150 g Langkornreis,
1 Tasse Fleischbrühe,
1 EL Pinienkerne,
1 EL Rosinen,
1–2 EL feingehackter Dill (oder/und Petersilie), eventuell
1 TL geriebene Krauseminze (Pfefferminzteeblätter),
1 Msp. Zucker,
Pfeffer und Salz nach Geschmack;
1 Packung Weinblätter,
etwa 1/8 l Fleischbrühe,
1 Zitrone, 4 EL Öl.**

Arbeitsgeräte

Schneidbrett, Messer, große Kasserolle (oder Topf), Rührlöffel, Tasse, Zitronenpresse.

Zubereitungszeit

etwa 50 Minuten, davon 10–15 Minuten Vorbereitung und 35–40 Minuten Garzeit.

Die Zwiebeln schälen und in kleine Würfel schneiden.
Das Öl in die Kasserolle geben und bei starker Wärmestufe auf dem Herd erhitzen. Die Zwiebelwürfel und den Reis hineingeben und unter Rühren etwa 10 Minuten glasig dünsten.
Die Fleischbrühe, Pinienkerne und Rosinen dazugeben. Die Kasserolle schließen, den Herd auf kleinste Wärmestufe schalten und den Reis 10 Minuten dünsten.
In der Zwischenzeit die Kräuter fein hacken. Die Weinblätter vorsichtig aus der Packung nehmen und die einzelnen Blätter auf dem Schneidbrett (oder einer großen Platte) ausbreiten, evtl. bei kleineren Blättern jeweils 2 übereinanderlegen.
Die Kräuter und Gewürze unter den Reis mischen.
Jeweils einen gehäuften Eßlöffel der Reismischung auf ein Weinblatt geben und dieses zu einem länglichen Päckchen wikkeln: erst von den Längsseiten aus zur Mitte hin einschlagen (Bild), dann von einer Querseite her aufrollen.

1 Zutaten.

2 Die Reismischung in die Blätter wickeln.

Die Röllchen dicht nebeneinander in die Kasserolle legen. Die Fleischbrühe, den ausgepreßten Saft der Zitrone und das Öl darüberträufeln. Die Kasserolle schließen, den Inhalt zum Kochen bringen und auf kleiner Wärmestufe in 12–15 Minuten gar dünsten.

Serviervorschlag
Die Dolmas können warm oder kalt als Vorspeise oder auf Holzspießchen gesteckt als Imbiß zu Getränken gereicht werden. Ein herber Weißwein oder Retsina (griechischer Wein) paßt als Getränk dazu.

Abwandlungen für Weinblätterfüllungen
100 g Geflügelfleischreste und 2 Zwiebeln sehr klein schneiden, anbraten und mit 150 g gekochtem Reis vermischen. Mit Kräutern und Gewürzen abschmecken und zum Füllen der Weinblätter verteilen.

Oder
125 g Rinderhackfleisch kräftig im Öl anbraten, Zwiebelwürfel, 1 zerdrückte Knoblauchzehe und 1 Eßlöffel Tomatenmark hinzufügen und mitschmoren. Dann 150 g Reis (oder gekochten Reis) dazugeben und garen. Scharf abschmecken und zum Füllen der Weinblätter verwenden.

TIP
Wer die Gelegenheit hat, sollte im Sommer für die Zubereitung frische Weinblätter verwenden. Nur junge Blätter nehmen (nicht von gespritzten Pflanzen). Diese gut waschen und 1–2 Minuten in leicht gesalzenem Wasser blanchieren, dann abtropfen lassen und füllen.

HINWEIS
Gefüllte Weinblätter halten sich in Öl eingelegt im Kühlschrank ca. 1 Woche. Sie können auch eingefroren werden, sollten dann aber langsam aufgetaut, eventuell vor dem Servieren auch nochmals kurz erhitzt werden.

Pro Portion bei 4: 4 g E 22 g F 36 g KH 371 kcal 1550 kJ

Gefüllte Tomaten

Zutaten für 2–4 Personen

1 TL Butter oder Margarine, 4 mittelgroße Tomaten (oder 6–8 kleine, etwa 300 g), etwas Pfeffer und Salz, 1 Scheibe gekochter oder roher Schinken (30 g), 1 kleine Dose Champignons (100 g), 2 Eier, 1 EL feingehackte Kräuter (z.B. Dill, Kresse, Kerbel oder Petersilie), 1 EL geriebener Käse.

Arbeitsgeräte

Schneidbrett, Messer, Löffel, Schüssel, Schneebesen, feuerfeste Auflaufform.

Zubereitungszeit

etwa 30 Minuten.

Den Backofen vorheizen (E-Herd 225° C; G-Herd Stufe 4; Heißluftherd ca. 160° C), die Auflaufform mit Butter oder Margarine ausfetten.
Die Tomaten waschen und abtrocknen. Oben ein Deckelchen abschneiden. Das Kerngehäuse mit einem Löffel vorsichtig herauslösen. Die Tomaten innen leicht mit Pfeffer und Salz würzen. Den Schinken in kleine Würfel, die Champignons in dünne Scheibchen schneiden. Beides in die Tomaten verteilen.
Die Eier über der Schüssel aufschlagen und mit den feingehackten Kräutern, dem geriebenen Käse und – eventuell – etwas Pfeffer und Salz schaumig verrühren. In die Tomaten gießen und die Tomatendeckel wieder auflegen. Die Tomaten in die Auflaufform setzen. Auf dem Bratenrost zur Mitte des Backofens einschieben und 15–20 Minuten überbacken, bis die Eimasse gestockt ist.

Pro Portion bei 4: 7 g E 6 g F 3 g KH 98 kcal 410 kJ

Serviervorschläge

Heiß als Vorspeise mit getoastetem Weißbrot reichen. Auch als leichtes Abendessen (z. B. für 2 Personen) geeignet, wenn dazu Reis oder Teigwaren und frischer grüner Salat serviert wird.

HINWEIS

Die Tomaten können auch unter dem Grill zubereitet werden. Dann mindestens 10 cm Abstand zum Grill lassen. Oder im geschlossenen Topf (mittlere Wärmestufe) 10 Minuten stocken lassen.

Eier mit Zucchini (Libanon)

Zutaten für 4–6 Personen

4 mittelgroße Zucchini (etwa 800 g), 1/8 l Wasser, 1 TL Salz, 1 TL Butter oder Margarine, 4 Eier, 1/4 TL Pfeffer, 1 TL Salz, 1 Msp. geriebene Muskatnuß, 1/2 Bund Petersilie (oder 10 frische Basilikumblätter), 1 Zitrone, 1–2 Tomaten.

Arbeitsgeräte

Schneidbrett, Messer, Topf, Schüssel, Schneebesen, Auflaufform.

Zubereitungszeit

40–45 Minuten, davon 5–10 Minuten Vorbereitung und 30 Minuten Garzeit.

Den Backofen vorheizen (E-Herd 225° C; G-Herd Stufe 4; Heißluftherd 160° C).
Die Zucchini waschen und abtrocknen. Schadhafte Stellen wegschneiden, sonst mit der Schale verwenden. Die Zucchini in 1 cm dicke Scheiben schneiden.
Im Topf Wasser und Salz aufkochen, die Scheiben hineingeben und 5 Minuten kochen.
In der Zwischenzeit die Auflaufform mit Butter oder Margarine ausfetten.
Die Zucchinischeiben abtropfen lassen und gleichmäßig in der Auflaufform verteilen.
Die aufgeschlagenen Eier, die Gewürze und die feingehackte Petersilie (oder Basilikum) in die Schüssel geben und mit dem Schneebesen leicht schaumig verrühren. Die Masse über die Zucchinischeiben gießen. Auf der mittleren Schiene auf dem Bratenrost in den Backofen stellen und in 20–25 Minuten überbacken, bis die Eimasse gestockt ist.
Die Zitrone und die Tomaten waschen, abtrocknen, in dünne Scheiben schneiden und das Gericht damit garnieren.

Pro Portion
bei 4 Personen: 9 g E 7 g F 13 g KH 169 kcal 710 kJ
bei 6 Personen: 6 g E 5 g F 9 g KH 113 kcal 470 kJ

Serviervorschläge

Heiß als Vorspeise oder mit frischen Salaten sowie Tomaten- oder Käsesoße (siehe Kapitel Soßen) als leichtes Abendessen reichen. Tomatensaft oder Kefir passen als Getränk dazu.

Pastetchen mit Champignonragout

Zutaten für 4 Personen

4 Blätterteigpastetchen (fertig gekauft), 200 g frische Champignons, 1 Zwiebel, 10 g Butter (oder Margarine), 100 g gekochter Schinken, 1/8 l Weißwein, 4 EL Wasser, 1 EL helle Soße (Instant) 1 EL süße Sahne (oder Dosenmilch), 1 EL Cognac, 1 Prise Zucker, Pfeffer, Salz, 1 Zitrone, Petersilie.

Arbeitsgeräte

Schneidbrett, Messer, Kasserolle, Rührlöffel.

Zubereitungszeit

20–25 Minuten.

Den Backofen vorheizen (E-Herd 150° C; G-Herd Stufe 1; Heißluftherd 100° C) und die Pastetchen darin 10–15 Minuten aufbacken.
Unterdessen die Füllung zubereiten.
Die Champignons putzen und nur dann kurz waschen, wenn sie sehr sandig sind. Dann in dünne Scheiben schneiden.
Die Zwiebel schälen und in kleine Würfel schneiden.
Die Butter oder Margarine in der Kasserolle bei mittlerer Wärmestufe erhitzen. Die Champignonscheiben und Zwiebelwürfel hineingeben und 5–8 Minuten dünsten.
Den Schinken in feine Streifen schneiden und zufügen. Weißwein und Wasser dazugießen und mit der Instantsoße binden. Einmal aufkochen lassen, dann mit der Sahne, dem Cognac, dem Zucker, etwas Pfeffer und bei Bedarf noch etwas Salz abschmecken.
Das Ragout in die heißen Pastetchen füllen. Diese auf kleine Teller setzen, eventuell mit Zitronenachteln und etwas Petersilie garnieren.

Pro Portion: **12 g E 14 g F 24 g KH 312 kcal 1300 kJ**

Serviervorschläge

Als Vorspeise oder auch als leichtes Abendessen (z.B. mit frischen Salaten) reichen. Einen milden Weiß- oder Roséwein dazu trinken.

VARIATION

Anstelle von gekochtem Schinken z. B. gekochtes Geflügel- oder Kalbfleisch verwenden oder die Pastetchen mit in Butter gedünsteten Krabben (in Kräutersoße) füllen.

Hähnchen in Eierstich

Zutaten für 4 Personen

1 TL Butter oder Margarine, etwas Paniermehl, 3 Eier, 100 g gekochtes oder gebratenes Hähnchenfleisch, 100 g tiefgefrorene Perlerbsen (oder 1 kleine Dose), 1 kleine Dose Champignons in Scheiben (100 g), 1/2 Bund Petersilie, 1/2–1 TL Paprika, 1 Msp. Pfeffer, 2 TL Sojasoße, 6 EL Milch, 1–2 Tomaten.

Arbeitsgeräte

großer Topf (für das Wasserbad), Schneidbrett, Messer, 2 Schüsseln, Tasse, Schneebesen, Dosenöffner, Alufolie, spitzes Messer.

Zubereitungszeit

etwa 40 Minuten, davon 10 Minuten Vorbereitung und 20–30 Minuten Garzeit.

In den Topf etwa 3 cm hoch Wasser einfüllen und auf der Kochstelle (E-Herd 2,5–3; Automatik 10–12; G-Herd große Flamme) zum Kochen bringen.
In der Zwischenzeit eine etwas kleinere Porzellan- oder Edelstahlschüssel mit Butter oder Margarine ausfetten und mit Paniermehl ausstreuen.
Die Eier einzeln über einer Tasse aufschlagen und in die 2. Schüssel geben. Mit dem Schneebesen leicht schaumig schlagen.

1 Zutaten.

2 Die vorbereiteten Zutaten in die Schüssel geben.

3 Die Schüssel mit Alufolie verschließen.

4 Den Eierstich lockern.

Hähnchen im Eierstich.

Das Geflügelfleisch in schmale Streifen schneiden und zusammen mit den Perlerbsen, den abgetropften Champignonscheiben, der feingehackten Petersilie, den Würzzutaten und der Milch in die Schüssel geben. Mit der Eimasse verrühren und in die ausgefettete Schüssel füllen. Diese luftdicht mit der Alufolie verschließen und in das kochende Wasserbad stellen. Das Wasser darf nur bis zur halben Höhe der Schüssel reichen. Auf kleine Wärmestufe schalten und den Eierstich in 20–30 Minuten stocken lassen.

Anmerkung
Eierstich in einer flachen Schüssel zubereitet hat eine kürzere Stockzeit als in einer hohen Schüssel zubereitet!

Die Schüssel aus dem Wasserbad nehmen. Den Eierstich mit dem spitzen Messer entlang dem Schüsselrand lockern. Auf eine flache Platte oder ein Brett stürzen und in 1 cm dicke Scheiben schneiden. Mit Tomatenachteln oder -scheiben und Petersilie garnieren.

Pro Portion: 13 g E 12 g F 6 g KH 192 kcal 800 kJ

Serviervorschläge
Als Vorspeise mit Toastbrot und Kräutermayonnaise reichen, oder als leichtes Abendessen mit frischem Salat (für 2 Personen, Nährwertangaben pro Portion dann doppelt) servieren.

TIP
Mit Reis, Tomatensoße oder Kräuter-, Käse- und Aurorasoße (siehe Kapitel Soßen) schmeckt Hähnchen in Eierstich ebenfalls.

Geflügelleberspießchen

Zutaten für 4 Personen

300 g Putenleber,
125 g Schinkenspeck in dünnen Scheiben (Frühstücksspeck),
20 grüne, gefüllte Oliven,
20 Perlzwiebeln,
3 EL Öl (oder 30 g Butter),
frisch gemahlener Pfeffer,
Salz,
4 EL Rotwein,
4 EL Wasser,
2 EL saure Sahne.

Arbeitsgeräte

Schneidbrett, Messer, Holzspießchen (Zahnstocher), Pfanne, Pfannenwender.

Zubereitungszeit

20–25 Minuten.

Von der Putenleber die Häute und Sehnen entfernen.
Die Schinkenspeckscheiben auf das Schneidbrett legen, größere Scheiben halbieren. 1 Schinkenspeckscheibe jeweils mit 1 Stück Putenleber (2–3 cm groß) belegen und aufrollen.
Mit Holzspießchen so zusammenstecken, daß sich die kleine Rolle nicht öffnet. An das obere Ende des Spießchens 1 Olive, an das untere Ende 1 Perlzwiebel stecken.
Das Öl (oder die Butter) in der Pfanne erhitzen. Die Spießchen in die Pfanne legen und rundherum goldbraun braten (Bratzeit: 6–8 Minuten). Leicht mit frisch gemahlenem Pfeffer und etwas Salz würzen, aus der Pfanne nehmen und warm stellen.
Den Bratenfond mit dem Rotwein und dem Wasser aufkochen, mit der Sahne verrühren, abschmecken und über die angerichteten Spießchen verteilen.

Pro Portion: 23 g E 26 g F 4 g KH 369 kcal 1540 kJ

Serviervorschläge
Als Vorspeise reichen und z.B. auf getoastetem Weiß- oder Grahambrot anrichten. Als kleines Gericht (für 2 Personen, Nährwertangaben pro Portion dann doppelt) mit Reis und frischen Salaten reichen. Weiß- oder Roséwein als Getränk dazu wählen.

TIP
Probieren Sie einmal die Geflügelleberspießchen zu Eiern mit Zucchini (siehe dieses Kapitel) als leichtes Abendessen in der Familie oder im Freundeskreis!

Käsesoufflés

Zutaten für 4–6 Personen	**Arbeitsgeräte**
1 TL Öl, **etwas Paniermehl** **(= Semmelbrösel),** **40 g Butter oder Margarine,** **40 g Mehl,** **1/4 l Milch,** **200 g Schmelzkäse** **1 Msp. geriebene Muskatnuß,** **1–2 Msp. Pfeffer,** **1 EL feingehackte Petersilie,** **4 Eier.**	**4–6 kleine feuerfeste Förmchen (4 à 10–12 cm oder 6 à 8 cm oder 1 mit 20 cm Durchmesser),** **Kasserolle, Schneebesen,** **Schneidbrett, Messer,** **hohe Rührschüssel,** **elektrisches Handrührgerät (Handmixer).** **Zubereitungszeit** **50–55 Minuten.**

Die Förmchen mit dem Öl ausfetten und mit Paniermehl ausstreuen. Den Backofen vorheizen (E-Herd 175°C; G-Herd Stufe 2; Heißluftherd etwa 150°C).
Die Butter oder Margarine in die Kasserolle geben und auf der Kochstelle (mittlere Schaltstufe) schmelzen. Das Mehl hinzufügen und unter Rühren hell anschwitzen. Die Milch nach und nach unter ständigem Rühren dazugießen. Zu einer glatten Soße verrühren und aufkochen lassen.
Den Käse in kleine Stücke schneiden, in die Soße geben und so lange rühren, bis er vollständig geschmolzen ist. Die Käsemasse mit Muskatnuß und Pfeffer würzen und die feingehackte Petersilie unterrühren.
Die Eier trennen. Die Eiweiße in die hohe Rührschüssel geben und mit dem elektrischen Handrührgerät steif schlagen. Die Eigelbe unter die Käsemasse rühren, diese über das steif geschlagene Eiweiß gießen und mit dem Schneebesen ganz locker unterheben.
Die Soufflémasse in die Förmchen verteilen. Diese auf den Bratrost stellen (sehr kleine Formen auf das Backblech stellen!) und auf der mittleren Schiene des Backofens in 25–35 Minuten (je nach Größe der Förmchen) goldbraun backen.

Pro Portion					
bei 4 Personen:	**17 g E**	**30 g F**	**14 g KH**	**412 kcal**	**1720 kJ**
bei 6 Personen:	**12 g E**	**20 g F**	**9 g KH**	**274 kcal**	**1150 kJ**

Serviervorschläge

Die Soufflés heiß servieren, möglichst nicht stehenlassen, damit sie nicht zusammenfallen. Als Vorspeise oder als bekömmliche kleine Mahlzeit, z.B. mit frischen Salaten wie Tomatensalat, grünem Salat, reichen. Dazu als Getränk Tomatensaft oder einen leichten Weißwein wählen.

HINWEIS

Käsesoufflés für eine größere Personenzahl lassen sich auch gut in Muschelformen oder kleinen Aluförmchen zubereiten. Die Soufflémasse reicht dann für 8–12 kleine Förmchen.

1 Den in Stücke geschnittenen Käse in die Soße geben.

2 Die Eigelbe unter die Käsemasse rühren.

3 Die Käsemasse über das steife Eiweiß gießen.

4 Die Soufflémasse in Förmchen verteilen.

5 Die Soufflés backen.

Geflügelsoufflés

Zutaten für 4 Personen

1 kleine Zwiebel (oder 2 Schalotten), 30 g Butter oder Margarine, 40 g Mehl, 1/4–3/8 l Milch, Pfeffer und Salz 1 Msp. geriebene Muskatnuß, 3 Eier, 3 EL geriebener Käse (Gouda, Gruyère), etwa 400 g gegrilltes oder gekochtes Hähnchenfleisch, 1 TL Butter, etwas Paniermehl (Semmelbrösel).

Arbeitsgeräte

Schneidbrett, Messer, Kasserolle, Schneebesen, feuerfeste Auflaufform (oder kleine Förmchen), Küchenreibe.

Zubereitungszeit

etwa 50 Minuten, davon 20 Minuten Vorbereitung und 25–30 Minuten Backzeit (Zubereitungszeit gilt, wenn ein gegrilltes Hähnchen verwendet wird, sonst Bratzeit dazurechnen).

Die Zwiebel schälen und fein hacken.
Die Butter in der Kasserolle bei mittlerer Wärmestufe zerlaufen lassen. Die Zwiebel darin andünsten. Mit Mehl überstäuben und unter Rühren ganz hell anschwitzen (siehe auch Grundrezept helle Soße Seite 174).
Dann unter ständigem Rühren die Milch dazugießen und in 10–15 Minuten eine sehr dicke Soße kochen.
Die Eier und den geriebenen Käse unterrühren.
Den Backofen vorheizen (E-Herd 200° C; G-Herd Stufe 3; Heißluftherd 150–160° C) und den Rost auf der mittleren Schiene einschieben.
Das Geflügelfleisch – ohne Knochen und Haut – sehr fein hakken oder im Mixer zerkleinern. Gleichmäßig unter die Soße rühren.
Eine Auflaufform – oder 4–6 kleine Förmchen – mit Butter ausfetten und mit Paniermehl ausstreuen. Die Soufflémasse einfüllen und glattstreichen. In den Backofen schieben und in 20–30 Minuten (kleine Formen brauchen 20, die größere etwa 30 Minuten) goldbraun backen.
Das Soufflé muß sofort serviert werden, wenn es aus dem Backofen kommt, da es rasch zusammenfällt. Also möglichst schon vorher den Tisch decken und alle weiteren Beilagen bereiten!

Pro Portion bei 4: 28 g E 18 g F 14 g KH 350 kcal 1465 kJ
Pro Portion bei 6: 10 g E 12 g F 9 g KH 230 kcal 965 kJ

Serviervorschlag

Als Vorspeise oder als kleine Abend- oder Zwischenmahlzeit reichen. Einen frischen Salat dazu und als Getränk einen vitaminreichen Gemüsesaft oder trockenen Weißwein reichen.

Variationen

Nach dem Rezept Geflügelsoufflé können auch andere Soufflés zubereitet werden.
Anstelle des Geflügelfleisches z.B. 400 g gegartes Hecht- oder Forellenfleisch verwenden, um ein sehr feines Fischsoufflé zu bereiten. Dieses noch mit Krabben garniert servieren!
Oder gekochtes, püriertes Kalbfleisch (Putenfleisch) zur Zubereitung verwenden. Dann z.B. den Boden der ausgefetteten und ausgestreuten Auflaufform mit gedünsteten Champignonscheiben und feingehackten Kräutern bedekken. Darauf die Soufflémasse verteilen.

HINWEIS

Die Soufflés eignen sich alle besonders gut für Personen, die leichte Kost essen sollten. Sie können auch als Hauptgericht, z.B. mit gekochten Kartoffeln und frischem Salat, serviert werden.

Vergoldetes Gemüse (fritiertes Gemüse)

Vergoldetes Gemüse wird in Italien als Antipasti (Vorspeisen) gereicht, in Griechenland und anderen Balkanländern als Beilage zu alkoholischen Getränken serviert.

Zucchini, vergoldet

Zutaten für 4 Personen

500 g Zucchini, 1 TL Salz;
2 Eier, 100 g Mehl,
1 El geriebener Käse,
1 Msp. Salz,
1 Msp. Thymian,
einige EL Milch,
3/4 l Öl
(oder 500–750 g Pflanzenfett zum Fritieren),
frisch gemahlener Pfeffer,
Salz.

Arbeitsgeräte

Schneidbrett, Messer, Rührschüssel, Schneebesen (oder elektrisches Handrührgerät), Friteuse oder tiefe Pfanne, Holzlöffel, Schaumkelle.

Zubereitungszeit

etwa 30 Minuten.

Die Zucchini waschen und abtrocknen, die Stilansätze wegschneiden. Dann der Länge nach in 1 cm dicke und 6 cm lange Streifen schneiden, leicht mit Salz bestreuen und zugedeckt einige Minuten stehenlassen.
In der Zwischenzeit den Eierkuchenteig zubereiten. Die Eier in die Schüssel geben und schaumig schlagen. Das Mehl nach und nach unterrühren, ebenso den geriebenen Käse, das Salz, den Thymian und die Milch. Den Teig etwa 5 Minuten quellen lassen.
Das Fett in die Friteuse geben und auf 175° C erhitzen oder in der Pfanne erhitzen. Mit einem Holzlöffelstiel prüfen, ob das Fett die richtige Temperatur hat. Mit dem Ausbacken kann begonnen werden, wenn sich beim Eintauchen des Holzlöffelstieles um diesen sofort kleine Bläschen bilden.
Die Zucchinistreifen mit Küchenkrepp abtrocknen, in den Eierkuchenteig tauchen und dann in das heiße Fett geben. In jeweils 4–6 Minuten goldbraun ausbacken. Aus dem Fett heben und abtropfen lassen, zum Entfetten auf Küchenkrepp legen. Leicht mit Pfeffer und Salz bestreuen.

Pro Portion: 9 g E 11 g F 22 g KH 234 kcal 980 kJ

Serviervorschlag
Sofort servieren, da vergoldetes Gemüse nur heiß schmeckt. Als Vorspeise oder zu Getränken reichen.

Vergoldetes Gemüse sollte heiß gegessen werden.

Tips zum »Vergolden«
Geeignet sind z.B. auch Auberginenscheiben, Kürbisstücke oder -streifen, kleine zarte Lauchstangen, Käsewürfel, Fischstücke, große Garnelen oder Streifen von Tintenfischen, Geflügelleber usw.
Für eine zwanglose Gästebewirtung kann z.B. eine Mischung aus den verschiedenen Gemüsesorten vorbereitet werden. Es können auch kleine Schälchen mit Käsewürfeln, Fischstücken, Geflügelleber usw. für ein Fondue bereitgestellt werden.

1 Zucchini, Paprika und Fenchel.

2 Das kleingeschnittene Gemüse wird in den Eierkuchenteig getaucht.

3 Das Gemüse in heißem Fett ausbacken.

Bei einem Fondue die Gemüsestücke kleiner schneiden, damit die Garzeit nicht zu lange dauert.
Bitte bedenken, daß vergoldetes Gemüse sehr sättigend ist. Als Vorspeise sind nur kleine Portionen ratsam. Als Fondue oder zu Getränken gereicht, können die Portionen natürlich größer sein.
Vergoldetes Gemüse schmeckt auch sehr gut als Beilage zu gegrilltem Fisch, Fleischspießen und Hähnchen!

Fenchel, vergoldet

Zutaten für 4 Personen	Arbeitsgeräte
3–4 Fenchelknollen (etwa 600 g), Eierkuchenteig und Ausbackfett wie bei den vergoldeten Zucchini, Pfeffer und Salz.	**und Zubereitungszeit wie bei den vergoldeten Zucchini.**

Von den Fenchelknollen die holzigen Außenblätter lösen und die Stiele wegschneiden. Die einzelnen Fenchelblätter ablösen und gründlich waschen. Dann mit Küchenkrepp gut abtrocknen. Sehr große Blätter einmal der Länge nach halbieren oder in dicke Streifen schneiden.
Den Eierkuchenteig zubereiten, etwas stärker mit Pfeffer und Salz würzen.
Das Fett in der Friteuse oder der Pfanne erhitzen.
Die Fenchelstücke in den Eierkuchenteig tauchen und im heißen Fett goldbraun ausbacken. Auf Küchenkrepp entfetten und mit Pfeffer und Salz würzen. Sehr heiß servieren.

Pro Portion: 10 g E 11 g F 31 g KH 278 kcal 1160 kJ

Paprika, vergoldet

Zutaten für 4 Personen	Arbeitsgeräte
500 g Paprikaschoten, Eierkuchenteig (wie bei den vergoldeten Zucchini), Ausbackfett, Pfeffer und Salz.	**und Zubereitungszeit wie bei den vergoldeten Zucchini.**

Die Paprikaschoten der Länge nach halbieren und die Kerngehäuse herauslösen. Die Paprikaschoten waschen und abtrocknen. In 1 cm breite Streifen schneiden.
Den Eierkuchenteig zubereiten.
Die Paprikastreifen in den Teig tauchen und im heißen Fett in der Friteuse oder der Pfanne goldbraun backen. Auf Küchenkrepp entfetten, leicht mit Pfeffer und Salz würzen und sehr heiß servieren.

Pro Portion: 8 g E 11 g F 24 g KH 243 kcal 1020 kJ

TIP

Beim Fritieren nicht mehr als 5–6 Stücke auf einmal in das heiße Fett geben, damit die Temperatur des Fettes nicht zu stark absinkt. Bei richtiger Ausbacktemperatur schließen sich die Poren sofort, und das Gemüse saugt nicht zu viel Fett auf.

Suppen und Eintöpfe

Seit Jahrtausenden gehören Suppen und Eintopfgerichte bei allen Völkern zur Ernährung. Die Erklärung dafür, warum Suppen bis heute nichts von ihrer Beliebtheit und ihrer wichtigen Funktion für das körperliche und seelische Wohlbefinden des Menschen eingebüßt haben, geben uns die Ernährungswissenschaftler und Mediziner.
So hat die Suppe, z.B. als Vorsuppe gereicht, die Aufgabe, den Magen vorzuwärmen (zu öffnen), den Appetit und die Verdauung anzuregen. Sie hat einen gewissen Sättigungswert, so daß dem folgenden (meist zu gehaltvollen Menü) nicht zu stark zugesprochen wird.
Suppen sind leicht verdaulich (Ausnahme bilden die Hülsenfruchtsuppen), da die Nährstoffe bereits gut aufgeschlossen sind. Bei Ermüdung (oder Krankheit) kann der Körper schneller durch eine Suppe als durch feste Nahrung gekräftigt werden.
Suppen helfen, den Flüssigkeitsbedarf des Körpers zu decken. Und Suppen, vor allem klare Brühen oder leicht gebundene Suppen, sind kalorien-/joulearm.
Suppen werden als leichte Vorsuppe vor dem Hauptmenü gereicht, sie können aber auch als sättigende Suppe (z.B. Fleisch-, Fisch- oder Gemüsesuppe) gereicht werden oder als vollwertige Mahlzeit in Form eines kräftigen Eintopfgerichtes.
Für die zeitgemäße Ernährung mit der Forderung nach mehreren kleinen Mahlzeiten (anstelle von 1–2 großen) bieten sich Suppen ideal an, z.B. in Form eines Imbisses (Suppe mit belegtem Brot, überbackenem Toast oder pikantem Salat) oder als heißes Getränk zwischendurch (z.B. Brühen oder Gemüsebrühen).

Champignonsuppe

GRUNDREZEPT

Zutaten für 4 Personen	**Arbeitsgeräte**
150 g frische Champignons, 30 g Butter, 30 g Mehl, 1 l Fleischbrühe (oder Wasser und Bouillonwürfel), Pfeffer und Salz, 2 EL Sahne, 1/2 Bund Petersilie.	**Messer, Durchschlag, Schneidbrett, Topf (2–3 l), kleiner Topf, Rührlöffel.**
	Zubereitungszeit
	20–25 Minuten.

Die Champignons putzen, d.h. schadhafte Stellen und die trokkenen Stielansätze abschneiden. Die Pilze nur waschen, wenn sie sehr sandig sind. Die Champignons in feine Scheiben schneiden.
Die Fleischbrühe heiß werden lassen.

Inzwischen die Butter in den Topf geben und bei mittlerer Wärmestufe (E-Herd Schaltstufe 2–2,5; Automatik 8–10; G-Herd mittelgroße Flamme) schmelzen. Die Champignons hineingeben und 5 Minuten dünsten.
Mit dem Mehl überstäuben und nach und nach unter Rühren die heiße Fleischbrühe dazugießen. Die Suppe aufkochen lassen, dann auf kleinste Stufe zurückschalten und 8–10 Minuten kochen.
Mit Pfeffer und Salz abschmecken und vor dem Servieren die Sahne einrühren.
Die gewaschene und feingehackte Petersilie darüberstreuen.

Pro Portion: 2 g E 7 g F 7 g KH 109 kcal 460 kJ

Serviervorschlag
Weißbrotwürfel in der Pfanne in Butter goldbraun rösten und in die Suppenteller oder Suppentassen verteilen. Die heiße Champignonsuppe hineingeben.

Champignonsuppe (links) und Erbsencremesuppe mit Sahne.

Erbsencremesuppe, französische Art

GRUNDREZEPT

Zutaten für 4 Personen

**20 g Butter,
2 TL Instant-Hühnersuppe,
1 Packung tiefgefrorene kleine Erbsen (300 g) oder 750 g frische Erbsen (mit Schale gerechnet);
1/8 l Milch, Pfeffer, Salz,
1 Msp. geriebene Muskatnuß,
1/2 Bund frischer Kerbel (oder Petersilie).**

Arbeitsgeräte

Topf (etwa 2 l), Rührlöffel, Passiersieb (oder Mixer), Schüssel.

Zubereitungszeit

15–20 Minuten.

1/8 l Wasser, die Butter und die Hühnersuppe im Topf aufkochen. Die tiefgefrorenen Erbsen (oder ausgepalte, gewaschene frische Erbsen) hineingeben und 5 Minuten dünsten. 2–3 Eßlöffel Erbsen zurückbehalten, die übrigen durch das Passiersieb in eine Schüssel streichen (oder im Mixer pürieren).

1 Weißbrotwürfel in der Pfanne goldbraun rösten.

2 Die Erbsen in eine Schüssel streichen.

3/4 l Wasser im Topf zum Kochen bringen, das Erbspüree und die Milch hineingeben und 5 Minuten kochen.
Die Suppe mit Pfeffer, Salz und Muskatnuß abschmecken. Die zurückbehaltenen Erbsen hineingeben und noch einmal aufkochen.
Mit feingehacktem Kerbel bestreut servieren.

Pro Portion: 6 g E 6 g F 11 g KH 128 kcal 540 kJ

Erbsencremesuppe mit Sahne
Auf jede Portion 1 Eßlöffel geschlagene Sahne geben, mit Erbsen und feingehacktem Kerbel überstreut servieren.
Oder
In Butter goldbraun geröstete Weißbrotwürfel (siehe Champignonsuppe) in die Suppe geben.
Oder
50 g in feinste Streifen geschnittener gekochter Schinken in die Suppe geben.

Tomatencremesuppe

GRUNDREZEPT

Zutaten für 4 Personen

**750 g reife Tomaten,
1 Zwiebel,
20 g Butter,
20 g Mehl,
2–3 TL Instant-Hühnersuppe,
Pfeffer und Salz,
1 Msp. Paprika,
1 Msp. Thymian,
10 frische Basilikumblätter (oder andere frische Kräuter, wie Dill, Kerbel, Estragon),
4 EL süße Sahne (oder Dosenmilch).**

Arbeitsgeräte

2 Töpfe, großes Sieb (Passiersieb), Schneidbrett, Messer, Rührlöffel.

Zubereitungszeit

25–30 Minuten.

Die Tomaten waschen und vierteln.
Die Zwiebel schälen und in Würfel schneiden.
Die Butter im Topf bei starker Wärmezufuhr schmelzen, die zerkleinerten Zutaten hineingeben und etwa 10 Minuten unter Rühren kochen, bis die Tomaten musig zerfallen.
Mit Mehl bestäuben und unter Rühren 1/2 l heißes Wasser dazugießen. Die Suppe durch das Sieb in den 2. Topf passieren (= kräftig mit dem Löffel durch das Sieb drücken). Die Hühnersuppe und die Gewürze dazugeben und die Suppe gut abschmecken. 2–3 Minuten ziehen lassen.
Basilikum oder andere frische Kräuter fein hacken und vor dem Servieren mit der Sahne in die Suppe rühren.

Pro Portion: 3 g E 6 g F 11 g KH 117 kcal 490 kJ

Serviervorschlag
Als Vorsuppe reichen, eventuell auch noch mit weiteren Zutaten abwandeln.

Tomatencremesuppe mit Erbsen
125 g grüne Erbsen (aus der Dose oder frische Zuckererbsen) in der Suppe mitkochen, eventuell noch mit Schinkenstreifen bestreut anrichten (1 Scheibe gekochter Schinken genügt).
Tomatencremesuppe mit Sellerie
125 g in feine Streifen geschnittener Sellerie (oder in Scheibchen geschnittener Bleichsellerie) in Butter 5 Minuten dünsten, dann in die Suppe geben.
Tomatencremesuppe, überbacken
4 Weißbrotscheiben in Butter goldbraun rösten, mit frischer Knoblauchzehe abreiben und auf die in Suppentassen verteilte Suppe legen. Dick mit geriebenem Käse bestreuen und unter dem Grill goldbraun überbacken.

Lauchsuppe

GRUNDREZEPT ✱✱✱

Zutaten für 4 Personen	Arbeitsgeräte
400 g Lauch (= Porree), 20 g Butter, 1 Schächtelchen klare Fleischsuppe (oder Bouillonwürfel), frisch gemahlener Pfeffer, 1 Msp. geriebene Muskatnuß, Salz, 4 EL süße Sahne (oder Dosenmilch), 1 Eigelb.	**Schneidbrett, Messer, Durchschlag, Topf (2–3 l), Kasserolle, kleine Schüssel.**
	Zubereitungszeit
	etwa 20 Minuten.

1 Die Lauchstangen gründlich waschen.

2 Die Suppe mit dem Eigelb binden.

Den Lauch putzen, d.h. die Wurzeln und festen Blattenden wegschneiden. Die Stangen der Länge nach an einer Seite aufschneiden, die langen Blätter auseinanderbiegen und unter fließendem, kaltem Wasser gründlich waschen. Es darf kein Sand zwischen den Blättern bleiben (Bild 1). Den Lauch abtropfen lassen und in dünne Scheiben schneiden.
3/4–1 l Wasser im Topf bei starker Wärmezufuhr zum Kochen bringen und die Fleischsuppenwürfel darin auflösen.
Die Butter in der Kasserolle erhitzen, den Lauch hineingeben und unter Rühren 3–5 Minuten dünsten.
Dann in die kochende Fleischsuppe geben, den Herd auf kleinste Wärmestufe schalten und noch einige Minuten ziehen lassen.

Die Suppe mit frisch gemahlenem Pfeffer, Muskatnuß, bei Bedarf noch etwas Salz abschmecken.
In der kleinen Schüssel die Sahne mit dem Eigelb und 2–3 Eßlöffeln Suppe verrühren. Dann die Lauchsuppe damit legieren (= leicht binden). Die Suppe aber nicht mehr kochen lassen, da das Eigelb sonst gerinnt!

Pro Portion: 3 g E 8 g F 6 g KH 110 kcal 460 kJ

Serviervorschlag
Diese Suppe ist als leichte Vorsuppe vor dem Hauptgericht oder mit einem überbackenen Toastbrot als Imbiß geeignet.

Kartoffelsuppe

GRUNDREZEPT **

Zutaten für 4 Personen

300 g Rindfleisch ohne Knochen (Brustspitze),
2 EL Öl,
2 Zwiebeln,
1 Schächtelchen klare Fleischsuppe,
500 g Kartoffeln,
2 Paprikaschoten (300 g),
1 kleine Stange Porree (Lauch, 100 g),
Pfeffer, Salz,
eventuell 1-2 TL Curry,
1/2 Bund Petersilie,
eventuell 2 EL Sahne.

Arbeitsgeräte

Schneidbrett, Messer, Rührlöffel, Topf, (3 l oder Dampfdrucktopf), Meßbecher.

Zubereitungszeit

etwa 65 Minuten, davon 5–10 Minuten Vorbereitung und 55–60 Minuten Garzeit; im Dampfdrucktopf etwa 35 Minuten Zubereitungszeit.

Das Fleisch in 1 cm große Würfel schneiden.
Das Öl im Topf bei starker Wärmestufe erhitzen (E-Herd 2,5–3; Automatik 10–12; G-Herd große Flamme) und die Fleischwürfel darin 8–10 Minuten anbraten.
Unterdessen die Zwiebeln schälen und in Würfel schneiden. Zum Fleisch geben, kurz dünsten, dann 1 l heißes Wasser und die Fleischsuppenwürfel hinzufügen. Zum Kochen bringen, den Topf schließen, den Herd auf kleinste Wärmestufe schalten und alles etwa 40 Minuten (im Dampfdrucktopf 20 Minuten) kochen.
In der Zwischenzeit die Kartoffeln schälen, waschen und in Würfel oder Scheiben schneiden.
Die Paprikaschoten aufschneiden und das Kerngehäuse herauslösen.
Den Porree putzen, d.h. die Wurzeln und festen Außenblätter wegschneiden. Paprika und Porree waschen, beim Porree dabei die langen Blätter gut auseinanderbiegen, damit kein Sand zurückbleibt. Den Paprika in Streifen, den Porree in Scheiben schneiden.
Die kleingeschnittenen Zutaten in den Topf geben, nochmals 2–3 Minuten bei starker Wärmezufuhr zum Kochen bringen. Dann wieder auf kleine Wärmestufe schalten und die Zutaten bei geschlossenem Topf in 15–20 Minuten (Dampfdrucktopf 5–6 Minuten) gar kochen.
Die Suppe mit Pfeffer, Salz und – wer es mag – auch mit Curry abschmecken.
Feingehackte Petersilie – und nach Geschmack Sahne – vor dem Anrichten in die Suppe geben.

Pro Portion: 16 g E 22 g F 25 g KH 383 kcal 1600 kJ

Serviervorschlag
Als leichte Mittags- oder Abendmahlzeit reichen.

Fleischsuppe mit Gemüse

GRUNDREZEPT ***

Zutaten für 4–8 Personen

**2 TL Salz, 1 Zwiebel,
1 Lorbeerblatt,
2–3 Pfefferkörner,
2 Gewürznelken,
500 g Suppenfleisch,
eventuell 1 Eiweiß;
2 Möhren,
1/2 Sellerieknolle,
1 kleine Stange Porree (Lauch),
2–3 Kartoffeln,
1 kleine Fenchelknolle (zusammen etwa 600 g Gemüse),
1–2 Knoblauchzehen,
Pfeffer und Salz,
1 Bund frischer Kerbel (oder Petersilie),
1 Msp. Thymian.**

Arbeitsgeräte

großer Topf (3 l oder Dampfdrucktopf), Messer, Schneidbrett, Durchschlag.

Zubereitungszeit

90–100 Minuten, davon 10 Minuten Vorbereitung und 80–90 Minuten Garzeit; Garzeit im Dampfdrucktopf 30–40 Minuten.

1 1/2 l Wasser und Salz im Topf bei starker Wärmestufe (E-Herd Schaltstufe 3; Automatik 12; G-Herd große Flamme) aufkochen. In der Zwischenzeit die Zwiebel schälen, einige Einschnitte machen. Das Lorbeerblatt, die Pfefferkörner und die Gewürznelken (eventuell auch 1 kleines Zweiglein Thymian) hineinstecken. Die Gewürzzwiebel und das Suppenfleisch in den Topf geben. Wenn das Wasser wieder zu kochen beginnt, den Topf schließen und den Herd auf kleinste Wärmestufe schalten. Das Fleisch etwa 75 Minuten (im Dampfdrucktopf 20–25 Minuten) kochen.

1 Zutaten.

2 Das kleingeschnittene Gemüse in die Suppe geben.

In der Zwischenzeit das Gemüse vorbereiten. Je nach Sorte putzen, schälen, gründlich unter kaltem Wasser waschen und auf dem Durchschlag abtropfen lassen. In kleine Stücke oder Scheiben schneiden.

TIP

Wer eine klare Fleischsuppe bevorzugt, sollte die Suppe 'klären', bevor das Gemüse hinzugefügt wird. Das Eiweiß in die heiße Suppe geben und einmal durchrühren. Die Schwebstoffe in der Brühe werden durch das Eiweiß gebunden. Dieses dann mit einem Schaumlöffel herausheben.

Fleischsuppe mit Gemüse.

Die Gewürzzwiebel aus der Brühe nehmen, das zerkleinerte Gemüse hineingeben und den Topf schließen. Kurz bei stärkerer Wärmestufe bis zum Kochen bringen, dann wieder auf kleinste Stufe zurückschalten und das Gemüse – je nach Sorte – in 15–20 Minuten gar kochen (im Dampfdrucktopf in 6–10 Minuten).
Die Knoblauchzehen schälen und zerdrücken, mit Pfeffer und Salz in einer Tasse breiig rühren, mit dem feingehackten Kerbel und dem Thymian vermischen. In die Suppe rühren und das Suppenfleisch herausnehmen.
Das Fleisch nach Wunsch in dünne Scheiben oder in kleine Würfel schneiden, in Suppenteller oder Suppentassen verteilen und die heiße Gemüsesuppe darübergeben.

Pro Portion bei 4: 20 g E 14 g F 14 g KH 303 kcal 1270 kJ

TIP

Reichen Sie diese Suppe auch als leichte Abendmahlzeit, z.B. mit Butterbrot oder Stangenweißbrot.

Chinesischer Eintopf

süß-sauer

**

Zutaten für 4 Personen

300 g mageres Schweinefleisch (Schulter oder Karree),
3 EL Öl,
1 Beutel Mandelblättchen (40 g),
1 TL Curry hot,
2 EL Honig (oder brauner Zucker/ Rohrzucker),
2 EL Sojasoße,
1 kg Chinakohl,
250 g Tomaten (oder 1 kleine Dose geschälte Tomaten),
1 kleine Stange Porree,
1/8 l Fleischbrühe (Instant),
Pfeffer und Salz,
2–3 EL Essig,
3–4 EL Mangosoße (Fertigprodukt).

Arbeitsgeräte

Schneidbrett, Messer, großer Topf (etwa 3 l), Rührlöffel, Durchschlag.

Zubereitungszeit

35–40 Minuten.

Das Schweinefleisch kalt abspülen und mit Küchenkrepp abtrocknen. Dann in 1/2 cm dünne, 3–4 cm lange Streifen schneiden.
Das Öl in den Topf geben und bei starker Wärmestufe (E-Herd Schaltstufe 2,5–3; Automatik 10–12; G-Herd große Flamme) erhitzen. Das Fleisch hineingeben und darin 8–10 Minuten kräftig anbraten.
Mandelblättchen, Curry, Honig und Sojasoße hinzufügen.
Den Chinakohl waschen und abtropfen lassen, harte Strünke herausschneiden. Den Kohl in 2 cm dicke Streifen schneiden und in den Topf geben.
Die Tomaten häuten und vierteln. Den Porree putzen, waschen und in 1/2 cm dicke Scheiben schneiden. Beides zum Fleisch geben und die heiße Fleischbrühe dazugießen. Alles zum Kochen bringen, den Topf schließen und auf kleinste Wärmestufe schalten. In 15 Minuten gar schmoren.
Das Eintopfgericht mit Pfeffer, Salz, Essig und Mangosoße süß-sauer abschmecken.

Pro Portion: 21 g E 20 g F 22 g KH 364 kcal 1520 kJ

Serviervorschlag
Die Suppe nach Art der Franzosen servieren (sie heißt in Frankreich Pot-au-feu), z.B kleine Weißbrotscheiben mit frischer Knoblauchzehe abgerieben in Butter goldbraun und knusprig backen. In den Teller legen und die Suppe darübergießen oder einfach so zur Suppe reichen.

Abwandlung
Die Fleischsuppe mit Gemüse wird zu einem sättigenden Eintopf, wenn der Gemüseanteil erhöht wird, z.B. 250 g mehr Gemüse und einige Eßlöffel Reis mitkochen.
Je nach Jahreszeit kann die Gemüsesuppe variiert werden, z.B. mit grünen Bohnen, Erbsen, mit Wirsing, Bleichsellerie und Blumenkohl.

Abwandlung
1 Eßlöffel chinesische Morcheln 15 Minuten in kaltem Wasser einweichen und mit in den Eintopf geben. Zusammen mit dem Gemüse garen. Eventuell noch 1 kleine Dose Sojakeimlinge (= Lunja, etwa 150 g) in den letzten Minuten mitgaren.

Türkischer Gemüsetopf (Türlü)

*

Zutaten für 4 Personen

**375 g mageres Lammfleisch,
Pfeffer und Salz, 2 EL Öl,
2 mittelgroße Zwiebeln,
2 Zucchini (etwa 250 g),
2 Auberginen (250 g),
2 grüne Paprikaschoten (etwa 300 g),
4 Tomaten,
125 g grüne Bohnen (eventuell auch Okra, ein bohnenähnliches Gemüse),
2 TL Instant-Hühnersuppe,
1 TL Paprika,
Pfeffer und Salz zum Abschmecken.**

Arbeitsgeräte

Schneidbrett, Messer, Durchschlag, Topf (etwa 3 l), Rührlöffel.

Zubereitungszeit

50–55 Minuten, davon 5–8 Minuten Vorbereitung und etwa 50 Minuten Garzeit.

Das Lammfleisch kalt abspülen und mit Küchenkrepp abtrocknen. In 1 cm große Würfel schneiden und diese mit Pfeffer und Salz leicht würzen. Mit der Hand durchmengen, damit die Gewürze besser einziehen.
Das Öl in den Topf geben und bei starker Wärmestufe (E-Herd 2,5–3; Automatik 10–12; G-Herd große Flamme) erhitzen. Die Fleischwürfel darin 10–15 Minuten kräftig anbraten.

1 Zutaten.

2 Das Gemüse vorbereiten.

In dieser Zeit das Gemüse vorbereiten. Die Zwiebeln schälen, Auberginen, Zucchini und die entkernten Paprikaschoten waschen und in Scheiben oder Streifen schneiden. Die Tomaten häuten und entkernen. Die Bohnen putzen, waschen und in Stücke brechen. Das Gemüse und 1/8–1/4 l heißes Wasser mit den Gewürzen und der Instant-Hühnersuppe über das Fleisch geben. Zum Kochen bringen, den Topf schließen, den Herd auf kleinste Wärmestufe schalten und das Gericht in 30–35 Minuten gar schmoren.
Nach Geschmack noch mit Pfeffer und Salz nachwürzen. Zwischendurch eventuell 1–2mal umrühren.

Pro Portion: 18 g E 20 g F 12 g KH 315 kcal 1320 kJ

Italienische Minestra

***

Zutaten für 4 Personen

**500 g frisches Gemüse (z.B. Blumenkohl, Bleichsellerie, Erbsen, Möhren, Kohlrabi, Porree, jeweils 100–125 g einer Sorte),
250 g Kartoffeln,
1 Zwiebel,
50 g durchwachsener, geräucherter Speck,
4 EL Öl,
100 g Reis (Langkornreis),
1 Schächtelchen klare Fleischsuppe (Bouillonwürfel),
2 EL Tomatenmark,
1/2 TL Thymian,
1 Msp. Majoran (oder Oregano),
frisch gemahlener Pfeffer, etwas Salz,
1 TL Basilikum (getrocknet oder 1 EL feingehackte frische Blätter),
1/2 Bund Petersilie,
1 EL Parmesankäse.**

Arbeitsgeräte

großer Topf (3–4 l oder Dampfdrucktopf), Messer, Durchschlag, Schneidbrett, Rührlöffel.

Zubereitungszeit

50–55 Minuten, davon 15 Minuten Vorbereitung und etwa 35 Minuten Garzeit (im Dampfdrucktopf 20–25 Minuten).

Das Gemüse – je nach Sorte – putzen oder schälen, unter kaltem Wasser gründlich waschen und auf dem Durchschlag abtropfen lassen. Die Kartoffeln schälen und waschen. Das Gemüse und die Kartoffeln in Streifen oder Würfel schneiden. Die Zwiebel schälen und zusammen mit dem Speck in sehr kleine Würfel schneiden.
Das Öl im Topf erhitzen und die Zwiebel- und Speckwürfel darin anbraten. Den Reis hinzufügen und unter Rühren einige Minuten glasig andünsten.
Das Gemüse dazugeben und 5 Minuten dünsten.

1 Zutaten.

2 Den Reis einige Minuten glasig andünsten.

Italienische Minestra.

Dann 1 l heißes Wasser und die zerdrückten Fleischsuppenwürfel in den Topf geben. Bei starker Wärmestufe zum Kochen bringen, dann auf kleinste Wärmestufe schalten und bei geschlossenem Topf in 20–25 Minuten (Dampfdrucktopf 8–10 Minuten) gar kochen. Das Tomatenmark und die Gewürze in die Suppe rühren und diese recht kräftig abschmecken.
Mit feingehackter Petersilie und Parmesankäse bestreut servieren.

Pro Portion: 7 g E 19 g F 36 g KH 359 kcal 1500 kJ

Serviervorschlag
Dazu frisches Bauernbrot oder Weißbrot und geriebenen Käse reichen. Die Suppe eignet sich als leichte Abendmahlzeit.

Abwandlung
Die Minestra wird zu einem sättigenden Eintopf – der dann **Minestrone** heißt, wenn der Gemüseanteil erhöht wird. Z.B. noch grüne Bohnen oder 1 kleine Dose weiße Bohnen, Fenchel usw. mitkochen.

Bunter Zwiebeltopf

Zutaten für 4 Personen

500 g Zwiebeln,
40 g Margarine (oder 3 EL Öl),
2 EL Langkornreis,
1 EL Instantbrühe,
500 g Tomaten,
500 g Paprikaschoten,
1 Dose Corned Beef (340 g),
1 TL Paprika, eventuell etwas Pfeffer und Salz,
1/2 Bund Petersilie.

Arbeitsgeräte

Schneidbrett, Messer, Durchschlag (oder Sieb), Topf (etwa 3 l), Rührlöffel.

Zubereitungszeit

30–35 Minuten.

Die Zwiebeln schälen und in dünne Scheiben schneiden. Das Fett in den Topf geben und bei starker Wärmestufe erhitzen. Die Zwiebelscheiben darin anbraten. Den Langkornreis und die Brühe hinzufügen und zusammen 10 Minuten dünsten. In der Zwischenzeit die Tomaten mit heißem Wasser überbrühen, häuten und in Scheiben schneiden.

1 Zutaten.

2 Das Gemüse schmoren.

Die Paprikaschoten aufschneiden und die Kerngehäuse herauslösen. Die Paprikaschoten waschen, abtropfen lassen und in dünne Streifen schneiden. Tomaten und Paprika in den Topf geben. 1/4 l heißes Wasser dazugießen und das Gemüse schmoren, bis die Reiskörner weich sind.
Das Corned beef in Würfel schneiden und unter das Gemüse mischen. Mit Paprika, nach Geschmack auch etwas Pfeffer und Salz, würzen. Die Petersilie fein hacken und über den kräftig-pikanten Eintopf streuen.

Pro Portion: 24 g E 19 g F 24 g KH 383 kcal 1600 kJ

Serviervorschlag

Frisches Weißbrot oder Bauernbrot dazu reichen; als Getränk Tomatensaft oder Bier.

Anmerkung

Beim Würzen mit Pfeffer und Salz bedenken, daß Corned beef oft recht scharf gewürzt ist.

Hühnereintopf mit Schwemmklößchen

GRUNDREZEPT ✱✱

Zutaten für 4 Personen

1 kleines Suppenhuhn (oder Poularde, etwa 1 kg),
1 TL Salz,
4 Pfefferkörner,
1 Lorbeerblatt,
1/2 Sellerieknolle,
4 Möhren,
1 zarter Kohlrabi,
1 kleine Stange Porree (Lauch),
Pfeffer und Salz,
1/4 TL Paprika,
1 Bund Petersilie (Kerbel oder Dill).

Arbeitsgeräte

großer Topf (4 l oder Dampfdrucktopf), Durchschlag, Rührlöffel, Schneidbrett, Messer.

Zubereitungszeit

60–70 Minuten, davon 10 Minuten Vorbereitung und 50 Minuten Garzeit (Dampfdrucktopf etwa 30 Minuten).

Bei Verwendung eines tiefgefrorenen Huhnes dieses zunächst auftauen lassen (Auftauzeit 4–6 Stunden!).
Das ausgenommene Huhn innen und außen unter fließendem Wasser waschen.
1 1/2 l Wasser, das Salz, die Pfefferkörner und das Lorbeerblatt in den Topf geben. Bei starker Wärmestufe zum Kochen bringen (E-Herd Schaltstufe 2,5–3; Automatik 10–12; G-Herd große Flamme).
Das Huhn in den Topf geben, aufkochen, dann den Topf schließen, den Herd auf kleinste Wärmestufe schalten (E-Herd 0,5; Automatik 3–4; G-Herd kleinste Flamme) und 25–30 Minuten kochen lassen.
In der Zwischenzeit das Gemüse vorbereiten. Die Sellerieknolle, die Möhren und den Kohlrabi schälen, vom Porree die Wurzeln und festen Blattenden wegschneiden. Das Gemüse unter fließendem, kaltem Wasser gründlich waschen, vor allem den Porree auch zwischen den langen Blättern gut reinigen. Alles in Scheiben oder Streifen schneiden und zum Huhn geben.
Bei geschlossenem Topf 10 Minuten kochen lassen, dann die Schwemmklößchen (Zubereitung folgt) hinzufügen. Alles bei geringer Wärmezufuhr gar ziehen lassen.
Das Huhn aus dem Topf heben (am besten eine Schaumkelle dazu benutzen), das Fleisch von den Knochen lösen und in etwa 2 cm große Stücke schneiden.
Die Suppe mit Pfeffer, Salz und Paprika abschmecken und das Hühnerfleisch wieder hineingeben.
Die Petersilie fein hacken und vor dem Anrichten auf die Suppe streuen.

Pro Portion (ohne Schwemmklößchen):
36 g E 37 g F 10 g KH 551 kcal 2300 kJ

Schwemmklößchen

GRUNDREZEPT ★★

Zutaten für 4 Personen	Arbeitsgeräte
100 ml Milch, **50 g Butter,** **60 g Mehl,** **2 Eier,** **1 Msp. geriebene Muskatnuß,** **Pfeffer und Salz.**	**kleiner Topf,** **Schüssel, Schneebesen,** **Löffel.**
	Zubereitungszeit
	15 Minuten.

Die Milch und die Butter in den Topf geben und aufkochen. Das Mehl hineingeben und rühren, bis sich ein Mehlkloß gebildet hat. Diesen in die Schüssel geben und sofort 1 Ei unterrühren. Das 2. Ei erst hinzufügen, wenn wieder ein glatter Teig gerührt ist. Ebenfalls gut unterarbeiten.
Die Masse mit geriebener Muskatnuß, Pfeffer und Salz würzen.

Aus der Masse mit einem kleinen Löffel (Teelöffel oder für große Nocken einen Eßlöffel nehmen) Klößchen abstechen. In die heiße Suppe geben und 5–8 Minuten bei kleinster Wärmestufe mitgaren (große Nocken brauchen etwa 10–12 Minuten).

Pro Portion: 6 g E 14 g F 13 g KH 215 kcal 900 kJ

TIP

Die Schwemmklößchenmasse kann z.B. mit feingehackten Kräutern, mit feingehacktem Schinken oder mit Tomatenmark abgewandelt werden.

HINWEIS

Schwemmklößchen schmecken nicht nur als Einlage bei einem Hühnereintopf. Sie sind sehr zu empfehlen für Fleisch- und Gemüsesuppen, z.B. auch für eine Tomatencremesuppe bestens geeignet.

1 Zutaten für Schwemmklößchen.

2 Rühren, bis ein Mehlkloß entsteht.

3 1 Ei unterrühren.

Hühnereintopf mit Schwemmklößchen.

Bohneneintopf mit Hammelfleisch

**

Zutaten für 4 Personen

500 g Hammelfleisch (Schulter oder Bug), 30 g Schweineschmalz (oder 2 EL Öl), 2 Knoblauchzehen, 1–2 Zwiebeln, 250 g Tomaten, 1 l Wasser, 1 Schächtelchen klare Fleischsuppe, 750 g grüne Bohnen, 250 g Kartoffeln, 1–2 Stengel Bohnenkraut, Salz, Pfeffer, etwas Petersilie.

Arbeitsgeräte

Schneidbrett, großes Messer, großer Topf (3 l oder Dampfdrucktopf), Rührlöffel, Durchschlag.

Zubereitungszeit

etwa 70 Minuten, davon 10 Minuten Vorbereitung und 60 Minuten Garzeit (Garzeit im Dampfdrucktopf etwa 30 Minuten).

Das Fleisch kalt abspülen, mit Küchenkrepp (Haushaltspapier) abtrocknen und in 2 cm große Würfel schneiden.
Das Schmalz im Topf bei starker Wärmestufe erhitzen. Die Fleischwürfel darin 10 Minuten von allen Seiten anbräunen.
Die Knoblauchzehen und Zwiebeln schälen und in Scheiben schneiden.
Die Tomaten häuten (siehe auch Seite 158) und vierteln. Mit in den Topf geben. Heißes Wasser und die Fleischsuppenwürfel hinzufügen.
Alles zum Kochen bringen, dann auf kleine Wärmestufe zurückschalten. Bei geschlossenem Topf etwa 25 Minuten (Dampfdrucktopf 12 Minuten) kochen lassen.
In der Zwischenzeit die Bohnen putzen, waschen und eventuell in Stücke brechen.
Die Kartoffeln schälen, waschen und in Würfel schneiden. Zusammen mit dem Bohnenkraut in den Topf geben und alles bei starker Wärmestufe wieder zum Kochen bringen. Dann auf kleine Stufe zurückschalten. Bei geschlossenem Topf in weiteren 20 Minuten (Dampfdrucktopf 7–8 Minuten) gar kochen.
Vor dem Servieren mit Salz und Pfeffer abschmecken. Die Petersilie fein hacken und darüberstreuen.

Pro Portion: 24 g E 36 g F 25 g KH 580 kcal 2430 kJ

Serviervorschlag

Nur mit frischem Bauernbrot oder Vollkornsemmeln reichen. Wer unbedingt etwas trinken will, kann Tafelwasser oder Bier wählen.

HINWEIS

Anstelle von Hammelfleisch kann Rindfleisch verwendet werden.

Birnen, Bohnen und Speck

GRUNDREZEPT *

Zutaten für 4 Personen

400 g durchwachsener, geräucherter Speck, 3–5 Pfefferkörner, 750 g frische grüne Bohnen, 1 Stengel Bohnenkraut, 8 feste kleine Birnen (Kochbirnen), 1/2 Bund Petersilie.

Arbeitsgeräte

Topf (2–3 l oder Dampfdrucktopf), Durchschlag, Messer, Schneidbrett.

Zubereitungszeit

60–70 Minuten (Dampfdrucktopf siehe folgend).

Den Speck, 1/2 l heißes Wasser und die Pfefferkörner in den Topf geben. Bei starker Wärmestufe (E-Herd Schaltstufe 2,5–3; Automatik 10–12; G-Herd große Flamme) zum Kochen bringen, dann bei geschlossenem Topf auf kleinster Wärmestufe (E-Herd 0,5–1; Automatik 3–4; G-Herd kleinste Flamme) etwa 30 Minuten kochen.

In der Zwischenzeit die Bohnen putzen, die Stielansätze und Spitzen entfernen, die Bohnen – eventuell – abfädeln. Die Bohnen und Birnen waschen und auf dem Durchschlag abtropfen lassen. Für dieses Gericht sollten kleine, feste Kochbirnen verwendet werden. Sie werden nicht geschält und entstielt.

Die Bohnen, das Bohnenkraut und die Birnen zum Speck in den Topf geben, eventuell etwas Wasser nachgießen. Zum Kochen bringen, dann den Topf schließen und den Herd auf kleinste Wärmestufe schalten.
Das Gericht in etwa 30 Minuten gar dünsten. Die Garzeit richtet sich danach, wie fest die Birnen oder Bohnen sind. Sehr zarte junge Bohnen haben eine kürzere Garzeit und sollten erst 10–15 Minuten später als die Kochbirnen in den Topf gegeben werden.
Den Speck aus dem Topf nehmen und in dünne Scheiben schneiden. Birnen und Bohnen auf einer großen flachen Schüssel anrichten und die Speckscheiben darauf verteilen.

Pro Portion: 14 g E 66 g F 34 g KH 828 kcal 3460 kJ

Serviervorschlag

Diese norddeutsche Spezialität kann mit gekochten Salzkartoffeln gereicht werden. Ein kühles Bier schmeckt gut dazu.

Zubereitung im Römertopf

Für Feinschmecker ist auch die Zubereitung im Römertopf sehr zu empfehlen, da das Gericht durch die längere Garzeit sehr aromatisch wird. Die Garzeit ist etwa 25 Minuten länger als beim Grundrezept.

Das Gericht Birnen, Bohnen und Speck ist eine norddeutsche Spezialität.

Zubereitung im Dampfdrucktopf (= Schnellkochtopf)
Die Zubereitung im Dampfdrucktopf hilft Zeit sparen, Kartoffeln können z.B. auch im Dampfeinsatz mitgegart werden.
Zubereitungszeit: etwa 30 Minuten.
Den Speck mit 1/4 l Wasser in den Dampfdrucktopf geben und den Topf schließen. Nach Geräteanweisung aufheizen, dann auf kleinste Wärmestufe schalten und den Speck 15–18 Minuten kochen.
In der Zwischenzeit das Gemüse und die Birnen vorbereiten. Eventuell Kartoffeln schälen und in den Dampfeinsatz geben. Bei sehr festen Birnen, diese nach 15 Minuten in den Dampfdrucktopf geben und 3 Minuten mit dem Speck garen. Dann erst die Bohnen und das Bohnenkraut, eventuell noch 1/2–1 Tasse Wasser, dazugeben und den Einsatz mit den Kartoffeln in den Dampfdrucktopf hängen. Den Topf wieder schließen, aufheizen und das Gemüse und den Speck in weiteren 5 Minuten gar kochen.

Zubereitung im Schnellkochtopf.

HINWEIS
Die Kartoffelstücke im Dampfeinsatz sollten nicht zu groß sein, damit die Garzeit mit dem Gemüse übereinstimmt. Je nachdem, wie salzig der Speck ist, kann noch mit etwas Salz und frisch gemahlenem Pfeffer nachgewürzt werden.

Fischsuppe, Hausfrauenart

GRUNDREZEPT

Zutaten für 4 Personen

1 Schächtelchen klare Fleischbrühe (Bouillonwürfel), 1 Lorbeerblatt, 1 Bund Suppengrün, 3 Kartoffeln, 750 g Kabeljaufilet (Seelachs oder Schellfisch), Pfeffer und Salz, 1/2 Becher süße Sahne (= 100 g), 1 Bund Dill.

Arbeitsgeräte

großer Topf (etwa 3 l), Schneidbrett, Messer, Durchschlag, Rührlöffel.

Zubereitungszeit

25–30 Minuten.

1 l Wasser, die zerdrückten Fleischsuppenwürfel und das Lorbeerblatt in den Topf geben. Auf der Kochstelle bei starker Wärmestufe (E-Herd Schaltstufe 2,5–3; Automatik 10–12; G-Herd große Flamme) zum Kochen bringen.
In der Zwischenzeit das Suppengrün putzen und die Kartoffeln schälen. Beides unter kaltem Wasser waschen, abtropfen lassen und in kleine Würfel oder Streifen schneiden. In die Fleischbrühe geben und 5 Minuten kochen lassen.
Unterdessen den Fisch kalt abspülen und mit Küchenkrepp (= Haushaltspapier) abtrocknen. Die Fischfilets in 3 cm große Stücke schneiden. In die Suppe geben, aufkochen, dann auf kleinste Wärmestufe schalten. Bei geschlossenem Topf in 10–12 Minuten gar ziehen lassen.
Die Fischsuppe nach Geschmack mit Pfeffer und Salz würzen. Vor dem Anrichten die Sahne in die Suppe rühren. Den Dill fein hacken, über die Suppe streuen und diese servieren.

Pro Portion: 35 g E 9 g F 19 g KH 318 kcal 1330 kJ

Serviervorschlag
Als leichte Abendsuppe mit Bauernbrot reichen, auch mit einer Süßspeise (Flammeri oder Eierkuchen) als Mittagessen geeignet.

1 Zutaten.

2 Die Fischfiletstücke in die Suppe geben.

Ungarische Fischsuppe (Halászlé)

******

Zutaten für 4 Personen	**Arbeitsgeräte**
1 EL Instantbrühe, 1 Lorbeerblatt, 1 kg Süßwasserfische (z.B. Hecht, Karpfen, Barsch), 1 große Zwiebel, 1 EL Rosenpaprika, 2 Paprikaschoten (300 g), 3 Tomaten, Pfeffer und Salz.	**Schneidbrett, Messer, 2 Töpfe (3 und 4 l), Sieb, Rührlöffel.**
	Zubereitungszeit
	40–45 Minuten, davon 10 Minuten Vorbereitung und 25–35 Minuten Garzeit.

1 1/2 l Wasser in den Topf gießen, die Brühe und das Lorbeerblatt hinzufügen. Bei starker Wärmestufe zum Kochen bringen. In der Zwischenzeit die Fische unter kaltem Wasser abspülen und mit Küchenkrepp abtrocknen. Köpfe und Flossen abschneiden und die Gräten vorsichtig herauslösen (siehe auch Kapitel Fisch).
Die Zwiebel schälen und vierteln.
Die Fischabfälle, Zwiebelstücke und den Rosenpaprika in die kochende Brühe geben. Den Herd auf kleine Wärmestufe schalten und die Brühe bei geschlossenem Topf 15 Minuten kochen.
Die Fische in 3 cm große Stücke schneiden. Die Paprikaschoten entkernen, waschen und in dünne Streifen schneiden. Die Tomaten häuten, entkernen und kleinschneiden.
Die Fischstücke, Paprikastreifen und Tomatenstücke in den 2. Topf geben. Die kochendheiße Fischbrühe durch das Sieb darübergießen. Die Fischsuppe aufkochen, dann auf kleiner Wärmestufe bei geschlossenem Topf in 10–15 Minuten gar ziehen lassen. Dabei möglichst nicht umrühren, damit die Fischstücke nicht zerfallen.
Die Fischsuppe wird recht scharf, vor allem mit Paprika abgeschmeckt.

Pro Portion: 25 g E 7 g F 6 g KH 197 kcal 820 kJ

Serviervorschlag
Mit knusprigem Weißbrot oder frischem Bauernbrot und eventuell mit einem Schüsselchen saurer Sahne servieren.

HINWEIS
Diese Fischsuppe wird in Ungarn häufig nur mit Karpfen zubereitet und schmeckt ausgezeichnet. In der Angebotszeit für Karpfen (November–März) sollte diese Zubereitungsvariante einmal ausprobiert werden.

Bild links: Fischsuppe Hausfrauenart (links) und ungarische Fischsuppe (rechts).

Bouillabaisse (französische Fischsuppe)

Die berühmte französische Fischsuppe schmeckt um so besser, je mehr verschiedene Fischsorten dazu verwendet werden. Damit sich der Arbeitsaufwand lohnt, sollte man sich Gäste zur Fischsuppe einladen oder einen Teil der Suppe einfrieren.

Zutaten für 8–10 Personen

2 Schächtelchen klare Fleischsuppe,
1 Lorbeerblatt,
500 g Kabeljau,
500 g Rotbarsch,
250 g Steinbutt,
250 g Seeaal,
250 g Rotbarben,
250 g Makrelen,
750 g Muscheln,
2 große Stangen Porree,
2 große Zwiebeln,
2–3 Knoblauchzehen,
1/8 l Olivenöl,
3 EL Tomatenmark,
1/2 TL Thymian,
1 Msp. Safran,
1 Msp. Salbei,
1 Prise Fenchelsamen,
1/2 TL Pfeffer.

Arbeitsgeräte

2 Töpfe (3 und 6 l), Schneidbrett, Messer, Sieb, Rührlöffel.

Zubereitungszeit

etwa 50 Minuten.

1 Zutaten.

2 Die Fische vorbereiten.

3 Den Fischabfall in der Brühe kochen.

4 Muscheln und Fischstücke zu dem Gemüse geben.

2–2 1/2 l Wasser in den Topf gießen und die zerdrückten Suppenwürfel sowie das Lorbeerblatt hineingeben. Bei starker Wärmestufe zum Kochen bringen.

In der Zwischenzeit die Fische vorbereiten. Je nach Sorte schuppen, Flossen und Schwänze abschneiden (siehe auch Kapitel Fische) und die Fische vorsichtig entgräten. Die Gräten, Köpfe usw. in die kochende Brühe geben und bei kleiner Wärmestufe etwa 15 Minuten kochen.

Unterdessen die Fische kalt abspülen und mit Küchenkrepp abtrocknen. In 4–5 cm große Stücke schneiden.

Die Muscheln unter fließendem, kaltem Wasser mit einer kleinen Handbürste kräftig abschrubben und gründlich reinigen, damit kein Sand anhaften bleibt. Nur fest geschlossene Muscheln verwenden (siehe auch Kapitel Fisch).

Den Porree putzen, die Wurzeln und festen Blätter entfernen. Die Stangen der Länge nach aufschneiden, die Blätter auseinanderbiegen und unter kaltem Wasser gründlich waschen. Abtropfen lassen. Nur die hellen Innenblätter herauslösen (restlichen Porree in einem Plastikbeutel im Kühlschrank aufbewahren und anderweitig verwenden) und in feine Streifen schneiden (etwa 250 g). Die Zwiebeln schälen und in Scheiben schneiden. Die Knoblauchzehen abziehen und – eventuell mit der Knoblauchpresse oder dem Messerrücken – zerdrücken.

Das Öl im großen Topf (6 l) erhitzen, Porreestreifen und Zwiebelscheiben hineingeben und glasig dünsten. Tomatenmark und Knoblauch, die Gewürze, Muscheln und Fischstücke in den Topf geben. Die kochendheiße Fischbrühe durch ein Sieb darübergießen. Alles zum Kochen bringen, dann den Herd auf kleinste Wärmestufe schalten und die Suppe bei geschlossenem Topf in 10–15 Minuten gar ziehen lassen. Die Suppe möglichst nicht stark kochen, damit die Fischstücke nicht zu sehr zerfallen.
Die Fischsuppe kräftig würzen und anrichten.

Pro Portion
bei 8 Personen: 31 g E 23 g F 6 g KH 372 kcal 1550 kJ
bei 10 Personen: 25 g E 18 g F 5 g KH 298 kcal 1250 kJ

Serviervorschlag

Typisch ist es, geröstetes Knoblauchbrot dazu zu reichen oder Knoblauchbrot (= Weißbrot mit Knoblauchzehen abgerieben und in heißem Öl oder Butter goldbraun gebakken) in die Suppenteller legen, die Fischstücke, Muscheln und die Fischbrühe darüber verteilen. Eventuell auch Knoblauchmayonnaise mit in den Teller geben!

TIP

Es kann auch eine Languste (in einem Topf getrennt kochen) als kostspieligere Variante mit in die Bouillabaisse gegeben werden.

Tips für Fischsuppen

- Preiswerte Fischangebote nutzen, z.B. dann auch eine größere Menge zubereiten und portionsweise einfrieren.
- Bei Bedarf die Suppe vollständig auftauen, dann erst erhitzen, damit der Fisch nicht zu sehr zerfällt.
- Wer einen Dampfdrucktopf besitzt, sollte diesen zur Zubereitung des Fischsuds benutzen. Die Fischsuppe selbst möglichst im Normaltopf zubereiten, damit der Fisch nicht beim Kochen zerfällt.
- Fischabfälle von größeren Fischen bekommt man im Fischgeschäft häufig umsonst oder für minimale Kosten, man muß nur danach fragen. Jede Fischsuppe wird kräftiger im Geschmack, wenn zur Zubereitung ein guter Fischsud (= Fischfond) verwendet wird.

Ungarisches Kesselgulasch

GRUNDREZEPT **

Zutaten für 4–6 Personen

**500 g Rindfleisch (mageres Gulaschfleisch),
1 große Zwiebel,
1–3 Knoblauchzehen,
50 g Schweineschmalz,
2 EL Rosenpaprika,
1 EL Mehl,
1 Glas Rotwein (100 ml),
500 g Kartoffeln,
250 g Paprikaschoten (rote und grüne),
250 g Tomaten,
1–2 TL Instant-Hühnerbrühe,
1/2 TL Majoran,
etwas Pfeffer und Salz,
2 EL Tomatenmark (= 1 kleine Dose).**

Arbeitsgeräte

großes Schneidbrett, Messer, großer Topf (3 l oder Dampfdrucktopf), Durchschlag, (Sieb).

Zubereitungszeit

etwa 90 Minuten, davon 10 Minuten Vorbereitung und 75–80 Minuten Garzeit (Garzeit im Dampfdrucktopf 30–35 Minuten).

Das Fleisch kalt abspülen und mit Küchenkrepp abtrocknen. Fett und Sehnen entfernen und das Fleisch in 2 cm große Würfel schneiden.
Die Zwiebel und die Knoblauchzehe schälen, die Zwiebel in große Würfel schneiden.
Im Topf bei starker Wärmestufe (E-Herd Schaltstufe 2,5–3; Automatik 10–12; G-Herd große Flamme) das Schmalz erhitzen.
Die Fleischwürfel hineingeben und 10–15 Minuten kräftig anbraten.
Die Zwiebelwürfel und Knoblauchzehen zum Fleisch geben und 5 Minuten mitschmoren.

1 Zutaten.

2 Zwiebel- und Knoblauchwürfel zusammen mit dem Fleisch schmoren.

3 Paprika dazugeben.

Paprika und Mehl darüberstäuben und unter Rühren etwas Wasser (etwa 1/4 l) hinzugießen. Aufkochen, den Topf schließen und den Herd auf kleinste Wärmestufe schalten. Etwa 40 Minuten schmoren lassen (Dampfdrucktopf etwa 25 Minuten), zwischendurch umrühren und bei Bedarf Wasser und den Rotwein hinzugießen.
Unterdessen die Kartoffeln schälen. Die Paprikaschoten aufschneiden und die Kerne herauslösen. Kartoffeln und Paprika waschen, die Kartoffeln in Würfel, die Paprika in Streifen schneiden. Die Tomaten häuten und vierteln.
Wenn das Fleisch fast gar ist, das vorbereitete Gemüse und die Hühnerbrühe in den Topf geben. Die Gewürze und das Tomatenmark mit etwas Wasser verrühren und dazugießen. Das Gulasch in weiteren 15–20 Minuten gar kochen. Es wird sehr scharf-würzig abgeschmeckt.

Pro Portion
bei 4 Personen: 26 g E 20 g F 28 g KH 439 kcal 1840 kJ
bei 6 Personen: 17 g E 14 g F 18 g KH 292 kcal 1220 kJ

Serviervorschlag

Mit frischem Bauernbrot oder Zwiebelbrötchen servieren, eventuell etwas saure Sahne mit in den Teller geben. Rotwein oder Bier als Getränk dazu reichen.

TIP

Kesselgulasch eignet sich ausgezeichnet für rustikale Feste, zum kräftigen Zwischendurch beim Feiern oder auch als mitternächtlicher Rausschmeißer für ausdauernde Gäste.
Die Suppe läßt sich gut vorbereiten (z.B. auch einfrieren und dann auftauen, wenn sie benötigt wird) und braucht vor dem Servieren dann nur noch erhitzt werden.
Die Zubereitung im Dampfdrucktopf hilft die Garzeit wesentlich verkürzen. Aber auch im Normaltopf kann die Garzeit etwas reduziert werden, wenn das Fleisch in kleine Würfel (1 cm dick) oder Streifen geschnitten wird.

Kesselgulasch mit Knoblauchwurst

100 g scharfe Knoblauchwurst (Debrecziner, Bauernsalami usw.), 1 Zwiebel, 1 EL Öl.
Die Knoblauchwurst und die geschälte Zwiebel in Scheiben schneiden und im Öl in der Pfanne braun braten. Über die angerichtete Suppe verteilen.

Pro Portion
bei 4 Personen: 30 g E 35 g F 29 g KH 604 kcal 2520 kJ
bei 6 Personen: 20 g E 24 g F 19 g KH 403 kcal 1680 kJ

Kesselgulasch mit Bohnen

1 Dose rote Bohnen (Kidney Beans, Einwaage etwa 250 g) in die Gulaschsuppe geben und kurz erhitzen.

Griechischer Fleischtopf

**

Zutaten für 4 Personen	Arbeitsgeräte
500 g Lammfleisch (Hammel oder Schwein), 1–2 TL Salz, 1/2 TL Pfeffer, 1/2 TL Thymian, 4 EL Öl, 2 Knoblauchzehen, 1 Lorbeerblatt, 1 kleine Stange Zimt, 1–2 Auberginen (200 g), 1–2 Zucchini (200 g), 2 Paprikaschoten (300 g), 4 Zwiebeln, 2–3 kleine Kartoffeln (200 g), 4 Tomaten, Saft von 1 Zitrone, 2 EL Tomatenmark (1 kleine Dose), 1 Tasse Wasser (etwa 1/8 l), 2 TL Instantbrühe, 1/2 Bund Petersilie (oder frische Basilikumblätter).	großer Topf (oder feuerfester Tontopf, etwa 3 l), Schneidbrett, Messer, Teller, Rührlöffel, Durchschlag (oder Sieb), Zitronenpresse, kleine Schüssel. **Zubereitungszeit** 45–50 Minuten, davon 10 Minuten Vorbereitung und 35–40 Minuten Garzeit (Garzeit im Dampfdrucktopf etwa 20 Minuten).

Das Fleisch kalt abspülen und mit Küchenkrepp abtrocknen. Fett und Sehnen abschneiden. Das Fleisch in 2 cm große Würfel schneiden (Hammel- oder Schweinefleisch in 1 cm kleine Würfel schneiden). Die Fleischwürfel auf dem Teller mit den Gewürzen bestreuen und mit der Hand gut durchmengen, damit die Gewürze besser in das Fleisch dringen.

1 Zutaten.

2 Das Gemüse als Außenkraut um das vorgegarte Fleisch geben.

Das Öl in den Topf geben und bei starker Wärmestufe erhitzen. Die Fleischwürfel hineingeben und 8–10 Minuten anbraten. Die geschälten und zerdrückten Knoblauchzehen, das Lorbeerblatt und den Zimt hinzufügen, den Topf schließen und das Fleisch 10 Minuten schmoren (bei Hammel- oder Schweinefleisch 5–10 Minuten länger).

In der Zwischenzeit das Gemüse vorbereiten. Auberginen, Zucchini und die entkernten Paprikaschoten waschen und abtropfen lassen. Alles in 1 1/2–2 cm große Stücke oder Scheiben schneiden, die Tomaten häuten und vierteln.
Das Fleisch in der Topfmitte zusammenschieben und das Gemüse als Außenkranz – möglichst nach Gemüsesorten getrennt (wegen der besseren 'Optik') – herumlegen.

3 Den Tontopf luftdicht mit Alufolie verschließen.

4 Den griechischen Fleischtopf in der Tonform servieren.

In einer kleinen Schüssel den Zitronensaft, das Tomatenmark, Wasser, die Instantbrühe und die feingehackte Petersilie vermischen. Über das Gemüse gießen, dieses zum Kochen bringen, dann den Topf schließen und auf kleinste Wärmestufe schalten. In 20–25 Minuten gar schmoren.

Pro Portion: 21 g E 37 g F 21 g KH 528 kcal 2210 kJ

Serviervorschlag
Dieses Gericht schmeckt am besten, wenn es in einer feuerfesten Tonform zubereitet wird, in der es auch auf den Tisch kommt. Dazu schmecken Tomatensaft oder Kefir.

Zubereitung im Tontopf
(auch für den Römertopf geeignet, der vorher natürlich gewässert wird).
Bei der Zubereitung im Tontopf empfiehlt es sich, den Backofen zum Garen zu benutzen. Den Backofen vorheizen (E-Herd 225° C; G-Herd Stufe 4).
Das Fleisch vorbereiten (wie beschrieben) und in der Pfanne kräftig anbraten und vorgaren. Dann in den Tontopf geben. Das Gemüse vorbereiten und als Außenkranz herumlegen. Die Gewürzbrühe darübergießen. Die Form mit Alufolie luftdicht verschließen und in den Backofen schieben. Etwa 60 Minuten langsam gar schmoren lassen.

Abwandlung
Auch mit Fenchelstücken, Artischockenstücken, Bohnen usw. läßt sich dieses Eintopfgericht ausgezeichnet verändern.

Pfeffertopf

Zutaten für 4 Personen

500 g Rindfleisch (zum Schmoren, z.B. Gulaschfleisch), 2 EL Öl, 2 Zwiebeln, 1 TL Salz, 1/2 TL Pfeffer, 1 kg Chinakohl (oder Wirsing), 3 mittelgroße Kartoffeln, 3 kleine Peperoni (Chilischote, Pfefferschote), 1-2 TL Instantbrühe, 1 EL Tomatenmark, Pfeffer und Salz nach Geschmack.

Arbeitsgeräte

Schneidbrett, Messer, Topf (3 l), Rührlöffel.

Zubereitungszeit

65–70 Minuten, davon 5–10 Minuten Vorbereitung und 60–65 Minuten Garzeit (im Dampfdrucktopf Zubereitungszeit 35–40 Minuten).

Das Fleisch kalt abspülen und mit Küchenkrepp abtrocknen. Fett und Sehnen abschneiden. Das Fleisch in 1 cm große Würfel schneiden.
Das Öl in den Topf geben und bei starker Wärmestufe (E-Herd Schaltstufe 2,5–3; Automatik 10–12; G-Herd große Flamme) erhitzen.
Die Fleischwürfel hineingeben und etwa 10 Minuten kräftig anbraten.
Die Zwiebeln schälen, in große Würfel schneiden und zum Fleisch geben. 1 Tasse Wasser dazugießen, den Topf schließen, den Herd auf kleinste Wärmestufe schalten und das Fleisch etwa 30 Minuten fast gar schmoren.
In der Zwischenzeit das Gemüse vorbereiten. Vom Chinakohl (oder Wirsing) harte Außenblätter entfernen und den Strunk herausschneiden. Den Kohl waschen, abtropfen und in 1/2 cm dicke Streifen schneiden.
Die Kartoffeln schälen, waschen und in kleine Würfel schneiden.
Beides auf das Fleisch geben. Die entkernte Peperoni, 3/4 l heißes Wasser, die Brühe und das Tomatenmark hinzufügen. Alles bei starker Wärmestufe zum Kochen bringen, dann den Topf schließen und den Herd wieder auf kleinste Stufe schalten. Den Pfeffertopf in weiteren 15–20 Minuten gar schmoren. Mit Thymian, frisch gemahlenem Pfeffer und Salz nach Geschmack nachwürzen.

Pro Portion: 26 g E 13 g F 17 g KH 308 kcal 1290 kJ

Serviervorschlag

Zu diesem kräftigen Eintopf passen frisches Bauernbrot, Roggenbrötchen oder Zwiebelschuster, zum Durstlöschen Bier oder Mineralwasser.

HINWEIS

Bei sehr zähem Rindfleisch 10–15 Minuten länger garen, bevor das Gemüse dazugegeben wird.

Linsentopf Chili con carne

**

Zutaten für 4 Personen

1 EL Öl (oder 10 g Margarine), 250 g Hackfleisch (halb Rind, halb Schwein), 1 Zwiebel, 1 Knoblauchzehe, 1 TL Chilipulver (oder 2 EL Chilisoße), 1/2–1 TL Curry, 1/2 TL Paprika, 2 Beutel Linseneintopfsuppe (für je 1/2 l, Angabe beachten), 1 EL feingehackte Petersilie.

Arbeitsgeräte

Schneidbrett, Messer, Topf (2–3 l), Rührlöffel, Meßbecher.

Zubereitungszeit

etwa 30 Minuten.

Das Öl (oder die Margarine) im Topf bei starker Wärmestufe (E-Herd Schaltstufe 2,5–3; Automatik 10–12; G-Herd große Flamme) erhitzen. Das Hackfleisch hineingeben und kräftig anbraten.
Die Zwiebel und die Knoblauchzehe schälen, fein hacken und dazugeben. Die Gewürze darüberstreuen und unter Rühren 3–5 Minuten durchbraten.

Mit 1 l warmem Wasser auffüllen und die Linsensuppe aus dem Beutel einstreuen. Gut durchrühren, aufkochen, dann den Topf schließen. Den Herd auf kleinste Wärmestufe schalten und die Linsensuppe (Zeitangabe auf der Packung beachten) in etwa 15 Minuten gar kochen.
Es kann noch mit Chili nachgewürzt werden, wenn die Suppe feurig-scharf gewünscht wird (Kinder mögen das aber auf keinen Fall, also eventuell eine Portion abnehmen, bevor schärfer gewürzt wird).

Pro Portion: 19 g E 21 g F 22 g KH 367 kcal 1530 kJ

Serviervorschlag

Dieser Eintopf ist eine gute Grundlage bei Festen, an denen es feucht-fröhlich zugeht.

TIP

Wird einmal ganz schnell eine deftige Suppe benötigt, z.B. wenn unerwartet Gäste kommen, läßt sich mit einem gutgefüllten Vorratsschrank auch diese Situation meistern. Mit Linseneintopf (oder weißen Bohnen) aus der Dose und den übrigen Zutaten, kann in 10–15 Minuten Chili con carne zubereitet werden!

Linsentopf nach baltischer Art

Zutaten für 4 Personen

250 g eßfertige Trockenpflaumen (ohne Stein), eventuell etwas Wasser (oder Rotwein), 1 Schächtelchen klare Fleischsuppe (Bouillonwürfel), 1 Msp. Pfeffer, 200 g Schnellkochlinsen, 1–2 EL Essig, 1/2–1 TL Zucker, 200 g Frühstücksspeck, 2 EL Öl.

Arbeitsgeräte

Topf (etwa 3 l oder Dampfdrucktopf), Schüssel, Sieb, Messer, Schneidbrett, Pfanne (möglichst beschichtet).

Zubereitungszeit

etwa 50 Minuten (Dampfdrucktopf 20–25 Minuten).

Die Trockenpflaumen nur dann in etwas Wasser oder Rotwein einweichen, wenn es keine weiche, eßfertige Ware ist.
1 l Wasser, die zerdrückten Fleischsuppenwürfel und den Pfeffer in den Topf geben. Bei starker Wärmestufe (E-Herd Schaltstufe 2,5–3; Automatik 10–12; G-Herd große Flamme) zum Kochen bringen.
Die Schnellkochlinsen kalt waschen, d.h. einfach in das Sieb geben, kaltes Wasser darüberlaufen lassen und durchrühren. In die Brühe geben, aufkochen und den Topf schließen.
Auf kleinste Wärmestufe schalten und die Brühe etwa 25 Minuten kochen.
Die Pflaumen in den Topf geben und weitere 10 Minuten bei geschlossenem Topf auf kleinster Wärmestufe garen. Die Fleischbrühe soll von den Linsen fast vollständig aufgesogen sein.
Den Eintopf mit dem Essig und Zucker, bei Bedarf auch mit etwas Pfeffer und Salz, abschmecken.
Während der Eintopf gart, den Speck in sehr dünne Scheiben schneiden. In den letzten Minuten der Garzeit das Öl in der Pfanne erhitzen und die Speckscheiben darin knusprig braun braten.

Pro Portion: 18 g E 39 g F 73 g KH 743 kcal 3110 kJ

Serviervorschlag
Die Linsen in einer großen Schüssel anrichten und mit den knusprigen Speckscheiben bestreuen. Dazu schmecken Bauernbrot, Zwiebel- oder Roggenbrötchen und ein kühles Bier.

HINWEIS
Bei Verwendung von Normalkochlinsen, diese 1–2 Stunden vor der Zubereitung in kaltem Wasser einweichen.

Suppenvariationen aus Fertigprodukten

Muschelsuppe

Zutaten für 4–5 Personen

**1 Päckchen Hühnersuppe (mit Nudeln),
1 Dose Muscheln naturell (90 g),
1 Ingwerknolle (in Sirup eingelegt),
2 EL saure Sahne,
1 Bund Petersilie.**

Arbeitsgeräte

Topf (2 l), Dosenöffner), Rührlöffel, Schüsselchen, Schneidbrett, Messer.

Zubereitungszeit

15–20 Minuten.

Die Hühnersuppe nach Packungsanweisung kochen.
Die Muscheln und die in Würfel geschnittene Ingwerknolle hineingeben und 5 Minuten ziehen lassen.
Die Suppe mit saurer Sahne verrühren und mit feingehackter Petersilie bestreut servieren.

Pro Portion bei 4: 5 g E 2 g F 15 g KH 101 kcal 420 kJ

Feine Krabbensuppe

Zutaten für 4–5 Personen

**1 Dose Champignoncremesuppe (Konzentrat, 400 ml),
1 TL Curry,
100 g Krabben (frische oder aus der Konserve),
Saft von 1 Zitrone,
etwas Petersilie (oder Dill).**

Arbeitsgeräte

Dosenöffner, Topf (etwa 2 l), Schneebesen, Schüsselchen Zitronenpresse, Schneidbrett, Messer.

Zubereitungszeit

etwa 10 Minuten.

Das Suppenkonzentrat und die gleiche Menge Wasser in den Topf geben. Mit dem Schneebesen glatt verrühren und bei mittlerer Wärmestufe erhitzen.
Die Krabben mit dem Zitronensaft beträufeln. In die Suppe geben und 5 Minuten ziehen lassen.
Die Suppe mit Curry abschmecken und mit feingehackter Petersilie (oder Dill) bestreut anrichten.

Pro Portion bei 4: 8 g E 6 g F 14 g KH 148 kcal 620 kJ

Serviervorschlag
Als Vorsuppe bei einem kleinen festlichen Menü reichen.

TIP
Anstelle der Champignoncremesuppe als Grundlage eine Tomatencremesuppe verwenden.

Königliche Champignoncremesuppe

Zutaten für 4–5 Personen

**1 Dose Champignoncremesuppe (Konzentrat, 400 ml),
1 Glas Sekt (100 ml),
3 EL süße Sahne,
1 TL gehackte Pistazien.**

Arbeitsgeräte

Dosenöffner, Topf (etwa 2 l), Schneebesen, hoher Rührbecher, elektrisches Handrührgerät.

Zubereitungszeit

8–10 Minuten.

Das Suppenkonzentrat mit der gleichen Menge Wasser in den Topf geben. Mit dem Schneebesen glattrühren und erhitzen.
Vor dem Anrichten Sekt in die Suppe geben. Die Sahne steif schlagen.
Die Suppe in Tassen oder Teller verteilen. Auf jede Portion etwas Sahne geben und mit Pistazien überstreuen.

Pro Portion bei 4: 3 g E 10 g F 14 g KH 183 kcal 760 kJ

Tomatensuppe nach Gascogner Art

Zutaten für 4–5 Personen

**2 Zwiebeln,
20 g Butter,
1 kleine Dose Champignons in Scheiben (100 g),
1 Dose Tomatencremesuppe (Konzentrat, 400 ml),
Cayennepfeffer,
1 Prise Zucker,
150 g gekochter Schinken.**

Arbeitsgeräte

Dosenöffner, Topf, Schneidbrett, Messer, Schneebesen.

Zubereitungszeit

etwa 15 Minuten.

Die Zwiebeln schälen und in kleine Würfel schneiden.
Die Butter im Topf bei mittlerer Wärmestufe schmelzen. Die Zwiebelwürfel darin glasig werden lassen.
Die Champignons abtropfen lassen und hinzufügen. Kurz mitdünsten, dann das Suppenkonzentrat und die gleiche Menge Wasser hinzufügen. Mit dem Schneebesen glattrühren und die Suppe erhitzen, eventuell 1mal ganz kurz aufkochen.
Mit Cayennepfeffer und Zucker abschmecken.
Den Schinken in sehr feine Streifen schneiden, in die Suppenteller oder -tassen verteilen und die heiße Suppe darübergießen.

Pro Portion bei 4: 11 g E 12 g F 17 g KH 205 kcal 860 kJ

Serviervorschlag
Als Vorsuppe vor einem leichten Menü oder mit einer kleinen Beilage (z.B. Käsebrot, einem pikanten Salat usw.) als Suppenimbiß reichen.

Partysuppentopf

Zutaten für 4 Personen	Arbeitsgeräte
1 Zwiebel, 1 Paar Frankfurter Würstchen (100 g), 1 EL Öl, 1 Dose Gulaschsuppe (Konzentrat, etwa 400 ml), 2 EL Chilisoße, 1 TL Paprika.	**Dosenöffner, Schneidbrett, Messer, Topf (etwa 2 l), Schneebesen.** **Zubereitungszeit** **etwa 15 Minuten.**

Die Zwiebel schälen und in Würfel schneiden. Die Würstchen in dünne Scheiben schneiden.
Das Öl im Topf erhitzen und beides darin 5–7 Minuten anbraten. Das Suppenkonzentrat und die gleiche Menge Wasser (oder auch etwas Rotwein) dazugießen. Die Suppe mit dem Schneebesen glattrühren und einmal aufkochen lassen. Mit Chilisoße und Paprika recht scharf abschmecken.

Pro Portion: 7 g E 15 g F 15 g KH 231 kcal 970 kJ

Serviervorschlag
Diese Suppe eignet sich gut bei einer Party, z.B. mit pikanten Salaten, belegten Broten usw.

TIP
Bei Verwendung von Suppenkonzentraten die leere Dose als Meßbecher benutzen.

Partysuppentopf.

Die Kardinalsuppe ist besonders gut als Vorsuppe geeignet.

Kardinalsuppe

Zutaten für 4–5 Personen	Arbeitsgeräte
1 Dose Tomatencremesuppe (Konzentrat, 400 ml), 100 ml Weißwein, Wasser, 1 Stückchen Zitronenschale (etwa 10 cm von 1 naturreinen Zitrone), 1 Lobeerblatt, 3 Gewürznelken, 1 Msp. Thymian, 1 Prise Zucker, 4 EL süße Sahne.	**Dosenöffner, Topf, Schneebesen, elektrisches Handrührgerät, hoher Rührbecher.** **Zubereitungszeit** **10 Minuten.**

Den Inhalt der Dose in den Topf geben. Den Weißwein in die Dose gießen und mit Wasser bis zum Rand auffüllen. Die Flüssigkeit zum Suppenkonzentrat gießen und mit dem Schneebesen glatt verrühren.
Das Stück Zitronenschale mit einem kleinen Einschnitt versehen und das Lorbeerblatt hineinstecken. Die Gewürznelken in die Schale spicken. Diese Gewürzschale, den Thymian und Zucker, in die Suppe geben. Bei mittlerer Wärmestufe (E-Herd Schaltstufe 2; Automatik 8–9; G-Herd mittelgroße Flamme) erhitzen. Die Suppe braucht nicht zu kochen.
In der Zwischenzeit die Sahne in den Rührbecher geben und steif schlagen.
Die Suppe in Suppenteller oder Tassen verteilen und die Gewürzschale entfernen. Auf jede Portion einen Löffel Sahne geben.

Pro Portion bei 4: 2 g E 8 g F 16 g KH 135 kcal 560 kJ

Salate

Frische Rohkost und frische Salate sollten zu unserer täglichen Kost gehören. Sie sind kalorien- und joulearm, versorgen uns dabei aber mit vielen notwendigen Vitaminen, Mineralstoffen und Spurenelementen.
Frische Rohkost und frische Salate lassen sich während des ganzen Jahres zubereiten. Langeweile braucht es bei dem Thema nicht zu geben, wenn die Möglichkeiten der verschiedensten Rohkost- oder Salatkombinationen nur ansatzweise genutzt werden. Auch die Zubereitung ist heute mit den modernen Küchengeräten eine Kleinigkeit, und in kürzester Zeit sind die leckersten Rohkostsalate geraspelt (mit elektrischen Geräten oder praktischen Handreiben). Bei der Zubereitung sollte nur immer bedacht werden, daß die in Gemüse und Salaten enthaltenen Vitamine und Mineralstoffe lichtempfindlich und wasserlöslich sind.

Also: Gemüse und Salate immer nur kurz und gründlich waschen und abtropfen, Salat in der Salatschleuder (oder dem Salatkorb) trocknen.
Die Rohkost erst unmittelbar vor dem Servieren raspeln oder raffeln, grüne Blattsalate erst bei Tisch mit der Salatsoße marinieren.
Übrigens schmecken Rohkost und frische Salate nicht nur als Beilage, sondern auch zur Erfrischung zwischendurch. Und verschiedene Rohkost-, Blatt- und Gemüsesalate lassen sich sehr dekorativ auf einer Platte zusammen anrichten. Die frischen Salate sind appetitanregend und verdauungsfördernd.

Salate – bunt gemischt
Salate können aus den verschiedensten Zutaten kombiniert werden. Je nach Zusammensetzung und Menge lassen sich pikante Salate als Vorspeise (siehe auch Cocktails im vorigen Kapitel) oder als Beilage, aber auch als vollwertige Mahlzeit servieren. Mit Salaten läßt sich die Tageskost abwechslungsreicher gestalten, aber auch jedes Fest im Familien- oder Freundeskreis kulinarisch untermalen.
Salate aus gegarten Zutaten schmecken (im Gegensatz zu Rohkost) am besten, wenn sie nach der Zubereitung im Kühlschrank durchziehen.

Salatsoßen für den täglichen Gebrauch

Salatsoßen für frische grüne Salate oder Rohkostsalate, aber auch für die sättigenden Gemüse- oder Fleischsalate können jeweils frisch zubereitet werden. Da sie sich aber auch einige Tage im Kühlschrank halten, ist es praktisch und zeitsparend, Grundsoßen zu bereiten, die dann noch mit einigen Würzzutaten, Kräutern usw. passend zum Salat abgewandelt werden können.
Natürlich gibt es eine große Zahl fertiger Salatsoßen und Dressings im Handel. Wer aber eine individuelle Salatsoße bevorzugt, sollte sie selbst zubereiten.

TIP

Übrigens können Freunde, Verwandte, junge Paare, Alleinstehende oder Hobbyköche durch ein praktisches, persönliches Salatsoßenset erfreut werden;
Verschiedene Salatsoßen, Kräuteröl oder Kräuteressig in kleine hübsche Glasflaschen geben, die es preiswert (oder auch kostbarer) in Haushaltswarengeschäften oder Hobbyläden gibt. Eventuell die Flaschen noch in einen kleinen Korb stellen.

Französische Salatsoße (French Dressing)

Zutaten für zweimal 4 Personen

5 EL Olivenöl, 3 EL Tomatenmark, 2 EL Cidre (Apfelwein), 2 EL Estragonessig, 1 TL französischer Kräutersenf, 1/2 TL Salz, 1 Msp. Paprika, einige Spritzer Worcestershiresauce, 1–2 Knoblauchzehen, frisch gemahlener Pfeffer.

Arbeitsgeräte

Schüssel, Schneebesen, Löffel, Knoblauchpresse.

Zubereitungszeit

5–6 Minuten.

Das Öl, das Tomatenmark und den Cidre in der Schüssel glatt verrühren.
Dann die übrigen Zutaten und den zerdrückten Knoblauch unterrühren. Scharf-würzig abschmecken.
Die Soße paßt zu grünen Salaten, zu Gemüse-, Fleisch-, Wurst- und Nudelsalaten. Sie reicht zum Marinieren von 2 Salaten. Als Vorrat die doppelte Menge zubereiten und im Kühlschrank aufbewahren (8–10 Tage).

Pro Portion: – E 6 g F 1 g KH 64 kcal 270 kJ

Amerikanische Soße

Zutaten

6 EL Öl, Saft von 1/2 Zitrone, Saft von 1 großen Orange, 1 Zwiebel, 1/2 TL Salz, 1 Msp. Pfeffer, 1 Msp. Zucker, 1/2 TL Selleriesalz.

Arbeitsgeräte

Schüssel, Schneebesen, Löffel, Zitronenpresse, Messer.

Zubereitungszeit

6–8 Minuten.

Das Öl, den Zitronen- und den Orangensaft mit dem Schneebesen in der Schüssel verschlagen.
Die Zwiebel schälen, fein hacken und zusammen mit den Würzzutaten unterrühren.
Die Soße eignet sich zum Marinieren von grünem Salat, von Apfel- und Möhrenkost, Chicoréesalat und gemischten Gemüsesalaten.
Als Vorrat die dreifache Menge der Zutaten rechnen. Die Soße im Kühlschrank aufbewahren und vor Gebrauch gut durchschütteln.

Pro Portion: – E 8 g F 3 g KH 81 kcal 340 kJ

Klassische Vinaigrette Essig-Öl-Marinade

Zutaten als Vorrat für viermal 4 Personen

1/8 l Olivenöl (Distelöl oder Sonnenblumenöl), 8–10 EL Kräuteressig, 1 TL frisch gemahlener Pfeffer, 3–4 TL Salz, 1 TL Zucker, 3–6 Knoblauchzehen, eventuell 1 EL Senf.

Arbeitsgeräte

Schüssel, Schneebesen, Löffel, eventuell Messer, Schneidbrett und Knoblauchpresse.

Zubereitungszeit

3–5 Minuten.

Das Öl, den Essig, die Gewürze und die geschälten, zerdrückten Knoblauchzehen in die Schüssel geben. Mit dem Schneebesen kräftig verschlagen. Eventuell den Senf noch dazugeben.
Die Vinaigrette in eine Flasche füllen und bis zum Gebrauch in den Kühlschrank stellen. Vor der Verwendung jeweils gut durchschütteln.
Die Vinaigrette nach Geschmack mit feingehackten Kräutern (z. B. Petersilie, Schnittlauch, Kerbel, Dill, Estragon) vermischen.
Die Vinaigrette paßt zu fast allen Salaten, bei denen die Soße nicht dominieren, sondern die Zutaten geschmacklich verbinden soll.

Pro Portion: – E 8 g F 1 g KH 75 kcal 310 kJ

Joghurtsoße für Salate

Zutaten für 4 Personen

1 Becher fettarmer Joghurt (150 g), 1 TL Öl,
1 EL Zitronensaft,
1 Msp. Pfeffer,
1/2–1 TL Salz,
1 Prise Zucker.

Arbeitsgeräte

Schüssel, Schneebesen oder Löffel.

Zubereitungszeit

2 Minuten.

Die Zutaten in der Schüssel miteinander verrühren und abschmecken.
Die Joghurtsoße ist für grüne Salate, Rohkost, Gemüse- oder Wurstsalat geeignet.

Pro Portion: 1 g E 2 g F 2 g KH 31 kcal 130 kJ

TIP

Mit geriebenem Meerrettich, mit Tomatenmark, mit feingehackten Kräutern, zerdrücktem Knoblauch, 1 Eßlöffel Cognac usw. abwandeln.
Als Vorrat die Mengenangabe verdoppeln oder verdreifachen. Die Soße kann im Kühlschrank 4–6 Tage aufbewahrt werden.

Mayonnaise

(Rezept siehe Seite 185)
eignet sich für alle Salate, die einen höheren Sättigungswert haben, z.B. für Fisch-, Fleisch-, Gemüse- oder Nudelsalate. Wer den Kalorien/Joule-Gehalt reduzieren möchte, kann Mayonnaise mit Milch oder Dosenmilch, mit Joghurt, Kefir oder Zitronensaft verlängern. Es wird z. B. jeweils die in den Rezepten angegebene Mayonnaisemenge halbiert und durch Milch usw. ersetzt.

Apfel-Sellerie-Rohkost

Zutaten für 4 Personen

1 TL Salz,
1/2 l Wasser,
1 Sellerieknolle (250 g),
2 Äpfel (300 g),
1 Banane,
Saft von 1 Zitrone;
1 Becher fettarmer Joghurt,
1 Msp. Zucker,
1 TL flüssige Selleriewürze (oder Selleriesalz),
1/2–1 gestrichener TL Salz.

Arbeitsgeräte

Messer, Schneidbrett, Schüssel, Rohkostreibe (oder elektrische Küchenmaschine mit Schnitzelwerk), Zitronenpresse.

Zubereitungszeit

10–15 Minuten.

Salz und kaltes Wasser in die Schüssel geben.
Die Sellerieknolle schälen, waschen und vierteln. Die Stücke sofort in das Salzwasser legen, damit sie nicht braun werden.
Die Äpfel waschen, schälen, vierteln und die Kerngehäuse herausschneiden. Die Stücke ebenfalls kurz in das Salzwasser legen. Dann das Wasser abgießen. Die Sellerie- und Apfelstücke auf der Rohkostreibe (oder mit dem elektrischen Schnitzelwerk) fein raspeln.
Die Banane schälen, in dünne Scheiben schneiden und dazugeben. Mit dem Saft der Zitrone beträufeln.
Den Joghurt mit den Würzzutaten verrühren, über die Rohkost gießen und locker durchmischen. Möglichst gleich servieren.

Pro Portion: 3 g E 1 g F 21 g KH 102 kcal 430 kJ

TIP
Die Rohkost schmeckt besonders gut, wenn noch fein gehackte Hasel- oder Walnüsse untergemischt werden. Mit 2 Eßlöffeln gehackten Walnüssen enthält 1 Portion: 4 g E 7 g F 22 g KH 172 kcal 720 kJ.

Fenchelrohkost

Zutaten für 3–4 Personen

125 g Weintrauben (blau oder grün),
2 Fenchelknollen (etwa 300 g);
1 Becher fettarmer Joghurt,
1 EL Öl,
1 EL Zitronensaft,
1/2 TL Zucker,
1/2 TL flüssige Selleriewürze (oder Selleriesalz),
eventuell etwas Salz und Pfeffer.

Arbeitsgeräte

Durchschlag, Schneidbrett, Messer, Salatschüssel, Salatbesteck, kleine Schüssel.

Zubereitungszeit

etwa 20 Minuten.

Die Weintrauben und die Fenchelknollen waschen und abtropfen lassen.
Die äußeren harten Fenchelblätter eventuell ablösen und den Strunk abschneiden. Die Knollen halbieren oder vierteln und in sehr feine Streifen schneiden (oder im elektrischen Schnitzelwerk raspeln).
Die Weintrauben halbieren und entkernen.
Fenchel und Weintrauben in die Schüssel geben.
Den Joghurt mit dem Öl, dem Zitronensaft und den Würzzutaten verrühren. Über die Rohkost gießen und locker durchmischen. Im Kühlschrank noch 10 Minuten durchziehen lassen, dann anrichten und servieren.

Pro Portion bei 4: 3 g E 3 g F 14 g KH 100 kcal 420 kJ

Serviervorschlag
Fenchelrohkost schmeckt als Vorspeise oder als aparte Beilage zu gebratenem oder gegrilltem Geflügel.

Apfel-Paprika-Rohkost

Zutaten für 4 Personen

2 rotwangige Äpfel (süß-säuerlich, ca. 400 g),
2 Paprikaschoten (1 rote, 1 grüne, ca. 300 g),
4 EL saure Sahne oder Joghurt,
1/2 TL Salz,
1 Msp. Cayennepfeffer,
1 Msp. Curry,
1 Msp. Paprika.

Arbeitsgeräte

Messer, Rohkostreibe (oder elektrische Küchenmaschine mit Schnitzelwerk), Salatschüssel, Salatbesteck, kleine Schüssel.

Zubereitungszeit

etwa 10 Minuten.

Die Äpfel waschen, abtrocknen und halbieren. Die Kerngehäuse herausschneiden.
Die Paprikaschoten aufschneiden, die Kerne und den Stiel entfernen. Die Paprikaschoten waschen und abtropfen lassen.
Die Apfelstücke und Paprikaschoten in feine Streifen hobeln oder die Äpfel in dünne Scheibchen und die Paprika in dünne Streifen schneiden. In die Salatschüssel geben.
Die saure Sahne oder den Joghurt zusammen mit den Gewürzen und eventuell noch etwas Zitronensaft verrühren. Über die Rohkost geben, diese locker durchmischen und sofort servieren.

Pro Portion: 1 g E 2 g F 15 g KH 86 kcal 360 kJ

Serviervorschlag
Als appetitanregende Rohkost vor dem Hauptgericht reichen oder als Beilage zu gegrilltem Geflügel oder Fisch.

Möhrenrohkost.

Möhrenrohkost

Zutaten für 4 Personen

500 g Möhren,
1 kleiner Apfel,
Saft von 1/2–1 Zitrone,
1 TL Zucker oder Honig,
1 TL flüssige Zwiebelwürze,
2 EL gemahlene Haselnüsse.

Arbeitsgeräte

Kartoffelschäler oder Küchenmesser, Rohkostreibe (oder elektrisches Schnitzelwerk), Zitronenpresse, Schüssel, Salatbesteck.

Zubereitungszeit

15 Minuten (mit der Rohkostreibe per Hand).

Die Möhren waschen und schälen. Den Apfel waschen, schälen, vierteln und das Kerngehäuse herausschneiden.
Die Möhren und Apfelstücke auf der Rohkostreibe fein raspeln. Mit dem Zitronensaft, dem Zucker oder Honig und der Zwiebelwürze (eventuell auch etwas Salz) vermischen. Anrichten und mit den gemahlenen Haselnüssen bestreut servieren.
Erst unmittelbar vor dem Essen zubereiten, damit die Vitamine erhalten bleiben.

Pro Portion: 2 g E 2 g F 13 g KH 75 kcal 310 kJ

Möhrenrohkost mit Datteln
100 g entsteinte Datteln in dünne Streifen schneiden, über die Rohkost verteilen und servieren.

Möhrenrohkost mit Salat

Zutaten für 4 Personen

1 Kopfsalat,
300 g Möhren,
1/2 Becher fettarmer Joghurt,
1 EL Öl,
1 EL Zitronensaft,
frisch gemahlener Pfeffer,
1/2 gestrichener TL Salz,
1/2 TL Zucker,
1 TL flüssige Selleriewürze,
1 TL feingehackte Petersilie.

Arbeitsgeräte

Durchschlag (Salatschleuder), Messer, Rohkostreibe, Salatschüssel, Salatbesteck, Zitronenpresse, kleine Schüssel.

Zubereitungszeit

etwa 15 Minuten.

Den Kopfsalat putzen, welke und harte Blätter entfernen. Den Salat mehrmals in kaltem Wasser waschen und gut abtropfen lassen (oder in der Salatschleuder trocknen). Die Blätter in kleine Stücke zerzupfen und in die Salatschüssel geben.
Die Möhren waschen, schälen und auf der Rohkostreibe grob über die Salatblätter raspeln.
Aus Joghurt, Öl, Zitronensaft und den Würzzutaten eine pikante Salatsoße rühren. Über den Salat gießen, diesen locker durchmischen und sofort anrichten. Mit der feingehackten Petersilie bestreuen.

Pro Portion: 2 g E 3 g F 7 g KH 61 kcal 250 kJ

Serviervorschlag
Als Beilage zu kleinen alltäglichen Fleischgerichten reichen, z. B. zu Frikadellen, Bratwürsten usw. Oder als frische Rohkost zwischendurch essen.

Kressesalat

Zutaten für 2–4 Personen	Arbeitsgeräte
3–4 Schächtelchen Kresse (etwa 150 g oder Brunnenkresse), 4 EL Öl, 1 EL Kräuteressig (oder 2 EL Zitronensaft), frisch gemahlener Pfeffer und Salz nach Geschmack, 1 Prise Zucker.	Küchenschere, Sieb, Schüssel, Salatbesteck. **Zubereitungszeit** 5 Minuten.

Die Kresse aus der Papphülle nehmen, aber in der Schale lassen. Zum Waschen nur schräg unter das kalte Wasser halten (Bild 1), dann gut abtropfen lassen.
Die Kresse mit der Küchenschere etwa 1 cm über dem Boden abschneiden und in das Sieb geben (Bild 2).
Die Salatsoße aus den angegebenen Zutaten bereiten.
Die Kresse auf Teller verteilen und erst bei Tisch mit der Salatsoße beträufeln.

Serviervorschlag
Kressesalat am besten mit anderen Rohkostsalaten kombinieren, z.B. auf einem Teller mit Möhrenrohkost und Apfel-Sellerie-Rohkost oder mit Tomaten- und Gurkenscheiben anrichten.

Pro Portion bei 4: 1 g E 10 g F 1 g KH 104 kcal 430 kJ

1 Die Kresse waschen.

2 Die Kresse mit der Küchenschere abschneiden.

Kressesalat mit Radieschen

Den Kressesalat mit Radieschenscheiben (etwa 2 Bund) und der Salatsoße vermischen und servieren.

Pro Portion: 1 g E 10 g F 2 g KH 111 kcal 460 kJ

Wachteleier im Kressenest

Zutaten für 2–4 Personen	Arbeitsgeräte und Zubereitungszeit
Zutaten für Kressesalat, 1 kleines Glas Wachteleier (8–10 Stück).	siehe Kressesalat

Den Kressesalat zubereiten und locker auf kleine Teller verteilen.
Die Wachteleier darauflegen und bei Tisch mit der Salatsoße beträufeln.
Oder anstelle der Salatsoße nur leicht mit frisch gemahlenem Pfeffer und Salz würzen.

Pro Portion bei 4: 3 g E 12 g F 1 g KH 129 kcal 540 kJ

Serviervorschlag
Mit kleinen, getoasteten Weißbrotscheibchen und Butter als Vorspeise reichen.

Wachteleier im Kressenest.

Rohkostsalate mit Rotkohl und Weißkohl

Rohkostsalate mit Rotkohl und Weißkohl (oder -kraut) sind sehr vitaminreich und können gerade in den Herbst- und Wintermonaten den verstärkten Vitamin- und Mineralstoffbedarf decken helfen. Außerdem sind diese Salate sehr preiswert zuzubereiten und können auch gut variiert werden.

Rotkohl-Vitaminkost

Zutaten für 4 Personen

1 kleiner Rotkohl (etwa 500 g oder 1/2 Kopf), 1 Apfel (200 g), 2 TL geriebener Meerrettich, 4 EL Öl, 2 EL Weinessig, 1 El Rotwein, 1 TL Salz (oder Knoblauchsalz), 1–2 TL flüssige Kümmelwürze (oder 1 Msp. gemahlener Kümmel), 1 TL Zucker.

Arbeitsgeräte

großes Messer, Schneidbrett, Rohkosthobel (oder elektrisches Schnitzelwerk), Salatschüssel, Salatbesteck.

Zubereitungszeit

etwa 10 Minuten.

Vom Rotkohl die welken Außenblätter lösen. Den Kohl waschen, vierteln und den Strunk herausschneiden (Bild 1). Den Kohl auf dem Rohkosthobel (oder mit dem elektrischen Schnitzelwerk) in feine Streifen raspeln (Bild 2).
Den Apfel waschen, vierteln und das Kerngehäuse herausschneiden. Die Apfelstücke ebenfalls fein raspeln.
Rotkohl- und Apfelraspel zusammen mit den übrigen Zutaten in der Schüssel vermischen. Abschmecken und vor dem Servieren eventuell noch einige Minuten zugedeckt ziehen lassen.

Pro Portion: 2 g E 10 g F 12 g KH 154 kcal 640 kJ

Serviervorschlag
Mit anderen Rohkostsalaten als Vorspeise reichen oder als Beilage zu gegrilltem und gebratenem Fleisch, Frikadellen, Bratwürsten.

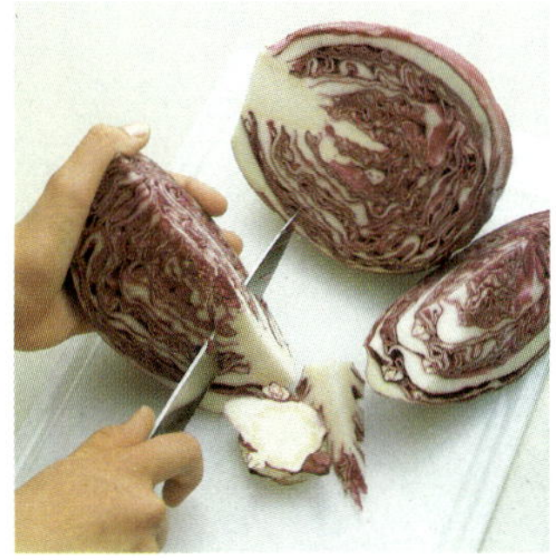

1 Den Strunk aus dem Rotkohl herausschneiden.

2 Den Kohl in feine Streifen raspeln.

3 Rotkohl-Vitaminkost.

Roter Salat

Zutaten für 4 Personen

1 kleiner Rotkohl (oder 1/2 Kopf, etwa 500 g), 1 rotwangiger Apfel (etwa 150 g), 150 g blaue Weintrauben, 4 EL Öl, 4 EL Essig, 1 TL Salz, 1–2 TL flüssige Kümmelwürze (oder 1 Msp. gemahlener Kümmel), 1/4 TL Pfeffer, 1 kleine Zwiebel.

Arbeitsgeräte

siehe oben

Zubereitungszeit

etwa 15 Minuten; etwa 20 Minuten Marinierzeit.

Vom Rotkohl die welken Außenblätter lösen. Den Kohl waschen, vierteln und den Strunk herausschneiden (Bild 1).
Den Apfel waschen, vierteln und das Kerngehäuse herausschneiden.
Den Kohl und den Apfel in feinste Streifen hobeln.
Die Weintrauben waschen, die Beeren halbieren, entkernen und zur Rohkost geben.
Die übrigen Zutaten darübergeben, alles locker durchmischen und den Salat vor dem Servieren zugedeckt 20 Minuten ziehen lassen.

Pro Portion: 2 g E 10 g F 16 g KH 167 kcal 700 kJ

Serviervorschlag
Dieser Salat schmeckt zu Bratwürsten, Frikadellen, zu Schweinebraten (auch Wildschwein) und gebratener Gans oder Ente.

Roter Salat (links), Krautsalat, serbische Art (vorne), Rohkost mit Weißkraut (hinten), Rotkohl-Vitaminkost (rechts).

Rohkost mit Weißkraut oder Chinakohl

Zutaten für 4–6 Personen

1 kleiner Kopf Weißkraut (750 g, oder Chinakohl), 4 EL Öl, 2–3 EL Essig, 1/2 TL Zucker, 1 TL Salz, 1 Msp. Pfeffer, 1 Msp. geriebene Muskatnuß, 50 g durchwachsener, geräucherter Speck, 2 EL Öl.

Arbeitsgeräte

siehe Rotkohl-Vitaminkost, Kasserolle (oder Pfanne).

Zubereitungszeit

etwa 15 Minuten; 15–20 Minuten Marinierzeit.

Vom Weißkraut die Außenblätter entfernen. Den Kohl waschen, vierteln und den Strunk herausschneiden. Auf dem Rohkosthobel fein hobeln.
Das Weißkraut mit dem Öl, Essig, Zucker, Salz, Pfeffer und der Muskatnuß vermischen.
Den Speck in kleine Würfel schneiden und in der Kasserolle im heißen Öl knusprig braun braten. Die ausgebratenen Speckwürfel mit dem Bratfett über den Salat geben. Diesen durchmischen und vor dem Servieren zugedeckt noch 15–20 Minuten durchziehen lassen.

Pro Portion

bei 4 Personen:	**3 g E**	**23 g F**	**7 g KH**	**259 kcal**	**1080 kJ**
bei 6 Personen:	**2 g E**	**16 g F**	**5 g KH**	**173 kcal**	**720 kJ**

Anmerkung

Wird der Salat mit Chinakohl zubereitet, so entfällt die Marinierzeit, da die Blattstruktur zarter ist als beim Weißkraut.

Krautsalat, serbische Art

Zutaten für 4–6 Personen

500 g Weißkohl (oder Chinakohl), 2 Paprikaschoten (300 g, 1 rote, 1 grüne), 1 Zwiebel, 1 EL Essig, 2 EL Öl, 6 EL Kefir (oder Joghurt), 1–2 gestrichene TL Salz, 1/2 TL Rosenpaprika, 1/2 TL Zucker, frisch gemahlener Pfeffer.

Arbeitsgeräte

(siehe Rotkohl-Vitaminkost).

Zubereitungszeit

etwa 15 Minuten.

Vom Weißkohl die welken Außenblätter ablösen. Den Kohl waschen, vierteln und den Strunk herausschneiden.
Die Paprikaschoten aufschneiden, das Kerngehäuse und die Stiele herauslösen. Die Paprikaschoten waschen und abtropfen lassen.
Die Zwiebel schälen und halbieren.
Weißkohl, Paprika und Zwiebel fein hobeln.

Essig, Öl, Kefir und die Würzzutaten über die Rohkost geben. Locker mischen und eventuell noch 10 Minuten zugedeckt stehen lassen, dann anrichten.

Pro Portion

bei 4 Personen:	**3 g E**	**6 g F**	**10 g KH**	**108 kcal**	**450 kJ**
bei 6 Personen:	**2 g E**	**4 g F**	**7 g KH**	**72 kcal**	**300 kJ**

Serviervorschlag

Als Rohkost – auch mit anderen Rohkostsalaten zusammen – vor dem Hauptgericht reichen oder als Beilage zu gegrillten Fleischspießen, Frikadellen, Bratwürsten, Koteletts usw.

TIP

Rot- oder Weißkohl hat eine sehr feste Blattstruktur. Wer diese bißfesten Rohkostsalate etwas weicher mag, sollte sie einige Minuten mit einem Holzstampfer bearbeiten. Die Rohkost wird dann mürber und kann serviert werden, ohne noch – wie angegeben – 15–20 Minuten zu marinieren.

Champignonrohkost

Zutaten für 4 Personen

500 g zarte, junge Champignons (Zuchtchampignons), Saft von 1–2 Zitronen; 1/2 Becher süße Sahne (= 100 ml), 1/2–1 TL Salz, 1/2 TL Curry, 1 Msp. Cayennepfeffer, eventuell 1 EL feingehackter Dill, einige Blätter Kopfsalat (etwa 1/2 kleiner Salatkopf).

Arbeitsgeräte

elektrische Küchenmaschine (mit feiner Hobelscheibe), Messer, Salatschüssel, Salatbesteck, kleine Schüssel, Zitronenpresse.

Zubereitungszeit

etwa 20 Minuten.

Zu dieser Rohkost eignen sich nur ganz frische, sehr zarte Champignons. Dunkel angelaufene, etwas welke Pilze sind ungeeignet!
Die Champignons sehr sorgfältig putzen, d. h. die trockenen Stielansätze und Verunreinigungen entfernen. Die Pilze nur dann ganz kurz abspülen, wenn sie sehr sandig sind. Sie sollten in diesem Fall aber wieder vorsichtig trockengetupft werden (mit Küchenkrepp oder einem weichen Küchentuch).
Die Champignons mit der Küchenmaschine – die feine Hobelscheibe einsetzen – in Scheibchen schneiden. Sofort mit dem ausgepreßten Zitronensaft beträufeln, damit die Scheiben nicht braun anlaufen.
Die Sahne mit den Gewürzen und dem feingehackten Dill verrühren, über die Champignonscheiben geben, alles locker durchmischen und abschmecken.
Die gewaschenen und abgetrockneten Salatblätter auf den Teller legen und die Rohkost darauf verteilen. Sofort servieren.

Pro Portion: 4 g E 8 g F 6 g KH 114 kcal 480 kJ

Serviervorschlag
Diese leicht nach Nuß schmeckende Rohkost ist eine ausgezeichnete Beilage zu gegrilltem Fisch, Geflügel, zu kurzgebratenen Fleischstücken (wie Steaks, auch Wildsteaks und Putenschnitzel).

Champignon-Geflügel-Cocktail
100 g gegartes, in feinste Streifen geschnittenes Geflügelfleisch (Hähnchen oder Pute) untermischen.
Oder
100 g gekochte, gepökelte Rinderzunge in feine Streifen schneiden und untermischen.

Chicoréesalat.

Chicoréesalat

Zutaten für 4 Personen

4 Stangen Chicorée (etwa 500 g), 2 Tomaten, 100 g Pyrenäenkäse (Gouda oder Appenzeller), 2 hartgekochte Eier; 3 EL Olivenöl, Saft von 1 Zitrone, 1 TL Senf, 1 Msp. Salbeipulver, 1 Msp. Zucker, Pfeffer und Salz nach Geschmack.

Arbeitsgeräte

Schneidbrett, Messer, (spitzes Küchenmesser und größeres Messer), Durchschlag, Kasserolle, Salatschüssel, Salatbesteck, Zitronenpresse.

Zubereitungszeit

15–20 Minuten.

Vom Chicorée die welken Außenblätter entfernen. Am unteren Ende der Stangen mit einem spitzen Küchenmesser den bitteren Kern keilförmig herausschneiden (siehe auch Bild im Kapitel Vorspeisen). Den Chicorée kalt waschen und auf einem Durchschlag gut abtropfen lassen. Je nach Dicke der Stangen diese der Länge nach halbieren oder vierteln.
Die Tomaten und den Käse in Würfel schneiden. Die hartgekochten Eier schälen und in Achtel schneiden.
Aus Öl, Zitronensaft und den Würzzutaten eine pikante Salatsoße rühren.
Auf einer flachen Platte oder portionsweise auf Tellern die Chicoréeviertel kranzartig anordnen. Die kleingeschnittenen Tomaten, Käsewürfel und Eierachtel in die Mitte häufen. Alles mit der Salatsoße beträufeln, nach Geschmack mit frisch gemahlenem Pfeffer würzen und als Vorspeise servieren.

Pro Portion: 12 g E 18 g F 6 g KH 244 kcal 1020 kJ

Beaucairesalat

Zutaten für 4 Personen

**1/4 l Wasser, 1 TL Salz,
2 EL Essig,
1 kleine Sellerieknolle (300 g),
1–2 Stangen Chicorée (etwa 200 g),
3–4 Stengel Bleichsellerie (oder 1 kleine Staude, etwa 250 g),
1 rotwangiger Apfel (etwa 200 g),
50 g gekochter Schinken,
100 g frische Champignons;
2 EL Salatmayonnaise,
2 EL Joghurt,
Saft von 1 Zitrone,
1 EL feingehackte Kräuter (z.B. Kresse, Kerbel, Dill, Petersilie),
Pfeffer und Salz nach Geschmack.**

Arbeitsgeräte

Topf (oder Kasserolle), Schneidbrett, Messer, Durchschlag, Salatschüssel, Salatbesteck, kleine Schüssel, Zitronenpresse.

Zubereitungszeit

**etwa 30 Minuten;
20–30 Minuten Kühlzeit.**

Wasser, Salz und Essig in den Topf geben und zum Kochen bringen.
Unterdessen die Sellerieknolle schälen und waschen. Dann in Scheiben und diese in dünne Streifen schneiden.
Die Streifen sofort in das kochende Essigwasser geben, da der Sellerie sonst an der Luft braun anläuft. 5–7 Minuten kochen, bis sie weich, aber noch leicht bißfest sind. Dann zum Abkühlen und Abtropfen auf den Durchschlag geben.
Während der Sellerie kocht, vom Chicorée die Außenblätter entfernen. Am unteren Ende mit einem spitzen Küchenmesser den bitteren Kern keilförmig herausschneiden (siehe Kapitel Vorspeisen).
Von den Bleichselleriestengeln die holzigen Enden und welken Blätter abschneiden. Chicorée und Bleichsellerie kalt waschen und abtropfen lassen. Dann in dünne Streifen schneiden und in die Salatschüssel geben.
Den Apfel waschen und abtrocknen, vierteln und das Kerngehäuse herausschneiden. Dann den Apfel und den gekochten Schinken in kleine Würfel schneiden.
Die Champignons putzen, schadhafte Stellen und die Stielenden abschneiden. Die Pilze nur waschen, wenn sie sehr sandig sind. In dünne Scheiben schneiden.
Alles in die Salatschüssel geben und die Selleriestreifen hinzufügen.
Die Mayonnaise, den Joghurt, den Zitronensaft, die feingehackten Kräuter, Pfeffer und Salz verrühren, über die Salatzutaten geben und locker mischen. Gut abschmecken und 20–30 Minuten im Kühlschrank durchziehen lassen.

Pro Portion: 6 g E 6 g F 15 g KH 136 kcal 570 kJ

Bleichselleriesalat

Zutaten für 4 Personen

1–2 Stauden Bleichsellerie (etwa 500 g), 1 grüne Paprikaschote, 1/8 l Wasser, 1/2 TL Salz, 3 Tomaten; 4 El Öl, 1 Zitrone, 1 Msp. Zucker, 1 TL flüssige Pfefferwürze, 1 TL flüssige Selleriewürze (oder Selleriesalz), eventuell etwas Pfeffer und Salz zum Nachwürzen.

Arbeitsgeräte

Messer, Durchschlag, Schneidbrett, Topf (oder Kasserolle), Salatschüssel, Salatbesteck, Zitronenpresse.

Zubereitungszeit

20–25 Minuten; 20–30 Minuten Kühlzeit.

Den Bleichsellerie (= Staudensellerie) in die einzelnen Stengel zerteilen, holzige oder braune Stellen wegschneiden.
Die Paprikaschote halbieren und das Kerngehäuse herauslösen.
Bleichsellerie und Paprika waschen und gut abtropfen lassen. Den Sellerie in dünne Scheiben, die Paprika in dünne Streifen schneiden.
Wasser und etwas Salz im Topf bei starker Wärmestufe (E-Herd Schaltstufe 2,5–3; Automatik 10–12; G-Herd große Flamme) aufkochen. Das kleingeschnittene Gemüse hineingeben und 3–5 Minuten bei geschlossenem Topf dünsten. Dann abtropfen lassen und in die Salatschüssel geben.
Die Tomaten waschen, abtrocknen und in Achtel (oder Zwölftel) schneiden. Zum Gemüse geben.
Öl, Zitronensaft und Gewürze darüber verteilen, den Salat lokker durchmischen und gut abschmecken. Im Kühlschrank 20–30 Minuten durchziehen lassen, dann portionsweise oder in einer Schüssel anrichten.

Pro Portion: 2 g E 10 g F 8 g KH 137 kcal 570 kJ

Serviervorschlag
Dieser Salat eignet sich gut als Beilage zu gebratenem Hähnchen, Pute und Fisch. Als Beilage für 4 Personen ausreichend; als Vorspeise gereicht, ergibt die Menge 6–8 kleinere Portionen.

TIP
Der Salat kann auch als knackig-frische Rohkost gereicht werden. In diesem Falle die Zutaten sehr fein schneiden, nicht dünsten und sofort servieren. Zubereitungszeit: 10–15 Minuten.

Beaucairesalat ist eine ideale Vorspeise und ebenfalls sehr zu empfehlen als Beilage zu gegrilltem Geflügel.

Grüner Salat

GRUNDREZEPT

Zutaten für 4 Personen

1 großer Kopfsalat (etwa 150 g, oder 2 kleine); 2–3 EL Öl, 1 EL Essig, 1 TL flüssige Zwiebelwürze, etwas Salz und frisch gemahlener Pfeffer, 2 TL feingehackte Kräuter (Petersilie, Dill, Kresse usw.).

Arbeitsgeräte

Messer, Durchschlag (oder Salatschleuder), Salatschüssel, Salatbesteck, kleine Schüssel.

Zubereitungszeit

10 Minuten.

Vom Salat die äußeren harten Blätter oder welke Blätter entfernen (Bild 1).
Den Salat in kaltem Wasser einige Male waschen, bis das Wasser klar bleibt. Die Blätter beim Waschen ganz locker im Wasser bewegen, damit sie nicht beschädigt werden (Bild 2).
Zum Abtropfen auf den Durchschlag (oder in die Salatschleuder) geben (Bild 3).
Die Blätter sollten fast trocken sein, wenn der Salat zubereitet wird, damit die Salatsoße nicht verwässert!

1 Vom Salat die äußeren Blätter entfernen.

2 Den Salat in kaltem Wasser waschen.

3 Zum Abtropfen in die Salatschleuder geben.

Große Blätter eventuell in kleinere Stücke zerzupfen. Den Salat in der Salatschüssel oder portionsweise auf Glastellern (in kleinen Porzellan- oder Keramikschüsseln usw.) anrichten.
Aus Öl, Essig und den Würzzutaten eine Salatsoße (= Salatmarinade) rühren. Erst bei Tisch über den Salat träufeln.

Pro Portion: – E 8 g F 1 g KH 74 kcal 310 kJ

Griechischer Bauernsalat.

Serviervorschlag
Frischer grüner Salat paßt zu allen Gerichten und sollte täglich auf den Tisch kommen, z. B. auch in verschiedenen Kombinationen mit anderen Rohkostsalaten.

Abwandlungen für grünen Salat

- 1–2 kleine Stangen Chicorée in feine Streifen schneiden und untermischen. Die Salatsoße in diesem Fall mit Tomatenketchup verrühren oder ein Salatdressing verwenden.
- Auf amerikanische Art: 1 große Orange schälen und in kleine Würfel oder dünne Scheiben schneiden. Den Salat mit Joghurtsoße oder saurer Sahne marinieren.
- 2 hartgekochte Eier schälen und fein hacken. 1 Bund Petersilie (Dill, Kresse, Kerbel, Borretsch usw.) fein hacken. Beides über den angerichteten Salat streuen und dann mit der Salatsoße beträufeln (Kräuter- oder Italienisches Dressing).

Griechischer Bauernsalat

Zutaten für 4 Personen

1 kleiner Kopfsalat, (oder 4–8 Blätter), 1/2 Bund Blattpetersilie, 1/2 frische Salatgurke (etwa 200 g), 4 Tomaten, 2 Zwiebeln, 50 g schwarze Oliven (12–16 Stück), 125 g griechischer Schafskäse; 4 EL Olivenöl, 1–2 EL Kräuteressig (oder Zitronensaft), frisch gemahlener Pfeffer, etwas Salz, 1 Knoblauchzehe (nach Geschmack).

Arbeitsgeräte

Salatkorb (Salatschleuder), Schneidbrett, Messer, kleine Schüssel.

Zubereitungszeit

etwa 15 Minuten.

Den Kopfsalat putzen, d.h. welke oder harte Blätter entfernen. Die übrigen Blätter vom Strunk lösen und ganz locker in reichlich kaltem Wasser waschen. Die Blätter im Salatsieb gut abtropfen lassen oder in der Salatschleuder trocknen. Den Salat in Streifen schneiden und auf 2–4 Teller verteilen.
Die gewaschene Petersilie gut abtropfen lassen (oder zwischen zwei Bogen Haushaltskrepp trocknen), grob zerschneiden und über den Salat verteilen. Die Gurke und die Tomaten waschen und abtrocknen. Die Gurke in 1/2 cm dicke Streifen oder Scheiben, die Tomaten in Scheiben schneiden.
Die Zwiebeln schälen und in ganz dünne Ringe schneiden.
Die Gurken- und Tomatenscheiben, die Zwiebelringe, die Oliven und den in Stücke gebrochenen Schafskäse auf dem Salat verteilen.
Öl, Essig, Pfeffer, Salz und zerdrückten Knoblauch im Schüsselchen verrühren. Bei Tisch über dem Salat verteilen.

Pro Portion: 8 g E 22 g F 6 g KH 258 kcal 1080 kJ

Serviervorschlag
Frisches Bauernbrot oder Weißbrot und Butter dazu reichen. Der Salat kann als leichte Mahlzeit für 2 Personen (dann Nährwertangaben doppelt) oder als Vorspeise für 4 Personen serviert werden. Tomatensaft oder Buttermilch schmeckt dazu, natürlich aber auch ein typischer griechischer Wein.

Frühlingssalat

Zutaten für 4 Personen

wie oben, 1/2 Salatgurke, 3 Tomaten, 1 Schachtel Kresse.

Arbeitsgeräte

siehe oben, Schneidbrett, Küchenschere.

Zubereitungszeit

10–15 Minuten.

Den Salat wie oben zubereiten.
Die Salatgurke, die Tomaten und die Kresse waschen (siehe Kressesalat).
Die Gurke und die Tomaten in Scheiben schneiden, die Kresse 1 cm über dem Schalenboden abschneiden.
Alles unter den Salat mischen und bei Tisch mit der Salatsoße beträufeln.
Oder eine fertige Salatsoße (Salatdressing) oder Joghurtsoße verwenden.

Pro Portion: 1 g E 8 g F 3 g KH 89 kcal 370 kJ

Feldsalat mit Radieschen

Zutaten für 4 Personen

200 g Feldsalat,
2 Bund Radieschen,
1 kleiner säuerlicher Apfel;
3 EL Öl, 1–2 EL Essig,
1 kleine Zwiebel,
1 TL feingehackte Kräuter (Petersilie oder Kerbel),
1 Knoblauchzehe,
frisch gemahlener Pfeffer,
1/2 gestrichener TL Salz,
1 Msp. Zucker.

Arbeitsgeräte

Messer, Durchschlag, Schneidbrett, Salatschüssel, kleine Schüssel, Knoblauchpresse.

Zubereitungszeit

15–20 Minuten.

Den Feldsalat putzen, sehr gründlich waschen und abtropfen lassen.
Die Radieschen waschen, Blätter und Wurzeln wegschneiden. Die Radieschen in dünne Scheibchen und den geschälten, entkernten Apfel in dünne Streifen schneiden. Locker mit dem Feldsalat vermischen und portionsweise auf Glastellern anrichten.
Aus Öl, Essig, der geschälten und in Würfel geschnittenen Zwiebel, den feingehackten Kräutern, der zerdrückten Knoblauchzehe, Pfeffer, Salz und Zucker eine pikante Salatsoße rühren. Erst bei Tisch über den Salat verteilen.
Anstelle der angegebenen Salatsoße kann ein Salatdressing (z.B. Andalusia, Catalina, Kräuterdressing) verwendet werden.

Pro Portion: 1 g E 8 g F 7 g KH 104 kcal 430 kJ

Bunte Salatschüssel.

Feldsalat (Rapunzel, Nuß- oder Nüßchensalat)

Dieser Salat hat viele Namen. Wie beliebt er seit Jahrhunderten ist, zeigt seine Beschreibung in dem Märchen »Rapunzel«.

Zutaten für 4 Personen

200 g Feldsalat,
50 g durchwachsener, geräucherter Speck,
2 EL Öl, 1 kleine Zwiebel,
1 Knoblauchzehe,
frisch gemahlener Pfeffer,
1/2 gestrichener TL Salz.

Arbeitsgeräte

kleines Messer, Durchschlag (oder Salatschleuder), Salatschüssel, Salatbesteck, Schneidbrett, Kasserolle.

Zubereitungszeit

etwa 15 Minuten

Den Feldsalat putzen, das heißt, die Wurzelenden und welken Blättchen der kleinen Feldsalatbüschel abschneiden (oder abdrehen). Die Blättchen sehr gründlich und mehrmals in viel kaltem Wasser waschen. Es darf kein Sand zwischen den Blättchen bleiben (damit es beim Essen nicht zwischen den Zähnen knirscht!). Den Salat auf dem Durchschlag gut abtropfen lassen oder in der Salatschleuder trocknen.
Den Speck in kleine Würfel schneiden.
Das Öl in die Kasserolle geben und erhitzen. Dann die Speckwürfel hineingeben und schön knusprig braun braten.
Die Zwiebel und Knoblauchzehe schälen und sehr fein hacken. Mit den ausgebratenen Speckwürfeln, etwas frisch gemahlenem Pfeffer und Salz über den Feldsalat geben. Locker durchmischen und sofort servieren.

Pro Portion: 2 g E 13 g F 2 g KH 143 kcal 600 kJ

Bunte Salatschüssel

Zutaten für 4 Personen	**Arbeitsgeräte**
1 kleiner Radicchio (100 g), 1 kleine Stange Chicorée (100 g), 1/2 Kopf Endiviensalat, 1/2 Kopf Römischer Salat; 4 EL Öl, 2 EL Rotwein oder Kräuterdressing (= Fertigsoße), 1 Knoblauchzehe, 1/2–1 TL Salz, 1 Msp. Zucker, 1 Msp. Rosenpaprika, frisch gemahlener Pfeffer.	**Messer, Durchschlag (oder Salatschleuder), Salatschüssel, Salatbesteck, kleine Schüssel.** **Zubereitungszeit** **etwa 20 Minuten.**

Die Blätter des Radicchio vom Strunk lösen. Vom Chicorée am unteren Ende mit einem spitzen Messer den bitteren Kern herausschneiden (siehe auch Kapitel Vorspeisen).
Die welken oder harten Blätter vom Endiviensalat und vom Römischen Salat entfernen.
Die Salate mehrmals in kaltem Wasser waschen und auf einem Durchschlag gut abtropfen lassen. Oder die Salatblätter – ausgenommen der Chicorée – in der Salatschleuder trocknen.
Die Salate in 1 cm breite Streifen schneiden und in die Salatschüssel geben.
Aus dem Öl und den Würzzutaten eine pikante Salatsoße rühren (oder ca. 6 Eßlöffel Salatdressing Andalusia = Fertigsoße) verwenden), über den bunten Salat geben, locker mischen und servieren.

Pro Portion: 2 g E 10 g F 3 g KH 118 kcal 490 kJ

Serviervorschlag
Als Beilage zu gegrilltem oder gebratenem Fleisch (Fleischspießen, Koteletts, Rollbraten usw.) reichen.

TIP
Radicchio, Chicorée und Endiviensalat enthalten häufig Bitterstoffe. Wer diesen leicht bitteren Geschmack nicht mag, sollte die Salate in lauwarmem Wasser waschen. Dann gut abtropfen lassen und einige Zeit in den Kühlschrank legen. So werden die Blätter wieder knackig und haben keinen bitteren Beigeschmack mehr.

Feldsalat mit Champignons
125 g frische zarte Champignons putzen, in dünne Scheiben schneiden, mit dem Saft von 1/2 Zitrone beträufeln und mit dem Feldsalat vermischen.

Feldsalat mit Rührei
Aus 2 Eiern mit 2 Eßlöffeln Milch, ein lockeres Rührei bereiten. Mit den ausgebratenen Speckwürfeln, etwas Pfeffer und Salz über den Feldsalat verteilen. Mit frischem Bauernbrot und Butter servieren.

Gurkensalat

GRUNDREZEPT

Zutaten für 4 Personen	Arbeitsgeräte
1 Salatgurke (etwa 400 g), 1/2 Bund Dill; 1 kleiner Becher saure Sahne (oder Joghurt), 1 TL Kräutersenf, Pfeffer und Salz, 1 Msp. Zucker, 4 Salatblätter.	Schneidbrett, Messer, Salatschüssel, Salatbesteck, kleine Schüssel.

Zubereitungszeit

10 Minuten.

Die Gurke waschen und abtrocknen. Nur schälen, wenn die Schale sehr fest oder fleckig ist. Die Gurke der Länge nach durchschneiden und die Kerne mit einem Löffel herauslösen. Das Gurkenfleisch in 1 cm große Würfel schneiden und in die Salatschüssel geben.
Den Dill – bis auf 1 Zweiglein – fein hacken.
Mit der Sahne, dem Kräutersenf, Pfeffer, Salz und Zucker zu einer pikanten Marinade verrühren. Diese über die Gurkenwürfel geben, locker durchmischen und – eventuell – 20–30 Minuten kalt stellen oder sofort servieren.
Portionsweise auf den gewaschenen, abgetrockneten Salatblättern anrichten und mit dem restlichen Dill garnieren.

Pro Portion: 1 g E 3 g F 2 g KH 44 kcal 180 kJ

Garniertip
Eine Glasplatte kranzförmig mit Tomatenscheiben belegen, leicht mit frisch gemahlenem Pfeffer und Salz würzen. In die Mitte den Gurkensalat häufen und z. B. mit 100 g Krabben bestreut als delikate Vorspeise servieren. Dazu Toastbrot und Butterröllchen reichen.

Abwandlungen
Eine beliebte und sehr farbenfrohe Kombination ist Gurken- mit Tomatensalat. Tomaten und Gurken z. B. in Scheiben schneiden und streifenweise oder jeweils ein Kreis Tomaten- und ein Kreis Gurkenscheiben auf Tellern oder einer Platte anrichten. Mit einer Salatsoße nach Geschmack (Fertigsoßen oder Salatsoßen – siehe dieses Kapitel) marinieren.

Oder
Gurken- und Bananenscheiben mit einer Joghurtmarinade vermischen und servieren.
Im Geschmack zu Gurke harmonieren auch Orangen, Äpfel und Birnen.

Tips für Gurkensalate
Die im Handel angebotenen Gurken enthalten keine Bitterstoffe. Bei Gartengurken aus eigenem Anbau ist es unter Umständen nötig, daß die Endstücke der Gurken abgeschnitten werden, da sie Bitterstoffe enthalten können,
Gurkensalate dürfen nach dem Marinieren möglichst nicht stehen, vor allem wenn Essig mit verwendet wurde. Sie ziehen zuviel Saft und werden fade.
Beliebte Kräuter zu Gurkensalaten sind Dill und Borretsch, Schnittlauch, Kerbel, frische Kresse und Estragon.
Gurken sind auch gut geeignet, um Salate dekorativ anzurichten. Eine große, der Länge nach halbierte und ausgehöhlte Gurke kann mit pikanten Cocktails oder Rohkostsalaten gefüllt werden. In Viertel geteilte, entkernte und auf Spießchen gesteckte Tomaten (durch die beiden Spitzen der Tomatenviertel spießen) ergeben z.B. lustige kleine Segel für ein gefülltes Gurkenboot.

Kürbissalat

Zutaten für 4 Personen	Arbeitsgeräte
600 g Kürbis, 1 TL Knoblauchsalz (oder 1 TL Salz und 1–2 Knoblauchzehen), 1 Msp. Pfeffer, 1 kleiner Becher saure Sahne, 1 Bund Dill.	**Messer, Schneidbrett, Rohkostreibe (oder Gurkenhobel), Salatschüssel, Salatbesteck.** **Zubereitungszeit** **etwa 15 Minuten.**

Den Kürbis schälen und die Kerne herauslösen. Das Kürbisfleisch kalt abspülen und wieder abtrocknen.
Das Kürbisfleisch auf der Rohkostreibe (oder Schnitzelwerk der elektrischen Küchenmaschine) in grobe Streifen raspeln oder mit dem Gurkenhobel in dünne Streifen hobeln.

Den geraspelten Kürbis mit Knoblauchsalz vermischen und im Kühlschrank 5 Minuten ziehen lassen. Danach den Pfeffer und die saure Sahne unterrühen.
Den Dill fein hacken und vor dem Servieren über den Kürbissalat streuen.

Pro Portion: 2 g E 3 g F 7 g KH 64 kcal 270 kJ

Anmerkung
Die Verwendung von Kürbis für Salat (oder auch als geschmortes Gemüse) ist leider viel zu wenig bekannt. Die Zubereitung ist zwar nur auf die Zeit vom Spätsommer bis in den Winter beschränkt, erweitert aber das Salatrepertoire.

Einkaufstip
Große gelbe Kürbisse haben meist zartes, weiches Fruchtfleisch, leicht grünfarbige Kürbisse haben bißfesteres Fruchtfleisch.

1 Kürbis.

2 Segmente aus dem Kürbis herausschneiden.

3 Das Kürbisfleisch grob raspeln.

Kürbissalat.

Tomatensalat

GRUNDREZEPT

Zutaten für 4 Personen

500 g Tomaten; 2 EL Öl, 1 Msp. Salz (oder Knoblauchsalz), frisch gemahlener Pfeffer, eventuell 1 TL feingehackte Kräuter (z.B. Dill, Schnittlauch, Kerbel usw.)

Arbeitsgeräte

Schneidbrett, scharfes Sägemesser (Tomatenmesser), kleine Schüssel oder Tasse.

Zubereitungszeit

5–7 Minuten.

Die Tomaten waschen, abtrocknen und in dünne Scheiben schneiden. Auf kleinen Salattellern verteilen.
Öl und die Würzzutaten verrühren und über den Salat träufeln. Eventuell mit feingehackten Kräutern (oder feingehackter Zwiebel) bestreuen.
Tomatensalat wird sofort serviert, z.B. zu gegrilltem oder gebratenem Fleisch, zu Fisch- und Geflügelgerichten.

Pro Portion: 1 g E 5 g F 4 g KH 70 kcal 290 kJ

1 Die Tomaten mit kochendem Wasser überbrühen.

2 Die Haut von den Tomaten ziehen.

Tips für Tomatensalate

- Ausgereifte Tomaten schmecken immer am besten, kleine Tomatensorten (auch Cocktail- oder Kirschtomaten) sind oft aromatischer als große Tomaten. Freilandtomaten sind besser im Geschmack als solche aus dem Treibhaus.
- Einige Salate schmecken besser, wenn die Tomaten vorher gehäutet werden. Die Tomaten werden mit kochendem Wasser überbrüht oder kurz in das kochende Wasser gelegt. Danach in eiskaltes Wasser tauchen. Die Schale läßt sich dann ganz leicht abziehen (Bilder 1 und 2).
- Bei Tomaten, die schon recht weich sind, sollten vor dem Kleinschneiden die Kerngehäuse herausgelöst werden.
- Besonders gut zu Tomatensalat schmecken Kräuter, wie Basilikum, Kerbel, Dill, Schnittlauch, Kresse und Petersilie.

Tomaten-Bohnen-Salat
Tomatensalat nach dem Grundrezept zubereiten. Auf Salattellern zusammen mit grünem Bohnensalat anrichten oder mit weißen oder roten Bohnenkernen (aus der Dose).

Spanischer Tomatensalat

Zutaten für 4–6 Personen

500 g Tomaten, 1 große spanische Gemüsezwiebel (etwa 200 g), 1 grüne Paprikaschote; 1 EL feingeschnittener Schnittlauch, 1/2 TL Salz (oder Knoblauchsalz), Pfeffer, 1 Prise Zucker, 3 EL Olivenöl, 2 EL Rotwein (oder Sherry extra dry).

Arbeitsgeräte

Schneidbrett, scharfes Sägemesser (Tomatenmesser), kleine Schüssel.

Zubereitungszeit

etwa 15 Minuten.

Die Tomaten waschen, abtrocknen, in dünne Scheiben schneiden und auf einen großen Teller legen.
Die Zwiebel schälen, in sehr dünne Scheiben schneiden und die Ringe auseinanderdrücken.
Die Paprikaschote entkernen, waschen und in kleine Würfel schneiden.
Die Zwiebelringe über den Tomatenscheiben verteilen und mit den Paprikawürfeln bestreuen.
Aus den übrigen Zutaten eine pikante Salatsoße rühren. Den Salat servieren und erst bei Tisch mit der Salatsoße beträufeln.

Serviervorschlag
Als Beilage zu Fleischspießchen, gegrillten Würstchen, Geflügel oder Fisch reichen.

Pro Portion bei 4: 2 g E 8 g F 10 g KH 131 kcal 580 kJ

TIP
10 gefüllte grüne Oliven in Scheiben schneiden und über den Salat verteilen.
Oder 1 Dose spanische Pfahlmuscheln in pikanter Soße abtropfen lassen und über die anderen Zutaten verteilen.

Verschiedene Tomatensorten.

Tomaten-Mais-Salat

Zutaten für 4 Personen	Arbeitsgeräte
500 g Tomaten, 1 kleine Dose Maiskörner (etwa 200 g), 4 EL Öl, frisch gemahlener Pfeffer, 1/2 TL Knoblauch- oder Selleriesalz, 1 Msp. Curry, Salz nach Geschmack, 1/2 Bund Dill (oder 1 Schächtelchen Kresse).	Schneidbrett, scharfes Sägemesser (Tomatenmesser), Sieb, Salatschüssel, Salatbesteck. **Zubereitungszeit** 10–15 Minuten; 15 Minuten Kühlzeit.

Die Tomaten waschen, abtrocknen und in Achtel schneiden.
Die Maiskörner zum Abtropfen auf das Sieb geben.
Die Tomatenstücke, die Maiskörner, das Öl, die Würzzutaten und den feingehackten Dill in der Salatschüssel locker vermischen.
Vor dem Servieren ca. 15 Minuten kalt stellen.

Pro Portion: 3 g E 11 g F 15 g KH 172 kcal 720 kJ

Serviervorschlag
Dieser Salat ist eine ausgezeichnete Beilage zu gegrilltem Geflügel oder zu belegten Broten.

TIPS
50 g Walnußkerne grob hacken und über den Salat streuen.
Oder: 150 g gekochte (oder gegrillte) Geflügelbrust (Huhn, Poularde oder Pute) in Streifen schneiden und unter den Salat mischen.

Tomatensalat mit Bananen

Zutaten für 4 Personen	Arbeitsgeräte
500 g Tomaten, 2 Bananen (250 g), 10 entsteinte Datteln, Pfeffer, Zitronensaft, Joghurtsoße (s. Seite 141).	Schneidbrett, scharfes Sägemesser. **Zubereitungszeit** etwa 10 Minuten.

Die Tomaten und die geschälten Bananen in dünne Scheiben schneiden.
Die Tomatenscheiben als Außenkranz auf eine große Platte legen, die Bananenscheiben in die Mitte geben.
Die Datteln in dünne Streifen schneiden und über die Bananen verteilen. Mit frisch gemahlenem Pfeffer würzen, mit Zitronensaft beträufeln und mit Joghurtsoße marinieren.

Pro Portion: 3 g E 2 g F 29 g KH 150 kcal 630 kJ

Tomaten-Mais-Salat, spanischer Tomatensalat, Tomaten-Bohnen-Salat (von oben).

Tomatensalat nach orientalischer Art

Zutaten für 4 Personen

500 g Tomaten (2–3 Gemüsetomaten),
1 Zwiebel,
1 Bund Blattpetersilie (etwa 100 g);
4 EL Öl,
1–2 Knoblauchzehen,
1 Msp. Cayennepfeffer,
1/2–1 TL Salz,
1 Msp. Zucker,
frisch gemahlener Pfeffer.

Arbeitsgeräte

Schneidbrett, scharfes Sägemesser (Tomatenmesser), Salatschüssel, Salatbesteck, Knoblauchpresse.

Zubereitungszeit

etwa 15 Minuten.

Die Tomaten waschen, abtrocknen und in Spalten oder 2 cm große Stücke schneiden.
Die Zwiebel schälen und in kleine Würfel schneiden. Beides in die Salatschüssel geben.

Die Blattpetersilie (keine Krausepetersilie verwenden) waschen und gründlich abtropfen lassen. Am besten mit Haushaltspapier abtrocknen. Die Petersilie in grobe Stücke (etwa 1 cm groß) schneiden und über die Tomatenstücke streuen.
Öl, die zerdrückten Knoblauchzehen, Cayennepfeffer, Salz, Zucker und frisch gemahlenen Pfeffer zu einer scharf-pikanten Salatsoße rühren. Über die Salatzutaten geben und locker durchmischen.

Pro Portion: 2 g E 10 g F 8 g KH 138 kcal 580 kJ

Serviervorschlag

Dieser Salat schmeckt zu allen gebratenen und gegrillten Fleischgerichten, vor allem zu Hammelkoteletts, zu gegrilltem Fisch und Hähnchen.
Sie können ihn aber auch mit frischem Brot und Butter zwischendurch als erfrischenden Sommersalat reichen.

TIP

1 kleine Dose Kichererbsen (etwa 220 g) abtropfen lassen und mit unter den Salat mischen.

Nizzasalat

Dieser Salat ist in den Sommermonaten an der Côte d'Azur, nicht nur in Nizza, sehr beliebt. Es gibt unzählige Variationen dieses Salates, der als Hors d'œuvre (Vorspeise) oder als leichte kleine Mittagsmahlzeit gereicht wird. Knuspriges Stangenweißbrot gehört auf jeden Fall dazu. Je nach Geschmack Tafelwasser oder einen französischen Wein (z.B. Mistral oder Rosé de Provence) dazu trinken.

Zutaten für 4 Personen

3–4 Eier; 300 g Tomaten (je nach Größe 4–6 Stück), 4–6 Anschovisfilets, 2 grüne Paprikaschoten, 1 Zwiebel, 100 g schwarze Oliven, 1 Bund Radieschen, 1/2 Bund Petersilie (oder 10 frische Basilikumblätter); 3 EL Öl, 1–2 EL Essig, 1/2 TL Salz, 1 Msp. Zucker, frisch gemahlener Pfeffer, 1 Knoblauchzehe.

Arbeitsgeräte

Kasserolle, Durchschlag, Schneidbrett, scharfes Sägemesser, Schüsselchen, Knoblauchpresse.

Zubereitungszeit

etwa 15 Minuten.

Wasser in der Kasserolle zum Kochen bringen. Die Eier hineingeben und 6–8 Minuten kochen (siehe auch Kapitel Eierspeisen). Dann abschrecken und schälen.
Während die Eier kochen, die Tomaten waschen und abtrocknen. In dünne Scheiben schneiden und eine große runde Platte (oder 4 Teller) mit den Scheiben belegen.
Die Anschovisfilets kalt abspülen und abtrocknen, dann auf die Tomatenscheiben legen.
Die Paprikaschoten halbieren und die Kerngehäuse herausschneiden. Die Paprikaschoten waschen und abtrocken. In sehr dünne Streifen und die geschälte Zwiebel in dünne Scheiben schneiden. Mit den Oliven über die Tomatenscheiben verteilen.
Die Radieschen – das Grün und die Wurzeln abschneiden – waschen und mit auf die Platte geben.
Die Eier halbieren oder vierteln und gleichmäßig verteilen.
Die Petersilie (oder Basilikum) fein hacken und im Schüsselchen mit dem Öl, dem Essig, den Gewürzen und der zerdrückten Knoblauchzehe zu einer pikanten Salatmarinade verrühren. Erst bei Tisch über die Salatzutaten träufeln. Nach Geschmack mit frisch gemahlenem Pfeffer nachwürzen.

Pro Portion: 10 g E 23 g F 10 g KH 291 kcal 1220 kJ

Abwandlungen
Da dieser Salat meist als leichte Mahlzeit (vor allem mittags) gereicht wird, kann – je nach Appetit und Vorrat – eine stärker sättigende Variante zubereitet werden.
- 100 g kaltes, gegrilltes Geflügelfleisch in Streifen schneiden und über die anderen Zutaten verteilen;
- 1 Dose Thunfisch oder Ölsardinen,
- 100 g in kleine Scheiben geschnittene Knoblauchwurst,
- 100 g gekochter, zu Röllchen gedrehter Schinken,
- 100 g in Würfel geschnittene Salami,
- 1 Dose zarte Artischockenherzen

jeweils über die übrigen Salatzutaten verteilen.

Grüner Bohnensalat

GRUNDREZEPT

Zutaten für 4 Personen

**500 g zarte, junge Bohnen (Prinzeß- oder Stangenbohnen),
1/8 l Wasser,
2 TL Instantbrühe,
1 Msp. Pfeffer,
1 Stengel Bohnenkraut,
1 Zwiebel, 2 EL Öl,
1 EL Essig,
1 Prise Zucker,
Salz und Pfeffer nach Geschmack,
1/2 Bund Petersilie.**

Arbeitsgeräte

Messer, Durchschlag, Topf (mit Deckel), Salatschüssel, Salatbesteck, Schneidbrett.

Zubereitungszeit

etwa 30 Minuten; 30–60 Minuten Kühlzeit.

Von den Bohnen die Stielansätze und Spitzen entfernen. Die Bohnen waschen und abtropfen lassen. Größere Bohnen eventuell in Stücke brechen.
Wasser, Instantbrühe, Pfeffer und Bohnenkraut in den Topf geben. Bei starker Wärmestufe (E-Herd Schaltstufe 2,5–3; Automatik 10–12; G-Herd große Flamme) zum Kochen bringen. Die Bohnen hineingeben und zum Kochen kommen lassen. Dann bei geschlossenem Topf auf kleiner Wärmestufe in 12–20 Minuten gar dünsten. Die Garzeit richtet sich nach der Bohnensorte. Zarte, junge Bohnen sind schneller gar als dickere.
Während die Bohnen garen, die Zwiebel schälen, in sehr kleine Würfel schneiden und zusammen mit Öl, Essig, Zucker, etwas Salz und Pfeffer in der Salatschüssel verrühren. Dann die Bohnen hineingeben und durchmischen.
Den Bohnensalat abkühlen lassen und eventuell noch kalt stellen. Vor dem Anrichten feingehackte Petersilie darüberstreuen.

Pro Portion:	**3 g E**	**6 g F**	**7 g KH**	**93 kcal**	**390 kJ**

Serviervorschlag

Bohnensalat schmeckt zu vielen Fleischgerichten, zu Bratwürsten und Frikadellen. Er wird auch gerne mit anderen Salaten zusammen angerichtet, z.B. mit Tomaten-, Paprika-, Gurken- oder grünem Salat.

Abwandlung

Den Bohnensalat nach dem Grundrezept zubereiten. 2 Eier hart kochen, schälen und fein hacken. Mit der feingehackten Petersilie, frisch gemahlenem Pfeffer und etwas Salz vermischen und vor dem Servieren über den Bohnensalat streuen.

1 Portion:	**6 g E**	**9 g F**	**7 g KH**	**139 kcal**	**580 kJ**

Grüner Bohnensalat (Grundrezept und Abwandlung).

Bunter Kartoffelsalat

Zutaten für 4 Personen	Arbeitsgeräte
500 g gekochte Pellkartoffeln, 1 kleines Glas Kürbis (süß-sauer, 150 g), 1 kleines Glas Tomatenpaprika (150 g), 2 Gewürzgurken, 150 g gekochter Schinken, 2 Zwiebeln; 1 Beutel Salatmayonnaise (100 g), 2 EL saure Sahne, 1 EL feingehackte Kapern, 1 EL Tomatenketchup, 1–2 TL Paprika, Pfeffer und Salz.	**eventuell Topf (oder Dampfdrucktopf), Schneidbrett, Messer, Sieb, Salatschüssel, Salatbesteck, kleine Schüssel.**

Zubereitungszeit

20–25 Minuten (ohne Kochzeit für Kartoffeln); 30–60 Minuten Kühlzeit.

Die gekochten Kartoffeln schälen und in dünne Scheiben schneiden.
Den Kürbis und Tomatenpaprika abtropfen lassen. Den Kürbis in dünne Scheiben, den Tomatenpaprika, die Gewürzgurken und den Schinken in Streifen schneiden.
Die Zwiebeln schälen, in dünne Scheiben schneiden und die Ringe auseinanderdrücken.
Alles in die Salatschüssel geben.
Die Mayonnaise, die saure Sahne, die feingehackten Kapern und die Gewürze im Schüsselchen zu einer scharf-würzigen Salatsoße rühren. Über die kleingeschnittenen Zutaten gießen und alles locker durchmischen. Gut abschmecken und mindestens 30 Minuten durchkühlen lassen.

Pro Portion: 11 g E 19 g F 29 g KH 351 kcal 1470 kJ

Kartoffel-Sellerie-Salat

Zutaten für 4 Personen	Arbeitsgeräte
750 g gekochte Pellkartoffeln, 1 Dose Sellerie in Scheiben (etwa 220 g oder 1 Glas Selleriesalat), 100 g durchwachsener, geräucherter Speck, 3 EL Öl, 2 EL Kräuteressig, Pfeffer und Salz, 1/2 Bund Petersilie.	**eventuell Topf (oder Dampfdrucktopf), Pfanne (oder Kasserolle), Sieb, Salatschüssel, Salatbesteck, Schneidbrett, Messer, Tasse.**

Zubereitungszeit

15 Minuten (ohne Garzeit für Kartoffeln); 60 Minuten Kühlzeit.

Die gekochten Kartoffeln schälen, zunächst in Scheiben und diese dann in Streifen schneiden. Die Selleriescheiben ebenfalls in Streifen schneiden.
Den Speck in kleine Würfel schneiden.
Das Öl in der Pfanne oder Kasserolle erhitzen. Die Speckwürfel hineingeben und knusprig braun braten. Über die Kartoffel- und Selleriestreifen geben.
Essig, etwas Pfeffer, Salz und feingehackte Petersilie darübergeben. Alles locker durchmischen, gut abschmecken und eventuell 30–60 Minuten durchkühlen lassen.

Pro Portion: 6 g E 24 g F 31 g KH 379 kcal 1580 kJ

Serviervorschlag
Kartoffel-Sellerie-Salat schmeckt als Beilage zu heißen Würstchen oder Bratwürsten, zu gebratenem Fischfilet, Geflügel usw.

Abwandlung
Anstelle von gebratenem Speck 100 g gekochten Schinken in kleine Würfel schneiden. 1 säuerlichen Apfel und 1/4 Salatgurke ebenfalls in Würfel oder Streifen schneiden. Den Salat mit einer Joghurtsoße (siehe Seite 141) oder Mayonnaise vermischen und durchkühlen lassen.
Als leichtes Abendessen mit Vollkornbrot und Butter reichen.

TIP
Das würzige Selleriewasser nicht weggießen, sondern etwas davon unter die Marinade mischen.

Lauchsalat nach jugoslawischer Art.

Lauchsalat (nach jugoslawischer Art)

Zutaten für 4 Personen	Arbeitsgeräte
600 g Lauch (= Porree), 1/4 l Wasser, 1 TL Salz; 3 EL Öl, 1 EL Essig, Pfeffer und Salz, 1 Msp. Zucker, 8–10 gefüllte grüne Oliven (Paprikafüllung).	**Topf (oder Kasserolle), Schneidbrett, Messer, Durchschlag, Schüssel.**
	Zubereitungszeit
	etwa 15 Minuten; 20–30 Minuten Kühlzeit.

Für diesen delikaten Salat möglichst dünne, zarte Lauchstangen kaufen.
Das Wasser und Salz in den Topf geben und bei starker Wärmestufe zum Kochen bringen.
In der Zwischenzeit den Lauch putzen, d.h. die Wurzeln und harten Blätter entfernen. Den Lauch unter fließendem Wasser gründlich waschen, damit kein Sand zwischen den langen Blättern bleibt.

TIP
Die Stangen der Länge nach an einer Seite aufschneiden. Die Blätter auseinanderbiegen und unter fließendem, kaltem Wasser den Sand herauswaschen.

Die Stangen abtropfen lassen und in 3 cm lange Stücke schneiden. In das kochende Wasser geben und 2–3 Minuten blanchieren (= brühen, kochen). Die Lauchstücke auf dem Durchschlag abtropfen lassen, danach in die Schüssel geben.
Öl, Essig, die Gewürze und die feingehackten Oliven über die Lauchstücke verteilen.
Den Lauchsalat nur einige Minuten durchziehen lassen, wenn er als warme Beilage gereicht wird. Sonst 20–30 Minuten kühlen.

1 Portion enthält dann:
3 g E 9 g F 7 g KH 129 kcal 540 kJ

Serviervorschlag
Lauchsalat schmeckt ausgezeichnet zu kurzgebratenem Fleisch, zu Fisch und Hackfleischgerichten.

Abwandlung
Den Lauchsalat nach dem Grundrezept zubereiten, die Stangen aber in 1/2 cm dicke Scheiben schneiden. 1 rote Paprikaschote entkernen, in feine Streifen schneiden und mitblanchieren.

Spargel-Eier-Salat

Zutaten für 4 Personen	Arbeitsgeräte
6 Eier, 1 Dose Spargel (Einwaage etwa 480 g), 1/8 l Spargelwasser, 1 EL helle Soße (Instant) (oder Currysoße), 50 g Salatmayonnaise, 1 Msp. Curry, 1 Msp. Pfeffer, 1 Msp. Paprika, Salz nach Bedarf, 1 Prise Zucker, eventuell 1 Zitrone.	**Kasserolle (oder Topf), Dosenöffner, Sieb (oder Durchschlag), Topf, Schneidbrett, Messer, Eischneider, Salatschüssel, Salatbesteck, Tasse, Zitronenpresse.**
	Zubereitungszeit
	etwa 20 Minuten (bei Verwendung von Dosenspargel); 30 Minuten Kühlzeit.

Die Eier mit Wasser bedeckt zum Kochen bringen, hart kochen (siehe auch Kapitel Eierspeisen), kalt abschrecken und schälen.
Während die Eier kochen, den Spargel zum Abtropfen auf das Sieb geben. Das Spargelwasser auffangen.
Die gut abgetropften Stangen in 3–4 cm lange Stücke schneiden und in die Salatschüssel geben. Die Eier mit dem Eischneider (oder dem Messer) in Scheiben schneiden und dazugeben.
1/8 l Spargelwasser abmessen und in die Kasserolle geben, erhitzen und die Instantsoße einrühren. Die Soße einmal auf-

Spargel-Eier-Salat.

kochen lassen. Die Kasserolle vom Herd nehmen. Die Mayonnaise und die Gewürze in die heiße Soße rühren. Leicht abkühlen lassen.
Zitronensaft über die Spargelstücke und Eischeiben träufeln und die Salatsoße darübergießen. Den Salat sehr vorsichtig durchheben, damit er nicht zu sehr zerfällt. Mindestens 30 Minuten durchkühlen lassen.

Pro Portion: 13 g E 16 g F 6 g KH 237 kcal 990 kJ

Serviervorschlag

Den Salat auf Salatblättern anrichten, dazu Toastbrot und Butter reichen.
Als Vorspeisensalat für 6–8 Portionen ausreichend.

Garniervorschlag

Als Salat oder Vorspeise bei festlicheren Anlässen auf einer schönen Platte anrichten. Mit Büscheln von Kresse (oder Brunnenkresse) und kleinen Schinkenrollen umlegen.

Geflügelsalat mit Ananas

Zutaten für 4 Personen

300 g gekochte oder gegrillte Hähnchenbrust (Huhn oder Pute), 1 kleine Dose Champignons (etwa 100 g), 2 Scheiben Ananas (aus der Dose), 50 g Salatmayonnaise, 2 EL Curryketchup, 2 EL Ananassaft, 1/4 TL Rosenpaprika, Pfeffer und Salz, einige Salatblätter.

Arbeitsgeräte

Schneidbrett, Messer, Sieb (oder Durchschlag), Salatschüssel, Salatbesteck, Tasse, Dosenöffner.

Zubereitungszeit

etwa 15 Minuten (ohne Garzeit des Fleisches); 30–60 Minuten Kühlzeit.

Das Geflügelfleisch (ohne Haut) in Streifen schneiden.
Die Champignons und Ananasscheiben auf dem Sieb abtropfen lassen. Die Champignons in Scheiben und die Ananas in kleine Stücke schneiden.
Zum Geflügelfleisch in die Salatschüssel geben.
In der Tasse die Mayonnaise, den Curryketchup, den Ananassaft, den Paprika, etwas Pfeffer und Salz zu einer pikanten Salatsoße verrühren. Über die Salatzutaten gießen, locker durchmischen und den Salat mindestens 30 Minuten durchkühlen lassen.
Dann portionsweise – oder in einer schönen Schale – auf den Salatblättern anrichten.

Pro Portion: 18 g E 7 g F 10 g KH 187 kcal 780 kJ

Serviervorschlag

Mit Toastbrot, Butter und einem leichten Weißwein als Vorspeise reichen.

Garniertip

Für festliche Anlässe den Salat mit halbierten Ananasscheiben und Kräutern garnieren.

Geflügel-Pfirsich-Salat

Zutaten für 4 Personen

**1/4 l Wasser,
2 TL Instantbrühe,
250 g Hühner- oder Hähnchenbrustfilet,
etwas frisch gemahlener Pfeffer,
4 Pfirsichhälften (aus der Dose);
4 EL Joghurt (oder saure Sahne),
1 EL Tomatenketchup,
1 EL Cognac,
1 Msp. Zucker,
1/2 TL Salz,
1 TL feingehackter Kerbel (oder Dill),
4 Salatblätter,
eventuell 2 Pfirsichhälften, einige Sauerkirschen zum Garnieren.**

Arbeitsgeräte

kleiner Topf, Schneidbrett, Messer, Salatschüssel, Salatbesteck, Tasse.

Zubereitungszeit

**etwa 25 Minuten;
etwa 30 Minuten Kühlzeit.**

Das Wasser und die Instantbrühe in den Topf geben und bei starker Wärmestufe (E-Herd Schaltstufe 2,5–3; Automatik 10 bis 12; G-Herd große Flamme) aufkochen.
Die Brustfilets kalt abspülen und in die Brühe geben. In 12–15 Minuten gar kochen, dabei den Topf schließen und auf kleinste Wärmestufe schalten.
Das Geflügelfleisch anschließend in sehr feine Streifen schneiden und abkühlen lassen. Leicht mit frisch gemahlenem Pfeffer würzen.
Die Pfirsiche in Streifen schneiden und über die Geflügelstreifen geben.
In der Tasse Joghurt, Tomatenketchup, Cognac, Zucker, Salz und feingehackten Kerbel verrühren. Die Salatsoße pikant abschmecken, über die anderen Zutaten geben und locker durchmischen. Im Kühlschrank etwa 30 Minuten durchziehen lassen.
Die Salatblätter waschen, abtropfen lassen und abtrocknen. Auf 4 Glasteller oder in flache Sektschalen legen. Den durchgekühlten Salat darauf anrichten. Eventuell mit Pfirsichstreifen und Sauerkirschen garnieren.

Pro Portion: 15 g E 1 g F 11 g KH 137 kcal 570 kJ

Serviervorschlag
Als leichte Vorspeise bei einem festlichen Menü reichen oder als leichtes Abendessen für 2 Personen (dann doppelter Nährwert). Getoastetes Weißbrot und ein leichter Weißwein passen dazu.

Garniertip
Für festliche Anlässe, z.B. auch für ein kaltes Büfett, den Salat in einer großen Schale mit hohem Stiel anrichten. Mit Pfirsichachteln und Sauerkirschen kranzartig garnieren.

Hamburger Fleischsalat (links) und ungarischer Fleischsalat.

Hamburger Fleischsalat

Zutaten für 4 Personen

**1/2 Salatgurke (etwa 200 g),
3 Tomaten,
250 g gekochtes Rindfleisch (Rest), 1 Gewürzgurke,
1 kleine Dose Brechbohnen (220–250 g), 1 TL Senf,
1 EL Tomatenketchup,
2 EL Öl, 1-2 EL Essig,
1/2 TL Paprika,
1/4 TL Pfeffer,
1/2 TL Salz, Petersilie.**

Arbeitsgeräte

Schneidbrett, Messer, Salatschüssel, Salatbesteck, Dosenöffner, Sieb, Tasse, evtl. Dampfdrucktopf (siehe auch Hinweis Ungarischer Fleischsalat).

Zubereitungszeit

**15–20 Minuten;
etwa 1 Stunde Kühlzeit.**

Die Salatgurke und die Tomaten waschen und abtrocknen. Die Salatgurke (mit der Schale verwenden), die Tomaten, das gekochte Rindfleisch und die Gewürzgurke in kleine Würfel schneiden. In die Schüssel geben.

Die Bohnen auf dem Sieb abtropfen lassen und über die anderen Zutaten geben.
Senf, Tomatenketchup, Öl, Essig und Gewürze in einer Tasse verrühren, über die Zutaten gießen und alles locker durchmischen. Scharf-pikant abschmecken und den Salat mindestens 1 Stunde (besser länger!) im Kühlschrank durchziehen lassen.
Mit Petersilie bestreut oder mit Petersiliensträußchen garniert servieren.

Pro Portion: 11 g E 14 g F 6 g KH 210 kcal 880 kJ

Serviervorschlag
Mit Bauernbrot und Butter zum Abendessen reichen oder mit mehreren anderen Salaten bei einem Fest servieren.

Tip zum Kalorien/Joule-Sparen:
Verwenden Sie für die Salatmarinade kein Öl, sondern z.B. Fleischbrühe. Dann enthält

1 Portion: 11 g E 9 g F 6 g KH 164 kcal 690 kJ

Ungarischer Fleischsalat

Zutaten für 4 Personen

**300 g gekochtes Rindfleisch (Rest, eventuell auch vom Braten),
1 kleines Glas eingelegte Tomatenpaprika (150 g),
1 Zwiebel, 2 Tomaten,
3 EL Öl, 1–2 EL Essig (besser die Marinade des Tomatenpaprikas),
1 Knoblauchzehe,
1 TL Salz,
1/4 TL Pfeffer,
1 Prise Zucker,
1/2–1 TL Paprika,
1 Bund Petersilie.**

Arbeitsgeräte

Schneidbrett, Messer, Sieb, Salatschüssel, Salatbesteck.

Zubereitungszeit

**etwa 15 Minuten;
30–60 Minuten Kühlzeit.**

Das gekochte oder gebratene Rindfleisch (Rest) in etwa 1 cm große Würfel schneiden.
Den Tomatenpaprika im Sieb abtropfen lassen. Die Zwiebel schälen.
Beides in kleine Würfel schneiden.
Die Tomaten achteln.
Alles zum Fleisch in die Schüssel geben. Öl, Essig (oder die Marinade des Tomatenpaprikas) und Gewürze hinzufügen.
Die Salatzutaten locker durchmischen und scharf-würzig abschmecken. Im Kühlschrank mindestens 30 Minuten (besser länger!) durchziehen lassen.

Pro Portion: 17 g E 13 g F 4 g KH 212 kcal 890 kJ

Serviervorschlag
Mit frischem Bauernbrot oder Vollkornbrot und Butter zum Abendessen oder als Zwischenmahlzeit reichen. Tomatensaft oder Bier als Getränk, aber auch eine heiße Brühe oder Suppe schmecken dazu.

HINWEIS
Die Zubereitungszeit wurde ohne eventuelle Garzeit für das Fleisch berechnet. Wird z.B. das Fleisch für eine größere Salatmenge gekocht (bei einem Fest), so muß mit 80–90 Minuten Garzeit im Topf auf der Kochstelle oder mit etwa 40 Minuten Garzeit beim Garen im Dampfdrucktopf gerechnet werden.

Kanadischer Fischsalat

Zutaten für 4 Personen

500 g Kabeljau (Seelachs oder anderes preiswertes Fischfilet), 10 g Butter, Saft von 1 Zitrone, 1/2 TL Salz, 1 Zwiebel; 2 Eier, 2 Äpfel (etwa 300 g), 1/4 frische Salatgurke (etwa 100 g), 1/4 frische Sellerieknolle (etwa 100 g); 1 Beutel Salatmayonnaise (100 g), 1/2–1 TL Curry, 1 Msp. Pfeffer, Salz bei Bedarf, 1/2 Bund Petersilie, 1/2 Kopfsalat.

Arbeitsgeräte

Schneidbrett, Messer, Zitronenpresse, Pfanne (mit Deckel), Kasserolle, Salatschüssel, Salatbesteck, Rohkostreibe.

Zubereitungszeit

etwa 35 Minuten; etwa 30 Minuten Kühlzeit.

Den Fisch unter fließendem, kaltem Wasser abspülen und mit Küchenkrepp abtrocknen. Die Filets eventuell ein- bis zweimal durchschneiden. Die Butter in der Pfanne bei mittlerer Wärmestufe (E-Herd Schaltstufe 2; Automatik 8–9, G-Herd mittelgroße Flamme) zerlaufen lassen. Die Fischstücke in die Pfanne legen und mit Zitronensaft beträufeln, leicht mit Salz würzen.
Die Zwiebel schälen, in kleine Würfel schneiden und über die Fischstücke streuen. Die Pfanne schließen und den Fisch in 8–10 Minuten gar dünsten.
Unterdessen die Eier hart kochen (siehe Kapitel Eierspeisen). Die Eier kalt abschrecken und schälen.
Während die Eier kochen und der Fisch gart, die übrigen Zutaten vorbereiten.
Die Äpfel waschen und schälen, die Kerngehäuse herausschneiden. Die Äpfel und die Salatgurke in kleine Würfel schneiden. Den Sellerie schälen, waschen und auf der Rohkostreibe in feinste Streifen raspeln. Alles in die Schüssel geben.
Den gedünsteten Fisch vorsichtig in kleine Stücke zerpflücken, die Eier grob hacken. Beides über die kleingeschnittenen Zutaten geben. Mayonnaise, die Gewürze und die feingehackte Petersilie hinzufügen. Alles sehr locker mischen, damit der Fisch nicht zu sehr zerfällt.
Im Kühlschrank etwa 30 Minuten durchkühlen, dann gut abschmecken und auf Salatblättern anrichten.

Pro Portion: 26 g E 19 g F 14 g KH 348 kcal 1450 kJ

Teufelssalat

Zutaten für 2–4 Personen

2 Eier, 250 g gebratenes Roastbeef (fertig kaufen), 4 kleine Gewürzgurken, 2 Zwiebeln, 3 EL Olivenöl, 1–2 EL Kräuteressig, frisch gemahlener Pfeffer, 1/2 TL Salz, 1 Prise Zucker, einige Tropfen Tabasco (= scharfe Würzsoße aus Chilis) oder Cayennepfeffer, 1/2 Bund Petersilie.

Arbeitsgeräte

Schneidbrett, Messer, Salatschüssel, Salatbesteck, eventuell kleiner Topf.

Zubereitungszeit

etwa 20 Minuten; 30–60 Minuten Kühlzeit.

Die Eier hart kochen (siehe auch Kapitel Eierspeisen), kalt abschrecken und schälen.
Das Roastbeef (möglichst gebraten kaufen oder Reste verwenden) und die Gewürzgurken in sehr feine Streifen schneiden. Die Zwiebeln schälen und in kleine Würfel schneiden.
Alles in die Salatschüssel geben.
Öl, Essig und die Gewürzzutaten hinzufügen. Den Salat locker durchmischen und sehr scharf abschmecken. Im Kühlschrank mindestens 30 Minuten durchkühlen lassen.
Den Salat anrichten und mit Eischeiben oder Eiachteln garnieren.

Pro Portion: 17 g E 17 g F 3 g KH 248 kcal 1040 kJ

Serviervorschlag
Mit frischem Bauernbrot oder Vollkornbrot, aber auch mit Knäckebrot oder Weißbrot und Butter reichen. Bier, Tafelwasser oder einen Weißwein dazu.

Garniervorschlag
Den Teufelssalat z.B. bei einer Keller-, Garten- oder Herrenparty reichen. Eventuell Roggen- oder Zwiebelbrötchen aufschneiden, mit Butter bestreichen, mit einem Salatblatt belegen und jeweils 1 gehäuften Eßlöffel vom Salat daraufgeben. Mit Eischeiben und Petersilie garnieren.

Heringssalat nach Hausfrauenart

Zutaten für 4 Personen

4 Matjesfilets, 2 Eier, 2–3 gekochte Kartoffeln (etwa 300 g), 1 kleines Glas rote Bete (150 g Einwaage), 2 Gewürzgurken, 1 großer Apfel, 1 Zwiebel, 1 Bund Petersilie; 4 EL Öl, 1–2 EL Weinessig, 3 EL saure Sahne, Pfeffer und Salz nach Geschmack.

Arbeitsgeräte

kleine Schüssel, Salatschüssel, Salatbesteck, Schneidbrett, Messer, Kasserolle.

Zubereitungszeit

etwa 30 Minuten (ohne Garzeit für Kartoffeln); 1–2 Stunden Kühlzeit.

Die Matjesfilets für 15 Minuten in kaltes Wasser (oder in Milch) legen.
In der Zwischenzeit die Eier hart kochen (siehe auch Kapitel Eierspeisen), kalt abschrecken und schälen.
Die gekochten und geschälten Kartoffeln, die abgetropfte rote Bete, die Gewürzgurken, den geschälten, entkernten Apfel und die geschälte Zwiebel in kleine Würfel schneiden.
Die Petersilie sehr fein hacken, die Eier grob zerhacken.
Die Matjesfilets kalt abspülen und mit Küchenkrepp abtrocknen. Dann in 1 cm große Stücke schneiden.
Alle Zutaten in der Salatschüssel mit dem Öl, dem Essig und der sauren Sahne locker mischen. Nach Geschmack mit Pfeffer und Salz würzen.
Den Salat mindestens 1 Stunde durchziehen lassen. Er schmeckt aber besser, wenn er mehrere Stunden durchziehen kann.

Pro Portion: 19 g E 32 g F 21 g KH 476 kcal 1990 kJ

Serviervorschlag
Heringssalat schmeckt mit Bauernbrot oder Zwiebelbrötchen und Butter, als Getränk ein erfrischendes Bier.

1 Vorbereitete Zutaten.

2 Heringssalat nach Hausfrauenart.

Melonen-Ravioli-Salat

Zutaten für 4 Personen

1 kleine Wassermelone (etwa 2 kg), 100 g gekochter Schinken, 100 g Sellerie (Glas oder Dose), 1 Dose Eierravioli in Tomatensoße (etwa 410 g Einwaage), 1/2 Becher fettarmer Joghurt, Pfeffer und Salz nach Geschmack, Saft von 1 Zitrone.

Arbeitsgeräte

Schneidbrett, Messer, Löffel, Salatschüssel, Salatbesteck, Dosenöffner, Zitronenpresse.

Zubereitungszeit

etwa 15 Minuten; etwa 30 Minuten Kühlzeit.

Die Melone waschen und abtrocknen. Oben einen Deckel abschneiden. Die Melone mit einem Löffel aushöhlen und die Kerne entfernen. Das Fruchtfleisch in 1 cm große Würfel schneiden und in die Schüssel geben.
Den Schinken und den Sellerie in Streifen schneiden und über die Melonenwürfel geben.
Die Ravioli aus der Dose nehmen und zusammen mit dem Joghurt hinzufügen. Die Salatzutaten locker miteinander vermischen, mit Pfeffer, Salz und Zitronensaft abschmecken und mindestens 30 Minuten kalt stellen.
Die ausgehöhlte Melone eventuell ebenfalls kalt stellen.
Den Salat in der Melone angerichtet servieren.

Pro Portion: 12 g E 6 g F 31 g KH 233 kcal 970 kJ

Serviervorschlag
Als leichtes Abendessen an warmen Sommerabenden für 4 Personen ausreichend. Bei einem Fest (z.B. Garten- oder Kinderfest) ergibt der Salat 6–8 Portionen.

Holländischer Käsesalat

Zutaten für 4 Personen

500 g Weintrauben (blaue und grüne),
250 g Goudakäse (mittelalt),
100 g Walnußkerne;
1 Becher fettarmer Joghurt,
1 TL Senf,
1 Msp. Cayennepfeffer,
frisch gemahlener Pfeffer,
etwas Salz,
1 Msp. geriebene Muskatnuß.

Arbeitsgeräte

Durchschlag (oder Sieb), Schneidbrett, Messer, Salatschüssel, Salatbesteck, kleine Schüssel.

Zubereitungszeit

15–20 Minuten;
etwa 30 Minuten Kühlzeit.

Die Weintrauben gründlich waschen und abtropfen lassen. Die Beeren von den Stielen zupfen, größere halbieren und entkernen.
Den Käse in dünne Streifen schneiden.
Die Hälfte der Walnüsse grob hacken.
Alles in die Salatschüssel geben.
Joghurt, Senf und die Gewürze im Schüsselchen verrühren. Über die Salatzutaten gießen und locker durchmischen. Den Salat abschmecken und etwa 30 Minuten durchkühlen lassen, danach eventuell portionsweise anrichten. Mit den restlichen Walnußkernen garnieren.

Pro Portion: 20 g E 33 g F 28 g KH 508 kcal 2120 kJ

Serviervorschlag
Dazu schmecken Vollkornbrot, Bauernbrot oder Vollkornknäckebrot und Butter. Zum Abendessen oder als kleine Zwischenmahlzeit gut geeignet.

Schweizer Käsesalat

Zutaten für 4 Personen

100 g Emmentaler Käse (Appenzeller oder Gouda),
100 g gekochter Schinken,
3 rotwangige, süß-säuerliche Äpfel,
Saft von 1 Zitrone;
3 EL Hüttenkäse,
3 EL Dosenmilch (oder Joghurt),
2 EL gehackte Walnußkerne,
Pfeffer, Salz,
1 Msp. Cayennepfeffer,
1 Msp. geriebene Muskatnuß,
1 EL feingehackte Petersilie.

Arbeitsgeräte

Schneidbrett, Messer, Zitronenpresse, Salatschüssel, Salatbesteck, Tasse.

Zubereitungszeit

etwa 15 Minuten;
15 Minuten Kühlzeit.

Den Käse und den gekochten Schinken in dünne Streifen schneiden.
Die Äpfel waschen und abtrocknen, vierteln und die Kerngehäuse herausschneiden. Die Äpfel in feine Scheiben oder Streifen schneiden (mit der Schale verwenden!).
Alles in die Salatschüssel geben und mit dem Saft der Zitrone beträufeln, damit die Apfelscheibchen nicht braun werden.
In der Tasse den Hüttenkäse mit der Dosenmilch, den Walnußkernen, etwas frisch gemahlenem Pfeffer, Salz, Cayennepfeffer und Muskatnuß verrühren.
Über die Salatzutaten geben, locker durchmischen und gut abschmecken. Im Kühlschrank etwa 15 Minuten durchziehen lassen.
Mit feingehackter Petersilie bestreut anrichten.

Pro Portion: 17 g E 17 g F 15 g KH 295 kcal 1230 kJ

Serviervorschlag
Zum Abendessen mit Bauernbrot oder Roggenbrötchen reichen, als Getränk Tomatensaft oder Bier.

TIP
Kinder – auch etwas größere – mögen Reste dieses Salates auf einer mit Butter bestrichenen Scheibe Vollkornbrot, z.B. nach der Schule oder nachmittags mit einem Glas Milch oder Kakao.

Nudelsalat mit Würstchen

Zutaten für 4 Personen

250 g Nudeln (z.B. Hörnchen, Spirelli oder Hütchen),
2 TL Salz;
1 kleine Dose Erbsen (etwa 250 g, oder 1/2 Packung tiefgefrorene),
2 Paar Frankfurter Würstchen (= 200 g),
1 großer Apfel, 1 Zwiebel;
1 Beutel Salatmayonnaise (= 100 g),
2 EL Chilisoße, 1 Zitrone,
1 TL Salz,
1/2 TL Rosenpaprika,
einige Tropfen Tabasco,
1 EL Sojasoße,
1/2 TL Zucker,
1 Tomate und Petersilie zum Garnieren.

Arbeitsgeräte

Topf, Durchschlag (oder Sieb), Schneidbrett, Messer, Dosenöffner, Salatschüssel, Salatbesteck, kleine Schüssel, Zitronenpresse.

Zubereitungszeit

etwa 35 Minuten;
etwa 1 Stunde Kühlzeit.

In einem großen Topf (3–4 l Inhalt) Wasser bei starker Wärmestufe zum Kochen bringen (siehe auch Kapitel Beilagen).

Das Salz und die Nudeln hineingeben und in 10–15 Minuten je nach Sorte bißfest kochen. Zum Abtropfen auf den Durchschlag geben. Kurz mit kaltem Wasser überbrausen, damit die Nudeln schneller abkühlen.
Während die Nudeln kochen, die Erbsen abtropfen lassen und in die Salatschüssel geben. Die Würstchen in dünne Scheiben schneiden und dazugeben.
Den Apfel schälen und das Kerngehäuse herausschneiden. Die Zwiebel schälen.
Beides in kleine Würfel schneiden und zu den anderen Zutaten geben.
Mayonnaise, Chilisoße, Zitronensaft und die Gewürze in der kleinen Schüssel zu einer scharf-pikanten Salatsoße verrühren. Die abgetropften Nudeln und die Salatsoße in die Salatschüssel geben. Alles durchmischen, gut abschmecken und 1 Stunde (oder auch mehrere, wenn der Salat für ein Fest vorbereitet wird) durchkühlen.
Vor dem Anrichten nochmals durchmischen und dann mit Tomatenachteln und Petersilie garnieren.

Pro Portion: 19 g E 26 g F 65 g KH 593 kcal 2480 kJ

Serviervorschlag

Der Salat ist als leichtes Abendessen geeignet, aber auch für ein Picknick, für Feste mit Kindern, Jugendlichen und Erwachsenen. Er sättigt gut und ist preiswert. Tomaten- oder Fruchtsaft als Getränk dazu reichen.

1 Zutaten.

2 Die Salatsoße über den Salat geben.

Nudelsalat mit Würstchen.

Soßen

Eine gute Soße nach heutigen Ansprüchen hat folgende Aufgaben:

- Sie soll die typischen Nuancen eines Gerichtes verstärken.
- Sie soll abrunden und geschmacklich vollenden.
- Sie darf möglichst den Eigengeschmack nicht überdecken.
- Sie soll nicht zu kalorien-/joulereich sein.

Grundlage einer guten Soße bildet der anfallende Braten- oder Kochfond eines Gerichtes. Dieser ergibt, mit Gewürzen, Wein oder Sahne verfeinert, eventuell leicht legiert oder gebunden, die beste Soße, da jeweils alle Geschmacksstoffe des Gerichts darin enthalten sind.

Neben den Soßen, deren Zubereitung auf der Basis des Fonds erfolgt, gibt es die einfachen hellen oder braunen Grundsoßen, die sich vielseitig verändern lassen.

Eine Sonderstellung nehmen die Spezialitätensoßen ein, die besondere Merkmale haben und zu einzelnen Gerichten zum Teil international beliebt sind, wie die Sauce hollandaise oder Sauce béarnaise.

Vorgefertigte Soßen

Etwa 20% der im Haushalt verwendeten Soßen sind Fertigsoßen. Das Marktangebot ist sehr reichhaltig und bietet einfache Grundsoßen, Instantsoßen, Delikateßsoßen und Spezialitätensoßen, deren Zubereitung für den normalen Haushalt zu zeit- und kostenaufwendig wäre. Vorgefertigte Soßen haben im Vergleich zu hausgemachten einen geringeren Kalorien-/Joule-Gehalt, da bei der Herstellung im großen die Bindefähigkeit des Mehles besser ausgenutzt wird und der Fettanteil gesenkt werden kann. Vorteile bei Verwendung von Fertigsoßen sind vor allem die einfache Handhabung und Zeitersparnis bei der Zubereitung. Instantsoßen sind z.B. schnellöslich und beliebig dosierbar. Dadurch sind sie gleichermaßen für den Klein- wie für den Familienhaushalt geeignet. Sie sind ideal zur Verlängerung, zur schnellen Abrundung oder zum Würzen des Soßenfonds geeignet.

Helle Soße

GRUNDREZEPT

Zutaten für 4 Personen	Arbeitsgeräte
30 g Butter, 30 g Mehl, 1/4 l milde Fleischbrühe, 1/4 l Milch, Salz, weißer Pfeffer nach Geschmack, 1 Msp. geriebene Muskatnuß, eventuell 1 Eigelb.	**Kasserolle, Schneebesen, Litermaß, Tasse.**
	Zubereitungszeit
	15 Minuten (eventuell zusätzlich 5–10 Minuten Kochzeit).

Die Butter in die Kasserolle geben und auf der Kochstelle bei mittlerer Wärmestufe (E-Herd Schaltstufe 2; Automatik 7–9; G-Herd mittelgroße Flamme) schmelzen. Das Mehl hinzufügen und hellgelb anschwitzen (Bild 2).
Nun unter ständigem Rühren die Fleischbrühe und die Milch dazugießen. Zunächst nur etwas Flüssigkeit zugießen und glatt verrühren. Immer erst Flüssigkeit nachgießen, wenn wieder eine glatte Soße entstanden ist (Bild 3).
Die Soße auf kleinster Wärmestufe etwa 10 Minuten kochen lassen, dabei einige Male durchrühren. Mit Pfeffer, etwas Salz und Muskatnuß abschmecken.
Falls die Soße mit Eigelb legiert werden soll, einige Eßlöffel der Soße in einer Tasse mit dem Eigelb glatt verrühren. Dann zurück in die andere Soße geben und verrühren (Bild 4).
Die Soße anschließend nicht mehr kochen lassen.
Die helle Soße läßt sich vielseitig abwandeln, wie die folgenden Vorschläge zeigen.

Pro Portion: 4 g E 11 g F 9 g KH 156 kcal 650 kJ

HINWEIS
Wer Zeit einsparen möchte oder nur kleinere Soßenmengen benötigt, kann als Grundlage jeweils ein Fertigprodukt (helle Soße, helle Instantsoße, Holländische Soße usw.) verwenden.

Meerrettichsoße

Zutaten für 4 Personen	Arbeitsgeräte
Zutaten für helle Soße; 2 EL geriebener Meerrettich, 1 Prise Zucker, 1 EL Dosenmilch (oder Sahne).	**siehe helle Soße.**
	Zubereitungszeit
	siehe helle Soße.

Zunächst eine helle Soße herstellen (ohne Eigelb).
Die Zutaten in die helle Soße rühren.
Zu gekochtem Rindfleisch, gekochten Eiern oder zum Fleischfondue reichen.

Pro Portion: 4 g E 11 g F 11 g KH 167 kcal 700 kJ

Käsesoße

Zutaten für 4 Personen	Arbeitsgeräte
Zutaten für helle Soße (ohne Eigelb); 100 g Schmelzkäse (oder geriebener Käse).	**siehe helle Soße, Messer.**
	Zubereitungszeit
	15 Minuten.

Die helle Soße nach dem Grundrezept zubereiten.
Den Käse in kleine Stücke schneiden und in die Soße geben. So lange rühren, bis sich der Käse glatt mit der Soße verbunden hat.
Zu gekochtem Blumenkohl, Brokkoli oder Spargel reichen oder zum Überbacken von Aufläufen, Gemüse oder Toast verwenden.

Pro Portion: 7 g E 15 g F 11 g KH 213 kcal 890 kJ

1 Zutaten.

2 Das Mehl anschwitzen lassen.

3 Flüssigkeit nachgießen.

4 Die Soße mit Eigelb legieren.

Kräutersoße

Zutaten für 4 Personen

siehe helle Soße;
2 EL Kräutersenf,
1 Prise Zucker.

Arbeitsgeräte

siehe helle Soße,
Schneidbrett, Messer.

Zubereitungszeit

siehe helle Soße.

Zunächst eine helle Soße herstellen.
1/2–1 Bund frische Kräuter (wie Dill, Petersilie, Kerbel, Kresse, Basilikum) fein hacken und in die fertige Soße rühren.
Diese zu gekochten Eiern, zu gekochtem Fisch, gekochtem Rindfleisch, Huhn oder Kalbfleisch reichen.

Pro Portion: siehe helle Soße

Senfsoße

Zutaten für 4 Personen

siehe helle Soße;
1/2–1 Bund frische Kräuter.

Arbeitsgeräte

siehe helle Soße.

Zubereitungszeit

siehe helle Soße.

Zunächst eine helle Soße herstellen.
2 Eßlöffel Kräutersenf und 1 Prise Zucker in die helle Soße rühren (diese nicht mit Eigelb legieren).
Zu gekochten oder verlorenen Eiern (siehe Kapitel Eierspeisen), zu gekochtem Rindfleisch, Schweinebauch und Schweinebraten reichen.

Pro Portion: 4 g E 11 g F 10 g KH 162 kcal 680 kJ

Krabbensoße ist geeignet zum Füllen von Pastetchen.

Curry-Apfel-Soße

Zutaten für 4 Personen

Zutaten für helle Soße (ohne Eigelb);
1 mittelgroßer Apfel (150 g),
1 Knoblauchzehe,
2 EL Öl,
1–2 TL Curry hot (oder Madras-Curry),
eventuell 1 Ingwerknolle (in Sirup eingelegt, oder 2 Msp. gemahlener Ingwer).

Arbeitsgeräte

siehe helle Soße, Messer, Schneidbrett, kleiner Topf.

Zubereitungszeit

15–20 Minuten.

Die helle Soße nach dem Grundrezept zubereiten.
Während sie kocht, den gewaschenen Apfel schälen, vierteln und das Kerngehäuse herausschneiden. Den Apfel in kleine Würfel schneiden, die Knoblauchzehe schälen und fein hacken.
Das Öl erhitzen, Apfelwürfel, Knoblauch und Curry hineingeben und 5–8 Minuten dünsten.
Die Ingwerknolle in sehr kleine Würfel schneiden und dazugeben. Dann diese Mischung in die Grundsoße rühren.
Diese scharf-würzige Soße schmeckt zu gebratenem oder gekochtem Fisch und Geflügel, zu Fleischspießen oder Fleischklößchen.

Pro Portion: 4 g E 14 g F 14 g KH 203 kcal 850 kJ

TIP

Auch als kalte Soße zum Fondue oder zu kaltem Braten ist die Soße geeignet. Dann z.B. noch 2 Eßlöffel Mayonnaise unterrühren.

Krabbensoße

Zutaten für 4 Personen

Zutaten für helle Soße (ohne Eigelb);
100 g frische (oder tiefgefrorene) Krabben,
Saft von 1 Zitrone,
1 EL feingehackter Dill.

Arbeitsgeräte

siehe helle Soße,
Zitronenpresse Teller,
Schneidbrett, Messer.

Zubereitungszeit

15–20 Minuten.

Die helle Soße nach dem Grundrezept zubereiten.
Die Krabben mit Zitronensaft beträufeln und dann in die Soße geben. 5 Minuten in der Soße ziehen lassen.
Vor dem Servieren den feingehackten Dill in die Soße geben.
Die Soße zum Füllen von Pastetchen verwenden oder mit Reis und grünem Salat als leichtes Essen reichen.

Pro Portion: 8 g E 9 g F 10 g KH 165 kcal 690 kJ

Braune Soße

GRUNDREZEPT

Zutaten für 4 Personen

30 g Butter (oder Margarine), 50 g Mehl, 1/2 l Fleischbrühe (oder Wasser), Pfeffer, Salz, Paprika nach Geschmack.

Arbeitsgeräte

kleiner Topf (oder Kasserolle), Schneebesen, Meßbecher.

Zubereitungszeit

20 Minuten.

Das Fett in den Topf geben und bei mittlerer Wärmestufe schmelzen (E-Herd Schaltstufe 2–2,5; Automatik 8–10; G-Herd mittelgroße Flamme).

1 Das Mehl braun anrösten.

2 Warme Fleischbrühe langsam dazugießen.

Das Mehl hineingeben und unter Rühren braun anrösten – aber nicht schwarz werden lassen (Bild 1).
Die warme Fleischbrühe (oder warmes Wasser) unter ständigem Rühren langsam dazugießen, aber nicht zuviel auf einmal, damit sich die Flüssigkeit besser mit dem Mehl verbinden kann (Bild 2).

Braune Soße.

Zu einer glatten Soße verrühren und aufkochen lassen.
Mit Pfeffer, Salz und Paprika abschmecken. Dann den Herd auf kleinste Wärmestufe schalten und die Soße noch 10–15 Minuten leicht kochen lassen, damit das Mehl besser nachquillt.
Die braune Grundsoße nach Wunsch (siehe die folgenden Vorschläge) mit anderen Zutaten abwandeln.

Pro Portion: 2 g E 7 g F 10 g KH 124 kcal 520 kJ

HINWEIS

Alle Soßen auf der Basis der braunen Grundsoße lassen sich zeitsparend auch mit Fertigprodukten (Bratensoße, Bratensaft usw.) zubereiten.

Madeirasoße

Zutaten für 4 Personen

Zutaten für braune Soße; 1 Glas Madeira (50 ml, Sherry oder Portwein), 1–2 Msp. Cayennepfeffer.

Arbeitsgeräte

siehe braune Soße.

Zubereitungszeit

siehe braune Soße.

Die braune Soße nach dem Grundrezept zubereiten.
Mit Madeira und Cayennepfeffer abschmecken.
Zu Rinderschmorbraten, Rouladen oder Hammelbraten reichen oder zu gekochter Rinderzunge.

Pro Portion: 2 g E 7 g F 11 g KH 139 kcal 580 kJ

Rotweinsoße

Zutaten für 4 Personen

siehe braune Soße.

Arbeitsgeräte

siehe braune Soße.

Zubereitungszeit

siehe braune Soße.

Die braune Soße nach dem Grundrezept zubereiten, aber 3/8 l Fleischbrühe und 1/8 l Rotwein verwenden.
Die Soße zu Rinderbraten, Wildbraten und Rouladen reichen.

Pro Portion: 2 g E 7 g F 10 g KH 143 kcal 600 kJ

Paprikasoße (links) und Zwiebelsoße (rechts).

Paprikasoße

Zutaten für 4 Personen	Arbeitsgeräte
Zutaten für braune Soße; 2 eingelegte Paprikaschoten (50 g), 1 Gewürzgurke, 1/2–1 TL Paprika, 1–2 EL Sahne.	**siehe braune Soße, Schneidbrett, Messer.**
	Zubereitungszeit
	20 Minuten.

Die braune Soße nach dem Grundrezept zubereiten.
Die Paprikaschoten und die Gewürzgurke in sehr kleine Würfel schneiden und mit Paprika und Sahne in die Soße rühren. Noch 2–3 Minuten ziehen lassen, dann servieren.
Zu kurzgebratenem Fleisch reichen, bei dem keine Soße anfällt, z.B. auch zu gegrilltem Geflügel, Frikadellen und Hammelfleisch servieren.

Pro Portion: 3 g E 8 g F 12 g KH 137 kcal 570 kJ

Zwiebelsoße
(Lyoner Soße)

Zutaten für 4 Personen	Arbeitsgeräte
Zutaten für braune Soße; 1 Scheibe roher Schinken (25 g), 2 EL Öl, 2 Zwiebeln, 1 EL feingehackte Petersilie.	**siehe braune Soße, Schneidbrett, Messer, Pfanne.**
	Zubereitungszeit
	20 Minuten.

Die braune Soße nach dem Grundrezept zubereiten.
Während diese kocht, den Schinken in kleine Würfel schneiden und in der Pfanne im heißen Öl anbraten.
Die Zwiebeln schälen, in kleine Würfel schneiden, dazugeben und 5 Minuten dünsten.
Die Petersilie fein hacken und kurz mitdünsten. Dann alles in die braune Soße rühren, diese scharf abschmecken und anrichten.
Zwiebelsoße schmeckt gut zu gegrillten oder gebratenen Fleischgerichten, bei denen keine eigene Soße anfällt, auch zu Bratwürsten, Frikadellen, zu Hammel- oder Lammkoteletts reichen.

Pro Portion: 4 g E 13 g F 12 g KH 194 kcal 810 kJ

TIP

Jede Bratensoße wird würziger und abgerundeter im Geschmack, wenn bei der Soßenzubereitung Bratenfond (= Bratensatz, Bratensaft) von den Fleischgerichten mitverwendet wird.

Anwendungsbeispiele für Fertigsoßen

Bulgarische Soße

Zutaten für 4 Personen	Arbeitsgeräte
1/4 l Milch, 1 Schächtelchen helle Soße (Holländische oder Kräutersoße), 3 EL Vollmilchjoghurt, 1/2 Bund Dill, 1 Tomate.	**kleiner Topf, Schneebesen, Meßbecher, Schneidbrett, Messer.** **Zubereitungszeit** **10 Minuten.**

Die Milch in den Topf geben und erhitzen. Das Soßenpulver mit dem Schneebesen einrühren und die Soße aufkochen lassen. Von der Kochstelle nehmen und den Joghurt einrühren.
Den gewaschenen Dill und die entkernte Tomate fein hacken, in die Soße rühren und servieren.
Zu gekochtem Rindfleisch, gekochten Eiern und gekochtem Huhn reichen. Die Soße kann auch kalt zum Marinieren von Salaten (Gemüse-, Fleisch- und Nudelsalate) verwendet werden.

Pro Portion: 3 g E 4 g F 8 g KH 87 kcal 360 kJ

Maltasoße

Zutaten für 4 Personen	Arbeitsgeräte
2 große naturreine Orangen, 1/4 l Wasser, 2 Schächtelchen helle Soße (Holländische Soße oder Instantsoße), 6 EL süße Sahne, 1 EL Sherry.	**kleiner Topf, Schneebesen, Meßbecher, Zitronenpresse, Schneidbrett, Messer.** **Zubereitungszeit** **10–12 Minuten.**

Die Orangen waschen und abtrocknen. Eine der Orangen hauchdünn abschälen und die Schale in feinste Streifen (= Julienne, 1 mm dick) schneiden. Beide Orangen auspressen. Den Saft mit dem abgemessenen Wasser in den Topf gießen. Auf der Kochstelle bei mittlerer Wärmestufe erwärmen.
Das Soßenpulver mit dem Schneebesen einrühren. Die Soße einmal aufkochen lassen. Sahne, Sherry und die feingeschnittene Orangenschale in die Soße rühren.

Pro Portion: 3 g E 11 g F 19 g KH 195 kcal 820 kJ

Serviervorschlag

Maltasoße schmeckt zu gegrilltem Geflügel, auch Wildgeflügel (Fasan, Rebhuhn und Wildente), Wild und Roastbeef. Sie kann auch als kalte Soße zu Spargel, kalten Aufschnitt- und Bratenplatten und zum Fleischfondue gereicht werden.

Maltasoße schmeckt zu gegrilltem Geflügel, Wild und Roastbeef.

Rosinensoße kann man zu Wildgerichten, Rinderbraten oder Bratwurst reichen.

Pfeffersoße

Zutaten für 4 Personen

**1 Zwiebel,
1 EL Öl,
2 EL Weißwein,
2 EL rotes Johannisbeergelee,
10 zerdrückte, frische grüne Pfefferkörner (oder getrocknete),
1/4 l Wasser,
1 Schächtelchen Rahmbratensoße (oder Instant-Bratensoße).**

Arbeitsgeräte

kleiner Topf (oder Kasserolle), Schneebesen, Meßbecher, Schneidbrett, Messer.

Zubereitungszeit

10 Minuten.

Die Zwiebel schälen, in kleine Würfel schneiden und im Topf in heißem Öl glasig dünsten.
Weißwein, Johannisbeergelee und die Pfefferkörner hinzufügen, einmal aufkochen lassen und glattrühren.
Das Wasser dazugießen und erwärmen, das Soßenpulver mit dem Schneebesen einrühren. Die Soße einmal aufkochen lassen, abschmecken und anrichten.
Diese Soße schmeckt ausgezeichnet zu gekochter Rinderzunge, zu Wild- und Rinderbraten, zu Steaks und Schnitzeln.

Pro Portion: 1 g E 9 g F 12 g KH 140 kcal 580 kJ

Rosinensoße

Zutaten für 4 Personen

**1/4 l Wasser,
1 Schächtelchen Instant-Bratensoße (Rahmbraten- oder Schweinebratensoße),
2 EL Rotwein,
1 Msp. gemahlene Nelken,
1 Msp. gemahlener Zimt,
1 EL Rosinen,
1 EL Mandelblättchen,
1 EL Zitronensaft.**

Arbeitsgeräte

kleiner Topf, Schneebesen, Meßbecher, Teller.

Zubereitungszeit

8–10 Minuten.

Das Wasser im Topf erwärmen, das Soßenpulver mit dem Schneebesen einrühren und die Soße aufkochen lassen.
Die übrigen Zutaten in die Soße geben, nochmals aufkochen, abschmecken und anrichten.
Zu Wildgerichten, Rinderbraten oder Bratwurst reichen.

Pro Portion: 1 g E 3 g F 7 g KH 64 kcal 270 kJ

Polnische Soße

2 Scheiben Pumpernickel (oder etwas Lebkuchen) zerkrümeln und in die Rosinensoße rühren. Noch 5 Minuten ziehen lassen.
Zu gebratenem Karpfen oder Sauerbraten reichen.

Pro Portion: 2 g E 3 g F 14 g KH 101 kcal 420 kJ

Spezialitäten aus anderen Ländern

Tomatensoße mit Basilikum

Zutaten für 4 Personen

1 kg reife Tomaten,
1 l Wasser, 1 Zwiebel,
1 Knoblauchzehe,
10 g Butter,
Saft von 1 Zitrone,
1–2 TL Instant-Hühnerbrühe,
frisch gemahlener Pfeffer,
10 frische Basilikumblätter (oder 1 TL getrockneter Basilikum),
Pfeffer, Salz,
Paprika zum Abschmecken.

Arbeitsgeräte

Sieb, Schneidbrett, Messer, Wiegemesser, Zitronenpresse, Topf (oder Kasserolle), Schneebesen.

Zubereitungszeit

25–30 Minuten.

Die Tomaten in das Sieb legen. Das Wasser aufkochen und kochendheiß über die Tomaten gießen. Die Haut der Tomaten abziehen und die Kerngehäuse herauslösen. Die Tomaten grob zerhacken.
Die Zwiebel und die Knoblauchzehe schälen und fein hacken. Die Butter im Topf erhitzen und die zerkleinerten Zutaten, den Zitronensaft, die Hühnerbrühe und Pfeffer hineingeben. 10 Minuten bei geschlossenem Topf dünsten und den Herd dann auf kleine Wärmestufe schalten.
Die Soße mit dem Schneebesen glattrühren (wer es mag, rührt die Tomaten durch das Sieb, damit keine Stückchen in der Soße bleiben).
Die Soße mit feingehackten Basilikumblättern, mit Pfeffer, Salz und Paprika würzen und servieren.

Pro Portion: 2 g E 3 g F 11 g KH 75 kcal 310 kJ

Serviervorschlag
Diese italienische Soße schmeckt gut zu Fisch-, Fleisch- und Gemüsegerichten, auch zu Spaghetti und anderen Teigwaren.

1 Zutaten.

2 Vorbereitete Zutaten.

3 Die Soße glattrühren.

Auberginencreme

Zutaten für 4 Personen

3 mittelgroße Auberginen (= Eierfrüchte, etwa 600 g),
2 EL Öl, Saft von 1 Zitrone,
1–2 Knoblauchzehen,
Pfeffer und Salz,
1 EL geriebener Käse.

Arbeitsgeräte

Messer, Schneidbrett, Topf, Zitronenpresse, Schneebesen.

Zubereitungszeit

etwa 25 Minuten.

Die Auberginen waschen, schälen und möglichst sehr klein hacken (eventuell die Küchenmaschine benutzen).
Das Öl in den Topf geben und erhitzen. Die zerkleinerten Auberginen, den Zitronensaft und die geschälten und zerdrückten Knoblauchzehen hinzufügen. Den Topf schließen, den Herd auf

Tomatensoße mit Basilikum.

kleine Wärmestufe schalten und die Auberginen 15 Minuten dünsten.
Dann mit dem Schneebesen zu einer glatten, cremigen Masse rühren. Mit Pfeffer, Salz und geriebenem Käse würzig abschmecken.

Pro Portion: **2 g F** **6 g F** **7 g KH** **87 kcal** **360 kJ**

Serviervorschlag
Sehr heiß zu Rostbratwürsten, zu Frikadellen, zu Hammelkoteletts oder Fleischspießen reichen.

HINWEIS
Diese im Orient und in den Balkanländern beliebte Creme kann auch als kalte Soße gereicht werden. Zum Beispiel 1 kleinen Becher Joghurt (oder Kefir) und 1/2 Bund feingehackten Dill unterrühren, mit Pfeffer und Salz nachwürzen. Zu Gemüse oder gegrilltem Fleisch reichen.

1 Zutaten.

2 Auberginencreme.

Provenzalische Knoblauchsoße

Zutaten für 4 Personen

500 g Tomaten, Wasser;
1/8 l Olivenöl,
3 Knoblauchzehen,
2 Zwiebeln,
1 Glas Weiß- oder Rotwein (100 ml),
Pfeffer und Salz,
1 Msp. Thymian,
1 Msp. Oregano,
1 Msp. gemahlener Salbei,
1 Msp. Zucker,
1 EL feingehackte Petersilie.

Arbeitsgeräte

Topf, Sieb, Schneidbrett, Messer, Schneebesen.

Zubereitungszeit

etwa 25 Minuten.

Wasser im Topf bei starker Wärmezufuhr aufkochen. Die Tomaten hineingeben, dann auf dem Sieb abtropfen lassen und die Haut abziehen. Die Kerngehäuse herauslösen und die Tomaten zerkleinern (eventuell die Küchenmaschine benutzen).
Das Öl im Topf erhitzen. Die Knoblauchzehen und Zwiebeln schälen und fein hacken. In das heiße Öl geben und kurz andünsten, dann die Tomaten hinzufügen.
Den Wein dazugießen und die Gewürze in den Topf geben. Unter Rühren zum Kochen bringen, dann den Topf schließen, auf kleinste Wärmestufe schalten und 10 Minuten kochen lassen.
Die Knoblauchsoße glatt verrühren, kräftig-würzig abschmekken und mit feingehackter Petersilie bestreut servieren.

Pro Portion: **1 g E** **31 g F** **7 g KH** **341 kcal** **1430 kJ**

Serviervorschlag
Diese Spezialitätensoße aus der Provence paßt gut zu Lammbraten und Hammelfleisch, zu gegrillten Fleischspießen, zu gegrilltem Fisch, Geflügel und Gemüse (z.B. zu gegrillten Auberginen- oder Zucchinischeiben usw.). Knuspriges Stangenweißbrot und ein leichter französischer Rotwein oder Roséwein schmecken dazu.

Buttersoße (Sauce hollandaise)

Diese Soße ist eine besonders delikate Erfindung und bei Feinschmeckern beliebt zu Spargel, feinen Fleisch- und Fischgerichten. Die Zubereitung ist nicht schwierig, wenn sie nach dieser Anleitung erfolgt.

Zutaten für 4–6 Personen

6 EL Weißwein,
1 Zweig frischer Estragon,
3 Eigelb,
150–200 g weiche Butter (Menge richtet sich nach der Eigröße),
Saft von 1 Zitrone,
1 Msp. frisch gemahlener weißer Pfeffer,
Salz nach Geschmack,
1 EL heißes Wasser.

Arbeitsgeräte

Kasserolle oder kleiner Topf, großer Topf und passende Schüssel für das Wasserbad, Schneebesen (oder elektrischer Handmixer), Zitronenpresse.

Zubereitungszeit

20–25 Minuten.

Den Weißwein und den Estragon in die Kasserolle geben und auf der Kochstelle bis auf 2 Eßlöffel Flüssigkeit einkochen. Den Estragon herausnehmen und den Sud leicht abkühlen.
Die Eigelbe in eine Schüssel geben, die sich gut in den Topf (für das Wasserbad) einhängen läßt. Am besten geeignet sind Metallschüsseln (Edelstahl) mit breitem Rand (Bild 2).
Im Wasserbadtopf Wasser auf der Kochstelle bei mittlerer Wärmestufe erhitzen, nicht zum Kochen kommen lassen, sondern die Temperatur vorher zurückschalten.
Den Weinsud zu den Eigelben geben und mit dem Schneebesen schaumig rühren. Die Schüssel in das heiße Wasserbad einhängen (es darf kein Wasser in die Schüssel spritzen) und die Eigelbe ständig weiterschlagen (Bild 3).
Dabei die weiche Butter flöckchenweise unterrühren. Das nächste Butterflöckchen immer erst dann hineingeben, wenn wieder eine glatte Soße entstanden ist.
Die Buttersoße mit Zitronensaft, frisch gemahlenem Pfeffer und Salz abschmecken. Zum Stabilisieren der Soße etwas heißes Wasser unterschlagen. In eine Sauciere füllen und servieren.

Pro Portion bei 4: 3 g E 46 g F 2 g KH 464 kcal 1940 kJ
Pro Portion bei 6: 2 g E 31 g F 1 g KH 309 kcal 1290 kJ

Serviervorschlag

Zu frischem Stangenspargel und Brokkoli, zu feinen Fischgerichten (Seezunge, Lachs, Forellen), zu Roastbeef, Rehsteaks, Putenschnitzel usw. servieren.

1 Zutaten.

2 Die Eigelbe in eine Schüssel geben.

3 Die Eigelbe im Wasserbad ständig weiterschlagen.

Sauce béarnaise

Diese Soße ist eine ebenfalls sehr bekannte Buttersoße. Sie ist dominierender im Geschmack als die Sauce hollandaise.

Zutaten für 4 Personen

1 kleine Zwiebel (oder 2 Schalotten), 6 EL Weißwein, 1 TL Weinessig, 3 Pfefferkörner, 1 TL feingehackter frischer Kerbel (oder Estragon), 1 Msp. Zucker, 6 EL milde Fleischbrühe; 3 Eigelb, 1/2 TL Salz, 100 g weiche Butter, 1 Msp. Cayennepfeffer, 1 TL feingehackter Estragon (oder Kerbel), eventuell 1–2 TL Tomatenmark.

Arbeitsgeräte

Schneidbrett, Messer, Kasserolle, Sieb, Topf für Wasserbad mit passender Schüssel, Schneebesen (oder elektrischer Handmixer).

Zubereitungszeit

etwa 25 Minuten.

Die Zwiebel schälen und fein hacken. Zusammen mit dem Weißwein, dem Weinessig, den Pfefferkörnern, dem feingehackten Kerbel, Zucker und der Fleischbrühe in die Kasserolle geben. Bei starker Wärmezufuhr 5 Minuten kochen, dann durch ein feines Sieb gießen und den Sud etwas abkühlen.
Während der Gewürzsud kocht, im Topf Wasser für das Wasserbad erhitzen.
Die Eigelbe in die Schüssel geben und schaumig rühren. Salz und den Gewürzsud unterschlagen. Die Schüssel in das heiße Wasserbad einhängen. Den Herd auf kleine Wärmezufuhr schalten, damit das Wasser nicht kocht.
Die Butter in der Kasserolle flüssig werden lassen. Die nur lauwarme Butter unter ständigem Schlagen in die Eimasse geben. Diese zu einer dickschaumigen Soße schlagen, aber nicht kochen lassen (sie gerinnt sonst).
Die Soße mit Cayennepfeffer, feingehacktem Estragon, eventuell etwas Tomatenmark und Salz abschmecken. In eine Sauciere füllen und servieren.

Pro Portion: 3 g E 26 g F 1 g KH 271 kcal 1130 kJ

Serviervorschlag

Man reicht sie zu kurzgebratenem Fleisch, Fisch, zu Kräuterhacksteaks (Frikadellen) oder zu kalt aufgeschnittenem Braten.
Mit einem Weißwein oder Roséwein reichen, eventuell auch neutrales Tafelwasser.

Sauce hollandaise (Buttersoße) schmeckt besonders gut zu frischem Stangenspargel.

Kalte Soßen

Cumberlandsoße

Zutaten für 4 Personen	Arbeitsgeräte
1/2 Glas rotes Johannisbeergelee (etwa 200 g), 2 EL milder Senf, 2 EL Öl, 1 naturreine Zitrone, Pfeffer, Salz, eventuell 1 EL Rotwein (oder Portwein).	**Schüssel, Schneebesen, kleine Reibe, Zitronenpresse.**
	Zubereitungszeit
	5 Minuten.

Johannisbeergelee, Senf, Öl sowie die abgeriebene Schale und den Saft der Zitrone in der Schüssel mit dem Schneebesen glatt verrühren. Die Soße mit etwas Pfeffer, Salz und nach Wunsch etwas Rotwein abschmecken.
Cumberlandsoße wird vor allem zu Wildbraten (Reh, Hirsch, Wildschwein und Wildgeflügel) gereicht, aber auch zu Lendensteaks, gebratener Ente, Fleischfondue usw.

Pro Portion: – E 5 g F 34 g KH 189 kcal 790 kJ

TIP
Damit sich das Gelee besser verrühren läßt, zunächst mit 2 Teelöffeln heißem Wasser glatt verrühren, dann erst die übrigen Zutaten dazugeben.

Chantillysoße

Zutaten für 4 Personen	Arbeitsgeräte
1/8 l süße Sahne (125 g), 1/2–1 TL Rosenpaprika, 3 EL Mayonnaise, 1–2 EL Zitronensaft, Pfeffer und Salz.	**hoher Rührbecher, elektrisches Handrührgerät (= Handmixer).**
	Zubereitungszeit
	5–8 Minuten.

Die gutgekühlte Sahne in den Rührbecher geben. Mit dem Handrührgerät auf höchster Schaltstufe (Schneebesen verwenden) steif schlagen.
Rosenpaprika, Mayonnaise und Zitronensaft unterschlagen und nach Geschmack mit etwas Pfeffer und Salz würzen.
Chantillysoße wird zu Gemüse (Spargel oder Tomatenscheiben), zu Lendensteaks oder Putenbrust gereicht.

Pro Portion: 1 g E 16 g F 2 g KH 157 kcal 660 kJ

Frühlingssoße.

Frühlingssoße

Zutaten für 4 Personen	Arbeitsgeräte
100 g Quark (Magerstufe), 4 EL Milch, 1 TL flüssige Zwiebelwürze, Pfeffer und Salz, 1 Bund Radieschen, 100 g Salatgurke (= etwa 1/4 Gurke), 1 EL feingehackte Kräuter (Petersilie, Dill, Kresse usw.)	**Schüssel, Schneebesen, Schneidbrett, Messer.**
	Zubereitungszeit
	etwa 10 Minuten.

Den Quark, die Milch, die Zwiebelwürze, etwas Pfeffer und Salz in der Schüssel mit dem Schneebesen glatt verrühren.
Die Radieschen und die Gurke waschen und in feine Würfel schneiden. Zusammen mit den gehackten Kräutern in die Soße rühren.
Diese Soße schmeckt zu hartgekochten Eiern, Roastbeef- oder Schinkenrollen oder kann zum Marinieren von Salat verwendet werden.

Pro Portion: 4 g E 1 g F 3 g KH 35 kcal 150 kJ

TIP
Nach Wunsch mit kleingeschnittener Paprikaschote oder Tomate und Tomatenketchup abwandeln.

Mayonnaise

GRUNDREZEPT

Zutaten für 4 Personen

1 Ei (oder 2 Eigelb),
1/4 l Öl (nach Wahl Olivenöl, Weizenkeimöl, oder Sonnenblumenöl),
1–2 EL Zitronensaft (oder Kräuteressig),
1 Msp. Curry,
Salz und weißer Pfeffer nach Geschmack,
1/2 –1 TL Senf.

Arbeitsgeräte

Mixer oder hoher Rührbecher und elektrisches Handrührgerät (= Handmixer).

Zubereitungszeit

5–8 Minuten.

Das Ei (oder die Eigelbe) in den Mixer geben. Auf Schaltstufe II schalten und langsam – zunächst nur tropfenweise – das Öl einlaufen lassen. Dann auf höchster Schaltstufe zu einer dicken Mayonnaise schlagen.
Den Zitronensaft und die Gewürze hinzufügen und die Mayonnaise gut abschmecken.
In ein Schraubglas oder einen Behälter mit Deckel füllen und bis zum Gebrauch im Kühlschrank aufbewahren.

Zubereitung mit dem Handrührgerät (Handmixer):
Das Ei (oder die Eigelbe) in den hohen Rührbecher geben. Auf Schaltstufe II (Schneebesen benutzen) schaumig schlagen, das Öl zunächst nur tropfenweise, dann langsam und stetig dazugießen. So lange schlagen, bis eine dicke Mayonnaise entstanden ist. Mit Zitronensaft und den Gewürzzutaten pikant abschmecken.

Pro Portion: 2 g E 33 g F 1 g KH 315 kcal 1320 kJ

Diese Mayonnaise läßt sich beliebig abwandeln. Jeweils 100 g genügen als Rezeptgrundlage für 4 Personen. Ohne nennenswerte Erhöhung des Nährwerts pro Portion können die folgenden Varianten zubereitet werden.

Knoblauchmayonnaise
Je nach Geschmack 2 oder mehr zerdrückte Knoblauchzehen in die Mayonnaise rühren.

Currymayonnaise
1–2 Teelöffel Curry hot in die Mayonnaise rühren, eventuell noch 1 Eßlöffel Currychutney mitverwenden. Sehr zu empfehlen zu kaltem Geflügelfleisch, Fisch oder gekochten Eiern, auch zu Artischocken.

Pfeffermayonnaise
2 Teelöffel frische grüne Pfefferkörner in die Mayonnaise rühren. Zu kaltem Roastbeef oder Geflügelfleisch und gekochten, aufgeschnittenen Eiern reichen.

Kräutermayonnaise
1 Eßlöffel feingehackte frische Kräuter (z.B. Dill, Kerbel, Schnittlauch , Kresse oder Basilikum) untermischen. Zu hartgekochten Eiern, frischen Artischocken, kaltem Roastbeef oder für Salate verwenden.

1 Zutaten für Mayonnaise.

2 Eigelb und Öl zu einer dicken Mayonnaise schlagen.

Mayonnaisevariationen.

Remoulade

Zutaten für 4 Personen

2 EL Salatmayonnaise,
3 EL Vollmilchjoghurt,
1 TL Kräutersenf,
1 kleine Gewürzgurke,
1 EL Kapern,
1 EL feingehackte Kräuter (Petersilie, Dill, Kresse oder Schnittlauch),
1 Msp. Zucker,
eventuell etwas Essig (oder Gurkenwasser).

Arbeitsgeräte

Schüssel, Schneebesen, Schneidbrett, Messer.

Zubereitungszeit

10 Minuten.

Mayonnaise, Joghurt und Kräutersenf in der Schüssel glatt verrühren.
Die Gewürzgurke und Kapern fein hacken. Zusammen mit den feingehackten Kräutern, dem Zucker und nach Geschmack etwas Essig in die Schüssel geben und verrühren.
Die Remoulade zum Marinieren von Kartoffel- oder Fleischsalat verwenden oder zu gekochten, aufgeschnittenen Eiern reichen.

Pro Portion: 1 g E 4 g F 1 g KH 48 kcal 200 kJ

Gemüse und Gemüsegerichte

Für eine gesunde und zeitgemäße Ernährung ist Gemüse sehr wichtig. Wer täglich reichlich frisches Gemüse zu sich nimmt, sorgt auf gesunde Art für sein körperliches und seelisches Wohlbefinden.
Die meisten Gemüsesorten enthalten wenig Eiweiß, Fett und Kohlenhydrate, sind also auch kalorien- und joulearm.
Dafür liefern sie die verdauungsanregenden Ballaststoffe, viele wichtige Vitamine (vor allem A, C und einige des B-Komplexes) und Mineralstoffe, wie Eisen, Kalium, Calcium, Natrium und Phosphor.
Appetitanregend wirken die im Gemüse enthaltenen Fruchtsäuren, Aroma-, Duft- und Farbstoffe.
Die guten Inhaltsstoffe von Gemüse kommen unserem Körper aber nur zugute, wenn wir beim Einkauf auf gute, frische Qualität achten und zur Zubereitung die schonendsten Garmethoden (z.B. Dünsten im eigenen Saft) wählen.

Warenkundliches

Das Angebot von frischen Gemüsen ist während des ganzen Jahres groß. Trotzdem ergeben sich im Jahreslauf bedeutende Preisunterschiede. In den Sommer- und Herbstmonaten ist die Hauptangebotszeit für inländische Erzeugnisse, die während der übrigen Zeit durch Gemüse aus Treibhäusern und durch Importe aus Ländern mit anderen Erntezeiten ergänzt werden. Das heimische Gemüseangebot wird heute durch Gemüsesorten erweitert, die vor einigen Jahren noch fast unbekannt waren. Internationale Handelsbeziehungen haben dazu beigetragen, daß auch Artischocken, Auberginen, Paprika, Zucchini, Okras, Bleichsellerie, Brokkoli usw. inzwischen zum alltäglichen Gemüse gehören.
Gemüse kommt in sehr unterschiedlicher Qualität in den

Handel. Bodenverhältnisse, Wetter und Anbaumethoden sind Faktoren, die das Ernteergebnis beeinflussen. Damit der Verbraucher die Chance hat, Preise und Qualität der angebotenen Ware zu vergleichen, wurden gesetzliche Güteklassen eingeführt. Diese haben für die üblichen Gemüsesorten in allen EG-Ländern Gültigkeit.
In- und ausländische Ware kann daher vom Verbraucher in bezug auf den Preis verglichen werden. Nicht vergleichen läßt sich allerdings der wirkliche Wert des Gemüses, da Güteklassen nur etwas über die Frische, Größe oder das Aussehen aussagen. Nach der EG-Verordnung muß das nach Güteklassen angebotene Gemüse: „grundsätzlich gesund, sauber, fest, von frischem Aussehen, frei von fremdem Geruch oder Geschmack und frei von übermäßiger Feuchtigkeit sein".
Das nach Güteklassen sortierte Gemüse wird als Klasse EXTRA, I, II oder III eingestuft, bei manchen Gemüsesorten gibt es nicht alle Klassen.

EINKAUFSTIPS FÜR GEMÜSE

- Nur Gemüse einkaufen, das knackig frisch und saftig aussieht. Welkes Gemüse hat schon zuviel Vitamine verloren.
- Beim Einkauf die einzelnen Güteklassen und Preise vergleichen. Abfall im Preisvergleich (z. B. auch mit tiefgefrorener Ware) mit einbeziehen.

TIPS FÜR DIE ZUBEREITUNG

Die meisten der im Gemüse enthaltenen Vitamine sind licht- und luftempfindlich und – wie auch die Mineralstoffe – wasserlöslich.

- Frisches Gemüse auch bei der Zubereitung nicht unnötig lange der Luft und dem Licht aussetzen.
- Beim Putzen und Waschen das Gemüse möglichst nur ganz kurz und gründlich unter fließendem Wasser reinigen. Nicht zerkleinert in Wasser legen.
- Die schonendsten Garmethoden wählen, also möglichst im eigenen Saft oder bei geringer Flüssigkeitszugabe dünsten (z.B. in gut schließenden Edelstahltöpfen mit Sandwichboden, in Alu- oder Bratfolie). Beim Garen im Dampfdrucktopf nur kurze Garzeiten einhalten.
- Gemüse enthält viele Mineralsalze und genügend Geschmacksstoffe, deshalb nur sehr sparsam mit Salz würzen. Besser nur wenig Glutamat (Fondor oder Instant-Hühnerbrühe) und Gewürze hinzufügen.
- Nach dem Dünsten sofort servieren, da beim längeren Warmhalten die hitzeempfindlichen Vitamine verloren gehen.
- Eventuell 1/4 der Gemüsemenge vor dem Dünsten abnehmen, roh im Mixer pürieren und erst vor dem Servieren untermischen, dadurch erhöht sich der Vitamingehalt des zubereiteten Gemüses wieder.

TIPS FÜR DIE HALTBARMACHUNG (GEFRIEREN) VON GEMÜSE

Feste Gemüsesorten (Kohl, Möhren, Sellerie usw.) lassen sich in kühlen, leicht feuchten Kellerräumen einige Zeit frisch halten. Für den Stadthaushalt ohne diese Lagermöglichkeit ist nur kurze Aufbewahrung, z.B. im Gemüsefach des Kühlschrankes oder in einem feuchten Tuch eingewickelt in einem kühlen Raum, sinnvoll. Größere Mengen Gemüse sollten zur Vorratshaltung sterilisiert oder tiefgefroren werden. Das Einfrieren (im Tiefkühlschrank oder in der -truhe) ist die beste Haltbarmachungsart, da Vitamine und Nährstoffe erhalten bleiben. Außerdem ist der Arbeitsaufwand geringer als bei anderen Methoden.
Zum Einfrieren von Gemüse sollte man z.B. Sonderangebote aus der frischen Ernte nutzen. Nur bestes, einwandfreies Gemüse verwenden!
Das Gemüse wird je nach Sorte vorbereitet (wie auch bei den einzelnen Gemüsearten angegeben), d.h. geputzt, gewaschen und zerkleinert. Je nach Sorte dann 2–5 Minuten in kochendem, leicht gesalzenem Wasser blanchieren (= brühen, kochen).
Eiswasser (Eiswürfel aus dem Tiefkühlfach in kaltes Wasser legen!) in eine Schüssel geben, das blanchierte Gemüse mit der Schaumkelle aus dem Topf heben und kurz abschrecken. Dann auf einem Durchschlag abtropfen lassen und in Gefrierbeutel oder Gefrierbehälter füllen. Luftdicht verschließen und etikettieren (also Datum, Menge, Gemüsesorte auf der Packung vermerken!). Im Schnellgefrierfach einfrieren (oder die Gefriertruhe auf Super schalten).

HINWEIS

Auch fertig zubereitetes Gemüse, Gemüsegerichte und Reste können eingefroren werden. Diese nach dem Auftauen aber nur ganz kurz erhitzen.

Artischocken nach Lyoner Art

***

Zutaten für 4 Personen	Arbeitsgeräte
6 mittelgroße Artischocken, Wasser, Salz; 0,2 l Weißwein, 1 Msp. Pfeffer, 1 TL Instantbrühe, 10 g Butter.	**Schneidbrett, Messer, Küchenschere, Teelöffel, Schüssel, Topf (2–3 l).**

Zubereitungszeit

30–35 Minuten.

Die Artischocken kalt abspülen. Wasser und etwas Salz (1/2 EL auf 1/2 l) in die Schüssel geben. Den Stielansatz und die obere Hälfte der Artischocken abschneiden (Bild 1).
Die Artischocken in Viertel schneiden und das Heu (= Blütenfäden) mit einem Teelöffel herauslösen (Bild 2).

1 Obere Hälfte der Artischocke abschneiden.

2 Das Heu herauslösen.

Die Artischockenstücke sofort in das kalte Salzwasser legen, damit sie nicht braun anlaufen.
Den Weißwein, 1/4 l Wasser, den Pfeffer, die Instantbrühe und die Butter im Topf bei starker Wärmestufe (E-Herd Schaltstufe 2,5–3, Automatik 10–12, G-Herd große Flamme) aufkochen.
Die Artischockenstücke in den Topf geben, zum Kochen bringen, dann den Topf schließen, den Herd auf kleinste Wärmestufe schalten (E-Herd Schaltstufe 1; Automatik 3–4; G-Herd kleine Flamme) und das Gemüse in 10–25 Minuten gar dünsten (die Garzeit richtet sich nach der Artischockensorte) (Bild 3).

Pro Portion: 4 g E 2 g F 22 g KH 163 kcal 680 kJ

Serviervorschlag:
Als Gemüsebeilage zu Lamm- oder Hammelbraten reichen oder mit knusprigem Stangenweißbrot und Butter als leichte Zwischen- oder Abendmahlzeit essen. Dazu schmeckt ein Weißwein.

Gefüllte Artischocken

Rezept und Zubereitungsanweisung siehe „Vorspeisen".

Gratinierte Artischocken

Zutaten für 4 Personen	Arbeitsgeräte
wie bei „Artischocken nach Lyoner Art"; 500 g Tomaten, 1 Zwiebel, 1 Knoblauchzehe, 2 EL Öl, 50 g geriebener Käse (Greyerzer oder Emmentaler Käse).	**wie bei vorigem Rezept, feuerfeste Auflaufform, Kasserolle.**

Zubereitungszeit

55–60 Minuten.

Die Artischocken nach dem vorhergehenden Rezept zubereiten.
Während diese dünsten, die Tomaten überbrühen, häuten und entkernen. Die Zwiebel und die Knoblauchzehe schälen und fein hacken.
Die Zutaten 10 Minuten in einer Kasserolle im Öl dünsten, dann gleichmäßig in die Auflaufform verteilen.
Den Backofen vorheizen (E-Herd 220° C; G-Herd Stufe 4 oder vorgeheizter Grill).
Die gedünsteten Artischocken in die Auflaufform geben und mit geriebenem Käse bestreuen. In etwa 20 Minuten goldbraun überbacken.

Pro Portion: 9 g E 11 g F 28 g KH 289 kcal 1210 kJ

Serviervorschlag:
Als leichtes Gemüsegericht mit Stangenbrot und einem Weißwein reichen.

3 Die Artischockenstücke in den Topf geben.

Auberginen auf italienische Art

Zutaten für 4 Personen

500 g Auberginen (mittelgroße Früchte), Salz, Pfeffer, 6–8 EL Öl, 150 g Mozzarella (oder Provolone, italienischer Käse).

Arbeitsgeräte

Messer, Schneidbrett, hohe Pfanne, Pfannenwender, feuerfeste Auflaufform.

Zubereitungszeit

30–35 Minuten.

Die Auberginen waschen und abtrocknen. Der Länge nach halbieren und die Schnittflächen mit Salz bestreuen. 5 Minuten stehenlassen, dann mit Küchenkrepp abtupfen.
Das Öl in der Pfanne erhitzen (E-Herd Schaltstufe 2,5; Automatik 10; G-Herd große Flamme) und die Auberginen mit der Schnittfläche nach unten hineinlegen. Goldbraun backen, dann wenden und von der Unterseite backen. Dabei den Herd auf kleinste Wärmestufe schalten und den Deckel schließen.
Den Backofen oder den Grill vorheizen (E-Herd 225°C; G-Herd Stufe 4).
Die Auberginen mit der Schnittfläche nach oben in die feuerfeste Form setzen, leicht mit Pfeffer und Salz würzen.
Den in dünne Scheiben geschnittenen Mozzarella (oder Provolone) darüberlegen. Im Backofen oder unter dem Grill etwa 7 Minuten überbacken, bis der Käse schmilzt.

Pro Portion: 8 g E 26 g F 5 g KH 288 kcal 1200 kJ

Serviervorschlag
Als leichtes Gemüsegericht servieren oder zu Grillspießen reichen.

Auberginen.

Anmerkung: Mozzarella ist ein Käse, der aus Kuhmilch (oder Büffelkuhmilch) hergestellt wird. Dieser Käse entfaltet sein volles Aroma nur beim Überbacken, kalt schmeckt er fad. Anstelle von Mozzarella kann Provolone oder der französische Boursin probiert werden.

HINWEIS
Auberginen (Eierfrüchte) aus der Familie der Nachtschattengewächse enthalten Bitterstoffe. Die Scheiben werden mit Salz bestreut, um die Bitterstoffe herauszuziehen. Vor der Verwendung eventuell kalt abspülen und mit Küchenkrepp abtrocknen.

Auberginen mit Tomaten

Zutaten für 4 Personen

4 Auberginen (etwa 800 g), 1 große Zwiebel, 4 EL Olivenöl, 250 g Tomaten, 2 Knoblauchzehen, Pfeffer und Salz, 1 EL feingehackte Petersilie.

Arbeitsgeräte

Messer, Schneidbrett, Topf oder Kasserolle (2 l), Rührlöffel.

Zubereitungszeit

25–30 Minuten.

Die Auberginen waschen, schälen und in 1 cm dicke Scheiben schneiden.
Die Zwiebel schälen und in kleine Würfel schneiden.
Das Öl im Topf bei mittlerer Wärmestufe erhitzen (E-Herd Schaltstufe 2; Automatik 7–9; G-Herd mittelgroße Flamme).
Die Auberginenscheiben und Zwiebelwürfel hineingeben und 5 Minuten andünsten.
Inzwischen die Tomaten mit kochendem Wasser überbrühen, die Haut abziehen und die Kerne herauslösen. Die Tomatenstücke zu den Auberginen geben.
Die Knoblauchzehen schälen, zerdrücken und mit Pfeffer und Salz zum Gemüse geben. Bei geschlossenem Topf in weiteren 10 Minuten gar dünsten.
Das Gemüse abschmecken, anrichten und mit der feingehackten Petersilie bestreuen.

Pro Portion: 3 g E 10 g F 11 g KH 153 kcal 640 kJ

Serviervorschlag
Als Beilage zu Hammel- oder Schweinekoteletts, Fleischspießen oder Geflügel reichen. Das Gemüse schmeckt im Sommer auch kalt, z.B. als Vorspeise.

Auberginen auf italienische Art.

1 Die Chicoréestangen in den Topf geben.

2 Den Chicorée in Schinkenscheiben wickeln.

Chicorée im Schinkenhemd.

Chicorée im Schinkenhemd

GRUNDREZEPT

Zutaten für 4 Personen

4–6 kleine Stangen Chicorée (= etwa 750 g),
1/8 l Wasser,
1 TL Instantbrühe,
4 EL Weißwein,
1 Msp. Pfeffer;
4–6 Scheiben gekochter Schinken (125 g),
1 TL Butter,
50 g geriebener Käse.

Arbeitsgeräte

spitzes Messer, Schneidbrett, Topf (etwa 2 l), Sieb, Auflaufform.

Zubereitungszeit

25–30 Minuten.

Von den Chicoréestangen welke Außenblätter ablösen. Mit einem spitzen Messer am unteren Ende den bitteren Kern keilförmig herausschneiden. Die Stangen unter kaltem Wasser abspülen.
Im Topf bei starker Wärmestufe (E-Herd Schaltstufe 2,5; Automatik 10; G-Herd große Flamme) das Wasser, die Instantbrühe, den Weißwein und den Pfeffer aufkochen. Die Chicoréestangen hineingeben, zum Kochen bringen, den Topf schließen und auf kleine Stufe zurückschalten. Die Stangen – je nach Dicke – 8–10 Minuten kochen.
Unterdessen auf dem Brett die Schinkenscheiben nebeneinander ausbreiten. Starke Fettränder abschneiden. Die Chicoréestangen abtropfen lassen, mit Schinken umhüllen und in die mit Butter ausgefettete Auflaufform legen. Geriebenen Käse darüberstreuen.
Den Grill vorheizen (oder Backofen auf 225–250° C; G-Herd Stufe 4–5). Den Chicorée im Schinkenhemd etwa 10 Minuten goldbraun überbacken.

Pro Portion: 12 g E 9 g F 4 g KH 163 kcal 680 kJ

Serviervorschlag

Mit gekochten Kartoffeln als leichtes Abend- oder Mittagessen reichen, dazu Tomatensaft oder Weißwein als Getränk.

TIP

Anstelle von geriebenem Käse eventuell auch mit einer Käsesoße oder Tomatensoße (siehe Kapitel Soßen) überbacken.

Fenchel (Gemüsefenchel)

Gemüsefenchel ist ein Knollengewächs und das ganze Jahr im Handel erhältlich. Der größte Lieferant für Fenchel ist Italien, daher findet man in der italienischen Küche auch die besten Rezepte für Fenchel.
Der Geschmack des Gemüses ist zart und leicht süßlich. Fenchelgemüse paßt gut zu Fisch und hellen Fleischsorten (Geflügel und Kalbfleisch).
Bei der Zubereitung werden die äußeren harten Blätter von den Fenchelknollen gelöst (nur bei großen Knollen!), dann den Strunk und die festen Stengel wegschneiden. Das zarte Grün abschneiden und zum Garnieren zurückbehalten (Bild 1).
Die Knollen gründlich unter kaltem Wasser waschen. Je nach Größe halbieren oder in Viertel schneiden (Bild 2).

1 Fenchelknollen.

2 Die Knollen halbieren oder vierteln.

Fenchel Milaneser Art.

Fenchel Milaneser Art

Zutaten für 4 Personen	**Arbeitsgeräte**
3–5 mittelgroße Fenchelknollen (etwa 800 g), 1/2 Schächtelchen klare Fleischbrühe (oder Instantbrühe), 1 TL Butter, 100 g geriebener Käse (Emmentaler, Gouda oder Parmesan).	**Messer, Topf (2 l), Auflaufform.** **Zubereitungszeit** **45–50 Minuten, davon 5 Minuten Vorbereitung und 40–45 Minuten Garzeit.**

Den Fenchel putzen, d. h. die festen Außenblätter ablösen, feste Stiele und Strünke abschneiden. Die Knollen gründlich waschen, dann je nach Größe in Viertel schneiden oder halbieren.
1/2 l Wasser im Topf bei starker Wärmestufe (E-Herd Schaltstufe 2,5–3; Automatik 10–12; G-Herd große Flamme) zum Kochen bringen und die Suppenwürfel darin auflösen.
Die Fenchelstücke in die kochende Brühe geben, den Topf schließen und nach 1 Minute auf kleinste Stufe zurückschalten.
Die Fenchelstücke etwa 20 Minuten garen (im Dampfdrucktopf 6–8 Minuten).
Die Auflaufform mit Butter ausfetten. Eventuell in der Zwischenzeit den Käse reiben.
Den Backofen vorheizen (E-Herd 225° C; G-Herd Stufe 4).
Die Fenchelstücke in die Auflaufform legen und dick mit geriebenem Käse bestreuen. In den vorgeheizten Backofen (oder unter den vorgeheizten Grill) schieben und 10–15 Minuten überbacken.

Pro Portion: 12 g E 9 g F 17 g KH 208 kcal 870 kJ

Serviervorschlag
Zu gebratenem oder gegrilltem Geflügel und Fisch reichen. Weißwein, heiße Brühe oder Tafelwasser als Getränk dazu servieren.

Abwandlungen
Anstelle von geriebenem Käse zum Überbacken eine Käsesoße oder Tomatensoße (siehe Kapitel Soßen) verwenden.
Oder:
50–100 g gekochten Schinken in Würfel schneiden und über die Fenchelstücke streuen. Dann mit einer Käsesoße überziehen und überbacken. Mit gekochten Kartoffeln als leichtes Abendessen reichen.

Paprika-Bananen-Gemüse

Zutaten für 4 Personen

**500 g Paprikaschoten (rote und grüne),
4 Tomaten,
2 EL Öl,
1 TL Instantbrühe,
2 feste Bananen,
1 Zitrone,
etwas Pfeffer,
Salz und Curry**

Arbeitsgeräte

Messer, Schneidbrett, Durchschlag (oder Sieb), Topf (1 1/2–2 l), Rührlöffel, Zitronenpresse.

Zubereitungszeit

20–25 Minuten.

Die Paprikaschoten der Länge nach aufschneiden. Die Samen und Innenwände herauslösen. Die Paprikaschoten unter kaltem Wasser abspülen und im Sieb abtropfen lassen. Dann in dünne Streifen schneiden (Bild 1).

Die Tomaten häuten (kurz mit kochendem Wasser überbrühen, damit sich die Haut löst, siehe auch Seite 158), entkernen und zerkleinern.
Das Öl in den Topf geben und bei mittlerer Wärmestufe (E-Herd Schaltstufe 2,5; Automatik 10; G-Herd mittelgroße Flamme) erhitzen. Das Paprika- und Tomatengemüse hineingeben, mit Instantbrühe bestreuen und 3–5 Minuten unter Rühren andünsten (Bild 2).
Dann bei geschlossenem Topf weitere 5 Minuten dünsten.
Die Bananen schälen, in 1 cm dicke Scheiben schneiden und diese mit Zitronensaft beträufeln. Auf das Gemüse geben und noch 5 Minuten bei geschlossenem Topf dünsten. Nach Geschmack mit Pfeffer, Salz und etwas Curry würzen.

Pro Portion:	1 g E	6 g F	20 g KH	140 kcal	590 kJ

Serviervorschlag
Als Beilage zu kurzgebratenem Fleisch, zu Leber, Fleischspießen, gebratenem oder gegrilltem Fleisch reichen. Gut geeignet auch zu Gerichten nach chinesischer Art, dann aber stärker mit Curry und eventuell auch mit Paprika würzen.

1 Zutaten.

2 Das Gemüse in den Topf geben.

3 Die Bananenscheiben dazugeben.

4 Paprika-Bananen-Gemüse.

Kartoffel-Paprika-Gemüse

Zutaten für 4 Personen

**500 g mittelgroße Kartoffeln,
500 g Paprikaschoten (rote und grüne),
1 Zwiebel,
1–2 Knoblauchzehen,
etwa 200 cm³ Tomatensaft,
1–2 TL Instant-Hühnerbrühe,
1 Msp. Pfeffer,
1 Msp. Thymian,
1 Msp. Basilikum.**

Arbeitsgeräte

Messer, Schneidbrett, Durchschlag oder Sieb, Topf, Rührlöffel.

Zubereitungszeit

etwa 30 Minuten.

Die Kartoffeln waschen und schälen. Die Paprikaschoten der Länge nach halbieren. Die Samen und Innenwände herauslösen. Die Paprikaschoten waschen und abtropfen lassen. Die Zwiebel und die Knoblauchzehen schälen.
Den Tomatensaft und die Würzzutaten in den Topf geben und bei mittlerer Wärmestufe zum Kochen bringen.

In der Zwischenzeit die Kartoffeln in dünne Scheiben, die Paprikaschoten in schmale Streifen und die Zwiebel in Würfel schneiden. Die Knoblauchzehen zerdrücken.
Alles in den Topf geben und aufkochen lassen. Dann den Topf schließen, auf kleinste Wärmestufe schalten und das Gemüse in 12–15 Minuten gar schmoren. Nach Geschmack nachwürzen und anrichten.

Pro Portion:	4 g E	– F	27 g KH	132 kcal	550 kJ

Serviervorschlag
Als Beilage zu fast allen Braten, zu Geflügel und Wildbraten geeignet.

TIP
Als Spargericht nur mit knusprig gebratenen Speckscheiben oder Bratwürsten servieren.

Blattspinat

GRUNDREZEPT

Zutaten für 2 Personen	Arbeitsgeräte
500 g frischer Spinat (oder 1 Packung tiefgefrorener = 300 g), 1 Zwiebel, 10 g Butter, 1 Msp. geriebene Muskatnuß, Pfeffer und Salz, 1 Msp. Zucker, 2 EL süße Sahne.	**Messer, Durchschlag, Schneidbrett, Topf, großes Messer, Rührlöffel.** **Zubereitungszeit** **25–30 Minuten, davon 15 Minuten Vorbereitung und 10–15 Minuten Garzeit.**

Den Spinat gründlich putzen und verlesen, d.h. welke Blätter, Wurzeln und feste Stiele entfernen. Den Spinat in reichlich kaltem Wasser 3- bis 4mal locker waschen, damit kein Sand haften bleibt. Dann auf dem Durchschlag abtropfen lassen.
Die Zwiebel schälen und in kleine Würfel schneiden.
Die Butter im Topf zerlaufen lassen und die Zwiebelwürfel darin andünsten.

1 Den Spinat putzen ...

2 ... und mehrmals waschen.

Spinatgemüse nach Genueser Art.

Die Spinatblätter auf dem Schneidbrett mit einem großen Messer grob zerhacken. In den Topf geben und 5–8 Minuten dünsten, bis er zusammensackt. Dann mit Muskatnuß, Pfeffer, Salz und Zucker würzen und mit der Sahne abschmecken. Möglichst sofort servieren, damit die Nährstoffe erhalten bleiben.

Pro Portion: 3 g E 5 g F 5 g KH 75 kcal 310 kJ

Spinatgemüse nach Genueser Art

Zutaten für 4 Personen	Arbeitsgeräte
1 kg frischer Blattspinat, 20 g Butter, 2 EL Olivenöl, 1 Knoblauchzehe, 3 EL Rosinen, 3 EL Pinienkerne, 1 TL Instant-Hühnerbrühe, frisch gemahlener Pfeffer, Salz, 1 Msp. geriebene Muskatnuß.	**Messer, Durchschlag, Schneidbrett, großer Topf, Rührlöffel.** **Zubereitungszeit** **20–25 Minuten.**

Den Spinat putzen, d.h. die welken Blätter und groben Blattstiele entfernen. Den Spinat mehrmals in viel kaltem Wasser waschen. Auf dem Durchschlag abtropfen lassen, dann die Blätter mit einem großen Messer grob zerschneiden.
Die Butter und das Öl in den Topf geben und bei starker Wärmestufe erhitzen.
Den Spinat hineingeben, die Knoblauchzehe schälen, zerdrückt hinzufügen und 3 Minuten dünsten.
Dann die Rosinen, die Pinienkerne und die Hühnerbrühe hinzufügen und mit Pfeffer, Salz und Muskatnuß abschmecken. 5 Minuten bei geschlossenem Topf dünsten, anrichten und servieren.

Pro Portion: 7 g E 14 g F 19 g KH 233 kcal 970 kJ

Spinat, überbacken

Spinatblätter im Ganzen 3 Minuten dünsten, dann in eine ausgefettete Form geben. Mit geriebenem Käse bestreuen und unter dem Grill überbacken, bis der Käse schmilzt.
Zu gegrilltem oder kurzgebratenem Fisch, Fleisch oder Frikadellen reichen.

TIPS für Verwendung von Spinat:

- Tiefgefrorener Spinat kann als Block oder leicht angetaut verwendet werden, Garzeit nach Packungsangabe. Variationen wie bei Spinatrezepten mit frischem Spinat.
- Spinatreste nicht wieder aufwärmen.

Bohnen

werden vor allem als Busch- oder Stangenbohnen angeboten. Die handelsüblichen Sorten sind heute meist fadenlos. Große frische Bohnenkerne (= Puff- oder Saubohne, auch Pferdebohne) werden ausgepalt angeboten.

Grüne Bohnen

GRUNDREZEPT ✱✱✱

Zutaten für 2–4 Personen

500 g zarte Buschbohnen,
1 TL Instantbrühe,
1 TL Butter,
1 Stengel Bohnenkraut,
1/2 Bund Petersilie.

Arbeitsgeräte

Messer, Durchschlag,
Topf (etwa 1 1/2 l).

Zubereitungszeit

20–30 Minuten,
davon 5 Minuten
Vorbereitung und
15–25 Minuten Garzeit
(Garzeit im Dampfdrucktopf
4–5 Minuten).

Von den Bohnen die Spitzen und Stielchen abknicken oder abschneiden. Die Bohnen waschen und abtropfen lassen, eventuell in Stücke brechen.
1/8 l Wasser im Topf bei starker Wärmezufuhr (E-Herd Schaltstufe 2,5; Automatik 10; G-Herd große Flamme) mit der Instantbrühe und der Butter aufkochen. Die Bohnen und das Bohnenkraut hineingeben. Zum Kochen bringen, den Topf schließen und den Herd auf kleinste Wärmestufe zurückschalten. In 15–20 Minuten gar dünsten. Sehr zarte Bohnen sind eventuell bereits nach 12 Minuten gar. Das Bohnenkraut aus dem Topf nehmen. Während der Garzeit die Petersilie fein hacken.
Die Bohnen anrichten und mit Petersilie bestreuen.

Pro Portion bei 4: 3 g E 1 g F 6 g KH 68 kcal 200 kJ

Serviervorschlag
Grüne Bohnen passen zu vielen Fleischgerichten, zu Bratwürsten und Frikadellen genauso gut wie zu Schweine- oder Rinderschmorbraten oder zu einem Festtagsbraten.

Wachsbohnen

Gleiche Zubereitung wie bei grünen Bohnen.

Grün-gelbe Bohnen

Eine dekorative Bohnenvariante erhält man, wenn je zur Hälfte grüne Bohnen und Wachsbohnen genommen werden. Dann ist darauf zu achten, daß beide Arten sehr zart sind, damit die Garzeit nicht variiert!

TIP
Auch als Bohnensalat ist die grün-gelbe Variante zu empfehlen. Auf das Grundrezept werden noch 3 Eßlöffel Öl, 1–2 Eßlöffel Essig und 1 in Würfel geschnittene Zwiebel gegeben. Mit Pfeffer, Salz und Zucker abschmecken und den Salat warm oder kalt als Beilage reichen.

TIP
Für festliche Gemüseplatten oder als Beilage zu Bratenplatten die Bohnen im Ganzen dünsten, z.B. zarte junge Prinzeßböhnchen verwenden. Jeweils einige Bohnen als Bündel mit einer gebratenen Schinkenspeckscheibe umwickeln. Das sieht hübsch aus und schmeckt auch gut.

Bohnen-Mais-Gemüse

***

Zutaten für 4 Personen	Arbeitsgeräte
wie für Grundrezept grüne Bohnen; 1/2 kleine Dose Maiskörner (etwa 125 g), Pfeffer und Salz, 1/2 Bund Petersilie.	**siehe Grundrezept; Dosenöffner.**

Zubereitungszeit

25–30 Minuten.

Grüne Bohnen nach dem Grundrezept zubereiten.
In den letzten 5 Minuten der Garzeit die Maiskörner aus der Dose hinzufügen und mitdünsten.
Das Gemüse mit Pfeffer und Salz abschmecken und mit feingehackter Petersilie bestreut anrichten.

Pro Portion: 4 g E 2 g F 13 g KH 83 kcal 350 kJ

Serviervorschlag
Als Beilage zu gegrilltem und gebratenem Fleisch (Rinderschmorbraten, Schweinebraten, Koteletts, Würsten) reichen. Eventuell auch mit Essig und Öl mariniert als pikanter Gemüsesalat geeignet.

Bohnen-Mais-Gemüse.

Bohnen auf Burgunder Art

***

Zutaten für 4 Personen	Arbeitsgeräte
250 g Möhren, 2 Zwiebeln, 2 EL Öl, 500 g grüne Bohnen, 1 Glas Rotwein (Burgunder, 125 ml), eventuell 4 EL Wasser, 1 Msp. Pfeffer, 1 TL Instantbrühe (oder etwas Salz), 100 g durchwachsener, geräucherter Speck, 1 EL Öl, 1/2 Bund Petersilie (oder Basilikum, Liebstöckel, Borretsch).	**Messer, Durchschlag, Topf (2 l), Rührlöffel, Schneidbrett, Pfanne.**

Zubereitungszeit

25–30 Minuten, davon 10 Minuten Vorbereitung und 15–20 Minuten Garzeit (Garzeit im Dampfdrucktopf 4–5 Minuten).

Die Möhren schälen und waschen. Die Zwiebeln schälen. Möhren und Zwiebeln in Scheiben schneiden.
Das Öl im Topf erhitzen. Die Zwiebel- und Möhrenscheiben hineingeben und 3–5 Minuten andünsten.
Die Bohnen waschen, Stielansätze und Spitzen abknicken. Größere Bohnen in Stücke brechen.
Das Gemüse in den Topf geben, den Rotwein (eventuell etwas Wasser), Pfeffer und die Instantbrühe dazugeben. Bei starker Wärmestufe zum Kochen bringen, den Topf schließen und den Herd auf kleinste Stufe zurückschalten. In 15–20 Minuten gar dünsten (bei zartem Gemüse genügen 10–12 Minuten).
Während die Bohnen garen, den Speck in dünne Scheiben schneiden.
Das Öl in der Pfanne erhitzen und die Speckscheiben darin knusprig braun braten.
Die Petersilie – oder gemischte Kräuter – fein hacken.
Die Bohnen in einer Schüssel anrichten, mit Petersilie bestreuen und die Speckscheiben darüber verteilen.

Pro Portion: 6 g E 24 g F 12 g KH 325 kcal 1170 kJ

Serviervorschlag
Burgunder Bohnen schmecken z.B. mit Kartoffelpüree oder gekochten Kartoffeln als Spargericht oder als Beilage zu Frikadellen usw.

Dicke Bohnen, römische Art

**

Zutaten für 4 Personen	**Arbeitsgeräte**
150 g durchwachsener Speck, 10 g Schweineschmalz (oder 1 EL Öl), 1 Zwiebel, 600 g frische (oder tiefgefrorene) Saubohnenkerne, etwa 1/4 l Wasser, 1–2 gestrichene TL Instantbrühe, 1 Msp. Pfeffer, 1 Msp. Thymian, 1–2 EL Tomatenmark.	**Schneidbrett, Messer, Sieb, Topf (etwa 2 l), Rührlöffel.** **Zubereitungszeit** **50–60 Minuten, davon 10 Minuten Vorbereitung und 40–50 Minuten Garzeit (Garzeit im Dampfdrucktopf 12–15 Minuten).**

Den Speck in dünne Streifen schneiden.
Das Schmalz im Topf bei starker Wärmezufuhr erhitzen (E-Herd Schaltstufe 2,5; Automatik 10; G-Herd große Flamme) und die Speckstreifen darin in 6–8 Minuten knusprig braun braten.
Unterdessen die Zwiebel schälen und in Würfel schneiden. Zum Speck geben und glasig werden lassen.
Die Bohnenkerne kalt abspülen und in den Topf geben. 5 Minuten schmoren, dabei einige Male durchrühren.
Heißes Wasser (zunächst nicht die ganze Menge), Instantbrühe, Pfeffer und Thymian hinzufügen. Den Topf schließen, den Herd auf kleinste Wärmestufe schalten und die Bohnen – je nach Sorte – in 30–40 Minuten gar schmoren. Nur bei Bedarf zwischendurch etwas Wasser nachgießen. Wenn die Bohnen gar sind, soll die Flüssigkeit fast vollständig aufgesogen sein.

Dicke Bohnen, römische Art.

Das Tomatenmark (kann nach Geschmack auch weggelassen werden) unter das Gemüse rühren. Gut abschmecken und anrichten.

Pro Portion: 8 g E 27 g F 10 g KH 331 kcal 1380 kJ

Serviervorschlag
Dieses Gericht z.B. als Spargericht nur mit gekochten Kartoffeln reichen oder als Beilage zu gegrillten Würstchen, zu Hammelbraten Lammkoteletts usw. Bier und Rotwein sind passende Getränke.

Bohnen-Pfifferlings-Gemüse

Zutaten für 4 Personen	**Arbeitsgeräte**
wie für Grundrezept grüne Bohnen; 50 g durchwachsener, geräucherter Speck, 1 Zwiebel, 1 EL Öl, 1 kleine Dose Pfifferlinge (200 g), 1/2 Bund Petersilie, Pfeffer, Salz.	**siehe Grundrezept; Dosenöffner, Sieb, Kasserolle.** **Zubereitungszeit** **25–30 Minuten.**

Die grünen Bohnen nach dem Grundrezept zubereiten.
Unterdessen die Zwiebel schälen und ebenso wie den Speck in kleine Würfel schneiden.

Das Öl in der Kasserolle erhitzen und die Speck- und Zwiebelwürfel darin braun braten.
Die Pfifferlinge abtropfen lassen, hinzufügen und einige Minuten mitdünsten.
Die Pilze unter das Bohnengemüse mischen, mit Pfeffer und Salz abschmecken und mit der feingehackten Petersilie bestreut anrichten.

Pro Portion: 5 g E 12 g F 10 g KH 175 kcal 730 kJ

Serviervorschlag
Das Gemüse ist eine ausgezeichnete Beilage zu Wildgerichten (Wildschwein, Hirsch und Rebhuhn), zu Rinderbraten, Schweinebraten usw. Rotwein oder Bier – je nach Fleischgericht – passen als Getränke.

Erbsen

Frische Erbsen werden als Pal-, Mark- und Zuckererbsen angeboten. Bei Pal- und Markerbsen schmecken die jungen, zarten Erbsenkörner am besten. Die zarten Zuckererbsen können auch mit der Schale zubereitet werden.
Beim Einkauf von Erbsenschoten daran denken, daß viel Abfall (etwa 60 % Schalenanteil) entsteht. 1 kg Erbsenschoten ergeben etwa 400 g ausgepalte Erbsen.
Vergleichen Sie beim Einkauf eventuell auch die Preise mit tiefgekühlter Ware, bei der kein Abfall entsteht (Arbeitszeit und Abfallanteil beim Preisvergleich mit berücksichtigen!).
Einkaufen sollte man nur die knackig frischen Schoten, in denen die Erbsenkörner noch weich und süßlich sind.
Dicke Schoten mit welker Schale enthalten häufig leicht bittere Erbsen.

Grüne Erbsen

GRUNDREZEPT ✱✱✱

Zutaten für 2–4 Personen

**1 kg frische Erbsenschoten,
1/8 l Wasser,
1 gehäufter TL Instant-Hühnerbrühe,
1 TL Butter,
1 Msp. geriebene Muskatnuß.**

Arbeitsgeräte

Sieb, Topf (oder Dampfdrucktopf), Rührlöffel.

Zubereitungszeit

25–30 Minuten (Garzeit im Dampfdrucktopf 2–4 Minuten).

Die Erbsen auspalen, d.h. die Schalenhälften auseinanderdrükken und die Erbsenkörner mit den Fingern herausstreifen (Bild 1).
Die Körner in das Sieb geben und unter kaltem Wasser kurz abspülen.

1 Die Erbsen auspalen.

2 Grüne Erbsen.

Das Wasser im Topf bei mittlerer Wärmestufe aufkochen, Instant-Hühnerbrühe, Butter und die Erbsen hineingeben. Alles zum Kochen bringen und den Topf schließen. Den Herd auf kleinste Wärmestufe schalten und die Erbsen in etwa 15 Minuten gar dünsten.

HINWEIS

Sehr zarte Erbsen sind nach 10–12 Minuten gar, dickere Erbsen brauchen eventuell einige Minuten länger.

Pro Portion (bei 2 x 2):
7 g E   1 g F   13 g KH   97 kcal   410 kJ

Serviervorschlag

Erbsen passen zu fast allen Fleischgerichten und können auf verschiedenste Art abgewandelt werden.

Erbsen-Möhren-Gemüse

GRUNDREZEPT ✱✱✱

Zutaten für 4 Personen

**300 g frische, ausgepalte Erbsen (= etwa 750 g Schoten, oder 1 kleine Packung tiefgefrorene Erbsen = 300 g),
500 g Möhren,
1–2 TL Instantbrühe,
1 Msp. gemahlener Ingwer,
1–2 TL Butter, 1 Apfel,
1 Bund Petersilie.**

Arbeitsgeräte

Sieb, Messer, Schneidbrett, Topf (oder Dampfdrucktopf).

Zubereitungszeit

30 Minuten, davon 10 Minuten Vorbereitung und 20 Minuten Garzeit (Garzeit im Dampfdrucktopf 4–5 Minuten).

Die ausgepalten Erbsen ins Sieb geben und kalt abspülen.
Die Möhren waschen, schälen und in dünne Scheiben oder Streifen schneiden.
1/8 l Wasser im Topf bei starker Wärmestufe aufkochen (E-Herd Schaltstufe 2,5–3; Automatik 10–12; G-Herd große Flamme). Instantbrühe, Ingwer und Butter hineingeben, ebenso die Erbsen und Möhren. Einmal aufkochen lassen, den Topf schließen und den Herd auf kleinste Wärmestufe schalten.
Den Apfel schälen, vierteln und das Kerngehäuse herausschneiden. Die Apfelstücke in dünne Streifen schneiden und nach 5 Minuten zum Gemüse geben. Den Topf wieder schließen und das Gemüse in weiteren 10–15 Minuten (zartes junges Gemüse ist schneller gar als kräftigeres Gemüse!) gar dünsten.
Die Petersilie fein hacken und über das gut abgeschmeckte Gemüse streuen.

Pro Portion: 6 g E   2 g F   21 g KH   134 g kcal   560 kJ

Serviervorschlag

Als Beilage zu vielen Alltagsgerichten geeignet (zu Schweine- oder Rinderbraten, Bratwürsten, Frikadellen und Hackbraten, Fischgerichten usw.).

Grüne Erbsen mit Schinken (oben), Gold und Silber (links), Erbsen-Möhren-Gemüse (rechts), Möhren mit Fenchel (unten).

Möhren-Kohlrabi-Gemüse

GRUNDREZEPT ✱✱✱

Zutaten für 4 Personen	Arbeitsgeräte
400 g Möhren, 2–3 kleine Kohlrabi (400 g), 1–2 TL Instant-Hühnerbrühe, 1 Prise Zucker, 1 Msp. geriebene Muskatnuß, 1 TL Butter, 1 El feingehackte Petersilie, eventuell etwas Pfeffer und Salz.	**Messer, Durchschlag (oder Sieb), Schneidbrett (oder Küchenmaschine mit Schnitzelwerk), Topf (oder Dampfdrucktopf), Rührlöffel.**

Zubereitungszeit

25–30 Minuten (Garzeit im Dampfdrucktopf 4–6 Minuten).

Die Möhren und Kohlrabi waschen und schälen.
1/8 l Wasser im Topf zum Kochen bringen.
In der Zwischenzeit die Möhren und Kohlrabi in 1/2 cm dicke und 2–3 cm lange Stifte schneiden (oder mit dem elektrischen Schnitzelwerk in dünne Scheiben schneiden).
Die Instant-Hühnerbrühe, den Zucker, die Muskatnuß, Butter und das Gemüse in den Topf geben und zum Kochen bringen.
Den Topf schließen, den Herd auf kleinste Wärmestufe schalten und das Gemüse in etwa 15 Minuten gar dünsten (Wintergemüse hat etwas längere Garzeit!).
Vor dem Servieren die feingehackte Petersilie über das Gemüse streuen. Bei Bedarf leicht mit Pfeffer und Salz würzen.

Pro Portion: 2 g E 1 g F 9 g KH 57 kcal 240 kJ

Serviervorschlag
Als Beilage zu vielen Alltagsgerichten geeignet.

Möhren-Kohlrabi-Gemüse.

HINWEIS
Mit dem Schnitzelwerk in Scheiben geschnittenes Gemüse ist in etwa 10 Minuten gar.

TIP
Das Gemüse für kleinere Kinder (oder auch für Kranke) vor dem Servieren eventuell pürieren.

Erbsen mit Kräutern und Salat

Zutaten für 4 Personen	Arbeitsgeräte
wie für Grundrezept; 1 Zwiebel, 1 kleiner Kopfsalat (80–100 g), 10 g Butter, 1/2 Bund Petersilie (oder Kerbel).	**siehe Grundrezept; Schneidbrett, Messer, Kasserolle.**

Zubereitungszeit

etwa 30 Minuten

Die Erbsen nach dem Grundrezept zubereiten.
Während der Garzeit die Zwiebel schälen und in kleine Würfel schneiden. Den Salat putzen (siehe auch grüner Salat Kapitel „Salate"), die Blätter gründlich waschen und gut abtropfen lassen oder in der Salatschleuder trocknen. Die Salatblätter in schmale Streifen schneiden.
Die Butter in der Kasserolle zerlassen, die Zwiebelwürfel darin andünsten, dann den Salat hinzufügen und 3 Minuten dünsten. Mit Pfeffer und Salz würzen und unter die fertig gegarten Erbsen mischen. Mit feingehackter Petersilie (oder Kerbel) bestreut anrichten.

Pro Portion: 7 g E 4 g F 14 g KH 124 kcal 520 kJ

Serviervorschlag
Als Gemüsebeilage zu Kalbsbraten, Schnitzeln, Haus- oder Wildgeflügel reichen.

TIP
Eventuell nur die Zwiebelwürfel dünsten und den sehr fein geschnittenen Salat roh unter die Erbsen mischen!

Gold und Silber (Möhren-Zwiebel-Gemüse)

Zutaten für 4 Personen	Arbeitsgeräte
500 g Möhren, 300 g Zwiebeln, 1 EL Butter, 1–2 TL Instantbrühe (oder Bouillonwürfel), 1 Msp. Pfeffer, 1 Msp. Zucker, 1 Msp. Thymian, 1/2 Bund Petersilie.	**Messer, Schneidbrett, Sieb, Topf, Rührlöffel (eventuell elektrisches Schnitzelwerk und Dampfdrucktopf benutzen).**
	Zubereitungszeit
	etwa 30 Minuten (Garzeit im Dampfdrucktopf 4–6 Minuten).

Die Möhren und Zwiebeln schälen, kalt abspülen und abtropfen lassen. Beides in Scheiben schneiden (eventuell das Schnitzelwerk benutzen), eventuell aber auch nach Wunsch in große Würfel.
Die Butter in den Topf geben und bei mittlerer Wärmestufe (E-Herd Schaltstufe 2,5; Automatik 10; G-Herd mittelgroße Flamme) erhitzen. Das Gemüse hineingeben und unter Rühren 5 Minuten andünsten.
Dann 1/8 l heißes Wasser, die Instantbrühe und die Würzzutaten dazugeben. Alles aufkochen, den Topf schließen und den Herd auf kleinste Wärmestufe schalten. In 10–15 Minuten (je nach Möhrensorte und Dicke der Scheiben) gar dünsten.
Das Gemüse abschmecken und mit der feingehackten Petersilie bestreut anrichten.

Pro Portion: 2 g E 3 g F 14 g KH 93 kcal 390 kJ

Variationen für Möhrengemüse

Möhren mit Sellerie
500 g Möhren und 1 kleine Sellerieknolle vorbereiten, in Stifte oder Würfel schneiden und dünsten (wie Möhren-Kohlrabi-Gemüse).

Möhren mit Fenchel oder Bleichsellerie
500 g Möhren mit 250 g Gemüsefenchel oder 250 g Bleichsellerie dünsten (wie Möhren-Kohlrabi-Gemüse). Sehr zu empfehlen zu gekochtem Huhn und Fisch oder Kalbsbraten.
Als Beilage zu einem Festtagsbraten z.B. kleine Möhren und geviertelten Fenchel (oder in 5-cm-Stücke geschnittener Bleichsellerie) dünsten. Als Garnierung um den aufgeschnittenen Braten legen.

Möhren-Apfel-Gemüse
500 g Möhren und 1 großen säuerlichen Apfel in Scheiben schneiden und dünsten, eventuell 1 Ingwerknolle (in Sirup) in feinste Streifen schneiden und untermischen. Zu Geflügel oder Fischgerichten reichen.

Grüne Erbsen mit Schinken

**

Zutaten für 4 Personen	Arbeitsgeräte
400 g frische, ausgepalte Erbsen (etwa 1 kg Schoten, oder 1 Packung tiefgefrorene Erbsen, etwa 450 g), 1 Zwiebel, 1 EL Butter, 1/8 l Wasser, 1 gehäufter TL Instantbrühe, 1 Msp. geriebene Muskatnuß, 1 EL feingehackte Petersilie (oder Kerbel), 100 g gekochter Schinken.	**Sieb, Topf, Rührlöffel, Messer, Schneidbrett.**
	Zubereitungszeit
	etwa 30 Minuten.

Die Erbsen aus den Schoten palen, ins Sieb geben und kalt abspülen.
Die Zwiebel schälen und in kleine Würfel schneiden.
Die Butter in den Topf geben und bei mittlerer Wärmestufe erhitzen. Die Zwiebelwürfel und Erbsen hineingeben und etwa 5 Minuten andünsten.
Heißes Wasser dazugießen sowie, Instantbrühe und Muskatnuß hinzufügen. Alles aufkochen lassen, dann den Topf schließen, den Herd auf kleinste Wärmestufe schalten und das Gemüse in etwa 15 Minuten (zarte Erbsen oder tiefgekühlte Petit Pois nur 8–10 Minuten!) gar dünsten.
Unterdessen die Petersilie fein hacken und den Schinken in feinste Streifen schneiden. Beides unter das Gemüse mischen, gut abschmecken und anrichten.

Pro Portion: 12 g E 6 g F 14 g KH 172 kcal 720 kJ

Serviervorschlag
Als Beilage zu gekochten Kartoffeln oder Reis reichen.

TIP
Große Wurstscheiben (Mortadella, Bierwurst oder dicke Fleischwurstscheiben, mit Wurstpelle) in der Pfanne braten, so daß sie sich zu Körbchen biegen. Mit Erbsen und Schinken füllen und zu Kartoffelpüree reichen. Das schmeckt Kindern besonders gut, ist preiswert und schnell zubereitet.

Mais (Zuckermais)

Frische Maiskolben werden während der Sommer- und Herbstmonate verstärkt angeboten. Die Kolben können im Ganzen zubereitet werden oder die süßlichen Körner vom Kolben lösen und dann dünsten. Maiskolben gibt es tiefgefroren (oder konserviert) während des ganzen Jahres.
Beim Kauf der Kolben ist darauf zu achten, daß die Körner noch weich sind. Feste, harte Körner lassen sich nicht mehr für Gemüsegerichte verwenden.

Maiskolben, gedünstet

GRUNDREZEPT ***

Zutaten für 1 oder mehrere Personen	Arbeitsgeräte
1–4 frische, zarte Maiskolben (1 Kolben pro Person), 1/4–3/4 l Wasser, Salz, 1 Msp. Pfeffer, 1 Msp. Zucker, 1–4 TL Butter.	**Messer, Topf (oder Dampfdrucktopf).**
	Zubereitungszeit
	etwa 25 Minuten (Garzeit im Dampfdrucktopf 5–7 Minuten).

Von den Maiskolben die Blätter und Innenfäden ablösen.
Die Kolben kalt abspülen.
Das Wasser im Topf bei starker Wärmestufe (E-Herd Schaltstufe 2,5–3; Automatik 10–12; G-Herd große Flamme) aufkochen. Leicht salzen, etwas Pfeffer, Zucker und die Maiskolben hineingeben. Aufkochen, dann den Topf schließen und den Herd auf kleine Stufe zurückschalten. In 12–20 Minuten gar kochen. Die Garzeit richtet sich nach der Kolbengröße und dem Reifegrad der Maiskörner.
Die Kolben aus der Brühe nehmen, anrichten und pro Kolben 1 Teelöffel Butter darauf zerlaufen lassen.

Mais.

Pro Person (= 1 Kolben):
4 g E 5 g F 21 g KH 150 kcal 630 kJ

Serviervorschlag
Zu gegrilltem Fleisch reichen und – möglichst ganz bequem und zwanglos – die Kolben zum Essen in die Finger nehmen und die Körner rundherum abknabbern.

TIP
Maiskolben lassen sich auch sehr gut im Freien auf dem Holzkohlengrill zubereiten (zwischendurch mit gewürztem Öl bepinseln).

Maiskolben im Schinkenhemd

Zutaten für 1 oder mehrere Personen	Arbeitsgeräte
pro Person 1 Maiskolben (Zutaten wie Grundrezept); 1 Scheibe gekochter Schinken (oder roher), 1 TL Mango-Chutney (oder Erdnußmus aus dem Reformhaus), Pfeffer und Salz.	**wie vorheriges Rezept; Sieb, Pfanne (oder Grill), Zahnstocher (Holzspießchen).**
	Zubereitungszeit
	30–35 Minuten.

Die Maiskolben wie im Grundrezept kochen.
Die gekochten Kolben abtropfen lassen, mit Mango-Chutney (oder Erdnußmus) bestreichen und mit einer Schinkenscheibe umwickeln (Bild). Mit Holzspießchen feststecken.

Maiskolben im Schinkenhemd.

Die Butter in der Pfanne zerlassen, die Maiskolben hineingeben und rundherum in etwa 5 Minuten goldbraun braten. Mit Pfeffer und Salz würzen und anrichten.

Pro Portion: 14 g E 11 g F 23 g KH 265 g kcal 1110 kJ

Serviervorschlag
Als leichtes Abendessen z.B. mit Reis und grünem Salat reichen, Tomatensaft oder Weißwein als Getränke dazu.

Kohlgemüse

Brokkoli

Das wohlschmeckende Gemüse wird auch **Spargelkohl** genannt. Es ist sehr vitaminreich (enthält vor allem Karotin) und wird zunehmend auch als frisches Gemüse angeboten. Eßbar sind nicht nur die zarten Röschen, sondern auch der Stiel und die Blätter. Den Stiel schälen und in Scheiben oder Streifen schneiden, die Blätter kleinschneiden.

Brokkoli.

Den Brokkoli zerkleinern.

Brokkoli, gedünstet

***

Zutaten für 4 Personen

1–2 Kopf Brokkoli (1 kg),
1 Knoblauchzehe,
1 Msp. Pfeffer,
1 TL Instant-Hühnerbrühe,
20 g Butter,
2–3 EL Paniermehl.

Arbeitsgeräte

Messer, Durchschlag (Sieb), Topf (etwa 2 l), Kasserolle, Rührlöffel.

Zubereitungszeit

25–30 Minuten.

Den Brokkoli putzen, d.h. schadhafte Stellen entfernen. Den Brokkoli kalt waschen und abtropfen lassen. Die Röschen – mit kleinem Stielansatz – abschneiden. Die dickeren Stiele eventuell schälen und holzige Stücke wegschneiden. Die Stiele in Streifen oder Scheiben schneiden.
Im Topf die zerdrückte Knoblauchzehe, 1/8 l Wasser, den Pfeffer, die Hühnerbrühe und 1 Teelöffel der Butter aufkochen.
Das Gemüse hineingeben und aufkochen. Dann den Topf schließen, den Herd auf kleinste Wärmestufe schalten und das Gemüse in 10–15 Minuten gar dünsten.
Die restliche Butter in der Kasserolle schmelzen und das Paniermehl darin goldbraun rösten.

Pro Portion: 6 g E 5 g F 13 g KH 118 kcal 490 kJ

Serviervorschlag
Brokkoli auf einer Platte oder in einer Schüssel anrichten und mit den gerösteten Bröseln bestreuen. Als Beilage zu Kalbsbraten, zu Schnitzeln, zu Geflügel und gebratenem oder gegrilltem Fleisch.

HINWEIS
Brokkoli kann eine längere Garzeit haben, wenn es sich um einen größeren Kopf handelt. Manchmal ist es auch ratsam, die kleingeschnittenen Stiele zunächst 5 Minuten vorzudünsten, dann erst die zarteren Röschen dazugeben.

Abwandlungen
Brokkoli mit einer Käsesoße überziehen und gratinieren (siehe auch Blumenkohl) und als Gemüsegericht servieren.
Oder:
Gegrillte Kalbssteaks (oder Schweinesteaks) mit gedünstetem Brokkoli belegen, mit einer Käsescheibe bedecken und unter dem Grill überbacken.

Steaks mit gedünstetem Brokkoli und Käse.

Brokkoli mit Tomaten

***

Zutaten für 4 Personen

500 g Brokkoli,
500 g Tomaten,
1 kleine Zwiebel,
1/2 TL Salz,
1 Msp. Pfeffer,
1 Msp. geriebene Muskatnuß,
1 kleines Glas Rotwein (0,1 l),
1 TL Butter,
0,1 l Wasser.

Arbeitsgeräte

Messer, Schneidbrett, Durchschlag (Sieb), Topf (etwa 2 l), Rührlöffel.

Zubereitungszeit

25–30 Minuten, davon 10 Minuten Vorbereitung und 15–20 Minuten Garzeit.

Den Brokkoli putzen, schadhafte Stellen und die holzigen Stielenden abschneiden. Das Gemüse waschen und abtropfen lassen. Den Brokkoli zerteilen, dicke Stiele schälen und in Streifen schneiden.
Die Tomaten mit kochendem Wasser überbrühen, häuten und entkernen.
Die Zwiebel schälen und in kleine Würfel schneiden.
Das Gemüse in den Topf geben, die Gewürze, den Rotwein und die Butter darübergeben. Den Topf schließen, bei mittlerer Wärmestufe zum Kochen bringen, dann den Herd auf kleinste Stufe zurückschalten und das Gemüse in 10–15 Minuten gar dünsten. Nur bei Bedarf noch etwas Wasser dazugeben. Bei gut schließendem Topf reicht die Flüssigkeit zum Dünsten.

Pro Portion: 4 g E 1 g F 8 g KH 78 kcal 330 kJ

Blumenkohl, gratiniert

Zutaten für 4 Personen

wie Grundrezept; Zutaten Käsesoße (siehe Seite 174).

Arbeitsgeräte

wie Grundrezept, Kasserolle, Schneebesen, Auflaufform.

Zubereitungszeit

50–55 Minuten.

Den Blumenkohl nach dem Grundrezept kochen und in eine feuerfeste Auflaufform setzen.
Die Käsesoße zubereiten und über den Blumenkohl gießen. Im vorgeheizten Backofen (E-Herd 225° C; G-Herd Stufe 4; Heißluftherd höchste Einstellung) 15–20 Minuten überbacken.

Pro Portion: 11 g E 17 g F 16 g KH 266 kcal 1110 kJ

Serviervorschlag
Mit Schinkenröllchen und gekochten Kartoffeln reichen.

Blumenkohl

GRUNDREZEPT ***

Zutaten für 3–4 Personen

1 mittelgroßer Blumenkohl (etwa 750 g),
1–2 EL Salz,
2 EL Essig,
1/2 Tasse Milch,
1 TL Butter.

Arbeitsgeräte

Messer, große Schüssel, großer Topf (3–4 l) (oder Dampfdrucktopf mit Siebeinsatz), Schaumkelle, Sieb.

Zubereitungszeit

etwa 35 Minuten, davon 10 Minuten Vorbereitung und 20–25 Minuten Garzeit (im Dampfdrucktopf 5–7 Minuten Garzeit).

Den Blumenkohl putzen, d.h. die grünen Außenblätter um die weiße Blume wegschneiden und den Strunk ebenfalls abschneiden.
In eine Schüssel kaltes Wasser und 1 Eßlöffel Salz und Essig geben. Den Blumenkohl vor dem Garen 5–10 Minuten mit dem Strunk nach oben in das Wasser legen, damit Raupen oder Insekten, die sich zwischen den Blumenkohlröschen versteckt haben, heraus kommen (Bild 1).

1 Den Blumenkohl in Wasser legen.

2 Aus dem Topf heben.

In der Zwischenzeit im Topf die Milch, 3/4 l Wasser, etwas Salz und die Butter aufkochen. Milch wird dann hinzugefügt, wenn ein schöner weißer Blumenkohl gewünscht wird.
Den Blumenkohl aus der Schüssel nehmen, nochmals kalt abspülen, dann in das kochende Wasser geben. Den Blumenkohl – je nach Größe – 20–25 Minuten kochen.
Mit der Schaumkelle aus dem Topf heben (Bild 2), abtropfen lassen und auf einer Platte anrichten (oder zum Überbacken in eine Form geben).

Pro Portion: 4 g E 2 g F 5 g KH 53 kcal 220 kJ

Serviervorschlag
Blumenkohl ist eine leichtverdauliche Beilage zu Fleisch-, Fisch- und Geflügelgerichten, kann aber auch als Gemüsegericht gereicht werden.

Blumenkohl Mimosa.

Blumenkohl Mimosa

Zutaten für 4 Personen	Arbeitsgeräte
wie Grundrezept; 2 Eier, 1/2 Bund Petersilie, Pfeffer und Salz.	wie Grundrezept; Schneidbrett. **Zubereitungszeit** wie Grundrezept.

Den Blumenkohl vorbereiten und im Ganzen garen, wie im Grundrezept.
Unterdessen die Eier hart kochen (siehe auch Kapitel „Eierspeisen"), kalt abschrecken und schälen. Die Eier und die Petersilie sehr fein hacken, mit etwas Pfeffer und Salz vermischen.
Den Blumenkohl mit der Schaumkelle aus dem Topf heben und abtropfen lassen. Auf einer vorgewärmten Platte anrichten und mit der Mischung dick überstreuen.

Pro Portion: 7 g E 5 g F 6 g KH 100 kcal 420 kJ

Serviervorschlag
Als Beilage zum sonntäglichen Kalbs- oder Schweinebraten reichen.

TIP
Soll Blumenkohl nicht im Ganzen serviert werden, so läßt sich bei der Zubereitung die Garzeit verkürzen, wenn er in kleinere Röschen zerteilt wird. In diesem Fall nur wenig Wasser zum Dünsten verwenden, eventuell etwas Milch und Butter dazugeben.

HINWEIS
Bei der Zubereitung im Dampfdrucktopf ist nur ca. 0,2 l Wasser erforderlich. Die Garzeit für den ganzen Blumenkohl beträgt je nach Größe 5–7 Minuten, kleine Blumenkohlröschen benötigen 3–4 Minuten.

Beim Kauf von Blumenkohl darauf achten, daß die Außenblätter nicht abgetrennt sind. Der Blumenkohl behält sein frisches weißes Aussehen länger, wenn die Blätter den Kopf schützen. Nach Entfernen der Blätter verfärbt sich der Blumenkohl gelblich.

Rosenkohl mit Maronen (Kastanien)

***

Zutaten für 4 Personen	Arbeitsgeräte
wie Grundrezept; 1 Dose Eßkastanien (= Maronen, etwa 300 g), 1 EL Butter.	siehe Grundrezept. **Zubereitungszeit** etwa 30 Minuten.

Den Rosenkohl nach dem Grundrezept zubereiten (Seite 206). In den letzten 5 Minuten der Garzeit die Eßkastanien mitdünsten.
Das Gemüse mit Pfeffer und Salz abschmecken und mit Butterflöckchen bestreut anrichten.

Pro Portion: 9 g E 10 g F 44 g KH 313 kcal 1310 kJ

Serviervorschlag
Vor allem sehr zu empfehlen zu Wildgeflügel (Fasan, Rebhuhn), Gans und Ente, zu Wildbraten oder Schweinebraten.

Rosenkohl

Rosenkohl oder auch **Brüsseler Kohl** genannt, ist ein ausgesprochenes Herbst- und Wintergemüse. Rosenkohl verträgt Kälte und auch Frost, allerdings nimmt der hohe Vitamin-C-Gehalt bei Frosteinwirkung sehr stark ab. Die vom Strunk abgelösten Röschen vertragen keine lange Lagerung, sollten möglichst schnell verbraucht werden.

Rosenkohl

GRUNDREZEPT ***

Zutaten für 3–4 Personen	Arbeitsgeräte
750 g frischer Rosenkohl (oder 1 Paket tiefgefrorener, 450 g), 1 Zwiebel, 20 g Schweineschmalz (oder 2 EL Öl), 1–2 TL Instant-Hühnerbrühe, 1 Msp. Zucker, 1 Msp. geriebene Muskatnuß, 1 Msp. Pfeffer.	**Messer, Durchschlag (Sieb), Topf (oder Dampfdrucktopf).** **Zubereitungszeit:** **etwa 30 Minuten (Garzeit im Dampfdrucktopf 4 Minuten).**

Den Rosenkohl putzen, d.h. die welken oder beschädigten Außenblätter ablösen und die festen Strunkenden abschneiden. Die Röschen unter kaltem Wasser waschen und abtropfen lassen.
Die Zwiebel schälen und in Würfel schneiden.
Das Schmalz in den Topf geben und bei starker Wärmezufuhr erhitzen (E-Herd Schaltstufe 2,5; Automatik 10; G-Herd mittelgroße Flamme). Die Zwiebelwürfel und Rosenkohlröschen hineingeben und 3–5 Minuten unter Rühren andünsten.
1/8 l heißes Wasser, die Instant-Hühnerbrühe, den Zucker, die Muskatnuß und den Pfeffer hinzufügen, aufkochen und den Topf schließen. Den Herd auf kleinste Wärmestufe schalten und das Gemüse in 15 (große Röschen 20–25) Minuten gar dünsten.
Das Gemüse vor dem Anrichten bei Bedarf etwas nachwürzen.

Pro Portion: 7 g E 6 g F 12 g KH 133 kcal 560 kJ

Serviervorschlag
Als Beilage zu Schweinebraten, Wildbraten, Gans, Ente, Hackfleischgerichten usw. reichen. Als Getränk zu dem kräftigen Gemüse paßt Bier (Tafelwasser oder Tomatensaft).

TIP
Speckwürfel in der Pfanne knusprig braun braten und über das Gemüse streuen.
Oder in Butter geröstetes Paniermehl (= Semmelbrösel) darüberstreuen.

Rosenkohl mit Äpfeln

***

Zutaten für 4 Personen	Arbeitsgeräte
wie Grundrezept; 300 g säuerliche Äpfel (etwa 2 Stück), 3–4 EL süße Sahne.	**siehe Grundrezept.** **Zubereitungszeit:** **etwa 30 Minuten.**

Den Rosenkohl nach dem Grundrezept zubereiten.
Während der Garzeit die Äpfel waschen, vierteln, schälen und die Kerngehäuse herausschneiden. Die Äpfel in Scheiben schneiden und in den letzten 5 Minuten der Garzeit mitdünsten.
Das Gemüse mit Sahne, Pfeffer und Salz abschmecken und anrichten.

Pro Portion: 7 g E 10 g F 21 g KH 206 kcal 860 kJ

Serviervorschlag
Das Gemüse schmeckt zu Schweine-, Rinder- oder Wildbraten, zu Gans, Ente oder Wildgeflügel (Fasan, Rebhuhn).

Rotkohl, Weißkohl, Wirsing und Chinakohl

gehören zu den beliebten Gemüsesorten, die fast wärend des ganzen Jahres angeboten werden. Moderne Lagermethoden tragen dazu bei, daß die Qualitätserhaltung jeweils bis zur neuen Ernte garantiert ist.
Rot- und Weißkohl können blähend wirken und werden deshalb oft bei der Zubereitung mit Kümmel geschmort oder abgeschmeckt. Wirsing, vor allem aber der zarte Chinakohl, ist leicht verdaulich.

Rotkohl

GRUNDREZEPT ***

Zutaten für 4 Personen

750–1000 g Rotkohl (1 kleiner Kopf),
1 Zwiebel,
1 Lorbeerblatt,
2 Gewürznelken,
2–4 Pfefferkörner,
50 g fetter Speck,
1 EL Öl (oder Schweineschmalz),
1–2 TL Instant-Hühnerbrühe,
1 Glas Rotwein (1/8 l),
eventuell 1/2 Tasse Wasser,
1–2 säuerliche Äpfel (etwa 300 g),
1 Msp. Zucker,
Pfeffer und Salz nach Geschmack.

Arbeitsgeräte

Messer, Schneidbrett, eventuell Küchenmaschine (elektrisches Schnitzelwerk oder Handhobel), Topf (2 l oder Dampfdrucktopf), Rührlöffel.

Zubereitungszeit

30–35 Minuten (Garzeit im Dampfdrucktopf 6–8 Minuten).

Den Rotkohl putzen, d.h. die welken Außenblätter ablösen. Den Kohl unter fließendem Wasser waschen, dann in Viertel schneiden und die Strünke durch einen schrägen Schnitt herausschneiden.
Den Rotkohl entweder mit einem großen Messer in sehr feine Streifen schneiden oder mit dem elektrischen Schnitzelwerk feinhobeln.
Die Zwiebel schälen und mit dem Messer einschneiden, aber nicht durchschneiden. In die Einschnitte das Lorbeerblatt stekken sowie die Gewürznelken und Pfefferkörner drücken.
Den Speck in kleine Würfel schneiden.
Das Öl in den Topf geben und bei starker Wärmestufe (E-Herd Schaltstufe 2,5–3; Automatik 10–12; G-Herd große Flamme) erhitzen. Die Speckwürfel darin glasig ausbraten und leicht anbräunen. Dann den Rotkohl hineingeben und 5 Minuten unter Rühren andünsten.
Die Instantbrühe, den Rotwein, eventuell etwas Wasser und die Gewürzzwiebel darübergeben. Den Topf schließen, den Herd auf kleinste Wärmestufe schalten und 10 Minuten dünsten.
Die Äpfel waschen, schälen und vierteln, die Kerngehäuse herausschneiden und die Stücke in Scheiben schneiden. Mit Zukker und etwas Pfeffer unter das Gemüse mischen und weitere 5–10 Minuten gar dünsten (die Garzeit richtet sich auch danach, wie feingeschnitten das Gemüse war. Es sollte auf keinen Fall zu lange gegart werden).
Nach Geschmack mit Pfeffer und Salz nachwürzen und anrichten.

Pro Portion: 4 g E 14 g F 19 g KH 251 kcal 1050 kJ

Serviervorschlag
Als Beilage zu allen kräftigen Fleischgerichten (Rinder- und Schweinebraten, Hackbraten, Wildbraten, Gans, Ente) geeignet.

1 Den Strunk herausschneiden.

2 Rotkohl.

Abwandlungen
Rotkohl mit Maronen (= Eßkastanien) zubereiten. Rotkohl nach dem Grundrezept zubereiten (Äpfel eventuell weglassen) und in den letzten 5 Minuten der Garzeit 300 g Maronen (= 1 kleine Dose) mitdünsten.
Oder:
Anstelle von Rotwein das Gemüse mit 2–3 Eßlöffeln Essig abschmecken.

Weißkohl (Weißkraut)

Auf die gleiche Art wie Rotkraut, aber ohne Wein, zubereiten, dafür mit Essig abschmecken.

Chinakohl

***

Zutaten für 4 Personen	Arbeitsgeräte
750–1000 g Chinakohl, 1 Zwiebel, 3 EL Öl (oder Schweineschmalz), Pfeffer, 1–2 TL Instant-Hühnerbrühe, 1 Msp. Zucker, eventuell 1/2 Tasse Wasser, Salz.	**großes Messer, Schneidbrett, Sieb, Topf (2–3 l), Rührlöffel.**

Zubereitungszeit

20–25 Minuten.

Welke Außenblätter und das Strunkende vom Chinakohl entfernen. Den Kohl kalt waschen, abtropfen lassen und in 1–2 cm breite Streifen schneiden.
Die Zwiebel schälen und in Würfel schneiden.
Das Öl im Topf erhitzen, die Zwiebelwürfel und den Kohl hineingeben und 3–5 Minuten andünsten. Dann die Gewürze und – eventuell – Wasser dazugeben, den Topf schließen und bei geringer Wärmezufuhr in 10 Minuten gar dünsten. Nach Geschmack mit Pfeffer und Salz würzen und servieren.

Pro Portion: 2 g E 8 g F 5 g KH 107 kcal 450 kJ

Serviervorschlag
Zu Fleischgerichten (Schweine-, Rinder- oder Hammelbraten, Geflügel) reichen.

HINWEIS
Chinakohl ist leichter verdaulich als Weißkohl und Wirsing, hat auch kürzere Garzeiten. Weißkohl oder Wirsing können auf die gleiche Art zubereitet werden.

Abwandlungen
50 g durchwachsenen, geräucherten Speck (oder rohen Schinken) in Würfel schneiden, anbraten, dann erst das Gemüse dazugeben und dünsten.
Oder:
1 kleine Dose geschälte Tomaten in den letzten Minuten der Garzeit mitdünsten. In diesem Fall kein Wasser oder Brühe dazugeben, damit das Gemüse nicht zu suppig wird! Kräftig mit Paprika abschmecken.

Gefüllter Kohl

**

Zutaten für 4–6 Personen	Arbeitsgeräte
1 mittelgroßer Weißkohl (etwa 1,5 kg), 350 g grobe rohe Bratwurstfülle (oder Schweinemett), 1 Zwiebel, 1/2 TL Curry, Pfeffer, Paprika, Majoran, Salz (Menge richtet sich nach der Schärfe der Bratwurstmasse), 1/2 Bund Petersilie, 1 Msp. Kümmel.	**Sieb, großes Messer, Schneidbrett, große Schüssel, großer Topf (3–4 l oder Dampfdrucktopf), Löffel, Schaumkelle.**

Zubereitungszeit

etwa 70 Minuten, davon 15 Minuten Vorbereitung und 50–55 Minuten Garzeit (Garzeit im Dampfdrucktopf etwa 15 Minuten).

Den Weißkohl waschen und abtropfen lassen. Am unteren Ende den Strunk mit dem Messer herausschneiden. Dann den Kohl von unten so aushöhlen, daß ein 1 1/2 cm dicker Rand bleibt (Bild 1).
Das ausgehöhlte Kohlgemüse fein hacken und in die Schüssel geben, das Bratwurstmett hinzufügen.

1 Den Kohl aushöhlen ...

2 ... und mit der Fleischmasse füllen.

3 Den Kohl in Alufolie verschließen ...

4 ... und in das kochende Wasser setzen.

Die Zwiebel schälen und fein hacken, ebenso die Petersilie. Beides mit den Gewürzen in die Schüssel geben. Alles zu einer pikanten Masse verrühren. Bei der Zugabe der Gewürze zunächst prüfen, wie scharf das Bratwurstmett gewürzt ist.
Den ausgehöhlten Kohl mit der Fleischmasse füllen (Bild 2).
1–1 1/2 l Wasser in einem großen Topf bei starker Wärmestufe (E-Herd Stufe 3; Automatik 12; G-Herd große Flamme) aufkochen.
Den Kohl auf ein großes Stück Alufolie (extra dick) setzen und über der Füllung oben luftdicht verschließen, aber einen 2–3 cm hohen Luftraum lassen. (Bild 3). Dann vorsichtig in das kochende Wasser setzen (Bild 4) und den Topf schließen. Den Herd auf kleinste Wärmestufe zurückschalten und in etwa 50 Minuten gar kochen.

Das Gemüse wird durch das Garen in der Folie besonders aromatisch. Zum Anrichten aus der Folie nehmen und mit dem Schmorsaft auf eine Platte geben.

Pro Portion bei 4: 15 g E 29 g F 13 g KH 375 kcal 1570 kJ
Pro Portion bei 6: 10 g E 19 g F 9 g KH 250 kcal 1050 kJ

Serviervorschlag
Mit einer Tomatensoße oder Rahmbratensoße (Fertigsoße) und gekochten Kartoffeln reichen. Den Kohl bei Tisch mit einem großen scharfen Messer vierteln oder in Sechstel schneiden.

Gefüllter Kohl.

Kohlrouladen Krautwickel

GRUNDREZEPT **

Zutaten für 4 Personen

1 großer Weißkohl (davon etwa 500 g), Wasser, 1 TL Salz, 1/2 TL Kümmel, 350 g Hackfleisch (Rind, gemischtes Hackfleisch oder Hammel), 1 Ei, 2–3 EL Paniermehl (= Semmelbrösel), 1 TL Senf, 1 TL Paprika, 1–2 TL Salz, 1/2 TL Pfeffer, 1/4 TL Thymian, 50 g durchwachsener, geräucherter Speck, 1 EL Öl (oder Schweineschmalz), 1 Zwiebel, 1 kleine Dose Tomatenmark (= 2 EL), 1/8–1/4 l Gemüse- oder Fleischbrühe, 4 EL Dosenmilch, etwas geriebene Muskatnuß.

Arbeitsgeräte

Messer, Schneidbrett, Topf, Schaumkelle, Durchschlag (Sieb), Schüssel, Rührlöffel, kleine Schüssel, Dosenöffner.

Zubereitungszeit

55–60 Minuten, davon 20 Minuten Vorbereitung und 35–40 Minuten Garzeit (Garzeit im Dampfdrucktopf 10 Minuten).

Vom Weißkohl die großen Außenblätter (etwa 500 g) vorsichtig ablösen (Bild 1) und den Strunk herausschneiden. Die Blätter waschen und abtropfen lassen.

1 Die Außenblätter ablösen.

2 Die Blätter abtropfen lassen.

3 Die Fleischmasse einwickeln.

4 Die Tomatensoße über die Rouladen gießen.

Wasser mit Salz und Kümmel im Topf bei starker Wärmezufuhr aufkochen. Die Blätter hineingeben und 5 Minuten blanchieren (= brühen, kochen).
Die Blätter mit der Schaumkelle herausnehmen und in dem Sieb abtropfen lassen (Bild 2).
Dann jeweils 1 großes Kohlblatt mit 1–2 kleineren Blättern zusammen auf das Schneidbrett legen.
Das Hackfleisch mit dem Ei, dem Paniermehl, dem Senf und den Gewürzen verrühren und zu einem pikanten Fleischteig abschmecken.
Jeweils etwa 2 Eßlöffel der Fleischmasse in die Mitte auf die Kohlblätter legen. Die Blattränder nach innen schlagen und dann von einer Seite aus zu einer Roulade aufrollen (Bild 3).
Den Speck in kleine Würfel schneiden und im Topf (mit breitem Boden, oder die Pfanne verwenden) im Öl braun anbraten.

Kohlrouladen.

Unterdessen die Zwiebel schälen und in kleine Würfel schneiden. Mit in den Topf geben.
Die Kohlrouladen dicht nebeneinander, damit sich die Blätter nicht wieder öffnen, in den Topf legen.
Heiße Gemüse- oder Fleischbrühe (z.B. das Kohlkochwasser) mit Tomatenmark, Dosenmilch und geriebener Muskatnuß verrühren. Über die Rouladen gießen, aufkochen und den Topf schließen (Bild 4).
Den Herd auf kleinste Wärmestufe schalten und die Rouladen – je nach Größe – in 35–40 Minuten gar schmoren lassen.

Pro Portion: **24 g E** **36 g F** **15 g KH** **502 kcal** **2100 kJ**

Serviervorschlag
Mit gekochten Kartoffeln und Tomatensaft oder Bier reichen.

Toskanisches Sommergemüse

*

Zutaten für 4 Personen

1 große Aubergine (etwa 300 g), 2 grüne Paprikaschoten (etwa 300 g), 2 Zwiebeln, 250 g Tomaten, 4 EL Olivenöl, 2 Knoblauchzehen, 1/8 l Fleischbrühe (z.B. Instantbrühe + heißes Wasser), Pfeffer, Salz und Paprika nach Geschmack, 1 Bund Petersilie.

Arbeitsgeräte

Messer, Schneidbrett, Durchschlag (oder Sieb), Topf, Rührlöffel.

Zubereitungszeit

etwa 35 Minuten, davon 15 Minuten Vorbereitung und 20 Minuten Garzeit.

Die Aubergine waschen, eventuell schälen (bei schadhafter Schale) und in Scheiben schneiden. Die Scheiben mit Salz bestreuen und 10 Minuten stehenlassen, damit die Bitterstoffe ausziehen. Dann kalt abspülen und mit Küchenkrepp abtrocknen.
In der Zwischenzeit das übrige Gemüse vorbereiten. Die Paprikaschoten aufschneiden, die Stiele, Samen und Innenwände herauslösen. Die Paprikaschoten waschen, abtropfen lassen und in Streifen schneiden. Die Zwiebeln schälen und ebenso wie die Tomaten kalt abspülen und in Achtel schneiden.
Das Öl im Topf bei starker Wärmestufe erhitzen, die geschälten, zerdrückten Knoblauchzehen und die Auberginenscheiben hineingeben und 10 Minuten andünsten.
Dann das übrige Gemüse und bei Bedarf etwas Fleischbrühe hinzufügen. Bei geschlossenem Topf auf kleinster Wärmestufe in weiteren 10 Minuten gar schmoren.
Das Gemüse mit Pfeffer, Salz und Paprika abschmecken und mit der feingehackten Petersilie bestreut anrichten.

Pro Portion: **2 g E** **13 g F** **10 g KH** **150 kcal** **630 kJ**

Serviervorschlag
Das Gemüse paßt zu gebratenem oder gegrilltem Fleisch (Hammel- und Schweinebraten, Koteletts, Fleischspießchen usw.), zu Fischgerichten, Hähnchen und Huhn. Oder einfach auch mit Brot als leichte Gemüsemahlzeit reichen.

HINWEIS
Geben Sie nur bei Bedarf Fleischbrühe zum Gemüse, denn in gutschließenden Töpfen (z.B. Edelstahltöpfen mit dickem Spezialboden) kann das Gemüse im eigenen Saft gar geschmort werden.
Bei Zubereitung im Römertopf verlängert sich die Garzeit um 10–15 Minuten.

Ratatouille

Zutaten für 4–6 Personen

100 g durchwachsener, geräucherter Speck,
2 EL Öl,
2 Knoblauchzehen,
2 Zwiebeln, 3 Tomaten,
2 kleine Auberginen (etwa 300 g),
2 Zucchini (= Courgettes, etwa 300 g),
250 g grüne Bohnen,
125 g Okras,
2 Paprikaschoten (rot und gün),
1/2 TL Pfeffer,
2 TL Instant-Hühnerbrühe (oder 1–2 TL Salz),
1/2–1 TL scharfer Paprika,
1 Msp. Cayennepfeffer,
1 Msp. Thymian,
1/2 TL Basilikum.

Arbeitsgeräte

Messer, Durchschlag (Sieb), Schneidbrett, Topf (oder Tontopf), Rührlöffel.

Zubereitungszeit

40–45 Minuten, davon 15 Minuten Vorbereitung und 25–30 Minuten Garzeit (Garzeit im Dampfdrucktopf 8–10 Minuten).

Den Speck in kleine Würfel schneiden. Das Öl im Topf erhitzen und den Speck darin knusprig anbraten.
In der Zwischenzeit die Knoblauchzehen schälen und zerdrükken, die Zwiebeln schälen und in Würfel schneiden, die Tomaten häuten und entkernen. Alles in den Topf geben und andünsten.
Die Auberginen und Zucchini waschen und mit der Schale in 1/2 cm dicke Scheiben schneiden. Nur schälen, wenn die Schale beschädigt ist. In den Topf geben und bei geschlossenem Topf dünsten.
Die Bohnen waschen, Stielchen und Spitzen entfernen, große Bohnen eventuell durchbrechen, zum Gemüse geben und 10 Minuten dünsten.
In der Zwischenzeit die Okras putzen, d.h. die Spitzen und Stiele mit den Kappen wegschneiden.

HINWEIS

Okras sind ein bohnenähnliches Gemüse, das in den Mittelmeerländern und im Orient angebaut wird. Das Gemüse wird bei der Zubereitung leicht sämig (schleimig).

Die Paprikaschoten entkernen.
Okras und Paprikaschoten waschen und abtropfen lassen, die Paprika in Streifen schneiden. Beides mit in den Topf geben, die Würzzutaten (nur bei Bedarf auch 1/2 Tasse Wasser!) hinzufügen. Alles aufkochen, dann bei geschlossenem Topf auf kleiner Wärmestufe im eigenen Saft in 10–15 Minuten gar schmoren. Das Gemüse recht scharf abschmecken und anrichten.

Pro Portion bei 4: 8 g E 22 g F 16 g KH 308 kcal 1290 kJ
Pro Portion bei 6: 5 g E 15 g F 11 g KH 205 kcal 860 kJ

Serviervorschlag

Heiß als Beilage zu gebratenem oder gegrilltem Hammel- oder Lammfleisch, Geflügel, Fisch oder Schweinebraten reichen. Oder einfach mit knusprigem Stangenweißbrot als sommerliche Zwischen- oder Abendmahlzeit servieren. Dazu paßt ein französischer Rotwein, z.B. Côtes du Rhône, Côtes de Provence oder Mistral.

TIP

Ratatouille kann auch kalt als sommerliche Vorspeise gereicht werden. Variationen mit anderen Gemüsesorten sind sehr zu empfehlen.

Ratatouille im Römertopf.

Variationen für Ratatouille
Mit Artischocken: 1–2 Artischocken (siehe Vorbereitung von Artischocken auf Seite 189) geviertelt mitdünsten. Mit Auberginenscheiben in den Topf geben, damit sie rechtzeitig gar werden.

Oder:
Porree, Bleichsellerie, Kardy oder Gemüsefenchel bei der Zubereitung mitverwenden.

Zubereitung im Römertopf (oder Tontopf)
Für Feinschmecker ist die Zubereitung im Römertopf sehr zu empfehlen. Die Zubereitungszeit verlängert sich dann auf 70–80 Minuten.
Speck- und Zwiebelwürfel zunächst in der Pfanne anbraten, dann in den gewässerten Römertopf geben. Das Gemüse vorbereiten und einschichten, mit den Würzzutaten bestreuen. Den Topf schließen und auf der unteren Schiene in den kalten Backofen schieben. Dann die Temperatur einstellen (E-Herd 225–250° C; G-Herd Stufe 4–5).

Gefüllte Paprikaschoten

GRUNDREZEPT **

Zutaten für 4 Personen	Arbeitsgeräte
4 mittelgroße grüne Paprikaschoten (etwa 750 g), 1 Tasse gekochter Reis (z.B. 2 EL Reis in 100 ml Wasser kochen), 300 g Hackfleisch (Rind oder gemischt), 1 Zwiebel, 1 Knoblauchzehe, Pfeffer und Salz, 1/2 TL Paprika, 1/2 Bund Petersilie, 2 Schächtelchen Tomatensoße (Instant).	**Messer, Schneidbrett, Durchschlag (Sieb), Schüssel, Rührlöffel, flacher Topf (oder Auflaufform, Kasserolle), Schneebesen.** **Zubereitungszeit:** **35–40 Minuten, davon 10 Minuten Vorbereitung und 25–30 Minuten Garzeit (Garzeit im Dampfdrucktopf etwa 8 Minuten).**

Gefüllte Paprikaschoten.

Von den Paprikaschoten am Stielende einen Deckel abschneiden (Bild 2).
Das Kerngehäuse herauslösen und die Schoten unter kaltem Wasser waschen (Bild 3). Abtropfen lassen.
Den gekochten Reis und das Hackfleisch in die Schüssel geben. Die Zwiebel schälen und in kleine Würfel schneiden, die Knoblauchzehe schälen und zerdrücken oder fein hacken. Beides mit Pfeffer, Salz, Paprika und der feingehackten Petersilie in die Schüssel geben. Alles zu einem pikanten Fleischteig (= Farce) vermischen und würzig abschmecken.
In die Paprikaschoten füllen (Bild 4).

1/2 l Wasser in den Topf gießen und bei starker Wärmestufe (E-Herd Schaltstufe 2,5–3; Automatik 10–12; G-Herd große Flamme) erhitzen. Das Soßenpulver mit dem Schneebesen einrühren und einmal aufkochen lassen.
Die gefüllten Paprikaschoten hineinsetzen, eventuell den Deckel mit Stielchen wieder auflegen. Den Topf schließen, den Herd auf kleinste Wärmestufe schalten und die Paprikaschoten in 20–25 Minuten gar schmoren lassen.
In der Zwischenzeit die Beilagen zubereiten.

Pro Portion: 18 g E 21 g F 25 g KH 374 kcal 1560 kJ

Serviervorschlag
Mit gekochten Kartoffeln, Reis oder Teigwaren servieren, Tafelwasser oder Bier als Getränke reichen.

1 Zutaten.

2 Einen Deckel von den Paprikaschoten abschneiden.

3 Das Kerngehäuse herauslösen.

4 Den Fleischteig in die Paprika füllen.

Gefüllte Auberginen, Zucchini oder Gurken

Auberginen, Zucchini oder kleine Schmorgurken werden gewaschen (Menge für 4 Personen etwa 750 g) und der Länge nach durchgeschnitten. Dann Auberginen oder Zucchini so aushöhlen, daß ein 1/2 cm dicker Außenrand bleibt. Das ausgehöhlte Gemüsefleisch wird feingehackt und unter die Füllung gemischt.
Bei Gurken eventuell bittere Endstücke abschneiden, die Kerne herauslösen.
Das Gemüse mit Hackfleischteig (siehe Grundrezept) füllen und in einer Tomatensoße – eventuell aus frischen Tomaten zubereitet (siehe Kapitel Soßen) – gar schmoren.

Steinpilze in Sahne

**

Zutaten für 4 Personen

750 g frische, feste Steinpilze (Maronen, Pfifferlinge oder andere Pilze),
1 Zwiebel,
50 g roher Schinken,
1 EL Öl, 1 EL Butter,
Pfeffer, Salz,
1/2 Becher Sahne,
1/2 Bund Petersilie.

Arbeitsgeräte

Messer, Schüssel, Schneidbrett, Topf (oder Pfanne mit Deckel), Rührlöffel.

Zubereitungszeit

etwa 25 Minuten, davon 10 Minuten Vorbereitung und 15 Minuten Garzeit.

Die Steinpilze gründlich säubern, alle schadhaften Stellen abschneiden. Die Pilze nur kurz waschen, wenn sie sehr sandig sind. Die Pilze in Scheiben schneiden.
Die Zwiebel schälen und mit dem Schinken in kleine Würfel schneiden.
Das Öl und die Butter in den Topf (oder die Pfanne) geben und bei starker Wärmestufe (E-Herd Schaltstufe 2,5–3; Automatik 10–12; G-Herd große Flamme) erhitzen. Zwiebel- und Schinkenwürfel darin glasig anbraten. Dann die Pilzscheiben hineingeben und 5 Minuten dünsten.
Mit Pfeffer und Salz würzen, die Sahne dazugeben, den Topf schließen und den Herd auf kleine Wärmestufe schalten. In 5–8 Minuten gar schmoren. Gut abschmecken und in einer Schüssel anrichten.
Die Petersilie fein hacken und darüberstreuen.

Pro Portion: 7 g E 16 g F 9 g KH 212 kcal 890 kJ

Serviervorschlag:
Als Beilage zu Wildgerichten, Schweinebraten und gebakkenem Fisch reichen, dazu einen roten oder weißen kräftigen Landwein wählen.

TIPS FÜR PILZGERICHTE

- Pilze sollte nur der sammeln, der genaue Kenntnisse über eßbare Speisepilze besitzt. Sonst lieber auf Handelsware zurückgreifen.
- Nur feste, madenfreie Pilze verwenden, schadhafte Stellen sofort entfernen.
- Frische Pilze nicht in Plastikbeuteln aufbewahren, möglichst schnell verbrauchen.
- Pilzgerichte nach der Zubereitung nicht aufwärmen.

Steinpilze in Sahne.

1 Zutaten.

2 Die Pilze in der Pfanne dünsten.

Spargel

Wird häufig als „königliches Gemüse" bezeichnet und ist bei Feinschmeckern seit der Zeit der ägyptischen Pharaonen beliebt.
Das Gemüse wird frisch aus inländischem Anbau von Mitte April bis Mitte Juni angeboten und ist recht teuer. Ausländische Angebote gibt es ab März. Spargel aus Frankreich oder Tunesien hat oft violette Spitzen und ist strenger im Geschmack als der einheimische weiße Spargel (= Bleichspargel). Grünspargel kommt meist aus Italien, hat einen intensiven Spargelgeschmack und den höchsten Vitamin-C-Gehalt der Spargelsorten.
Frischer Spargel verliert bei unsachgemäßer und langer Lagerung schnell an Qualität.

TIP

Spargel, der nicht sofort verbraucht wird (z.B. beim Einkauf vor Feiertagen), in ein feuchtes Geschirrtuch einwickeln und im Gemüsefach des Kühlschrankes lagern. So hält er sich besser frisch.

TIPS ZUM SPARGELKOCHEN

- Immer etwas Butter und Zucker ins Kochwasser geben, dadurch werden die in manchen Spargelstangen enthaltenen Bitterstoffe neutralisiert.
- Pro Person rechnet man für ein richtiges, festliches Spargelessen etwa 500 g Spargel, als Beilage zu Fleischspeisen, Eiern usw. etwa 250 g. Zu Ragouts genügt Spargel der Güteklasse II.
- Wird Spargel für eine größere Personenzahl zubereitet (z.B. beim festlichen Spargelessen), ist es ratsam, die Portionen – jeweils einige Stangen – mit Küchengarn (= Baumwollgarn) zusammenzubinden (Bild 3).
  Dann nebeneinander in einen Spargelkocher oder großen flachen Topf legen und kochen. Der gebündelte Spargel läßt sich mit zwei Gabeln bequem aus dem Kocher heben und anrichten (Bild 4).

Spargel

GRUNDREZEPT ***

Zutaten für 4 Personen

1 kg frischer Stangenspargel,
1 TL Salz
(oder Hühnerbrühe),
1 Msp. Zucker,
1 TL Butter.

Arbeitsgeräte

Küchenmesser (oder scharfes Kartoffelschälmesser), Durchschlag, breiter Topf (oder ovaler Topf 24 cm Durchmesser), Schaumlöffel.

Zubereitungszeit

40–45 Minuten, davon 20 Minuten Vorbereitung und 12–20 Minuten Garzeit (im Dampfdrucktopf 2–3 Minuten Garzeit).

Die Spargelstangen waschen. Vom Kopf aus zum unteren Ende hin schälen und die festen Endstücke abschneiden. Zum Schälen ein scharfes Küchenmesser oder einen Kartoffelschäler verwenden. Besonders das untere Drittel der Spargelstangen möglichst dicker abschälen, da die Stangen dort häufiger holzig sind. Sehr sorgfältig schälen, denn schnell oder oberflächlich geschälter Spargel mit holzigen Stellen ist kein Genuß.

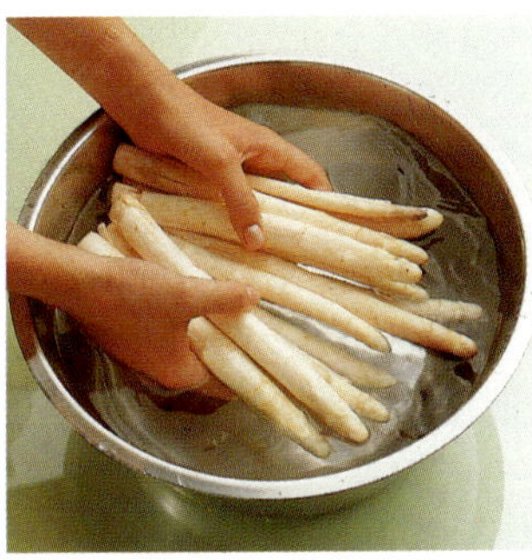

1 Den Spargel waschen.

2 Vom Kopf aus schälen.

Die Spargelschalen mit Salz, Zucker, Butter und 1/2 l heißem Wasser in den Topf geben und bei starker Wärmezufuhr zum Kochen bringen. Eventuell 5–10 Minuten auskochen (im Dampfdrucktopf 2–3 Minuten) und die Spargelbrühe zum Spargelkochen verwenden.
Die Spargelstangen in das kochende Wasser legen und – je nach Dicke der Stangen – in 12–20 Minuten gar kochen.
Die Spargelstangen mit dem Schaumlöffel aus dem Topf heben, abtropfen lassen und auf einer vorgewärmten Platte anrichten.

Pro Portion: 4 g E 1 g F 5 g KH 45 kcal 190 kJ

Serviervorschlag
Klassische Beilagen zu Stangenspargel sind Schinkenscheiben (gekochter oder roher Schinken), Roastbeef, Kalbsschnitzelchen, dazu Sauce hollandaise (siehe Kapitel „Soßen") oder flüssige Butter und zarte junge Kartoffeln. Ein leichter Weißwein paßt als Getränk.

Spargelgemüse mit Mettklößchen

**

Zutaten für 4 Personen

500 g frischer Spargel,
1/2 TL Salz, 1 Prise Zucker,
1 TL Butter,
300 g Schweinemett
(= Hackepeter oder grobes Bratwurstmett),
1 Schächtelchen Holländische Soße
(oder helle Soße),
2 EL süße Sahne,
1/2 Bund Petersilie.

Arbeitsgeräte

siehe Grundrezept; kleiner Topf, Schneebesen, Schüssel.

Zubereitungszeit

etwa 35 Minuten.

Den Spargel waschen und schälen (wie im Grundrezept).
1/4 l Wasser, das Salz, den Zucker und die Butter aufkochen, den Spargel in 4–5 cm lange Stücke schneiden und hineingeben. 10 Minuten kochen lassen.
In der Zwischenzeit aus dem Schweinemett (nach Bedarf eventuell etwas abschmecken) walnußgroße Klößchen formen. Die Hände dazu unter kaltem Wasser anfeuchten, damit sich die Klöße besser rollen lassen.
Zum Spargel in den Topf geben und in weiteren 5–10 Minuten bei geschlossenem Topf gar ziehen lassen.

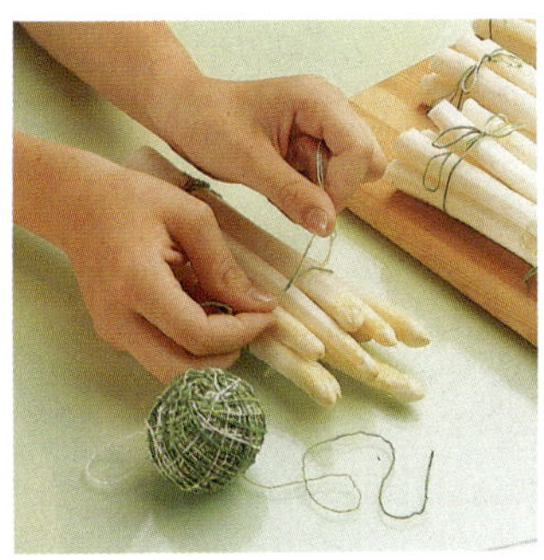

3 Mit Küchengarn zusammenbinden.

4 Den Spargel herausheben.

1/4 l vom Kochwasser in einen kleinen Topf abgießen. Die Holländische Soße mit dem Schneebesen einrühren und einmal aufkochen lassen. Mit Sahne abschmecken.
Die abgetropften Spargelstücke und Klößchen (mit der Schaumkelle aus dem Topf heben!) in eine vorgewärmte Schüssel geben. Mit der heißen Soße übergießen.
Die Petersilie fein hacken und darüberstreuen.

Pro Portion: 16 g E 27 g F 8 g KH 346 kcal 1450 kJ

Serviervorschlag
Dieses leichtverdauliche Gericht schmeckt gut mit neuen Kartoffeln oder gekochtem Reis und grünem Salat. Nach Wunsch kann die Soße auch mit Zitronensaft oder etwas Weißwein abgeschmeckt werden.

Beilagen

Beilagen verdienen es, nicht nur am Rande erwähnt zu werden. Sie nur als Füllmaterial beim Braten oder als kohlenhydratreiche Kalorienträger zu betrachten, ist ungerecht. Bei der Zusammensetzung einer vollwertigen Mahlzeit erfüllen die Beilagen wichtige Funktionen.
Beilagen sind als ballaststoffreiche Ergänzung zu einer stark eiweißhaltigen Fleischkost wichtig. Außerdem versorgen sie bei richtiger Zubereitung den Körper mit Mineralstoffen und Vitaminen.
Auch der Aspekt, daß Beilagen den Geschmack immer wieder neutralisieren helfen, so daß Fleischspeisen oder scharfe Soßen weiterhin schmecken, muß bedacht werden.
Grundlage vieler Beilagen sind Kartoffeln, Reis und Getreideprodukte, wie z.B. die verschiedensten Teigwaren.

Vorgefertigte Beilagen

Vorgefertigte **Kartoffelprodukte** (wie Pürees, Klöße, Knödel, Kroketten, Pommes frites usw.) gibt es in guter Qualität als Halbfertigprodukte (durch Zugabe von Wasser oder Milch werden diese gebrauchsfertig!) oder kochfertig (tiefgefrorene Klöße, Kroketten usw.).
Die Produkte werden jeweils nach Packungsanweisung zubereitet und angebrochene Packungen möglichst bald aufgebraucht.
Reis wird im Handel als Langkornreis (Patnareis) oder als Rundkornreis (Milchreis) angeboten. Geschälter und polierter Reis ist wertgemindert, da die wichtigen Vitamine durch das Schälen verlorengehen. Deshalb sollte möglichst ungeschälter Reis oder Vollwert-Langkornreis (Parboiled Reis) eingekauft werden, der vitaminreicher ist als der geschälte und polierte Reis.
Teigwaren (Nudeln, Spätzle usw.) sind in großer Zahl auf dem Markt. Die Zubereitungszeiten richten sich nach der jeweiligen Sorte (Packungsaufdruck beachten).
Alle vorgefertigten Produkte helfen die Zubereitungszeiten für die Mahlzeiten verringern. Sie sind gut für die Vorratshaltung geeignet und lassen sich im Haushalt problemlos lagern.

Kartoffelgerichte

Der Kartoffel gebührt in der Küche ein Ehrenplatz. Sie ist zwar Beilage, kann aber auch Gemüse oder vollständiges Gericht sein. Kaum ein anderes Nahrungsmittel läßt sich so interessant und vielseitig zubereiten.
Dabei war sie durchaus nicht immer geliebt und wird auch heute von vielen Mitbürgern nicht akzeptiert. Durch königliches Edikt Friedrichs des Großen dem Volk als Grundnahrungsmittel aufgezwungen, hat sie sich bis heute bewährt.
Je nach Jahreszeit und Angebot können wir Kartoffeln als preiswertes Nahrungsmittel oder als teures, exquisites Frühlingsgemüse auf den Tisch bringen. Aber nicht nur die vielseitigen Verwendungsmöglichkeiten sind beachtenswert. Auch als Vitamin-C-Lieferant, Mineral- und Nährstoffversorger ist die Kartoffel wichtig. Schonende Zubereitung in der Küche ist natürlich die Voraussetzung dafür, daß die Nährstoffe und Vitamine nicht verlorengehen.
Bei richtiger Zubereitung kommt auch der Eigengeschmack der Kartoffeln voll zur Geltung. In zuviel Wasser gekochte und ausgelaugte Kartoffeln schmecken fad und sind relativ wertlos. In der Schale gegarte Pellkartoffeln dagegen enthalten die wichtigen Nährstoffe und Vitamine und schmecken besser.
Werden geschälte Kartoffeln gegart, so ist darauf zu achten, daß die Wasserzugabe gering ist, damit die Kartoffeln nicht auslaugen. Bei gut schließenden Töpfen genügt zum Kochen (für 4 Personen) der Kartoffeln 1 Tasse Wasser. Vorausgesetzt, die Wärmezufuhr wird nach dem Ankochen wieder reduziert und der Topf bleibt geschlossen.

Gekochte Kartoffeln

GRUNDREZEPT

Zutaten für 4 Personen

1 kg Kartoffeln,
1/2–1 gestrichener TL Salz,
Wasser.

Arbeitsgeräte

Kartoffelschäler,
Küchenmesser,
Topf mit Deckel
(oder Dampfdrucktopf).

Zubereitungszeit

30–35 Minuten, davon
5–10 Minuten Vorbereitung
und 20–25 Minuten Garzeit
(Garzeit im Dampfdrucktopf
8–10 Minuten).

Die Kartoffeln gründlich waschen und schälen (Bild 1).
Beim Schälen darauf achten, daß alle dunklen Stellen (=Keimansätze, Augen) weggeschnitten werden. Die Kartoffeln nochmals kurz waschen und je nach Größe in Stücke schneiden. Die Kartoffeln in den Topf geben, mit etwas Salz würzen und Wasser dazugießen. Zum Kochen nicht zuviel Wasser verwenden, damit die Nährstoffe nicht zu stark ausgelaugt werden. Je nach Topfmaterial genügt bei gut schließenden Töpfen 1/8–1/4 l Wasser (Bild 2).
Den Topf schließen und auf die Kochstelle setzen. Bei starker Wärmestufe (E-Herd Schaltstufe 2,5–3; Automatik 10–12; G-Herd große Flamme) zum Kochen bringen, dann auf kleinste Stufe zurückschalten. Die Kartoffeln bei geschlossenem Topf in

1 Die Kartoffeln schälen.

2 Im Topf mit Salz würzen.

3 Das Kochwasser abgießen.

4 Die Kartoffeln abdämpfen lassen.

Petersilienkartoffeln.

20–25 Minuten gar kochen. Die Garzeit richtet sich nach der Kartoffelsorte und der Größe der Stücke. Neue und festkochende Sorten haben längere Garzeiten.
Zur Garprobe mit der Gabel in die Kartoffeln stechen. Wenn sich die Gabel leicht einstechen läßt, sind die Kartoffeln gar.
Den Topfdeckel an einer Seite leicht zur Seite schieben. Den Topf um die Griffe und den Deckel mit den Topflappen so umfassen, daß die Kartoffeln nicht aus dem Topf rutschen können. Das Kochwasser vorsichtig abgießen, ohne sich zu verbrühen (Bild 3).

HINWEIS
Das Kartoffelwasser möglichst für Suppen- oder Soßenzubereitung verwenden, da es wichtige Mineralstoffe und Nährstoffe enthält!

Die Kartoffeln nach dem Abgießen im offenen Topf leicht abdämpfen lassen (Bild 4). Oder ein sauberes Geschirrtuch zwischen Topf und Deckel legen, damit der Wasserdampf aufgesaugt wird – aber die Kartoffeln heiß bleiben.

Pro Portion: 4 g E – F 37 g KH 174 kcal 730 kJ

Serviervorschlag
Als Beilage zu fast allen Fleisch-, Fisch-, Geflügel-, Eier-oder Gemüsegerichten geeignet (Bild 5).

Petersilienkartoffeln
1–2 Eßlöffel feingehackte Petersilie (Kerbel oder Dill) über die gekochten, angerichteten Kartoffeln streuen.

Butter- oder Schwenkkartoffeln
1–2 Eßlöffel Butter in der Pfanne schmelzen – aber nicht bräunen – und die gekochten Kartoffeln darin kurz durchschwenken und erhitzen. Mit feingehackter Petersilie bestreut servieren.

Bauernkartoffeln
50 g durchwachsenen, geräucherten Speck und 1 geschälte Zwiebel in kleine Würfel schneiden und in 1 Eßlöffel Öl in der Pfanne braun braten. Über die angerichteten gekochten Kartoffeln streuen.

Pellkartoffeln

GRUNDREZEPT

Zutaten für 4 Personen	Arbeitsgeräte
1 kg Kartoffeln, 1/2–1 gestrichener TL Salz, eventuell 1 Msp. Kümmel, 1/2 l Wasser.	**Handbürste, Topf mit Deckel (oder Dampfdrucktopf).**

Zubereitungszeit

30–35 Minuten, davon 5 Minuten Vorbereitung und 20–25 Minuten Garzeit.

Die Kartoffeln unter kaltem Wasser mit einer kleinen Handbürste gründlich schrubben, so daß kein Sand verbleibt (Bild 1). Gut waschen und in den Topf legen.
Bis zur halben Einfüllhöhe der Kartoffeln Wasser dazugießen (bei gut schließenden Edelstahltöpfen mit dickem Sandwichboden genügt 1 Tasse Wasser). Etwas Salz und nach Geschmack etwas Kümmel über die Kartoffeln streuen. Den Topf schließen und die Kartoffeln bei starker Wärmezufuhr (E-Herd Schaltstufe 2,5–3; Automatik 10–12; G-Herd große Flamme) zum Kochen bringen.
Dann den Herd auf kleinste Wärmestufe zurückschalten und die Kartoffeln in 20–25 Minuten gar kochen (Bild 2).

Garprobe:
Durch Einstechen mit einer Gabel prüfen, ob die Kartoffeln weich sind. Die Kartoffeln sind gar (und weich), wenn sich die Gabel leicht einstechen läßt.

1 Die Kartoffeln gründlich schrubben.

2 Gekochte Kartoffeln.

3 Die Kartoffeln in einer Serviette servieren.

4 Die Kartoffeln pellen.

Zum Abgießen den Deckel leicht verschieben. Die Topfgriffe und den Deckel mit Topflappen fest umfassen und das Kochwasser abgießen. Oder die Kartoffeln zum Abgießen und – eventuell – Abkühlen ins Spülbecken schütten.
Achtung beim Kartoffelabgießen, denn auch mit heißem Wasserdampf kann man sich unangenehm verbrühen!
Die Pellkartoffeln vor dem Servieren schälen (=pellen) oder in einer Schüssel auf den Tisch stellen, so daß sich jeder die Kartoffeln selber pellen kann.

Pro Portion: 4 g E – F 37 g KH 174 kcal 730 kJ

Serviervorschlag
Als Beilage zu vielen alltäglichen Gerichten reichen, z. B. mit etwas Butter, Salz und Kräuterquark als gesundes und preiswertes Mittagessen.

TIPS FÜR PELLKARTOFFELN

- Eine große Serviette oder ein Geschirrtuch in die vorgewärmte Schüssel (mit dem Kochwasser anwärmen und wieder austrocknen) legen. Die Kartoffeln darin servieren, so halten sie länger warm (Bild 3).
- Heiße Pellkartoffeln lassen sich leicht pellen, wenn sie auf eine Gabel (oder Pellkartoffelspieß) gesteckt werden. Mit einer Hand die Gabel halten, mit dem Messer in der anderen Hand die Haut abziehen (Bild 4).
- Pellkartoffeln für andere Gerichte vor der Verwendung abkühlen lassen. Sie lassen sich dann besser schneiden (z. B. für Salate oder Bratkartoffeln), saugen beim Braten weniger Fett auf (z. B. bei Rösti, Bratkartoffeln usw.).

Kartoffeln im Silberhemd

Zutaten für 1 oder mehrere Personen

pro Person 250 g Kartoffeln (= 3–4 mittelgroße), etwas Salz, Pfeffer oder Curry, 1 TL Butter.

Arbeitsgeräte

Handbürste, Holzspieß, Messer.

Zubereitungszeit

45–50 Minuten, davon 5 Minuten Vorbereitung und 35–45 Minuten Garzeit.

Die Kartoffeln unter fließendem Wasser mit der Bürste sauber schrubben. Jede Kartoffel einige Male mit einem Holzspießchen durchstechen oder oben kreuzweise mit dem Messer einschneiden.
Jede Kartoffel auf ein Stück Alufolie legen, nach Geschmack mit etwas Salz, Pfeffer und Curry würzen und mit einem Butterflöckchen belegen. Die Folie rundherum luftdicht verschließen.
Die eingewickelten Kartoffeln auf den Bratenrost im Backofen (oder auf den Holzkohlengrill) legen. Je nach Größe der Kartoffeln in 35–45 Minuten garen.
Die Kartoffeln werden in der seitlich heruntergedrückten Alufolie serviert.

Pro Portion: 4 g E 4 g F 37 g KH 205 kcal 860 kJ

Serviervorschlag

Mit Kräuter- oder Knoblauchbutter, Crème fraîche oder Kräuterquark reichen oder als Beilage zu gebratenem oder gegrilltem Fleisch.

TIP

Kartoffeln im Silberhemd eignen sich besonders gut zum besseren Ausnutzen der Energie im Backofen bei der Zubereitung eines Bratens (oder auch Kuchens). Beim Grillen im Freien können die Kartoffeln auf dem Grillrost (oder in der heißen Asche) gegart werden.

Backkartoffeln

Zutaten für 1 oder mehrere Pesonen

pro Person 250 g junge, kleine Kartoffeln, 1 EL Öl, Salz, Thymian, Paprika.

Arbeitsgeräte

Handbürste, Backblech (oder Auflaufform), Holzspieß, Messer, Tasse.

Zubereitungszeit

45–50 Minuten, davon 5–10 Minuten Vorbereitung und 35–45 Minuten Garzeit.

Den Backofen vorheizen (E-Herd 225° C; G-Herd Stufe 4) und das Backblech (bei kleiner Personenzahl eine Auflaufform) ausfetten.
Die Kartoffeln mit der Bürste unter fließendem Wasser gründlich säubern. Jede Kartoffel einige Male mit einem Holspießchen einstechen oder oben kreuzweise mit einem Messer einschneiden.
Die Kartoffeln auf das Backblech legen.
Das Öl in einer Tasse mit den Gewürzen verrühren. Die Kartoffeln damit einpinseln. Das Blech in den vorgeheizten Backofen einschieben. Je nach Größe der Kartoffeln in 35–45 Minuten gar braten. Durch Einstechen mit der Gabel probieren, ob die Kartoffeln gar sind.

Pro Portion: 4 g E 10 g F 37 g KH 267 kcal 1120 kJ

Serviervorschlag

Als Beilage zu im Backofen gebratenen Fleischgerichten servieren. Je nach Art des Fleischgerichtes Bier oder Tomatensaft als Getränk reichen.

TIP

Backkartoffeln schmecken auch ohne Fleischbeilage sehr gut.
Als einfaches Spargericht gereicht, sollte die Kartoffelmenge pro Person erhöht werden (je nach Appetit 400–500 g Kartoffeln rechnen).
Beim Braten oder Grillen eines größeren Fleischstückes auf dem Bratenrost die Backkartoffeln in die tiefe Bratenpfanne legen und unten in den Backofen einschieben. Die Kartoffeln saugen dann das heruntertropfende Fett auf und erhalten dadurch einen besonders köstlichen Geschmack (Nährwert erhöht!).

Bratkartoffeln

GRUNDREZEPT

Zutaten für 2 Personen

600 g gekochte Kartoffeln (Pellkartoffeln), 1 Zwiebel, 20 g Schweineschmalz (Butter oder 1/2 Butter + 1/2 Öl), Pfeffer, Salz, eventuell 1 EL feingehackte Petersilie (oder Schnittlauch).

Arbeitsgeräte

Pfanne, Pfannenwender, Messer, Schüssel, Schneidbrett.

Zubereitungszeit

15 Minuten.

1 Die gekochten Kartoffeln in dünne Scheiben schneiden.

2 Die Kartoffelscheiben in die Pfanne geben.

Die gekochten, geschälten Kartoffeln in dünne Scheiben schneiden (Bild 1).
Die Zwiebel schälen und in kleine Würfel schneiden.
Das Fett in die Pfanne geben und bei mittlerer Wärmestufe erhitzen (E-Herd Schaltstufe 2–3,5; Automatik 8–10; G-Herd mittelgroße Flamme). Die Zwiebelwürfel und die Kartoffelscheiben hineingeben (Bild 2).
Zunächst 3–4 Minuten anbraten, dann mit dem Pfannenwender die Scheiben wenden. Jeweils nach einigen Minuten wenden, bis die Kartoffeln schön goldbraun und knusprig sind.
Mit frisch gemahlenem Pfeffer und Salz würzen. Eventuell mit feingehackten frischen Kräutern bestreut anrichten.

Pro Portion: 4 g E 10 g F 39 g KH 278 kcal 1160 kJ

Serviervorschlag

Als Beilage zu vielen alltäglichen Gerichten, Schnellgerichten (Bratwürsten, Frikadellen, zu Spiegelei, gebackenem Fleischkäse, zu Schnitzeln oder Steaks) reichen.
Beliebt auch als Resteverwertung von gekochten Kartoffeln.

TIPS FÜR BRATKARTOFFELN

- Der Geschmack wird noch pikanter, wenn kleingeschnittener Speck, Wurst oder Schinken mitgebraten wird.
- Mit Thymian abgeschmeckte Bratkartoffeln sind eine interessante Beilage zu Wildgerichten.
- Bratkartoffeln können auch aus rohen Kartoffeln zubereitet werden.
  Dann die geschälten Kartoffeln sehr dünn schneiden. Die Bratzeit kann sich um einige Minuten verlängern. Etwas Butter zur Geschmacksabrundung erst dazugeben, wenn die Bratkartoffeln bereits gebräunt sind.
- Bratkartoffeln werden zum **Bauernfrühstück,** wenn Sie Braten- oder Wurstreste – in große Würfel geschnitten – mitbraten. Eventuell auch 1 kleingeschnittene Gewürzgurke dazugeben. 1–2 Eier darüber aufschlagen und stocken lassen. Mit frischen Salaten und Bier als schnelles Abendessen oder kräftigende Zwischenmahlzeit servieren.

Kartoffelpüree

GRUNDREZEPT

Zutaten für 4 Personen

1 kg Kartoffeln (mehlig kochend), 1/2–1 gestrichener TL Salz, 1/4 l Milch, 20 g Butter, geriebene Muskatnuß.

Arbeitsgeräte

Messer, Topf, Kartoffelpresse (oder Stampfer), Schüssel, Kasserolle, Schneebesen.

Zubereitungszeit

etwa 35 Minuten, davon 5–10 Minuten Vorbereitung und 20–25 Minuten Garzeit (Garzeit im Dampfdrucktopf 6–10 Minuten).

Die Kartoffeln waschen, schälen und in Stücke schneiden. Kleinere Kartoffelstücke sind etwas schneller gar!

Die Kartoffelstücke mit dem Salz und 1/4 l Wasser in den Topf geben. Den Topf schließen und die Kartoffeln bei starker Wärmestufe (E-Herd 2,5–3; Automatik 10–12; G-Herd große Flamme) zum Kochen bringen. Dann auf kleinste Stufe zurückschalten. Die Kartoffeln in etwa 20 Minuten gar kochen. Mit einer Gabel einstechen und prüfen, ob sie gar sind. Die Kartoffeln abgießen, das Kochwasser aber aufbewahren.
Die Milch in der Kasserolle erhitzen.

1 Die Kartoffeln durch die Kartoffelpresse drücken.

2 Die heiße Milch unterrühren.

Die Kartoffeln durch die Kartoffelpresse drücken (Bild 1).
Die heiße Milch, die Butter und – eventuell – etwas Kartoffelkochwasser unterrühren. Mit dem Schneebesen dann zu einem lockeren, sahnigen Püree aufschlagen (Bild 2). Nach Geschmack mit etwas geriebener Muskatnuß und Salz würzen.

Pro Portion: 6 g E 7 g F 40 g KH 254 kcal 1060 kJ

Serviervorschlag
Leichtverdauliches Kartoffelpüree eignet sich als Beilage zu vielen Fleisch- oder Fischgerichten, zu Bratwürsten, Frikadellen usw.

Kartoffelpüree

Kräuterpüree
Dazu unter das fertig zubereitete Püree 1–2 Eßlöffel feingehackte Kräuter mischen. Geeignete Kräuter sind Petersilie, Kerbel, Dill, Kresse und Estragon.

Tomatenpüree
2 Eßlöffel Tomatenmark und 1 Eßlöffel feingehackte Petersilie unter das Püree rühren. Dieses pikante Püree paßt zu Hammelkoteletts und gebackenem Fisch.
Nährwerte bei Kräuter- und Tomatenpüree wie bei Grundrezept.

Kartoffel-Zwiebel-Püree
Dazu 200 g Zwiebeln schälen und in kleine Würfel schneiden. In 20 g Butter glasig braten, leicht mit Pfeffer würzen und unter das fertig zubereitete Püree rühren.
Dieses sehr herzhafte Kartoffelpüree paßt gut zu kurzgebratenen oder gegrillten Fleischstücken, zu Rouladen, Steaks usw.

Pro Portion: 7 g E 11 g F 44 g KH 313 kcal 1310 kJ

Tomatenpüree, Kräuterpüree, Kartoffel-Zwiebel-Püree.

TIP
Eventuell 1 geschälten, kleingeschnittenen Apfel mitdünsten und untermischen.
Püree mit Zwiebeln und Apfel schmeckt gut zu Bratwürsten, gebratener Blutwurst und zu Leberscheiben.

Rösti nach Schweizer Art

GRUNDREZEPT

Zutaten für 2 Personen

500 g gekochte Pellkartoffeln, 2 EL Öl (oder 1 EL Öl + 1 EL Butter), Pfeffer, Salz.

Arbeitsgeräte

Rohkostreibe (grobe Raspel), Schüssel, Pfanne, Pfannenwender, großer flacher Deckel (oder Teller).

Zubereitungszeit

20–25 Minuten (ohne Garzeit für Kartoffeln).

Für Rösti am besten festkochende Kartoffeln verwenden. Die Pellkartoffeln (möglichst am Vortag gekocht und kalt verwenden) schälen und auf der groben Seite der Rohkostreibe in grobe Streifen raspeln (Bild 1).
In der Pfanne Öl und Butter erhitzen. Die Rösti hineingeben, würzen und mit dem Pfannenwender leicht am Pfannenboden andrücken (Bild 2).
6–8 Minuten braten, bis der Außenrand rundherum goldbraun ist.

1 Die gekochten Kartoffeln in grobe Streifen raspeln.

2 Die Rösti am Pfannenboden andrücken.

3 Einen flachen Deckel über die Pfanne decken.

4 Die Rösti in die Pfanne gleiten lassen.

Rösti nach Schweizer Art.

Einen großen flachen Deckel (oder Teller) über die Rösti legen (Bild 3).
Mit der einen Hand den Deckel fest andrücken. Mit der zweiten Hand die Pfanne fest am Griff fassen. Die Pfanne mit Schwung herumdrehen, so daß der Pfannenboden nach oben weist und der Deckel sich unten befindet. Die Pfanne wieder auf den Herd stellen.
Die Rösti vorsichtig – durch Schräghalten des Deckels und etwas Nachschieben mit dem Pfannenwender – in die Pfanne gleiten lassen (Bild 4).
Nochmals 5–6 Minuten bei mittlerer Wärmestufe braten, bis auch die Unterseite goldbraun ist.
Entweder direkt aus der Pfanne servieren oder auf Teller verteilen.

Pro Portion: 4 g E 10 g F 37 g KH 267 kcal 1120 kJ

Serviervorschlag

Rösti schmecken sehr gut zu Kalbsgeschnetzeltem, zu Fleischspießen, Bratwürsten oder Leberragout. Dazu passen grüne oder gemischte frische Salate, als Getränke Tomatensaft, Bier oder Weißwein.

TIPS FÜR RÖSTI

- Etwas geriebenen Käse und Muskatnuß unter die Rösti mischen und braten.
- Anstelle von gekochten Kartoffeln können auch rohe Kartoffeln verwendet werden. Dann die Kartoffeln nach dem Schälen raspeln und auf Küchenkrepp abtrocknen. In das heiße Fett in die Pfanne geben und braten.
- Mit Paprika und Thymian abgeschmeckte Rösti schmecken gut zu Wildsteaks und Leberragout.

Pommes frites und Strohkartoffeln

Zutaten für 4 Personen

1 kg Kartoffeln (festkochend), 750 g Pflanzenfett oder Öl, etwas Salz, Pfeffer.

Arbeitsgeräte

Kartoffelschäler, Küchenmesser, Schüssel, Schneidbrett, eventuell Pommes-frites-Schneider, Friteuse (oder tiefe Pfanne).

Zubereitungszeit

etwa 30 Minuten.

Die Kartoffeln waschen und schälen. Für Pommes frites die Kartoffeln mit dem Messer oder einem Pommes-frites-Schneider in etwa 1 cm dicke und 6–8 cm lange Streifen schneiden (Bild 1).

1 Die geschälten Kartoffeln in Streifen schneiden.

2 Die Pommes frites blanchieren.

3 Vor dem Servieren ausbacken.

Die Kartoffelstreifen gut mit Küchenkrepp abtrocknen, damit das Wasser beim Ausbacken nicht zum Spritzen führt.
Das Fett in der Friteuse auf 180° C erhitzen (oder in der Pfanne reichlich Fett erhitzen). Die Pommes frites jeweils portionsweise vorbacken. Sie werden vorblanchiert, das heißt, ganz hell gebacken, damit sich die Poren schließen. Dann aus dem Fett heben, abtropfen lassen und die nächste Portion blanchieren (Bild 2).
Unmittelbar vor dem Servieren die Pommes frites zum zweiten Mal in das heiße Fett geben und dann goldbraun ausbacken (Bild 3).
Abtropfen lassen und leicht mit Salz bestreut anrichten.

Pro Portion: 4 g E 10 g F 37 g KH 261 kcal 1090 kJ

Serviervorschlag
Pommes frites sind eine beliebte Beilage zu vielen gebratenen Fleischgerichten, zu Fisch, zu kurzgebratenem oder gegrilltem Fleisch.

Strohkartoffeln

Die Vorbereitung erfolgt wie bei Pommes frites.
Die Kartoffeln werden in sehr dünne Streifen geschnitten (als Streichholzkartoffeln nur streichholzdünn schneiden!) und gut mit Küchenkrepp abgetrocknet. Dann portionsweise goldbraun im heißen Fett ausbacken. Die dünnen Streifen brauchen nicht vorblanchiert zu werden.

Serviervorschlag
Strohkartoffeln sind eine festliche Beilage zu festlichen Braten (z. B. Ente in Orangen, Chateaubriand, Wildsteaks), werden aber nur in kleineren Portionen gereicht.

Strohkartoffeln (links) und Pommes frites.

Kartoffelkugeln (Nußkartoffeln)

Zutaten für 4 Personen

1 kg Kartoffeln (möglichst große), 1/2 TL Salz, 30 g Butter, 2 EL Öl, Salz.

Arbeitsgeräte

Schälmesser, Schüssel, runder Gemüseausbohrer, kleiner Topf, Sieb, Pfanne, Pfannenwender.

Zubereitungszeit

etwa 30 Minuten.

Die Kartoffeln waschen und schälen. Mit einem runden Gemüseausbohrer Kugeln ausstechen. Möglichst dicht bei dicht aus den Kartoffeln ausstechen.
Etwa 1/8 l Wasser mit Salz aufkochen. Die Kartoffelkugeln darin 5 Minuten kochen, dann abgießen und in einem Sieb abtropfen lassen.

1 Mit einem Gemüseausbohrer Kugeln aus den Kartoffeln stechen.

2 Die Kartoffelkugeln goldbraun braten.

Die Butter und das Öl zusammen in der Pfanne erhitzen, aber nicht bräunen. Die Kartoffelkugeln hineingeben und in etwa 10 Minuten goldbraun braten. Mit etwas Salz würzen und anrichten.

Pro Portion: 4 g E 11 g F 37 g KH 274 kcal 1170 kJ

Serviervorschlag
Kartoffelkugeln oder Nußkartoffeln werden als Beilage zu festlichen Fleisch- und Wildgerichten gereicht. Die Portion ist kleiner als bei normal gekochten Kartoffeln.

TIP
Die ausgebohrten Kartoffelgerippe kochen und für Püree oder Kartoffelsuppe verwenden.

Fischkartoffeln

Zutaten für 2–4 Personen

1 kg große Kartoffeln, etwas Wasser, 1/2 TL Salz, 1 TL Butter, 1 TL feingehackte Petersilie.

Arbeitsgeräte

Schälmesser, Schüssel, runder Gemüseausbohrer, kleiner Topf, Schneidbrett, Messer.

Zubereitungszeit

25–30 Minuten.

Die Kartoffeln waschen, schälen und Kugeln ausbohren (wie bei Kartoffelkugeln).
Die Kugeln in kochendes, leicht gesalzenes Wasser geben und in 8–12 Minuten gar kochen. Das Kochwasser abgießen und die Kugeln abdämpfen. Mit Butterflöckchen und feingehackter Petersilie bestreut anrichten.

Pro Portion: 4 g E 1 g F 37 g KH 182 kcal 760 kJ

Fischkartoffeln.

Serviervorschlag
Als Beilage zu gedünsteten feinen Fischgerichten reichen (z. B. zu Seezunge, zu Forelle oder Karpfen blau), dazu Tafelwasser oder Weißwein als Getränk wählen.

Kartoffelteig für Kroketten, Kartoffelplätzchen usw.

GRUNDREZEPT ✱✱✱

Zutaten für 4 Personen	Arbeitsgeräte
1 kg Kartoffeln (mehlig kochend), 1/2–1 TL Salz, 2 Eier, 1–2 Msp. geriebene Muskatnuß, 1–2 EL Mehl (oder Kartoffelmehl), etwa 125 g Paniermehl (=Semmelbrösel), Fett zum Fritieren (=Ausbacken).	Schälmesser, Topf (oder Dampfdrucktopf), Messer, Kartoffelpresse, Schüssel, Rührlöffel, Tasse, 2 Teller (oder flache Schüsselchen), Friteuse (oder tiefe Pfanne mit Pfannenwender).

Zubereitungszeit

45–50 Minuten (mit Garzeit für Püree).

Die Kartoffeln nach dem Grundrezept für gekochte Kartoffeln (oder Pellkartoffeln) in leicht gesalzenem Wasser gar kochen. Das Wasser vorsichtig abgießen und die Kartoffeln durch die Kartoffelpresse in die Schüssel drücken (Bild bei Püree).
Die Eier vorsichtig über der Tasse aufschlagen und trennen. Die Eigelbe zum Kartoffelpüree und die Eiweiße auf einen Teller geben.
Geriebene Muskatnuß und das Mehl in die Schüssel geben und alles zu einem glatten Kartoffelteig verrühren. Leicht würzig abschmecken.
Aus dem Kartoffelteig – er darf nicht klebrig sein, sonst noch etwas mehr Mehl untermischen – Rollen von 2 cm Durchmesser formen. 4–6 cm lange Stücke abschneiden.
Das Eiweiß im Teller leicht schaumig rühren, Paniermehl in den zweiten Teller geben.
Die Kroketten nacheinander erst in Eiweiß, dann in Paniermehl wälzen.
Das Fett in die Friteuse geben und auf 180° C erhitzen. Oder reichlich Öl in der Pfanne (etwa 1–2 cm hoch) erhitzen. Ein Weißbrotwürfelchen hineingeben; wenn es rasch braun wird, ist die Ausbacktemperatur gut. (Oder einen Holzlöffelstiel ins heiße Fett tauchen. Bilden sich um das Holz sofort kleine Bläschen, ist die Temperatur richtig!)
Jeweils 4–6 Kroketten auf einmal in das heiße Fett geben und goldbraun ausbacken.
Beim Backen in der Friteuse die Kroketten mit dem Drahtkorb herausheben, abtropfen lassen und auf Küchenkrepp legen, dann warm halten.
Beim Backen in der Pfanne mit dem Pfannenwender aus dem Fett heben und zum Abtropfen auf Küchenkrepp legen. Die Kroketten warm halten, bis alle übrigen fertig ausgebacken sind.

Pro Portion: 12 g E 20 g F 63 g KH 496 kcal 2070 kJ

Serviervorschlag
Als Beilage zu festlichen großen Braten, Wildgerichten, Wildgeflügel (Fasan, Rebhuhn, Ente usw.) reichen – Rotwein oder ein schwerer Weißwein passen je nach Gericht.

Kroketten können als längliche Kroketten oder als Bällchen geformt werden.
Anstelle von Paniermehl (Semmelbrösel) für besonders festliche Gerichte Mandelblättchen verwenden.

Mandelkroketten schmecken besonders gut zu gebratener Ente, zu Rehmedaillons, zu Wildsteaks, aber auch zu gebackenem Fisch.

Kartoffelnudeln
Dazu aus dem Kartoffelteig fingerlange und -dicke Nudeln formen. In Eiweiß und Paniermehl wenden und in der Pfanne in heißem Fett goldbraun backen.

Kartoffelplätzchen
Aus dem Kartoffelteig eine 3–4 cm dicke Rolle formen.
1 cm dicke Scheiben abschneiden. Diese in Eiweiß und Paniermehl (oder gehackten Haselnüssen) wälzen. In der Pfanne in heißem Fett goldbraun ausbacken.
Als Beilage zu Wildgerichten reichen.
Kartoffelplätzchen können auch als sättigendes Spargericht gereicht werden. Dann 100 g braun gebratene Speck- oder Wurstwürfelchen in den Teig mischen. Kartoffelplätzchen formen und goldbraun braten.
Mit frischen Salaten (grüner Salat mit Tomaten, Radieschen usw.) als Abendessen reichen.

Dauphinkartoffeln.

Dauphinkartoffeln (gratinierte Kartoffeln)

Zutaten für 4 Personen

**1 kg Kartoffeln,
1 Knoblauchzehe,
Pfeffer und Salz,
100 g geriebener Emmentaler Käse,
1/4 l süße Sahne, 1 Ei,
1/8 l Milch,
1–2 Msp. geriebene Muskatnuß,
eventuell 1 EL feingehackte Petersilie.**

Arbeitsgeräte

Kartoffelschäler, Messer, Schüssel, feuerfeste Form (Auflaufform), kleine Schüssel, Schneebesen.

Zubereitungszeit

55–60 Minuten, davon 20 Minuten Vorbereitung und 35–40 Minuten Garzeit.

Die Kartoffeln waschen, schälen und in dünne Scheiben schneiden.
Die Knoblauchzehe schälen und die Auflaufform damit ausreiben. Den Boden der Form mit Kartoffelscheiben auslegen, diese leicht mit Pfeffer und Salz würzen und mit etwas geriebenem Käse bestreuen. Dann jeweils eine neue Schicht Kartoffelscheiben hineinlegen und würzen, bis die Form gefüllt ist.
Den Backofen vorheizen (E-Herd 240°C; Heißluftherd 160–180°C; G-Herd Stufe 4–5).
Sahne, Ei, Milch, geriebene Muskatnuß und feingehackte Petersilie in die Schüssel geben und mit dem Schneebesen leicht schaumig verrühren. Über die Kartoffelscheiben gießen und die Form auf der mittleren Schiene in den vorgeheizten Backofen schieben (nur sehr hohe Formen auf der unteren Schiene einschieben).
In 35–40 Minuten goldbraun überbacken.

So werden Dauphinkartoffeln zubereitet.

Pro Portion: 16 g E 30 g F 42 g KH 519 kcal 2170 kJ

TIP

Als Kartoffelgericht z. B. auch mit frischen Salaten reichen. Die Garzeit kann um 10–15 Minuten verkürzt werden, wenn die Kartoffelscheiben vor dem Einschichten in die Form 5 Minuten in leicht gesalzenem Wasser vorgegart werden.

Gekochte Kartoffelklöße

KNÖDEL, GRUNDREZEPT

Zutaten für 4 Personen

**1 kg gekochte Pellkartoffeln,
2 Eier, 1–2 TL Salz,
1 Msp. Pfeffer,
1–2 Msp. geriebene Muskatnuß,
60 g Mehl,
100–125 g Grieß, 1 EL Salz.**

Arbeitsgeräte

Kartoffelpresse, große Schüssel, Rührlöffel, kleine Pfanne, Schneidbrett, Messer, großer Topf, Schaumkelle.

Zubereitungszeit

etwa 45 Minuten (ohne Garzeit für Pellkartoffeln), davon 25–30 Minuten Vorbereitung und 15 Minuten Garzeit.

Die gekochten und geschälten Kartoffeln durch die Kartoffelpresse in die Schüssel drücken (Bild 1). Die Eier, Gewürze und das Mehl dazugeben und alles zu einem glatten Teig verrühren. Je nach Beschaffenheit des Teiges noch Grieß untermischen. Den Teig gründlich durchkneten (es kann auch der elektrische Handmixer mit Knethaken verwendet werden), er soll fest, aber nicht bröckelig sein (Bild 2).

1 Zutaten.

2 Den Teig gründlich durchkneten.

Im Topf etwa 2 l Wasser mit 1 Eßlöffel Salz bei starker Wärmestufe zum Kochen bringen.

HINWEIS

Das große Angebot vorgefertigter Klöße (als Halbfertigprodukt im Paket oder Fertigprodukt tiefgefroren) sollte vor allem dann genutzt werden, wenn für eine kleinere Personenzahl Klöße zubereitet werden. Der Arbeitsaufwand ist doch recht beachtlich. Auch als Beilagen zu großen Festbraten mit vielen Personen sind die gut abgeschmeckten Fertigprodukte zu empfehlen. Sie lassen sich leicht geschmacklich abändern, wie die folgenden Beispiele zeigen.

In der Zwischenzeit aus dem Kartoffelteig 8–12 mittelgroße Klöße (Knödel) formen. Damit die Klöße schön rund werden, die Hände mit kaltem Wasser leicht anfeuchten (Bild 3).
Die Klöße in das kochende Wasser einlegen, dieses aufwallen (=aufkochen) lassen und dann den Herd auf kleinste Wärmestufe schalten. Die Klöße im leicht geöffneten Topf in etwa 15 Minuten gar ziehen lassen (Bild 4).

3 Aus dem Kartoffelteig Klöße formen.

4 Die Klöße in das Wasser legen.

5 Die Klöße mit der Schaumkelle aus dem Topf heben.

6 Geröstete Weißbrotwürfel mit in die Klöße einrollen.

Wenn die Klöße an die Wasseroberfläche steigen, d.h. zu schwimmen beginnen, sind sie gar. Die Klöße mit der Schaumkelle aus dem Topf heben, abtropfen lassen und in eine vorgewärmte Schüssel legen (Bild 5).

Pro Portion: 12 g E 4 g F 67 g KH 368 kcal 1540 kJ

Serviervorschlag

Als Beilage zu Schweine- oder Rinderbraten, zu Wildgerichten, zu Gulasch, zu Ragouts usw. reichen. Bier oder Rotwein paßt je nach Art der Fleischgerichte dazu.

TIP

Beliebt ist es, in die Klöße geröstete Weißbrotwürfel mit einzurollen. Dazu wird 1 altbackenes Brötchen in kleine Würfel geschnitten und in 1 Eßlöffel heißer Butter in der Pfanne goldbraun geröstet. Pro Kloß werden dann 3–4 Brotwürfelchen miteingerollt (Bild 6).

Anwendungsbeispiele für vorgefertigte Klöße, Knödel

Zwetschenknödel

Zutaten für 4 Personen

**750 g Zwetschen (Pflaumen),
1 Paket Halb- und-Halb-Klöße (für 8 Stück),
Wasser,
50 g Zucker,
8–12 Stück Würfelzucker.**

Arbeitsgeräte

Durchschlag, Teller, Küchenmesser, Schüssel, Schneebesen, Topf (3–4 l Inhalt), Schaumkelle, kleine Kasserolle, Rührlöffel.

Zubereitungszeit

etwa 30 Minuten, davon 10 Minuten Vorbereitung und 15–20 Minuten Garzeit.

Die Zwetschen waschen und auf dem Durchschlag abtropfen lassen.
Kaltes Wasser nach Packungsangabe abmessen und in die Schüssel gießen. Das Kloßpulver mit dem Schneebesen einrühren und etwa 10 Minuten quellen lassen.
In der Zwischenzeit Wasser in den Topf gießen und bei starker Wärmestufe zum Kochen bringen.
Die Zwetschen entsteinen. 8–12 der Zwetschen so entsteinen, daß die Zwetschen seitlich aufgeschnitten, aber nicht durchgeschnitten werden. Anstelle des Steins dann Würfelzucker in die Zwetschen stecken.
Die übrigen Zwetschen in Stücke schneiden, mit Zucker und etwa 1/2 Tasse Wasser in die Kasserolle geben und zum Kochen bringen. Bei geschlossener Kasserolle etwa 5 Minuten dünsten, dann von der Kochstelle nehmen und abkühlen lassen.
Während das Zwetschenkompott kocht, ist auch das Kloßwasser zum Kochen gekommen. Aus der Kloßmasse 8–12 Knödel formen und in jeden Knödel eine mit Zucker gefüllte Zwetsche einrollen.
Die Knödel vorsichtig in das kochende Wasser einlegen. Auf kleine Wärmestufe zurückschalten und die Knödel in 10–15 Minuten gar ziehen lassen. Die Knödel sind gar, wenn sie an die Oberfläche steigen (bei kleinen Knödeln nach 8–10 Minuten). Mit der Schaumkelle aus dem Topf heben, gut abtropfen lassen und in einer Schüssel servieren.

Pro Portion: 4 g E 1 g F 87 g KH 355 kcal 1485 kJ

Serviervorschlag
Als leichtes Mittag- oder Abendessen mit dem Zwetschenkompott reichen, eventuell auch mit Zucker und Zimt oder mit in Butter goldbraun geröstetem Paniermehl (Semmelbröseln).

Jägerklöße (Pilzklöße)

Zutaten für 4 Personen

**1 Paket Halb-und-Halb-Klöße (8 Stück oder rohe Klöße),
300 g frische Pfifferlinge (Steinpilze oder Mischpilze),
1 EL Butter,
1/2 Bund Petersilie,
Pfeffer und Salz.**

Arbeitsgeräte

große Schüssel, Schneebesen, Messer, Schneidbrett, Pfanne, Pfannenwender, großer Topf,Schaumkelle.

Zubereitungszeit

30–35 Minuten, davon 15 Minuten Vorbereitung und 15–20 Minuten Garzeit.

1/2 l kaltes Wasser genau abmessen und in die Schüssel gießen. Das Kloßpulver mit dem Schneebesen einrühren und etwa 10 Minuten quellen lassen.
In der Zwischenzeit die Pilze putzen, sandige und schadhafte Stellen wegschneiden. Die Pilze nur kalt abspülen, wenn sie sehr verunreinigt sind. Dann aber wieder mit Küchenkrepp abtrocknen.
Die Pilze in kleine Stücke schneiden und in der Pfanne in heißer Butter 5 Minuten dünsten.
In der Zwischenzeit die Petersilie fein hacken. Mit in die Pfanne geben und weitere 2–3 Minuten dünsten.
Wasser und etwas Salz im Topf zum Kochen bringen.
Die Pilze unter den Kloßteig mischen und gut verkneten. Die Hände leicht anfeuchten und aus der Masse 8–12 Klöße formen. Diese vorsichtig in das heiße Wasser einlegen. Wieder aufkochen lassen, dann den Herd auf kleinste Wärmestufe zurückschalten. Bei leicht geöffnetem Topfdeckel die Klöße in 15 Minuten gar ziehen lassen.
Mit der Schaumkelle aus dem Topf heben, abtropfen lassen und anrichten.

Pro Portion: 5 g E 3 g F 43 g KH 230 kcal 960 kJ

Serviervorschlag
Als Beilage zu Wildgerichten, Schweine- oder Gänsebraten reichen. Bier oder Rotwein ist als Getränk passend.

HINWEIS
Anstelle von Halb- und Halb-Klößen lassen sich auch Semmelklöße (hausgemacht nach dem Grundrezept oder Fertigprodukt) als Jägerklöße zubereiten.

Variationen
Anstelle von Zwetschen- können Marillenknödel (Aprikosenknödel) hergestellt werden. Dann kleine reife Aprikosen entsteinen und mit Würfelzucker gefüllt in die Kloßmasse einrollen. Für **Kirschknödel** werden 4–6 entsteinte Sauerkirschen und 1 Stück Würfelzucker mit eingerollt.

Jägerklöße (Pilzklöße).

Käse-Kräuter-Klöße.

Bauernknödel

für 4 Personen

Anstelle von Pilzen werden 1 geschälte Zwiebel und 100 g durchwachsener Speck in kleine Würfel geschnitten. In der Pfanne braun braten und mit 2 Eßlöffeln feingehackter Petersilie unter den Kloßteig mischen. Dann Klöße formen, kochen und als Beilage zu Wild-, Rinder- oder Schweinebraten reichen.

Pro Portion: 5 g E 15 g F 47 g KH 350 kcal 1465 kJ

Käse-Kräuter-Klöße

Zutaten für 4 Personen	Arbeitsgeräte
2 EL feingehackte Kräuter (z. B. Petersilie, Dill, Kerbel, Kresse), 100 g Goudakäse, 1 Packung Halb- und Halb-Klöße (oder gekochte Klöße, Inhalt für 8 Stück), 1–2 l Wasser, 1/2–1 EL Salz.	**große Schüssel, Schneidbrett, Messer, Schneebesen, großer Topf, Schaumkelle, Schüssel.** **Zubereitungszeit** **etwa 30 Minuten, davon 10–15 Minuten Vorbereitung und 12–15 Minuten Garzeit.**

3/4 l Wasser abmessen und in die Schüssel gießen.
Die Kräuter sehr fein hacken. Den Käse in kleine Würfel schneiden. Beides in das Wasser geben.
Das Kloßpulver langsam unter ständigem Rühren mit dem Schneebesen hinzufügen. Alles glatt verrühren, dann den Teig etwa 10 Minuten quellen lassen (Tip: Bei lauwarmem Wasser ist der Teig in 3 Minuten fertig!).
1/2 l Wasser und das Salz im Topf bei starker Wärmestufe (E-Herd Schaltstufe 3; Automatik 12; G-Herd große Flamme) aufkochen.
In der Zwischenzeit aus der Kloßmasse 12–14 gleich große Klöße formen. Dazu die Hände mit kaltem Wasser leicht anfeuchten. Die Klöße lassen sich dann zu glatteren Kugeln rollen.
Die Klöße vorsichtig in das kochende Wasser einlegen. Wenn das Wasser wieder aufkocht, die Wärmezufuhr auf kleinste Stufe zurückschalten. Die Klöße in etwa 15 Minuten gar ziehen lassen.
Mit der Schaumkelle aus dem Topf heben, gut abtropfen lassen und in einer vorgewärmten Schüssel servieren.

Pro Portion: 10 g E 8 g F 43 g KH 296 kcal 1240 kJ

Serviervorschlag
Als leichtes, preiswertes Abendessen nur mit Tomatensoße (mit Fleischklößchen z. B.) und Salat reichen oder als Beilage an Schweinelende, Bratwurst.

Semmelknödel

GRUNDREZEPT ✱✱✱

Zutaten für 4 Personen

400 g altbackenes Weißbrot (Brötchen = Semmeln),
1/4 l Milch,
2 Eier,
80–100 g Mehl oder Grieß,
eventuell 2–3 EL Paniermehl (= Semmelbrösel),
1–2 TL Salz,
1–2 Msp. geriebene Muskatnuß,
1/2 Bund Petersilie,
1 EL Salz.

Arbeitsgeräte

Schneidbrett, Messer, große Schüssel, Kasserolle, großer Topf (mit Deckel), Schaumkelle.

Zubereitungszeit

40–45 Minuten, davon 25 Minuten Vorbereitung und 15–20 Minuten Garzeit.

Das Weißbrot in kleine Würfel schneiden und in die Schüssel geben.
Die Milch in der Kasserolle aufkochen und kochendheiß über das Weißbrot gießen. 5–10 Minuten quellen und leicht abkühlen lassen.
Dann die Eier, das Mehl oder Grieß, Salz, Muskatnuß und die feingehackte Petersilie dazugeben. Alles zu einem glatten Teig verrühren und gut durchmischen. Den Teig nochmals 5–10 Minuten quellen lassen, bei Bedarf noch Mehl oder Paniermehl dazugeben.
In der Zwischenzeit 2 l Wasser mit dem Salz in den Topf gießen und bei starker Wärmestufe zum Kochen bringen.
Den Kloßteig gut durchkneten, dann etwa 12 gleich große Knödel rollen. Dazu die Handflächen leicht mit kaltem Wasser anfeuchten.
Die Knödel in das kochende Wasser einlegen und dieses einmal aufkochen lassen. Den Herd auf kleinste Wärmestufe schalten und die Knödel bei ganz leicht geöffnetem Topf (den Deckel 1 cm zur Seite rücken) in etwa 15 Minuten gar ziehen lassen. Die Knödel sind gar, wenn sie an die Wasseroberfläche steigen, d.h. zu schwimmen beginnen.
Mit der Schaumkelle aus dem Topf heben, abtropfen lassen und in einer vorgewärmten Schüssel servieren.

Pro Portion: 17 g E 7 g F 73 g KH 448 kcal 1870 kJ

Serviervorschlag:
Als Beilage zu Schweine- oder Kalbsbraten, zu gebratener Gans oder Ente und zu Wildgerichten, Ragouts, Gulasch usw. reichen. Gut gekühltes Bier ist für Gerichte mit Semmelknödeln typisch.

TIP
Damit die unteren Klöße (Knödel) in der Schüssel nicht naß und glitschig werden, kann ein kleiner Teller umgedreht in die Schüssel gelegt werden, bevor die Klöße hineinkommen. Restliches Kochwasser läuft dann nach unten weg, und die Klöße sind trockener!

Semmelknödel.

1 Die heiße Milch über die Weißbrotwürfel gießen.

2 Aus dem Teig gleich große Knödel formen.

3 Die Knödel gar ziehen lassen.

Polenta (Maisbrei)

GRUNDREZEPT

Zutaten für 4–6 Personen

**1 l Milch (oder Wasser),
1 TL Salz,
1 Prise geriebene Muskatnuß,
50 g Butter,
220–250 g Polentagrieß (= grober Maisgrieß),
100 g geriebener Käse (Emmentaler oder Parmesan),
eventuell 1 EL feingehackte Kräuter.**

Arbeitsgeräte

großer Topf (beschichtetes Material), Schneebesen.

Zubereitungszeit

20 Minuten.

Milch, Salz, Muskatnuß und Butter in den Topf geben, diesen vorher kalt ausspülen. Bei starker Wärmestufe (E-Herd Schaltstufe 2,5; Automatik 10; G-Herd große Flamme) zum Kochen bringen. Den Polentagrieß unter ständigem Rühren einrieseln lassen. Dann unter Rühren in 10–12 Minuten zu einem dicken Brei kochen. Nach Geschmack mit Salz würzen und den geriebenen Käse unterrühren.

1 Den Polentagrieß in die kochende Milch rühren.

2 Unter Rühren zu einem dicken Brei kochen.

Den Maisbrei in einer Schüssel anrichten oder als Unterlage für Fleisch auf eine vorgewärmte Platte streichen.

Pro Portion bei 4: 23 g E 28 g F 56 g KH 586 kcal 2450 kJ
Pro Portion bei 6: 15 g E 18 g F 37 g KH 391 kcal 1630 kJ

Serviervorschlag
Beliebt als Beilage zu Wildgerichten, Wildgeflügel und Wildragout oder als einfaches Spargericht nur mit ausgebratenen Speckscheiben, Tomatensoße und grünem Salat reichen.

TIP
Zum Kalorieneinsparen nur mit Wasser (anstelle von Milch) kochen.

Polentaschnitten.

Polentaschnitten

GRUNDREZEPT

Zutaten für 6 Personen

**wie oben;
2 Eier,
etwa 100 g Paniermehl,
6 EL Öl.**

Arbeitsgeräte

großer Topf, Schneebesen, Kastenform, Messer, 2 Teller, Pfanne, Pfannenwender.

Zubereitungszeit

15 Minuten (ohne Garzeit für Polenta).

Den Polentabrei – wie oben beschrieben – kochen.
Die Kastenform (oder eine Schüssel) mit kaltem Wasser ausspülen. Den Brei hineinfüllen und erkalten lassen. Dann in 1–2 cm dicke Scheiben schneiden.
Auf einem Teller die Eier verrühren. Das Paniermehl auf den 2. Teller geben. Die Polentascheiben in Ei und Paniermehl wenden und in der Pfanne im heißen Fett goldbraun ausbacken.

Pro Portion bei 4: 29 g E 46 g F 74 g KH 858 kcal 3590 kJ
Pro Portion bei 6: 20 g E 31 g F 49 g KH 572 kcal 2390 kJ

Serviervorschlag
Als Beilage zu Wildgerichten reichen, auch um darauf Wildgeflügel (Rebhuhn, Wachtel), Schnitzelchen und Fleischspieße anzurichten. Bier oder Rotwein als Getränk reichen.

Reisgerichte

Gekochter Reis

GRUNDREZEPT ***

Zutaten für 4 Personen	Arbeitsgeräte
4 Tassen Wasser (= 1/2 l), 2 TL Instantbrühe (oder Boillonwürfel), 2 Tassen Langkornreis (Vollwertreis, 200 g).	**Topf (mit Deckel), Tasse (1/8 l Inhalt), Löffel.** **Zubereitungszeit** **25–30 Minuten.**

Das Wasser und den Reis mit der gleichen Tasse abmessen. Das Wasser im Topf bei starker Wärmestufe (E-Herd Schaltstufe 3; Automatik 12; G-Herd große Flamme) aufkochen. Die Brühe und den Reis hineingeben.

Achtung: Vollwertreis nicht waschen, damit die darin enthaltenen Nährstoffe nicht verlorengehen. Normaler Langkornreis wird in ein Sieb gegeben und unter kaltem Wasser kurz abgebraust, dann ins kochende Wasser geben.

Den Reis einmal aufkochen lassen und umrühren. Dann den Topf schließen und den Herd auf kleinste Wärmestufe zurückschalten. Den Reis in etwa 20 Minuten bei geschlossenem Topf ausquellen lassen. Mit einer Gabel auflockern und in eine Schüssel oder protionsweise auf Tellern anrichten.
braust, dann ins kochende Wasser geben.

Pro Portion: 4 g E – F 39 g KH 186 kcal 780 kJ

Serviervorschlag:
Reis ist eine beliebte Beilage zu vielen Fleischgerichten, zu Fisch, Geflügel oder Eierspeisen. Reis ist leicht verdaulich und paßt sich fast allen Gerichten gut an.

TIPS FÜR REIS

- Möglichst immer Vollwertreis oder den ungeschälten Naturreis verwenden. Darin sind noch die wichtigsten B-Vitamine enthalten, die sonst beim Schälen des Reiskornes verlorengehen.
- Reis nimmt Geschmacksstoffe (z.B. Gewürze wie Curry und Safran) besser auf, wenn diese dem Kochwasser gleich hinzugegeben werden.
- Reis läßt sich gut einfrieren, kann aber auch im Kühlschrank 2–3 Tage bis zur Wiederverwendung aufbewahrt werden.
- Reisreste können mit angebratenen Schinkenstreifen, Zwiebelwürfeln usw. zu einem leckeren Resteessen verwendet werden. Den Reis mit weiteren Zutaten in Fett anbraten, 1 Ei darübergeben und stocken lassen. Mit feingehackten Kräutern bestreut und mit frischen Salaten servieren.
- Bei Verwendung von Reis im Kochbeutel immer die Gebrauchsanweisung auf der Packung beachten.

1 Zutaten.

2 Den Reis mit einer Gabel auflockern.

3 Den fertigen Reis in Tassen drücken, stürzen und servieren.

Gekochter Reis, Reis mit Erbsen, Risotto, Tomatenreis, orientalischer Reis (von links).

Orientalischer Reis

für 4 Personen

1 EL Rosinen, 1 EL Mandelblättchen, 1 EL Pinienkerne, 1 EL gehackte Pistazien, 1 EL feingehackte Petersilie.
Die Zutaten in einer Kasserolle in 2 Eßlöffeln heißer Butter 5 Minuten dünsten. Unter den ausgequollenen Reis mischen, eventuell mit etwas Pfeffer, Curry oder Zimt würzen.
Als pikante Beilage zu festlichen Geflügel- und Fischgerichten reichen. Oder auch zu gebratener Leber (Geflügelleber) servieren.

Reis mit Erbsen

für 4 Personen

1 Tasse tiefgefrorene kleine Erbsen (etwa 150 g) nach 15 Minuten Garzeit unter den Reis mischen. In weiteren 8–10 Minuten fertiggaren.
Als Beilage vor allem zu Geflügel- und Fischgerichten reichen.

Kräuterreis

für 4 Personen

Unter den ausgequollenen Reis 1–2 Eßlöffel feingehackte frische Kräuter mischen. Je nach Art des Gerichtes z.B. Dill, Kerbel, Basilikum oder Petersilie verwenden.

Tomatenreis

für 4 Personen

In die kochende Brühe 2 Eßlöffel Tomatenmark und den Reis geben. Dann wie im Grundrezept garen.
Als Beilage zu Fisch oder Geflügel reichen.

Risotto

Zutaten für 4 Personen

1 Zwiebel,
3 EL Öl,
2 Tassen Vollwertreis (200 g),
250 g frische Champignons,
2 TL Instantbrühe,
0,1 l Weißwein,
Pfeffer und Salz,
1 EL Butter,
2 EL geriebener Käse.

Arbeitsgeräte

Topf, Rührlöffel, Messer, Schneidbrett, Tasse.

Zubereitungszeit

etwa 35 Minuten.

Die Zwiebel in Würfel schneiden und im Topf in heißem Öl anbraten.
Den Reis dazugeben und unter Rühren glasig werden lassen. Die geputzten, in Scheiben geschnittenen Champignons mitandünsten.
1/4 l heißes Wasser, die Brühe, den Weißwein, etwas Pfeffer und Salz dazugeben. Alles aufkochen, den Topf schließen und bei kleinster Wärmestufe in 20–25 Minuten ausquellen lassen.
Butter und Käse unter das Risotto mischen und anrichten.

Pro Portion: 6 g E 11 g F 42 g KH 326 kcal 1360 kJ

Serviervorschlag:
Zu Fleischgerichten nach italienischer Art, Fisch oder Geflügel reichen, Tomatensaft und grüner Salat dazu.

Nudelgerichte

Gekochte Spaghetti

GRUNDREZEPT FÜR NUDELN ✱✱✱

Zutaten für 4 Personen

1/2–1 EL Salz,
1 TL Öl,
250 g Spaghetti
(oder andere Teigwaren wie Hörnchen, Spirelli, Bandnudeln usw.).

Arbeitsgeräte

großer Topf, Rührlöffel, Durchschlag, (Sieb).

Zubereitungszeit

20–25 Minuten
(Garzeit je nach Nudelsorte 8–15 Minuten).

2–3 l Wasser in den Topf füllen, das Salz und Öl dazugeben. Das Wasser bei starker Wärmestufe (E-Herd Schaltstufe 2,5–3; Automatik 10–12; G-Herd große Flamme) zum Kochen bringen. Eventuell heißes Wasser verwenden, damit es schneller geht.
Die Spaghetti am Topfrand ins heiße Wasser stellen (Bild 1). So rutschen sie beim Weichwerden langsam in den Topf. Einmal umrühren und aufkochen, dann den Herd auf kleine Wärmestufe zurückschalten (E-Herd Schaltstufe 1–1,5; Automatik 5–6; G-Herd kleine Flamme) und die Spaghetti – je nach Sorte – in 10–15 Minuten gar kochen (Bild 2).
Zum Probieren mit der Gabel eine Spaghettinudel herausangeln.
Wenn sie noch leicht bißfest (al dente) sind, aber bereits weich, können sie abgegossen werden. Wer die Spaghetti nicht bißfest mag, läßt sie 2–3 Minuten länger kochen.
Die Spaghetti über einem Durchschlag im Spülbecken abgießen (Bild 3). Achtung vor dem kochenden Wasser und dem heißen Wasserdampf!
Die Nudeln mit Wasser ganz kurz überbrausen, dann abtropfen lassen und in einer Schüssel anrichten (Bild 4).

Pro Portion: 8 g E 3 g F 45 g KH 253 kcal 1060 kJ

Serviervorschlag
Spaghetti (oder andere Nudeln) sind zu vielen Fleischgerichten, zu Ragouts und pikanten Soßen die beliebte Beilage. Frische Salate, Rohkost und gemischte Salate schmecken dazu.

TIPS ZUM NUDELKOCHEN

- Wer keine langen Spaghetti mag, kann diese vor dem Kochen in Stücke brechen.
- Nudeln können auch mit heißem Wasser kurz abgebraust werden, damit sie nicht zu sehr abkühlen. Etwas Öl untermischen, um das Zusammenkleben zu vermeiden.
- Nudeln lassen sich einfrieren. Meist lohnt es sich aber nicht, da die Garzeit für frisch gekochte Nudeln geringer ist als die Auftauzeit.
- Öfter mal Vollkornnudeln (Reformhaus) verwenden, da diese wertvollere Nährstoffe enthalten als die üblichen Nudelsorten.

1 Die Spaghetti am Topfrand in heißes Wasser stellen.

2 Die Spaghetti gar kochen.

3 Die Spaghetti über einem Durchschlag abgießen ...

4 ... und kurz überbrausen.

Makkaroni mit Thunfischsoße

Zutaten für 4 Personen

250 g Makkaroni (oder andere Nudeln), 2–3 l Wasser, 1 EL Salz, 1 TL Öl, 1/2 l Wasser (oder 1/2 Milch + 1/2 Wasser), 2 Schächtelchen Helle oder Holländische Soße (Fertigprodukt), 1 Dose Thunfisch (Einwaage abgetropft 150 g), 1 EL Kapern, 1 kleine Gewürzgurke, etwas Petersilie, Pfeffer und Paprika.

Arbeitsgeräte

großer Topf (3–4 l Inhalt), Durchschlag, Kasserolle, Schneebesen, Dosenöffner, Schneidbrett, Messer, Löffel.

Zubereitungszeit

etwa 25 Minuten.

Die Makkaroni kochen, wie im Grundrezept bei Spaaghetti. Kochzeit – je nach Makkaronisorte – 15–20 Minuten.
Während die Makkaroni kochen, die Thunfischsoße zubereiten.
Dazu Wasser abmessen, in die Kasserolle gießen und bei mittlerer Wärmestufe erhitzen. Den Inhalt der Soßenpäckchen mit dem Schneebesen einrühren und einmal aufkochen lassen.
Den Thunfisch aus der Dose nehmen und das Öl auf Küchenkrepp abtropfen lassen. Den Thunfisch leicht auseinanderzupfen und in die Soße geben. Die Kapern hinzufügen.
Die Gewürzgurke in kleine Würfel oder Streifchen schneiden und mit in die Soße geben. Bei geschlossener Kasserolle ohne weitere Wärmezufuhr ziehen lassen.
Die gargekochten Makkaroni zum Abtropfen und Abschrecken auf den Durchschlag geben. Dann in einer vorgewärmten Schüssel anrichten.
Die Peterssilie fein hacken und in die Soße rühren, eventuell mit etwas frisch gemahlenem Pfeffer und Paprika abschmecken.

Pro Portion: 20 g E 18 g F 56 g KH 485 kcal 2030 kJ

Serviervorschlag:
Zu diesem Schnellgericht gehört noch ein frischer grüner Salat oder Tomatensalat. Gemüsesaft oder Tafelwasser als Getränk wählen.

Schinkennudeln

Zutaten für 4 Personen

2–3 l Wasser, 1 EL Salz, 1 TL Öl, 250 g Spaghettinester (Spirelli, Hörnchen oder Hütchennudeln), 1 Zwiebel, 1 Knoblauchzehe, 10 g Butter, 100 g gekochter Schinken, 100 g Champignons (frisch oder aus der Dose), 1/8 l süße Sahne, Pfeffer, Salz, Muskatnuß, 1/2 Bund Petersilie.

Arbeitsgeräte

großer Topf (3–4 l Inhalt), Durchschlag, Pfanne, Pfannenwender, Rührlöffel, Schneidbrett, Messer.

Zubereitungszeit

etwa 25 Minuten.

Wasser, Salz und Öl in den Topf geben und bei starker Wärmestufe zum Kochen bringen.
Die Nudeln hineingeben, aufkochen, dann bei kleiner Wärmestufe nach Zeitangabe auf der Packung gar kochen (je nach Nudelsorte in 8–12 Minuten).
In der Zwischenzeit die Zwiebel und die Knoblauchzehe schälen und fein hacken. In der Pfanne in Butter andünsten.
Den Schinken in feine Streifen und die Champignons in dünne Scheiben schneiden (frische Champignons vorher gründlich putzen). Mit in die Pfanne geben und 3–5 Minuten dünsten.
Die Sahne dazugießen, mit frisch gemahlenem Pfeffer, etwas Salz und geriebener Muskatnuß abschmecken. Noch einige Minuten kochen lassen.
Die Nudeln auf den Durchschlag gießen und ganz kurz kalt abbrausen (siehe auch Bild bei Spaghetti).
In eine vorgewärmte Schüssel (Tip: Das kochende Nudelwasser in die Anrichteschüssel gießen und wieder ausgießen!) geben und die Schinken-Sahne-Soße darübergießen. Locker durchmischen.
Die Petersilie fein hacken und darüberstreuen.

Pro Portion: 15 g E 19 g F 50 g KH 440 kcal 1840 kJ

Serviervorschlag:
Zu diesem leichten Schnellgericht schmecken frische grüne Salaate (z. B. auch mit Tomaten, Radieschen oder Paprikastreifen gemischt) oder Rohkost. Für Kinder Buttermilch oder Gemüsesaft, für Erwachsene eventuell ein Bier oder gespritzten Apfelwein als Getränk reichen.

Eierspeisen

Mit der Zubereitung kleiner Eierspeisen beginnt für die meisten von uns die Kochpraxis. Denn wer Eier kochen kann, wer gelernt hat, ein lockeres Rührei oder Spiegeleier zu bereiten, wem pochierte Eier und Eierkuchen gelingen, oder wer sich bereits an die Zubereitung eines Omeletts wagt, verfügt schon über ein gutes Repertoire und kann damit über die ersten Hürden der Selbstversorgung springen.

Die meisten Eierspeisen sind einfach in der Zubereitung, lassen sich in kurzer Zeit herstellen, können auf immer neue Art abgewandelt werden und sind vor allem häufig auch sehr preiswert. Das alles sind Vorteile, die im Junggesellenhaushalt ebenso geschätzt werden wie in der kleinen Familie oder auch in einer Großfamilie. Eierspeisen sind sättigend und haben einen hohen Nährwert. So enthält z.B. ein mittelgroßes Ei (60 g, Gewichtsklasse 3) 7 g Eiweiß und 6 g Fett, das sind etwa 92 kcal oder 380 kJ. Eier enthalten aber auch Mineralstoffe (Natrium, Kalium, Calcium, Phosphor und Eisen) sowie Vitamine (A, B_1 und B_2).

Kleine Eier-Warenkunde

Für den Geschmack der Eier spielt es keine Rolle, ob das Ei klein oder groß ist, eine weiße, braune oder gefleckte Schale besitzt; wichtig ist, wie frisch das Ei ist. Für den Eierpreis dagegen ist die Größe des Eies entscheidend. Damit die Orientierung für den Verbraucher einfacher ist, werden Eier seit 1969 im Handel nach den Güteklasse A, B, C und den Gewichtsklassen 1–7 sortiert angeboten.

A-extra-Eier
sind besonders frische Eier. Das Abpackdatum ist auf der Verpackung angegeben. Die Eier dürfen die Bezeichnung „extra“ nur 1 Woche ab Abpackdatum tragen danach sind es nur noch Eier der A-Klasse.

A-Eier
sind frische Eier (Luftkammerhöhe bis 6 mm) mit Angabe des Verpackungsdatums auf dem Karton. Alle Eierspeisen schmecken mit frischen A-Eiern am besten.

B-Eier
sind gelagerte Eier. Gekühlte Eier sind mit einem ▲ gekennzeichnet; Eier, deren Schale zur besseren Haltbarmachung gewachst oder geölt ist, werden mit ♦ gekennzeichnet.

C-Eier
werden vor allem in der Nahrungsmittelindustrie verarbeitet.

EWG-Gewichtsklassen (für A- und B-Eier):

das Ei wiegt in der Gewichtsklasse	
1	70 g oder mehr
2	65–70 g
3	60–65 g
4	55–60 g
5	50–55 g
6	45–50 g
7	unter 45 g

Aufbewahrung der Eier

Wer frische Eier nur für den Bedarf einer Woche einkauft, braucht für die Lagerung keine besonderen Maßnahmen zu ergreifen. Wichtig ist nur, darauf zu achten, daß die Eierschalen nicht beschädigt sind. Knickeier verderben schneller als unbeschädigte Eier.
Frische Eier behalten ihre typischen Eigenschaften bis zu 2 Wochen (Abpackdatum beachten!) bei Lagerung im Kühlschrank. Danach sind sie noch weitere 3–4 Wochen zum Backen oder für die Zubereitung von Eierspeisen (Eierkuchen usw.) geeignet.

TIP
Die Eier für das Frühstück – am besten sind A-extra-Eier mit Frischegarantie – bei Raumtemperatur aufbewahren, z.B. in einem dekorativen Eierschränkchen, einem Eierständer oder Korb. Sie entfalten ihr Aroma besser als gekühlte Eier.

Wer Eier als Sonderangebot in größeren Mengen kauft, kann sie einfrieren und bei –18° C 6–8 Monate lagern. Eier für Eierspeisen und Kuchen, bei denen die ganzen Eier verwendet werden, schlägt man auf, verrührt sie leicht und friert sie dann in einem Gefäß ein. Eigelb und Eiweiß lassen sich aber auch getrennt einfrieren.

TIP
Das Eiweiß mit 1 Prise Salz verrühren, das Eigelb ebenfalls verrühren (je nach Verwendungszweck mit etwas Salz oder Zucker). Getrennt einfrieren. Sie sollten immer die genaue Anzahl der eingefrorenen Eier pro Portion vermerken!

Frischetest für Eier

Die Frische der Eier braucht man nicht zu prüfen, wenn das Abpackdatum bekannt ist. Wer allerdings Eier ohne Erzeugerdatum kauft, hat keine Frischegarantie.
Es läßt sich aber einfach nachprüfen, ob die Eier frisch genug sind, um sie als Frühstückseier zu kochen oder sie lieber zu Eierspeisen zu verwenden.

TEST

In ein hohes Glasgefäß 1/2 l kaltes Wasser und 3 Eßlöffel Salz geben und die Eier hineinlegen. Frische Eier sind schwer und liegen unten. Je älter das Ei wird, um so mehr Luft dringt durch die Schale nach innen. Die Luftkammer vergrößert sich, und das Ei wird leichter. Ein 8–10 Tage altes Ei beginnt, sich leicht schräg zu stellen, ein noch älteres Ei schwimmt im Wasser.

Frische Eier sind schwer und liegen unten, alte Eier schwimmen im Wasser.

Während das Eigelb bei einem frischem Ei hochgewölbt ist, ist es bei einem älteren Ei flach.

Auch bei der Zubereitung von Eierspeisen läßt sich leicht prüfen, wie frisch das Ei ist.
Das frische Ei hat klares, geformtes Eiweiß, das Eigelb (Eidotter) ist kugelig hochgewölbt.
Das Eiweiß des älteren Eies verläuft, das Eigelb ist nur noch flach.

TIP

Eier, über deren Frische man nicht ganz sicher ist, sollte man immer erst durch Aufschlagen prüfen, ob sie noch gut sind.

Eier trennen

Wird zu einer Eierspeise nur Eigelb oder nur Eiweiß benötigt, so muß das Ei getrennt werden. Dazu das Ei mit der Schale auf den Rand einer Tasse (oder einer kleinen Schüssel) klopfen, so daß die Schale einen Knick erhält (Bild 1).

1 Das Ei mit der Schale auf den Rand einer Schüssel klopfen.

2 Das Eigelb von einer in die andere Schalenhälfte gleiten lassen.

Nun die Eischale mit beiden Händen vorsichtig aufbrechen. Die untere Schalenhälfte so halten, daß das Eigelb darinbleibt und das Eiweiß in die darunterstehende Tasse fließt.
Nun das Eigelb vorsichtig in die andere Schalenhälfte gleiten lassen, damit das gesamte Eiweiß gelöst wird (Bild 2).
Das Eigelb in eine 2. Tasse oder Schüssel geben.

Eiweiß steif schlagen

Wenn Eiweiß steif geschlagen wird, sollten die folgenden Hinweise beachtet werden:

- Zum Schlagen nur ein völlig fettfreies Gefäß, am besten einen hohen Rührbecher, benutzen.
- Darauf achten, daß kein Eigelb ins Eiweiß gelangt; es wird sonst nicht steif.
- Gutgekühltes Eiweiß läßt sich besser steif schlagen.
- Dem Eiweiß 1 Prise Salz oder 1 Teelöffel Zitronensaft (oder kaltes Wasser) hinzufügen; dann wird es schneller fest.
- Zucker erst unterschlagen, wenn der Eischnee bereits fest ist.
- Das Eiweiß ist steif, wenn weiße Spitzen am Schneebesen hängenbleiben und ein Schnitt mit dem Messer im Eischnee sichtbar bleibt (Bild 3).

Eier kochen keine Kunst

Eier kochen ist einfach, wenn man weiß, wie es gemacht wird. Denn wer zum Frühstück ein wachsweich gekochtes Ei liebt, läßt sich eventuell die Morgenlaune verderben, wenn das Ei steinhart gekocht oder geplatzt und halb ausgelaufen ist.

- Eier platzen nicht so leicht, wenn sie Raumtemperatur haben.
- Die Eier immer am unteren stumpfen Ende (dort, wo die Luftkammer ist) mit einem Eipicker oder einer Nadel einstechen.
- Eier, die aus dem Kühlschrank kommen, möglichst in kaltes Wasser legen und zum Kochen bringen, damit sie sich langsam erwärmen können.
- Eier in kochendes Wasser immer vorsichtig mit einem Löffel hineinlegen.
- Falls doch einmal ein Ei platzt, 1 Eßlöffel Essig oder etwas Salz ins Kochwasser geben.
- Soll ein Ei, dessen Schale bereits beschädigt ist, gekocht werden, wird es gut in Alufolie eingewickelt; dann läuft es nicht aus.
- Eier nach dem Kochen abgießen und unter kaltem Wasser kurz abschrecken.
- Hartgekochte Eier in kaltem Wasser abkühlen lassen; dazu die Schale rundherum leicht anklopfen. Sie lassen sich dann anschließend besser schälen.
- Eier für Garnierungen etwa 6 Minuten kochen, anschließend noch etwa 6 Minuten im heißen Wasser ziehen lassen, danach abschrecken. Das Eigelb bleibt dadurch gelb und bekommt keine dunklen Ränder!

Übrigens
Jeder ißt sein Frühstücksei, wie es ihm schmeckt, mit etwas Salz oder Pfeffer gewürzt. Zu Hause oder im Freundeskreis wird es sicher niemanden stören, wenn das Ei oben mit dem Messer „geköpft“ wird, um es auslöffeln zu können. In weniger familiärer Umgebung sollte man das Ei besser „stilgerecht“ oben aufklopfen, schälen und dann mit einem Eierlöffel auslöffeln.

Gekochte Eier

GRUNDREZEPT

Zutaten	Arbeitsgeräte
Pro Person 1–2 Eier, Wasser.	**Topf, Eierpicker (oder 1 Nadel), Küchenwecker.**

Zubereitungszeit
6–8 Minuten für weiche Eier, 8–12 Minuten für hartgekochte Eier.

Die Eier am unteren Ende mit dem Eierpicker oder einer Nadel einstechen (Bild 1).
In kaltes Wasser legen; die Eier sollen etwa 1 cm hoch mit Wasser bedeckt sein (Bild 2).

1 Die Eier einstechen.

2 Die Eier in kaltes Wasser legen.

3 Die Eier unter kaltem Wasser abschrecken.

4 Gekochtes Frühstücksei.

Auf dem Herd bei starker Wärmezufuhr zum Kochen bringen (E-Herd Schaltstufe 3, Automatik 12, G-Herd große Flamme).
Dann auf kleinste Schaltstufe zurückschalten (E-Herd 0,5; Automatik 2–3; G-Herd kleinste Flamme) und die Eier – je nach Größe – 2–4 Minuten kochen (harte Eier 6–8 Minuten). Dazu den Küchenwecker oder eine Eieruhr einstellen.
Das Wasser abgießen und die Eier unter kaltem Wasser abschrecken (Bild 3).
Als Frühstücksei servieren oder die hartgekochten Eier zum Füllen oder als Garnierung verwenden.

Pro Ei (Gewichtsklasse 3): 7 g E 6 g F – KH 92 kcal 380 kJ

Eier im Glas

Zutaten für 1–2 Personen	Arbeitsgeräte
pro Person 2 Eier, Wasser, Pfeffer und Salz.	Topf, Eierpicker, Küchenwecker.
	Zubereitungszeit
	etwa 8 Minuten.

Die Eier mit dem Eierpicker am unteren Ende einstechen und in kaltes Wasser legen. Bei starker Wärmezufuhr (wie Grundrezept) zum Kochen bringen, dann auf kleinste Wärmestufe zurückschalten und die Eier in 2–4 Minuten wachsweich kochen.
Das heiße Wasser abgießen und die Eier unter kaltem Wasser kurz abschrecken.
Dann die Eier vorsichtig schälen und pro Person 2 Eier in ein Glas geben. Jeder würzt sich seine Eier nach eigenem Geschmack mit Pfeffer und Salz.

Pro Portion: 14 g E 12 g F 1 g KH 184 kcal 770 kJ

Serviervorschläge
Mit Butter bestrichene Vollkornbrotscheiben in Streifen schneiden und die Eier damit ausdippen.
Oder die Eier mit goldbraun getoastetem Weißbrot und Butter zum Frühstück reichen.

Eier im Glas mit Schinken

Zutaten für 2 Personen	Arbeitsgeräte
4 Eier, 1 Scheibe gekochter Schinken (30 g), 1 TL feingehackte Kräuter (Petersilie oder Schnittlauch), Pfeffer und Salz.	siehe oben, Messer, Schneidbrett.
	Zubereitungszeit
	etwa 8 Minuten.

Die Eier nach dem Grundrezept kochen.
Während die Eier kochen, den Schinken in feine Würfel oder Streifchen schneiden und die Kräuter fein hacken. Beides in 2 Gläser verteilen
Die Eier unter kaltem Wasser kurz abschrecken, vorsichtig schälen und in jedes Glas 2 Eier geben. Nach eigenem Geschmack mit Pfeffer und Salz nachwürzen (Vorsicht mit Salz, da der Schinken genug enthält!).

Pro Portion: 17 g E 14 g F 1 g KH 216 kcal 900 kJ

Serviervorschlag
Zum Frühstück mit Vollkornbrot oder Toast reichen.

Gekochte harte Eier

Zutaten	Arbeitsgeräte
pro Person 1–2 Eier, Wasser.	wie Grundrezept.
	Zubereitungszeit
	8–12 Minuten.

Die Eier nach dem Grundrezept kochen und unter kaltem Wasser abschrecken. Eier, die warm gegessen werden sollen, nur kurz abschrecken, dann schälen oder mit der Schale servieren. Hartgekochte Eier, die kalt gegessen werden, läßt man am besten in kaltem Wasser abkühlen, damit sie sich gut schälen lassen.
Hartgekochte Eier können in Scheiben geschnitten und als Brotauflage oder zum Garnieren genommen werden. Sie eignen sich auch zum Mitnehmen für unterwegs (für die Arbeits- oder Schulpause, bei Ausflügen, Picknicks usw.).

Pro Ei (Gewichtsklasse 3): 7 g E 6 g F – KH 92 kcal 380 kJ

Krabbeneier

Zutaten für 4 Personen	Arbeitsgeräte
6 Eier, 125 g frische oder tiefgefrorene Krabben, 1/2 Zitrone, 100 g Salatmayonnaise, Pfeffer und Salz, 1/2 Bund Dill.	wie Grundrezept, Messer, Schneidbrett, Schüssel, Zitronenpresse, Löffel.
	Zubereitungszeit
	20 Minuten.

Die Eier nach dem Grundrezept hart kochen und in kaltem Wasser abkühlen lassen. Danach schälen und waagerecht halbieren.
Während die Eier kochen, die Krabben in eine Schüssel geben und mit dem ausgedrückten Zitronensaft beträufeln. 12 schöne Krabben zurückbehalten. Die übrigen mit der Mayonnaise verrühren sowie mit Pfeffer und Salz abschmecken.
Vom Dill einige Zweiglein zurücklassen, den restlichen Dill fein hacken und unter die Mayonnaise mischen.
Die Eihälften mit der Schnittseite nach oben auf eine Platte setzen und mit der Krabbenmayonnaise überziehen. Jedes Ei mit einer Krabbe und etwas Dill garnieren.

Pro Portion: 17 g E 22 g F 2 g KH 297 kcal 1240 kJ

Serviervorschlag
Mit Toastbrot, Butter und frischem Salat als Abendessen reichen. Weißwein dazu trinken.

Verlorene (pochierte) Eier

GRUNDREZEPT

Zutaten für 1 Person

1/2 l Wasser,
2–3 EL Essig,
1 Msp. Salz,
2 Eier.

Arbeitsgeräte

flacher kleiner Topf oder Kasserolle, Tasse, Schaumkelle.

Zubereitungszeit

10–12 Minuten.

Wasser, Essig und Salz in den Topf geben. Diesen auf die Kochstelle setzen und die Flüssigkeit zum Kochen bringen (E-Herd Schaltstufe 2,5–3; Automatik 10–12; G-Herd große Flamme).
Die Tasse mit kaltem Wasser ausspülen und ein Ei auf dem Tassenrand aufklopfen und in die Tasse geben (Bild 1).
Das Ei vorsichtig aus der Tasse in das kochenden Wasser gleiten lassen; anstelle der Tasse kann auch eine Suppenkelle genommen werden (Bild 2).
Dann das 2. Ei ebenso in den Topf geben, wenn das Wasser wieder kocht. Mit Hilfe der Schaumkelle das Eiweiß leicht an die Eigelbe andrücken. Auf kleinste Wärmestufe zurückschalten

1 Ein Ei aufschlagen und in die Tasse geben.

2 Das Ei aus der Tasse in kochendes Wasser gleiten lassen.

3 Die Eier mit der Schaumkelle herausheben und abtropfen lassen.

(E-Herd Schaltstufe 0,5–1, Automatik 2–3, G-Herd kleinste Flamme) und die Eier in 4–5 Minuten gar ziehen lassen. Sie sollen innen noch weich sein.

Pochierte Eier auf getoastetem Weißbrot angerichtet.

TIP

Beim Herausheben mit leichtem Druck prüfen, ob die Eier noch etwas nachgeben, dann sind sie gut!

Die Eier mit der Schaumkelle herausheben und abtropfen lassen (Bild 3). Ganz kurz unter kaltem Wasser abschrecken. Eventuell die Eiweißränder mit einem Messer etwas glatt beschneiden.

Pro Portion: 14 g E 12 g F 1 g KH 184 kcal 770 kJ

Serviervorschlag

Pochierte Eier können auf goldbraun getoastetem Weißbrot angerichtet werden, z.B. mit einer Kräutermayonnaise oder Tomatenketchup und frischem Salat dazu.
In einer Tomaten- oder Senfsoße zu gekochten Kartoffeln oder Reis serviert, ergeben sie ein leichtes Essen. Dazu gedünsteten Blattspinat reichen.

HINWEIS

Werden pochierte Eier für mehrere Personen zubereitet, so ist darauf zu achten, daß das nächste Ei erst dann in den Topf gegeben wird, wenn das Wasser wieder richtig kocht. Die Eier kleben sonst zusammen!

Pochierte Eier überbacken

Zutaten für 4 Personen	**Arbeitsgeräte**
3/4 l Wasser, 3–4 EL Essig, 1/2 TL Salz, 4 Eier, 4 Scheiben Toastbrot, 20 g Butter, 4 Scheiben gekochter Schinken (100 g), 4 Scheiben Goudakäse (100 g).	**flacher Topf, Tasse, Schaumkelle, Schneidbrett.** **Zubereitungszeit** **20–25 Minuten.**

Zunächst die pochierten Eier nach dem Grundrezept zubereiten.
Unterdessen die Toastscheiben goldbraun toasten. Von einer Seite mit Butter bestreichen und mit den Schinkenscheiben belegen.
Auf jeden Toast ein pochiertes Ei legen und dieses mit einer Scheibe Goudakäse bedecken.
Unter dem vorgeheizten Grill 4–6 Minuten überbacken, bis der Käse schmilzt. Sofort servieren.

Pro Portion: 21 g E 21 g F 12 g KH 337 kcal 1410 kJ

Spiegeleier

GRUNDREZEPT

Zutaten für 1 Person	**Arbeitsgeräte**
1 EL Öl oder Butter, 2 Eier, 1 Msp. Salz, 1 Msp. Pfeffer.	**Tasse, Pfanne, Pfannenwender.** **Zubereitungszeit** **10 Minuten.**

Das Öl oder die Butter in die Pfanne geben und auf der Kochstelle erhitzen (E-Herd Schaltstufe 2; Automatik 8–9; G-Herd mittelgroße Flamme (Bild 1).

1 Das Fett in der Pfanne erhitzen.

2 Die Eier einzeln in die Pfanne gleiten lassen.

3 Die Spiegeleier mit dem Pfannenwender aus der Pfanne heben.

Die Eier einzeln über einer Tasse aufschlagen und prüfen, ob sie frisch sind. Vorsichtig in die Pfanne gleiten lassen (Bild 2).
Auf kleinste Wärmestufe zurückschalten (E-Herd Schaltstufe 0,5–1; Automatik 2–3; G-Herd kleinste Flamme) und die Eier in 4–5 Minuten stocken lassen. Zwischendurch mit dem Pfannenwender die Ränder lockern.
Die Spiegeleier sind gut, wenn das Eiweiß fest geworden ist; das Eigelb soll leicht gestockt, aber noch weich sein.
Die Spiegeleier mit dem Pfannenwender aus der Pfanne heben und auf einem Teller anrichten (Bild 3). Mit wenig Salz und Pfeffer würzen.

Pro Portion: 14 g E 22 g F 1 g KH 277 kcal 1160 kJ

Serviervorschlag
Spiegeleier schmecken auf Toast oder Vollkornbrot zum Frühstück oder mit Spinat und Kartoffeln als leichtes Mittagessen.

TIPS
Spiegeleier möglichst in einer beschichteten Pfanne braten, sie lösen sich dann besser!
Kein Salz auf das Eigelb streuen, da es sonst fleckig aussieht!

Strammer Max

Zutaten für 2 Personen

2 große Scheiben Bauernbrot (à 50 g),
20 g Butter,
2 Scheiben gekochter Schinken (à 30 g),
1 EL Öl oder Butter,
2 Eier,
1/2 Bund Schnittlauch,
1 große Tomate,
je 1 Prise Salz und Pfeffer,
1 Gewürzgurke.

Arbeitsgeräte

Schneidbrett, Messer, Tasse, Pfanne, Pfannenwender.

Zubereitungszeit

15 Minuten.

Die Brotscheiben mit Butter bestreichen, mit dem Schinken belegen und auf einen Teller oder ein Holzbrettchen legen.
Das Öl oder die Butter in die Pfanne geben und auf der Kochstelle erhitzen (E-Herd Schaltstufe 2; Automatik 8-9; G-Herd mittlere Flamme).
Die Eier einzeln über der Tasse aufschlagen und nacheinander in das heiße Fett geben. In 4–5 Minuten zu Spiegeleiern braten, dabei auf kleinste Wärmestufe zurückschalten (E-Herd Schaltstufe 0,5–1; Automatik 2–3; G-Herd kleinste Flamme).
Während die Spiegeleier braten, den Schnittlauch fein schneiden, die Tomate in Achtel und die Gewürzgurke in Streifen schneiden.
Die Spiegeleier mit dem Pfannenwender aus der Pfanne heben und auf jedes Schinkenbrot ein Spiegelei setzen. Jede Portion mit Schnittlauch bestreuen und mit Salz und Pfeffer würzen. Mit Tomatenachteln und Gurkenstreifen garnieren und servieren.

Pro Portion: 17 g E 24 g F 28 g KH 417 kcal 1740 kJ

Strammer Max.

Rührei

GRUNDREZEPT

Zutaten für 1 Person

2 Eier,
2 EL Wasser,
1 Prise Salz,
1 TL Butter oder Margarine,
eventuell
1 TL feingehackte Kräuter (Petersilie, Kresse oder Schnittlauch),
frisch gemahlener Pfeffer.

Arbeitsgeräte

Tasse, Rührschüssel, Rührlöffel, beschichtete Pfanne, Pfannenwender.

Zubereitungszeit

12–15 Minuten.

Die Eier einzeln über einer Tasse aufschlagen und in die Rührschüssel geben. Wasser und Salz hinzufügen und alles leicht mit dem Rührlöffel verrühren.
Die Pfanne auf den Herd stellen und die Butter oder Margarine hineingeben. Bei mittlerer Wärmezufuhr (E-Herd Schaltstufe 2; Automatik 7–9; G-Herd mittlere Flamme) erhitzen, bis das Fett schmilzt und leicht zu brutzeln beginnt. Die Eier hineingießen, 2 Minuten stocken lassen und die Elektroplatte abschalten (die Gasflamme auf kleinste Stufe drehen). Die Eimasse mit dem Pfannenwender vorsichtig umrühren, so daß großflockiges Rührei entsteht. Nur so lange auf der Kochstelle lassen, bis die Eimasse gestockt, aber noch leicht feucht ist (Bild 2).

1 Die verrührten Eier in die Pfanne gießen.

2 Es soll großflockiges Rührei entstehen.

Eventuell mit feingehackten Kräutern vermischen und mit frisch gemahlenem Pfeffer würzen.

Pro Portion: 14 g E 17 g F 1 g KH 230 kcal 960 kJ

Serviervorschläge
Rührei mit gekochten Petersilienkartoffeln und frischem Salat (grüner Salat, Feldsalat, Gurken- oder Tomatensalat) als leichtes Mittagessen oder auf ein Butterbrot gehäuft als Abendessen.
Rührei kann auch zum Füllen von Wurstnestchen oder Tomaten genommen werden.

Rührei im Nestchen

Zutaten für 1 Person	Arbeitsgeräte
2–3 dicke, große Scheiben Mortadella (Bier- oder Schinkenwurst, 40 g) mit Wurstpelle, Rühreizutaten nach Grundrezept.	**wie Grundrezept.**
	Zubereitungszeit
	etwa 15 Minuten.

Die Eier zu Rührei verrühren.
Die Butter oder Margarine in der Pfanne erhitzen und die Wurstscheiben – mit der Wursthaut – darin etwa 3 Minuten braten, bis sich die Wurst zu Körbchen zusammenbiegt.
Die Wurst aus der Pfanne nehmen und in der Pfanne das Rührei zubereiten. Das Ei in die Nestchen füllen und servieren.

Pro Portion: 19 g E 30 g F 1 g KH 377 kcal 1580 kJ

Serviervorschlag
Mit Kartoffelpüree und gedünsteten Erbschen als leichtes Mittagessen reichen.
Wurstnestchen werden von Kindern gerne gegessen.

Rührei im Nestchen.

Schlemmerbrot

Zutaten für 2 Personen	Arbeitsgeräte
4 Eier, 4 EL Wasser, 1 Msp. Salz, 1 Msp. Pfeffer, 100 g Räucheraal, 1 EL Butter oder Margarine, 1/2 Bund Dill (oder 1/2 Kästchen Kresse), 2 Scheiben Vollkornbrot oder Bauernbrot, 1 EL Butter, 1 Tomate.	**Tasse, Rührschüssel, Rührlöffel, beschichtete Pfanne, Pfannenwender, Schneidbrett, Messer.**
	Zubereitungszeit
	20 Minuten.

Die Eier über der Tasse aufschlagen, in die Rührschüssel geben, Wasser, Salz und Pfeffer hinzufügen und alles mit dem Rührlöffel leicht verrühren.
Vom Räucheraal die Innengräte entfernen (eventuell auch die Haut abziehen, falls diese zu fest ist!). Den Aal in 1 cm dicke Stücke schneiden. Die Butter oder Margarine in der Pfanne bei mittlerer Wärmestufe (E-Herd Schaltstufe 2; Automatik 7–9; G-Herd mittlere Flamme) erhitzen, die Aalstücke hineingeben und 3–5 Minuten leicht anbraten.
Dann die Eier darübergießen und in etwa 5 Minuten leicht stokken lassen.
Mit dem Pfannenwender vorsichtig auflockern und durchrühren, bis die Eimasse zu Rührei gestockt ist. Unterdessen den Dill – bis auf einen Zweig – fein hacken.
Die Brotscheiben mit Butter bestreichen und die Tomate in Achtel schneiden. Jeweils eine Scheibe Brot und 4 Tomatenachtel auf einen Teller (oder ein Holzbrett) legen. Das fertige Rührei dick auf die Brotscheiben häufen, mit einem Dillzweiglein garnieren und sofort servieren.

Pro Portion: 27 g E 35 g F 25 g KH 563 kcal 2350 kJ

Serviervorschlag
Mit frischem Salat, Tomatensaft oder Bier als Abendessen reichen. Eventuell auch mit einer Tomatensuppe als kleinen Imbiß für Gäste servieren.

Omelett

GRUNDREZEPT

Zutaten für 1 Person	Arbeitsgeräte
2–3 Eier, 1–2 EL Wasser, 1 Msp. Salz, etwas frisch gemahlener Pfeffer, 1 EL Öl.	**Tasse, Rührschüssel, Schneebesen, Pfanne, Pfannenwender.**
	Zubereitungszeit
	15 Minuten.

Die Eier einzeln über einer Tasse aufschlagen und in die Rührschüssel geben. Kaltes Wasser, Salz und Pfeffer hinzufügen und alles mit dem Schneebesen leicht schaumig rühren (Bild 1).
Das Öl in eine beschichtete Pfanne geben und bei mittlerer Wärmestufe auf der Kochstelle erhitzen (E-Herd Schaltstufe 2; Automatik 7–9; G-Herd mittlere Flamme). Die verrührten Eier von der Mitte aus gleichmäßig in die Pfanne gießen (Bild 2). Die Eimasse durch leichtes Schräghalten der Pfanne nach allen Seiten gleichmäßig verlaufen lassen.
Auf kleinste Wärmestufe zurückschalten (E-Herd Schaltstufe 0,5–1; Automatik 2–3; G-Herd kleinste Flamme). Die Eimasse in 5–8 Minuten stocken lassen, dabei die Pfanne zwischendurch schütteln und die Ränder des Omeletts mit dem Pfannenwender lockern, damit das Omelett nicht anhängt (Bild 3).
Das Omelett ist gut, wenn die Unterseite goldbraun ist. Die Oberseite soll gestockt, aber leicht glänzend und locker sein.

1 Die Eier mit dem Schneebesen leicht schaumig schlagen.

2 Die verrührten Eier von der Mitte aus gleichmäßig in die Pfanne gießen.

3 Die Ränder des Omeletts mit dem Pfannenwender lockern.

4 Die Pfanne schräg halten und das Omelett auf einen Teller schieben.

Omelett mit Tomaten und Gurken.

Das Omelett mit dem Pfannenwender vorsichtig zur Hälfte überklappen. Die Pfanne leicht schräg halten und das Omelett auf einen vorgewärmten Teller oder eine Platte schieben (Bild 4). Möglichst sofort servieren.

Bei 3 Eiern: 21 g E 28 g F 1 g KH 369 kcal 1540 kJ

Serviervorschlag
Als leichtes Essen mit frischen Salaten (z.B. grünen Salaten, Tomatensalat, Gurkensalat usw.) und Tomatensaft servieren. Eventuell aber auch frisch gekochte Kartoffeln dazu reichen.
Omeletts lassen sich mit pikanten oder süßen Füllungen auf interessante Art verändern.

Serviervorschlag
Zum Kräuter-Käse-Omelett schmeckt frischer grüner Salat oder Tomatensalat und knuspriges Stangenbrot. Als Getränk Gemüse- oder Fruchtsaft reichen.

Kräuter-Käse-Omelett

Zutaten für 1 Person	Arbeitsgeräte
2–3 Eier, 1 EL Wasser, 1 Msp. Salz, 1 Msp. Pfeffer, 1 EL feingehackte Kräuter (Petersilie, Kerbel, Kresse, Dill usw.), 2 EL geriebener Emmentaler Käse oder Parmesankäse, 1 EL Öl.	**wie beim Grundrezept, Schneidbrett, Messer.** **Zubereitungszeit** **15 Minuten.**

Die Eier aufschlagen und mit den übrigen Zutaten – außer dem Öl – in die Rührschüssel geben und verrühren.
Das Öl in einer beschichteten Pfanne erhitzen. Die Eimasse hineingeben und das Omelett – wie beim Grundrezept – in 5–8 Minuten stocken lassen. Dabei zwischendurch die Ränder lockern. Das fertige Omelett mit dem Pfannenwender auf einen vorgewärmten Teller schieben und servieren.

Bei 3 Eiern: 23 g E 31 g F 1 g KH 410 kcal 1710 kJ

Süßes Omelett

Zutaten für 1 Person	Arbeitsgeräte
2–3 Eier, 1 EL Wasser, 1 Prise Salz, 1 Msp. Zucker, 1 EL Öl, 125 g frische oder tiefgefrorene Erdbeeren, 1 EL Zucker, eventuell etwas Puderzucker.	**wie beim Grundrezept.** **Zubereitungszeit** **15 Minuten.**

Das Omelett wie beim Grundrezept – aber mit Zucker – zubereiten.
Während das Omelett stockt, die Erdbeeren waschen, mit Küchenkrepp abtupfen und die Stielchen abzupfen. Die Erdbeeren in Stücke schneiden und mit Zucker bestreuen. Auf eine Hälfte des Omeletts geben, die andere Hälfte darüberklappen und das Omelett auf einen Teller schieben. Eventuell leicht mit Puderzucker besieben und servieren.
Anstelle der Erdbeeren können andere frische Früchte oder auch Kompott verwendet werden.

Bei 3 Eiern: 22 g E 29 g F 26 g KH 474 kcal 1980 kJ

Serviervorschlag
Als leichtes Abendessen reichen oder als Nachtisch, z.B. nach einem Eintopfgericht. Dann reicht es allerdings für 2 Personen!

Pikante Füllungen für Omeletts

Champignonfüllung

Zutaten für 1 Person	Arbeitsgeräte
1 kleine Dose Champignons (Einwaage ca. 100 g), 1 kleine Zwiebel, 10 g Butter, 1/2 TL Instant-Hühnerbrühe, 1 Msp. Pfeffer, 2 EL Sahne (oder Dosenmilch), 2 TL feingehackte Petersilie.	**Sieb, Schneidbrett, Messer, Kasserolle oder Topf.** **Zubereitungszeit** **20–25 Minuten (mit Omelettzubereitung).**

Die Champignons zum Abtropfen in das Sieb geben.
Die Zwiebel schälen und in kleine Würfel schneiden.
Die Kasserolle oder den Topf auf die Kochstelle setzen, die Butter hineingeben und bei mittlerer Wärmestufe erhitzen. Die Zwiebelwürfel in die Butter geben und glasig andünsten.
Die abgetropften Champignons hinzufügen, mit der Hühnerbrühe und wenig Pfeffer würzen und bei geschlossenem Topf 5 Minuten dünsten. Die Sahne oder Dosenmilch und die feingehackte Petersilie untermischen.
Das Omelett zubereiten, die Champignons auf die eine Hälfte geben, die 2. Hälfte darüberklappen. Das Omelett auf einem vorgewärmten Teller servieren.

Serviervorschlag
Das Omelett mit gekochten Kartoffeln und frischem grünen Salat oder mit Stangenweißbrot servieren.

TIP
Alle Füllungen für Omeletts sind auch zum Füllen von Eierkuchen oder kleinen Blätterteigpasteten geeignet!

Pro Portion: 4 g E 12 g F 7 g KH 157 kcal 650 kJ

Omelett mit Champignonfüllung.

Geflügelleberfüllung

Zutaten für 1 Person

1 Zwiebel,
1 EL Butter oder Öl,
125 g Geflügelleber,
2 EL Dosenmilch (oder Sahne),
1 EL Madeira,
etwas Salz, Peffer und Paprika.

Arbeitsgeräte

Schneidbrett, Messer, Kasserolle.

Zubereitungszeit

20–25 Minuten (mit Omelettzubereitung).

Die Zwiebel schälen und in kleine Würfel schneiden.
Die Butter oder das Öl in der Kasserolle zerlaufen lassen und die Zwiebelwürfel darin glasig andünsten.
Die Geflügelleber in Stücke schneiden, in die Kasserolle geben und 5 Minuten durchschmoren.
Dosenmilch oder Sahne, Madeira und die Gewürze hinzugeben und bei kleinster Wärmestufe zugedeckt ziehen lassen. Würzig, aber nicht zu scharf abschmecken.
Diese Füllung auf das zubereitete Omelett geben und servieren.

Pro Portion: 31 g E 17 g F 10 g KH 348 kcal 1460 kJ

Spargel-Schinken-Füllung

Zutaten für 1 Person

1 kleine Dose Spargelstücke (Einwaage ca. 100 g),
1 Scheibe gekochter Schinken,
125 ml Milch,
1–2 TL helle Instantsoße,
1 TL feingehackte Petersilie.

Arbeitsgeräte

Schneidbrett, Messer, Kasserolle, Schneebesen.

Zubereitungszeit

20–25 Minuten (mit Omelettzubereitung).

Die Spargelstücke auf einem Sieb abtropfen lassen.
Den Schinken in kleine Würfel schneiden.
Die Milch in der Kasserolle auf der Kochstelle erhitzen und die Instantsoße mit dem Schneebesen einrühren. Einmal aufkochen lassen.
Die Spargelstücke und Schinkenwürfel in die Soße geben und ziehen lassen, bis das Omelett zubereitet ist. Dann die feingehackte Petersilie in das Ragout rühren. Das Omelett damit füllen und servieren.

Pro Portion: 17 g E 11 g F 8 g KH 223 kcal 930 kJ

Serviervorschlag
Mit körnig gekochtem Reis und grünem Salat oder jungen, gekochten Kartoffeln reichen.

Eierpfannkuchen

GRUNDREZEPT

Zutaten für 2 Personen

2 Eier,
125 g Mehl,
1 Prise Salz,
200 ml Milch,
1 Glas Selterswasser (100 ml),
3 EL Öl zum Backen.

Arbeitsgeräte

Tasse, Rührschüssel, elektrisches Handrührgerät, beschichtete Pfanne, Pfannenwender, Löffel.

Zubereitungszeit

20–25 Minuten.

Die Eier über einer Tasse aufschlagen und in die Rührschüssel geben. Mit dem elektrischen Handrührgerät (Schneebesen benutzen) auf Schaltstufe II schaumig schlagen (Bild 1).
Das Mehl löffelweise, also nach und nach, unterrühren. Salz dazugeben und während des Rührens auch die Milch langsam hinzugießen. So lange rühren, bis ein glatter Teig entstanden ist.
Diesen etwa 5 Minuten quellen lassen, dann das Selterswasser dazugießen und den Teig nochmals mit höchster Schaltstufe durchschlagen.
Die Pfanne auf den Herd stellen, 1 Eßlöffel Öl hineingeben und bei starker Wärmezufuhr erhitzen (E-Herd Schaltstufe 2,5–3; Automatik 10–12; G-Herd große Flamme).
Etwa 3 Eßlöffel Eierkuchenteig (oder 1 kleine Suppenkelle voll) in die Pfanne geben und zu einem glatten, runden Eierpfannkuchen verstreichen (Bild 2).

1 Die Eier schaumig schlagen.

2 Etwas Teig in der Pfanne zu einem glatten Eierpfannkuchen verstreichen.

3 Den Pfannkuchen mit einem Pfannenwender wenden wenn die Unterseite goldbraun gebacken ist.

4 Die fertigen Pfannkuchen auf einem vorgewärmten Teller warm halten.

Apfelplinsen.

Den Pfannkuchen erst wenden, wenn der Außenrand und die Unterseite goldbraun gebacken sind. Zum Wenden den Pfannenwender oder einen flachen Deckel benutzen (Bild 3).
Auf mittlere Wärmezufuhr zurückschalten (E-Herd 2; Automatik 7–9; G-Herd mittlere Flamme). Die 2. Eierpfannkuchenseite ebenfalls goldbraun backen. Den fertigen Pfannkuchen aus der Pfanne heben und auf einen vorgewärmten Teller legen.
Dann jeweils etwas Öl in die Pfanne geben und den nächsten Eierpfannkuchen backen.

Pro Portion: 17 g E 25 g F 51 g KH 527 kcal 2200 kJ

HINWEIS
Die Teigmenge ergibt 3–4 Stück bei 24 cm Durchmesser oder 6–8 Stück bei 16 cm Durchmesser Pfannengröße.

Eierpfannkuchen schmecken in vielen Variationen, z.B. frisch gebacken und mit Zucker und Zimt bestreut, mit Konfitüre bestrichen, mit Kompott dazu oder mit süßem Quark gefüllt. Sie schmecken aber auch mit einer pikanten Füllung (alle Omelettfüllungen können verwendet werden), mit gedünstetem Gemüse (z.B. Spinat oder Porree) oder Pilzen.

Apfelplinsen

Zutaten für 2 Personen

**Eierpfannkuchenteig nach Grundrezept,
1 großer Apfel (200 g),
2 EL Zucker,
1/2 TL gemahlener Zimt.**

Arbeitsgeräte

wie Grundrezept, Messer.

Zubereitungszeit

etwa 25 Minuten.

Den Eierpfannkuchenteig zubereiten.
Den Apfel schälen, entkernen und in ganz dünne Scheiben schneiden. Den Teig in die Pfanne geben und glattstreichen, in den weichen Teig einige Apfelscheiben drücken. Dann von der 2. Seite backen und mit Zucker und Zimt bestreut servieren.

Pro Portion: 17 g E 26 g F 79 g KH 641 kcal 2680 kJ

Eierpfannkuchen mit Quark (Topfenpalatschinken)

Zutaten für 2 Personen

**für den Eierpfannkuchen wie beim Grundrezept;
Quarkfüllung:
250 g Quark (Magerstufe),
4 EL Milch,
50 g Zucker,
250 g frische Erdbeeren (Himbeeren, Kirschen, Heidelbeeren),
1–2 EL Puderzucker.**

Arbeitsgeräte

wie Grundrezept, kleine Rührschüssel, Schneebesen.

Zubereitungszeit

25–30 Minuten.

Den Eierpfannkuchenteig nach dem Grundrezept zubereiten. Während der Teig quillt, den Quark in eine Schüssel geben, Milch und Zucker hinzufügen und mit dem Schneebesen glatt und cremig verrühren.
Die Erdbeeren (oder andere Füchte) waschen, abtropfen lassen, die Stielchen abzupfen und die Früchte kleinschneiden. Locker unter den Quark mischen.
Dann die Eierpfannkuchen nacheinander backen. Jeweils 1–2 Eßlöffel vom Früchtequark auf einen Pfannkuchen streichen. Diesen aufrollen oder zu einer Tasche (wie beim Omelett) überklappen. Leicht mit Puderzucker bestreuen und servieren.

Pro Portion: 36 g E 27 g F 100 g KH 817 kcal 3420 kJ

Serviervorschlag
Als leichtes sommerliches Mittagessen reichen, eventuell auch nach einer Eintopfsuppe.

Aufläufe mal pikant – mal süß

Aufläufe sind Gerichte, die im Backofen gebakken werden. Sie kommen in der Backform auf den Tisch.
Zu Aufläufen lassen sich pikante Zutaten verwenden, aber auch als süße Gerichte sind sie sehr beliebt.
Die meisten Aufläufe können in kurzer Zeit vorbereitet werden. Während der Backzeit werden Beilagen, z.B. eine Suppe oder frische Salate, zubereitet, damit die Mahlzeit abgerundet wird.
Aufläufe bieten eine gute Gelegenheit, auch Reste von anderen Mahlzeiten, z. B. übriggebliebene Kartoffeln, Gemüse, Reis, Nudeln usw., sinnvoll und preiswert zu verwerten.
Aufläufe, deren Zubereitung mit viel Arbeit verbunden ist, wie z. B. eine Spezialität wie Mousaka, können auch eingefroren werden. Je nach Haushaltsgröße wird z. B. für den 1- bis 2-Personen-Haushalt die Menge für 4 Personen zubereitet oder beim Familienhaushalt die doppelte Rezeptmenge. Eine Hälfte wird fertig zubereitet und gleich gegessen, die andere Hälfte nicht gebacken, sondern in Aluformen portioniert eingefroren. Erst beim späteren Gebrauch wird der Auflauf im Backofen gebacken (vorher nicht auftauen, sondern tiefgefroren in den Backofen einschieben).

Ravioli-Gemüse-Auflauf

Zutaten für 4 Personen

500 g Brokkoli,
1/8 l Wasser, 1 TL Salz,
1 TL Butter;
1 Dose Eierravioli in Tomatensoße,
4–6 Scheiben Goudakäse (100 g).

Arbeitsgeräte

Dosenöffner, Auflaufform, Kasserolle, Messer, Durchschlag, Schneidbrett, Löffel.

Zubereitungszeit

30–35 Minuten, davon 10–15 Minuten Vorbereitung und 20 Minuten Garzeit.

Den Brokkoli waschen und abtropfen lassen. In der Kasserolle Wasser, Salz und Butter aufkochen.
Den Brokkoli in kleine Stücke teilen, dicke Stiele eventuell schälen und in dünne Scheiben schneiden (siehe auch Kapitel Gemüse). Das Gemüse in das kochende Wasser geben und etwa 6 Minuten kochen. Danach abtropfen lassen.
In der Zwischenzeit die Eierravioli gleichmäßig in der Auflaufform verteilen. Den Backofen vorheizen (E-Herd 220° C; Heißluftherd 180° C; G-Herd Stufe 4).
Das abgetropfte Gemüse gleichmäßig über die Ravioli verteilen.
Die Käsescheiben diagonal durchschneiden, so daß Dreiecke entstehen. Als gleichmäßiges Muster auf dem Auflauf verteilen. Bei einer ovalen Form z. B. die Käsedreiecke als Mittelstreifen schuppenartig übereinanderlegen. Bei einer runden Form z. B. kreisförmig als Blüte legen.
Die Form auf der mittleren Schiene in den Backofen (hohe Formen auf der unteren Schiene) einschieben und den Auflauf in etwa 20 Minuten goldbraun überbacken.

Pro Portion: 18 g E 13 g F 35 g KH 338 kcal 1410 kJ

Serviervorschlag

Als leichtes Abendessen mit frischen Salaten oder Rohkost reichen. Buttermilch, Tomatensaft oder Bier als Getränke dazu.

TIP

Anstelle von Brokkoli können auch andere Gemüsesorten für Aufläufe verwandt werden, z. B. 1 kleine Dose Sauerkraut über die Ravioli verteilen, auch Bohnen (Dose oder gedünstete frische), Rosen- oder Blumenkohl sind sehr zu empfehlen.
Sie können auch die Auflaufform mit etwas Butter einpinseln, damit die Zutaten nicht so sehr anhängen.

1 Die Ravioli in der Auflaufform verteilen.

2 Das Gemüse (auch Bohnen sind sehr zu empfehlen) darüberlegen.

3 Den Käse auf das Gemüse legen und goldbraun überbacken.

Kartoffel-Lauch-Auflauf

Zutaten für 4 Personen

500 g Kartoffeln,
1/4 l Wasser,
1 TL Instantbrühe,
1 TL Butter,
500 g Lauch,
50 g gekochter oder roher Schinken, 1 Ei,
1/4 l Milch, Pfeffer, Salz,
1 Msp. geriebene Muskatnuß,
50 g geriebener Käse (Gouda, Emmentaler oder Edamer).

Arbeitsgeräte

Messer, Schneidbrett, Durchschlag (Sieb), Topf, Schaumkelle, Auflaufform, Schüssel, Schneebesen.

Zubereitungszeit

40 Minuten, davon 15–20 Minuten Vorbereitung, und 20–25 Minuten Garzeit.

Die Kartoffeln waschen, schälen und in dünne Scheiben schneiden.
Wasser und Brühe im Topf bei starker Wärmestufe zum Kochen bringen. Die Kartoffelscheiben hineingeben und 5 Minuten kochen lassen.
Die Auflaufform mit Butter ausfetten. Den Backofen vorheizen (E-Herd 220° C; Heißluftherd 160–180° C; G-Herd Stufe 4).
Die Kartoffelscheiben mit der Schaumkelle aus dem Topf heben, abtropfen lassen und in die Auflaufform verteilen (Bild 1).
Während die Kartoffeln kochen, den Lauch vorbereiten. Dazu die äußeren harten Blätter ablösen und die festen Blattspitzen abschneiden. Den Lauch unter fließendem Wasser gründlich zwischen den langen Blättern waschen, damit kein Sand zurückbleibt (Bild 1 auf Seite 116). Die Lauchstangen in 2 cm lange Stücke schneiden, in die kochende Brühe geben (nachdem die Kartoffeln herausgenommen wurden) und 3–5 Minuten kochen.
Unterdessen den Schinken in Würfel oder Streifen schneiden und über die Kartoffeln verteilen.
In der Schüssel Ei, Milch, etwas Pfeffer, Salz (Menge richtet sich danach, wie scharf der Schinken gewürzt ist) und geriebene Muskatnuß mit dem Schneebesen verschlagen.
Das Lauchgemüse kurz auf dem Durchschlag abtropfen lassen, dann in die Auflaufform verteilen. Mit der Eimilch übergießen und mit geriebenem Käse bestreuen. Auf der mittleren Schiene in den Backofen einschieben. In etwa 20 Minuten überbacken.

Pro Portion: 14 g E 10 g F 28 g KH 277 kcal 1160 kJ

Serviervorschlag
Als preiswertes Mittag- oder Abendessen reichen, als Getränke passen heiße Brühe (Instant-Hühnerbrühe) oder Tomatensaft.

1 Die gekochten Kartoffelscheiben in der Auflaufform verteilen.

2 Lauch- und Schinkenstücke über die Kartoffeln geben.

3 Mit Eimilch übergießen, mit Käse bestreuen und überbacken.

Mousaka

Der Geschmack einer hausgemachten Mousaka ist so gut, daß die aufwendige Zubereitung akzeptiert werden kann. Zeit läßt sich z. B. einsparen, wenn das Gericht doppelt zubereitet und dann ein Teil (bei Kleinhaushalten 2–3 Portionen) eingefroren wird.
Die Zubereitung einer Mousaka für Gäste erfolgt am besten bereits einige Zeit vorher. Kurz vor Gebrauch wird dann die vorbereitete Mousaka in den vorgeheizten Backofen geschoben.

Zutaten für 4–6 Personen

**1 kg Auberginen, Salz,
6 EL Öl,
600 g Hackfleisch (gemischt), z.B. Schwein, Rind, Hammel),
2 Zwiebeln,
2–3 Knoblauchzehen,
1 Bund Petersilie,
2–3 EL Tomatenmark,
1/2 TL Pfeffer,
1/2–1 TL Paprika,
1 Msp. Thymian,
1 Msp. Oregano,
1–2 TL Salz,
etwa 100 g Paniermehl;
30 g Butter, 30 g Mehl,
1/4 l Brühe (Instant),
200 ml Milch,
Pfeffer und Salz,
1–2 Msp. geriebene Muskatnuß, 2 Eigelb,
50 g geriebener Käse,
1 TL Butter.**

Arbeitsgeräte

Messer, Schneidbrett, Teller, große Pfanne, Pfannenwender, Auflaufform (oder kleinere Aluformen zum Einfrieren), Kasserolle, Schneebesen, Meßbecher.

Zubereitungszeit

75–85 Minuten, davon 35–40 Minuten Vorbereitung, und 40–45 Minuten Garzeit.

Die Auberginen waschen und der Länge nach in 1/2 cm dicke Scheiben schneiden. Leicht mit Salz bestreuen, 5 Minuten stehenlassen und dann mit Küchenkrepp abtrocknen.
Jeweils etwas Öl in der Pfanne bei starker Wärmestufe erhitzen.

1 Zutaten für Mousaka.

2 Die Auberginenscheiben von beiden Seiten braten.

3 Das Hackfleisch kräftig anbraten.

4 Die Hälfte der Hackfleischmasse auf der Auberginenschicht verstreichen.

Die Auberginenscheiben hineingeben und von beiden Seiten in je 3–4 Minuten goldbraun braten. Die gebratenen Scheiben aus der Pfanne nehmen, dann jeweils die nächsten in heißem Öl braten (Bild 2).
Mit der Hälfte der Auberginenscheiben den Boden einer großen Auflaufform belegen. Die restlichen Scheiben zurückbehalten.
Das Hackfleisch in das restliche Bratfett in der Pfanne geben und 8–10 Minuten kräftig anbraten (Bild 3).
In der Zwischenzeit die Zwiebeln und Knoblauchzehen schälen und kleinhacken, die Petersilie waschen und fein hacken. Zum Hackfleisch geben und mitbraten (Bild 4).
Das Tomatenmark mit etwas Wasser und den Gewürzen verrühren und mit der Hälfte des Paniermehls zum Hackfleisch geben. Alles unter Rühren 5 Minuten durchschmoren und gut abschmecken.
Die Hälfte der Hackfleischmasse auf der Auberginenschicht in der Form verstreichen (Bild 4). Mit den restlichen Scheiben bedecken, dann die 2. Hälfte der Masse darübergeben.
Den Backofen vorheizen (E-Herd 220° C; Heißluftherd 160 bis 180° C; G-Herd Stufe 4).
Aus Butter und Mehl eine helle Mehlschwitze bereiten (siehe auch Kapitel Soßen S. 174). Die Fleischbrühe und die Milch unter Rühren dazugießen. Alles zu einer glatten Soße verrühren und 5 Minuten kochen lassen.
Mit Pfeffer, Salz und Muskatnuß abschmecken. Die Soße von der Kochstelle nehmen und mit den Eigelben legieren (siehe Kapitel Soßen).
Die Soße gleichmäßig über die Mousaka gießen, diese mit dem restlichen Paniermehl bestreuen und mit Butterflöckchen belegen (Bild 5).
Zur Mitte des vorgeheizten Backofens einschieben und in 40–45 Minuten goldbraun überbacken.

Pro Portion bei 4: 44 g E 68 g F 39 g KH 987 kcal 4130 kJ
Pro Portion bei 6: 29 g E 45 g F 26 g KH 658 kcal 2750 kJ

Serviervorschlag

Als sättigende Mittags- oder Abendmahlzeit (z. B. auch für Gäste) servieren. Dazu frische grüne Salate und einen griechischen Rot- oder Weißwein reichen (z. B. Retsina oder Demestica), nach Wunsch aber auch ein kühles Bier.

Variation

Anstelle von Auberginen für die Mousaka Zucchini verwenden. Die Zucchinischeiben nicht mit Salz bestreuen, sondern gleich anbraten.
Dann weiter zubereiten wie bei Mousaka beschrieben.

5 Die Soße gleichmäßig über die Mousaka gießen.

6 Mousaka kann auch eingefroren werden.

Quarkauflauf mit Schinken

Zutaten für 4 Personen

**1 EL Butter,
50 g durchwachsener, geräucherter Speck,
125 g gekochter Schinken,
500 g Quark (Magerstufe),
1/8 l Milch,
2 EL Stärkemehl,
Pfeffer, Salz,
3 Eier,
2 EL Paniermehl,
1/4 l Wasser,
1 Schächtelchen Tomatensoße (Instant).**

Arbeitsgeräte

**Schneidbrett,
Messer,
kleine Pfanne (Kasserolle),
Schüssel,
Rührbecher,
Handmixer (elektrisches Handrührgerät),
Auflaufform,
Kasserolle,
Meßbecher,
Schneebesen.**

Zubereitungszeit

50 Minuten, davon 10–15 Minuten Vorbereitung und 30–35 Minuten Backzeit.

Den Backofen vorheizen (E-Herd 220° C; Heißluftherd 160° C; G-Herd Stufe 3–4). Die Auflaufform mit etwas Butter ausfetten.
Den Speck in kleine Würfel schneiden und in der Pfanne ausbraten.
Den Schinken in Würfel oder Streifen schneiden und hinzufügen. Von der Kochstelle nehmen.
Den Quark, die Milch und das Stärkemehl in der Schüssel verrühren und leicht mit Pfeffer und Salz abschmecken.
Die Eier trennen, das Eiweiß in den Rührbecher geben, das Eigelb unter den Quark rühren.
Das Eiweiß sehr steif schlagen und mit den Schinken- und Speckwürfeln unter die Quarkmasse mischen. Diese in die Auflaufform füllen und glattstreichen. Mit Paniermehl und Butterflöckchen bestreuen und die Form auf der mittleren Schiene (hohe Auflaufformen auf der unteren Schiene) in den Backofen schieben. In 30–35 Minuten zu schöner Farbe backen.
Unterdessen die Tomatensoße nach Packungsanweisung zubereiten (oder eine Tomatensoße nach dem Rezept auf Seite 180 herstellen).

Pro Portion: 32 g E 20 g F 20 g KH 415 kcal 1730 kJ

Serviervorschlag

Den Quarkauflauf mit der Tomatensoße und frischem grünem Salat (auch Feldsalat, Kresse- oder Tomatensalat) als leichtes Mittag- oder Abendessen servieren. Tafelwasser oder Bier als Getränk reichen.

Ananas-Reis-Auflauf.

Nudelauflauf

Zutaten für 4–6 Personen

2–3 l Wasser, 1/2–1 EL Salz, 1 TL Öl, 250 g Bandnudeln, 3 EL Öl, 300 g Hackfleisch (gemischt), 6 Tomaten, 1–2 Knoblauchzehen, 1 Msp. Majoran, Pfeffer und Salz, 1/4 l Wasser, 1 Schächtelchen Tomatensoße (Instant), 1 TL Butter, 100 g Edamer Käse, 1/2 Bund Petersilie.

Arbeitsgeräte

großer Topf, Durchschlag (Sieb), Pfanne, Pfannenwender, Schneidbrett, Messer, große Auflaufform.

Zubereitungszeit

etwa 50 Minuten, davon 15–20 Minuten Vorbereitung und 30 Minuten Garzeit.

Wasser, Salz und Öl im Topf bei starker Wärmestufe zum Kochen bringen. Die Bandnudeln – eventuell etwas in Stücke brechen – hineingeben und je nach Sorte 12–15 Minuten kochen.
In der Zwischenzeit die Hackfleischsoße zubereiten. Dazu das Öl in der Pfanne erhitzen und das Hackfleisch hineingeben. 5 Minuten braten lassen.

Unterdessen die Tomaten häuten (Tip: in den Durchschlag geben und etwas vom kochenden Nudelwasser darübergießen), entkernen und die Stücke zum Hackfleisch geben.
Die Knoblauchzehen häuten und zerdrückt hinzufügen. Mit Majoran, Pfeffer und Salz würzen und 5 Minuten dünsten.
Mit dem Wasser auffüllen und das Tomatensoßenpulver einrühren. Die Soße kurz aufkochen und von der Kochstelle nehmen.
Den Backofen vorheizen (E-Herd 220–240° C; Heißluftherd 180° C; G-Herd Stufe 4–5). Die Auflaufform ausfetten.
Die Nudeln zum Abtropfen auf den Durchschlag geben. Mit kaltem Wasser kurz abbrausen. Gleichmäßig in der Auflaufform verteilen und mit der Fleischsoße übergießen.
Den Käse in kleine Würfel schneiden und die Petersilie waschen und fein hacken. Über den Auflauf streuen und die Form auf der mittleren Schiene in den Backofen schieben. In etwa 20 Minuten goldbraun überbacken.

Pro Portion bei 4: 30 g E 36 g F 55 g KH 703 kcal 2940 kJ
Pro Portion bei 6: 20 g E 24 g F 37 g KH 469 kcal 1960 kJ

Serviervorschlag
Mit frischen grünen Salaten und Buttermilch oder Bier als leichtes Essen reichen.

Ananas-Reis-Auflauf

Zutaten für 4 Personen

1/2 l Milch,
1 Msp. Salz,
150 g Milchreis,
1 naturreine Zitrone,
2 Eier,
80 g Zucker,
1 kleine Dose Ananas (220 g),
2 EL Zucker,
1 TL gemahlener Zimt,
1 EL Butter.

Arbeitsgeräte

Topf (2 l, beschichtetes oder nicht anhängendes Topfmaterial), Rührlöffel, Sieb, Messer, Schneidbrett, Dosenöffner, hoher Rührbecher, Zitronenpresse, Handmixer (elektrisches Rührgerät), Auflaufform, Tasse.

Zubereitungszeit

55–60 Minuten, davon 20–25 Minuten Kochzeit und 25–30 Minuten Backzeit.

Den Topf kalt ausspülen, Milch und Salz hineingeben. Bei starker Wärmestufe (E-Herd Schaltstufe 2,5; Automatik 10; G-Herd große Flamme) zum Kochen bringen.
Den Milchreis in das Sieb geben und unter fließendem kaltem Wasser waschen. Die Zitrone dünn abschälen.
Milchreis und Zitronenschale in den Topf geben und unter Rühren aufkochen lassen. Dann auf kleinste Wärmestufe schalten und den Reis bei geschlossenem Topf in 20–25 Minuten ausquellen lassen.
In der Zwischenzeit den Backofen vorheizen (E-Herd 220°C; Heißluftherd 180°C; G-Herd Stufe 4).
Die Eier trennen, das Eiweiß in den hohen Rührbecher geben.
Die Ananas aus der Dose zum Abtropfen auf das Sieb geben. Dann in kleine Stücke schneiden.
Unter den ausgequollenen Milchreis Zucker, Eigelb, Ananasstücke und Zitronensaft rühren.
Die Eiweiße sehr steif schlagen und vorsichtig unterheben.
Den Reis in die Auflaufform geben. Zucker und Zimt in einer Tasse vermischen und gleichmäßig über den Reis verteilen. Mit kleinen Butterflöckchen belegen und auf der mittleren Schiene in den Backofen schieben. In 25–30 Minuten goldbraun überbacken.

Pro Portion: 11 g E 10 g F 77 g KH 452 kcal 1890 kJ

Serviervorschlag
Als warmes Hauptgericht mit Himbeer- oder Kirschsaft servieren oder rotes Johannisbeergelee mit etwas Rum und Zitronensaft zu einer glatten Soße verrühren und dazu reichen.

TIP
Anstelle von Ananas können auch Sauerkirschen empfohlen werden.

Apfelauflauf Wiener Art

Zutaten für 4 Personen

2 mittelgroße Äpfel (300 g), Saft von 1 Zitrone, 2 EL Zucker, 1/16 l Weißwein, 1 TL Butter, 2 EL gehackte Mandeln; 2 Eier, 60 g Zucker, 1 Päckchen Vanillinzucker, 100 g Mehl, 1/2 gestrichener TL Backpulver, 2 EL Zucker, 1/2 TL gemahlener Zimt.

Arbeitsgeräte

Messer, Kasserolle, Zitronenpresse, Auflaufform, Rührschüssel, Handmixer (elektrisches Handrührgerät), Tasse.

Zubereitungszeit

30–35 Minuten.

Die Äpfel waschen, vierteln, schälen und das Kerngehäuse herausschneiden. Die Apfelviertel in dünne Scheiben schneiden und in die Kasserolle geben. Den ausgepreßten Zitronensaft, Zucker und Weißwein dazugeben. Auf dem Herd zum Kochen bringen und 5 Minuten dünsten.

In der Zwischenzeit die Auflaufform mit Butter ausfetten und mit den gehackten Mandeln ausstreuen. Den Backofen vorheizen (E-Herd 220° C; Heißluftherd 160° C; G-Herd Stufe 3–4).

Die Eier trennen. Das Eiweiß in die Rührschüssel geben und mit dem Handmixer steif schlagen. Zucker und Vanillinzucker langsam unterschlagen, dann das Eigelb hinzufügen. Mehl und Backpulver vermischen und ganz locker – ohne viel zu rühren – unter die Eimasse mischen.

Die gedünsteten Apfelscheiben gleichmäßig in der Auflaufform verteilen. Den Teig darüberstreichen und mit Zucker und Zimt (in einer Tasse leicht vermischen) bestreuen.

Auf der mittleren Schiene im Backofen in etwa 20 Minuten zu schöner Farbe backen.

Pro Portion: 7 g E 7 g F 61 g KH 358 kcal 1500 kJ

Serviervorschlag

Mit einer gutgekühlten Vanillesoße (aus dem Päckchen nach Anweisung zubereitet) als leichtes Gericht für 2 Personen (dann doppelter Nährwert) oder als Nachspeise für 4 Personen reichen.

Kirschen-Nuß-Auflauf

Zutaten für 4–6 Personen

1 TL Butter,
1 Glas entsteinte Sauerkirschen (400 g),
1 EL Rum,
1 EL Zucker;
2 Eier,
80 g Zucker,
1 Päckchen Vanillinzucker,
100 g gemahlene Haselnüsse (oder Walnüsse),
50 g Mehl (oder Stärkemehl),
1 gestrichener TL Backpulver,
50 g Haselnußblättchen (Beutel),
1 EL Zucker,
1 Msp. gemahlener Zimt.

Arbeitsgeräte

flache Auflaufform, Sieb, Kasserolle, Rührschüssel, Handmixer (elektrisches Rührgerät), Meßbecher, Teller.

Zubereitungszeit

40 Minuten, davon 10 Minuten Vorbereitung und 25–30 Minuten Backzeit.

Die Auflaufform mit Butter ausfetten. Den Backofen vorheizen (E-Herd 220° C; Heißluftherd 160° C; G-Herd Stufe 4).

Die Sauerkirschen abtropfen lassen, in die Auflaufform verteilen, mit Rum beträufeln und mit Zucker bestreuen.

Die Eier trennen. Das Eiweiß in die Rührschüssel geben und mit dem Handmixer sehr steif schlagen. Zucker und Vanillinzucker unterschlagen, dann das Eigelb unterrühren.

Die Haselnüsse mit dem Mehl (oder Stärkemehl) und dem Backpulver vermischen und ganz locker unter die Eimasse heben. Möglichst wenig rühren, sondern nur ganz locker durchheben. Die Masse gleichmäßig über die Kirschen streichen.

Haselnußblättchen, Zucker und Zimt auf dem Teller vermischen und über den Auflauf streuen.

Auf der mittleren Schiene in den Backofen schieben und in 20 bis 30 Minuten zu schöner Farbe backen.

Pro Portion bei 4: 11 g E 27 g F 63 g KH 572 kcal 2390 kJ
Pro Portion bei 6: 7 g E 18 g F 42 g KH 381 kcal 1590 kJ

Serviervorschlag

Als leichtes süßes Gericht für 4 Personen reichen oder als Dessert für 6 Personen. Dazu schmeckt gekühlte Vanillesoße oder leicht angeschlagene Sahne. Eventuell auch Kirschsaft oder für Erwachsene Kirschlikör darüberträufeln.

TIP

Es können auch frische Kirschen, Himbeeren oder Aprikosen für den Auflauf verwendet werden.

Aprikosen-Quark-Auflauf

Zutaten für 4–6 Personen

1 TL Butter, 350 g reife Aprikosen (oder 1 Dose), 50 g Butter, 100 g Zucker, 2 Eier, 500 g Quark (Magerstufe), 1 naturreine Zitrone, 60 g Mehl, 1/2 gestrichener TL Backpulver, 2 EL Mandelblättchen, 1 EL Zucker.

Arbeitsgeräte

Sieb, Messer, Auflaufform, Rührschüssel, Meßbecher, Handmixer (elektrisches Handrührgerät), Tasse, hoher Rührbecher, Zitronenpresse, Reibe.

Zubereitungszeit

55–60 Minuten, davon 15 Minuten Vorbereitung und 40–45 Minuten Backzeit.

Die Auflaufform mit Butter ausfetten. Den Backofen vorheizen (E-Herd 200–220° C; Heißluftherd 160° C; G-Herd Stufe 3–4).
Die Aprikosen waschen, abtrocknen, halbieren und entsteinen. Die Aprikosenhälften in kleine Stücke schneiden und auf dem Boden der Auflaufform verteilen. Bei Verwendung konservierter Aprikosen diese vorher gut abtropfen lassen.
Weiche Butter und den Zucker in die Rührschüssel geben und mit dem Handmixer schaumig rühren.
Die Eier trennen, die Eiweiße in den hohen Rührbecher und die Eigelbe in die Rührschüssel geben. Den Quark, den ausgepreßten Saft und die abgeriebene Schale der Zitrone ebenfalls in die Rührschüssel geben und gut verrühren.
Das Eiweiß steif schlagen (vorher die Schneebesen des Handmixers gründlich reinigen, sonst wird der Eischnee nicht fest!) und auf die Quarkmasse geben. Mehl und Backpulver locker darübersieben.
Alles vorsichtig miteinander vermischen und die Quarkmasse über die Aprikosen verteilen.
Die Mandelblättchen und den Zucker über den Auflauf streuen. Diesen auf der unteren Schiene in den Backofen schieben und in etwa 40 Minuten goldbraun backen.

Pro Portion bei 4: 23 g E 17 g F 57 g KH 484 kcal 2020 kJ
Pro Portion bei 6: 16 g E 11 g F 38 g KH 323 kcal 1350 kJ

Serviervorschlag
Als leichtes Hauptgericht für 4 Personen oder mit einer Suppe z. B. auch für 6 Personen ausreichend. Der Auflauf schmeckt warm, aber auch kalt recht gut.

TIP
Anstelle von Aprikosen können entsteinte Kirschen, Äpfel, Bananen oder Ananas verwendet werden.

1 Zutaten.

2 Die Quarkmasse über die Aprikosen verteilen.

Fleischgerichte

Fleisch ist einer der wichtigen Eiweißlieferanten unter den Nahrungsmitteln. Das im Fleisch enthaltene Eiweiß kann vom menschlichen Organismus besonders gut verwertet werden. Der durchschnittliche Eiweißgehalt beträgt etwa 20%, der Fettgehalt zwischen 10 und 50% (Schwankungen bei einzelnen Fleischsorten).
Daneben enthält Fleisch je nach Fleischart wertvolle Mineralstoffe, wie Kalium, Natrium, Magnesium, Calcium und Phosphor und das zur Blutbildung benötigte Eisen. Fleisch enthält aber auch Vitamine. Es sind dies in erster Linie die wasserlöslichen Vitamine der B-Gruppe und das fettlösliche Vitamin A.
Für jeden, der Wert auf eine eiweißreiche, aber kohlenhydratarme Kost legt, gibt es viele gute Gründe, Fleisch (vor allem fettarme Sorten) zu verwenden.
Doch Fleisch ist nicht gleich Fleisch. Zwischen dem Fleisch von Rind, Kalb, Schwein, Lamm und Hammel, Wild und Geflügel bestehen gravierende Unterschiede im Geschmack, dem Nährwert, den besten Zubereitungsmethoden und Unterscheidungsmerkmalen.
Fast 1/4 der Nahrungsmittelausgaben im Haushalt entfallen auf Fleisch. Da lohnt es sich, über mehr Warenkenntnisse zu verfügen, um beim Einkauf Qualität und Preise der Angebote besser beurteilen zu können. Die warenkundlichen Informationen in den folgenden Kapiteln geben jeweils wichtige Hinweise für die Beurteilung der Fleischqualität.

Fleischqualität (von links): wie gewachsen, mit Beilage, ohne Knochen.

TIPS ZUM FLEISCHEINKAUF

Bei Sonderangeboten auf die genauen Bezeichnungen achten und diese mit den normalen Preisen vergleichen! Wenn es heißt:

1. **wie gewachsen (w. gew.)**, so bedeutet das z. B. Fleisch mit den natürlich eingewachsenen Knochen, Fett und Schwarte.
2. **mit Beilage (m. B.)**, bedeutet, zum knochenlosen Fleisch wird ein bestimmter Anteil Knochen dazugewogen (bei Rindfleisch bis zu 25%, bei Kalbfleisch bis zu 30%, bei Schweinefleisch bis 20%).
3. **ohne Knochen (o. Kn.)**, bedeutet ausgebeintes Fleisch ohne Knochenanteil.

Die einzelnen Fleischstücke (auch vom gleichen Schlachttier) sind unterschiedlich verwertbar. Beim Einkauf bedenken, ob z.B. Braten- oder Kochfleisch eingekauft werden soll.

Frisches Fleisch sollte möglichst bald verwendet werden. Bei abgepackter Ware (in Sichtfolie), diese gleich aus der Verpakkung lösen.

Beim Einkauf größerer Fleischvorräte (um z.B. Sonderangebote zu nutzen) die einzelnen Portionen möglichst bis zur Verwendung tiefgefrieren. Je nach Verwendungszweck kann Fleisch für einige Tage auch in einer Würzmarinade oder Buttermilch (siehe auch Kapitel „Wild") eingelegt aufbewahrt werden.

HINWEIS

Der Schutz des Verbrauchers vor minderwertigem Fleisch wird durch die Lebensmittelkontrolle gewährleistet.

Die Kontrolle setzt bereits bei den Zuchtverfahren (durch Futtermittelgesetze) ein. Schlachtvieh wird vor dem Schlachten auf den Gesundheitszustand untersucht, danach das Fleisch noch einer Prüfung durch den Fleischbeschauer unterzogen. Einwandfrei befundene und für den menschlichen Genuß taugliche Ware wird durch das blaue Fleischsiegel kenntlich gemacht.

Der kreisrunde Tauglichkeitsstempel in blauer Farbe auf dem Fleisch ist also immer die Garantie für einwandfreies und geprüftes Fleisch. Vor der Zubereitung kann das Fleischstück mit der Farbe abgetrennt werden.

Kalbfleisch

Als Kalbfleisch wird das Fleisch von Rindern bis zu 3 Monaten und einem Gewicht bis zu 150 Kilogramm bezeichnet. Danach wird es als Jungrind angeboten.
Kalbfleisch ist verhältnismäßig teuer. Der hohe Preis wird aber durch viele gute Eigenschaften ausgeglichen!
Das Fleisch ist besonders zart und fettarm, deshalb auch leichtverdaulich. Dadurch ist es für alle Arten von Schonkost und Diäten beliebt. Kalbfleisch ist reich an Mineralstoffen, wie Natrium und Phosphor und enthält Vitamine des B-Komplexes.

ZUBEREITUNG IN DER KÜCHE

Kalbfleisch eignet sich gut zum Kochen, Schmoren, Braten oder Grillen. Zum Kochen und Schmoren bieten sich vor allem auch die Stücke an, die nicht zu teuer sind, z.B. Brust und Flanke für Ragouts, Bug für Schmorgerichte usw.
Zum Braten und Grillen werden überwiegend die größeren und teureren Stücke verwendet, z.B. der Kalbsrücken oder die Kalbskeule für festliche große Braten.

Aufteilung von Kalbfleisch

Gut geeignet zum:

Braten, Schmoren und Kochen

Braten

Kochen

Kurzbraten, Grillen

Verwendung von Kalbfleisch

Teil	Bezeichnung	Geeignet zum	Geeignete Gerichte
1	Kopf	Kochen	Eintopfgerichte, Sülzen, Ragout
2	Hals	Braten	Kalbsbraten, Schmorbraten, Kalbsgulasch
3	Rücken (mit Filet)	Braten, Kurzbraten und Grillen	Kalbsbraten, Kalbsnierenbraten, Kalbsfilet, Kalbskoteletts, Kalbssteaks
4	Schulter (Bug)	Braten	Kalbsbraten, Rollbraten, Kalbsgulasch
5	Brust	Braten, Kochen od. Schmoren	gekochtes Kalbfleisch (Frikassee), Kalbsragout
6	Flanke	Braten, Kochen od. Schmoren	Kalbsgulasch oder Ragout, Kalbsfrikassee
7	Keule (Ober- und Unterschale od. Frikandeau Hüfte, Nuß)	Braten, Kurzbraten und Grillen	große Kalbsbraten, Schnitzel, Kalbsgeschnetzeltes
8	Haxe	Braten, Grillen	Grillhaxen, Beinscheiben, Ragout

Kalbsfrikassee, moderne Art

Zutaten für 4 Personen

500 g Kalbfleisch (z.B. Bug oder Brust), 1 Beutel Ragout- oder Frikassee-Fix, Wasser (nach Packungsangabe), 1 kleine Dose Champignons (150 g), 1 kleine Dose Spargelstücke (200 g), 0,1 l Weißwein, eventuell Saft von 1/2 Zitrone, 1/2 Bund Dill oder Petersilie.

Arbeitsgeräte

Schneidbrett, Messer, Bratentopf, Schneebesen, Rührlöffel, Dosenöffner, Sieb.

Zubereitungszeit

40–45 Minuten, davon 10 Minuten Vorbereitung und 30–35 Minuten Garzeit (Garzeit im Dampfdrucktopf 12–15 Minuten).

Das Kalbfleisch kalt abspülen und mit Küchenkrepp abtrocknen. Das Fleisch in 1 1/2–2 cm große Würfel schneiden.
Das Wasser (nach Packungsangabe) abmessen und in den Topf gießen. Das Frikassee-Fix mit dem Schneebesen einrühren und aufkochen.
Die Fleischwürfel hineingeben, aufkochen, durchrühren und den Topf schließen. Den Herd auf kleinste Wärmestufe schalten und das Fleisch in 30–35 Minuten (bei nicht zu großen Fleischwürfeln!) gar schmoren. Zwischendurch einmal umrühren, den Topf aber wieder sofort schließen, damit nicht zuviel Flüssigkeit verdampft. Bei Bedarf eventuell etwas Wasser nachgießen.
In der Zwischenzeit die Champignons und Spargelstücke abtropfen lassen. Die Champignons in Scheiben schneiden. Beides in den letzten 5 Minuten der Garzeit in das Frikassee mischen.
Mit Weißwein, eventuell Zitronensaft und Salz abschmecken. In einer Schüssel anrichten und mit feingehacktem Dill oder Petersilie bestreuen.

Pro Portion: 28 g E 9 g F 8 g KH 255 kcal 1070 kJ

Serviervorschlag

Zu diesem leichten Fleischgericht passen Reis, Nudeln oder gekochte Kartoffeln mit frischen Salaten (z.B. Tomaten- oder Feldsalat) und Tafelwasser, Tomatensaft oder Weißwein.

TIP

Den Reis z.B. kegelförmig mit einer Tasse als Beilage stürzen (siehe Kapitel Beilagen) oder als Reisrand auf einer großen Platte anrichten und das Frikassee in die Mitte geben.

Kalbsfrikassee, moderne Art.

Kalbfleisch-Reis-Gericht

Zutaten für 4 Personen

**3 Tassen Wasser,
2 TL Instantbrühe,
220 g Reis, 1 Zwiebel,
500 g Kalbfleisch (Schulter oder Bug), 2 EL Öl,
1–2 TL Curry,
1 Dose Champignoncremesuppe (Konzentrat, oder Spargelcreme oder Currycreme),
1/4 l Milch,
2 Scheiben Ananas (aus der Dose), etwas Petersilie.**

Arbeitsgeräte

Topf, Tasse (125 cm^3), tiefe Pfanne mit Deckel (oder Topf), Dosenöffner, Schneidbrett, Messer, Löffel.

Zubereitungszeit

35 Minuten, davon 10 Minuten Vorbereitung und 25 Minuten Garzeit.

Das Wasser in den Topf gießen und bei starker Wärmestufe zum Kochen bringen. Die Instantbrühe und den Reis hineingeben und aufkochen lassen. Den Topf schließen, den Herd auf kleinste Wärmestufe zurückschalten und den Reis in etwa 20 Minuten ausquellen lassen.
In der Zwischenzeit das Fleischgericht zubereiten.
Die Zwiebel schälen und ebenso wie das Fleisch in 1 cm große Würfel schneiden.
Das Öl in der Pfanne erhitzen und die Würfel darin 5 Minuten anbraten.
Mit Curry überstreuen, die Pfanne schließen und 10 Minuten schmoren lassen.
Das Suppenkonzentrat und die Milch unter Rühren in die Pfanne geben. Bei stärkerer Wärmestufe aufkochen, dann auf kleinster Stufe noch einige Minuten ziehen lassen.
Die Ananasscheiben in Stücke schneiden, einige zurückbehalten. Die übrigen unter das Fleisch mischen.
Zum Anrichten den ausgequollenen Reis in eine kalt ausgespülte – aber nicht ausgetrocknete – Schüssel füllen und fest andrücken. Dann den Reis auf eine große Platte stürzen. Das Fleischgericht kranzartig um den Reiskegel verteilen. Den Reis mit Ananasstücken und Petersilie garnieren.

Pro Portion: 29 g E 17 g F 66 g KH 554 kcal 2310 kJ

Serviervorschlag

Als Beilage zu diesem bekömmlichen Gericht passen frische grüne oder gemischte Salate, als Getränk Tafelwasser oder einen spritzig frischen Weißwein reichen.

Kalbfleisch in Cashewnußsoße (Bermuder Art)

***

Zutaten für 4 Personen

500 g Kalbfleisch (Schnitzelfleisch oder Kalbsbug), 1 TL Salz, 1/2 TL Pfeffer, 1/2 TL Paprika, 2 Knoblauchzehen, 2 Zwiebeln, 2 EL Öl, 100 g Cashewnüsse, 2 EL Tomatenmark (= 1 kleine Dose), 1 Tasse Fleischbrühe (125 cm³), 1 EL Instantmehl, 1–2 EL Sherry, 1/2 Bund Petersilie.

Arbeitsgeräte

Schneidbrett, Fleischmesser, Messer, Schüssel, Pfanne mit Deckel (oder Bratentopf), Rührlöffel.

Zubereitungszeit

etwa 40 Minuten, davon 10 Minuten Vorbereitung und 25–30 Minuten Garzeit (Garzeit im Dampfdrucktopf 10–12 Minuten).

Das Fleisch unter kaltem Wasser abspülen, mit Küchenkrepp abtrocknen und in 2 cm große Stücke schneiden. Diese in die Schüssel geben und mit Salz, Pfeffer, Paprika und den zerdrückten Knoblauchzehen vermischen.
Das Öl in der Pfanne bei starker Wärmestufe erhitzen.
Die Fleischwürfel hineingeben und in 10 Minuten anbraten.
Unterdessen die Zwiebeln schälen, in kleine Würfel schneiden und zum Fleisch geben.
Die Cashewnüsse fein hacken (eventuell kurz in den Mixer geben) und über das Fleisch streuen.
Tomatenmark, Fleischbrühe und Instantmehl in der Schüssel glatt verrühren. In die Pfanne gießen, alles umrühren und aufkochen lassen.
Die Pfanne schließen, den Herd auf kleinste Wärmestufe zurückschalten und das Gericht in weiteren 15–20 Minuten gar schmoren.
Zwischendurch umrühren, die Pfanne aber sofort wieder schließen. Bei Bedarf etwas Wasser oder Fleischbrühe nachgießen.
Das Gericht mit Sherry abschmecken, in einer Schüssel anrichten und mit der feingehackten Petersilie bestreut servieren.

Pro Portion: 31 g E 19 g F 13 g KH 367 kcal 1530 kJ

Serviervorschlag

Als Beilagen sind Reis, Teigwaren oder Kartoffelkugeln (siehe Kapitel „Beilagen") zu empfehlen, frische Salate (auch Rohkost) und ein leichter Weiß- oder Roséwein schmecken dazu.

Kalbfleisch auf Kubaner Art

***

Zutaten für 4 Personen

500 g Kalbfleisch (Schnitzelfleisch oder Kalbsbug), 2 EL Öl, 2 Zwiebeln, Pfeffer und Salz, 2 Knoblauchzehen, Mehl, etwa 1/8 l Fleischbrühe, 1 kleine Dose Tomaten (etwa 280 g), 4 Bananen, 1 Zitrone, 1 TL Curry, 1 EL Butter.

Arbeitsgeräte

Schneidbrett, Fleischmesser, Topf (oder Pfanne), Pfannenwender, Dosenöffner, Pfanne.

Zubereitungszeit

30–35 Minuten, davon 10 Minuten Vorbereitung und 20–25 Minuten Garzeit.

Das Fleisch kalt abspülen, mit Küchenkrepp abtrocknen und in schmale, etwa 1/2 cm dicke Streifen schneiden.
Das Öl im Bratentopf bei starker Wärmestufe erhitzen. Das Fleisch hineingeben und 8–10 Minuten anbraten.
Unterdessen die Zwiebeln schälen und in Würfel schneiden. Zusammen mit Pfeffer, Salz und den zerdrückten Knoblauchzehen zum Fleisch geben. Alles leicht mit Mehl überstäuben und unter Rühren die Fleischbrühe und den Tomatensaft (aus der Dose) dazugießen.
Alles aufkochen, die Tomaten dazugeben, den Topf schließen und den Herd auf kleine Wärmestufe schalten. 10 Minuten schmoren lassen, dann gut abschmecken und anrichten.
Die geschälten, halbierten Bananen mit Zitronensaft beträufeln, mit Curry bestreuen und in der Pfanne in heißer Butter goldbraun backen. Eventuell leicht mit Salz würzen.

Pro Portion: 28 g E 10 g F 29 g KH 334 kcal 1400 kJ

Serviervorschlag

Das Gericht wird mit Reis und – eventuell – grünem Salat gereicht, Tafelwasser oder Weißwein als Getränk.

TIP

Für festliche Anlässe, z.B. auch für ein kleines Essen im Freundeskreis, können noch Spiegeleier dazu gereicht werden. Auf einer sehr großen Platte dann den Reis kegelförmig in der Mitte anrichten, auf einer Seite das Fleischgericht, auf der anderen Seite die gebackenen Bananen und Spiegeleier anrichten.

Kalbshaxe nach Mailänder Art.

Kalbshaxe nach Mailänder Art (Osso buco)

✱✱✱

Zutaten für 4 Personen	**Arbeitsgeräte**
je nach Größe 1 oder 2 Kalbshaxen (etwa 1,5 kg), Pfeffer und Salz, 2 EL Öl, 1 große Zwiebel, 1 Möhre, 1 kleine Stange Bleichsellerie (oder 1/4 Sellerieknolle), 4 Tomaten, 1/2 TL Pfeffer, 1 TL Salz, 1 Msp. Rosmarin, 0,2 l Weißwein, 1/2 Bund Petersilie, 2 Knoblauchzehen, 2 Sardellenfilets, 2 EL Sahne (oder Dosenmilch).	**großer Bratentopf mit Deckel (Pfanne oder Dampfdrucktopf), Schneidbrett, Messer, Durchschlag, Schüssel, Rührlöffel, Tasse.** **Zubereitungszeit** **75–80 Minuten, davon 15 Minuten Vorbereitung und 60–65 Minuten Garzeit (Garzeit im Dampfdrucktopf 20 Minuten).**

Die Kalbshaxe gleich beim Metzger in 4–8 dicke Scheiben sägen lassen. Die Beinscheiben kalt abspülen und mit Küchenkrepp abtrocknen. Leicht mit Pfeffer und Salz einreiben.

Das Öl im Bratentopf bei starker Wärmestufe erhitzen. Die Fleischscheiben hineinlegen und von jeder Seite 4 Minuten braten.

In der Zwischenzeit die Zwiebel und die Möhre schälen, den Sellerie putzen. Alles gründlich waschen, abtropfen lassen und in Streifen schneiden. Die Tomaten mit kochendem Wasser überbrühen, häuten und das Kerngehäuse herauslösen. Das Tomatenfleisch grob zerkleinern.

Das vorbereitete Gemüse über die Beinscheiben verteilen, mit Pfeffer, Salz und Rosmarin würzen. Mit dem Wein übergießen, alles zum Kochen bringen, dann den Topf schließen und den Herd auf kleinste Wärmestufe schalten. Das Fleisch in etwa 1 Stunde gar schmoren (im Dampfdrucktopf in 15–20 Minuten).

Die gewaschene Petersilie, die geschälten Knoblauchzehen und die kalt abgespülten Sardellenfilets sehr fein hacken. In einer Tasse mit der Sahne oder Dosenmilch verrühren und den Soßenfond damit binden.

Die Beinscheiben mit der Soße auf einer tiefen Platte anrichten.

Pro Portion: 53 g E 13 g F 7 g KH 417 kcal 1740 kJ

Serviervorschlag

Als Beilage goldgelben Safranreis oder Nudeln und frische Salate reichen, Mineralwasser, Bier oder Weißwein als Getränk dazu.

Kalbskoteletts im Topf, fertig angerichtet.

Kalbskoteletts im Topf

Zutaten für 4 Personen	Arbeitsgeräte
4 Kalbskoteletts (à 125 g), Pfeffer und Salz, 400 g Möhren, 500 g kleine Kartoffeln, 2 EL Öl, 1 Tasse Fleischbrühe, 1 kleines Glas Perlzwiebeln (100 g), 1/2 Becher süße Sahne, 1/2 Bund Dill oder Petersilie.	**Schneidbrett, Fleischklopfer, Messer, Durchschlag, Schüssel, großer Bratentopf mit Deckel (oder tiefe große Pfanne), Pfannenwender, Sieb.**

Zubereitungszeit

35–40 Minuten, davon 10–15 Minuten Vorbereitung und 20–25 Minuten Garzeit (Garzeit im Dampfdrucktopf 10–12 Minuten).

Die Kalbskoteletts leicht klopfen und mit etwas Pfeffer und Salz einreiben.
Die Möhren und Kartoffeln schälen, waschen, abtropfen und in Scheiben schneiden.
Das Öl im Topf bei starker Wärmestufe erhitzen. Die Koteletts hineinlegen und von beiden Seiten je 3 Minuten braten (Bild 2).
Das vorbereitete Gemüse und die Fleischbrühe darüber verteilen.
Zum Kochen bringen, dann den Topf schließen und den Herd auf kleinste Wärmestufe schalten. Etwa 15 Minuten schmoren lassen, dann die Perlzwiebeln und die Sahne dazugeben und ohne weitere Wärmezufuhr kurz ziehen lassen. Eventuell mit etwas Pfeffer und Salz nachwürzen, anrichten und mit feingehacktem Dill oder Petersilie bestreuen.

Pro Portion: 31 g E 20 g F 26 g KH 420 kcal 1760 kJ.

Serviervorschlag

Zu diesem Gericht nur Tafelwasser oder einen leichten Weißwein reichen. Das Gericht am besten in dem Topf, in dem es zubereitet wurde (z.B. in feuerfestem Glas- oder Tongeschirr), auf den Tisch bringen.

1 Zutaten.

2 Die Koteletts von beiden Seiten je 3 Minuten braten.

Kalbsbraten nach Lothringer Art

***

Zutaten für 4–6 Personen	Arbeitsgeräte
750 g Kalbfleisch (Keule), 2 TL Pfefferwürze (flüssig oder 1 TL Pfeffer), Salz, 3 EL Öl (oder Pflanzenfett), 1/8 l Orangensaft, 1/8–1/4 l Wasser, 1 Schächtelchen Rahmbratensoße (oder Instant-Bratensoße), 1 Orange, 2 EL Sahne.	**Schneidbrett, Messer, Bratentopf (Pfanne oder Dampfdrucktopf), Schneebesen.**

Zubereitungszeit

etwa 60 Minuten, davon 5 Minuten Vorbereitung und 50–55 Minuten Garzeit (Garzeit im Dampfdrucktopf 15–20 Minuten).

Das Kalbfleisch kalt abspülen und mit Küchenkrepp abtrocknen. Rundherum mit flüssiger Pfefferwürze und etwas Salz einreiben.
Das Öl im Bratentopf bei starker Wärmestufe erhitzen und das Fleisch darin rundherum in etwa 10 Minuten anbraten.
Den Orangensaft und 1/8 l Wasser dazugießen, aufkochen und den Topf schließen. Den Herd auf kleine Wärmestufe zurückschalten und das Fleisch in etwa 40 Minuten (Dampfdrucktopf etwa 15 Minuten) gar schmoren.
Das Fleisch aus dem Topf nehmen und warm stellen.
Den Bratenfond lösen und mit kaltem Wasser auf 1/4 l Flüssigkeit ergänzen. Das Soßenpulver mit dem Schneebesen einrühren und einmal aufkochen.
Die Orange schälen, in kleine Würfel oder dünne Scheibchen schneiden und in die Soße geben. Mit Sahne und bei Bedarf etwas Salz und Pfeffer abschmecken.
Den Kalbsbraten in Scheiben schneiden und auf einer vorgewärmten Platte anrichten. Die Soße in einer Sauciere dazu reichen.

Pro Portion bei 4: 32 g E 16 g F 13 g KH 340 kcal 1420 kJ
Pro Portion bei 6: 21 g E 11 g F 8 g KH 227 kcal 950 kJ

Serviervorschlag
Zu diesem leichtverdaulichen Fleischgericht passen Reis, Teigwaren oder Kartoffelpüree und frische Salate, als Getränk Orangensaft oder ein leichter Weißwein.

TIP
Auch für die Zubereitung im Römertopf gut geeignet. In diesem Fall die Koteletts anbraten, dann mit den übrigen Zutaten in den gewässerten Tontopf geben und Perlzwiebeln sowie Sahne darüber verteilen. Den Topf schließen, auf der unteren Schiene in den kalten Backofen einschieben und bei 240°C (G-Herd Stufe 4–5) in etwa 60 Minuten gar schmoren.

Gefüllte Kalbsbrust

***

Zutaten für 4 Personen	Arbeitsgeräte
1 Brötchen, 500 g Kalbsbrust, Pfeffer und Salz, 200 g Hackfleisch (1/2 Rind, 1/2 Schwein), 1 Ei, 1/2 Bund Dill, 2 Orangen, 1 EL Rosinen, 1/2 TL Pfeffer, 1–2 TL Salz, 1 TL Paprika, 2–3 EL Öl, 1/8–1/4 l Fleischbrühe, eventuell 3 EL Sahne.	**Schneidbrett, großes Fleischmesser, Schüssel, Löffel, Baumwollgarn, Bratentopf mit Deckel (Pfanne oder Dampfdrucktopf), Fleischgabel, Zitronenpresse.**

Zubereitungszeit

70–80 Minuten, davon 15 Minuten Vorbereitung und 55–65 Minuten Garzeit (Garzeit im Dampfdrucktopf 20–25 Minuten).

Kaltes Wasser in die Schüssel gießen und das Brötchen darin einweichen.
Das Fleisch unter kaltem Wasser kurz waschen und mit Küchenkrepp abtrocknen. Fett und Sehnen rundherum wegschneiden, seitlich eine tiefe Tasche in das Fleischstück einschneiden. Das Fleisch auseinanderklappen und innen und außen leicht mit Pfeffer und Salz einreiben.
Das Brötchen gut ausdrücken; das Hackfleisch, das Ei und den feingehackten Dill hinzufügen.
Eine Orange schälen und in kleine Würfel schneiden. Zusammen mit den Rosinen, dem Pfeffer, Salz und Paprika in die Schüssel geben. Alle Zutaten zu einem glatten Fleischteig vermischen.
Diesen in die Fleischtasche füllen und die Kalbsbrust mit einem Baumwollfaden so zunähen, daß keine Fleischfülle herausdringt.
Das Öl im Bratentopf bei starker Wärmestufe erhitzen. Die Kalbsbrust hineinlegen und in 10–12 Minuten von allen Seiten anbraten.
Den Saft der 2. Orange und 1/8 l Fleischbrühe über den Braten gießen. Aufkochen lassen, dann den Topf schließen und den Herd auf kleinste Wärmestufe schalten.
Die Kalbsbrust in etwa 50 Minuten gar schmoren. Vor dem Herausnehmen prüfen, ob das Fleisch durchgebraten und weich ist.
Die Kalbsbrust in Scheiben schneiden und auf einer Platte warm halten.
Den Bratenfond gut abschmecken, nach Bedarf mit etwas Brühe verlängern und mit Sahne oder Stärkemehl binden.

Pro Portion: 36 g E 32 g F 17 g KH 534 kcal 2230 kJ

Serviervorschlag
Zu diesem festlichen Gericht schmecken Butternudeln, Kartoffelpüree oder Semmelknödel und grüner Salat; Weißwein oder Traubensaft als Getränk reichen.

Gefüllter Kalbsrücken nach Parma-Art

✱✱

Zutaten für 4 Personen

**500 g Spinat, 1 TL Salz,
1 Msp. geriebene Muskatnuß,
2 Eier, 2 EL Parmesankäse,
Pfeffer und Salz,
20 g Butter,
800 g Kalbsrücken (1 große, etwa 1 cm dicke Scheibe),
100 g Schinkenspeck in Scheiben,
3 EL Öl,
1 Tasse Fleischbrühe,
0,2 l Weißwein,
1–2 TL Stärkemehl,
2 EL Sahne.**

Arbeitsgeräte

Durchschlag, Schneidbrett, großes Messer, Topf, Schüssel, Schneebesen, große Pfanne, großer Bratentopf (oder Dampfdrucktopf), Pfannenwender, Baumwollgarn.

Zubereitungszeit

etwa 2 Stunden, davon 20–25 Minuten Vorbereitung und etwa 90 Minuten Garzeit (im Dampfdrucktopf Garzeit etwa 35 Minuten).

Den Spinat verlesen (siehe auch Kapitel „Gemüse"), putzen und in kaltem Wasser mehrmals sehr gründlich waschen. Auf dem Durchschlag abtropfen lassen. Den Spinat grob zerschneiden.
1/8 l Wasser, das Salz und die Muskatnuß im Topf aufkochen, den Spinat hineingeben und 2–3 Minuten blanchieren. Dann abtropfen lassen.
In der Schüssel die aufgeschlagenen Eier, den Parmesankäse, etwas Pfeffer und Salz mit dem Schneebesen schaumig rühren.
Die Butter bei mittlerer Wärmestufe in der Pfanne schmelzen. Die Eimasse hineingießen und in 6–8 Minuten zu einem goldbraunen Eierkuchen backen.
Das Kalbfleisch auf dem Brett ausbreiten, eventuell die Scheibe noch gleichmäßig dick klopfen. Das Fleisch mit etwas Pfeffer und wenig Salz einreiben und mit den Schinkenspeckscheiben belegen.
Den Eierkuchen darauflegen und mit dem Spinat bedecken (Bild 2).
Zu einem Braten aufrollen und rundherum mit Baumwollgarn umwickeln (Bild 3 und 4).

1 Zutaten.

2 Eierkuchen und Spinat auf das Kalbfleisch legen.

3 Das Fleisch aufrollen.

4 Den Braten mit Baumwollgarn umwickeln.

5 Den Braten wenden.

Im Bratentopf (oder in der großen Pfanne) das Öl bei starker Wärmestufe erhitzen. Den Rollbraten hineinlegen und rundherum in 10–12 Minuten anbraten.
Dann etwas Fleischbrühe dazugießen, den Topf schließen und den Herd auf kleinste Wärmestufe schalten. Den Braten in ca. 70 Minuten langsam gar schmoren. Zwischendurch wenden und Fleischbrühe und Weißwein dazugießen (Bild 5).
Den Braten aus dem Topf nehmen und warm stellen. Den Bratenfond eventuell mit etwas Wasser lösen und mit Stärkemehl binden, das mit Sahne oder Wasser angerührt wurde. Die Soße mit Pfeffer und Salz abschmecken.
Den Rollbraten in Scheiben schneiden und mit der Soße servieren.

Pro Portion: 54 g E 32 g F 5 g KH 601 kcal 2510 kJ

Gefüllter Kalbsrücken nach Parma-Art.

Serviervorschlag

Zu diesem festlichen Braten schmecken gedünsteter Fenchel oder Bleichsellerie, Karotten und Pommes frites oder Rösti (siehe Kapitel „Beilagen"). Einen gutgekühlten Weißherbst oder Morio-Muskat dazu trinken.

HINWEIS

Bei der Zubereitung im Dampfdrucktopf den Rollbraten zunächst im offenen Topf rundherum anbraten. Dann die Fleischbrühe und den Weißwein dazugießen, den Topf schließen und nach Geräteanweisung aufheizen. Nach Erreichen der gewünschten Kochtemperatur die Wärmezufuhr reduzieren.

TIPS

Für eine größere Personenzahl ist die Zubereitung im Backofen zu empfehlen. Dann den Rollbraten zwischendurch mit Öl oder flüssiger Butter bepinseln.

Eventuell den Braten mit Backkartoffeln servieren, die gleichzeitig im Backofen zubereitet werden können.

Der Braten eignet sich auch für kalte Bratenplatten, z. B. auch bei Gartenfesten oder Picknickausflügen.

Schnitzel naturell

Zutaten für 2 Personen	**Arbeitsgeräte**
2 Kalbsschnitzel (à 125 g), 2 EL Öl, Pfeffer, Salz, Paprika, Saft von 1/2 Zitrone.	**Schneidbrett, Fleischklopfer, Pfanne, Pfannenwender.**
	Zubereitungszeit
	12–15 Minuten.

Die Schnitzel klopfen und im heißen Öl in der Pfanne von beiden Seiten in je 5–6 Minuten braten.
Oder mit Öl einpinseln und unter dem Grill garen.
Die Schnitzel mit Pfeffer, Salz und Paprika würzen, mit Zitronensaft beträufeln und servieren.

Pro Portion: 26 g E 12 g F 1 g KH 232 kcal 970 kJ

Serviervorschlag
Mit Kartoffelpüree und frischen grünen Salaten oder Rohkost reichen. Tomatensaft, Kefir oder ein leichter Weißwein als Getränk dazu.

Schnitzel naturell.

Pariser Schnitzel

Zutaten für 2 Personen	**Arbeitsgeräte**
2 Kalbsschnitzel (à 125 g), 1 TL flüssige Pfefferwürze, 2–3 EL Mehl, 1 Ei, 1/2 TL Salz, 20 g Schweineschmalz (oder Pflanzenfett), 1/2 Zitrone, Petersilie.	**Schneidbrett, Fleischklopfer, 2 Teller, Gabel, Pfanne, Pfannenwender.**
	Zubereitungszeit
	etwa 15 Minuten.

Die Schnitzel leicht klopfen, mit der Pfefferwürze einreiben und diese etwas in das Fleisch einziehen lassen.
Das Mehl in einen Teller geben, im 2. Teller das Ei und das Salz verrühren.
Das Fett in die Pfanne geben und erhitzen.
Die Schnitzel in Mehl wälzen, dann ins Ei eintauchen und in das heiße Fett legen. Von beiden Seiten in etwa 10 Minuten (dicke Schnitzel 2–4 Minuten länger) goldbraun braten. Die Wärmezufuhr nach der halben Bratzeit etwas zurückschalten.
Die Zitrone in Scheiben schneiden. Die Schnitzel anrichten und mit Zitronenscheiben und Petersilie garnieren.

Pro Portion: 30 g E 15 g F 9 g KH 316 kcal 1320 kJ

Kalbsschnitzel Aphrodite

Zutaten für 4 Personen	**Arbeitsgeräte**
4 Kalbsschnitzel (à 125 g), 2 TL flüssige Pfefferwürze (oder Pfeffer und Salz), 1 EL Öl, 20 g Butter (oder Pflanzenfett), 2 Orangen, 2 Tomaten, 1 TL Instant-Bratensoße, 2 EL Sahne (oder Dosenmilch), frisch gemahlener Pfeffer, eventuell etwas Salz.	**Schneidbrett, Fleischklopfer, Pfanne mit Deckel, Pfannenwender (oder Gabel), Messer.**
	Zubereitungszeit
	etwa 20 Minuten.

Die Schnitzel leicht klopfen und mit der Pfefferwürze (oder Pfeffer und Salz) einreiben, diese etwa 5 Minuten in das Fleisch einziehen lassen.
Das Öl und die Butter (oder das Pflanzenfett) in der Pfanne bei starker Wärmestufe erhitzen. Die Schnitzel hineinlegen und je Seite 4 Minuten braten.
In der Zwischenzeit die Orangen schälen, die Tomaten häuten und entkernen. Orangen und Tomaten in Würfel schneiden, über die Schnitzel verteilen und bei geschlossener Pfanne 2–3 Minuten erhitzen.
Die Schnitzel aus der Pfanne nehmen und warm stellen.
Den Bratenfond mit Bratensoße und Sahne binden, nach Geschmack mit frisch gemahlenem Pfeffer und Salz würzen und über die Schnitzel verteilen.

Pro Portion: 27 g E 11 g F 10 g KH 268 kcal 1120 kJ

Wiener Schnitzel

GRUNDREZEPT

Zutaten für 2 Personen	Arbeitsgeräte
4 dünne Kalbsschnitzel (à 75 g), Pfeffer und Salz, 1 Msp. Paprika, 1 Ei, etwas Mehl, Paniermehl, 20 g Schweineschmalz (ÖL oder Butter + Öl), 1/2 Zitrone, Petersilie.	**Schneidbrett, Fleischklopfer, Paniertablett (oder 3 Teller), Gabel, Pfanne, Pfannenwender.** **Zubereitungszeit** **15–20 Minuten.**

Die Kalbsschnitzel leicht klopfen und mit einer Mischung aus Pfeffer, Salz und etwas Paprika einreiben (Bild 2).

Im Paniertablett mit Dreiteilung in die 1. Vertiefung Mehl, in die 2. das Ei und in die 3. Paniermehl geben. Das Ei mit der Gabel leicht verrühren (Bild 3).

Das Schmalz in die Pfanne geben und bei starker Wärmestufe (E-Herd Schaltstufe 2,5; Automatik 10; G-Herd große Flamme) erhitzen.

Die Schnitzel nacheinander im Mehl wälzen, ins Ei tauchen und im Paniermehl wenden. In die Pfanne legen. Von beiden Seiten in je 4–5 Minuten goldbraun braten, dabei die Wärmezufuhr etwas zurückschalten (Bild 4).

Die Schnitzel anrichten und mit Zitronenachteln oder -scheiben und Petersilie garniert servieren. Zum richtigen Wiener Schnitzel gehört auch noch je 1 Sardellenfilet.

Pro Portion: 36 g E 16 g F 9 g KH 342 kcal 1430 kJ

1 Zutaten.

2 Die Schnitzel leicht klopfen.

Wiener Schnitzel mit Kartoffelpüree und gemischtem Salat.

3 Die Schnitzel panieren ...

4 ... und in der Pfanne braten.

Serviervorschlag

Mit Kartoffelpüree, Reis, Pommes frites oder Rösti und frischen Salaten servieren; dazu Fruchtsaft, Tafelwasser oder einen leichten Weißwein trinken!

HINWEIS

Nur ein echtes Kalbsschnitzel darf die Bezeichnung „Wiener Schnitzel" tragen, bei Verwendung eines Schweineschnitzels heißt es z. B. „Schnitzel nach Wiener Art".

Kalbsschnitzel lassen sich vielseitig verwenden. Gefüllt werden sie z. B. zu berühmten Spezialitäten, wie Cordon bleu oder Saltimbocca.

Saltimbocca (römische Kalbsschnitzel)

Zutaten für 4 Personen

8 dünne Kalbsschnitzel (à 75 g), etwas Pfeffer und Salz, 8 kleine Scheiben roher Schinken (100 g), 8 frische oder getrocknete Salbeiblätter, 2 EL Öl, 1/2 Tasse Fleischbrühe, 1/2 Glas Weißwein, 1 EL rote Johannisbeerkonfitüre, 1 EL Zitronensaft, 2 EL Sahne, frisch gemahlener Pfeffer.

Arbeitsgeräte

Schneidbrett, Fleischklopfer, Messer, Holzspießchen (Zahnstocher), beschichtete Pfanne, Pfannenwender.

Zubereitungszeit

15–20 Minuten.

Die Kalbsschnitzel leicht klopfen und mit Pfeffer und Salz einreiben. Jedes Schnitzel mit einer kleinen Schinkenscheibe und 1 Salbeiblatt (oder etwas gemahlenem Salbei) belegen. Die Schnitzel einmal überklappen und mit Holzspießchen feststecken.
Das Öl in der Pfanne bei starker Wärmestufe erhitzen. Die Schnitzel hineinlegen und von jeder Seite 3–4 Minuten braten. Dann aus der Pfanne nehmen und warm halten.
Den Bratenfond mit der Fleischbrühe, dem Weißwein und der Johannisbeerkonfitüre aufkochen. Mit Zitronensaft, Sahne und frisch gemahlenem Pfeffer abschmecken. Die Soße über die Saltimbocca gießen oder gesondert in eine Sauciere geben.

Pro Portion: 36 g E 18 g F 4 g KH 356 kcal 1490 kJ

Serviervorschlag
Zu diesem festlichen Fleischgericht werden Spaghetti, Kartoffelpüree und Brokkoli oder Salat gereicht. Als Getränk einen italienischen Weißwein oder Tomatensaft wählen.

HINWEIS
Saltimbocca heißt übersetzt 'Spring in den Mund', eine passende Bezeichnung für diese Spezialität, die so zart sein soll, daß das Fleisch auf der Zunge zergeht.

1 Zutaten für Saltimbocca.

2 Die Schnitzel mit Holzspießchen feststecken.

Gefüllte Kalbsschnitzel

Zutaten für 4 Personen

**4 Kalbsschnitzel (à 100 g),
2 EL Tomatenketchup
(oder Tomatenmark),
100 g roher Schinken,
1 kleine Zwiebel,
100 g Tatar,
2 EL saure Sahne,
1 EL feingehackte Petersilie,
Pfeffer und Salz,
1 Msp. Cayennepfeffer,
2 EL Öl, 0,2 l Weißwein,
2 EL saure Sahne.**

Arbeitsgeräte

Schneidbrett, Fleischklopfer, Messer, Schüssel, Löffel, Zahnstocher (Holzspießchen), Pfanne mit Deckel, Pfannenwender.

Zubereitungszeit

25–30 Minuten, davon 10–15 Minuten Vorbereitung und 10–15 Minuten Garzeit.

Möglichst große dünne Kalbsschnitzel schneiden lassen. Die Schnitzel flachklopfen und eine Seite mit Tomatenketchup bestreichen.
Den Schinken und die geschälte Zwiebel in kleine Würfel schneiden und in die Schüssel geben. Tatar, Sahne, Petersilie, Pfeffer und Salz sowie Cayennepfeffer dazugeben und alles verrühren. Scharf-pikant abschmecken.
Die Masse, jeweils auf eine Hälfte der Schnitzel verteilen. Die 2. Schnitzelhälfte darüberklappen und die Ränder mit Zahnstochern (Holzspießchen) zusammenstecken, so daß keine Füllung herausdringen kann.
Das Öl in der Pfanne erhitzen, die Schnitzel hineinlegen und von beiden Seiten je 3–4 Minuten braten.
Dann die Pfanne schließen und auf kleinster Wärmestufe noch 4–6 Minuten schmoren.
Die Schnitzel aus der Pfanne nehmen und warm stellen, den Bratenfond mit dem Weißwein aufkochen, bei Bedarf mit Pfeffer und Salz nachwürzen und mit Sahne abschmecken. Über die Schnitzel gießen und servieren.

Pro Portion: 31 g E 18 g F 3 g KH 347 kcal 1450 kJ

Serviervorschlag

Als Beilagen Reis oder Kartoffelpüree, frischen Stangenspargel, Brokkoli oder feine Erbsen reichen; passende Getränke sind Tafelwasser, Fruchtsaft oder ein leichter Weißwein.

Variante Kalbsschnitzelfüllung

1 kleiner Apfel, 100 g frische Champignons, 100 g Geflügelleber.
Die Zutaten in kleine Stücke schneiden.
Die Schnitzel leicht klopfen, mit Pfeffer und Salz würzen.
Eine Schnitzelhälfte mit der Füllung belegen, die zweite darüberklappen und zusammenstecken. Weiter zubereiten wie oben.

Cordon bleu

Zutaten für 4 Personen	**Arbeitsgeräte**
4 dicke Kalbsschnitzel (à 150 g), Pfeffer und Salz, 2 Scheiben Emmentaler Käse (= 50 g, oder Appenzeller, Butterkäse), 2 Scheiben gekochter Schinken (= 50 g), 1 Ei, etwas Mehl, Paniermehl, 3 EL Pflanzenfett (oder 2 EL Öl + 1 EL Butter), 1 Zitrone, Petersilie.	**Schneidbrett, Fleischklopfer, Messer, Holzspieße, Paniertablett (oder 3 Teller), Pfanne, Pfannenwender.** **Zubereitungszeit** **20–25 Minuten, davon 10 Minuten Vorbereitung und 10–15 Minuten Garzeit.**

In die Schnitzel vom Metzger Taschen einschneiden lassen oder selbst hineinschneiden.
Die Schnitzel leicht klopfen, außen und innen mit etwas Pfeffer und Salz würzen.
Die Käse- und Schinkenscheiben halbieren. Jeweils 1 kleine Käse- und 1 Schinkenscheibe in die Schnitzeltasche stecken (Bild 1).
Die Taschen seitlich mit Holzspießchen zustecken (Bild 2).
Das Ei in der mittleren Vertiefung des Paniertabletts verrühren. Mehl und Paniermehl jeweils in die anderen Vertiefungen geben.

1 Käse und Schinken in die Schnitzeltasche stecken.

2 Die Taschen mit Holzspießchen zustecken.

Das Fett in der Pfanne bei starker Wärmestufe erhitzen.
Die Cordons bleus nacheinander erst in Mehl wälzen, dann in das Ei eintauchen und anschließend im Paniermehl wenden. Im heißen Fett von einer Seite etwa 5 Minuten braten, dann wenden und auch von der 2. Seite in 5–7 Minuten goldbraun braten. Die Temperatur etwas zurückschalten (Bild 3).
Auf einer vorgewärmten Platte anrichten und mit Zitronenachteln und Petersilie garnieren.

Pro Portion: 41 g E 17 g F 9 g KH 377 kcal 1580 kJ

3 Die Cordons bleus in der Pfanne goldbraun braten.

Serviervorschlag
Kartoffelpüree, Rösti oder Bratkartoffeln schmecken dazu, Erbsen-Möhren-Gemüse oder Stangenspargel, Weißwein oder Tafelwasser dazu reichen.

TIPS

Auch für ein Essen mit mehreren Personen sind Cordons bleus zu empfehlen, da sie vorbereitet werden können. Das Füllen kann z. B. schon einige Zeit vor der Mahlzeit erfolgen.
Man kann anstelle des gekochten rohen Schinken nehmen, dann schmecken die Cordons bleus kräftiger.

Cordon bleu, pikant
Für Gourmets ist diese Variante zu empfehlen.
Zum Füllen der Kalbsschnitzel in Streifen geschnittenen rohen Schinken und jeweils 1 Scheibe Schimmelpilzkäse (wie Bleu de bresse, Danuble blue, Bavaria Blue, Roquefort) verwenden.
Die Kalbsschnitzel braten und aus der Pfanne nehmen. Den Bratenfond mit 2 Eßlöffel Johannisbeergelee und 2–3 Eßlöffel Weißwein aufkochen. Mit etwas Sahne, Pfeffer und Salz abschmecken und über die Schnitzelchen gießen.

Kalbsgeschnetzeltes nach Zürcher Art

***

Zutaten für 3–4 Personen	**Arbeitsgeräte**
250 g Kalbfleisch (Bug oder Schulterfleisch), 250 g Kalbsnieren, 200 g frische Champignons (oder 1 kleine Dose), 1 Zwiebel, 2 EL Öl, 2 EL Weißwein, Pfeffer und Salz, 2–3 EL Sahne, 1 TL Stärkemehl.	**Schneidbrett, Messer, Schüssel, Topf (oder tiefe Pfanne), Pfannenwender** **Zubereitungszeit** **30–35 Minuten, davon 10–15 Minuten Vorbereitung und 15–20 Minuten Garzeit.**

Das Fleisch bereits geschnetzelt kaufen oder selbst schnetzeln. Dazu das Fleisch in 3–4 cm lange und 1/2 cm dicke Streifen schneiden (Bild 2).
Die Kalbsnieren seitlich waagrecht aufschneiden und die Harnleiter herausschneiden (siehe „Innereien"). Die Nieren unter fließendem Wasser gründlich waschen, dann ebenfalls schnetzeln.
Die Champignons putzen, eventuell kurz waschen und halbieren oder vierteln.
Die Zwiebel schälen und in kleine Würfel schneiden.
Das Öl bei starker Wärmestufe in der Pfanne erhitzen.

1 Zutaten.

2 Das Fleisch in Streifen schneiden.

3 Die Champignons zu dem gebratenen Fleisch geben.

Kalbsgeschnetzeltes nach Zürcher Art mit Rösti.

Das geschnetzelte Fleisch und die Nieren hineingeben und 10 Minuten braten.
Dann die Champignons und die Zwiebelwürfel hinzufügen (Bild 3). 5 Minuten mitdünsten, dann mit dem Weißwein, dem Pfeffer und Salz abschmecken.
Die Sahne mit dem Stärkemehl verrühren und das Geschnetzelte damit binden.

Pro Portion: 24 g E 14 g F 4 g KH 256 kcal 1070 kJ

Serviervorschlag
Zu dieser delikaten Spezialität schmecken Reis, Spätzle oder Petersilienkartoffeln und grüner Salat. Aber auch Rösti (siehe Kapitel „Beilagen") sind dazu beliebt. Als Getränk Tafelwasser oder einen leichten Weißwein reichen.

TIP
Wem die Nieren nicht schmecken, der läßt sie einfach weg, verwendet dann aber 500 g Fleisch.

Kalbsgeschnetzeltes mit Steinpilzen
Anstelle der Champignons können natürlich auch andere Pilze (Steinpilze, Pfifferlinge) verwendet werden.
Sehr zu empfehlen sind z.B. die neuen Züchtungen der Steinpilzchampignons oder Austerlinge.
Frische Pilze werden etwa 10 Minuten mitgedünstet, dann mit Weißwein usw. abschmecken.

Rindfleisch

Vom Gesamtfleischkonsum entfallen etwa 22 kg Rindfleisch jährlich auf jeden Kopf der Bevölkerung. Damit steht Rindfleisch beim Fleischverbrauch an 2. Stelle.
Rindfleisch hat einen appetitanregenden und kräftigen Geschmack, der von vielen Menschen sehr geschätzt wird. Das Fleisch enthält hochwertiges Eiweiß und ist reich an Mineralstoffen, wie Natrium, Calcium, Phosphor und Eisen. Rindfleisch enthält Vitamine, wie A, B_1 und B_2, in der Leber vor allem A, B_6 und B_{12}.
Besonders beliebt sind zarte Rindersteaks, das Roastbeef oder Rinderfilet, die aber auch sehr teuer sind.
Schmackhafte und preiswertere Gerichte können aus weniger teuren Teilen des Rindes (siehe Fleischaufteilung) zubereitet werden.

Aufteilung von Rindfleisch

Gut geeignet zum:

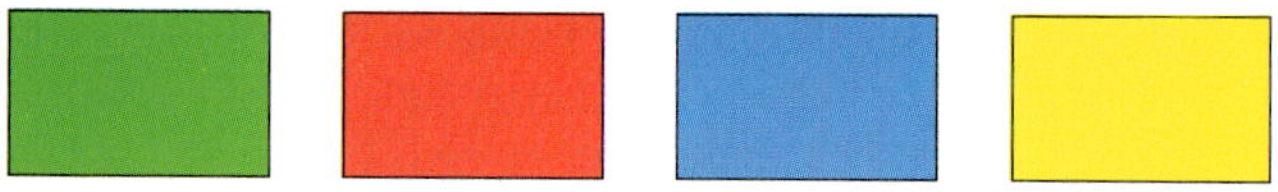

Braten, Schmoren + Kochen	Braten	Kochen	Kurzbraten, Grillen

Verwendung von Rindfleisch

Teil	Bezeichnung	Geeignet zum	Geeignete Gerichte
1	Kopf	Kochen	Suppe, Eintopfgerichte
2	Hals (Kamm)	Braten, Kochen und Schmoren	Gulasch, Sauerbraten, Spickbraten
3	Zungenstück	Braten, Kochen u. Schmoren	gekochtes Rindfleisch, Sauerbraten, Fleischfondue
4	Schulter (Bug)	Braten, Schmoren	Schmorgerichte Ragouts, Sauerbraten
5	Brust	Kochen	gekochte Rinderbrust, Schmorgeriche
6	hohe Rippe	Braten, Kochen u. Schmoren	Rostbraten, gekochtes Rindfleisch mit Meerrettich, Entrecôte
7	Flachrippe (Querrippe)	Kochen	Suppenfleisch, Eintopfgerichte, Fleischsalat
8	Roastbeef	Braten, Kurzbraten und Grillen	gebratenes Roastbeef, Steaks, Rumpsteaks, Fleischfondue
9	Lappen (Flanke)	Kochen u. Schmoren	Suppenfleisch, Eintopfgerichte
10	Filet	Kurzbraten und Grillen Braten	festliche Filetbraten, Filetsteaks, Fleischfondue
11	Keule (Ober- und Unterschale, Hüfte, Nuß)	Braten und Schmoren	Rouladen, Schmorbraten, Sauerbraten, Gulasch, Beefsteakhack
12	Bein (Hesse)	Kochen u. Schmoren	Ragouts, geschmorte Haxen, Beinscheiben

Bild rechts oben: Filet, Hochrippe (obere Reihe); Schmorbraten, Beinscheibe, Medaillons (untere Reihe).

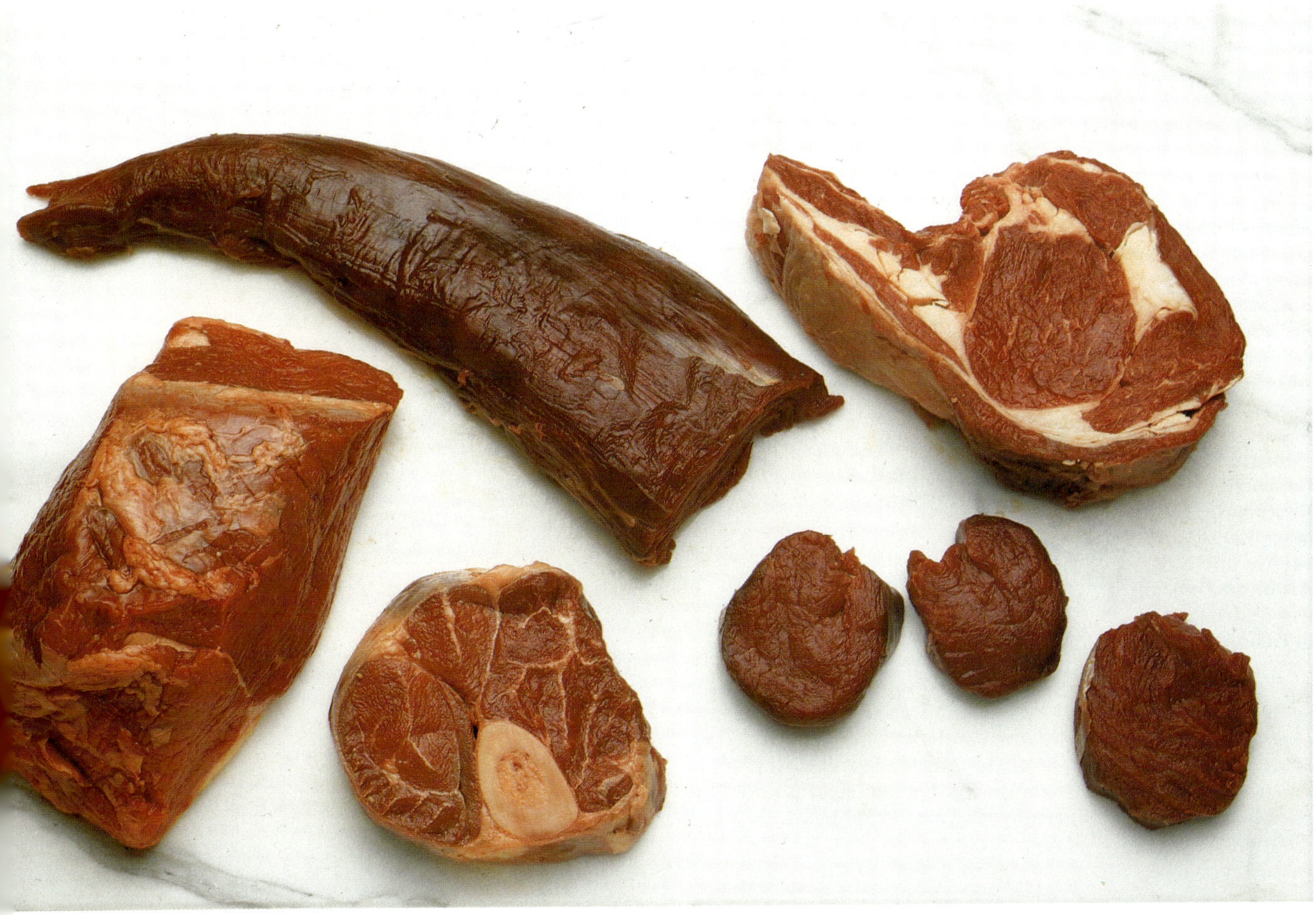

Kleine Warenkunde

Rindfleisch ist nicht gleich Rindfleisch, denn sowohl das Fleisch von Färsen (= weibliche Jungrinder), von jungen und alten Kühen, wie das von Ochsen und Bullen ist unter dieser Bezeichnung im Handel.
Beim Einkauf von Rindfleisch muß bedacht werden, ob es zum Kochen, Schmoren, Braten oder Grillen vorgesehen ist. Für einen guten Braten z.B. ist das Fleisch einer alten Kuh oder eines Ochsen wenig geeignet.
Die Fleischqualität hängt von verschiedenen Faktoren ab. Aufzuchtmethoden, aber auch das Alter oder das Geschlecht der Schlachttiere spielen eine wichtige Rolle. Beim Einkauf von Rindfleisch geben 3 Merkmale Hinweis auf das Alter der Tiere. Achten sie deshalb auf die Fleischfarbe, die Fleischfaser und Fettfarbe (Fettmarmorierung).
Die *Fleischfarbe* von jungen Tieren ist hellrot (bis zu braunrot bei älteren Tieren).
Die *Fleischfaser* ist beim Fleisch junger Tiere feinfaserig (grobfaserig bei älteren).
Die *Fettfarbe* und *Fettmarmorierung* im Fleisch ist bei Jungtieren weiß (bei älteren gelblich).

Zubereitung in der Küche

Rindfleisch muß vor der Verwendung gut abhängen. Schlachtfrisches Rindfleisch bleibt auch nach der Zubereitung zäh.
Rindfleisch zum Kochen ist nach 3–5 Tagen geeignet. Für Schmorgerichte und Braten sollte das Fleisch mindestens 8 Tage abhängen. Für gute, zarte Steaks, Roastbeef und Filets wird sogar eine Reifedauer (= Abhängen) bis zu 20 Tagen empfohlen.
Bei der Planung eines Festmenüs mit größerem Rinderbraten (z.B. Roastbeef, Filet oder für ein Fleischfondue) sollte das Fleisch rechtzeitig beim Metzger bestellt werden. Oder eventuell einige Tage vorher kaufen und zur Nachreifung im Haushalt kühl lagern.
Für die Zubereitung von Rindfleischgerichten sind solche Garmethoden zu empfehlen, bei denen ohne große Fettzugabe gebraten, geschmort oder gegrillt werden kann. Für größere Schmorbraten, gekochtes Rindfleisch usw. empfiehlt sich auch die Zubereitung im Schnellkochtopf, um die langen Garzeiten des Rindfleisches zu verkürzen.

Gekochtes Rindfleisch mit Meerrettich

GRUNDREZEPT ✱✱✱

Zutaten für 4 Personen

750 g Rindfleisch zum Kochen (Brustspitze, Brustkern oder Hochrippe),
2 TL Salz,
3–5 Pfefferkörner,
3 Pimentkörner,
1 Lorbeerblatt,
1/2 TL Thymian,
1 Bund Suppengrün (Möhre, Sellerie, Porree, Petersilienwurzel),
1 Zwiebel,
600 g Kartoffeln,
Pfeffer und Salz,
1/2 Bund Petersilie,
3–4 EL frisch geriebener Meerrettich.

Arbeitsgeräte

Topf (2–3 l, Dampfdrucktopf), Schneidbrett, Messer, Durchschlag.

Zubereitungszeit

100–120 Minuten, davon 5 Minuten Vorbereitung und 100–115 Minuten Garzeit (Garzeit im Dampfdrucktopf 35–40 Minuten).

Das Fleisch kalt abspülen.
1 l Wasser, das Salz und die Gewürze in den Topf geben und bei starker Wärmestufe zum Kochen bringen. Das Fleisch hineinlegen, wieder aufkochen, dann den Topf schließen und den Herd auf kleinste Wärmestufe schalten. Das Fleisch in etwa 70 Minuten fast gar kochen.

1 Zutaten.

2 Das Fleisch aus dem Topf nehmen.

In der Zwischenzeit das Gemüse putzen, die Zwiebel und die Kartoffeln schälen. Alles kurz waschen und abtropfen lassen. Das Suppengrün, die Zwiebel und die Kartoffeln in etwa 1 1/2 cm große Würfel schneiden. Zum Fleisch geben und in weiteren 20 Minuten alles gar kochen.
Das Fleisch aus dem Topf nehmen und in Scheiben schneiden. Das Gemüse mit Pfeffer und Salz abschmecken und mit feingehackter Petersilie bestreuen.

Pro Portion: 28 g E 32 g F 31 g KH 554 kcal 2320 kJ

Gekochtes Rindfleisch mit Meerrettich.

TIP

Mit der Fleischgabel in das Suppenfleisch stechen, um zu probieren, ob es richtig durchgegart ist. Das Fleisch ist weich, wenn sich die Gabel leicht einstechen läßt.
Man kann auch mit der Rundung eines Löffels auf das Fleisch drücken, um festzustellen, ob es weich ist.

Gulasch Hausmacher-Art

GRUNDREZEPT ✻✻✻

Zutaten für 4 Personen

750 g Gulaschfleisch (Rindsgulasch oder 1/2 Rind + 1/2 Schwein),
30 g Pflanzenfett (oder Schweineschmalz),
2 Zwiebeln,
1–2 Knoblauchzehen,
2 EL Tomatenmark (= 1 kleine Dose),
1 EL Mehl,
1/4 l Fleischbrühe,
1/2 TL Pfeffer,
1–2 TL Paprika edelsüß,
1 Msp. Thymian, Salz,
0,1 l Rotwein (oder Portwein),
eventuell 2–3 EL süße Sahne (oder Dosenmilch).

Arbeitsgeräte

Schneidbrett, großes Messer, Bratentopf mit Deckel (oder Dampfdrucktopf), Rührlöffel, Schüssel.

Zubereitungszeit

etwa 2 Stunden, davon 15 Minuten Vorbereitung und 100–110 Minuten Garzeit (Garzeit im Dampfdrucktopf 25–30 Minuten).

Das Gulaschfleisch möglichst am Stück kaufen, damit der Fett- und Sehnenanteil nicht zu groß ist!
Gulaschfleisch am Stück kalt abspülen und mit Küchenkrepp abtrocknen, Fett und Sehnen wegschneiden. Bereits geschnittenes Gulaschfleisch wird nicht gewaschen!

Das Fleisch in etwa 2 cm große Würfel schneiden.
Das Fett im Bratentopf bei starker Wärmestufe (E-Herd Schaltstufe 3; Automatik 12; G-Herd große Flamme) erhitzen. Jeweils nur ein Teil der Fleischwürfel hineingeben und kräftig anbraten, dann kurz aus dem Topf nehmen und die nächsten Würfel anbräunen.
Die Zwiebeln schälen und in große Würfel schneiden, die Knoblauchzehen schälen und zerdrücken.
Die Fleischwürfel, die Zwiebelwürfel und den Knoblauch zusammen 10 Minuten schmoren, dann das Tomatenmark unterrühren.
Das Mehl über das Fleisch stäuben und durchschwitzen.
Unter Rühren die heiße Fleischbrühe dazugießen, mit Pfeffer, Paprika, Thymian und Salz würzen und alles aufkochen.
Dann den Topf schließen, den Herd auf kleinste Wärmestufe zurückschalten und das Fleisch in etwa 80 Minuten gar schmoren. Zwischendurch umrühren und bei Bedarf etwas Brühe oder Wasser nachgießen.
Das Gulasch mit Paprika, Pfeffer und Salz abschmecken, den Rotwein (oder Portwein) und eventuell etwas Sahne (oder Dosenmilch) unterrühren.

Pro Portion: 34 g E 21 g F 5 g KH 387 kcal 1620 kJ

Serviervorschlag

Mit gekochten Kartoffeln oder Klößen, Teigwaren, Reis oder Bauernbrot und frischen Salaten reichen, Bier oder Rotwein dazu trinken.

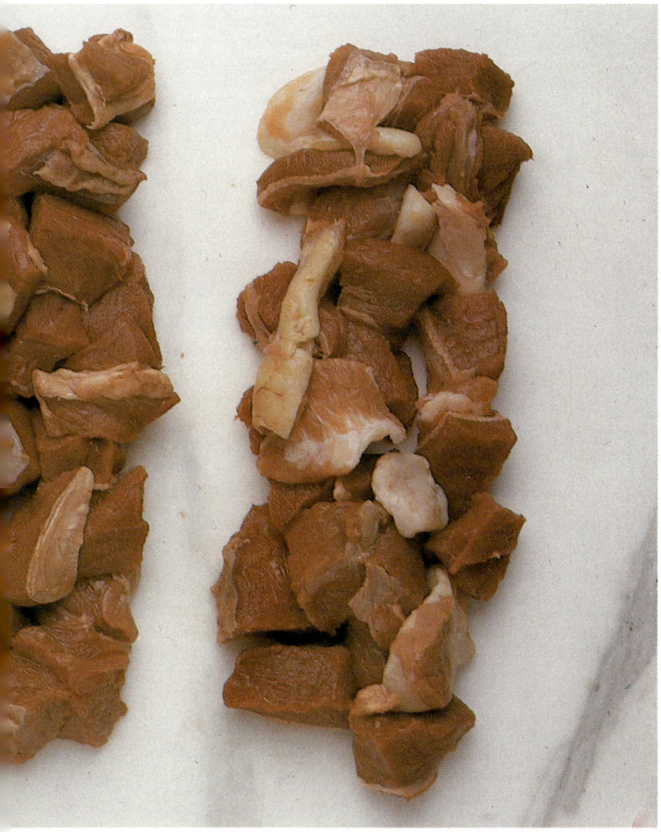

EINKAUFTIPS FÜR GULASCHFLEISCH

Gulaschfleisch wird in Würfel (Stücke) geschnitten angeboten. Es gibt erhebliche Qualitäts- und Preisunterschiede.
Gulasch **bester Qualität** wird aus möglichst mageren, sehnenfreien Bratenfleischstücken geschnitten.
Beim Gulasch **mittlerer Qualität** liegt der Fett- und Sehnenanteil bei etwa 10 %. Das Gulasch wird aus Rindfleisch so, wie es gewachsen ist, geschnitten.
Beim Gulasch **einfacher Qualität** ist der Fett- und Sehnenanteil noch größer. Er darf insgesamt 25–30 % betragen.
Wer also besonders mageres Gulaschfleisch bevorzugt, muß etwas tiefer in die Tasche greifen und die beste, teuerste Sorte wählen. Oder Rinderschmorfleisch am Stück kaufen und das Fleisch selbst schneiden.
Das beste zarteste Gulasch kann man aus Filetfleisch bereiten. Der Preis ist dann entsprechend hoch, aber die Garzeit ist auch sehr kurz. Filetgulasch ist besonders für festliche Anlässe zu empfehlen, wo die Zubereitungszeiten kurz sein sollten.

Gulasch (von links): Filetgulasch, beste, mittlere und einfache Qualität.

Rotweingulasch mit roten Bohnen.

Rotweingulasch mit roten Bohnen

***

Zutaten für 4 Personen

500 g Rindergulasch,
1/8 l Rotwein,
1 Beutel Gulaschfix,
1 kleine Dose rote Bohnen (Kidney beans, 255 g Einwaage),
50 g durchwachsener, geräucherter Speck,
1 EL Öl,
Pfeffer und Salz.

Arbeitsgeräte

Schneidbrett, Messer, Bratentopf mit Deckel (oder Dampfdrucktopf), Rührlöffel, Schneebesen, Kasserolle.

Zubereitungszeit

etwa 100 Minuten, davon 10 Minuten Vorbereitung und 90 Minuten Garzeit (Garzeit im Dampfdrucktopf 40–45 Minuten).

Das Fleisch (aus dem falschen Filet, Unterschale oder Schwanzstück) am besten am Stück kaufen und in etwa 1 1/2 cm große Würfel schneiden. Nicht zu große Würfel schneiden, da sich die Garzeit sonst verlängert!

1/4 l Wasser und den Rotwein in den Topf gießen und bei mittlerer Wärmestufe (E-Herd Schaltstufe 2–2,5; Automatik 8–10; G-Herd mittelgroße Flamme) erwärmen.
Gulaschfix nach Packungsanweisung einrühren und aufkochen lassen.
Das Fleisch in den Topf geben, aufkochen und durchrühren. Dann den Topf schließen und den Herd auf kleine Wärmestufe schalten. Das Fleisch etwa 75 Minuten schmoren lassen, zwischendurch umrühren und bei Bedarf etwas Wasser nachgießen.
Die roten Bohnen in das Gulasch mischen und dieses in weiteren 10 Minuten gar schmoren lassen.
In der Zwischenzeit den Speck in kleine Würfel schneiden und in der Kasserolle in heißem Öl goldbraun ausbraten.
Das Gulasch abschmecken, eventuell mit etwas Pfeffer und Salz nachwürzen, anrichten und mit den Speckwürfeln bestreuen.

Pro Portion: 36 g E 22 g F 24 g KH 489 kcal 2040 kJ

Serviervorschlag

Als Beilagen schmecken Kartoffelklöße oder gekochte Kartoffeln, Reis oder Spätzle und frische grüne Salate dazu. Rotwein, Bier oder Tafelwasser sind passende Getränke.

Pilzgulasch.

Paprika-Sahne-Gulasch.

Pilzgulasch
1 kleine Dose Mischpilze oder Pfifferlinge (220 g) in den letzten 5 Minuten der Garzeit untermischen. Das Pilzwasser eventuell vorher unterrühren. Das Gulasch mit feingehackter Petersilie bestreut servieren.

Pro Portion: 34 g E 22 g F 8 g KH 405 kcal 1690 kJ

Paprika-Sahne-Gulasch
250 g Paprikaschoten (rot und grün), 4 EL süße Sahne (zusätzlich).
Die Paprikaschoten entkernen, waschen und in Streifen schneiden. 10 Minuten vor Ende der Garzeit in das Gulasch mischen und mitschmoren. Mit Sahne verrühren und eventuell noch stärker mit Paprika abschmecken (aber nicht für Kinder!).

Pro Portion: 34 g E 26 g F 8 g KH 448 kcal 1870 kJ

Gemüsegulasch
500 g Gemüse (z.B. grüne Bohnen, Sellerie, Lauch, Möhren, Kartoffeln).
Das Gemüse je nach Sorte putzen oder schälen, waschen und in Streifen, Scheiben oder Würfel schneiden. Je nach Sorte 20–25 Minuten vor Ende der Garzeit zum Gulasch geben und fertigschmoren.
Gemüsegulasch ist eine preiswertere Gulaschvariante, die Menge genügt für 6 Personen. Es kann aber auch die Fleischmenge beim Gemüsegulasch reduziert werden.
Bei 500 g Fleisch und 500 g Gemüse für 4 Personen beträgt der Nährwert

Pro Portion: 24 g E 18 g F 14 g KH 351 kcal 1470 kJ

Gemüsegulasch.

TIPS

- Gulasch, das eingefroren wird, muß eventuell bei der späteren Verwendung nachgewürzt werden, da beim Einfrieren die Würzkraft einiger Gewürze nachläßt.
- Kinder essen Gulasch gerne, wenn es nicht zu scharf gewürzt wurde. Also z.B. edelsüßen, milden Paprika verwenden, wenn Kinder mitessen.
  Wird Gulasch für Erwachsene zubereitet, kann scharfer Paprika (Pfeffer und Cayennepfeffer) zum Würzen verwendet werden.

Rinderschmorfleisch nach spanischer Art

***

Zutaten für 4 Personen

500 g mageres Rindfleisch (aus Hüftdeckel, Blume oder Unterschale),
50 g durchwachsener, geräucherter Speck,
1 EL Öl,
250 g Zwiebeln,
1 EL Mehl,
3 EL Milch,
2 EL Tomatenmark, (= 1 kleine Dose),
2 Knoblauchzehen,
1 Tasse Fleischbrühe,
0,2 l Weißwein,
1/2 TL Paprika,
1 Msp. Thymian,
1 Msp. Rosmarin,
Pfeffer und Salz,
50 g schwarze Oliven,
1/2 Bund Petersilie.

Arbeitsgeräte

Schneidbrett, großes Messer, Bratentopf mit Deckel (Dampfdrucktopf), Tasse, Rührlöffel.

Zubereitungszeit

etwa 90 Minuten, davon 10 Minuten Vorbereitung und 75–80 Minuten Garzeit (Garzeit im Dampfdrucktopf etwa 40 Minuten).

Das Rindfleisch kalt abspülen und mit Küchenkrepp abtrocknen. Fett und Sehnen entfernen und das Fleisch in 1 cm große Würfel schneiden.
Den Speck in kleine Würfel schneiden und zusammen mit dem Öl im Bratentopf bei starker Wärmestufe glasig ausbraten. Die Fleischwürfel hinzufügen und 10 Minuten anbraten.
In der Zwischenzeit die Zwiebeln schälen und vierteln und dann zum Fleisch geben. 15 Minuten bei geschlossenem Topf schmoren lassen.
In einer Tasse das Mehl mit der Milch verrühren und mit dem Tomatenmark vermischen. Die Knoblauchzehen schälen und zerdrücken.
Alles unter das Fleisch rühren, die Fleischbrühe und den Weißwein dazugießen. Mit Paprika, Thymian, Rosmarin, Pfeffer und Salz würzen und alles aufkochen.
Dann den Topf schließen, den Herd auf kleinste Wärmestufe schalten und das Fleisch in etwa 1 Stunde gar schmoren. Zwischendurch umrühren. In den letzten 5 Minuten der Garzeit die Oliven hinzufügen.
Bei Bedarf mit etwas Pfeffer und Paprika nachwürzen. Das Schmorfleisch anrichten und mit feingehackter Petersilie überstreuen.

Pro Portion: 29 g E 22 g F 10 g KH 406 kcal 1700 kJ

Serviervorschlag

Dazu passen gekochte Kartoffeln oder Kartoffelklöße, aber auch Nudeln, Reis oder frisches Bauernbrot. Frische grüne Salate oder Tomaten-, Gurken- oder Bohnensalat dazu reichen. Gut gekühlte Buttermilch, Bier oder einen herben spanischen Rotwein dazu trinken.

Rinderragout mit Paprikaschoten.

Rinderragout mit Paprikaschoten

***

Zutaten für 4 Personen

600 g Rinderschmorfleisch (aus der Blume, Unterschale, Schwanzrolle),
2–3 EL Öl (oder Pflanzenfett),
2 EL Tomatenmark,
1/2 TL Pfeffer,
1/2 TL Paprika,
1–2 TL Instant-Hühnerbrühe,
1/8–1/4 l Wasser,
1 Msp. Zucker,
0,1 l Weißwein,
500 g kleine Kartoffeln,
500 g Paprikaschoten (rot und grün),
2 Zwiebeln.

Arbeitsgeräte

Schneidbrett, Messer, Durchschlag, Bratentopf mit Deckel, (oder Dampfdrucktopf), kleine Schüssel, Rührlöffel.

Zubereitungszeit

70–80 Minuten, davon 10 Minuten Vorbereitung und 60–70 Minuten Garzeit (Garzeit im Dampfdrucktopf 25–35 Minuten).

Das Rindfleisch am Stück kaufen, kalt abspülen und mit Küchenkrepp gut abtrocknen. Fett und Sehnen entfernen. Das Fleisch in 1 cm große Würfel schneiden.
Das Öl im Bratentopf bei starker Wärmezufuhr erhitzen und die Fleischwürfel darin 15 Minuten anbraten.
Das Tomatenmark mit den Gewürzen, der Hühnerbrühe, dem Wasser, Zucker und Weißwein verrühren. Über das Fleisch gießen und aufkochen lassen.
Den Topf schließen, den Herd auf kleinste Wärmestufe schalten und das Fleisch 25 Minuten schmoren lassen.
In der Zwischenzeit die Kartoffeln schälen, die Paprikaschoten

entkernen und die Zwiebeln schälen. Das Gemüse waschen und abtropfen lassen. Die Kartoffeln und die Zwiebeln in Würfel schneiden und zum Fleisch geben.
Die Paprikaschoten in Streifen schneiden und nach weiteren 10 Minuten hinzufügen.
Dann noch etwa 15 Minuten schmoren, bis das Fleisch weich ist. Das Gericht kräftig abschmecken. Bei Bedarf mit Pfeffer, Paprika und etwas Salz nachwürzen.

Pro Portion: 35 g E 19 g F 26 g KH 453 kcal 1890 kJ

Serviervorschlag
Mit körnig gekochtem Reis oder Nudeln und frischem Salat reichen oder einfach knusprig-frisches Brot dazu. Als Getränke Tafelwasser, Bier oder einen kräftigen Rotwein wählen.

HINWEIS
Bei der Zubereitung im Dampfdrucktopf das Fleisch zunächst anbraten und danach etwa 15 Minuten im geschlossenen Topf garen. Dann den Dampfdrucktopf abkühlen, nach Geräteanweisung öffnen und das vorbereitete Gemüse hineingeben. Wieder schließen, aufheizen und in etwa 10 Minuten fertiggaren.

TIP
Bei der Zubereitung im Römertopf wird das Fleisch zunächst in der Pfanne kräftig angebraten und dann in den gewässerten Tontopf gegeben. Die Würzzutaten – aber nur 1/8 l Brühe – und das vorbereitete Gemüse darüber verteilen. Den Topf schließen und in den kalten Backofen – untere Schiene – einschieben. 220° C einstellen und das Gericht in etwa 90 Minuten langsam gar schmoren.
Eventuell im Backofen weitere Beilagen zum Gericht zubereiten, um die Wärme zu nutzen.

Rindfleisch chinesische Art

***

Zutaten für 4 Personen

500 g Rinderschmorfleisch (Gulaschfleisch aus dem falschen Filet),
2 EL Sojasoße,
1–2 TL Curry,
1–2 TL Paprika,
3 EL Öl,
2 Knoblauchzehen,
1 kleine Stange Porree (Lauch, etwa 100 g),
1 Dose Sojakeimlinge (etwa 220 g),
1 EL Stärkemehl,
4 EL süße Sahne (oder Dosenmilch),
Pfeffer und Salz.

Arbeitsgeräte

Schneidbrett, Messer, Schüssel, Knoblauchpresse, Bratentopf mit Deckel (Dampfdrucktopf), Rührlöffel, Durchschlag, Dosenöffner.

Zubereitungszeit

60–65 Minuten, davon 20 Minuten Vorbereitung und 40–45 Minuten Garzeit (Garzeit im Dampfdrucktopf 20 Minuten).

Gut abgehangenes Rindfleisch am Stück kaufen. Das Fleisch kalt abspülen und mit Küchenkrepp abtrocknen. Fett und Sehnen abschneiden. Das Fleisch in 1/2 cm dünne Streifen schneiden und in die Schüssel geben.
Sojasoße, Curry, Paprika, 1 Eßlöffel Öl und die geschälten und zerdrückten Knoblauchzehen darübergeben und alles gut vermischen. Zugedeckt 10 Minuten stehenlassen.
In der Zwischenzeit den Porree putzen und gründlich waschen (siehe auch Kapitel „Gemüse"), abtropfen lassen und dann in dünne Streifen schneiden. Die Sojakeimlinge ebenfalls abtropfen lassen.
Das restliche Öl im Bratentopf bei starker Wärmezufuhr erhitzen. Die Fleischstreifen 10 Minuten anbraten, dann den Topf schließen, den Herd auf kleine Wärmestufe schalten und das Fleisch 20 Minuten schmoren lassen, eventuell etwas Wasser dazugießen.
Das vorbereitete Gemüse unter das Fleisch mischen, den Herd 5 Minuten auf stärkere Wärmestufe schalten, dann die Temperatur wieder reduzieren und noch 10 Minuten schmoren.
Das Stärkemehl mit der Sahne verrühren und das Schmorfleisch damit binden. Mit Pfeffer, Salz und Sojasoße abschmekken und anrichten.

Pro Portion: 29 g E 21 g F 7 g KH 352 kcal 1470 kJ

Serviervorschlag
Dazu passen Reis oder Nudeln und frische Salate, eventuell auch Mango-Chutney, Mixed-Pickles usw. dazu reichen, Tafelwasser oder Bier als Getränk.

Variation
1 rote Paprikaschote oder 2 Eßlöffel chinesische Trockenpilze (in Wasser eingeweicht und kleingeschnitten) mitschmoren.

Rinderrouladen

GRUNDREZEPT ✱✱✱

Zutaten für 4 Personen

**4 Rinderrouladen (à 125 g),
Pfeffer und Salz,
2 TL französischer Kräutersenf,
1 kleiner Apfel,
1 Zwiebel,
1 Gewürzgurke,
50 g durchwachsener, geräucherter Speck,
1/2 Bund Petersilie,
3 EL Öl (oder 30 g Pflanzenfett),
1/8 l Fleischbrühe,
0,1 l Rotwein,
1 EL Instant-Bratensoße,
4 EL Milch oder Sahne,
eventuell etwas Paprika.**

Arbeitsgeräte

Schneidbrett, Fleischklopfer, Messer, Schüssel, Rouladenklammern (oder Rouladennadeln), Bratentopf mit Deckel (tiefe Pfanne oder Dampfdrucktopf), Schneebesen.

Zubereitungszeit

100–120 Minuten, davon 10–15 Minuten Vorbereitung und 90–110 Minuten Garzeit (Garzeit im Dampfdrucktopf 20–25 Minuten).

Die gut abgehangenen Rouladenscheiben leicht klopfen, von beiden Seiten mit etwas Pfeffer und Salz einreiben, dann eine Seite mit Kräutersenf bestreichen (Bild 2).
Den Apfel waschen, schälen und das Kerngehäuse herausschneiden.
Die Zwiebel schälen und ebenso wie den Apfel, die Gewürzgurke und den Speck in kleine Würfel schneiden. Die Petersilie fein hacken.
Die Zutaten in der Schüssel vermischen und gleichmäßig auf die Fleischscheiben verteilen.
Die Scheiben zunächst auf den Längsseiten etwas einschlagen, dann von der Breitseite aus aufrollen. Mit Rouladenklammern (oder Spießen) zusammenhalten.
Das Öl bei starker Wärmezufuhr im Bratentopf erhitzen. Die Rouladen hineinlegen und rundherum in 10–15 Minuten anbraten (Bild 3).
Dann mit der Fleischbrühe und dem Rotwein übergießen, aufkochen und den Topf schließen. Den Herd auf kleinste Wärmestufe zurückschalten.
Die Rouladen in 75–90 Minuten gar schmoren. Falls das Fleisch nicht gut genug abgehangen war, kann die Garzeit länger sein!
Die fertig geschmorten Rouladen aus dem Topf nehmen und auf einer Platte oder in einer Schüssel warm stellen.
Den Schmorfond (Bratenfond) entweder pur über die Rouladen gießen oder mit Instant-Bratensoße binden, mit Milch oder Sahne und Paprika abschmecken. Den Fond bei Bedarf mit etwas Wasser verlängern.

Pro Portion: 28 g E 26 g F 6 g KH 410 kcal 1710 kJ

Serviervorschlag

Zu Rouladen schmecken gekochte Kartoffeln oder Püree, Kartoffelklöße, Spätzle oder Polentascheiben.
Rosenkohl, Erbsen oder frische Salate können zur Ergänzung gereicht werden. Als Getränke sind Tafelwasser, kühles Bier, aber auch ein kräftiger Rot- oder Weißwein passend.

1 Zutaten.

2 Vorbereitung der Rouladen.

3 Die Rouladen anbraten.

Frühlingsfüllung

250 g Spinat, 2 hartgekochte Eier, 50 g Schinkenspeck.
Den geputzten, gewaschenen Spinat in etwas Salzwasser blanchieren, abtropfen lassen und grob zerhacken. Die Eier schälen und fein hacken, den Schinken in kleine Würfel schneiden.
Spinat, feingehacktes Ei und Schinkenwürfel auf die gewürzten und mit Senf bestrichenen Rouladenscheiben verteilen. Diese aufrollen und weiter zubereiten wie im Grundrezept.

Pro Portion: 34 g E 25 g F 4 g KH 417 kcal 1740 kJ

Rinderrouladen mit gekochten Kartoffeln und Rosenkohl.

Ungarische Füllung
1 Zwiebel, 1 rote Paprikaschote, 100 g Debrecziner Knoblauchwurst, 100 g Sauerkraut.

Die Zwiebel schälen, die Paprikaschote entkernen und waschen. Beides in kleine Würfel schneiden, die Knoblauchwurst in Streifen und das Sauerkraut kleinschneiden. Alles in einer Schüssel vermischen und auf die mit Pfeffer und Salz gewürzten und mit Senf bestrichenen Rouladen verteilen. Die Fleischscheiben aufrollen und weiter zubereiten wie im Grundrezept.

Passende Beilage zu diesen Rouladen sind Kartoffelklöße oder gekochte Kartoffeln und Sauerkraut.

Pro Portion: 31 g E 25 g F 6 g KH 409 kcal 1710 kJ

Weinbauernfüllung
150 g grüne Weintrauben, 3 EL gemahlene Mandeln (oder Haselnüsse), 4 kleine Scheiben Schinkenspeck.
Die Weintrauben waschen, abtrocknen, halbieren und entkernen. Mit den gemahlenen Mandeln vermischen.
Die Rouladenscheiben klopfen, mit Pfeffer und Salz würzen, mit Senf bestreichen und mit den Schinkenspeckscheiben belegen. Die Weintrauben und Mandeln darauf verteilen. Zu Rouladen aufrollen, mit Rouladenklammern verschließen und braten wie im Grundrezept. Eventuell zum Schmoren 1/8 l Traubensaft verwenden.
Passende Beilage zu diesen Rouladen ist Reis und grüner Salat, ein leichter Weißwein oder Traubensaft als Getränk.

Pro Portion: 31 g E 26 g F 9 g KH 432 kcal 1810 kJ

Kalabrische Rinderroulade

***

Zutaten für 4 Personen

1 große dicke Scheibe Rinderroulade (etwa 500 g), Pfeffer und Salz, 2 EL Tomatenmark (= 1 kleine Dose), 1 Zwiebel, 100 g gekochter Schinken, 2 hartgekochte Eier, 1–2 Knoblauchzehen, 1 Bund Petersilie, 2 EL Rosinen, 2 EL Parmesankäse, 1–2 EL Paniermehl, 2 EL Pinienkerne (oder Mandelblättchen), 3 EL Öl (oder 30 g Pflanzenfett), 1/2 Dose geschälte Tomaten, (etwa 280 g), 2 TL Instantbrühe, 0,1 l Rotwein, 1/2 TL Thymian, eventuell 1 EL Stärkemehl, 2 EL Sahne oder Milch.

Arbeitsgeräte

Schneidbrett, Fleischklopfer, Messer, Schüssel, Dosenöffner, Baumwollgarn (oder Holzspießchen), Bratentopf mit Deckel (oder Dampfdrucktopf), Schneebesen.

Zubereitungszeit

etwa 120 Minuten, davon 15–20 Minuten Vorbereitung und 90–100 Minuten Garzeit (Garzeit im Dampfdrucktopf 50–60 Minuten).

Beim Metzger eine etwa 1 cm dicke große Fleischscheibe aus der Oberschale (oder Hüfte) schneiden lassen. Das Fleisch sollte gut abgehangen sein.
Die Scheibe klopfen und von beiden Seiten mit etwas Pfeffer und Salz einreiben. Die eine Seite mit Tomatenmark bestreichen.
Die Zwiebel schälen und ebenso wie den Schinken in kleine Würfel schneiden.
Die Eier und Knoblauchzehen schälen und ebenso wie die Petersilie fein hacken. Alles in eine Schüssel geben.
Die Rosinen, den geriebenen Käse, das Paniermehl und die Pinienkerne hinzufügen. Gut vermischen und auf die Fleischscheibe streichen.
Das Fleisch zu einer dicken Roulade aufrollen und mit Baumwollgarn umbinden (oder die Seiten mit Holzspießchen verschließen).
Das Öl im Bratentopf bei starker Wärmezufuhr erhitzen, die Roulade hineinlegen und rundherum in 10–15 Minuten kräftig anbraten. Dann die Tomaten und den Saft, die Brühe, den Rotwein und den Thymian in den Topf geben. Alles zum Kochen bringen, den Topf schließen und den Herd auf kleinste Wärmestufe zurückschalten. Die Fleischrolle in etwa 75 Minuten gar schmoren und zwischendurch in der Soße wenden.
Wer mag, kann die Soße mit dem in Sahne oder Milch angerührten Stärkemehl binden. Nach Geschmack mit Pfeffer und Salz und Thymian nachwürzen.
Die Roulade in 2 cm dicke Scheiben schneiden und anrichten.

Pro Portion: 39 g E 28 g F 18 g KH 529 kcal 2210 kJ

Sauerbraten nach Hausfrauen-Art

GRUNDREZEPT ***

Zutaten für 4 Personen

1 Lorbeerblatt, 3 Gewürznelken, 6 Pfefferkörner 1/8 l Essig, 1 TL Zucker, 1 EL Salz, 1 Bund Suppengrün, 1 Zwiebel, 1 Zweiglein Thymian; 750 g Rindfleisch zum Schmoren (z. B. Mittelbug, Schwanzrolle, Unterschale), 3 EL Öl, 1 EL Stärkemehl, 2 EL saure Sahne, 0,1 l Rotwein, eventuell Pfeffer und Salz.

Arbeitsgeräte

Topf, große Schüssel, Teller, Schneidbrett, Messer, Fleischgabel, Bratentopf mit Deckel, Schneebesen, Sieb (Passiersieb), Kasserolle, Tasse.

Zubereitungszeit

110–120 Minuten (Marinierzeit 2–3 Tage), davon 20 Minuten Vorbereitung und 90–100 Minuten Garzeit (Garzeit im Dampfdrucktopf 45 Minuten).

Den Sauerbraten 2–3 Tage vor der Verwendung in Marinade einlegen, damit das Fleisch gut durchgezogen ist!
Für die Marinade 1 l Wasser mit den Würzzutaten und dem geputzten, gewaschenen und kleingeschnittenen Suppengrün, der geschälten, geviertelten Zwiebel und dem Thymianzweig 10 Minuten kochen. Dann abkühlen lassen.
Das Fleisch kalt abspülen und mit Küchenkrepp abtrocknen, Fett und Sehnen abschneiden.
Das Fleisch in eine hohe Schüssel legen und mit dem lauwarmen Gewürzsud übergießen. Es sollte möglichst vollständig bedeckt sein. Die Schüssel mit einem Teller (Deckel oder Alufolie) abdecken und 2–3 Tage kalt stellen. Das Fleisch jeden Tag einmal im Sud wenden.
Zur Zubereitung des Bratens das Fleisch aus der Marinade nehmen und rundherum gründlich mit Küchenkrepp abtrocknen.
Das Öl in den Bratentopf geben und bei starker Wärmezufuhr erhitzen. Den Sauerbraten hineinlegen und rundherum 15 Minuten anbraten.

1 Zutaten.

2 Den Sauerbraten in Marinade legen.

Sauerbraten nach Hausfrauen-Art mit Semmelknödeln und Blumenkohl.

Etwa 1/4 l der Marinade dazugießen, den Topf schließen und nach 3 Minuten den Herd auf kleine Wärmestufe zurückschalten. das Fleisch in 90–100 Minuten (eventuell einige Minuten länger) gar schmoren. Zwischendurch wenden und bei Bedarf Marinade oder etwas Wasser nachgießen.
Das Fleisch aus dem Topf nehmen und warm stellen.
Den Schmorsaft durch ein Sieb in die Kasserolle gießen. Eventuell mit etwas Wasser aufkochen. Sahne und Stärkemehl in einer Tasse glatt verrühren. In den Bratenfond rühren und einmal aufkochen.
Dann die Kasserolle von der Kochstelle nehmen und die Soße mit etwas Rotwein, eventuell mit Pfeffer und Salz abschmecken.
Den Sauerbraten in dünne Scheiben schneiden und auf einer Platte anrichten. Einige Löffel Soße über die Scheiben gießen, die restliche Soße in einer Sauciere füllen und dazu reichen.

Pro Portion: 40 g E 20 g F 2 g KH 390 kcal 1630 kJ

Serviervorschlag
Beliebte Beilagen zu Sauerbraten sind Kartoffel- oder Semmelklöße, gekochte Kartoffeln oder Spätzle, Rotkohl, Blumenkohl oder gemischte Salate. Als Getränke sind Bier, Tafelwasser oder ein kräftiger Rotwein passend.

TIP
Wer einen besonders milden Sauerbraten bevorzugt, kann anstelle der angegebenen Marinade das Fleisch für 2–3 Tage in Buttermilch einlegen.

Sauerbraten Lindauer Art

✱✱✱

Zutaten für 4 Personen

50 g durchwachsener, geräucherter Speck,
1 EL Öl,
750 g Rindfleisch zum Schmoren (z.B. falsches Filet, Mittelbug oder Schwanzrolle),
1 Scheibe Schwarzbrot (oder Pumpernickel),
1 Beutel Sauerbratenfix,
0,1 l Rotwein,
2 EL Rosinen (oder Korinthen),
1 EL Mandelblättchen,
1 Msp. Zimt,
1/2 TL Zucker,
eventuell frisch gemahlener Peffer.

Arbeitsgeräte

Schneidbrett, Messer, Bratentopf mit Deckel (Dampfdrucktopf), Kasserolle, Schneebesen, Fleischgabel.

Zubereitungszeit

2 Stunden, davon 10 Minuten Vorbereitung und 100–110 Minuten Garzeit, (Garzeit im Dampfdrucktopf 45–55 Minuten).

Den Speck in kleine Würfel schneiden.
Das Öl in den Bratentopf geben und bei starker Wärmezufuhr (E-Herd Schaltstufe 2,5–3; Automatik 10–12; G-Herd große Flamme) erhitzen. Die Speckwürfel darin glasig ausbraten.
Unterdessen das Fleisch unter kaltem Wasser abspülen und mit Küchenkrepp abtrocknen. Das Fleisch in den Topf legen und rundherum 10–15 Minuten anbraten.
Das Schwarzbrot fein zerkrümeln und über das Fleisch streuen.
1/2 l Wasser in die Kasserolle gießen, Sauerbratenfix mit dem Schneebesen einrühren und einmal aufkochen lassen. Über das angebratene Fleisch gießen, aufkochen und den Topf schließen. Den Herd auf kleinste Wärmestufe schalten und das Fleisch in 80–90 Minuten gar schmoren. Zwischendurch das Fleisch in der Soße wenden, bei Bedarf etwas Wasser nachgießen.
Das Fleisch aus dem Topf nehmen, in Scheiben schneiden und warm stellen.
Rotwein, Rosinen und Mandelblättchen in die Soße rühren. Mit Zimt, Zucker und eventuell etwas frisch gemahlenem Pfeffer abschmecken.
Das Fleisch auf einer tiefen Platte anrichten und mit der Rosinensoße übergießen.

Pro Portion: 43 g E 25 g F 20 g KH 524 kcal 2190 kJ

Serviervorschlag
Dazu schmecken Kartoffelklöße (hausgemacht oder aus Fertigprodukten), Spätzle oder gekochte Kartoffeln, passende Getränke sind Bier, Rotwein oder Fruchtsaft.

Kleine Steakkunde

Gute Rindersteaks werden aus dem Rinderfilet und dem flachen Roastbeef bis zur Rinderhüfte (Kluft, Blume) geschnitten.

Filetsteak
(= Lendensteak) wird als etwa 2 cm dickes Steak aus der Mitte der Rinderlende (= Filet) geschnitten.

Medaillons
sind 4–5 cm dicke, rundgeschnittene Scheiben aus der Filetspitze.

Chateaubriand
heißt ein doppelt dick geschnittenes Steak aus der Rinderlende. Es ist etwa 400 g schwer und reicht für 2 Personen.

Beefsteak
(= Kluftsteak) wird aus der Rinderhüfte (= Kluft, Blume) oder aus dem Filet geschnitten.

Clubsteak
wird aus der Hochrippe geschnitten.

Für mehrere Personen geeignet sind die supergroßen Steaks:

T-Bone-Steak
wird aus dem flachen Roastbeef (mit Filet und T-Knochen) geschnitten und wiegt etwa 800 g, reicht für 4 Personen.

Porterhousesteak
wird aus dem flachen Roastbeef geschnitten und ist 800–1000 g schwer, reicht für 4 Personen.

Sirloinsteak
wird aus der Hüfte zum flachen Roastbeef hin geschnitten, Gewicht 1–2 kg, reicht für mindestens 4 Personen.

Die Supersteaks können in der Pfanne zubereitet werden. Besonders beliebt ist aber die Zubereitung auf dem Grill (Holzkohlengrill) oder im Backofen (Zubereitung wie Roastbeef).

Bleu (underdone),
fast roh und blutig ist das Steak, wenn es in heißem Fett von beiden Seiten je 1–1½ Minuten angebraten wurde.
Saignant (blue)
oder rot bezeichnet man ein Steak, dessen äußere Bratschicht etwas dicker, das Fleisch innen aber noch blutig ist. Je nach Dicke des Steaks ist dieses nach 2–3 Minuten saignant.
A point (medium done),
mittel durchgebraten ist das Steak, wenn es innen noch leicht rosig ist, nach etwa 4 Minuten pro Seite.
Bien cuit (well done)
ist ein gut durchgebratenes, aber saftiges Steak nach etwa 5 Minuten Bratzeit pro Seite.

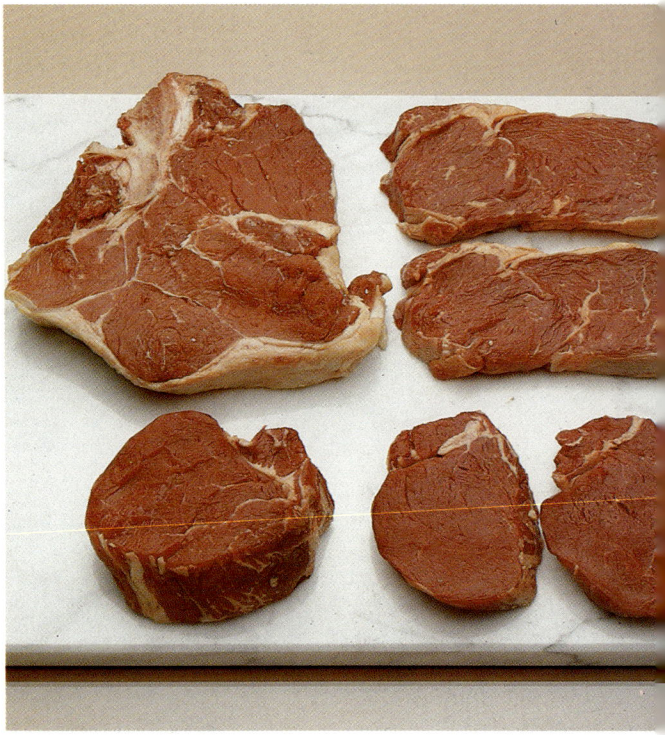

T-Bone-Steak, Beefsteaks (obere Reihe); Chateaubriand, Filetsteaks (untere Reihe).

TIPS FÜR DIE ZUBEREITUNG

Saftige Steaks sind ein großer Genuß. Zähe, trockene Steaks dagegen sind eine Zumutung für die Geschmacksnerven und die Zähne. Achten Sie deshalb beim Kauf und bei der Zubereitung auf die folgenden Hinweise.

- Nur gut abgehangenes Fleisch (z.B. von einem jungen Ochsen) für Steaks kaufen.
- Die Steaks auf keinen Fall beim Metzger durch den „Steaker" mürbe machen lassen. Die Fleischfasern werden dadurch verletzt, und das Resultat sind saftlose Steaks nach dem Braten. Außerdem kann durch diese Methode des Mürbemachens auch zu frisches oder minderwertiges Fleisch an den Käufer gebracht werden.
- Falls die Steaks von zu frischem Fleisch geschnitten wurden, diese lieber noch 1–2 Tage im Kühlschrank aufbewahren oder in eine Öl-Würz-Marinade einlegen, die das Fleisch zarter macht.
- Aus Gesundheitsgründen wenig Fett zum Braten oder Grillen verwenden und in Geschirr zubereiten, in dem fettarm gebraten werden kann (z.B. in beschichteten Pfannen oder Edelstahlpfannen mit dickem Spezialboden).
- Nur Fett verwenden, das einen hohen Rauchpunkt hat. Gute Pflanzenfette und Öle (Biskin, Palmin, Sonnenblumenöl) sind geeignet.
- Die Steaks nicht zu lange braten oder grillen, damit sie nicht trocken und zäh werden.
- Die Bratzeiten beim Steak sind sehr verschieden, je nachdem, wie das Steak gewünscht wird, z.B. gut durchgebraten, noch etwas rosig oder fast roh. Die Rezeptangaben sind nur Mittelwerte, von denen Abweichungen möglich sind.

Saftige Steaks

GRUNDREZEPT

Zutaten für 2 Personen

2 Rindersteaks (Beefsteaks, Kluftsteaks, à 150–200 g), Peffer, Salz, 2 EL Öl, eventuell Paprika.

Arbeitsgeräte

Schneidbrett, eventuell Fleischklopfer, Pfanne (beschichtetes Material), Pfannenwender (oder Fleischgabel).

Zubereitungszeit

etwa 15 Minuten

Von den Steaks die Fettränder abschneiden oder im Abstand von 1 cm einschneiden, damit sich das Fleisch beim Braten nicht biegt.
Die Steaks mit der stumpfen, glatten Seite des Fleischklopfers leicht klopfen oder nur mit dem Handballen etwas durchwalken (Bild 1), wenn das Fleisch gut abgehangen und sehr zart ist. Das Fleisch mit Pfeffer einreiben.

1 Die Steaks mit dem Fleischklopfer leicht klopfen.

2 Auf jeder Seite 3–5 Minuten braten.

Das Öl bei starker Wärmezufuhr (E-Herd Schaltstufe 3; Automatik 12; G-Herd größte Flamme) in der Pfanne erhitzen. Die Steaks hineinlegen und mit dem Pfannenwender leicht am Pfannenboden andrücken.
Zunächst von einer Seite – je nach Geschmack – 3–5 Minuten braten, dann wenden und von der zweiten Seite ebenfalls 3–5 Minuten braten (Bild 2).
Die Steaks mit Salz und Paprika würzen, eventuell noch mit frisch gemahlenem Pfeffer nachwürzen. Aus der Pfanne nehmen, anrichten und mit dem Bratenfond übergießen.

Pro Portion bei 150 g: 26 g E 38 g F – KH 473 kcal 1980 kJ
Pro Portion bei 200 g: 35 g E 47 g F – KH 599 kcal 2500 kJ

Serviervorschlag
Als leichtes Abendessen z.B. nur mit frischem Brot und einer großen Portion frischer Salate oder Rohkost servieren. Als Hauptgericht können Pommes frites, Kartoffelpüree und gedünstetes Gemüse dazu gereicht werden. Bier oder Rotwein als Getränk servieren.

Steaks nach Jäger-Art.

Pfeffersteaks
1 Eßlöffel grüne Pfefferkörner pro Steak mit in die Pfanne geben und kurz durchschmoren.
Oder die fertig gebratenen Steaks mit viel frisch gemahlenem grobem Pfeffer bestreuen.

Steaks nach Jäger-Art
1 kleine Dose Pfifferlinge oder Champignons abtropfen lassen und in das Bratfett geben, wenn die Steaks herausgenommen sind.
Kurz erhitzen, mit Pfeffer Salz, Paprika und 2 Eßlöffel Sahne vermischen und abschmecken. Über die angerichteten Steaks verteilen.

Kräutersteaks
Die Steaks nach dem Grundrezept braten oder grillen.
Pro Steak 1 Eßlöffel Kräuterbutter auf dem Fleisch zerlaufen lassen.
Mit Pommes frites und gedünsteten Bohnen servieren.

Knoblauchsteaks
Jedes Steak vor dem Braten oder Grillen mit 1–2 geschälten, zerdrückten Knoblauchzehen einreiben, mit Pfeffer und Salz würzen und braten.
Oder nach dem Braten Knoblauchbutter auf den Steaks zerlaufen lassen.

Chateaubriand

Zutaten für 2 Personen

1 dickes Filetsteak (etwa 5–6 cm dick, 400 g schwer), Pfeffer und Salz, 3 EL Öl, eventuell Kräuterbutter.

Arbeitsgeräte

Schneidbrett, Messer, Pfanne mit Deckel (beschichtetes Material oder Grill), Pfannenwender (oder Fleischgabel).

Zubereitungszeit

etwa 30 Minuten, davon 10 Minuten Vorbereitung und etwa 15 (–20) Minuten Garzeit.

Vom gut abgehangenen Filetsteak die Häute und Sehnen abschneiden. Das Fleisch mit Pfeffer, Salz und 1 Eßlöffel Öl einreiben und 10 Minuten stehenlassen.
Das restliche Öl in der Pfanne bei starker Wärmezufuhr erhitzen. Das Fleisch hineinlegen und zunächst von jeder Seite 2–3 Minuten kräftig anbraten.
Dann die Pfanne schließen und den Herd auf mittlere Wärmestufe schalten. Das Chateaubriand in weiteren 10–12 Minuten unter mehrmaligem Wenden braten.
Das Chateaubriand im Ganzen anrichten und erst bei Tisch aufschneiden.

Chateaubriand mit Kräuterbutter, Strohkartoffeln und Spargel.

Filetsteaks Mignon.

HINWEIS

Bei der Zubereitung unter dem Grill das Fleisch mit Öl einpinseln. Zunächst direkt unter dem Grill von beiden Seiten je 2–3 Minuten grillen, damit die Fleischporen geschlossen sind. Dann das Fleisch tiefer unter dem Grill einschieben und nach gewünschtem Gargrad 10–12 Minuten grillen.

Pro Portion:	38 g E	24 g F	– KH	391 kcal	1630 kJ

Serviervorschlag

Mit Kräuterbutter belegen und mit Pommes frites, Rösti oder Strohkartoffeln reichen. Sehr zu empfehlen ist zu diesem festlichen Fleisch auch eine Sauce hollandaise (Buttersoße, siehe Kapitel „Soßen") und frischer Stangenspargel. Einen Weißherbst, Roséwein oder auserlesenen Weißwein dazu reichen.

Garprobe bei Steaks:
Mit einem Löffelrücken auf das Fleisch drücken. Es ist noch blutig (bleu), wenn es beim Löffeldruck sehr nachgibt.
Es ist fast durchgebraten (à point), wenn es etwas nachgibt und sich auf dem Fleisch etwas Fleischsaft sammelt.
Besser durchgebratenes Fleisch (bien cuit) gibt auf Löffeldruck nicht nach.

Filetsteaks Mignon

Zutaten für 4 Personen	Arbeitsgeräte
4 Filetsteaks (Lendensteaks à 150 g), 1 TL flüssige Pfefferwürze (oder etwas gemahlener Pfeffer), 2 Msp. Salz, 2 EL Öl, 1–2 EL Portwein (oder Sherry), 1 EL Pflanzenfett, 2 Bananen, 1 Zitrone, 4 Pfirsichhälften (aus der Dose).	**Schneidbrett, Messer, Tasse, Teller, Pfanne (oder Grill), eventuell kleine Kasserolle, Zitronenpresse, Dosenöffner.**

Zubereitungszeit

etwa 25 Minuten, davon 10–12 Minuten Vorbereitung und 6–8 Minuten Garzeit.

Von den Filetsteaks die Sehnen oder Häute entfernen.
Pfefferwürze, Salz, Öl und Portwein in einer Tasse vermischen, die Steaks damit einreiben und zugedeckt 10 Minuten stehenlassen.
Bei der Zubereitung in der Pfanne, das Pflanzenfett bei mittlerer Wärmestufe schmelzen. Die Steaks in die Pfanne legen und bei starker Wärmezufuhr von jeder Seite – je nach gewünschtem Gargrad – 2–4 Minuten braten. Aus der Pfanne nehmen und warm stellen.
Die Bananen schälen, halbieren, mit Zitronensaft beträufeln und in die Pfanne geben. Die abgetropften Pfirsichhälften hinzufügen. 2–3 Minuten erhitzen, dann mit dem Bratenfond über den Filetsteaks verteilen.
Nach Wunsch mit etwas frisch gemahlenem Pfeffer und Salz nachwürzen und servieren.

Pro Portion: 29 g E 14 g F 21 g KH 353 kcal 1480 kJ

Serviervorschlag
Zu diesen festlichen Filetsteaks wird knuspriges Stangenweißbrot oder Reis und grüner Salat gereicht. Einen delikaten Rosé- oder Weißwein dazu trinken.

HINWEIS
Bei der Zubereitung unter dem Grill die Steaks nach dem Marinieren von jeder Seite 2–4 Minuten grillen.
Das Fett in der Kasserolle schmelzen und die Früchte darin 2–3 Minuten dünsten, dann über die gegrillten Steaks verteilen.

TIP
Für festliche Anlässe können die Steaks flambiert werden. Dazu 4 cl Cognac (oder Weinbrand) in der Kasserolle (oder einem Kupferpfännchen) erhitzen, anzünden und brennend über die angerichteten Früchte gießen.

Zwischenrippenstück (Entrecôte)

***

Zutaten für 4 Personen	Arbeitsgeräte
750 g Zwischenrippenstück, Pfeffer und Salz, 2–3 EL Öl, 2 große Zwiebeln, 0,2 l Weißwein, etwa 1/8 l Fleischbrühe, 250 g frische Champignons, 1/2 Becher süße Sahne, 1 EL Stärkemehl, 1/2 Bund Petersilie.	**Schneidbrett, Messer, Bratentopf mit Deckel (Dampfdrucktopf), Pfannenwender.**

Zubereitungszeit

etwa 1 Stunde, davon 5 Minuten Vorbereitung und 45–55 Minuten Garzeit (Garzeit im Dampfdrucktopf 20–25 Minuten).

Das Fleisch kalt abspülen und gut abtrocknen, rundherum mit Pfeffer einreiben.
Das Öl im Bratentopf bei starker Wärmezufuhr erhitzen. Das Fleisch hineinlegen, von einer Seite 5–8 Minuten kräftig anbraten, dann wenden und auch von der zweiten Seite 5–8 Minuten braten, mit Salz würzen.
Die Zwiebeln schälen, in große Würfel schneiden und mit dem Weißwein über das Fleisch geben. Den Topf schließen, den Herd auf kleine Wärmestufe schalten und das Fleisch 15 Minuten schmoren lassen. Eventuell etwas Fleischbrühe dazugießen.
In der Zwischenzeit die Champignons putzen, d.h. schadhafte und sandige Stellen wegschneiden. Die Pilze je nach Größe halbieren oder vierteln. Über das Fleisch geben, den Herd kurz auf starke Wärmestufe schalten, damit alles zum Kochen kommt. Dann die Temperatur wieder reduzieren. Das Fleisch in weiteren 15 Minuten gar schmoren.
Das Fleisch herausnehmen, kurz ruhen lassen, dann in Scheiben schneiden und anrichten.
Die Pilzsoße mit dem in Sahne angerührten Stärkemehl binden, nach Geschmack mit Pfeffer und Salz nachwürzen. Über die Fleischscheiben gießen und alles mit der feingehackten Petersilie bestreuen.

Pro Portion: 32 g E 40 g F 7 g KH 580 kcal 2420 kJ

Serviervorschlag
Zu diesem sonntäglichen Braten schmecken Petersilienkartoffeln oder Pommes frites, Rösti und frische Salate. Passende Getränke sind Tafelwasser oder ein kühler Weißwein (z.B. Rheinhessen, Mosel oder aus Baden).

Ungarischer Rostbraten

***

Zutaten für 4 Personen

4 Scheiben Hochrippe (à 200 g, oder Fleisch aus der Schulter, Bug), Pfeffer und Salz, 2 EL Öl, 1 große Zwiebel, 2 EL Tomatenmark (= 1 kleine Dose), 1 EL Mehl, 0,2 l Rotwein, etwa 1/8 l Fleischbrühe, 1 kleine Dose Mischpilze (200 g), 1 TL Paprika.

Arbeitsgeräte

Schneidbrett, Fleischklopfer, große, tiefe Pfanne mit Deckel (oder Bratentopf, Dampfdrucktopf), Messer, Rührlöffel, Dosenöffner.

Zubereitungszeit

etwa 1 Stunde, davon 5 Minuten Vorbereitung und 40–55 Minuten Garzeit (Garzeit im Dampfdrucktopf etwa 20 Minuten).

Die Fleischscheiben leicht klopfen und mit Pfeffer und Salz einreiben.
Das Öl in der Pfanne bei starker Wärmezufuhr erhitzen. Das Fleisch hineinlegen und auf einer Seite in 4–5 Minuten kräftig anbraten. Dann wenden und auf der 2. Seite ebenfalls 5 Minuten anbraten.
In der Zwischenzeit die Zwiebel schälen und in kleine Würfel schneiden.
Die Fleischscheiben aus der Pfanne nehmen, die Zwiebelwürfel hineingeben und 5 Minuten andünsten.
Dann das Tomatenmark hinzufügen, leicht mit Mehl bestäuben und unter Rühren den Rotwein und die Fleischbrühe dazugießen.
5 Minuten kochen lassen, dann die Pilze mit der Flüssigkeit dazugeben, die Soße mit Pfeffer, Salz und Paprika scharf-würzig abschmecken und aufkochen.
Die Fleischscheiben in die Soße legen, die Pfanne schließen und bei geringer Wärmezufuhr in 20–35 Minuten (die Garzeit hängt von der Fleischsorte ab) gar schmoren.
Auf einer Platte anrichten und servieren.

Pro Portion: 31 g E 31 g F 6 g KH 495 kcal 2070 kJ

Serviervorschlag

Als Beilage können gekochte Kartoffeln und frische Salate gereicht werden, es schmecken aber auch Pommes frites oder Polentaschnitten (siehe Kapitel „Beilagen“) gut dazu. Tafelwasser, kühles Bier oder einen kräftigen Rot- oder Weißwein als Getränk wählen.

Roastbeef in Burgunder

***

Zutaten für 4 Personen

750 g Roastbeef, Pfeffer und Salz, 2 EL Öl (oder Pflanzenfett), 50 g durchwachsener, geräucherter Speck, 1 Zwiebel, 1/8 l Burgunder Rotwein, 1 kleine Dose Champignons (220 g), eventuell 1/8 l Wasser, 1–2 EL Instant-Bratensoße, 2 EL saure Sahne.

Arbeitsgeräte

Schneidbrett, Messer, Bratentopf mit Deckel (große Pfanne oder Dampfdrucktopf), Rührlöffel, Dosenöffner.

Zubereitungszeit

50–60 Minuten, davon 5 Minuten Vorbereitung und 45–55 Minuten Garzeit (Garzeit im Dampfdrucktopf 20 Minuten).

Vom Fleisch rundherum Fett, Sehnen und Häute abtrennen.
Das Fleisch mit Pfeffer und Salz einreiben.
Das Öl im Bratentopf bei starker Wärmezufuhr erhitzen.
Das Fleisch hineinlegen und von allen Seiten in 10–12 Minuten kräftig anbraten.
Den Speck und die geschälte Zwiebel in kleine Würfel schneiden und hinzufügen. Kurz mitbraten, dann den Rotwein über das Fleisch gießen, aufkochen und den Topf schließen.
Den Herd auf kleinste Wärmestufe schalten und das Fleisch in etwa 40 Minuten gar schmoren.
In den letzten 5 Minuten der Garzeit, die Champignons – eventuell mit dem Wasser – in den Topf geben.
Das Fleisch aus dem Topf nehmen, kurz stehenlassen, dann in 1 cm dicke Scheiben schneiden und auf einer Platte anrichten.
Den Schmorfond eventuell mit etwas Wasser verlängern, mit Instant-Bratensoße binden und mit der Sahne abschmecken.
Über das Roastbeef verteilen.

Pro Portion: 41 g E 34 g F 4 g KH 539 kcal 2250 kJ

Serviervorschlag

Kartoffelkroketten oder Pommes frites und frische Salate dazu reichen. Das passende Getränk dazu ist Burgunder Rotwein oder auch Tafelwasser.

TIP

Beim Aufschneiden von Rinderbraten möglichst immer dünne Scheiben schneiden. Lieber pro Person 2–3 Scheiben rechnen, da sich dünne Scheiben angenehmer essen lassen, als zu dicke Fleischscheiben!

Roastbeef englische Art

Zutaten für 4–6 Personen	Arbeitsgeräte
1 kg gut abgehangenes Roastbeef, 2 EL Pflanzenfett, 2 EL Öl, 1 TL Salz, 1/2 TL grob gemahlener Pfeffer, 1 Msp. Paprika, 1 Bund Suppengrün, 1 Zwiebel.	**Schneidbrett, Messer, große Pfanne, Rost mit Bratenpfanne, Tasse, Pinsel, Löffel.** **Zubereitungszeit** **50–60 Minuten, davon 5 Minuten Vorbereitung und 45–55 Minuten Garzeit.**

Das Fleisch kalt abspülen und mit Küchenkrepp abtrocknen. Das Pflanzenfett in der Pfanne bei stärkster Wärmestufe erhitzen. Das Roastbeef in die Pfanne legen und von allen Seiten in 10–12 Minuten kräftig anbraten.
In der Zwischenzeit den Backofen vorheizen (E-Herd 225 bis 240° C; Heißluftherd höchste Stufe; G-Herd Stufe 4–5).
In einer Tasse das Öl mit den Gewürzen vermischen.
Das Roastbeef aus der Pfanne nehmen, rundherum mit dem Würzöl bestreichen und auf den Rost über der Bratenpfanne legen. Auf der mittleren Schiene in den Backofen schieben.
Das Suppengrün putzen und waschen, die Zwiebel schälen. In große Stücke schneiden und im Bratfett in der Pfanne 5 Minuten durchrösten. Heißes Wasser und etwas Salz dazugeben. Dann alles in die Bratenpfanne im Backofen gießen.

1 Das Roastbeef kräftig anbraten.

2 Zusammen mit dem Gemüse fertigbraten.

Das Roastbeef je nach Fleischhöhe 35–45 Minuten im Backofen braten (pro 1 cm Fleischhöhe 10 Minuten Garzeit). Zwischendurch mit dem Würzöl bepinseln und Bratenflüssigkeit aus der Bratenpfanne darüberträufeln. Das Roastbeef ist innen noch leicht blutig (englisch gebraten), wenn das Fleisch bei Druck mit einem Löffel noch etwas nachgibt und sich oben blutiger Fleischsaft bildet. Wer das Roastbeef nicht englisch gebraten wünscht, läßt es noch einige Minuten länger braten. Das Fleisch aus dem Backofen nehmen, kurz ruhen lassen, damit sich der Fleischsaft gleichmäßig im Fleisch verteilt. Dann in dünne (etwa 1/2 cm) Scheiben schneiden und auf einer Platte anrichten.

Pro Portion
bei 4 Personen: 53 g E 36 g F 8 g KH 603 kcal 2520 kJ
bei 6 Personen: 35 g E 24 g F 5 g KH 402 kcal 1680 kJ

Roastbeef englische Art.

Serviervorschlag
Zu diesem festlichen Braten passen feine Gemüsesorten, wie Stangenspargel, Brokkoli, Fenchel, Prinzeßbohnen, dazu Kartoffelkroketten oder Kartoffelkugeln. Je nach Beilage einen vollmundigen Rotwein oder Weißwein (Rheinwein, Badener Wein) reichen.

HINWEIS
Kleinere Braten können auch in einer feuerfesten Auflaufform zubereitet werden.

Roastbeef im Blätterteig
Das Roastbeef 10–15 Minuten kräftig anbraten, dann würzen und mit Blätterteig umhüllen (siehe Rezept Filet im Blätterteig).
Im vorgeheizten Backofen 35–40 Minuten backen. Beilagen wie beim Filet.

Roastbeef, kalt
Das Roastbeef zubereiten und kalt werden lassen. Dann in sehr dünne Scheiben (2 mm dick) schneiden und auf einer Platte mit pikanten Salaten anrichten.
Oder z. B. um Spargelstangen rollen und dekorativ anordnen.
Kaltes Roastbeef mit Remoulade, Cumberlandsoße oder Buttersoße (siehe Kapitel „Soßen") und frischen Salaten reichen.

Filet im Blätterteig

Zutaten für 4–6 Personen

1 kg Rinderfilet (Lende),
1 TL Pfeffer,
1–2 TL Salz,
1/4 TL gemahlener Zimt,
3 EL Öl,
250 g frische Champignons,
1 Bund Petersilie,
1 Knoblauchzehe,
1 Packung Blätterteig (etwa 450 g oder 2 à 300 g),
100 g dünngeschnittene, große Schinkenscheiben (roher oder gekochter Schinken),
1 EL Senf,
1 Eigelb,
1–2 EL Milch.

Arbeitsgeräte

Schneidbrett, Messer, große Pfanne, Durchschlag, Teigrolle, kleine Ausstechform, Teigrädchen, große Auflaufform (oder Backblech).

Zubereitungszeit

etwa 80 Minuten, davon 40 Minuten Vorbereitung und Garzeit und 35–40 Minuten Backzeit.

Vom Rinderfilet rundherum die Häute und Sehnen vorsichtig ablösen (Bild 1).
Das Fleisch mit einer Mischung aus Pfeffer, Salz und Zimt einreiben.
Das Öl in der Pfanne bei starker Wärmezufuhr erhitzen, das Filet hineingeben und rundherum in 15–20 Minuten kräftig anbraten (Bild 2).

1 Zutaten.

2 Das Filet kräftig anbraten.

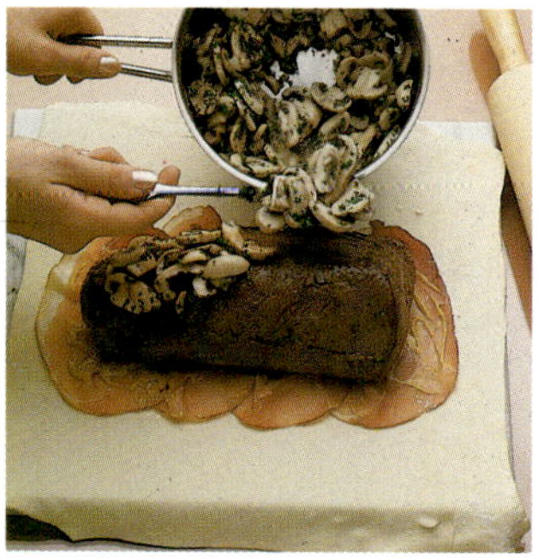

3 Das Filet auf den Blätterteig legen.

4 Das Filet im Blätterteig einrollen.

5 Muster auf der Oberseite einstechen.

6 Den Blätterteig mit Eimilch bepinseln.

Dann etwas abkühlen lassen und aus der Pfanne nehmen.
Während der Bratzeit die Champignons putzen, d. h. schadhafte und sandige Stellen abschneiden. Die Pilze nur ganz kurz kalt abspülen, wenn sie zu sandig sind. Die Champignons in Scheiben schneiden, die Petersilie und die geschälte Knoblauchzehe fein hacken.
Petersilie und Knoblauch in die Pfanne ins heiße Bratfett geben und andünsten, dann die Pilze hinzufügen und 5 Minuten dünsten.
Den Blätterteig – nach Packungsanweisung leicht angetaut – auf leicht bemehlter Arbeitsfläche zu einem 30 cm großen Rechteck ausrollen. Den mittleren Bereich mit den Schinkenscheiben belegen und dünn mit Senf bestreichen. Das Filet darauflegen und mit der Pilzmasse bestreichen (Bild 3).

Die Schinkenscheiben nach oben um das Filet legen, dann die Seitenränder des Blätterteiges nach innen klappen. Das Filet im Blätterteig einrollen (Bild 4).
Den Backofen vorheizen (E-Herd 225–250°C, G-Herd Stufe 4–5).
Das Backblech (oder die Auflaufform) mit kaltem Wasser überspülen, aber nicht abtrocknen. Das Filet so auf das Blech legen, daß der Blätterteigrand unter dem Filet liegt.
Mit kleinen Ausstechförmchen Muster auf der Oberseite einstechen, so daß die Feuchtigkeit beim Backen abziehen kann (Bild 5).
Oder mit einem Messer in gleichmäßigem Abstand sternförmige Einschnitte anbringen und die Mitte jeweils etwas auseinanderbiegen.
Aus Teigresten mit dem Teigrädchen dünne Streifen ausradeln und diese als Gittermuster über das Filet legen.
Das Eigelb mit etwas Milch verrühren und das Filet im Blätterteig damit bepinseln (Bild 6).
Auf der mittleren Schiene in den vorgeheizten Backofen einschieben und in 35–40 Minuten zu schöner, goldbrauner Farbe backen.
Das Filet im Blätterteig kann heiß oder auch kalt serviert werden, erst bei Tisch aufschneiden.

Pro Portion
bei 4 Personen: 60 g E 71 g F 45 g KH 1075 kcal 4490 kJ
bei 6 Personen: 40 g E 47 g F 30 g KH 717 kcal 3000 kJ

Serviervorschlag
Zu diesem sehr festlichen Braten schmecken frische Salate, aber auch gedünstetes Gemüse, wie Brokkoli, Fenchel, Artischocken, Rosenkohl mit Maronen (siehe Kapitel „Gemüse"). Je nach Gemüsebeilage schmecken dazu auch eine Cumberlandsoße oder Preiselbeeren. Einen guttemperierten roten Burgunder oder Beaujolais dazu trinken.

TIP
Blätterteigreste nicht zusammenkneten, sondern wieder ausrollen. Halbmonde, Quadrate oder Rhomben ausstechen und mit Eigelb bepinseln. Mit grob gemahlenem Pfeffer oder etwas geriebenem Käse bestreuen und mit auf das Backblech legen. Diese pikanten Gebäcke können noch zum Filet (oder zu Getränken) gereicht werden.

Aus den Blätterteigresten können pikante Gebäcke bereitet werden.

Schweinefleisch

In der Beliebtheitsskala der angebotenen Fleischsorten steht Schweinefleisch seit Jahren an der Spitze. Über die Hälfte des Fleischkonsums entfällt darauf. Jeder Bundesbürger verzehrt im Durchschnitt 50 kg Schweinefleisch pro Jahr.

Trotz der in den letzten Jahren steigenden Nachfrage nach fettarmem Fleisch konnte Schweinefleisch seine Vorrangstellung noch ausweiten. Denn durch die modernen Aufzuchtmethoden wird heute Schweinefleisch angeboten, das im Verhältnis zu früher fast 50 % weniger Fett enthält.

Die heutigen Schweine sind magerer als ihre Vorfahren und auch länger, denn sie haben 16 Rippen (= 16 Koteletts) statt der früher üblichen 12.

Aktuelle Verbraucherempfehlungen legen nahe, verstärkt nach marmoriertem Fleisch zu fragen, weil dieses sowohl geschmackliche wie auch aufzuchttechnische Vorteile besitzt. Schweinefleisch enthält besonders viele Vitamine des B-Komplexes (im Fleisch vor allem B_1 und B_2, in der Leber B_{12}) und wichtige Spurenelemente, wie das zur Blutbildung benötigte Eisen (besonders stark in der Leber und den Nieren).

Des Schweines beste Seite ist sicher der Schinken, aber auch andere Körperteile lassen sich aufs Schmackhafteste zubereiten. Übrigens werden nur ca. 60 % der Schweinefleischproduktion als Frischfleisch angeboten. Der nicht unerhebliche Rest wird zur Wurstherstellung verwendet.

Aufteilung von Schweinefleisch

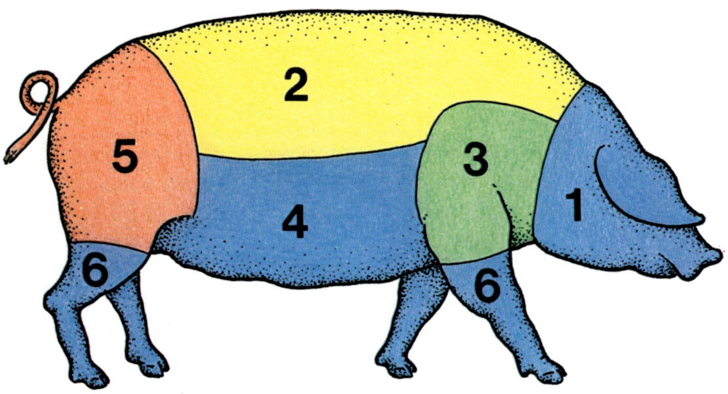

Gut geeignet zum:

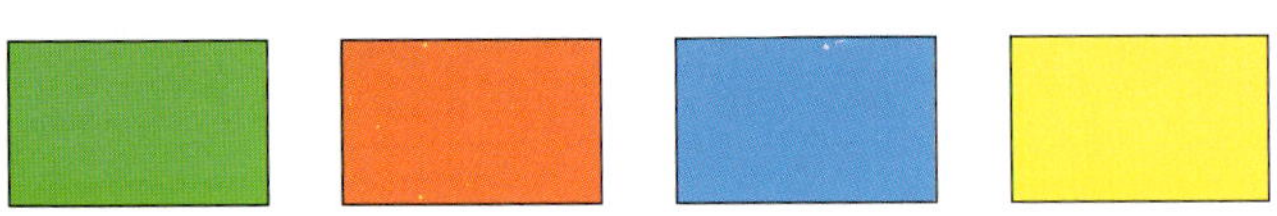

Braten und Kochen | Braten | Kochen | Kurzbraten, und Schmoren

Verwendung von Schweinefleisch

Teil	Bezeichnung	Geeignet zum	Geeignete Gerichte
1	Kopf	Kochen	für Eintopfgerichte, Schweinekopfsülze
2	Kotelett (Karree, Nacken geräucherte Kassler)	Braten Kurzbraten und Grillen	für Schweinebraten Kasslerbraten, Schweinefilet, Koteletts
3	Schulter	Braten Braten und Schmoren	für Schweinebraten, Rollbraten, Schweinegulasch
4	Bauch (Wammerl)	Kochen Kurzbraten, Grillen	als Kochfleisch mit Soße, für Eintopfgerichte, gegrillt als falsches Schnitzel
5	Schinken (= Ober- und Unterschale, Nuß, Hüfte)	Braten Kurzbraten und Grillen	als großer Schweinebraten, Rollbraten, Schweineschnitzel, Schweinegulasch
6	Eisbein (Haxe)	Kochen Braten und Schmoren	frisch und gepökelt als Kochfleisch, gebratene Haxen

Schweinefleisch: Filet, Bauch, Haxe (oben); Koteletts, Schnitzel, Nieren (unten).

Kleine Warenkunde

Schweinefleisch soll im Gegensatz zu Rindfleisch, das vor Verwendung abhängen muß, am besten frisch verwendet werden. In den ersten 3 Tagen nach dem Schlachten ist der Geschmack des Fleisches am besten.
Beim Einkauf erkennt man das Fleisch von jungen Schweinen, das besonders zart ist, an der hellroten Fleischfarbe und an einer feinen Fleischfaserstruktur.
Das Fleisch älterer Tiere ist von dunklem Rot und die Faserstruktur grober. Der Fettanteil an den Stücken ist bei älteren Schlachttieren häufig größer.
Die teuersten Fleischstücke sind das Filet (Lende, Lummer) und der Schinken, die preiswertesten Teile Schweinebauch, Haxen usw. In Sonderangeboten werden häufig auch Schweinenacken, Schulterbraten, Koteletts usw. angeboten.
Sonderangebote können günstig genutzt werden, wenn im Haushalt die Möglichkeit des Einfrierens besteht.

Zubereitung in der Küche

Bei Schweinefleisch sollten möglichst Zubereitungsmethoden gewählt werden, bei denen keine weitere oder nur eine geringe Fettzugabe erforderlich ist.
Einen leckeren Schweinebraten kann man z.B. fettlos in Alu- oder Bratfolie zubereiten. Oder zum Braten und Schmoren wird Topf- und Pfannenmaterial verwendet, in dem fettarmes Braten möglich ist.
Beim Grillen von Schweinesteaks, Schweinebauch usw. kann ebenfalls auf weitere Fettzugaben verzichtet werden.
Bei der Zubereitung eines größeren Schweinebratens kann der natürliche Fettbesatz am Fleisch belassen werden, da er den Braten saftiger macht. Erst nach der Zubereitung – oder bei Tisch – den Fettanteil abschneiden!

Schweinegulasch mit Backpflaumen

***

Zutaten für 4 Personen

600 g Schweinefleisch (Bug, Nacken oder Schulter), Pfeffer und Salz, 2 EL Öl, (oder Schweineschmalz), 1/8 l Fleischbrühe, 1/8 l Rotwein, 250 g entsteinte Trockenpflaumen, Wasser (bei Bedarf), 1 Schächtelchen Rahmbratensoße, 1 EL grüne Pfefferkörner (oder frisch gemahlener grober Pfeffer).

Arbeitsgeräte

Schneidbrett, Messer, Schüssel, Bratentopf mit Deckel (oder Dampfdrucktopf), Rührlöffel.

Zubereitungszeit

etwa 1 Stunde, davon 10 Minuten Vorbereitung und 45–50 Minuten Garzeit (Garzeit im Dampfdrucktopf 20–25 Minuten).

Das Fleisch kalt abspülen und mit Küchenkrepp abtrocknen. Starke Fettränder und Sehnen abschneiden. Das Fleisch in 1 1/2 cm große Würfel schneiden und diese in der Schüssel mit etwas Pfeffer und Salz durchmischen.

1 Zutaten.

2 Das Fleisch in Würfel schneiden.

3 Die Fleischwürfel kräftig anbräunen.

4 Backpflaumen und Rotwein zum Fleisch geben.

Schweinegulasch mit Backpflaumen.

Das Öl (oder Schweineschmalz) im Bratentopf erhitzen und die Fleischwürfel bei stärkster Wärmezufuhr (E-Herd Schaltstufe 3; Automatik 12; G-Herd große Flamme) 10 Minuten kräftig anbräunen.

Dann die Fleischbrühe dazugießen, den Topf schließen, den Herd auf kleinste Wärmestufe schalten und 20 Minuten schmoren lassen.

Den Rotwein über die Backpflaumen gießen und die Schüssel abdecken.

Nach den 20 Minuten Schmorzeit die Backpflaumen zum Fleisch geben und alles in weiteren 15–20 Minuten gar schmoren.

Bei Bedarf ca. 1 Tasse Wasser hinzugießen, die Bratensoße und die Pfefferkörner einrühren. Das Gulasch einmal aufkochen lassen, gut abschmecken und servieren.

Pro Portion: 25 g E 38 g F 48 g KH 670 kcal 2800 kJ

Serviervorschlag

Dazu schmecken Reis oder Spätzle, gekochte Kartoffeln oder Kartoffelpüree und frischer grüner Salat (oder Feldsalat). Als Getränk einen kräftigen weißen Landwein oder Bier reichen.

TIP

Für festliche Anlässe und schnelle Gästebewirtung Schweinefilet verwenden. Das Fleisch in 2–3 cm große Stücke schneiden und kräftig anbraten, dann gleich die Backpflaumen hinzufügen. Garzeit mit Anbratzeit bei Gulasch aus Filet etwa 25 Minuten.

Curryfleisch

***

Zutaten für 4 Personen

**1 Schweinelende (etwa 500 g),
1/2 TL Pfeffer,
1/2–1 TL Salz,
1 TL Curry,
2 EL Öl,
1 Zwiebel,
1 Knoblauchzehe,
1 großer Apfel,
1 rote Paprikaschote,
2 Scheiben Ananas (aus der Dose),
etwa 1/4 l Wasser,
1 Schächtelchen Currysoße,
2 EL Mandelblättchen,
1 TL Butter.**

Arbeitsgeräte

Schneidbrett, Messer, Bratentopf mit Deckel (oder Pfanne), Pfannenwender, Rührlöffel, kleine Kasserolle.

Zubereitungszeit

30–35 Minuten, davon 10 Minuten Vorbereitung und 20–25 Minuten Garzeit.

Die Schweinelende kalt abspülen und mit Küchenkrepp abtrocknen. Fett und Häute rundherum ablösen. Das Fleisch in 1/2 cm dicke Scheiben schneiden und diese mit einer Mischung aus Pfeffer, Salz und Curry bestreuen.
Das Öl im Bratentopf bei starker Wärmezufuhr erhitzen. Die Scheiben hineingeben und 10 Minuten anbraten.
In der Zwischenzeit die Zwiebel und Knoblauchzehe schälen und in Würfel schneiden. Den Apfel schälen und das Kerngehäuse herausschneiden. Die Paprikaschote entkernen. Beides waschen. Den Apfel in Würfel, die Paprikaschote in schmale Streifen und die Ananasscheiben in kleine Stücke schneiden.
Die kleingeschnittenen Zutaten unter das Fleisch mischen, den Topf schließen und alles bei geringer Wärmezufuhr 5 Minuten schmoren lassen.
Heißes Wasser dazugießen und die Currysoße einrühren. Nochmals aufkochen und einige Minuten ohne weitere Wärmezufuhr ziehen lassen.
In der Zwischenzeit die Mandelblättchen in der Kasserolle in heißer Butter goldgelb anrösten.
Das Curryfleisch in einer Schüssel anrichten und mit den Mandelblättchen bestreut servieren oder um einen Reisberg verteilen und mit Ananasscheiben garnieren.

Pro Portion: 26 g E 21 g F 17 g KH 383 kcal 1600 kJ

Serviervorschlag

Zum Curryfleisch schmecken Reis, Spätzle oder knuspriges Stangenbrot und frischer grüner Salat. Bier oder einen trockenen Weißwein dazu trinken.

TIP

Curryfleisch ist preiswerter, wenn nicht Schweinelende, sondern z.B. Schulter- oder Kammfleisch verwendet wird. Allerdings erhöht sich dadurch der Nährwert. Die Garzeit muß mit etwa 50 Minuten angesetzt werden.

Curryfleisch.

Szegediner Gulasch

***

Zutaten für 4 Personen

**500 g Schweinefleisch (Bug oder Schulter),
Pfeffer, Salz,
1 Msp. Thymian,
2 EL Öl (oder Schweineschmalz),
250 g Zwiebeln,
250 g Paprikaschoten (rot und grün),
2 EL Rosenpaprika,
1 TL Salz, 1 Msp. Kümmel,
1 TL Zucker,
500 g Sauerkraut,
bei Bedarf
1 Tasse Fleischbrühe,
1 kleiner Becher saure Sahne.**

Arbeitsgeräte

Schneidbrett, Messer, Schüssel, Bratentopf mit Deckel, (oder Dampfdrucktopf), Rührlöffel.

Zubereitungszeit

etwa 1 Stunde, davon 10 Minuten Vorbereitung und 45–50 Minuten Garzeit (Garzeit im Dampfdrucktopf 20–25 Minuten).

Das Fleisch kalt abspülen und mit Küchenkrepp abtrocknen, Sehnen oder starken Fettansatz abschneiden. Das Fleisch in etwa 2 cm große Würfel schneiden und in der Schüssel mit etwas Pfeffer, Salz und dem Thymian vermischen.
Das Öl (oder Schweineschmalz) im Topf bei starker Wärmezufuhr erhitzen, die Fleischwürfel hineingeben und in 10 Minuten kräftig anbraten.
In der Zwischenzeit die Zwiebeln schälen, die Paprikaschoten entkernen und waschen. Die Zwiebeln in große Würfel und die Paprika in Streifen schneiden. Unter das Fleisch mischen, dann

1 Zutaten.

2 Zwiebeln und Paprika unter das Fleisch mischen.

mit Rosenpaprika, etwas Salz, Kümmel und Zucker würzen. Das Sauerkraut zerzupfen und darüber verteilen.
Alles aufkochen, dann den Topf schließen und den Herd auf kleinste Wärmestufe schalten. Das Gericht in 35–40 Minuten gar schmoren.
Die Sahne im Becher glattrühren und unter das Gulasch mischen. Gut abschmecken und servieren.

Pro Portion: 25 g E 37 g F 15 g KH 522 kcal 2180 kJ

HINWEIS

Die Zugabe von Fleischbrühe ist nur bei Töpfen nötig, die nicht gut schließen oder leicht ansetzen. Sonst reicht die Eigenfeuchtigkeit der Zutaten zum Schmoren.

Serviervorschlag

Zum Szegediner Gulasch gekochte Kartoffeln oder Knödel und Bier oder Tafelwasser reichen.

Schweinelende für Feinschmecker

***

Zutaten für 4 Personen

**250 g entsteinte Backpflaumen,
1 Zitrone,
1 TL Zucker,
1/8 l Weißwein,
1 große Schweinelende (etwa 600 g),
Pfeffer und Salz,
2 EL Öl,
1 Zwiebel,
1 EL Stärkemehl,
1/2 Becher süße Sahne,
frisch gemahlener Pfeffer.**

Arbeitsgeräte

Schneidbrett, Messer, Zitronenpresse, Schüssel, Kasserolle, Sieb, Rührlöffel, große Pfanne mit Deckel (oder Bratentopf), Holzspießchen (oder Baumwollgarn).

Zubereitungszeit

etwa 35 Minuten, davon 10 Minuten Vorbereitung und 20–25 Minuten Garzeit.

Möglichst eßfertige, weiche Backpflaumen ohne Steine kaufen, da diese sofort verwendbar sind.
Die Backpflaumen in kleine Stücke schneiden und mit Zitronensaft, dem Zucker und dem Weißwein in die Kasserolle geben. Etwa 5 Minuten kochen lassen.
Unterdessen die Lende kalt abspülen und mit Küchenkrepp abtrocknen. Fett und Häute rundherum ablösen und eine tiefe Tasche seitlich in das Fleisch einschneiden. Die Lende außen und innen leicht mit Pfeffer und Salz einreiben.
Die Backpflaumen abtropfen lassen und in die Lende füllen. Die Tasche mit Holzspießchen zustecken oder mit Baumwollgarn zunähen.
Das Öl in der Pfanne bei starker Wärmezufuhr erhitzen. Die Lende hineinlegen und rundherum 10 Minuten anbraten.
In der Zwischenzeit die Zwiebel schälen und in kleine Würfel schneiden. In die Pfanne geben, etwas vom Weinsud dazugießen und die Pfanne schließen. Den Herd auf kleinste Wärmestufe schalten und das Fleisch in weiteren 10–15 Minuten gar schmoren lassen.
Die Lende herausnehmen, in Portionsstücke (2–4 cm dick) schneiden und anrichten.
Den Bratenfond mit dem Weinsud und eventuell etwas Wasser aufkochen und mit dem in Sahne verrührten Stärkemehl binden. Nach Geschmack mit frisch gemahlenem Pfeffer und Salz nachwürzen.

Pro Portion: 30 g E 26 g F 49 g KH 596 kcal 2490 kJ

Serviervorschlag

Zu diesem festlichen Gericht schmecken Kartoffelkroketten, Spätzle und frische, gemischte Salate. Einen Weißwein (milder Tafelwein) oder Tafelwasser dazu trinken.

Tips für Schweinelende siehe Seite 309.

1 Zutaten.

2 Die Backpflaumen in die Lende füllen.

Schweinelende für Feinschmecker mit Kartoffelkroketten.

Schweinebraten mit Zwiebelgemüse

**

Zutaten für 4 Personen

**600 g Schweinekamm,
2–3 Knoblauchzehen,
1/2 TL Pfeffer, 1/2–1 TL Salz,
1/2 TL Paprika,
1 Msp. gemahlener Rosmarin,
3 EL Öl,
1/8–1/4 l Fleischbrühe,
500 g Zwiebeln,
eventuell
1 EL Instant-Bratensoße,
2 EL Dosenmilch.**

Arbeitsgeräte

Schneidbrett, Messer, Bratentopf mit Deckel (Dampfdrucktopf), Rührlöffel.

Zubereitungszeit

etwa 75 Minuten, davon 10 Minuten Vorbereitung und 60–65 Minuten Garzeit (Garzeit im Dampfdrucktopf 25–30 Minuten).

Das Fleisch kalt abspülen und mit Küchenkrepp abtrocknen. Die Knoblauchzehen schälen, der Länge nach halbieren und an verschiedenen Stellen tief in das Fleisch spicken. Pfeffer, Salz, Paprika und Rosmarin vermischen und das Fleisch damit rundherum einreiben.
Das Öl im Bratentopf bei starker Wärmezufuhr erhitzen, das Fleisch in den Topf legen und in etwa 10 Minuten von allen Seiten kräftig anbraten.
Etwas Fleischbrühe dazugießen, den Topf schließen, den Herd auf kleinste Wärmestufe schalten und das Fleisch 20 Minuten schmoren lassen.
Unterdessen die Zwiebeln schälen und vierteln (kleine nur halbieren). Nach 20 Minuten über das Fleisch verteilen, den Topf wieder schließen. Das Fleisch in weiteren 30 Minuten gar schmoren. Dann das Fleisch aus dem Topf nehmen und in Scheiben schneiden.
Das Zwiebelgemüse mit Instant-Bratensoße binden und mit der Dosenmilch, bei Bedarf auch mit etwas Pfeffer und Salz, abschmecken. Rund um die Fleischscheiben anordnen.

Pro Portion: 21 g E 50 g F 14 g KH 617 kcal 2580 kJ

Serviervorschlag

Dazu schmecken gekochte Kartoffeln oder Kartoffelklöße, aber auch Püree oder Nudeln und frische Salate (grüner Salat, Tomaten- und Bohnensalat); Bier oder Tafelwasser reichen.

1 Zutaten zum Filettopf.

2 Fleisch in Stücke schneiden.

Schweinelende im Hemd

***

Zutaten für 4 Personen

**1 großer Wirsingkohl
(davon die äußeren Blätter, etwa 400 g),
1 EL Salz,
1 Schweinelende (400 g),
Pfeffer und Salz,
100 g roher Schinken
(große Scheiben),
2 EL Öl,
eventuell 1 TL Paprika.**

Arbeitsgeräte

großes Schneidbrett, Messer, Durchschlag, großer Topf, Schaumkelle, Pfanne (oder Grill, Holzkohlengrill), Metallspießchen (oder Baumwollgarn), Tasse, Backpinsel.

Zubereitungszeit

40–45 Minuten, davon 10–20 Minuten Vorbereitung und 20–25 Minuten Garzeit.

Den Wirsingkohl waschen und die großen Blätter ablösen. 1 l Wasser und das Salz bei starker Wärmezufuhr im Topf zum Kochen bringen. Die Blätter hineingeben und etwa 3 Minuten leicht kochen (blanchieren). Aus dem Kochwasser heben und abtropfen lassen.

Filettopf mit Champignons

***

Zutaten für 4 Personen

**1 Schweinelende
(etwa 500 g),
Pfeffer und Salz,
2 EL Öl
(oder Pflanzenfett),
1 Zwiebel,
eventuell 1 Knoblauchzehe,
1 Dose Champignons
(250 g Einwaage),
1 EL Instant-Bratensoße,
4 EL süße Sahne,
eventuell 2 EL Cognac,
etwas Cayennepfeffer,
frisch gemahlener Pfeffer,
1 EL feingehackte Petersilie.**

Arbeitsgeräte

Schneidbrett, Messer, Pfanne mit Deckel (oder Bratentopf), Pfannenwender, Dosenöffner, Sieb, Rührlöffel, Schüssel.

Zubereitungszeit

30–35 Minuten, davon 10 Minuten Vorbereitung und 20–25 Minuten Garzeit.

Die Lende kalt abspülen und mit Küchenkrepp abtrocknen. Fett und Häute ablösen und das Fleisch in 2–3 cm große Stücke schneiden (Bild 2). Mit Pfeffer und Salz bestreuen und etwas vermischen.
Das Öl (oder Pflanzenfett) in der Pfanne bei starker Wärmestufe (E-Herd Schaltstufe 2,5–3; Automatik 10–12; G-Herd große Flamme) erhitzen. Die Fleischstücke hineingeben und etwa 10 Minuten kräftig anbraten. Die Zwiebel und Knoblauchzehe schälen, fein hacken und nach 5 Minuten hinzufügen.

Die Lende kalt abspülen und mit Küchenkrepp abtrocknen. Häute und Sehnen von der Lende ablösen und das Fleisch rundherum leicht mit Pfeffer und Salz einreiben.
Die Wirsingblätter auf dem Schneidbrett ausbreiten, jeweils einige übereinanderlegen. Darauf die Lende legen und einrollen. Den Wirsing mit den Schinkenscheiben umhüllen.
Bei Zubereitung unter dem Grill (oder auf dem Holzkohlengrill) die Scheiben mit Metallspießchen (Rouladennadeln) feststekken. Bei der Zubereitung in der Pfanne können Holzspießchen (oder Baumwollgarn) verwendet werden.
Die Lende rundherum mit Öl bepinseln und unter dem vorgeheizten Grill in etwa 25 Minuten grillen. Oder das Fett in der Pfanne erhitzen, die Lende darin rundherum in etwa 10 Minuten anbraten, dann bei geschlossener Pfanne und geringer Wärmezufuhr in weiteren 10 Minuten gar schmoren.

Pro Portion: 26 g E 24 g F 4 g KH 354 kcal 1480 kJ

TIP

Bei der Zubereitung im Grill (oder auf dem Holzkohlengrill) das Öl mit Paprika und etwas Salz in der Tasse vermischen. Die Lende damit zwischendurch bepinseln.

Serviervorschlag

Bei der Zubereitung in der Pfanne werden zur Lende geschmortes Gemüse (z.B. den restlichen Wirsing mit Tomaten schmoren) und Kartoffeln gereicht, zur gegrillten Lende dagegen gegrilltes Gemüse und Backkartoffeln (oder Folienkartoffeln). Bier, Tomatensaft oder Weißwein als Getränk.

TIPS FÜR SCHWEINELENDE (von Seite 307):

- Für den Kleinhaushalt z.B. eine kleine Schweinelende mit Backpflaumen füllen oder 1–2 Stücke Lende (etwa 10 cm lang) pro Portion rechnen.
- Schweinelende eignet sich auch gut für eine größere Personenzahl als festliches Gericht. Die Vorbereitungen können schon einige Stunden vorher getroffen werden. Z.B. kann man die Backpflaumenfüllung vorbereiten und erst abgekühlt in die Lenden füllen. Bei mehreren Lenden den Backofen oder Grill zum Garen benutzen.
- Backpflaumen, die beim Füllen übrigbleiben, werden mit über die angebratenen Lenden gegeben und mitgeschmort. Die Soße wird dadurch abgerundeter und leicht sämig.

Die Champignons zum Abtropfen auf das Sieb geben, das Wasser aber aufbewahren. Die Champignons über die Lendenstücke geben, die Instant-Bratensoße, die Sahne und den Cognac (eventuell etwas Champignonwasser) unterrühren und die Pfanne schließen. 5–10 Minuten auf kleiner Wärmestufe schmoren lassen. Mit Cayennepfeffer und frisch gemahlenem Pfeffer würzen und mit feingehackter Petersilie bestreut in einer Schüssel anrichten.

Pro Portion: 25 g E 23 g F 4 g KH 361 kcal 1510 kJ

Serviervorschlag

Zu diesem Schnellgericht schmecken Spätzle, Kartoffelpüree oder Kartoffelkroketten und frische grüne oder gemischte Salate. Fruchtsaft, einen milden Rhein- oder Badener Wein oder Bier dazu trinken.

TIP

Dieser Filettopf eignet sich ausgezeichnet für eine Gästebewirtung (für den Kleinhaushalt ebenso wie für eine größere Personenzahl). Bei guter Vorbereitung könnte das in Stücke geschnittene Fleisch z.B. noch 1–2 Stunden in eine würzige Ölmarinade (mit Sojasoße oder Cognac abgeschmeckt) eingelegt werden. Anstelle von Dosenchampignons können frische Champignons (etwa 500 g auf 500 g Fleisch) verwendet werden.

Filettopf mit Champignons.

Schweinerollbraten mit Kräuterfüllung

GRUNDREZEPT **

Zutaten für 4 Personen

1 kg Schweinebraten (aus der Schulter oder Oberschale), Pfeffer, Salz, 1 Msp. Thymian, 1–2 EL Kräutersenf, 1 Packung Frankfurter grüne Soße (oder 100 g verschiedene Kräuter, wie Petersilie, Kerbel, Schnittlauch, Basilikum usw.), 50 g roher Schinken, 1 Zwiebel, 1 Knoblauchzehe, 2 EL Pflanzenfett (oder Öl), 1 Bund Suppengrün, 1 Lorbeerblatt, 1/4–1/2 l milde Fleischbrühe (oder Wasser), eventuell 1 EL Stärkemehl, 2 EL süße Sahne, 1 EL rotes Johannisbeergelee (oder Preiselbeeren).

Arbeitsgeräte

großes Schneidbrett, Messer, Baumwollgarn, Bratentopf mit Deckel (Dampfdrucktopf oder Pfanne), Schüssel, Löffel.

Zubereitungszeit

etwa 2 Stunden, davon 15 Minuten Vorbereitung und 90–100 Minuten Garzeit (Garzeit im Dampfdrucktopf 35 Minuten).

Beim Metzger eine große Fleischscheibe für Rollbraten schneiden, aber nicht rollen lassen.
Das Fleisch kalt abspülen und mit Küchenkrepp abtrocknen. Die Scheibe auf das Brett legen und leicht klopfen. Mit Pfeffer, Salz und Thymian einreiben und von der inneren Seite mit Senf bestreichen.
Die Kräuter verlesen, waschen und zwischen Küchenkrepplagen ausdrücken. Dann sehr fein schneiden und in die Schüssel geben. Die Zwiebel schälen und ebenso wie den Schinken in kleine Würfel schneiden, die Knoblauchzehe schälen und zerdrücken. Mit den Kräutern vermischen und auf die Fleischscheibe streichen.
Das Fleisch aufrollen und mit Baumwollgarn umbinden.

Das Fett im Bratentopf bei starker Wärmezufuhr erhitzen. Den Braten hineinlegen und in 10–15 Minuten rundherum kräftig anbraten.
In der Zwischenzeit das Suppengrün putzen, waschen und in 1 cm große Stücke schneiden. Mit in den Topf geben, das Lorbeerblatt und etwas Wasser (etwa 1/8 l) hinzufügen. Den Topf schließen, den Herd auf kleine Wärmestufe schalten und das Fleisch in etwa 80 Minuten gar schmoren. Den Rollbraten zwischendurch wenden und bei Bedarf etwas Flüssigkeit nachgießen.
Das Fleisch aus dem Topf nehmen, kurz stehenlassen, dann in Scheiben schneiden und anrichten.

1 Zutaten.

2 Die Fleischscheibe leicht klopfen.

3 Die Kräuterfüllung auf die Fleischscheibe streichen.

4 Das Fleisch mit Baumwollgarn umbinden.

Schweinerollbraten mit Kräuterfüllung.

Den Bratenfond mit Fleischbrühe oder Wasser lösen, eventuell durch ein Sieb passieren. Nach Geschmack mit Sahne und Johannisbeergelee abrunden oder mit dem in Sahne angerührten Stärkemehl binden. Eventuell auch mit etwas Pfeffer und Salz nachwürzen.
Die Soße in eine Sauciere gießen und zum Schweinerollbraten reichen.

Pro Portion: 43 g E 61 g F 17 g KH 837 kcal 3500 kJ

Serviervorschlag
Gekochte Kartoffeln, Kartoffel- oder Semmelknödel und Gemüse (wie grüne Bohnen, Blumenkohl, Rosenkohl oder Rotkohl) dazu reichen. Ein kühles Bier oder Tafelwasser dazu trinken, es passen aber auch ein kräftiger roter oder weißer Wein.

HINWEISE
Schweinerollbraten kann ohne weitere Fettzugabe z.B. im Backofen (in Bratfolie oder Alufolie) zubereitet werden. Der Braten bleibt dann besonders saftig.
Den entstehenden Fleischfond für die Soßenzubereitung verwenden.
Die Zubereitung im Backofen ist besonders sinnvoll, wenn die Backofenwärme gleichzeitig für die Zubereitung der Beilagen genutzt werden kann oder Rollbraten für eine größere Personenzahl gebraten wird.
Bei der Zubereitung im Dampfdrucktopf ist es zweckmäßig, im Einsatz z.B. Kartoffeln oder Gemüse mitzugaren. Diese werden dann allerdings erst später in den Topf gegeben, damit nichts zerkocht.

Schweinefiletsteaks mit Äpfeln

Zutaten für 4 Personen

**4 Filetsteaks (à 125 g),
Pfeffer, Salz,
1 Msp. gemahlener Zimt,
2 EL Öl,
1 EL Butter,
2 säuerliche Äpfel,
1 Zitrone,
3 EL saure Sahne
(oder Crème fraîche),
frisch gemahlener Pfeffer.**

Arbeitsgeräte

Schneidbrett, Fleischklopfer (oder flaches Küchenbeil), Messer, Pfanne, Pfannenwender, Zitronenpresse.

Zubereitungszeit

20 Minuten.

Die Filetsteaks rundherum von Häuten und Fett befreien. Leicht klopfen und mit Pfeffer, Salz und einem Hauch Zimt würzen.
Das Öl und die Butter in der Pfanne bei starker Wärmezufuhr erhitzen. Die Steaks hineinlegen und je Seite etwa 5 Minuten braten.
Unterdessen die Äpfel waschen, abtrocknen und schälen. Die Äpfel vierteln und die Kerngehäuse herausschneiden. Die Apfelviertel in dünne Scheiben schneiden.

Die Steaks aus der Pfanne nehmen und auf einer vorgewärmten Platte anrichten.
Die Apfelscheiben in den Bratfond geben und 3–5 Minuten leicht dünsten. Mit Zitronensaft beträufeln und mit saurer Sahne verrühren. Über die Filetsteaks verteilen und mit frisch gemahlenem Pfeffer würzen.

Pro Portion: 24 g E 21 g F 9 g KH 338 kcal 1410 kJ

Serviervorschlag
Dazu schmecken in Butter gebratene Kartoffelkugeln (siehe Kapitel „Beilagen") oder Kartoffelpüree und frischer grüner Salat. Apfelsaft oder Cidre (französischer Apfelwein) dazu trinken.

TIP
Für eine festliche kleine Bewirtung können die Steaks mit Calvados (= Apfelschnaps) oder Cognac flambiert werden, um den Genuß zu vertiefen.

Kasseler mit Schmoräpfeln

***

Zutaten für 4 Personen

700 g Kasseler Rippenspeer (ohne Knochen),
2 EL Öl (oder Pflanzenfett),
4–6 mittelgroße säuerliche Äpfel (etwa 750 g),
1 Zitrone,
2 EL Mandelblättchen,
2 EL Rosinen,
1 TL Zucker,
1 Msp. Pfeffer,
1 Msp. Salz,
1/8 l Weißwein,
eventuell 1/4 l Wasser,
1 Schächtelchen Schweinebratensoße (oder Bratensoße).

Arbeitsgeräte

großer Bratentopf mit Deckel (oder feuerfeste Form), Messer, Apfelausstecher, Zitronenpresse, Schüssel, Löffel, Schneebesen (oder Rührlöffel).

Zubereitungszeit

etwa 50 Minuten, davon 5 Minuten Vorbereitung und 45 Minuten Garzeit.

Das Fleisch im Topf im heißen Öl (oder Pflanzenfett) bei starker Wärmezufuhr rundherum in 10 Minuten anbraten.
Dann den Topf schließen, den Herd auf kleinste Wärmestufe schalten und das Fleisch 20 Minuten schmoren lassen. Nur bei Bedarf etwas Wasser dazugießen.

In der Zwischenzeit die Äpfel schälen und das Kerngehäuse mit dem Apfelausstecher herausbohren. Die Äpfel mit Zitronensaft bepinseln, damit sie nicht braun werden.
Die Mandelblättchen, die Rosinen, den Zucker, den Pfeffer und das Salz in der Schüssel vermischen. Diese Mischung in die Apfelhöhlungen füllen.
Die gefüllten Äpfel rund um das Fleisch in den Topf setzen (oder eventuell getrennt in einem zweiten Topf zubereiten). Den Weißwein hinzugießen, den Topf wieder schließen und alles in weiteren 15 Minuten fertiggaren.
Das Fleisch aus dem Topf nehmen und in Scheiben schneiden. Auf einer Platte mit den Äpfeln umlegt anrichten. Den Bratenfond eventuell mit Wasser auf 1/4 l Flüssigkeit ergänzen und die Schweinebratensoße mit dem Schneebesen einrühren. Einmal aufkochen lassen und in eine Sauciere gießen.

Pro Portion bei 4: 41 g E 32 g F 35 g KH 644 kcal 2690 kJ
Pro Portion bei 6: 27 g E 22 g F 23 g KH 429 kcal 1790 kJ

Serviervorschlag

Als Beilagen können gekochte Kartoffeln oder Kartoffelpüree gereicht werden. Apfelsaft, Apfelwein oder Bier sind passende Getränke.

HINWEIS

Das Fleisch eventuell ohne Äpfel einfrieren und diese bei der späteren Verwendung frisch zubereiten.

1 Zutaten.

2 Aus den Äpfeln das Kerngehäuse herausholen

Kasseler mit Schmoräpfeln.

Kasseler Scheiben mit Ananas

Zutaten für 4 Personen

**500 g geräucherter Kasseler Rippenspeer (ohne Knochen),
1 EL Senf,
2 EL Öl,
1 kleine Dose Ananas in Stücken (Einwaage etwa 280 g),
frisch gemahlener Pfeffer,
1 EL Stärkemehl,
2 EL Dosenmilch.**

Arbeitsgeräte

große Pfanne mit Deckel (oder Bratentopf), Pfannenwender, Dosenöffner, Durchschlag, Rührlöffel.

Zubereitungszeit

etwa 25 Minuten.

Kasseler Rippenspeer beim Metzger in 4 dicke Scheiben schneiden lassen. Die Scheiben dünn mit Senf bestreichen.
Das Öl in der Pfanne bei starker Wärmezufuhr (E-Herd Schaltstufe 2,5–3; Automatik 10–12; G-Herd große Flamme) erhitzen. Die Scheiben hineinlegen und von jeder Seite etwa 5 Minuten anbraten.

Die Ananasdose öffnen und die Stücke auf dem Durchschlag abtropfen lassen. Den Saft aber aufbewahren.
Die Ananasstücke und 4–6 Eßlöffel Saft über die Kasseler Scheiben verteilen. Die Pfanne schließen und den Herd auf kleinste Wärmestufe schalten. In 10–15 Minuten gar schmoren lassen.
Die Scheiben mit den Ananasstücken anrichten. Den Bratenfond darübergießen oder mit dem in Dosenmilch angerührten Stärkemehl binden. Nach Geschmack mit frisch gemahlenem Pfeffer würzen.

Pro Portion: 28 g E 23 g F 19 g KH 422 kcal 1760 kJ

Serviervorschlag
Zu diesem Schnellgericht passen Kartoffelpüree (Packung oder hausgemacht siehe Kapitel „Beilagen"), gekochte Kartoffeln oder auch Sauerkraut und Bauernbrot. Bier, Tafelwasser oder ein trockener Weißwein sind passende Getränke.

TIP
Sehr gut schmecken auf dem Holzkohlengrill zubereitete Kasseler Scheiben. Dazu dann Sauerkrautsalat mit Ananas (siehe Kapitel „Wildgeflügel") reichen.

Schweinshaxen mit Schwips

******

Zutaten für 4 Personen	Arbeitsgeräte
1 große oder 2 kleine Schweinshaxen (etwa 1,2 kg), Pfeffer und Salz, 1–2 Knoblauchzehen, 2 EL Öl (oder Schweineschmalz), 2 Zwiebeln, 1/4 l Malzbier, 2 Schächtelchen Pfeffersoße (oder Schweinebratensoße), eventuell 2–3 EL süße Sahne.	Schneidbrett, Messer, Bratentopf mit Deckel (Pfanne oder Dampfdrucktopf), Schneebesen. **Zubereitungszeit** 90–100 Minuten, davon 5 Minuten Vorbereitung und 80–90 Minuten Garzeit (Garzeit im Dampfdrucktopf 30–35 Minuten).

Nach Möglichkeit zwei kleinere Haxen kaufen, dann ist die Garzeit etwas kürzer (für Kleinhaushalte sind die Zutaten dann leichter teilbar).
Die Schweinshaxen kalt abspülen und mit Küchenkrepp abtrocknen. Rundherum mit Pfeffer und Salz einreiben.
Die Knoblauchzehen schälen und der Länge nach halbieren. Rund um den Knochenansatz am oberen Haxenende in das Fleisch spicken.
Das Öl (oder Schweineschmalz) im Topf bei starker Wärmezufuhr erhitzen. Die Haxen darin in 10–15 Minuten von allen Seiten gut anbräunen.
Unterdessen die Zwiebeln schälen und vierteln.
Nach 10–15 Minuten die Zwiebeln und das Bier in den Topf geben, alles aufkochen und den Topf schließen. Den Herd auf kleinste Wärmestufe schalten und das Fleisch in 60–70 Minuten gar schmoren. Zwischendurch die Haxen wenden und bei Bedarf etwas Wasser dazugießen.
Die Haxen aus dem Topf nehmen und warm halten.
Den Bratenfond mit Wasser auf insgesamt 1/2 l Flüssigkeit auffüllen. Erhitzen und die Pfeffer- oder Schweinebratensoße mit dem Schneebesen einrühren. Einmal aufkochen lassen, nach Geschmack mit Pfeffer und eventuell Sahne abrunden. Über die Schweinshaxen gießen und servieren.

Pro Portion: 38 g E 65 g F 14 g KH 856 kcal 3580 kJ

Serviervorschlag

Zu diesem kräftigen Gericht schmecken Semmel- oder Kartoffelklöße und gemischter Salat aus Bohnen, Gurken, Tomaten usw. Ein gutgekühltes Bier (für Kinder Malzbier oder Saft) dazu reichen.

Schweinshaxe mit Schwips mit Semmelklößen und gemischtem Salat.

Schweinekoteletts auf Parma-Art

Zutaten für 4 Personen

8 dünne Scheiben Schweinekoteletts (Schmetterlingskoteletts aus dem Karree, à 80 g, ohne Knochen),
Pfeffer und Salz,
2 kleine Eier,
4 EL Öl,
100 g frischer Parmesankäse,
4 Tomaten.

Arbeitsgeräte

Schneidbrett, Messer, Fleischklopfer, Teller, Pfanne, Durchschlag, feuerfeste Form.

Zubereitungszeit

20–25 Minuten, davon 10 Minuten Vorbereitung und 10–15 Minuten Garzeit.

Die Schweinekoteletts ohne Knochen aus dem Karree schneiden lassen. Die Koteletts leicht klopfen und mit Pfeffer und Salz einreiben.
Die Eier in einem Teller leicht schaumig schlagen.
Das Öl in die Pfanne geben und bei starker Wärmezufuhr erhitzen.
Die Koteletts nacheinander in das Ei eintauchen und in die Pfanne legen. Von beiden Seiten in je 2–3 Minuten goldbraun braten. Die fertig gebratenen Koteletts nebeneinander in die Auflaufform legen.
Den Parmesankäse in dünne Scheiben schneiden und gleichmäßig auf die Koteletts verteilen.
Den Grill vorheizen (oder den Backofen auf höchste Temperatur einstellen).
Die Tomaten im Durchschlag mit kochendem Wasser überbrühen, damit sich die Haut besser abschälen läßt, und schälen. Die Tomaten halbieren und in die Mitte jedes Koteletts eine Tomatenhälfte legen. Mit etwas Pfeffer würzen und unter den Grill schieben. 5–10 Minuten überbacken, bis der Käse leicht goldgelb wird.

Pro Portion: 39 g E 58 g F 3 g KH 732 kcal 3060 kJ

Serviervorschlag

Zu Koteletts auf Parma-Art paßt Risotto (siehe Kapitel „Beilagen") oder Reis und Blattspinat. Tafelwasser oder einen leichten Weißwein als Getränk wählen.
Als leichtes Abendessen eventuell nur mit Blattspinat servieren.

HINWEIS

Kalbs- oder Lammkoteletts können auf die gleiche Weise zubereitet werden.

Schweineschnitzel

Schweineschnitzel und Schweinekoteletts können auf die gleiche Weise zubereitet werden wie im Kapitel Kalbfleisch angegeben.
Anstelle von Kalb- werden bei den Rezeptzutaten Schweineschnitzel verwendet.

Schweineschnitzel, Wiener Art
Siehe Zubereitung Wiener Schnitzel (Seite 277).

Pro Portion: 36 g E 25 g F 9 g KH 435 kcal 1820 kJ

Schweineschnitzel naturell
Siehe Zubereitung Kalbsschnitzel (Seite 276).

Pro Portion: 26 g E 20 g F 1 g KH 307 kcal 1280 kJ

Schweineschnitzel, Pariser Art
Siehe Zubereitung Kalbsschnitzel (Seite 276).

Pro Portion: 31 g E 23 g F 9 g KH 395 kcal 1650 kJ

Schweineschnitzel, Pariser Art.

Falsche Schweineschnitzel

Zutaten für 4 Personen

4 dicke Scheiben Schweinebauch (à 125 g oder 8 dünne à 60 g), Pfeffer und Salz, 100 g weiche Backpflaumen (ohne Steine), 1 kleiner Apfel, 2–3 EL Mehl, 2 EL Öl (oder Pflanzenfett).

Arbeitsgeräte

Schneidbrett, Messer, Fleischklopfer, Schüssel, Holzspießchen, Pfanne mit Deckel, Pfannenwender.

Zubereitungszeit

25–30 Minuten, davon 10 Minuten Vorbereitung und 15–20 Minuten Garzeit.

Vom Metzger 4 dicke Scheiben frischen Schweinebauch schneiden und möglichst gleich eine Tasche mit einschneiden lassen.
Die Scheiben leicht klopfen und die Schwarte abschneiden. Außen und innen mit Pfeffer und Salz einreiben.
Die weichen Backpflaumen in kleine Stücke schneiden.
Den Apfel schälen und das Kerngehäuse herausschneiden. Den Apfel grob raspeln oder in kleine Würfel schneiden. Beides in der Schüssel mit etwas Pfeffer und Salz vermischen, in die Schnitzeltaschen verteilen und die Öffnung jeweils mit kleinen Holzspießchen verschließen.
Die Schnitzel in Mehl wälzen.
Das Öl (oder Pflanzenfett) in der Pfanne erhitzen, die Schnitzel hineinlegen und von beiden Seiten je 5 Minuten kräftig anbraten.

Falsche Schweineschnitzel

1 Zutaten.

2 Die Füllung in die Fleischtaschen verteilen.

Dann die Pfanne schließen, den Herd auf kleinste Wärmestufe schalten und die Schnitzel in 5–10 Minuten gar schmoren lassen. Sehr dicke Schnitzel eventuell etwas länger schmoren.

Pro Portion: 16 g E 57 g F 25 g KH 706 kcal 2950 kJ

Serviervorschlag
Mit den falschen Schnitzeln läßt sich ein preiswertes Gericht servieren. Dazu schmecken gekochte Kartoffeln oder Kartoffelpüree, geschmortes Gemüse (vor allem Kohlgemüse) oder frische Salate. Als Getränk Tafelwasser oder Bier reichen.

TIPS
Falsche Schweineschnitzel können auch mit anderen Füllungen zubereitet werden, z.B. nur mit Äpfeln gefüllt, mit feingehackten Kräutern, feingehackten Schinkenresten usw.
Sehr zu empfehlen ist die Zubereitung auf dem Holzkohlengrill – auch für eine größere Anzahl Personen –, da die Schnitzel dann einen intensiveren Geschmack entwickeln und das Fett besser ausbrät.

Schweinesteaks mit Ananas

Zutaten für 2 Personen

2 Schweinesteaks (à 125 g, aus der Keule geschnitten), Pfeffer, Salz, 1 TL Kräutersenf, 2 EL Öl, 2 Scheiben Ananas, 4 Cocktailkirschen (oder 1 EL Sauerkirschen aus dem Glas), 1 EL Cognac, 1 EL Sahne, frisch gemahlener Pfeffer.

Arbeitsgeräte

Schneidbrett, Fleischklopfer, Messer, Pfanne, Pfannenwender.

Zubereitungszeit

20 Minuten.

Die Steaks leicht klopfen und von beiden Seiten mit Pfeffer, Salz und Senf einreiben.

Das Öl in der Pfanne bei starker Wärmezufuhr erhitzen (E-Herd Schaltstufe 2,5–3; Automatik 10–12; G-Herd große Flamme) und die Steaks hineinlegen. Von jeder Seite je nach Dicke der Steaks 5–7 Minuten braten.
Die Ananasscheiben vierteln und zusammen mit den Cocktailkirschen (oder Sauerkirschen) zu den Steaks in die Pfanne geben und kurz erhitzen. Die Steaks mit Ananasstücken und Kirschen anrichten.
Den Bratenfond mit Cognac, Sahne und etwas frisch gemahlenem Pfeffer abschmecken und über die Steaks gießen.

Pro Portion: 22 g E 41 g F 14 g KH 567 kcal 2370 kJ

Serviervorschlag
Mit Reis (Curry- oder Safranreis) und grünem Salat, Weißwein oder Tafelwasser reichen.

Schweinebauch gekocht.

Schweinebauch gekocht

GRUNDREZEPT

Zutaten für 4 Personen

700 g Schweinebauch,
1–2 TL Salz,
1 Lorbeerblatt,
5 Pfefferkörner,
1 Zwiebel,
1 Bund Suppengrün
(250 g Möhren, 125 g Porree, 125 g Sellerie).

Arbeitsgeräte

Topf (oder Dampfdrucktopf), Schneidbrett, Messer.

Zubereitungszeit

70–80 Minuten, davon
5 Minuten Vorbereitung und
65–75 Minuten Garzeit
(Garzeit im Dampfdrucktopf 15–25 Minuten).

Schweinebauch wird als frischer Schweinebauch oder gepökelt angeboten. Gepökelter Schweinebauch wird nur in ganz wenig gesalzenem Wasser gekocht.
Den Schweinebauch kalt abspülen. 1 l Wasser, Salz, das Lorbeerblatt und die Pfefferkörner im Topf (oder Dampfdrucktopf) bei starker Wärmezufuhr zum Kochen bringen. Das Fleisch hineingeben und 65–75 Minuten bei kleiner Wärmestufe kochen lassen.

Die Zwiebel schälen und vierteln, das Suppengrün putzen, waschen und grob zerkleinern.
Nach 20 Minuten Kochzeit beides zum Fleisch geben.
Das Fleisch ist weich, wenn sich eine Gabel leicht einstechen läßt. Den Schweinebauch aus der Brühe heben, kurz ruhen lassen, dann in Scheiben schneiden und servieren.

Pro Portion: 16 g E 53 g F 8 g KH 608 kcal 2540 kJ

Serviervorschlag

Den Schweinebauch mit Sauerkraut – z.B. auch als Schlachtplatte – und gekochten Kartoffeln reichen.
Eventuell die Scheiben nach dem Kochen auch noch kurz anbraten und mit einer Senfsoße servieren. Kühles Bier schmeckt zu diesem deftigen Gericht.

TIP

Gepökelter Schweinebauch schmeckt zu Sauerkraut oder Wirsing. Frischer, gekochter Schweinebauch schmeckt auch kalt als Aufschnitt. Den Schweinebauch dann in dünne Scheiben schneiden und z.B. mit Hausmacher Wurst (Blutwurst, Leberwurst, Preßsack), sauren Gurken und Senf oder Kräutersoße servieren.

Schweinebauch mit Möhren

Zutaten für 4 Personen

**500 g frischer Schweinebauch,
1/2 TL Pfeffer,
1/4–1/2 TL geriebener Thymian,
1 TL Salz,
2 EL Öl (oder Schweineschmalz),
250 g Zwiebeln,
500 g Möhren,
500 g Kartoffeln,
1/8–1/4 l Fleischbrühe (nur bei Bedarf),
1/2 Bund Petersilie.**

Arbeitsgeräte

Schneidbrett, Messer, Bratentopf mit Deckel (Dampfdrucktopf), Durchschlag, Rührlöffel.

Zubereitungszeit

etwa 50 Minuten, davon 10 Minuten Vorbereitung und 35–40 Minuten Garzeit (Garzeit im Dampfdrucktopf 10–20 Minuten).

Vom Schweinebauch die dicke Schwarte abschneiden. Das Fleisch in 1/2 cm dicke Scheiben oder in 1 cm große Würfel schneiden. Mit Pfeffer, Thymian und Salz bestreuen und durchmischen.
Das Öl (oder Schweineschmalz) im Bratentopf (oder Dampfdrucktopf) erhitzen. Das Fleisch hineingeben und bei starker Wärmezufuhr 15 Minuten anbraten.
In der Zwischenzeit die Zwiebeln schälen und in 1 cm große Würfel schneiden.
Die Möhren und die Kartoffeln schälen, waschen und in Scheiben oder Würfel schneiden.
Das Gemüse über dem Fleisch verteilen. Alles zum Kochen bringen, nur bei Bedarf etwas heiße Fleischbrühe dazugießen. Den Topf schließen und den Herd auf kleine Wärmestufe schalten. Das Gericht in weiteren 20–25 Minuten gar schmoren.
Nach Geschmack mit Pfeffer und Salz nachwürzen und in einer Schüssel anrichten.
Die Petersilie fein hacken und darüberstreuen.

Pro Portion: 15 g E 43 g F 32 g KH 604 kcal 2520 kJ

Serviervorschlag

Zu diesem Spargericht kann Brot gereicht werden, als Getränke sind Tafelwasser oder Tomatensaft und Bier zu empfehlen.

HINWEIS

Bei der Zubereitung im Dampfdrucktopf wird der Schweinebauch zunächst kräftig angebraten, dann bei geschlossenem Dampfdrucktopf 10 Minuten gegart. Das vorbereitete Gemüse dazugeben (Dampfdrucktopf nach Geräteanweisung abkühlen und öffnen) und in 4–6 Minuten fertiggaren.

Schweinebauch mit Möhren.

Hackfleischgerichte

Gerichte mit Hackfleisch sind in der täglichen Familienküche sehr beliebt, da sich viele interessante und preiswerte Zubereitungsmöglichkeiten ergeben.
Aus Hackfleisch kann sehr schnell eine sättigende Fleischsoße bereitet werden. Aus einem pikanten Hackfleischteig lassen sich die verschiedensten Hacksteaks (Frikadellen, Buletten, Fleischpflanzerl) und Klöße zubereiten, auch einen sonntäglichen Hackbraten kann man daraus zaubern.

Hamburger.

Serviervorschlag
Hacksteaks, Buletten usw. schmecken mit gekochten Kartoffeln und gedünstetem Gemüse, mit Kartoffelsalat oder anderen frischen Salaten.
Oder einfach nur in ein aufgeschnittenes Brötchen legen, mit Salatblättern, Tomatenscheiben oder Zwiebelringen.
Je nach Beilagen eine Bratensoße, Tomatensoße, Senf, Remoulade oder Ketchup reichen.

Bologneser Ragout (Hackfleischsoße)

**

Zutaten für 4 Personen

**50 g fetter Speck,
1 EL Öl,
1 Zwiebel,
1 Knoblauchzehe,
1/4 Sellerieknolle,
1 Möhre,
1 kleine Dose Champignons (230 g Einwaage),
100 g roher Schinken,
200 g gemischtes Hackfleisch,
2 EL Tomatenmark,
1/8 l Fleischbrühe (Instantbrühe),
1/8 l Rotwein,
1/4–1/2 TL Oregano,
1/4 TL Pfeffer,
1/2–1 TL Salz,
3 EL Dosenmilch.**

Arbeitsgeräte

Schneidbrett, Messer, Kasserolle mit Deckel, Dosenöffner, Sieb, Rührlöffel.

Zubereitungszeit

etwa 40 Minuten, davon 10 Minuten Vorbereitung und 25–30 Minuten Garzeit.

Den Speck in kleine Würfel schneiden und mit dem Öl in die Kasserolle geben. Bei starker Wärmezufuhr glasig ausbraten lassen.
In der Zwischenzeit die Zwiebel, die Knoblauchzehe, die Sellerieknolle und die Möhre schälen, waschen und kleinschneiden oder fein hacken. Alles ebenfalls in die Kasserolle geben und 5 Minuten anbraten.
Die Champignons abtropfen lassen und fein hacken.
Den Schinken in kleine Würfel schneiden.
Beides zusammen mit dem Hackfleisch in die Kasserolle geben und 10 Minuten anbraten.
Das Tomatenmark, die Fleischbrühe und den Rotwein unterrühren.
Mit Oregano, Pfeffer und Salz würzen (mit Salz sparsam würzen, falls der Schinken sehr salzig ist) und bei geschlossenem Topf und geringer Wärmezufuhr in etwa 15 Minuten zu einem sämigen Ragout kochen.
Mit Dosenmilch abschmecken, bei Bedarf noch mit etwas frisch gemahlenem Pfeffer und Oregano nachwürzen.

Pro Portion: 17 g E 36 g F 8 g KH 474 kcal 1980 kJ

Serviervorschlag
Bologneser Ragout ist beliebt zu Spaghetti oder anderen Nudeln und Reis. Frische Salate, auch Tomatensalat, und Rotwein oder Bier (für Kinder Fruchtsaft) schmecken dazu.

HINWEIS
Bologneser Ragout kann einfacher zubereitet werden, z.B. ohne Schinken und Rotwein, dafür mit 1/4 l Brühe, wenn Kinder mitessen.

Hacksteaks – Buletten – Frikadellen

GRUNDREZEPT ***

Zutaten für 4 Personen	Arbeitsgeräte
1 Brötchen, 1 Zwiebel, eventuell 1–2 Knoblauchzehen, 1/2 Bund Petersilie, 1 TL Senf, 1 Ei, 400 g Hackfleisch (1/2 Rind + 1/2 Schwein), 1/2–1 TL Salz, 1/4 TL Pfeffer, 1/2–1 TL Paprika, 1 Msp. geriebene Muskatnuß, 2–3 EL Paniermehl, 3 EL Öl (oder Pflanzenfett).	**große Schüssel, Schneidbrett, Messer, Rührlöffel, Pfanne, Pfannenwender (oder Grill).** **Zubereitungszeit** **30 Minuten, davon 10–15 Minuten Vorbereitung und 15 Minuten Bratzeit.**

Das Brötchen in etwas Wasser einweichen (mit lauwarmem Wasser wird es schneller weich) und wieder gut ausdrücken. Während das Brötchen weicht, die Zwiebel schälen und in kleine Würfel schneiden. Eventuell die Knoblauchzehe schälen und ebenso wie die Petersilie fein hacken. Zusammen mit dem Senf, dem Ei und dem Hackfleisch zu dem Brötchen in die Schüssel geben (Bild 3). Die Gewürze hinzufügen und alles zu einem glatten Fleischteig verrühren. Pikant abschmecken (Bild 4).

1 Zutaten.

2 Das Brötchen einweichen.

3 Die Zutaten zu den Brötchen geben.

4 Alles zu einem glatten Fleischteig verrühren.

5 Die Hacksteaks kräftig anbraten.

6 Verschiedene Formen aus Hackfleisch.

Je nach Verwendungszweck aus der Masse 4 längliche, flache Steaks formen oder flache runde Buletten oder Frikadellen. In Paniermehl wälzen und leicht andrücken.
Das Öl in der Pfanne bei starker Wärmezufuhr erhitzen, die Hacksteaks hineinlegen und von jeder Seite 3–4 Minuten kräftig anbraten. Dann den Herd auf kleine Stufe zurückschalten und die Steaks in weiteren 5–10 Minuten fertigbraten.

Pro Portion: 23 g E 34 g F 13 g KH 472 kcal 1960 kJ

TIPS

- Zu weicher Hackfleischteig bekommt durch die Zugabe von etwas Paniermehl, Haferflocken oder – am gesündesten – durch Weizenkleie mehr Bindung.
- Zu fester Teig läßt sich durch die Zugabe von etwas mehr Ei, von Milch, von Tomatenketchup oder einer geriebenen rohen Möhre auflockern.
- In der Pfanne gebratene Hacksteaks werden knuspriger, wenn sie vorher in Paniermehl gewälzt werden.
- Hacksteaks, Buletten und alle Fleischklößchen lassen sich am besten mit kalt abgespülten Händen formen.

Annanashacksteak.

Schottische Hacksteaks.

Ćevapčići.

Variationen
Der Grundteig für Hacksteaks kann durch weitere Zutaten individuell abgewandelt werden.

Kräuterhacksteaks
2 EL feingehackte frische Kräuter, wie Basilikum, Estragon, Kerbel, Petersilie, Ysop und Kresse, in den Fleischteig mischen.
Getrocknete Kräuter, wie Rosmarin, Thymian, Oregano, Liebstöckel und Basilikum, eignen sich gut zum Abrunden. Nach Geschmack 1/2–1 TL geriebene Kräuter dazugeben.

Pikante Hacksteaks
2 EL eingelegte, in kleine Würfel geschnittene Tomatenpaprika und 2 EL Maiskörner in den Teig mischen.

Ananashacksteaks
4 halbe Ananasscheiben mit Küchenkrepp abtrocknen, leicht mit Curry oder Rosenpaprika bestäuben und mit Hackfleisch umhüllen. Zu dicken, glatten Steaks formen und in der Pfanne braten oder auf dem Grill zubereiten. Mit Curryketchup oder Mangosoße (Fertigsoßen) servieren.

Pilzlinge
150 g frische Champignons putzen, fein hacken und unter den würzigen Hackfleischteig mischen. In der Pfanne braten oder auf dem Grill zubereiten und mit Tomaten- oder Bratensoße reichen.

Schottische Hacksteaks
Zutaten für Grundrezept, 4 hartgekochte Eier, 3 EL Paniermehl.
Den Hackfleischteig zubereiten. Die Eier pellen und jeweils mit der Fleischmasse umhüllen. Rundherum gut andrükken, damit eine glatte Oberfläche entsteht.
Die Hacksteaks in Paniermehl wenden und in heißem Fett von beiden Seiten je 8–10 Minuten braten.

Serviervorschlag
Zu Kartoffel- oder Gemüsesalat reichen oder mit Brot und Tomatensalat als Abendessen; Bier oder Tomatensaft dazu trinken.

Ćevapčići
Zutaten für das Grundrezept, 3–4 Knoblauchzehen.
Aus dem Fleischteig, in den die kleingeschnittenen Knoblauchzehen gemischt wurden, fingerlange und fingerdicke, an den Enden spitz zulaufende Würstchen formen. Diese auf dem Grill (Holzkohlengrill) oder in der Pfanne knusprig bräunen.
Mit Knoblauch- oder Kräutermayonnaise und frischem Brot (Weißbrot) reichen.

Griechische Fleischbällchen in Weintraubensoße

***

Zutaten für 4 Personen

400 g Hackfleisch (1/2 Rind + 1/2 Schwein), 4 EL Paniermehl (= Semmelbrösel), 1/2 Bund Petersilie, 1 EL gehackte frische oder getrocknete Minzeblätter (Krauseminze, Pfefferminze), 2 Zwiebeln, 2 kleine Eier, 1/2–1 TL Pfeffer, 1–2 TL Salz, 1/2–1 TL Paprika, 1 Zitrone, 1 EL geriebener Käse, 30 g Mehl, 4 EL Öl; 30 g Butter (oder Margarine), 30 g Mehl, 1/4 l Instantbrühe, 1/8 l Weißwein, 1 Msp. Pfeffer, 1/2–1 TL Salz, 1 Ei, 2 Zitronen, 125 g grüne Weintrauben.

Arbeitsgeräte

Schüssel, Schneidbrett, Messer, Rührlöffel, Zitronenpresse, Pfanne, Pfannenwender, Kasserolle, Schneebesen.

Zubereitungszeit

30–35 Minuten, davon 15 Minuten Vorbereitung und 15–20 Minuten Garzeit.

Das Hackfleisch beim Metzger möglichst zweimal durchdrehen lassen, damit die Masse sehr fein ist.
Das Fleisch mit dem Paniermehl in der Schüssel vermischen. Die Petersilie fein hacken und zusammen mit den Minzeblättern dazugeben.
Die Zwiebeln schälen und in kleine Würfel schneiden. Zwiebelwürfel, Eier, Pfeffer, Salz, Paprika, Zitronensaft und den Käse über das Hackfleisch geben. Alles zu einem glatten und pikanten Fleischteig vermischen.

1 Zutaten.

2 Die Fleischbällchen braten.

Die Hände mit kaltem Wasser leicht anfeuchten, dann aus der Masse 16 gleich große Fleischbällchen formen. Diese in Mehl wenden oder leicht mit Mehl bestäuben. Das Öl in der Pfanne bei starker Wärmezufuhr erhitzen. Die Fleischbällchen hineingeben und rundherum in etwa 10 Minuten goldbraun braten.
Während die Bällchen braten, aus Butter und Mehl in der Kasserolle eine helle Mehlschwitze bereiten (siehe auch Kapitel „Soßen").
Unter Rühren die heiße Fleischbrühe dazugießen und in 5 Minuten zu einer glatten Soße kochen. Mit Weißwein, Pfeffer und Salz abschmecken.
Während die Soße kocht, die Weintrauben waschen, abtrocknen, halbieren und entkernen.
Das Ei und den Saft der beiden Zitronen in der Schüssel schaumig verrühren.

Griechische Fleischbällchen in Weintraubensoße.

Die Kasserolle mit der Soße von der Kochstelle nehmen, das verrührte Ei und die Weintrauben in die Soße geben. Nicht mehr kochen lassen.
Die Fleischbällchen in einer vorgewärmten Schüssel anrichten und mit der Weintraubensoße übergießen.

Pro Portion: 28 g E 46 g F 30 g KH 690 kcal 2880 kJ

Serviervorschlag

Zu diesem Gericht schmecken Reis und frische Salate; Traubensaft oder einen milden Weißwein dazu trinken.

TIPS

Für die Soßenzubereitung kann eine helle Fertigsoße (Instantsoße, Holländische Soße) verwendet werden.
Eventuell ohne Weißwein zubereiten, wenn Kinder mitessen.
Fleischbällchen schmecken auch mit Tomatensoße (Fertigsoße oder nach dem Rezept Seite 180) oder Rahmbratensoße gut.

Hackfleischbällchen in Pfirsichen

***

Zutaten für 4 Personen

1 Brötchen,
350 g Hackfleisch (Rind),
1 Ei,
1/2–1 TL Curry,
1 TL flüssige Zwiebelwürze,
1 Msp. gemahlener Rosmarin,
2 Msp. Pfeffer,
1/2–1 TL Salz,
1/2 l klare Fleischsuppe (oder Instantbrühe),
1 Schächtelchen Currysoße,
8 halbe Pfirsiche (aus der Dose),
10 g Butter.

Arbeitsgeräte

Schüssel, Rührlöffel, Topf, Kasserolle, Schneebesen, Durchschlag, Pfanne, Schaumkelle.

Zubereitungszeit

30–35 Minuten, davon 15 Minuten Vorbereitung und 15–20 Minuten Garzeit.

Das Brötchen in der Schüssel mit warmem Wasser einweichen, dann wieder sehr gut ausdrücken. Das Ei, das Hackfleisch und die Würzzutaten ebenfalls in die Schüssel geben.
Alles zu einem glatten Fleischteig verarbeiten, der recht würzig abgeschmeckt sein soll.
Aus der Masse 8 Fleischklöße formen. Die Hände jeweils unter kaltem Wasser anfeuchten, damit die Klöße gleichmäßig und glatt werden.

1 Zutaten.

2 Aus der Masse Fleischklöße formen.

3 Die Fleischklößchen in die Brühe legen.

4 Die Fleischbällchen aus der Brühe heben.

Hackfleischbällchen in Pfirsichen.

1/2 l Wasser bei starker Wärmezufuhr (E-Herd Schaltstufe 2,5–3; Automatikplatte 10–12; G-Herd große Flamme) aufkochen und die zerdrückten Fleischsuppenwürfel darin auflösen.
Die Fleischklößchen in die kochende Brühe legen, dann den Herd auf kleine Wärmestufe schalten und die Klößchen in 10–12 Minuten gar ziehen lassen.
1/8 l der Fleischbrühe und 1/8 l Wasser in der Kasserolle erhitzen, die Currysoße mit dem Schneebesen einrühren und einmal aufkochen lassen.
Die Pfirsichhälften auf dem Durchschlag abtropfen lassen.
Die Butter in der Pfanne zerlaufen lassen und die Pfirsiche darin 3 Minuten erhitzen.

Die Pfirsichhälften mit der Höhlung nach oben auf eine Platte legen. Die Fleischbällchen mit der Schaumkelle aus der Brühe heben, abtropfen lassen und in die Pfirsichhälften geben. Mit der heißen Currysoße übergießen und servieren.

Pro Portion: 24 g E 16 g F 29 g KH 368 kcal 1540 kJ

Serviervorschlag
Mit Reis (Safranreis) oder Butternudeln und frischem grünen Salat reichen. Dazu einen leichten Weißwein, Fruchtsaft oder Tafelwasser trinken.

Königsberger Klopse

Zutaten für 4 Personen

1 Brötchen,
350 g Hackfleisch
(1/2 Rind + 1/2 Schwein),
1 Ei,
1/2 TL Pfeffer,
1 TL Salz,
1/2 TL Paprika,
1 EL feingehackte Petersilie,
2 TL Instantbrühe,
1 Schächtelchen
Holländische Soße
(oder helle Instantsoße),
1–2 EL Kapern,
eventuell 1 EL Zitronensaft.

Arbeitsgeräte

Schüssel, Schneidbrett, Messer, Rührlöffel, Topf, Kasserolle, Schneebesen, Schaumkelle.

Zubereitungszeit

30 Minuten, davon 15 Minuten Vorbereitung und 15 Minuten Garzeit.

Aus dem eingeweichten und wieder ausgedrückten Brötchen, dem Hackfleisch, dem Ei und den Gewürzen einen pikanten Hackfleischteig (siehe vorherige Rezepte) bereiten.
Aus der Masse mit angefeuchteten Händen etwa 12 gleich große Fleischklöße formen.
1/2 l Wasser mit der Instantbrühe im Topf aufkochen, die Klöße hineinlegen und in 8–10 Minuten gar ziehen lassen.
Die Holländische Soße nach Packungsanweisung mit 1/4 l Flüssigkeit (1/8 l der Fleischbrühe und 1/8 l Wasser) zubereiten.
Die Kapern – eventuell – fein hacken und in die Soße geben. Mit Zitronensaft abschmecken.
Die Königsberger Klopse in der Kapernsoße servieren.

Pro Portion: 21 g E 27 g F 12 g KH 396 kcal 1660 kJ

Serviervorschlag
Mit gekochten Kartoffeln oder Reis und frischem Salat servieren.

Falscher Hase (Grundrezept für Hackbraten)

**

Zutaten für 4–6 Personen

2 altbackene Brötchen,
1 Zwiebel,
1–2 Knoblauchzehen,
1/2 Bund Petersilie
(oder gemischte Kräuter),
1 EL Senf,
1–2 Eier
(1 großes oder 2 kleine),
1/2 TL Pfeffer,
1 TL Paprika,
1 TL Thymian,
1–2 TL Salz,
1 Msp. geriebene Muskatnuß,
750 g Hackfleisch
(1/2 Rind + 1/2 Schwein),
etwa 60 g Paniermehl,
2 EL Mehl,
eventuell 2 EL Öl.

Arbeitsgeräte

große Schüssel, Schneidbrett, Messer, Rührlöffel, große Pfanne mit Deckel (Bratentopf oder Alufolie für den Backofen).

Zubereitungszeit

etwa 80 Minuten, davon 20 Minuten Vorbereitung und 50–60 Minuten Bratzeit.

Die Brötchen in der Schüssel in kaltem Wasser einweichen, dann sehr gut ausdrücken.
Während die Brötchen weichen, die Zwiebel schälen und in kleine Würfel schneiden. Die Knoblauchzehe schälen und ebenso wie die Petersilie fein hacken. Alles in die Schüssel geben, den Senf, die Eier, die Gewürze und das Hackfleisch hinzufügen. Zu einem glatten, geschmeidigen Hackfleischteig verrühren (eventuell den Handmixer mit Knethaken zum Mischen verwenden) und kräftig abschmecken. Paniermehl unterarbeiten, falls der Teig zu weich ist.
Den Teig zu einem dicken Fleischbrot formen (Bild 1) und rundherum mit Mehl bestäuben, eventuell auch in Paniermehl wenden und gut andrücken.
Das Öl in der Pfanne erhitzen und den Hackbraten hineinlegen. Zunächst von einer Seite etwa 5 Minuten anbraten, dann jeweils etwas drehen und auch die übrigen Seiten anbräunen. Erst wenn der Hackbraten rundherum angebräunt ist, die Pfanne schließen und die Wärmezufuhr etwas zurückschalten. Den Hackbraten in weiteren 30 Minuten langsam gar braten.
Vor dem Anrichten den Braten kurz ohne Wärmezufuhr ziehen lassen, dann in 1–2 cm dicke Scheiben schneiden und auf eine vorgewärmte Platte legen.

Pro Portion bei 4: 43 g E 56 g F 29 g KH 845 kcal 3530 kJ
Pro Portion bei 6: 29 g E 38 g F 20 g KH 563 kcal 2360 kJ

Serviervorschlag

Zum Hackbraten schmecken gekochte Kartoffeln und gedünstetes Gemüse, aber auch Kartoffelpüree und frische grüne Salate.

1 Den Teig zu einem dicken Fleischbrot formen.

2 Den Braten auf Alufolie legen.

3 Die Alufolie luftdicht verschließen.

Falscher Hase mit Kartoffelpüree.

Zubereitung in Alufolie

Die Zubereitung des Hackbratens in Alufolie oder Bratfolie ist besonders fettarm und schonend.
Der Hackbraten braucht keine weitere Fettzugabe. Die Alufolie – möglichst extra starke verwenden – wird nur mit einigen Tropfen Öl eingepinselt.
Den Hackbraten auf die Folie legen (siehe Bild 2), diese über dem Braten oben so zusammenfalten, daß ein 2-cm-Hohlraum (Luftraum) bestehen bleibt. Dann die Alufolie auch an den Seiten hochbiegen und ebenfalls luftdicht einknicken (Bild 3).

Variante mit Eifüllung
Den Hackfleischteig nach dem Grundrezept zubereiten. 3–4 hartgekochte Eier pellen. Ein längliches Fleischbrot formen, die Eier hintereinander auf die Mitte legen und miteinrollen. Dann den Hackbraten in der Pfanne oder im Backofen in Alufolie braten.

Den Hackbraten vorsichtig – damit die Folie nicht reißt – auf den Bratenrost (oder in die Bratenpfanne) legen und in den vorgeheizten Backofen (E-Herd 220° C; Heißluftherd 160° C; G-Herd Stufe 4) schieben. Etwa 45 Minuten braten lassen.
Dann nach Wunsch die Folie oben öffnen, um den Hackbraten 10 Minuten nachzubräunen.
Den Fleischsaft aus der Folie abgießen, mit etwas Wasser ergänzen und zur Soßenzubereitung verwenden.
Den Hackbraten vor dem Aufschneiden noch kurz ruhen lassen.

Bratwurst in Variationen

Bratwurst ist in vielen Variationen beliebt und kann zu preiswerten und schnellen Gerichten verwendet werden.
Besonders leicht verdaulich sind Kalbsbratwürste, am herzhaftesten rohe Bratwürste, Thüringer Rostbratwürste, Paprikabratwürste oder auch die kleinen Nürnberger Bratwürstchen.
Bratwürste können in der Pfanne gebraten oder fettlos gegrillt werden (besonders beliebt sind sie auf dem Holzkohlengrill).
Bratwürste schmecken ganz einfach mit Brot, Brötchen und Senf oder mit frischen Salaten und anderen Beilagen.

Bratwurst mit Äpfeln

Zutaten für 2 Personen

2 rohe Bratwürste (Kalbs- oder Rostbratwürste, à 100 g),
1 EL Öl,
1 großer Apfel,
frisch gemahlener Pfeffer.

Arbeitsgeräte

Pfanne, Pfannenwender, Messer, Schneidbrett.

Zubereitungszeit

15 Minuten.

Die Bratwürste mit dem Öl in die Pfanne geben. Zunächst auf mittlerer Wärmestufe erhitzen, dann den Herd auf stärkere Stufe schalten. Langsam anbraten, damit die Würste nicht platzen.
Von einer Seite etwa 5 Minuten braten, dann wenden und auch von der zweiten Seite in 3–5 Minuten braun braten. Dickere Bratwürste eventuell noch einige Minuten bei geschlossener Pfanne schmoren, damit sie besser durchgaren.
Während die Würste braten, den Apfel schälen und das Kerngehäuse herausschneiden. Den Apfel in dünne Scheiben schneiden und in die Pfanne geben, wenn die Bratwürste auf der zweiten Seite angebräunt sind. 2–3 Minuten mitschmoren lassen.
Nach Geschmack mit etwas frisch gemahlenem Pfeffer würzen und servieren.

Pro Portion: 11 g E 37 g F 12 g KH 421 kcal 1760 kJ

Serviervorschlag
Mit Kartoffelpüree und frischem Salat (z.B. grüner Salat mit Tomaten- und Gurkenscheiben) servieren.
Kindern schmeckt dazu Tomatensaft oder Buttermilch, Erwachsenen ein kühles Bier oder Tafelwasser.

HINWEIS
Nur bei der Zubereitung in der Pfanne oder dem Bratentopf ist es ratsam, den Hackbraten rundherum zu panieren, damit er besser hält. Bei der Zubereitung in Alufolie kann darauf verzichtet werden!

Spießbratwürste

Zutaten für 2 Personen	**Arbeitsgeräte**
250 g Rostbratwurst (ungebrüht und nicht abgedreht), 2 kleine Tomaten, 1 kleine grüne Paprikaschote, 2 kleine Zwiebeln, 1 EL Öl, eventuell frisch gemahlener Pfeffer.	**Schneidbrett, Messer, lange Holz- oder Metallspieße, große Pfanne (oder Grill), Pfannenwender.**
	Zubereitungszeit
	20 Minuten, davon 5 Minuten Vorbereitung und 15 Minuten Garzeit.

Die Rostbratwurst einmal abdrehen und teilen.
Jede Bratwurst zu einer Spirale drehen.
Die Tomaten waschen, die Parikaschote vierteln und die Kerne herauslösen. Die Zwiebeln schälen und halbieren.
Die Tomaten in die Mitte der Wurstspirale legen. Auf den Spieß nun zunächst eine halbe Zwiebel und 1 Paprikastück stecken. Dann den Spieß vorsichtig durch die einzelnen Spiralwindungen und die Tomate spießen. Paprika und Zwiebel ans andere Spießende stecken (Bild 2).

Eine Spießbratwurst schmeckt besonders gut auf Brot und mit Salat.

1 Zutaten.

2 Die Würste aufspießen.

Das Öl in der Pfanne erhitzen und die Spießbratwürste hineinlegen. Von jeder Seite etwa 5 Minuten braten, dann eventuell bei geschlossener Pfanne noch 2–3 Minuten schmoren lassen. Werden die Würste gegrillt, dann diese nur rundherum mit Öl bepinseln. Bei stark vorgeheiztem Grill in etwa 12–15 Minuten garen.

Pro Portion: 17 g E 46 g F 7 g KH 511 kcal 2130 kJ

Serviervorschlag
Am besten reichen Sie zu diesen Bratwürsten nur eine große Schüssel frischen Salat oder eine Rohkostsalatplatte (siehe Kapitel „Salate") und frisches Brot. Fruchtsaft und kühles Bier schmecken dazu.

Bratwurstring in Biersoße

Zutaten für 4 Personen	**Arbeitsgeräte**
500 g gebrühte (oder rohe) nicht abgedrehte Kalbsbratwurst, 2 EL Öl, 1 Zwiebel, 1/4 l Malzbier, 1 Schächtelchen Bratensoße (Schweinebraten- oder Pfeffersoße), 1 EL Rosinen, 1 EL Mandelblättchen.	**Baumwollgarn, große Pfanne, Pfannenwender, Kasserolle, Schneebesen.**
	Zubereitungszeit
	15–20 Minuten.

Porree-Wurst-Ragout

**
**

Zutaten für 4 Personen	**Arbeitsgeräte**
300 g Fleischwurst (Lyoner Wurst), 1 Zwiebel, 500 g Porree (Lauch), 2 EL Öl, 1 kleine Dose geschälte Tomaten, Pfeffer, Salz, Paprika.	**großes Schneidbrett, Messer, Durchschlag, Bratentopf mit Deckel (oder tiefe Pfanne), Rührlöffel, Dosenöffner.**

Zubereitungszeit

30 Minuten, davon 10 Minuten Vorbereitung und 20 Minuten Garzeit.

Die Fleischwurst in große Würfel oder in 1/2 cm dicke Scheiben schneiden. Die Zwiebel schälen und in kleine Würfel schneiden. Den Porree putzen und gründlich waschen, d.h. die äußeren, welken Blätter ablösen und die harten Blattenden wegschneiden. Die Stangen unter fließendem kalten Wasser auch zwischen den langen Blättern gut waschen. Den Porree abtropfen lassen und in 1 cm dicke Scheiben oder Stücke schneiden.
Das Öl im Topf bei starker Wärmezufuhr erhitzen. Die Fleischwurst darin 6–8 Minuten anbraten, dann die Zwiebelwürfel und den Porree hineingeben.
10 Minuten bei geschlossenem Topf schmoren lassen, dann die abgetropften Tomaten untermischen.
Mit Pfeffer, Salz und Paprika würzen, noch 3–5 Minuten erhitzen und servieren.

Porree-Wurst-Ragout.

Pro Portion: 11 g E 28 g F 9 g KH 335 kcal 1400 kJ

Serviervorschlag
Zu diesem preiswerten Schnellgericht werden gekochte Kartoffeln oder Reis gereicht; Tomatensaft oder kühles Bier dazu trinken.

TIP
Anstelle der Tomaten 1/2 Dose Tomatencremesupppe (Konzentrat) unter das Ragout mischen. Es wird dadurch leicht gebunden.

Die Kalbsbratwurst zu einem großen Ring zusammendrehen und die Enden mit Baumwollgarn zusammenbinden.
Das Öl in der Pfanne bei mittlerer Wärmezufuhr erhitzen. Den Bratwurstring darin 3 Minuten anbraten, dann den Herd auf stärkste Wärmestufe schalten und die Wurst von beiden Seiten in je 5 Minuten kräftig anbräunen. Vorsichtig wenden (am besten mit 2 Gabeln oder dem Pfannenwender), damit der Ring nicht reißt.
Während die Wurst brät, die Zwiebeln schälen und in kleine Würfel schneiden. Mit in die Pfanne geben.
Das Malzbier (für Erwachsene kann auch dunkles Starkbier genommen werden) in die Kasserolle gießen und erhitzen. Die Bratensoße mit dem Schneebesen einrühren und aufkochen lassen.
Die Rosinen und Mandelblättchen in die Soße geben.
Die Bratwurst auf einer tiefen Platte anrichten und mit der Biersoße übergießen. Erst bei Tisch in Portionsstücke schneiden.

Pro Portion: 15 g E 46 g F 13 g KH 542 kcal 2660 kJ

Serviervorschlag
Kartoffelpüree und frischer grüner Salat (auch Feldsalat oder Rohkost) schmecken gut dazu; Bier oder Tafelwasser dazu trinken.

TIP
Die Bratwurst kann in der Pfanne mit der Soße serviert werden, wenn es ganz schnell gehen soll. Eventuell vor dem Servieren noch 5 Minuten in der Biersoße durchziehen lassen, damit die Bratwurst den Geschmack besser aufnimmt.

Himmel und Erde mit Blutwurst

Zutaten für 4 Personen

1 kg Kartoffeln,
1/8–1/4 l Wasser,
1 TL Salz,
1 Msp. Pfeffer,
500 g säuerliche Äpfel,
100 g durchwachsener, geräucherter Speck,
2 Zwiebeln,
400 g frische Blutwurst.

Arbeitsgeräte

Schneidbrett, Messer, Durchschlag, Topf, Schneebesen, Pfanne, Pfannenwender.

Zubereitungszeit

etwa 35 Minuten, davon 10 Minuten Vorbereitung und 20–25 Minuten Garzeit.

Die Kartoffeln waschen, schälen und in 1 cm große Stücke schneiden. Mit Wasser, Salz und Pfeffer in den Topf geben und bei starker Wärmezufuhr zum Kochen bringen.
Dann den Herd auf kleine Stufe zurückschalten und die Kartoffeln 10 Minuten kochen lassen.
In der Zwischenzeit die Äpfel schälen, waschen und die Kerngehäuse herausschneiden. Die Äpfel ebenfalls in kleine Stücke schneiden. Mit in den Topf geben und zusammen in weiteren 10 Minuten gar dünsten.
Unterdessen den Speck in kleine Würfel schneiden und in die Pfanne geben. Zunächst glasig, dann bei starker Wärmezufuhr braun braten.
Die Zwiebeln schälen, in Würfel schneiden, hinzufügen und ebenfalls anbräunen.
Kartoffeln und Äpfel mit dem Schneebesen kräftig durchschlagen, aber nicht ganz musig zerstampfen. In eine vorgewärmte Schüssel füllen und mit den Speck- und Zwiebelwürfeln bestreuen.
Im heißen Bratfett der Pfanne die Blutwurst braten. Die Blutwurst kann in 1 cm dicke Scheiben geschnitten und dann gebraten werden. Frische kleine Blutwürste werden im Ganzen gebraten.
Himmel und Erde mit der Blutwurst umlegt servieren.

Pro Portion: 20 g E 55 g F 53 g KH 836 kcal 3490 kJ

Serviervorschlag

Zu dieser rheinländischen Spezialität schmeckt Apfelsaft oder ein kühles Bier.

HINWEIS

Bei gutschließenden Edelstahltöpfen, in denen wasserarm gegart werden kann, braucht kein Wasser dazugegeben zu werden.

TIP

Wer Blutwurst nicht mag (oder 1 Familienmitglied nicht), kann Himmel und Erde auch mit Bratwürsten (kleinen Rostbratwürsten) servieren.

1 Zutaten.

2 Kartoffeln und Blutwurst zubereiten.

Himmel und Erde mit Blutwurst.

Wenn man im Sommer keinen Grünkohl bekommt, kann die Mettwurst auch mit Wirsing zubereitet werden.

Mettwurst in Grünkohl

**

Zutaten für 4 Personen

1 EL Salz,
1,5 kg Grünkohl
(oder Winterwirsing),
50 g durchwachsener,
geräucherter Speck,
1 EL Öl,
1 Zwiebel,
4 kleine Mettwürste
(à 100 g),
Pfeffer, Salz,
1 Msp. geriebene Muskatnuß.

Arbeitsgeräte

Durchschlag, Schneidbrett, Messer, großer Topf, tiefe Pfanne.

Zubereitungszeit

etwa 35 Minuten, davon 10 Minuten Vorbereitung und 25 Minuten Garzeit.

1 l Wasser und das Salz im Topf bei starker Wärmezufuhr zum Kochen bringen.
In der Zwischenzeit den Grünkohl in reichlich kaltem Wasser gründlich waschen und gut abtropfen lassen. Die festen Rippen herausschneiden. Die Blätter ins Wasser geben und 3 Minuten blanchieren (brühen). Auf dem Durchschlag abtropfen lassen und in 1 cm breite Streifen schneiden. Unterdessen den Speck in kleine Würfel schneiden.
Das Öl in der Bratpfanne bei starker Wärmezufuhr erhitzen. Die Speckwürfel hineingeben und anbraten.
Die Zwiebel schälen und in Würfel schneiden. Zwiebelwürfel und die Mettwürstchen in der Pfanne 8 Minuten anbraten.
Danach die Grünkohlstreifen ebenfalls in die Pfanne geben, mit Pfeffer, Salz und Muskatnuß würzen und bei geschlossener Pfanne in 10–15 Minuten gar schmoren lassen.

Pro Portion: 21 g E 64 g F 11 g KH 739 kcal 3090 kJ

Serviervorschlag

Dazu schmecken gekochte Kartoffeln oder Kartoffelpüree und kühles Bier oder Tomatensaft.

HINWEIS

Das Gericht ist ein typisches Herbst- oder Wintergericht, da frischer Grünkohl nur in der kalten Jahreszeit angeboten wird. Anstelle von Grünkohl können Wirsing oder Chinakohl verwendet werden.

Innereien

Innereien haben viele positive Eigenschaften. Sie sind eiweißreich und fettarm, enthalten viel zur Blutbildung benötigtes Eisen sowie die wichtigen Vitamine des B-Komplexes.

Mit Innereien wie Herz, Leber und Nieren, können schmackhafte Gerichte in kurzer Zeit zubereitet werden. Sie sind gut geeignet zum Kurzbraten, Schmoren und Grillen.

Da umweltbelastende Schadstoffe und Rückstände mit zunehmendem Alter den Schlachttieren vermehrt in Innereien und Knochen eingelagert werden können, sollten insbesondere Nieren und Lebern nach Möglichkeit nicht öfter als 1 mal pro Woche auf dem Speiseplan stehen.

Kalbsleber nach Berliner Art mit Apfelscheiben und Kartoffelp

Kalbsleber nach Berliner Art

GRUNDREZEPT

Zutaten für 4 Personen

4 Scheiben Kalbsleber (à 125 g, auch Schweine- oder Rinderleber), 2 TL flüssige Zwiebelwürze, etwa 30 g Mehl, 2–3 EL Öl (oder Pflanzenfett), 2 Äpfel, 1/2 Zitrone, frisch gemahlener Pfeffer, Salz.

Arbeitsgeräte

Teller, Pfanne, Pfannenwender, Messer, Apfelausstecher.

Zubereitungszeit

etwa 15 Minuten.

Die Leberscheiben mit einigen Tropfen flüssiger Zwiebelwürze einreiben. Im Teller im Mehl wälzen (Bild 2 und 3).

Das Öl (oder Pflanzenfett) in der Pfanne bei starker Wärmezufuhr erhitzen. Die Leberscheiben in das heiße Fett legen und von beiden Seiten je 3–5 Minuten braten (Bild 4).

Wer die Leber innen noch leicht rosig (blutig) mag, sollte die Scheiben aus der Pfanne heben, wenn bei Druck mit einem Löffel auf der Oberseite etwas blutiger Fleischsaft austritt.

1 Zutaten.

2 Die Leberseiten . . .

3 . . . im Mehl wälzen . . .

4 . . . und im heißen Fett braten

Die Leberscheiben auf einer vorgewärmten Platte warm halten. Die Äpfel schälen, mit dem Apfelausstecher das Kerngehäuse herausstechen. Die Äpfel in 1/2 cm dicke Scheiben schneiden und im Bratfett goldbraun braten. Mit Zitronensaft beträufeln. Die Leberscheiben mit frisch gemahlenem Pfeffer und Salz würzen und die Apfelscheiben darüber verteilen.

Pro Portion: 25 g E 12 g F 19 g KH 293 kcal 1220 kJ

Serviervorschlag
Kartoffelpüree und frischer grüner Salat (oder grüner Salat mit Tomaten und Gurken) schmecken gut dazu; Buttermilch, Tomatensaft oder ein kühles Bier dazu trinken.

HINWEIS
Leber sollte immer erst nach dem Braten, Grillen oder Schmoren mit Salz gewürzt werden, damit die Leber nicht hart wird.

Schweineleber mit Orangen

Zutaten für 4 Personen

**4 Scheiben Schweineleber (à 125 g),
1 EL Kräutersenf,
30 g Mehl,
1 Msp. Pfeffer,
1 Msp. gemahlener Thymian,
2 EL Öl (oder Pflanzenfett),
2 naturreine Orangen,
1/2 Bund Petersilie,
2 EL süße Sahne,
frisch gemahlener Pfeffer,
Salz.**

Arbeitsgeräte

Schneidbrett, Messer, Teller, Pfanne, Pfannenwender.

Zubereitungszeit

**25 Minuten, davon
10 Minuten Vorbereitung und
10–15 Minuten Bratzeit.**

Die Schweineleber kalt abspülen und mit Küchenkrepp abtrocknen. Die Sehnen und Adern herausschneiden und die Leber mit dem Senf bestreichen.
Das Mehl mit Pfeffer und Thymian im Teller vermischen und die Leberscheiben darin wälzen.
Das Öl (oder Pflanzenfett) in der Pfanne bei starker Wärmezufuhr erhitzen, die Leberscheiben hineinlegen und je nach Dicke der Scheiben von jeder Seite 3–5 Minuten braten.
In der Zwischenzeit die Orangen waschen und abtrocknen. Eine der Orangen mit Schale in 1/2 cm dicke Scheiben schneiden. Die 2. Orange schälen und das Fruchtfleisch in kleine Würfel schneiden.
Die Petersilie fein hacken.
Die Leberscheiben aus der Pfanne nehmen und auf einer Platte warm halten.
Die Orangenwürfel und die feingehackte Petersilie in die Pfanne geben. 2–3 Minuten erhitzen, dann mit der Sahne verrühren, mit frisch gemahlenem Pfeffer und Salz würzen und über die Leberscheiben verteilen.
Mit Orangenscheiben und Petersilie garniert servieren.

Pro Portion: 27 g E 15 g F 16 g KH 325 kcal 1360 kJ

Serviervorschlag
Mit Kartoffelpüree und frischem grünen Salat (auch Eisberg- oder Feldsalat) servieren; Orangensaft oder einen leichten Weißwein als Getränk reichen.

Leber mit Zwiebeln
Leberscheiben braten wie bei Kalbsleber oder Schweineleber.
2 geschälte Zwiebeln in dünne Scheiben schneiden. Die Scheiben mit Mehl bestäuben, die Ringe auseinanderdrükken und in heißem Fett braun braten. Über den Leberscheiben verteilen.

Leberspieße

Zutaten für 4 Personen	**Arbeitsgeräte**
400 g dicke Leberscheiben (Rinder-, Kalbs- oder Schweineleber), 2 Äpfel, 2 Zwiebeln, 2 Paprikaschoten (rot und grün), 2 EL Öl, 1 Msp. Pfeffer, Salz, eventuell 1/8 l Wasser, 4 EL Rotwein, 2 EL Instant-Bratensaft.	**Schneidbrett, Messer, lange Spieße (Holz- oder Metallspieße), Pfanne, Pfannenwender.**

Zubereitungszeit

etwa 20 Minuten.

Die Leberscheiben in 2 cm große Würfel schneiden.
Die Äpfel schälen und das Kerngehäuse herausschneiden. Die Zwiebeln schälen und die Paprikaschoten entkernen. Kurz waschen und abtrocknen.
Äpfel, Zwiebeln und Paprika in 2 cm große Stücke schneiden. Auf die Spieße nun abwechselnd in bunter Reihenfolge die Leber-, Apfel-, Zwiebel- und Paprikastücke stecken.
Das Öl in der Pfanne bei starker Wärmezufuhr (E-Herd Schaltstufe 2,5–3; Automatikplatte 10–12; G-Herd große Flamme) erhitzen. Die Leberspieße hineinlegen und unter mehrmaligem Wenden in 10–12 Minuten braten. Mit Pfeffer und Salz würzen und aus der Pfanne nehmen.
Den Bratenfond nach Wunsch mit Wasser lösen und aufkochen.
Den Rotwein und die Instant-Bratensoße hineinrühren. Einmal aufkochen lassen und zu den Leberspießen reichen.

Pro Portion: 22 g E 9 g F 20 g KH 274 kcal 1150 kJ

Serviervorschlag
Zu diesem Schnellgericht können frisches Brot und frische Salate gereicht werden oder als leichtes Mittagessen mit Kartoffelpüree, Reis, Tomaten- und grünem Salat. Dazu schmecken Tomaten- oder Fruchtsaft, Bier oder Weißwein.

Variante
250 g große frische Champignons, 100 g durchwachsener Speck, 400 g Leber.
Leberwürfel, geputzte, halbierte Champignons und dünne Speckscheiben aufspießen und in der Pfanne braten.

HINWEIS
Werden die Leberspieße gegrillt, mit Öl rundherum einpinseln, dann grillen und mit Pfeffer und Salz würzen. Anstelle der Bratensoße Tomatenketchup, Barbecue- oder Mangosoße dazu reichen.

Leberspieße.

Lebergulasch

✱✱✱

Zutaten für 4 Personen	**Arbeitsgeräte**
50 g durchwachsener, geräucherter Speck, 1 EL Öl, 400 g Schweineleber, 4 Zwiebeln, 2 säuerliche Äpfel, 250 g Tomaten, Pfeffer, Salz, 1/2 gestrichener TL Thymian, 1 TL Paprika, 1/2 Becher süße Sahne, 1 gehäufter EL Instantmehl, 1/2 Bund Petersilie.	**Schneidbrett, Messer, Topf mit Deckel (oder Pfanne), Pfannenwender.**

Zubereitungszeit

30–35 Minuten, davon 10 Minuten Vorbereitung und 20–25 Minuten Garzeit.

Den Speck in kleine Würfel schneiden.
Das Öl in den Topf geben und bei starker Wärmezufuhr erhitzen. Die Speckwürfel darin glasig ausbraten.
Die Leber in 2 cm große Würfel schneiden und hinzufügen, ca. 8 Minuten anschmoren.
Unterdessen die Zwiebeln und Äpfel schälen, das Kerngehäuse der Äpfel herausschneiden. Die Tomaten häuten (siehe Seite 158) und entkernen.
Die Zwiebeln und Äpfel in große Würfel schneiden und zusammen mit den Tomaten über die Leber verteilen. Mit etwas Pfeffer, Salz, Thymian und Paprika würzen und den Topf schließen. Den Herd auf kleine Wärmestufe schalten und alles in 10 Minuten gar schmoren.
Die Sahne mit dem Mehl glatt verrühren und das Lebergulasch damit binden. Bei Bedarf mit Pfeffer und Salz nachwürzen.
Das Gulasch in einer Schüssel anrichten. Die Petersilie fein hakken und darüberstreuen.

Pro Portion: 23 g E 23 g F 17 g KH 386 kcal 1610 kJ

Serviervorschlag
Zu Lebergulasch schmecken Reis oder Nudeln, gekochte Kartoffeln oder Kartoffelpüree und frische Salate; Tomaten- oder Fruchtsaft dazu trinken.

Varianten
Anstelle der Zwiebeln und Äpfel 500 g frische Pilze (Champignons oder Butterpilze), geputzt und in Stücke geschnitten, mitdünsten.
Anstelle von frischen Tomaten 1 kleine Dose Tomatencremesuppe (Konzentrat) zum Binden des Gulaschs verwenden. Dann kein Mehl und keine Sahne zusetzen!

Leberknödel

GRUNDREZEPT ✱✱✱

Zutaten für 4 Personen

**4 altbackene Brötchen,
1/8 l Milch,
400 g gemahlene Rinderleber (oder Schweineleber),
1 Zwiebel,
1/2 Bund Petersilie,
1 Ei,
2–3 EL Paniermehl,
1/2 gestrichener TL Pfeffer,
1–2 TL Salz,
1/2 TL Majoran,
1 Msp. geriebene Muskatnuß,
Salz.**

Arbeitsgeräte

Schneidbrett, Messer, Schüssel, Kasserolle, Löffel, Topf mit Deckel, Schaumkelle.

Zubereitungszeit

45 Minuten, davon 20–25 Minuten Vorbereitung und 15–20 Minuten Garzeit.

Die Brötchen in kleine Würfel schneiden und in die Schüssel geben.
Die Milch in der Kasserolle aufkochen und über die Würfel gießen (Bild 2). Etwa 10 Minuten quellen lassen.
In der Zwischenzeit die Zwiebel schälen und ebenso wie die Petersilie sehr fein hacken.
Die gemahlene Leber, die feingehackte Zwiebel und Petersilie, das Ei und 1–2 Eßlöffel Paniermehl (bei Bedarf 3 EL) in die Schüssel geben. Pfeffer, Salz, Majoran und Muskatnuß hinzufügen. Alles zu einem glatten und würzigen Fleischteig vermischen.
In einem großen flachen Topf 1/2 l Wasser und Salz bei starker Wärmezufuhr aufkochen.
Aus der Lebermasse mit einem Eßlöffel 12–16 Klöße abstechen (Bild 3). Dazu den Löffel zunächst in das kochende Wasser tauchen, damit die Masse nicht am Löffel festklebt. Die Knödel in das Wasser einlegen, den Herd auf kleine Wärmestufe zurückschalten und die Knödel bei geschlossenem Topf in etwa 10 Minuten gar ziehen lassen. Mit der Schaumkelle aus dem Topf nehmen und anrichten (Bild 4).

Pro Portion: 28 g E 7 g F 39 g KH 346 kcal 1440 kJ

Leberknödel auf Sauerkraut.

1 Zutaten.

2 Milch über die Brötchenwürfel gießen.

3 Aus der Masse, Klöße abstechen.

4 Die fertigen Leberknödel aus dem Topf nehmen.

Leberknödel auf Sauerkraut gedünstet

***

Zutaten für 4 Personen

wie Grundrezept;
500 g Sauerkraut,
1 Apfel,
1/8 l Apfelsaft,
1–2 TL Instantbrühe,
1 TL Zucker.

Arbeitsgeräte

siehe Grundrezept.

Zubereitungszeit

siehe Grundrezept.

Den Teig für die Leberknödel nach dem Grundrezept zubereiten.
Das Sauerkraut locker auseinanderzupfen oder kleinschneiden.
Den Apfel schälen, das Kerngehäuse herausschneiden und den Apfel in kleine Würfel schneiden.
Die Apfelwürfel zusammen mit dem Sauerkraut in einen großen Topf (möglichst beschichtetes Material oder Edelstahltopf zum fettarmen Braten verwenden) geben. Den Apfelsaft darübergießen, mit Instantbrühe und Zucker würzen und bei starker Wärmezufuhr zum Kochen bringen.
In der Kasserolle etwas Wasser aufkochen. Den Löffel in das kochende Wasser eintauchen, dann jeweils aus der Lebermasse Klöße (=Knödel) abstechen und diese gleichmäßig auf dem Sauerkrautbett verteilen.
Den Topf schließen, den Herd auf kleinste Wärmestufe schalten und alles 15–20 Minuten schmoren lassen.
Im Topf oder auf einer großen Platte angerichtet servieren.

Pro Portion: 30 g E 7 g F 52 g KH 415 kcal 1730 kJ

Serviervorschlag
Dazu gekochte Kartoffeln oder Kartoffelpüree und ein kühles Bier (für Kinder Apfelsaft) reichen.

Variante:
Aus dem Grundrezept „Leberknödel" lassen sich auch **gebackene Leberknödel** zubereiten.
Dazu mit einem Löffel Knödel aus dem Teig abstechen, in Mehl wenden und in heißem Öl in der Pfanne rundherum in 8–10 Minuten goldbraun backen.
Mit Tomatensalat, Remoulade und gekochten Kartoffeln oder Röstkartoffeln servieren.

Serviervorschlag
Leberknödel werden mit Sauerkraut und Kartoffelpüree (oder gekochten Kartoffeln) gereicht. Sie schmecken aber auch sehr gut mit einer Tomatensoße (siehe Kapitel „Soßen"), Reis und grünem Salat. Kühles Bier oder Tafelwasser dazu trinken.

TIP
Für Leberknödelsuppe 1 l milde Fleischbrühe zum Kochen bringen, eventuell 60 g Sternchennudeln oder Reis in der Suppe mitkochen. 1 Bund feingehackte Petersilie vor dem Servieren darüberstreuen.

Gebackenes gefülltes Kalbsherz

GRUNDREZEPT ***

Zutaten für 4 Personen

**1 Kalbsherz (etwa 500 g),
1 Bund Petersilie,
1/2 Bund Dill,
100 g Kalbsleberwurst,
Pfeffer, Salz,
1 Msp. geriebene Muskatnuß,
2 EL Öl,
50 g durchwachsener, geräucherter Speck,
1/8–1/4 l Fleischbrühe.**

Arbeitsgeräte

großes Schneidbrett, Messer, Schüssel, Baumwollgarn (oder kleine Holzspieße), Bratentopf mit Deckel (Dampfdrucktopf).

Zubereitungszeit

etwa 2 Stunden, davon 15 Minuten Vorbereitung und 90–105 Minuten Garzeit (Garzeit im Dampfdrucktopf 45 Minuten).

Das Kalbsherz an einer Seite aufschneiden, die Sehnen und Adern herausschneiden (Bild 2).
Das Herz innen und außen unter fließendem Wasser sehr gründlich waschen (Bild 3). Mit Küchenkrepp abtrocknen.
Die Petersilie und den Dill waschen und zwischen Küchenkrepp ausdrücken. Beides sehr fein schneiden und in einer Schüssel mit der Kalbsleberwurst, Pfeffer, Salz und der Muskatnuß vermischen. In das Herz füllen und dieses mit Baumwollgarn (und dicker Stopfnadel) zunähen (Bilder 4 und 5).
Das Öl im Bratentopf bei starker Wärmezufuhr erhitzen. Das Kalbsherz hineinlegen und rundherum in 10–15 Minuten kräftig anbraten (Bild 6).
Nach 5 Minuten den in kleine Würfel geschnittenen Speck dazugeben.
Zunächst nur etwas Brühe zugießen, den Topf schließen und den Herd auf kleinste Wärmezufuhr schalten. Das Herz in 75–90 Minuten gar schmoren, bei Bedarf zwischendurch etwas Brühe oder Wasser nachgießen.
Das Herz in 1 cm dicke Scheiben aufschneiden und auf einer Platte anrichten.

Pro Portion: 20 g E 29 g F 2 g KH 368 kcal 1540 kJ

Serviervorschlag

Dazu schmecken Kartoffelpüree oder gekochte Nudeln und Bratensoße (Fertigsoßen, wie Rahmbraten-, Pfeffersoße oder Bratensaft), frische Salate oder gedünstetes Gemüse.

Zubereitung für Schonkost

Das Kalbsherz fettlos in Alufolie (oder Bratfolie) im Backofen backen. Eventuell in Folie gedünstetes Gemüse (Brokkoli und Möhren) gleichzeitig im Backofen garen, um die Wärme besser auszunutzen.

1 Zutaten.

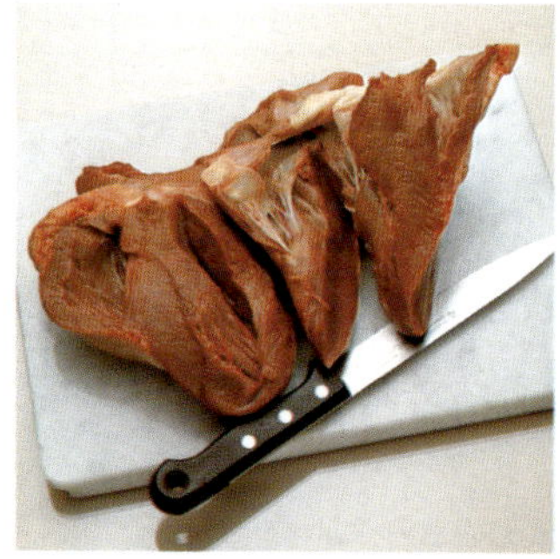

2 Das Kalbsherz aufschneiden.

3 Das Herz waschen.

4 Die Füllung auf das Herz legen.

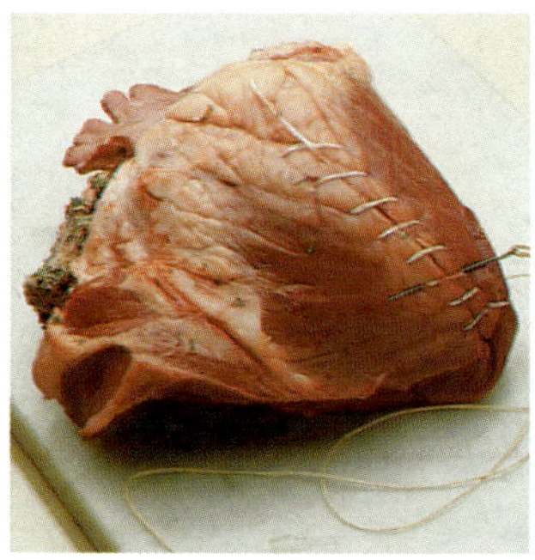

5 Das Herz zunähen.

6 Das Herz anbraten.

Gefülltes Kalbsherz mit Brokkoli.

Rinderherz in Rotweinsoße

GRUNDREZEPT ***

Zutaten für 4 Personen

**750 g Rinderherz,
1 Schächtelchen klare Fleischsuppe,
1 Zwiebel,
1 Lorbeerblatt,
6 Pfefferkörner,
1 Gewürznelke,
2 Schächtelchen Jägersoße (oder Champignonsoße),
1/4 l Wasser,
1/8 l Rotwein,
Pfeffer und Salz.**

Arbeitsgeräte

Topf mit Deckel (oder Dampfdrucktopf), großes Schneidbrett, Messer, Kasserolle, Schneebesen.

Zubereitungszeit

90–120 Minuten, davon 10 Minuten Vorbereitung und 80–110 Minuten Garzeit (Garzeit im Dampfdrucktopf 40–45 Minuten).

Das Rinderherz unter fließendem Wasser gründlich waschen.
1 l Wasser im Topf bei starker Wärmezufuhr zum Kochen bringen. Die Fleischsuppenwürfel darin auflösen.
Die Zwiebel schälen, mit einigen Einschnitten versehen und die Gewürze in die Einschnitte stecken.
Das Herz und die Gewürzzwiebel in die kochende Brühe geben. Aufkochen, dann den Topf schließen und den Herd auf kleinste Wärmestufe schalten.
Das Herz in 80–110 Minuten gar kochen. Die Garzeit richtet sich nach dem Alter des Rindes!
Das Fleisch aus der Brühe nehmen und kurz abkühlen lassen. Fettränder und die Adern wegschneiden und das Fleisch in 1 cm dicke Würfel oder Streifen schneiden (Bild 1).
1/4 l Wasser, 1/8 l Fleischbrühe und den Rotwein in die Kasserolle gießen. Die Jägersoße mit dem Schneebesen einrühren und bei mittlerer Wärmezufuhr nach Packungsanweisung aufkochen.
Die Herzwürfel in die Soße geben (Bild 2) und noch 5 Minuten bei geschlossener Kasserolle ziehen lassen.

1 Das Herz in Würfel schneiden.

2 Die Herzwürfel in die Soße geben.

Nach Geschmack mit etwas frisch gemahlenem Pfeffer und Salz nachwürzen. Das Ragout in einer Schüssel anrichten.

Pro Portion: 27 g E 14 g F 8 g KH 314 kcal 1310 kJ

Serviervorschlag
Dazu schmecken gekochte Kartoffeln, Reis oder Nudeln, aber auch Polentabrei (siehe Kapitel „Beilagen"). Frischen grünen Salat, Tomaten-, Gurken- oder Feldsalat dazu reichen; Tafelwasser, Bier oder Rotwein trinken.

Variante
Rinderherz in Rotweinsoße noch mit 1 kleinen Dose Pfifferlinge (oder Champignons) abwandeln und mit 2 Eßlöffeln Sahne abschmecken.

TIP
Reste vom gekochten Rinderherz können in feinste Streifen geschnitten, zusammen mit Champignonscheiben gedünstet und zum Füllen von Blätterteigpastetchen verwendet werden.

Rinderherz in Rotweinsoße mit gemischtem Salat.

Gekochte Rinderzunge

GRUNDREZEPT ***

Zutaten für 4 Personen

**1 kleine gepökelte (oder frische) Rinderzunge (etwa 1 kg),
1 Msp. Salz,
1 Lorbeerblatt,
1 Zwiebel,
1 Schächtelchen Rahmbratensoße (Pfeffer- oder Schweinebratensoße),
2 cl Madeira (oder Portwein),
1 Msp. gemahlener Zimt,
1 Msp. frisch gemahlener Pfeffer,
2 EL Sahne (oder Dosenmilch),
1 EL feingehackte Petersilie.**

Arbeitsgeräte

großer Topf mit Deckel (oder Dampfdrucktopf), Schneidbrett, Messer, Kasserolle, Schneebesen.

Zubereitungszeit

2 Stunden, davon 5 Minuten Vorbereitung und 100–115 Minuten Garzeit (Garzeit im Dampfdrucktopf 45–50 Minuten).

Die gepökelte Rinderzunge in kaltem Wasser wässern, wenn sie sehr salzig ist. Sonst nur kalt abspülen.
1 1/2 l Wasser, Salz, das Lorbeerblatt und die geschälte Zwiebel im Topf bei starker Wärmezufuhr aufkochen. Die Zunge hineingeben und in knapp 2 Stunden (im Dampfdrucktopf in 45–50 Minuten) gar kochen.
Die Zunge aus der Brühe nehmen und kalt abschrecken, damit sich die Haut leicht abziehen läßt (Bild 2).

1 Zutaten.

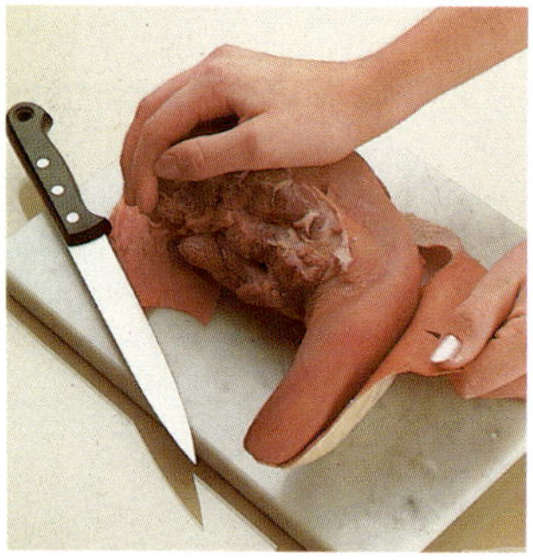

2 Die Haut von der Zunge lösen

Die Zunge je nach Verwendung in dünne (3–4 mm) Scheiben oder 1 cm dicke Würfel schneiden (Bild 3).
1/4 l Wasser in der Kasserolle erhitzen und die Rahmbratensoße mit dem Schneebesen einrühren. Einmal aufkochen lassen. Die Soße mit Madeira, Zimt, frisch gemahlenem Pfeffer und Sahne abschmecken.
Entweder gesondert zu den Zungenscheiben reichen oder die Zungenwürfel 5 Minuten in der Soße ziehen lassen. Mit der feingehackten Petersilie bestreut servieren.

Pro Portion: 31 g E 36 g F 5 g KH 500 kcal 2090 kJ

Serviervorschlag
Dazu schmecken gekochte Nudeln, Reis, gekochte Kartoffeln und frische Salate; Fruchtsaft oder Rotwein als Getränk reichen.

TIP
Reste der Zunge als kalten Aufschnitt in sehr dünne Scheiben schneiden. Mit Kräutermayonnaise oder Remoulade, Mixed Pickles usw. reichen.

Gekochte Rinderzunge.

Pikante Schweinenieren

GRUNDREZEPT

Zutaten für 4 Personen

**4 kleine Schweinenieren (etwa 800 g),
2 Zwiebeln,
1 Knoblauchzehe,
1 EL Butter,
50 g gekochter Schinken,
1 EL Tomatenmark,
1 EL geriebener Emmentaler Käse,
1 EL feingehackte Petersilie,
1 Msp. Oregano (oder Majoran), 1 Msp. Thymian,
1 Msp. Paprika,
Pfeffer und Salz, 2 EL Öl.**

Arbeitsgeräte

Schneidbrett, Messer, Schüssel, Kasserolle, Löffel, Holzspießchen, Pfanne mit Deckel, Pfannenwender.

Zubereitungszeit

etwa 35 Minuten, davon 15 Minuten Vorbereitung und 20 Minuten Garzeit.

Die Schweinenieren an der Innenseite waagrecht aufschneiden und die Harnleiter herausschneiden (Bild 2).
Die Nieren unter fließendem Wasser sehr gründlich waschen

1 Zutaten.

2 Die Harnleiter aus den Nieren schneiden.

3 Die Nieren in Milch einlegen.

Pikante Schweinenieren.

(siehe auch den Tip) und mit Küchenkrepp abtrocknen. Eventuell 10 Minuten in kaltes Wasser legen.
In der Zwischenzeit die Zwiebeln und die Knoblauchzehe schälen und fein hacken.
Die Butter in der Kasserolle schmelzen und beides darin andünsten.
Den Schinken in feine Streifen schneiden und zusammen mit dem Tomatenmark, geriebenem Käse und Petersilie in die Kasserolle geben. Mit Oregano, Thymian, Paprika, Pfeffer und Salz würzig abschmecken.
Jeweils etwas dieser Mischung in die abgetrockneten Schweinenieren füllen. Die Öffnungen mit Holzspießchen zustecken.
Das Öl in der Pfanne bei starker Wärmezufuhr erhitzen. Die Nieren hineingeben, von jeder Seite 5 Minuten kräftig anbraten, dann die Pfanne schließen, den Herd auf kleinste Wärmestufe zurückschalten und die Nieren in weiteren 10 Minuten gar schmoren.
Bei Bedarf etwas Fleischbrühe oder Rotwein dazugeben.

Pro Portion: 32 g E 19 g F 4 g KH 332 kcal 1390 kJ

Serviervorschlag
Die pikanten Nieren schmecken besonders gut mit Kartoffelpüree oder gekochten Nudeln und Tomaten- oder Bratensoße (Fertigsoßen oder siehe Kapitel „Soßen"). Frische Salate, Tomatensaft oder Bier dazu reichen.

TIPS
Die Nieren können auch gegrillt werden. Dann rundherum mit Öl bepinseln und unter dem vorgeheizten Grill (oder auf dem Holzkohlengrill) in 15–20 Minuten grillen.
Der strenge Eigengeschmack von Nieren kann dadurch abgebaut werden, daß sie nach dem Säubern für 1–2 Stunden in Milch eingelegt werden.
Für saure Nieren oder Ragout kann anstelle der Milch Buttermilch oder Kefir genommen werden.

Nieren nach Art von Sevilla

Zutaten für 4 Personen

500 g Kalbs- oder Schweinenieren,
2 Zwiebeln,
1–2 Knoblauchzehen,
1/2 Bund Petersilie,
3 EL Olivenöl,
1 Tasse tiefgefrorene Palerbsen (etwa 150 g oder 1/2 Packung),
1 rote Paprikaschote,
1/8 l Portwein,
Pfeffer und Salz,
1 TL Instant-Bratensoße.

Arbeitsgeräte

Schneidbrett, Messer, Schüssel, Pfanne mit Deckel (oder größere Kasserolle), Pfannenwender.

Zubereitungszeit

etwa 30 Minuten, davon 10 Minuten Vorbereitung und 15–20 Minuten Garzeit.

Die Nieren waagrecht aufschneiden (siehe Bild) und die Harnleiter herausschneiden. Die Nieren sehr gründlich unter fließendem Wasser waschen, dann mit Küchenkrepp abtrocknen. Die Nieren in dünne Scheibchen schneiden.
Die Zwiebeln und Knoblauchzehen schälen und ebenso wie die gewaschene Petersilie sehr fein hacken.
Das Öl in der Pfanne bei starker Wärmezufuhr erhitzen. Die Nierenscheibchen hineingeben und 4 Minuten anbraten.
Die feingehackten Zutaten und die Erbsen hinzufügen und die Pfanne schließen.
Die Paprikaschote entkernen, waschen und in dünne Streifen schneiden. Mit dem Portwein, Pfeffer, Salz und der Bratensoße unter die Nieren mischen, die Pfanne wieder schließen und alles noch 5–10 Minuten bei kleiner Wärmestufe schmoren lassen.
Die Nieren sehr würzig abschmecken und anrichten.

Pro Portion: 22 g E 15 g F 12 g KH 320 kcal 1340 kJ

Serviervorschlag

Zu Nieren nach Sevilla-Art schmecken gekochte Nudeln oder Reis und frische Salate. Dazu Fruchtsaft oder einen herben spanischen Tafelwein trinken.

TIP

Typische Beilage ist auch Safranreis, in den feingehackte grüne Oliven gemischt werden. Dazu wird Reis nach dem Grundrezept (siehe Seite 236) gekocht. In das Kochwasser gleich 1 Messerspitze Safran geben.
Etwa 50 g grüne, mit Paprika gefüllte Oliven sehr fein hacken und unter den Reis mischen. Eventuell in einen Reisrand füllen, auf eine Platte stürzen und das Nierenragout in die Mitte geben.

Nierenspießchen

Zutaten für 4 Personen

400 g Kalbsnieren,
1/4 l Milch,
100 g durchwachsener Speck,
200 g frische Champignons,
1/2 Bund Petersilie,
2 EL Öl,
1 Likörglas Portwein,
frisch gemahlener Pfeffer,
Salz, Paprika.

Arbeitsgeräte

Schneidbrett, Messer, Schüssel, Holz- oder Metallspieße, Pfanne, Pfannenwender.

Zubereitungszeit

30 Minuten, davon 20 Minuten Vorbereitung und 10 Minuten Bratzeit.

Die Kalbsnieren waagrecht durchschneiden (siehe Bild) und die Harnleiter herausschneiden. Die Nieren waschen und 10 Minuten in die Schüssel mit Milch legen.
In der Zwischenzeit den Speck in 2 cm große und 3 mm dünne Scheiben schneiden.
Die Champignons putzen, d.h. die sandigen und schadhaften Stellen wegschneiden. Die Pilze nur kalt abspülen, wenn sie sehr sandig sind. In diesem Fall wieder mit Küchenkrepp abtrocknen.
Die Petersilie fein hacken.
Die Nieren aus der Milch nehmen, kalt abspülen und mit Küchenkrepp abtrocknen. In 2 cm große Würfel schneiden.
Auf lange Holz- oder Metallspieße nun abwechselnd Nierenstücke, Speckscheiben und Champignons aufspießen.
Das Öl in der Pfanne bei starker Wärmezufuhr (E-Herd Schaltstufe 2,5–3; Automatik 10–12; G-Herd große Flamme) erhitzen.
Die Nierenspieße hineingeben und unter mehrmaligem Wenden in 10 Minuten braun braten.
Aus der Pfanne nehmen und anrichten.
Den Bratenfond mit Portwein loskochen, mit Pfeffer, Salz und Paprika verrühren und über die Nierenspieße verteilen. Die Petersilie darüberstreuen.
Bei Tisch nach Geschmack mit frisch gemahlenem Pfeffer und etwas Salz nachwürzen.

Pro Portion bei 4: 18 g E 27 g F 5 g KH 422 kcal 1760 kJ (bei 2 Portionen doppelt)

Serviervorschlag

Zu Nierenspießchen schmecken Reis (Reis mit Erbsen und Risotto) und frische grüne Salate oder Tomatensalat. Als leichtes Abendessen eventuell nur mit Weißbrot oder Brötchen servieren. Bier oder Tafelwasser als Getränk dazu.

TIP

Wer die Spießchen leicht säuerlich mag, kann 1 kleines Glas Mixed Pickles in der Pfanne miterhitzen und über die angerichteten Spießchen verteilen.

Geröstete Kutteln, Hausfrauen-Art

Zutaten

**500 g gekochte Kutteln,
1 Zwiebel,
1–2 Knoblauchzehen,
2 EL Öl,
10 g Butter,
2 Eier,
4 EL süße Sahne,
1 EL feingehackte Petersilie,
1 Msp. geriebene Muskatnuß,
Pfeffer und Salz,
1/2 Zitrone.**

Arbeitsgeräte

**Schneidbrett,
großes scharfes Messer,
Pfanne, Pfannenwender,
kleine Schüssel,
Schneebesen.**

Zubereitungszeit

**etwa 35 Minuten, davon
10 Minuten Vorbereitung
und 25 Minuten Garzeit.**

Möglichst fertig vorgekochte Kutteln beim Metzger kaufen, damit die etwa 2 Stunden Vorkochzeit (in leichtem Salzwasser) gespart werden können.
Die Kutteln in sehr feine Streifen schneiden.
Die Zwiebel und Knoblauchzehen schälen und fein hacken.
Das Öl und die Butter in der Pfanne bei starker Wärmestufe erhitzen.
Die Kuttelstreifen und die gehackten Zwiebeln und den Knoblauch hineingeben. Unter Rühren goldbraun anbraten.
Nach 10 Minuten die Wärmezufuhr auf kleine Stellung zurückschalten. Die Pfanne schließen. Etwa 10 Minuten schmoren lassen.
Dann die Eier mit der Sahne, der Petersilie, Muskat, Pfeffer und Salz leicht schaumig rühren und in die Pfanne gießen. Unter leichtem Rühren stocken (leicht fest werden) lassen.
In der Pfanne servieren oder in eine Schüssel geben und mit Zitronenscheiben garnieren.

Pro Portion: 32 g E 19 g F 3 g KH 310 kcal 1300 kJ

Serviervorschlag
Dazu schmecken am besten goldbraun gebackene Bratkartoffeln oder frisches Landbrot mit Butter sowie Salate, wie Feldsalat, Tomaten- und Bohnensalat. Bier oder Tomatensaft passen als Getränke zu dieser Hausmannskost.

Kalbsbeuschel nach Wiener Art (Kalbslunge in Sahnesoße)

Zutaten

**1 kg Kalbslunge
(= Beuschel),
2 l Wasser,
1–2 EL Salz,
6–8 Pfefferkörner,
1 Lorbeerblatt,
1 Bund Suppengrün,
2 Schächtelchen helle
(Holländische) Soße
(Fertigsoße),
1–2 kleine Gewürzgurken,
1–2 TL Kapern,
2–3 EL Zitronensaft,
3 EL saure Sahne,
frisch gemahlener Pfeffer,
Salz.**

Arbeitsgeräte

**großer Kochtopf (oder
Schnellkochtopf),
Schneidbrett,
scharfes Messer, Kasserolle,
Zitronenpresse, Löffel.**

Zubereitungszeit

**etwa 55 Minuten, davon
15 Minuten Vorbereitung
und 40 Minuten Garzeit
(Zubereitungszeit im
Schnellkochtopf etwa
35 Minuten).**

Die Kalbslunge gründlich unter kaltem Wasser waschen.
Im Topf bei starker Wärmezufuhr das Wasser mit Salz, den Pfefferkörnern und dem Lorbeerblatt aufkochen. Die Lunge hineingeben.
Das Suppengrün putzen, waschen und in große Stücke schneiden. Mit in den Topf geben, zum Kochen bringen. Die Wärmezufuhr auf mittlere Stufe zurückschalten. Die Lunge bei geschlossenem Topf in 30–35 Minuten gar kochen. (Bei Zubereitung im Schnellkochtopf die Geräteanweisung des Herstellers beachten. Garzeit etwa 20 Minuten.)
In den letzten 10 Minuten der Kochzeit kann die Soße zubereitet werden.
Dazu von der milden Kochbrühe (bei starker Würzung halb Brühe und halb Wasser verwenden!) 1/2 l abmessen und in die Kasserolle gießen. Den Inhalt der Soßenpäckchen mit dem Schneebesen einrühren. Nach Packungsangabe aufkochen.
Die Gewürzgurken in sehr feine Streifen schneiden und mit den Kapern in die Soße geben.
Die fertig gegarte Lunge (etwas mit kaltem Wasser abschrecken) in sehr dünne Streifen schneiden und in die Soße geben. Mit Zitronensaft, saurer Sahne, Pfeffer und Salz abschmecken.
In einer Schüssel anrichten.

Pro Portion: 35 g E 10 g F 12 g KH 315 kcal 1320 kJ

Serviervorschlag
Als Beilage sind Semmelknödel (siehe Seite 234) und frische Salate zu empfehlen. Ein kühles Bier als Getränk.

Lamm- und Hammelfleisch

In den letzten Jahren zeigt die Nachfrage nach Lamm- und Hammelfleisch zunehmende Tendenz, mit bedingt durch die Eßgewohnheiten unserer ausländischen Gastarbeiter, die viel mehr Hammelfleisch verwenden als der durchschnittliche Bundesbürger. Frisches Lamm- und Hammelfleisch wird wieder häufiger angeboten und gibt uns die Chance, öfter einmal Gerichte aus diesem Fleisch zu zaubern, wenn wir die Anregungen nutzen, die in den Küchen anderer Länder erprobt wurden. Viele interessante Spezialitäten lassen sich einfach zubereiten und können zur Nachahmung empfohlen werden.

TIP

Möglichst viel vom Fettansatz bei der Vorbereitung des Fleisches abschneiden. Zum einen wird der Geschmack des Hammels dann nicht zu dominierend, außerdem können einige Kalorien eingespart werden!

TIP

Beim Kauf von Hammelfleisch auf die kräftige rote Fleischfärbung achten und nur Fleisch mit weißem Fettansatz kaufen. Der Hammelgeschmack könnte sonst zu intensiv sein!

Aufteilung von Lamm- und Hammelfleisch

Gut geeignet zum:

- Braten, Kochen und Schmoren (grün)
- Braten (rot)
- Kochen (blau)
- Kurzbraten, und Grillen (gelb)

Verwendung von Lamm- und Hammelfleisch

Teil	Bezeichnung	Geeignet zum	Geeignete Gerichte
1	Kopf	–	–
2	Hals	Braten und Kochen	Eintopfgerichte, Stews, Ragouts
3	Rücken	Braten Kurzbraten, und Grillen	Hammelrücken als Braten, Rollbraten, Filet, Koteletts (Chops) und Doppelkoteletts
4	Brust	Kochen	Eintöpfe, Ragouts, und Stews
5	Schulter	Braten	Schmorbraten, Gulasch, Ragouts
6	Bauch/Flanke	Kochen und Schmoren	Ragouts, Eintöpfe
7	Rippen Keule/Schlegel	Braten und Schmoren	für große Braten, Chops und Schnitzel zum Kurzbraten

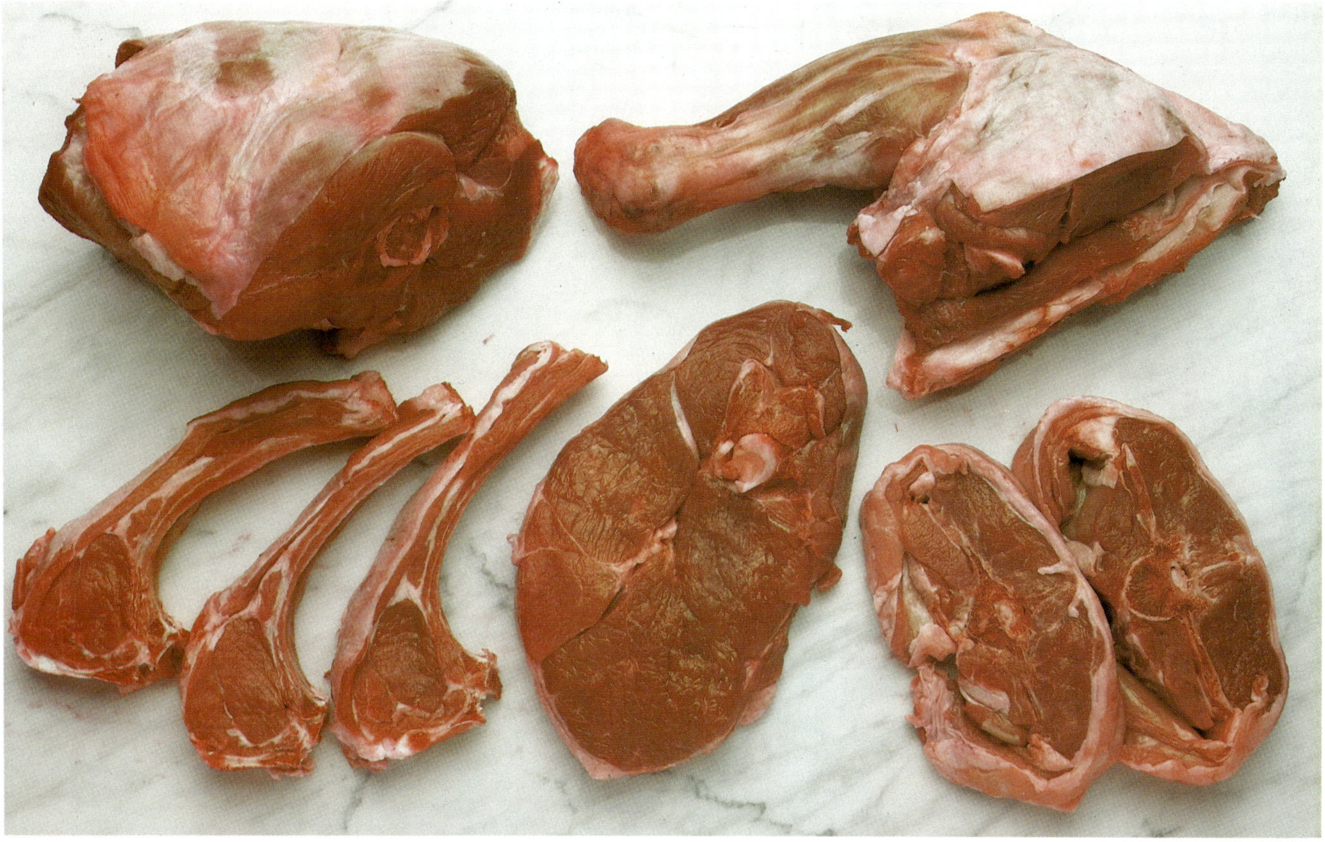

Lammkeule (oben links), Lammschulter (oben rechts), Lammkoteletts (unten links), Hammelsteak (unten Mitte), Hammelchops (unten rechts).

Kleine Warenkunde

LAMMFLEISCH: Unter dieser Bezeichnung wird das Fleisch von Jungtieren angeboten, die noch nicht geschlechtsreif sind. Das Fleisch hat eine lachsrote Färbung, wenig Fettansatz und einen zarten Eigengeschmack.

HAMMELFLEISCH: Unter dieser Bezeichnung wird das Fleisch von Schafen (ohne Beachtung des Geschlechts) nach der Geschlechtsreife im Handel verkauft. Die Fleischfärbung verändert sich mit dem Alter des Schlachttieres. Bei jungen Tieren ist die Fleischfarbe ziegelrot, der Fettansatz weiß. Bei älterem Hammelfleisch wird die Fleischfarbe dunkelrot bis rotbraun, der Fettansatz bekommt eine leichte Gelbfärbung.
Da der charakteristische Eigengeschmack des Hammelfleisches mit zunehmendem Alter des Schlachttieres intensiver wird, sollte möglichst das Fleisch junger Tiere gekauft werden.

TIP

Beim Kauf von Hammelfleisch auf die kräftige rote Fleischfärbung achten und nur Fleisch mit weißem Fettansatz kaufen. Der Hammelgeschmack könnte sonst zu intensiv sein!

Zubereitung in der Küche

Für alle Zubereitungen von Lamm- oder Hammelfleisch gilt, daß die Gerichte sehr heiß auf den Tisch zu bringen sind. Das Hammelfett (=Talg) erstarrt bereits wieder bei 40° C und gibt dann den Speisen einen talgigen Geschmack. Bei Hammelfleisch wird dann – je nach Alter des Schlachttieres – der Geschmack leicht penetrant.

TIP

Möglichst viel vom Fettansatz bei der Vorbereitung des Fleisches abschneiden. Zum einen wird der Geschmack des Hammels dann nicht zu dominierend, außerdem können einige Kalorien eingespart werden!

HINWEIS

Weitere Rezepte mit Hammelfleisch sind im Kapitel „Eintopfgerichte" zu finden.
Innereien, vor allem Lamm- und Hammelnieren, können nach den Rezepten von Schweinenieren (Seite 340) zubereitet werden.
Bei der Verwendung von Hammelnieren den gesamten Fettansatz entfernen, die Nieren sehr gründlich reinigen und in Milch einlegen. Sehr heiß servieren!!

Lammpaprika ungarisch

Zutaten für 4 Personen

500 g Lammschulter (ohne Knochen),
50 g durchwachsener, geräucherter Speck,
1 große Zwiebel,
3 EL Öl,
1–2 Knoblauchzehen,
1 EL Rosenpaprika,
1/2 TL Pfeffer,
1 TL Salz,
1 kleine Dose Tomatenmark (= 2 EL),
1/2–1 Tasse Fleischbrühe,
500 g Paprikaschoten (rot und grün),
1 kleiner Becher saure Sahne (150 g).

Arbeitsgeräte

Schneidbrett, Messer, Bratentopf mit Deckel, Knoblauchpresse, Rührlöffel, Dosenöffner, Tasse.

Zubereitungszeit

70–75 Minuten, davon 10–15 Minuten Vorbereitung und 60 Minuten Garzeit.

Das Lammfleisch unter kaltem Wasser waschen und mit Küchenkrepp gründlich abtrocknen. Überflüssiges Fett und Sehnen entfernen. Das Fleisch in etwa 2 cm große Stücke schneiden.
Den Speck und die geschälte Zwiebel in kleine Würfel schneiden.

1 Zutaten für Lammpaprika ungarisch.

2 Die Paprikaschoten in Streifen schneiden.

3 Die Paprikastreifen zum Lammfleisch geben.

Das Öl in den Bratentopf geben und bei starker Wärmezufuhr (E-Herd Schaltstufe 2,5–3; Automatik 10–12; G-Herd große Flamme) erhitzen. Die Speckwürfel hineingeben und 5 Minuten anbraten, dann die Lammfleischwürfel hinzufügen und in weiteren 8–10 Minuten anbraten.
Die Knoblauchzehen schälen, durch die Knoblauchpresse drücken und zusammen mit den Zwiebelwürfeln, dem Rosenpaprika, Pfeffer und Salz über das Fleisch geben.
Das Tomatenmark in der Fleischbrühe glatt verrühren, in den Topf gießen und alles gut durchrühren.
Den Herd auf kleinste Wärmestufe schalten (E-Herd Schaltstufe 1; Automatik 3; G-Herd kleine Flamme) und das Fleisch 30 Minuten schmoren.
In der Zwischenzeit die Paprikaschoten längs halbieren, den Stielansatz und das Kerngehäuse herausschneiden (Bild 2).

Die Paprikaschoten waschen, abtropfen lassen und in dünne Streifen schneiden. Zum Lammfleisch geben (Bild 3) und alles bei geschlossenem Topf in weiteren 10 – 15 Minuten (mittlere Wärmestufe) gar schmoren.

Pro Portion: 23 g E 51 g F 8 g KH 617 kcal 2480 kJ

Serviervorschlag

In Ungarn ißt man dazu gekochte Graupen oder frisches Bauernbrot; es schmecken aber auch Reis und Nudeln dazu. Einen ungarischen Rotwein, Tafelwasser oder ein erfrischendes Bier als Getränk dazu reichen.

Lammgulasch mit Tomaten und Bohnen

Zutaten für 4 Personen

500 g Lammfleisch (Schulter oder Rücken ohne Knochen),
2 Zwiebeln,
3 EL Öl,
1/2 TL Pfeffer,
1 TL Salz,
1/2 TL Knoblauchsalz (oder 1-2 Knoblauchzehen),
1 TL Rosenpaprika,
1/2 Dose geschälte Tomaten,
1/2 Dose grüne Bohnen (Einwaage etwa 220 g),
eventuell
1 Msp. Thymian,
1/2 Bund Petersilie oder 2 Stengel frischer Estragon.

Arbeitsgeräte

Schneidbrett, Messer, Pfannenwender oder Kochlöffel, Bratentopf oder Pfanne mit Deckel, Dosenöffner, Durchschlag.

Zubereitungszeit

etwa 70 Minuten, davon 10 Minuten Vorbereitung und 55–60 Minuten Garzeit.

Das Lammfleisch kurz abspülen, mit Küchenkrepp abtrocknen und in 2 cm große Würfel schneiden. Dabei Fett und Sehnen entfernen. Die Zwiebeln schälen und vierteln.
Das Öl in den Bratentopf geben und bei starker Wärmezufuhr (E-Herd Schaltstufe 2,5–3; Automatik 10–12; G-Herd große Flamme) erhitzen.
Die Fleischstücke hineingeben und in 6–8 Minuten anbraten; dann die Zwiebelstücke und Gewürze dazugeben.
Den Tomatensaft aus der Dose über das Fleisch gießen, den Topf schließen und nach 3 Minuten den Herd auf kleinste Wärmezufuhr schalten. 40 Minuten bei geschlossenem Topf schmoren lassen.
Die Tomaten und Bohnen auf dem Durchschlag abtropfen lassen und unter das Fleisch mischen. Bei mittlerer Wärmestufe alles in weiteren 10 Minuten gar schmoren lassen. Bei Bedarf mit Pfeffer, Paprika und etwas Thymian nachwürzen und in einer Schüssel anrichten.
Das Lammgulasch mit feingehackter Petersilie oder Estragon bestreuen.

Pro Portion: 21 g E 39 g F 6 g KH 486 kcal 2030 kJ

Serviervorschlag

Mit Reis oder Nudeln, eventuell auch mit knusprigem Stangenbrot servieren. Rotwein, Bier oder Tafelwasser nach Wahl dazu reichen.

Lamm mit Spinat (Indien)

**

Zutaten für 4 Personen

500 g mageres Lamm- oder Hammelfleisch ohne Knochen (Keule oder Schulter), 3 EL Öl, 1–2 Knoblauchzehen, 2 kleine Zwiebeln, 1/2 TL Kurkuma (= Gelbwurz), 1 Msp. gemahlener Koriander, 1 TL gemahlener Ingwer, 1 TL Curry, 1 Msp. Cayennepfeffer, 1 Msp. Thymian, 1 TL Salz, 4 EL Fleischbrühe, 750 g frischer Spinat.

Arbeitsgeräte

Schneidbrett, großes Messer, Pfannenwender oder Rührlöffel, Bratentopf (oder tiefe Pfanne mit Deckel), Durchschlag oder Salatschleuder.

Zubereitungszeit

80–90 Minuten, davon 10 Minuten Vorbereitung und 70–80 Minuten Garzeit.

Das Lammfleisch unter kaltem Wasser kurz abspülen und mit Küchenkrepp abtrocknen. Mit einem scharfen Messer in etwa 2 cm große Würfel schneiden.
Das Öl in den Bratentopf geben und bei starker Wärmezufuhr (E-Herd Schaltstufe 2,5–3; Automatik 10–12; G-Herd große Flamme) erhitzen.
Die Fleischwürfel hineingeben und in 8–10 Minuten gut anbräunen.

Zutaten für Lamm mit Spinat.

Unterdessen die Knoblauchzehen und die Zwiebeln schälen, mit dem Messer (oder Zwiebelschneider) fein hacken und zum Fleisch geben. Die Gewürze und die Fleischbrühe darübergeben und alles gut verrühren.
Den Topf schließen und den Herd auf kleinste Wärmestufe schalten. Das Fleisch 45–50 Minuten schmoren, bei Bedarf zwischendurch etwas Wasser dazugießen und das Fleisch umrühren.
In der Zwischenzeit den Spinat verlesen, gründlich waschen und auf dem Durchschlag abtropfen lassen oder in der Salatschleuder trocknen.
Auf dem Brett mit dem Messer grob zerhacken (in etwa 2 cm große Stücke).

Den Spinat nach den 45–50 Minuten Schmorzeit unter das Lammfleisch mischen und alles noch weitere 15 Minuten bei mittlerer Wärmestufe (E-Herd Schaltstufe 1,5–2; Automatik 7–8; G-Herd mittelgroße Flamme) schmoren lassen.
Das Gericht eventuell noch etwas nachwürzen, es soll scharfwürzig schmecken.
In einer tiefen, vorgewärmten Servierplatte oder Schüssel anrichten.

Pro Portion: 27 g E 31 g F 7 g KH 432 kcal 1810 kJ

Serviervorschlag
Dazu schmecken Reis, Butternudeln oder Kartoffelpüree; Tafelwasser, Weißwein oder Bier als Getränke reichen.

Lammragout mit Artischocken

Zutaten für 4 Personen

**750 g Lammfleisch (Schulter oder Rücken),
3 EL Öl,
1/2 TL Pfeffer,
1 TL Salz oder Instant-Hühnerbrühe,
1 TL Paprika,
1/8 l Weißwein,
1 Dose Artischockenböden (10 Stück),
1 kleine Dose Tomatenmark (= 2 EL),
2 EL Sahne (oder Dosenmilch),
1/2 Bund Petersilie.**

Arbeitsgeräte

Schneidbrett, Messer, Rührlöffel, Bratentopf oder Pfanne mit Deckel, Dosenöffner, Durchschlag.

Zubereitungszeit

etwa 85 Minuten, davon 10 Minuten Vorbereitung und 70–75 Minuten Garzeit.

Das Lammfleisch unter kaltem Wasser kurz waschen und mit Küchenkrepp abtrocknen. Überflüssiges Fett und Sehnen wegschneiden. Das Fleisch in 2 cm große Würfel schneiden.
Das Öl in den Bratentopf (oder die Pfanne) geben und bei starker Wärmezufuhr erhitzen (E-Herd Schaltstufe 2,5–3; Automatik 10–12; G-Herd große Flamme).
Die Fleischwürfel hineingeben und von allen Seiten in 8–10 Minuten gut anbraten.
Die Gewürze über das Fleisch streuen und mit dem Wein übergießen. Den Topf schließen, den Herd auf kleine Wärmestufe schalten und das Fleisch in etwa 50 Minuten gar schmoren. Bei Bedarf zwischendurch mit etwas Artischockenwasser (aus der Dose) auffüllen und umrühren, damit das Fleisch nicht anhängt.
Die abgetropften Artischockenböden in Streifen schneiden.
Das Tomatenmark mit etwas Artischockenwasser und Sahne (oder Dosenmilch) verrühren und zusammen mit den Artischockenstreifen unter das Fleisch rühren. Ohne weitere Wärmezufuhr noch 5–7 Minuten ziehen lassen.
Das Gericht würzig abschmecken und mit der feingehackten Petersilie bestreut in einer Schüssel anrichten.

Pro Portion: 27 g E 50 g F 8 g KH 640 kcal 2670 kJ

Serviervorschlag
Gebratene Kartoffeln, Reis oder knuspriges Stangenbrot und grüner Salat schmecken dazu. Als Getränke passen Tafelwasser, ein leichter französischer Rot- oder Weißwein.

Lammrücken auf Fenchel

♥ **

Zutaten für 4 Personen

800 g Lammrücken (ohne Knochen),
1/2–1 TL Pfeffer,
1 TL Salz,
1 Zitrone,
30 g Butter,
4–5 mittelgroße Fenchelknollen (800–900 g),
2 TL Instant-Hühnerbrühe,
1/8 l Weißwein.

Arbeitsgeräte

Schneidbrett, Messer, Zitronenpresse, Tasse, Backpinsel, feuerfeste Auflaufform (für den Backofen), Durchschlag oder Sieb.

Zubereitungszeit

80–90 Minuten, davon 15 Minuten Vorbereitung und 60–65 Minuten Garzeit.

Den Backofen vorheizen (E-Herd 220° C, Heißluftherd Bratstufe 160° C, G-Herd Stufe 4).
Den Lammrücken kalt abwaschen und mit Küchenkrepp gut abtrocknen. Auf der Oberseite die Fettschicht mit einem scharfen Messer einschneiden, so daß kleine Karos entstehen (Bild 2).
Pfeffer, Salz, den ausgepreßten Zitronensaft und die Butter in eine Tasse geben und kurz in den Backofen stellen, bis die Butter geschmolzen ist. Dann den Lammrücken rundherum damit einpinseln.
Den Lammrücken in die Auflaufform legen – die eingekerbte Seite nach oben – und auf der mittleren Schiene in den Backofen schieben. 25 Minuten braten, dabei zwischendurch 1- bis 2mal mit der Buttermischung bepinseln (Bild 2).
Während der Bratzeit das Gemüse vorbereiten. Die harten äußeren Blätter der Fenchelknollen und Strunkenden wegschneiden (Bild 3). Die Knollen gründlich unter fließendem Wasser reinigen, damit kein Sand zwischen den Blättern bleibt. Gut abtropfen lassen. Je nach Größe der Knollen diese in Viertel oder Achtel schneiden. Etwas von dem Fenchelgrün zum Garnieren zurücklassen.
Die Fenchelstücke rund um den Lammrücken in der Form verteilen (Bild 4).
1/8 l heißes Wasser mit der Instant-Hühnerbrühe und den Wein verrühren und darübergießen. Das Fleisch im Backofen in 35–40 Minuten gar schmoren lassen, den Lammrücken zwischendurch mit dem Schmorfond übergießen.

1 Zutaten.

2 Den Lammrücken mehrmals mit der Buttermischung bepinseln.

3 Die Fenchelknollen säubern und in Viertel schneiden.

4 Die Fenchelstücke um den Lammrücken verteilen.

Lammrücken auf Fenchel.

Pro Portion: 35 g E 71 g F 19 g KH 921 kcal 3850 kJ

HINWEIS

Die Form mit Alufolie abdecken und das Gericht gar schmoren. Den fertiggegarten Lammrücken aus der Form nehmen, kurz ruhen lassen, damit sich der Fleischsaft wieder im Fleisch verteilt. Zu gleichmäßigen Scheiben aufschneiden.
Das Fenchelgemüse abschmecken, eventuell mit etwas Pfeffer nachwürzen. Die Fleischscheiben auf dem Fenchelgemüse anrichten.

Serviervorschlag

Gekochte Kartoffeln oder Kartoffelpüree, Tafelwasser oder Weißwein dazu reichen.

Hammelbraten

*

Zutaten für 4 Personen

750 g Hammelschulter (ohne Knochen),
2–3 Knoblauchzehen,
1 TL Pfeffer,
1–2 TL Salz (oder 3 TL würzflüssiger Pfeffer),
1/2 TL Thymian,
1 Msp. Rosmarin,
4 EL Öl,
1/8 l Weißwein,
ca. 1/8 l Wasser (bei Bedarf),
1 EL Instant-Bratensaft,
1/2 Becher süße Sahne.

Arbeitsgeräte

Schneidbrett, Messer, Bratentopf mit Deckel, Pfannenwender oder Fleischgabel, Schneebesen.

Zubereitungszeit

etwa 90 Minuten, davon 15 Minuten Vorbereitung und 80–85 Minuten Garzeit.

Die Hammelschulter unter fließendem Wasser waschen und mit Küchenkrepp abtrocknen. Überflüssige Fettränder und Sehnen entfernen.
Die Knoblauchzehen schälen, der Länge nach halbieren und an verschiedenen Stellen in das Fleisch spicken.
Die Würzzutaten in einer Tasse vermischen und das Fleisch damit von allen Seiten einreiben.
Das Öl in den Topf geben und bei starker Wärmezufuhr auf dem Herd erhitzen (E-Herd Schaltstufe 2,5–3; Automatik 10–12; G-Herd große Flamme). Das Fleisch hineinlegen und von allen Seiten in 10–12 Minuten anbraten.
Mit dem Weißwein übergießen und den Deckel schließen. Den Herd auf kleinste Wärmestufe schalten und das Fleisch in etwa 70 Minuten gar schmoren. Bei Bedarf zwischendurch etwas Wasser dazugießen und den Braten wenden. Den Topf wieder schließen.
Den Hammelbraten aus dem Topf nehmen, auf dem Schneidbrett kurz ruhen lassen. Dann in gleichmäßige Scheiben schneiden und auf einer vorgewärmten Platte anrichten.
Falls der Bratenfond zu stark eingekocht ist, mit Wasser lösen und auf 1/4 l Flüssigkeit ergänzen. Mit Instant-Bratensaft und Sahne verrühren, mit Pfeffer, Salz, Thymian und gemahlenem Rosmarin abschmecken. In einer Sauciere zum Fleisch reichen.

Pro Portion: 30 g E 63 g F 2 g KH 758 kcal 3170 kJ

Serviervorschlag

Röstkartoffeln oder Bandnudeln, die mit Käse bestreut werden, schmecken gut dazu. Als Gemüse passen grüne Bohnen, Brokkoli oder Fenchel (siehe Kapitel „Gemüse"), Rot- oder Weißwein als Getränk dazu, aber auch kühles Bier oder Tafelwasser.

Hammelkeule nach provenzalischer Art

! **

Zutaten für 4–6 Personen

**2 Knoblauchzehen,
1–2 TL Salz, 3 EL Öl,
1 TL Thymian, 1/2 TL Oregano,
1 Msp. Rosmarin,
1/2 TL frisch gemahlener Pfeffer,
1 Hammel- oder Lammkeule (etwa 1,5 kg mit Knochen),
6–8 Sardellenfilets,
1 kleine Dose Tomatenmark (= 2 EL),
1/8 l Rotwein,
2 TL Instant-Hühnerbrühe,
1 eingelegte Tomatenpaprika,
1–2 kleine Gewürzgurken,
2 TL Stärkemehl,
2 EL saure Sahne.**

Arbeitsgeräte

Knoblauchpresse, Bratenpfanne (Fettpfanne oder Bräter) für den Backofen, Schüsselchen, Schneidbrett, Messer, Kasserolle (oder kleiner Topf), Schneebesen, Sieb.

Zubereitungszeit

80–90 Minuten, davon 10 Minuten Vorbereitung und 70–80 Minuten Garzeit.

Den Backofen vorheizen (E-Herd 200° C; Heißluftherd Bratstufe 160° C; G-Herd Stufe 3).
Die Knoblauchzehen schälen, durch die Knoblauchpresse drücken, in ein Schüsselchen geben und mit Salz, Öl und den Gewürzen zu einem Brei verrühren.
Die Hammelkeule unter kaltem Wasser waschen und rundherum gut mit Küchenkrepp abtrocknen. Überflüssigen Fettansatz und die Sehnen wegschneiden.
Die Hammelkeule rundherum mit dem Gewürzbrei einreiben (Bild 2) und in die Bratenpfanne oder auf den Rost der Bratenpfanne legen. 1 Tasse Wasser mit hineingießen. Auf der mittleren Schiene in den Backofen schieben und 30 Minuten braten.
Danach die Keule wenden, mit dem Bratenfond bepinseln und mit 1/2 Glas Rotwein übergießen.
Die Sardellenfilets unter kaltem Wasser kurz abspülen und auf die Hammelkeule legen (Bild 3). Weitere 30–40 Minuten (je nach Keulendicke etwas mehr oder weniger Zeit berechnen) braten und bei Bedarf zwischendurch etwas Wasser in die Fettpfanne gießen.
Die Hammelkeule herausnehmen und warm halten. Den Bratenfond aus der Bratenpfanne mit Wasser lösen (etwa 1/4 l) und durch ein Sieb in die Kasserolle gießen. Tomatenmark, Rotwein und Instant-Hühnerbrühe mit dem Schneebesen einrühren. Auf dem Herd bei starker Wärmestufe aufkochen.
Die Tomatenpaprika und die Gewürzgurken in kleine Würfel schneiden und hineingeben. Das Stärkemehl mit der Sahne glatt verrühren – eventuell 1 Eßlöffel Wasser dazugeben – und die Soße damit binden. Einmal aufkochen lassen, dann gut abschmecken und in eine Sauciere gießen. Die Hammelkeule im Ganzen auf einer Platte anrichten und erst bei Tisch das Fleisch scheibenweise bis auf den Knochen aufschneiden.

Pro Portion bei 4: 61 g E 67 g F 6 g KH 943 kcal 3940 kJ
Pro Portion bei 6: 41 g E 45 g F 4 g KH 629 kcal 2630 kJ

1 Zutaten.

2 Die Hammelkeule mit dem Gewürzbrei einreiben.

3 Die Sardellenfilets auf die Hammelkeule legen.

Variation
Anstelle von Tomatenpaprika und Gewürzgurken grüne Oliven mit Paprikafüllung (100 g) verwenden. Die Hammelkeule beim Anrichten mit Olivenscheiben garnieren, die restlichen – in dünne Scheibchen geschnitten oder feingehackt – in die Soße geben. Bei Verwendung von Oliven sehr sparsam mit Salz würzen!

TIP
Sollen Reste des Bratens eingefroren werden, diese am besten mit Soße übergossen luftdicht verpacken und dann einfrieren.

Hammelkeule nach provenzalischer Art.

Serviervorschlag
Die Hammelkeule mit zarten grünen gedünsteten Bohnen oder Rosenkohl umlegen. Dazu gekochte Kartoffeln, zu Rosetten gespritztes Kartoffelpüree oder Pommes frites reichen. Als Getränk paßt ein Rot- oder Weißwein aus der Provençe.

HINWEIS
Die Hammelkeule nach provenzalischer Art eignet sich ausgezeichnet als Festessen. Nach dem gleichen Rezept kann auch Lammrücken sehr delikat zubereitet werden.

Hammelfleischpilaw

**

Zutaten für 4 Personen

**500 g Hammelfleisch (Schulter oder Keule ohne Knochen),
3 EL Öl,
3 Zwiebeln,
1–2 Knoblauchzehen,
1 TL Salz,
1/2–1 TL Pfeffer,
1 Tasse Vollwertreis (150 g, Langkornreis),
1 kleine Dose Tomatenmark (= 2 EL),
1/2 Schächtelchen klare Fleischsuppe,
2 EL Rosinen,
2 EL Mandelstifte,
1 Prise Zucker,
1 EL feingehackter Kerbel oder Dill,
eventuell 1 TL Curry hot.**

Arbeitsgeräte

Schneidbrett, Messer, Knoblauchpresse, Bratentopf mit Deckel, Dosenöffner, Rührlöffel.

Zubereitungszeit

75–85 Minuten, davon 10 Minuten Vorbereitung und 65–75 Minuten Garzeit.

Das Fleisch unter kaltem Wasser kurz abspülen und mit Küchenkrepp abtrocknen. Hammelfett und Sehnen wegschneiden. Dann das Fleisch in 1 1/2 cm große Würfel schneiden.
Das Öl in den Bratentopf geben und auf der Kochstelle bei starker Wärmezufuhr (E-Herd Schaltstufe 2,5–3; Automatik 10–12; G-Herd große Flamme) erhitzen. Die Fleischwürfel hineingeben und 10 Minuten kräftig anbraten.
In der Zwischenzeit die Zwiebeln schälen und in kleine Würfel schneiden, die geschälten Knoblauchzehen durch die Knoblauchpresse drücken.
Beides zum Fleisch geben, mit Pfeffer und Salz würzen. 1 Tasse Wasser dazugießen und den Topf schließen.
Nach 3 Minuten den Herd auf die kleinste Wärmestufe schalten. Nach 30 Minuten Garzeit den Reis und das Tomatenmark hinzufügen und 5 Minuten bei geöffnetem Topf dünsten, dabei den Herd auf starke Wärmezufuhr schalten. Dann mit heißem Wasser aufgießen und die zerdrückten Fleischsuppenwürfel hineingeben. Unter Rühren aufkochen lassen, den Topf wieder schließen und den Herd auf kleinste Wärmezufuhr zurückschalten. Den Pilaw bei geschlossenem Topf in 20–25 Minuten fertiggaren.
Die Rosinen, die Mandelstifte, den Zucker und die feingehackten Kräuter untermischen und das Gericht eventuell mit Pfeffer und Curry abschmecken.
Auf einer vorgewärmten großen Platte oder in einer Schüssel anrichten.

Pro Portion: 24 g E 41 g F 41 g KH 662 kcal 2770 kJ

Serviervorschlag
Mit frischen Salaten, Tomatensaft, Buttermilch oder Kefir reichen.

Daud Baska (gebratene Fleischkugeln, Türkei)

Daud Baska schmeckt gut mit Reis und gehackten Kräutern.

**

Zutaten für 4 Personen

750 g Lamm- oder Hammelfleisch (aus der Schulter oder Keule), 1–2 TL Salz, 1/2–1 TL Pfeffer, 1 TL Paprika, 1 Msp. Thymian, 1–2 Knoblauchzehen, 1 Ei, 3 EL Öl, 2 große Zwiebeln, 50 g Pinienkerne, 1 kleine Dose Tomatenmark (= 2 EL), 1 Tasse Fleischbrühe, 1 Msp. gemahlener Kardamom.

Arbeitsgeräte

Fleischhackmaschine (kleiner Fleischwolf), Schüssel, Rührlöffel, Pfanne mit Deckel, Schneidbrett, Messer, Knoblauchpresse, Pfannenwender, Tasse, Dosenöffner.

Zubereitungszeit

etwa 40 Minuten, davon 15–20 Minuten Vorbereitung und 20 Minuten Garzeit.

Das Fleisch – wenn möglich – bereits als Hackfleisch kaufen, um sich die Arbeit zu erleichtern. Andernfalls vom Fleisch Fett und Sehnen wegschneiden. Das Fleisch in kleine Stücke schneiden und durch die feinste Scheibe des Fleischwolfes drehen. Am besten zweimal durchdrehen, damit es sehr fein gemahlen ist (Bild 1).

1 Zutaten.

2 Das Ei zum Hackfleisch geben.

3 Aus dem Fleischteig walnußgroße Kugeln formen.

4 Das Tomatenmark über die Fleischkugeln gießen.

Das Hackfleisch in die Schüssel geben und 2–3 Eßlöffel eiskaltes Wasser (aus 2–3 aufgelösten Eiswürfeln) untermischen. Dann Salz, Pfeffer, Paprika und Thymian hinzufügen.
Die geschälten Knoblauchzehen durch die Knoblauchpresse drücken und dazugeben.
Das Ei aufschlagen und ebenfalls zum Hackfleisch geben (Bild 2).
Alles zu einem glatten, geschmeidigen und scharf-würzigen Fleischteig verarbeiten. Zum Kneten des Fleischteigs einen Rührlöffel, die Hände oder das elektrische Handrührgerät mit Knethaken verwenden!
Aus dem Fleischteig walnußgroße Kugeln formen (Bild 3). Dazu die Hände unter kaltem Wasser anfeuchten, damit der Teig nicht zu sehr klebt.
Das Öl in die Pfanne geben und bei starker Wärmezufuhr (E-Herd Schaltstufe 2,5–3; Automatik 10–12; G-Herd große Flamme) erhitzen. Die Fleischkugeln hineingeben und in 8–10 Minuten von allen Seiten anbräunen.
In der Zwischenzeit die Zwiebeln schälen und in kleine Würfel schneiden. Zusammen mit den Pinienkernen in die Pfanne geben.
Das Tomatenmark mit der Fleischbrühe und dem Kardamom in der Tasse verrühren.
Über die Fleischkugeln gießen (Bild 4) und die Pfanne schließen. Den Herd auf kleinste Wärmestufe schalten und das Gericht 15 Minuten schmoren lassen. Dann nochmals gut abschmecken und anrichten.

Pro Portion: 27 g E 55 g F 6 g KH 659 kcal 2750 kJ

Serviervorschlag

Körnig ausgequollener Reis (auch Safran- oder Kräuterreis) und frischer Tomatensalat mit viel gehackten frischen Kräutern dazu reichen. Als Getränke sind Kefir, Tomatensaft oder Bier zu empfehlen.

Hammelfleisch mit grünen Bohnen

Zutaten für 4 Personen

**500 g Hammelschulter (ohne Knochen),
3 EL Öl,
2 Zwiebeln,
250 g Tomaten,
1–2 Knoblauchzehen,
1 TL Salz,
1/2–1 TL Pfeffer,
1/2–1 TL Paprika,
1 Msp. Safran,
1 mittelgroße Aubergine,
500 g frische grüne Bohnen,
1 kleine Dose Tomatenmark (= 2 EL),
1 Tasse Fleischbrühe.**

Arbeitsgeräte

Schneidbrett, Fleischmesser, Knoblauchpresse, Rührlöffel, Bratentopf mit Deckel (oder Dampfdrucktopf), Durchschlag, Dosenöffner.

Zubereitungszeit

80 Minuten, davon 10–15 Minuten Vorbereitung und 65 Minuten Garzeit

Das Fleisch kurz unter kaltem Wasser waschen und mit Küchenkrepp abtrocknen. Fett und Sehnen entfernen, dann das Fleisch in 2 cm große Würfel schneiden.
Das Öl im Topf bei starker Wärmezufuhr erhitzen (E-Herd Schaltstufe 2,5–3; Automatik 10–12; G-Herd große Flamme). Die Fleischwürfel hineingeben und in 10 Minuten gut anbraten.
In der Zwischenzeit die Zwiebeln schälen und in kleine Würfel schneiden.
Die Tomaten in kochendheißes Wasser geben, nach 1 Minute abgießen und die Haut abziehen. Die Tomaten anschließend entkernen.
Die Knoblauchzehen schälen, durch die Knoblauchpresse drücken oder mit dem breiten Messerrücken zerquetschen.
Zwiebelwürfel, Tomatenstücke, Knoblauch, Salz, Pfeffer, Paprika und Safran unter das Fleisch mischen. Den Topf schließen und den Herd auf kleine Wärmestufe schalten. Das Fleisch 15 Minuten schmoren lassen. Bei Bedarf zwischendurch 1/2 Tasse Fleischbrühe dazugießen und einmal durchrühren.
Unterdessen die Aubergine waschen, schälen und in 2 cm große Würfel schneiden.
Die Bohnen putzen, fädeln, waschen, abtropfen lassen und in Stücke brechen.
Aubergine und Bohnen zum Fleisch geben, die restliche Fleischbrühe dazugießen und den Topf wieder schließen. Den Herd 5 Minuten auf starke Wärmestufe schalten, dann die Wärmezufuhr wieder zurückstellen. Das Gericht in weiteren 20 Minuten gar schmoren lassen.
Das Tomatenmark mit 2 Eßlöffel Kochfond in einer Tasse verrühren, unter das Hammelfleisch mischen und bei Bedarf noch mit Pfeffer, Salz und Paprika nachwürzen. In einer Schüssel anrichten.

Pro Portion: 24 g E 40 g F 16 g KH 543 kcal 2270 kJ

Hammelfleisch mit grünen Bohnen kann auch im Dampfdrucktopf zubereitet werden.

Serviervorschlag

Zu diesem türkischen Hammelgericht wird Fladenbrot gereicht; es passen aber auch gekochte Kartoffeln, Reis oder Weißbrot als Beilagen. Dazu Tomatensaft oder kühles Bier trinken.

HINWEIS

Bei der Zubereitung im Dampfdrucktopf beträgt die Zubereitungszeit insgesamt 35–40 Minuten.
Das Fleisch vorbereiten wie oben und zunächst im offenen Topf 10 Minuten anbraten, dann 10 Minuten bei geschlossenem Dampfdrucktopf (Kochstellung „Kochen 2") bei mittlerer Wärmestufe (E-Herd 1–1,5; Automatik 7–8; G-Herd mittlere Flamme) kochen. Den Dampfdrucktopf (nach Herstelleranweisung) abkühlen und öffnen, das vorbereitete Gemüse und die Gewürze hineingeben. Den Dampfdrucktopf wieder aufheizen und das Gericht in 5–7 Minuten fertiggaren.

TIP

Eventuell Kartoffeln oder Reis im Einsatz mitgaren!

Hammelchops (Koteletts)

GRUNDREZEPT

Zutaten für 4 Personen

**4 Hammelkoteletts (Doppelkoteletts, à 125 g),
3 EL Öl,
Pfeffer und Salz,
1 Dose Champignons (etwa 180 g),
4–6 EL süße Sahne,
1 Msp. Cayennepfeffer,
1 Msp. Rosenpaprika,
1/2 Bund Petersilie.**

Arbeitsgeräte

Schneidbrett, Messer, Fleischklopfer, Pfanne mit Deckel, Sieb, Pfannenwender, Dosenöffner.

Zubereitungszeit

etwa 15 Minuten.

Die Hammelkoteletts auf das Schneidbrett legen und mit dem Fleischklopfer oder einfach nur mit dem Handballen leicht klopfen. Bei sehr starkem Fettrand einen Teil des Fettrandes wegschneiden. Die Koteletts leicht mit Pfeffer und Salz einreiben.
Das Öl in die Pfanne geben und bei starker Wärmezufuhr (E-Herd Schaltstufe 2,5–3; Automatik 10–12; G-Herd große Flamme) erhitzen.
Die Koteletts hineingeben (Bild 2) und von jeder Seite 2 Minuten braten (Bild 3).
Unterdessen die Champignons auf dem Sieb abtropfen lassen oder das Wasser aus der Dose abgießen. Champignons, Sahne, Cayennepfeffer und Rosenpaprika über die Koteletts geben (Bild 4).

1 Zutaten.

2 Die Koteletts in die Pfanne legen.

3 Die Koteletts von jeder Seite 2 Minuten braten.

4 Die Champignons über die Koteletts streuen.

Hammelchops.

Die Pfanne schließen, den Herd auf kleinste Wärmestufe schalten und die Chops noch 5 Minuten schmoren lassen.
In der Zwischenzeit die Petersilie fein hacken.
Die Hammelchops auf einer vorgewärmten Platte anrichten und mit der feingehackten Petersilie bestreut servieren.

Pro Portion: 17 g E 46 g F 2 g KH 516 kcal 2160 kJ

Serviervorschlag

Bratkartoffeln oder Teigwaren und frische Salate dazu reichen, als Getränke Rotwein oder Bier.

Gegrillte Lammkoteletts

Zutaten für 4 Personen

**8 Lammkoteletts (je 60 g),
4 EL Öl,
4–6 Knoblauchzehen,
1 Msp. Thymian,
1/4 TL Rosmarin,
1/4 TL Paprika,
1 Msp. Pfeffer, Salz.**

Arbeitsgeräte

Teller, Tasse, Backpinsel, Küchenmesser, Grill oder Pfanne (Grillpfanne), eventuell Pfannenwender.

Zubereitungszeit

etwa 15 Minuten. Marinierzeit eventuell 10 Minuten.

Die Lammkoteletts kalt abspülen und mit Küchenkrepp abtupfen.
Das Öl, die geschälten und in Scheiben geschnittenen Knoblauchzehen, Thymian, Rosmarin, Paprika und Pfeffer vermischen. Die Lammkoteletts damit einreiben und – eventuell zugedeckt 10 Minuten marinieren – leicht ins Fleisch einmassieren.
Den Grill vorheizen (oder die Pfanne auf die Kochstelle setzen). Die Lammkoteletts von jeder Seite 3–5 Minuten grillen (oder in der Pfanne bei starker Wärmestufe braten), dabei mit dem Gewürzöl bepinseln oder beträufeln.
Erst vor dem Servieren mit Salz würzen.

Pro Portion: 15 g E 62 g F 2 g KH 490 kcal 2050 kJ

Serviervorschlag
Mit gegrillten Tomaten und eventuell in Butter gedünsteten Prinzeßbohnen servieren. Beim Grillen im Freien einfach Stangenweißbrot oder in Folie gegarte Kartoffeln dazu reichen. Oder goldbraun geröstete Bratkartoffeln als Beilage wählen.
Nach Geschmack und Anlaß einen leichten roten Wein aus Frankreich oder ein kühles Bier dazu trinken.

Mit Zwiebeln und Rotwein
2–3 geschälte, in Scheiben geschnittene Zwiebeln und 1 kleines Glas Rotwein mit in die Pfanne geben und die Chops darin 5–8 Minuten schmoren, gut mit Pfeffer und Salz abschmecken und mit Reis servieren.

Mit Knoblauch und Paprika
1–2 geschälte, durch die Knoblauchpresse gedrückte Knoblauchzehen und 1 entkernte, in feine Streifen geschnittene rote (oder grüne) Paprikaschote mitschmoren. Mit Paprika und Pfeffer scharf abschmecken. Reis oder Stangenbrot als Beilage reichen.

Lammkoteletts auf chinesische Art

Zutaten für 4 Personen

4 Lamm- oder Hammelkoteletts (à 90–100 g),
2 EL Öl,
1–2 TL Sojasoße,
1 Msp. Pfeffer,
1/2 TL Curry,
500 g frische Sojabohnenkeimlinge (Lunja, oder 1/1 Dose),
1 rote Paprikaschote,
1 kleine Dose Champignons (100 g),
1 Zwiebel,
2 EL Öl,
1 EL Sojasoße,
1–2 TL Instant-Hühnerbrühe,
3–4 Eier,
2 EL Wasser,
1/2 TL Salz,
1 Msp. Pfeffer,
30 g Butter.

Arbeitsgeräte

Teller, Schüssel, Durchschlag, Schneidbrett, Messer, Dosenöffner, Schmortopf, Rührlöffel, Pfanne, Pfannenwender, Tasse.

Zubereitungszeit

etwa 45 Minuten.

Die Lammkoteletts kurz abspülen, mit Küchenkrepp abtrocknen und in einen tiefen Teller oder eine Schüssel legen.

1 Zutaten.

2 Paprikastreifen und Sojakeimlinge in den Topf geben.

3 Die Omeletts backen und warm halten.

4 Die Omeletts halbieren und zu Tüten rollen.

Öl, Sojasoße, Pfeffer und Curry miteinander verrühren un darüberträufeln. Mit den Händen in das Fleisch einmassierer Dann zugedeckt (mit Sichtfolie oder Deckel) 15 Minuten ste henlassen.
Unterdessen die Sojakeimlinge gründlich verlesen, in kalter Wasser waschen und auf dem Durchschlag abtropfen lasser Die Paprikaschote halbieren, die Kerne herauslösen, die Papri kaschote waschen und in feine Streifen schneiden.
Die Champignons aus der Dose abtropfen lassen und vierteln die Zwiebel schälen und in kleine Würfel schneiden.
Das Öl in den Bratentopf geben und bei starker Wärmezufuh (E-Herd Schaltstufe 2,5–3; Automatik 10–12; G-Herd groß Flamme) erhitzen. Die Zwiebelwürfel und Champignons hin eingeben und 5 Minuten dünsten.
Dann die Paprikastreifen und Sojakeimlinge hinzufügen, mi Sojasoße und Instant-Hühnerbrühe würzen und alles gut ver mischen (Bild 2).
Den Topf schließen, nach 3 Minuten den Herd auf kleinste Wär mestufe schalten und das Gemüse 10 Minuten dünsten.
In der Zwischenzeit die Lammkoteletts in der Pfanne von jede Seite 3–4 Minuten braten oder unter dem vorgeheizten Gri grillen.
Für die Omeletts die Eier einzeln über einer Tasse aufschlager und in die Schüssel geben. Kaltes Wasser, Salz und Pfeffe hinzufügen und alles mit dem Rührlöffel leicht schaumig ver rühren.
Die Lammkoteletts aus der Pfanne nehmen und zusammen mi dem Bratenfond auf eine Platte geben. Die Pfanne mit Küchen krepp ausreiben und 1 Eßlöffel Butter hineingeben. Die Hälft der Eimasse in die Pfanne gießen, wenn die Butter zu schäumer beginnt, aber noch nicht gebräunt ist. Gleichmäßig nach aller Seiten in der Pfanne zerlaufen lassen (siehe auch Omelet Grundrezept S. 250) und das Omelett backen, bis die Oberseite gestockt und die Unterseite leicht goldbraun ist. Aus der Pfanne nehmen und auf einem Teller warm stellen (Bild 3).
Die restliche Butter in die Pfanne geben und das 2. Omelet genauso zubereiten.
Die Omeletts dann halbieren und jede Hälfte zu einer lockerer Tüte aufrollen (Bild 4).
Das gut abgeschmeckte Sojabohnengemüse – bei Bedarf mi Salz, Pfeffer und Paprika nachwürzen – auf eine vorgewärmte tiefe Platte geben. Die Lammkoteletts – jeweils mit einer Ome lettrolle garniert – darauf anrichten. Das Gericht recht heiß au den Tisch bringen.

Pro Portion: 22 g E 47 g F 9 g KH 579 kcal 2420 kJ

Serviervorschlag

Dazu paßt nur körnig gekochter Reis als Beilage. Weißwein oder Tafelwasser als Getränk reichen.

Wildbret

Saison für frische Wildbraten ist während des ganzen Jahres. Durch die unterschiedlichen Jagdzeiten (Abschußzeiten) in den verschiedenen europäischen Ländern wird das heimische Angebot erweitert. Frisches Wild aus dem Inland gibt es vor allem in den Herbst- und Wintermonaten.
Da auch die Tiefkühlung als ideale Haltbarmachungsmethode für Wild entdeckt wurde, kann man in den Monaten, in denen frisches Wildfleisch nicht im Angebot ist, auf die gefrorene Ware ausweichen.
Vor allem Gerichte mit Hase oder Wildkaninchen, Wildgulasch oder Ragouts sind preiswert zu bereiten.
Große Braten (Hirsch- und Rehrücken, Wildschweinkeule usw.) sind dagegen recht kostspielige Genüsse, die für den Alltag nicht zu empfehlen sind; sie sollten den festlichen Anlässen des Jahres vorbehalten bleiben.

Kleine Warenkunde

Wildbret wird als Haar- und Federwild angeboten.
Zum Haarwild gehören Hirsche, Reh- und Damwild, Elch, Ren, Wildschwein und das Niederwild Hase und Kaninchen.
Zum Federwild zählt das Wildgeflügel, wie Fasan und Rebhuhn, Schnepfen, Wachteln, Wildente und Wildgans.
Wildbret sollte man nach Möglichkeit im Fachhandel einkaufen, wo man sich auch über die besten Verwendungsmöglichkeiten einzelner Stücke gut beraten lassen kann.
Wichtig ist beim Kauf, möglichst nur gut abgehangenes Fleisch junger Tiere zu erhalten. Denn das Fleisch von älteren Tieren ist meist kein allzu großer kulinarischer Genuß.
Wildfleisch ist eiweißreich und leichter verdaulich als das Fleisch von anderen Schlachttieren. Da es im Verhältnis zu anderem Fleisch auch sehr fettarm ist, kann es gut für leichte Kost und leichte Diäten eingesetzt werden.

EINKAUFSTIPS FÜR WILD

- Frische größere Wildbraten gibt es nur während der Jagdzeit im Fachhandel, tiefgefrorene Ware während des ganzen Jahres. Für große Festmenüs sollten Wildbraten rechtzeitig bestellt werden, damit das gewünschte Fleisch auch vorrätig ist.
- Eventuell das frische Wildangebot (und Sonderangebote) nutzen und das Fleisch bedarfsgerecht einfrieren.
- Große Wildbraten sind recht teuer. Preiswerte Wildgerichte lassen sich aber auch aus kleinen Bratenstücken zubereiten.
- Für den Kleinhaushalt sind solche Wildgerichte zu empfehlen, die sich mühelos zubereiten lassen, z.B. Wildsteaks oder Wildkoteletts, Wildgulasch. Oder bei der Zubereitung eines größeren Bratens kann dann ein Teil bis zur späteren Verwendung eingefroren werden.

Zubereitung in der Küche

Bei der Wildzubereitung sollten einige wichtige Vorbereitungen getroffen werden, damit der Genuß beim Essen nicht gestört wird.
Wildfleisch muß vor der Zubereitung gut abhängen, damit das Fleisch mürbe wird.
Anschließend ist – je nach Wildsorte – ein Beizen (Marinieren) des Fleisches sinnvoll, um den Wildgeruch (den Hautgout) und den Geschmack zu mildern.
Vor der Zubereitung ist es erforderlich, daß alle Sehnen und Häute vom Fleisch abgelöst werden, damit es nach der Zubereitung nicht zäh bleibt.
Je nach Fleischart kann das Wildbret mit Speckscheiben umhüllt (bardiert) gebraten werden. Bei sehr fettarmem Fleisch, vor allem von älterem Wildbret, sollte man das Fleisch mit dünnen Speckstreifen spicken, da das Fleisch sonst zu faserig und trocken bleibt.
Das Spicken wird nur empfohlen, wenn es trockenes, fettarmes Fleisch saftiger machen soll oder durch eine bestimmte Art des Würzens einen besonderen Geschmack gibt.

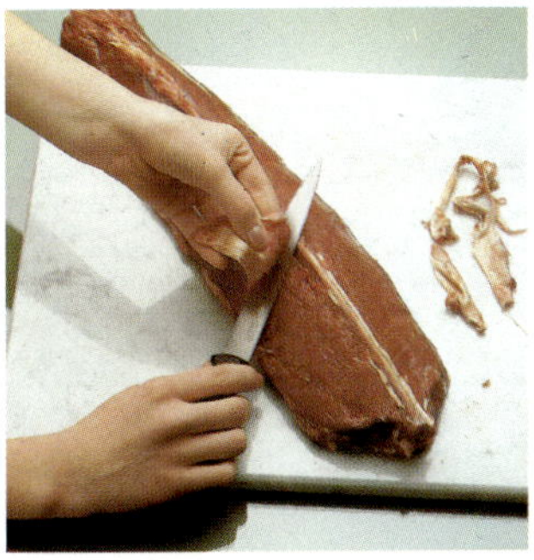

1 Sehnen und Häute vom Fleisch ablösen.

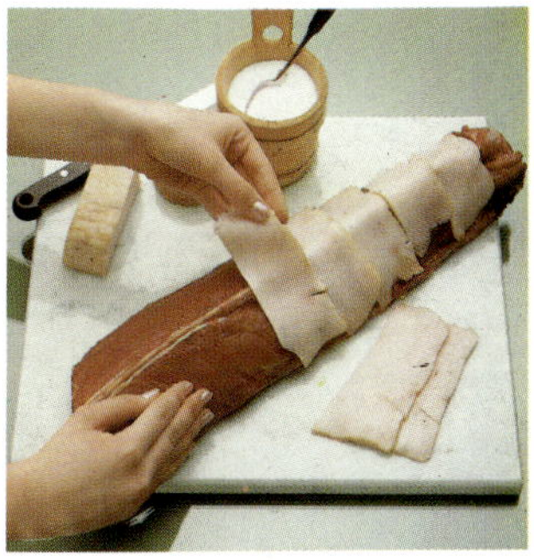

2 Mit Speckscheiben belegen.

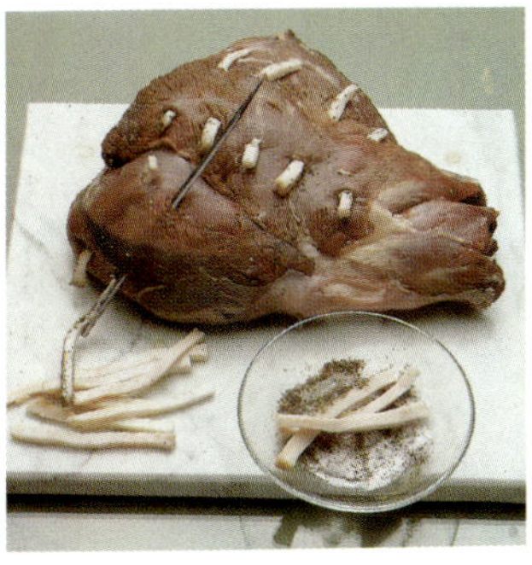

3 Mit Speckstreifen spicken.

TIP

Speck zum Spicken vor der Verwendung in das Tiefkühlfach legen. Dann in dünne Streifen schneiden und mit der Spicknadel schräg zum Faserverlauf durch das Fleisch ziehen. Für Wildbret wird zum Spicken fetter, geräucherter Speck verwendet. Die Streifen können vorher in eine Gewürzmischung getaucht werden, um intensivere Würzkraft zu haben!

Wildbeizen – Wildmarinaden

Wildbret hat einen besonderen Geruch, den Hautgout. Von Wildliebhabern wird dieser typische Geruch geschätzt, viele Menschen lehnen ihn aber auch als unangenehm ab.
Wildbret muß vor der Verwendung in der Küche gut abhängen und dabei entwickelt sich der Hautgout, der bei älterem Wild und bei längerem Abhängen immer intensiver wird.
In der modernen Wildküche wird starkes Hautgout aus ästhetischen und gesundheitlichen Gründen abgelehnt. Wildbret soll heute nicht zu lange abhängen oder zumindest vor der Zubereitung für einige Stunden oder Tage in eine Wildbeize (Wildmarinade) eingelegt werden.

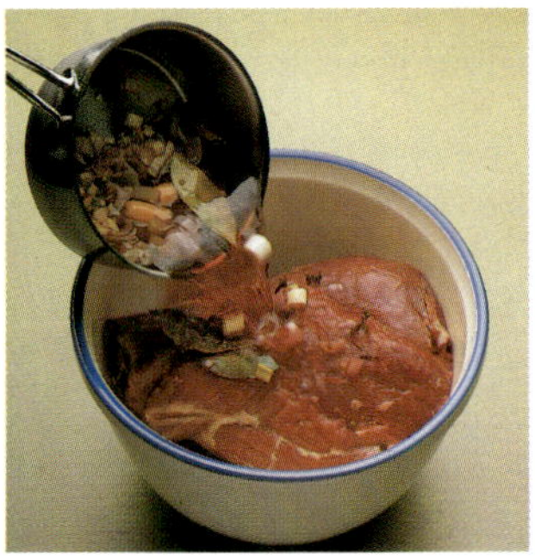

1 Die Beize über das Fleisch gießen.

2 Das Fleisch abdecken und kalt stellen.

Starker Hautgout

Er läßt sich am besten entfernen, wenn das Fleisch vor dem Marinieren oder Zubereiten sehr gründlich mit heißem Wasser abgewaschen wird. Auch starker Salbeitee ist zum Waschen gut geeignet.
Auch Wildbret, das selbst eingefroren wird, sollte vorher gründlich gewaschen und wieder gut abgetrocknet werden!

Essigtuch

Für zarte, gut abgehangene Wildbraten und Hasen genügt es, das Fleisch bis zur Zubereitung in ein feuchtes, mit Essig getränktes Tuch einzuwickeln.
Eventuell auf das feuchte Tuch getrocknete Gewürzkräuter (Thymian, Oregano, Salbei, Rosmarin) geben. Darauf das Fleisch legen und einwickeln. Spätestens nach 2 Tagen das Tuch wieder gut anfeuchten (das Fleisch kalt aufbewahren!).

Öl-Wein-Beize, Essigbeize, Rotweinbeize, Milchbeize (von links).

Öl-Wein-Beize

Zutaten

**1/4 l Sonnenblumenöl,
1/4 l Rotwein
(oder Weißwein),
1 Glas Cognac (2–3 cl),
1 TL Salz,
1/2 TL grob
gemahlener Pfeffer,
1/2 TL Thymian,
1 Msp. Salbei,
1 TL Paprika,
1–2 Knoblauchzehen,
1 Zwiebel,
2 EL feingehackte Kräuter
(z.B. Petersilie, Kerbel usw.).**

Arbeitsgeräte

**große Schüssel,
Schneidbrett, Messer,
Schneebesen.**

Zubereitungszeit

5 Minuten.

Öl, Rotwein, Cognac und die Gewürze in die Schüssel geben. Die Knoblauchzehen und die Zwiebel schälen und fein hacken. Zusammen mit den feingehackten Kräutern in die Schüssel geben und alles mit dem Schneebesen gründlich verrühren. Über das Fleisch gießen oder dieses in der Beize wenden, bis es von allen Seiten überzogen ist. 3–4 Tage kalt stellen, zwischendurch mehrmals wenden.

TIP

Diese Beize eignet sich auch gut zum kurzen Marinieren (2–3 Stunden) von Wildsteaks, Wildfilet, aber auch für Rindersteaks und Bratenstücke.

Essigbeize

Zutaten

1/2 l Essig (bei mildem Essig 3/4 l),
1 EL Salz,
1 TL Pfefferkörner,
6 Wacholderbeeren,
1 TL Senfkörner,
2 Lorbeerblätter,
1 TL Zucker,
2 Knoblauchzehen,
1/4 Sellerieknolle,
2 Möhren,
1 kleine Stange Porree,
2 Zwiebeln.

Arbeitsgeräte

Topf, Schneidbrett, Messer, große Schüssel.

Zubereitungszeit

20 Minuten.

1 l Wasser mit dem Essig und den Würzzutaten bei starker Wärmezufuhr zum Kochen bringen.
Die Knoblauchzehen schälen und hineingeben.
Das Gemüse putzen (oder schälen), gründlich waschen und in 2 cm große Stücke schneiden. In der Essigbeize 10 Minuten kochen lassen. Dann die Essigbeize vollständig abkühlen lassen.
Das Wildbret (oder Rindfleisch) vorbereiten und in die Schüssel legen. Mit der Essigbeize übergießen. Das Fleisch sollte vollständig bedeckt sein.
2–3 Tage in der Beize marinieren. Zwischendurch einige Male wenden. Bei warmer Witterung muß die Beize nach 2 Tagen erneuert werden.

TIP

Verwenden Sie Essigbeize nur bei älterem Wildbret mit starkem Hautgout. Essigbeize macht das Fleisch mürbe, trocknet die Fleischfaser aber auch aus. Deshalb möglichst nicht für zartes Wildbret verwenden!

Rotweinbeize

Zutaten

1 EL Salz,
6–8 Pfefferkörner,
2 Gewürznelken,
4 Wacholderbeeren,
1 TL Senfkörner,
1 TL Thymian,
1 TL Majoran,
1 Lorbeerblatt,
1 Bund Suppengrün,
2 Zwiebeln,
3/8 l Rotwein,
1/8 l Weinessig.

Arbeitsgeräte

Topf, Schneidbrett, Messer, Schüssel.

Zubereitungszeit

20 Minuten.

3/4 l Wasser und die Gewürzzutaten in den Topf geben und bei starker Wärmezufuhr aufkochen.
In der Zwischenzeit das Suppengrün putzen und gründlich waschen. Die Zwiebeln schälen, in Würfel schneiden und beides in den Topf geben. 10 Minuten kochen lassen.
Den Rotwein und den Essig dazugießen, einmal aufkochen, dann die Beize abkühlen lassen.
Erst über das vorbereitete Wildbret gießen, wenn die Beize vollständig erkaltet ist. Das Fleisch 3–4 Tage in der Beize lassen, zwischendurch einige Male wenden.

TIP

Diese Beize eignet sich vor allem für Wild mit starkem Hautgout (z.B. Hirsch, Rehbock oder Wildschwein).

Milch- oder Buttermilchbeize

Zartes Wildfleisch (z.B. Hase oder Reh) wird in Milch (Buttermilch, Kefir oder Joghurt) eingelegt.
So viel Milch in einer Schüssel über das Fleisch gießen, daß es vollständig bedeckt ist. Kalt stellen und nach 2 Tagen die Milch erneuern.

Hase und Wildkaninchen

Hase und Wildkaninchen gehören zu den Wildarten, die auf Speisekarten am häufigsten erscheinen. Auch im Haushalt werden sie oft zubereitet, da das Fleisch preiswerter ist als z.B. das von Reh oder Hirsch.
Jagdzeit auf Niederwild beginnt ab Oktober, und das Frischangebot ist von Oktober bis Januar reichhaltig. Während der restlichen Monate des Jahres kann man auf das Tiefkühlangebot zurückgreifen.
Im Tiefkühlangebot des Wildhandels (und auch in den Lebensmittelabteilungen der Kaufhäuser und Supermärkte) werden gespickte Hasenrücken, Kaninchen- oder Hasenkeulen, Ragouts und dergleichen angeboten, so daß auch für den Kleinhaushalt passende Mengen vorhanden sind.
Junge Hasen und Wildkaninchen brauchen vor der Zubereitung nicht mariniert zu werden. Es genügt das Aufbewahren in einem feuchten Essigtuch. Nicht ganz junge Tiere sollten aber besser in einer Buttermilchbeize eingelegt werden.
Ein ganzer Hase oder ein Wildkaninchen reicht für 4 Personen, für Kleinhaushalte sollten besser Einzelteile (z.B. Hasenrücken oder Hasenkeulen) zubereitet werden.

TIP

Hase und Wildkaninchen werden frisch oft im Fell angeboten. Wer nicht den Ehrgeiz besitzt, das mühselige Abziehen selbst vornehmen zu wollen, sollte diese Arbeit vom Fachhändler machen lassen!

Varianten

Hasenragout mit Pilzen zubereiten, z.B. frische Waldpilze, Pfifferlinge oder Champignons in den letzten 10 Minuten der Garzeit mitschmoren.
Oder Hasenragout auf Burgunder Art (Zubereitung wie Coq au vin) schmoren.

Hasenpfeffer.

Hasenpfeffer

**

Zutaten für 4 Personen

1 kg Hasenragout (oder Wildkaninchen), Rotweinbeize (siehe Seite 363), 2 EL Öl, 100 g durchwachsener, geräucherter Speck, 6 kleine Zwiebeln, 2 EL Mehl, 1/4 l Fleischbrühe, 2 EL süße Sahne (oder Crème fraîche), 2 cl Weinbrand, 100 g Geflügelleber (oder Hasenleber), frisch gemahlener Pfeffer, Salz, 1/2 TL Rosenpaprika.

Arbeitsgeräte

Schneidbrett, Messer, große Schüssel, Bratentopf mit Deckel, (oder Dampfdrucktopf), Rührlöffel, kleine Schüssel, Gabel.

Zubereitungszeit

55–60 Minuten (ohne Marinierzeit), davon 20 Minuten Vorbereitung und 35–40 Minuten Garzeit (Garzeit im Dampfdrucktopf 20 Minuten).

Das Hasenragout kalt abspülen und mit Küchenkrepp abtupfen. In die Schüssel legen. Die Rotweinbeize darübergießen und die Stücke 1 Tag marinieren.

Zur weiteren Zubereitung aus der Schüssel nehmen und abtrocknen.
Das Öl in den Bratentopf geben. Den Speck in kleine Würfel schneiden und bei starker Wärmezufuhr im Öl anbraten.
Unterdessen die Zwiebeln schälen und halbieren.
Die Ragoutstücke in den Topf geben und etwa 15 Minuten anbraten, dann die Zwiebeln hinzufügen und kurz mitbraten.
Mit Mehl überstäuben und unter Rühren langsam die Fleischbrühe dazugießen. Aufkochen, den Topf (oder Dampfdrucktopf) schließen, den Herd auf kleinste Wärmestufe schalten und das Ragout in 20–25 Minuten gar schmoren lassen (bei einem älteren Hasen wird die Garzeit bei Bedarf um 10–15 Minuten verlängert).
Die Sahne, den Weinbrand und die mit der Gabel zerdrückte Geflügelleber unterrühren. Das Gericht scharf-würzig mit Pfeffer, Salz und Paprika abschmecken. In einer Schüssel anrichten.

Pro Portion: 42 g E 30 g F 8 g KH 511 kcal 2140 kJ

Serviervorschlag
Mit gekochten Nudeln oder Spätzle, eventuell auch mit Polenta (siehe Kapitel „Beilagen") und frischen grünen Salaten servieren; Rotwein oder kühles Bier schmecken dazu.

Wildkaninchen nach provenzalischer Art

**

Zutaten für 4–6 Personen

**1 junges Wildkaninchen (etwa 1,5 kg),
Pfeffer, Salz,
100 g durchwachsener, geräucherter Speck,
1 EL Öl,
2 Knoblauchzehen,
1 TL gemahlener Rosmarin (oder im Mörser fein zerstoßen),
1 Msp. gemahlener Salbei,
1/2 TL Thymian,
2 Zwiebeln,
500 g Möhren,
1 kleine Sellerieknolle (etwa 300 g),
2 EL Tomatenmark,
1/8 l Fleischbrühe,
1/4 l Burgunder Rotwein,
1 kleiner Becher Crème fraîche (125 g, oder süße Sahne).**

Arbeitsgeräte

Schneidbrett, Messer, Durchschlag, Bratentopf mit Deckel, Rührlöffel, Dosenöffner.

Zubereitungszeit

80–90 Minuten, davon 15 Minuten Vorbereitung und 60–70 Minuten Garzeit.

Das küchenfertige Wildkaninchen (d.h. abgezogen und ausgenommen) unter kaltem Wasser gründlich waschen und mit Küchenkrepp abtrocknen. Die Häute vorsichtig ablösen. Das Kaninchen rundherum mit Pfeffer und Salz einreiben, die Keulen und Vorderläufe abtrennen und den Rücken in 6 Stücke schneiden.
Den Speck in kleine Würfel schneiden und ebenso wie das Öl in den Bratentopf geben. Bei starker Wärmezufuhr den Speck glasig ausbraten.
Dann die Kaninchenteile in den Topf geben und 10–15 Minuten anbraten.
In der Zwischenzeit die Knoblauchzehen schälen, zerdrücken und zusammen mit den Gewürzen in den Topf geben.
Die Zwiebeln, die Möhren und den Sellerie schälen, kalt waschen und abtropfen lassen. In etwa 2 cm große Stücke schneiden und zum Fleisch geben. 10 Minuten unter Rühren bei starker Wärmezufuhr braten.
Dann das Tomatenmark, die Fleischbrühe und die Hälfte des Rotweins dazugießen. Aufkochen lassen, den Topf schließen und den Herd auf kleine Wärmestufe zurückschalten.
Das Wildkaninchen in weiteren 30–40 Minuten gar schmoren. Bei Bedarf zwischendurch etwas Rotwein nachgießen.
Die Crème fraîche (oder süße Sahne) unterrühren und das Gericht mit frisch gemahlenem Pfeffer und eventuell etwas Salz abschmecken. In einer Schüssel zu Tisch geben.

Pro Portion bei 4: 67 g E 51 g F 16 g KH 900 kcal 3760 kJ
Pro Portion bei 6: 45 g E 34 g F 11 g KH 600 kcal 2510 kJ

Hasenrücken Diana

******

Zutaten für 4–6 Personen

**2 gespickte Hasenrücken (etwa 1,4 kg),
Pfeffer, Salz,
1/2 TL Thymian,
1 Msp. Cayennepfeffer,
1/2 TL Knoblauchsalz,
30 g Butter,
1 EL Öl,
1 Zwiebel,
1 Bund Suppengrün,
1/8 l Brühe,
1/8 l Rotwein,
etwas Wasser,
1 Schächtelchen Instant-Jägersoße (oder Pfeffersoße),
2 EL süße Sahne (oder Crème fraîche),
frisch gemahlener schwarzer Pfeffer.**

Arbeitsgeräte

Schneidbrett, Messer, große Pfanne mit Deckel, Sieb, Kasserolle, Schneebesen.

Zubereitungszeit

55–60 Minuten, davon 15 Minuten Vorbereitung und 35–40 Minuten Garzeit.

Die Hasenrücken (tiefgefrorene oder frische sind häufig bereits gespickt) rundherum mit einer Mischung aus Pfeffer, Salz, Thymian, Cayennepfeffer und Knoblauchsalz einreiben.

Die Butter und das Öl in der Pfanne bei starker Wärmezufuhr erhitzen, die Hasenrücken hineinlegen und von allen Seiten in etwa 10 Minuten anbraten.
Unterdessen die Zwiebel schälen, das Suppengrün putzen, waschen und abtropfen lassen. Alles in kleine Würfel schneiden und in die Pfanne geben.
Die Fleischbrühe und den Rotwein hinzugießen, die Pfanne schließen und den Herd auf kleine Wärmestufe schalten. Je nach Größe die Hasenrücken in 20–30 Minuten gar schmoren.
Die Hasenrücken aus der Pfanne nehmen und warm halten.
Den Bratenfond durch ein Sieb in die Kasserolle gießen und mit etwas Wasser (auf gut 1/4 l Flüssigkeit) ergänzen. Die Instantsoße mit dem Schneebesen einrühren und nach Packungsangabe kochen.
Mit süßer Sahne und frisch gemahlenem Pfeffer würzig abschmecken.
Die Filets vorsichtig von den Knochen lösen und in schräge Scheiben schneiden. Auf einer Platte anrichten und mit der Soße servieren.

Pro Portion bei 4: 63 g E 22 g F 11 g KH 559 kcal 2340 kJ
Pro Portion bei 6: 42 g E 15 g F 8 g KH 373 kcal 1560 kJ

Serviervorschlag

Als herbstliches Jagdessen die Hasenrücken (wie auf dem Bild) auf einer rustikalen großen Holzplatte anrichten. Dazu Bohnen-Pilz-Gemüse, Rosen- oder Rotkohl, Kartoffelkroketten oder Spätzle reichen. Nach Wahl ein kühles Bier, Tafelwasser oder einen Spätburgunder dazu trinken.

Geschmorte Hasenkeulen

Zutaten für 2–3 Personen

2 große Hasenkeulen (etwa 800 g), etwa 3/4 l Buttermilch (oder Kefir), 1/2 TL grob gemahlener Pfeffer (oder bunter Gewürzpfeffer), 1 TL Salz, 50 g fetter, geräucherter Speck, 1 EL Öl, 1/4 l Fleischbrühe, etwas Buttermilchmarinade, 1 kleines Lorbeerblatt, 2 Wacholderbeeren, 3–5 Gewürznelken, 2 EL saure Sahne, 1 gestrichener EL Stärkemehl, 2–3 EL Madeira (oder Portwein).

Arbeitsgeräte

Messer, Schneidbrett, große Schüssel, Teller, Baumwollgarn, große Pfanne mit Deckel (oder Bratentopf), Sieb, Kasserolle, Tasse, Schneebesen.

Zubereitungszeit

etwa 70 Minuten (ohne Marinierzeit), davon 15 Minuten Vorbereitung und 50–55 Minuten Garzeit (Garzeit im Dampfdrucktopf 30 Minuten).

Die Hasenkeulen waschen und mit Küchenkrepp abtrocknen. Rundherum die Häute und Sehnen vorsichtig ablösen. Die Hasenkeulen in die Schüssel legen und mit Buttermilch übergießen. Zugedeckt 1–2 Tage marinieren, zwischendurch einmal wenden.

Die Hasenkeulen aus der Marinade nehmen und mit Küchenkrepp abtupfen. Rundherum mit Pfeffer und Salz einreiben.
Den Speck in kleine Würfel schneiden und zusammen mit dem Öl in der Pfanne bei starker Wärmezufuhr auslassen. Die Keulen hineingeben und 10 Minuten anbraten.
Die Hälfte der Fleischbrühe und etwas Marinade dazugießen. Das Lorbeerblatt, die Wacholderbeeren und die Gewürznelken hineingeben. Die Pfanne schließen, den Herd auf kleine Wärmestufe schalten und die Keulen in 35–45 Minuten (je nach Größe der Keulen) gar schmoren. Bei Bedarf zwischendurch etwas Brühe oder Marinade dazugießen.
Die Keulen aus der Pfanne nehmen und auf einer tiefen Platte warm halten.
Den Bratenfond durch ein Sieb in die Kasserolle gießen. Sahne und Stärkemehl in einer Tasse verrühren und in den Soßenfond rühren. Nach Bedarf mit etwas Pfeffer und mit Madeira abschmecken. Die Soße über die Hasenkeulen gießen.

Pro Portion bei 2: 71 g E 39 g F 6 g KH 723 kcal 3020 kJ
Pro Portion bei 3: 47 g E 26 g F 4 g KH 482 kcal 2010 kJ

Serviervorschlag
Mit frischen Salaten, Spätzle oder gekochten Kartoffeln und Rotkohl servieren. Nach Wahl einen trockenen Rot- oder Weißwein dazu trinken; es paßt aber auch Bier oder Tafelwasser.

TIP
Eventuell Champignons oder Pfifferlinge (1 kleine Dose, 125 g) mit in der Soße erhitzen.

Geschmorte Hasenkeulen.

Rot-, Dam- und Rehwild

Das größte Ansehen genießt der Hirsch mit seinem stattlichen Geweih. Dieser Kopfputz ist zwar begehrte Jagdtrophäe, dagegen ist das Fleisch für Feinschmecker kein allzu großer Genuß mehr. Beste Braten liefern Hirschkälber (einjährige Tiere), Schmaltiere (zweijährig) oder junge Hirsche bis zu 3 Jahren.
Das Fleisch junger Tiere bedarf keiner langen Vorbereitung, da es sehr zart und saftig ist. Älteres Wildbret muß gut abgehangen sein und vor Verwendung gebeizt (mariniert) werden.
Die schönsten Festtagsbraten lassen sich aus dem Rükken (Ziemer) und den Keulen (Schlegel) zubereiten. Für kleinere Braten, Gulasch oder Ragouts empfiehlt sich das Fleisch aus Blatt (Schulter), Keule oder Bauchlappen.
Das Rehwild wird von vielen Wildliebhabern als besonders angenehm im Geschmack empfunden. Das Fleisch ist sehr fettarm und so zart, daß es in kurzer Zeit zubereitet werden kann.
Junge Tiere können ohne viel Vorarbeit zubereitet werden, es genügt ein kurzes Marinieren in einer Öl-Wein-Beize. Nur das im Geschmack kräftigere Rehbockfleisch gewinnt durch das längere Einlegen in eine Beize.
In jüngster Zeit werden im Fachhandel häufiger auch Wildspezialitäten angeboten, wie z.B. Rentier- und Elchfleisch. Der Preis ist allerdings für den Normalverbraucher häufig zu hoch. Das Fleisch kann nach Rezepturen für Reh- und Hirschfleisch zubereitet werden.

Rehfilets Belisaire mit Selleriepüree.

Jägerspieße

Zutaten für 4 Personen

**500 g Rehlende (Hirsch- oder Wildschweinlende),
4 EL Öl,
1/2 TL frisch gemahlener Pfeffer,
1/2–1 TL Salz,
1 Msp. Thymian,
1 Msp. Salbei,
1 Msp. Cayennepfeffer,
1 Msp. Curry,
2 EL Madeira,
100 g durchwachsener, geräucherter Speck,
1 Dose Champignons (200 g).**

Arbeitsgeräte

Schneidbrett, Messer, Schüssel, Sieb, lange Spieße, Pfanne (oder Grill), Pfannenwender, Dosenöffner.

Zubereitungszeit

30 Minuten, davon 20 Minuten Vorbereitung und 8–10 Minuten Garzeit.

Die gut abgehangene Rehlende (= Filet) kalt abspülen und mit Küchenkrepp abtrocknen. Die Häute und Sehnen vorsichtig vom Fleisch ablösen. Die Lende in 1 cm dicke Scheiben schneiden und in die Schüssel legen.

Die Scheiben mit Öl beträufeln, mit den Gewürzen bestreuen und mit dem Madeira begießen. Mit der Hand durchmischen, so daß das Fleisch mit den Würzzutaten durchzogen ist. Zugedeckt 10 Minuten stehenlassen.
In der Zwischenzeit den Speck in 1/2 cm dicke und 2 x 2 cm große Scheiben schneiden. Die Champignons abtropfen lassen.
Auf lange Holzspieße (beim Braten in der Pfanne) oder Metallspieße (beim Grillen) abwechselnd Fleischscheiben, Speckstücke und Champignons aufspießen.
Die Pfanne bei starker Wärmezufuhr aufheizen (beschichtetes Material nach Geräteanweisung nicht überhitzen!) und die Spieße hineinlegen. Rundherum in 8–10 Minuten braun braten oder unter dem vorgeheizten Grill grillen.
Die zarten Lendenscheiben der Spieße dürfen innen noch leicht rosig (medium) sein. Die Spieße eventuell mit dem restlichen Würzöl übergießen und anrichten.

Pro Portion: 31 g E 31 g F 2 g KH 445 kcal 1860 kJ

Serviervorschlag
Mit frischem Stangenbrot und Ratatouille oder Paprikagemüse (siehe Kapitel „Gemüse") oder mit Spätzle, Pfifferlingen und Rahmbratensoße (Fertigsoße) servieren.

Rehfilets Belisaire (mit Selleriepüree)

♥ ***

Zutaten für 4 Personen

1–2 Rehfilets (etwa 800 g),
4 EL Öl,
1/2 gestrichener TL Pfeffer,
1 TL Salz, 1 Msp. Paprika,
1 Msp. gemahlener Salbei,
1 kg Sellerieknollen (ca. 2–3 Knollen),
2 TL Instant-Hühnerbrühe,
2 EL Weinessig,
1 Msp. Zucker,
10 g Butter,
1 EL feingehackte Petersilie (oder Kerbel).

Arbeitsgeräte

Schneidbrett, Messer, Pfanne mit Deckel, Pfannenwender, Topf, Kartoffelpresse, Schüssel, Schneebesen, Rührlöffel.

Zubereitungszeit

etwa 45 Minuten, davon 15 Minuten Vorbereitung und 25–30 Minuten Garzeit.

Die Rehfilets aus einem gut abgehangenen Rehrücken lösen lassen (oder einen Rehrücken kaufen und die Filets selbst auslösen).

Die Filets kalt abspülen und gut mit Küchenkrepp abtrocknen. Die Häute und Sehnen vorsichtig vom Fleisch ablösen.
Das Öl mit den Gewürzen vermischen und die Filets damit rundherum einreiben. 5–10 Minuten einziehen lassen.
In dieser Zeit die Sellerieknollen schälen, waschen und in 2–3 cm große Stücke schneiden.
1/2 l Wasser, die Instant-Hühnerbrühe und den Essig aufkochen, den Sellerie hineingeben und in etwa 15 Minuten gar kochen.

1 Die Sellerieknolle in Stücke schneiden.

2 Die Selleriestücke durch die Kartoffelpresse drücken.

Die Pfanne bei starker Wärmezufuhr aufheizen (beschichtetes Material nicht überhitzen!) und die Filets hineinlegen. Rundherum 10 Minuten anbraten, dann die Pfanne schließen und den Herd auf kleinste Wärmestufe schalten. In weiteren 5–10 Minuten gar braten.
Die Filets dürfen innen noch leicht rosig sein. Bildet sich bei Druck mit einem Löffel oben auf dem Filet etwas blutiger Fleischsaft, ist der gewünschte Gargrad erreicht.
Die Filets erst aufschneiden, wenn das Selleriepüree zubereitet ist.
Dazu die gegarten Selleriestücke durch die Kartoffelpresse in die Schüssel drücken. Den Zucker, die Butter und eventuell etwas vom Kochsud dazugeben und mit dem Schneebesen zu einem lockeren Püree aufschlagen.
In die Mitte einer vorgewärmten Platte geben und mit der feingehackten Petersilie bestreuen.
Die Rehfilets in 1 cm dicke schräge Scheiben schneiden und rund um das Selleriepüree legen. Mit dem Bratenfond begießen und servieren.

Pro Portion: 48 g E 20 g F 14 g KH 449 kcal 1880 kJ

Serviervorschlag

Mit Kartoffelkroketten, Semmelklößen oder in Butter gebratenen Weißbrotcroûtons und einem roten oder weißen Wein reichen.

TIP

Anstelle mit Rehfilets kann man dieses Gericht mit Rehkoteletts zubereiten. Dann pro Person 2 Rehkoteletts (à 60–80 g) rechnen.

Hirschrouladen nach böhmischer Art

***

Zutaten für 4 Personen

4 Hirschrouladen (aus der Keule, etwa 600 g Fleisch), 1/4 TL Pfeffer, 1/2–1 TL Salz, 4 Wacholderbeeren, 1 Msp. Thymian, 1 EL Madeira (oder Portwein), 50 g durchwachsener, geräucherter Speck, 1 Zwiebel, 150 g entsteinte Trockenpflaumen (weiche Kurpflaumen), 1 kleine Dose Champignons (100 g), 1 EL feingehackte Petersilie, 2–3 EL Öl (oder Schweineschmalz), 2 EL Tomatenmark, 1/8 l Fleischbrühe (Instant), 1/8 l Rotwein, etwas Wasser, 2 EL saure Sahne.

Arbeitsgeräte

Schneidbrett, Messer, Fleischklopfer, Schüsselchen, Sieb, Rouladennadeln (oder Zahnstocher), Bratentopf mit Deckel (oder Pfanne), Schneebesen, Dosenöffner.

Zubereitungszeit

etwa 2 Stunden, davon 15 Minuten Vorbereitung und 80–90 Minuten Garzeit (Garzeit im Dampfdrucktopf 35–45 Minuten).

Die Rouladen möglichst aus einer gut abgehangenen Hirschkeule schneiden lassen. Das Fleisch eventuell kurz abspülen, dann aber wieder gründlich mit Küchenkrepp abtrocknen. Die Scheiben mit dem Fleischklopfer gleichmäßig klopfen.
Pfeffer, Salz, die zerdrückten Wacholderbeeren und Thymian vermischen und die Scheiben damit einreiben. Mit Madeira beträufeln.
Den Speck, die geschälte Zwiebel und die Pflaumen in kleine Würfel schneiden. Die Champignons abtropfen lassen und in Scheiben schneiden. Mit der feingehackten Petersilie und den kleingeschnittenen Zutaten vermischen. Auf die Rouladen verteilen.
Je nach Größe der Scheiben erst die beiden Längsseiten etwas einschlagen (siehe auch Rinderrouladen Seite 290), dann von der Breitseite aus zu Rouladen aufrollen. Mit Rouladennadeln oder kleinen Holzspießchen zusammenstecken.
Das Öl im Bratentopf bei starker Wärmezufuhr erhitzen. Die Rouladen hineinlegen und von allen Seiten in etwa 10 Minuten gut anbraten.
Tomatenmark, Fleischbrühe und Rotwein miteinander vermischen und zunächst 1/3 davon dazugießen. Den Topf schließen, den Herd auf kleinste Wärmestufe schalten und die Rouladen in 70 Minuten (je nach Fleischbeschaffenheit auch etwas länger!) gar schmoren. Zwischendurch bei Bedarf etwas von der Flüssigkeit nachgießen.
Die fertigen Rouladen aus dem Topf nehmen und die Rouladennadeln herauslösen. Die Rouladen auf einer Platte oder in einer Schüssel warm stellen.
Den Schmorfond mit etwas Wasser verdünnen und mit saurer Sahne, Pfeffer, Salz und Thymian abschmecken. Über die Rouladen gießen und servieren.

Pro Portion: 34 g E 21 g F 29 g KH 488 kcal 2040 kJ

Serviervorschlag
Als Beilagen schmecken Kartoffel- oder Jägerklöße (siehe Kapitel „Beilagen"), aber auch Spätzle oder andere Teigwaren. Rotkraut, Rosenkohl mit Maronen oder frische Salate dazu reichen. Tafelwasser, Bier oder einen kräftigen Rotwein als Getränk wählen.

TIP
Die Hirschrouladen 1 Tag vor der Zubereitung kaufen und über Nacht in eine Öl-Wein-Marinade einlegen, damit das Fleisch zarter wird.

ZUBEREITUNG IM DAMPFDRUCKTOPF:
Die Zubereitung im Dampfdrucktopf ist zeitsparender als im Normaltopf.
Die Vorbereitungen werden wie oben getroffen. Die Rouladen im offenen Topf kräftig anbraten. Tomatenmark mit 1/16 l Brühe und 1/16 l Rotwein verrühren und dazugießen. Den Dampfdrucktopf schließen und nach Geräteanweisung aufheizen.
Bei Erreichen der gewünschten Kochstufe auf kleine Wärmezufuhr schalten. Die Rouladen in 35–45 Minuten (je nach Fleischbeschaffenheit) gar schmoren.
Weitere Beilagen eventuell im Einsatz mitgaren.

Hirschrouladen nach böhmischer Art.

Hirschgulasch Försterart

***

Zutaten für 4–6 Personen	Arbeitsgeräte

Zutaten für 4–6 Personen

1 kg Hirschgulasch (ohne Knochen), 1/2 TL Pfeffer, 1 TL Salz, 1/2 TL Thymian, 4 Wacholderbeeren, 1 kleines Lorbeerblatt, 1/4 l Weißwein, 100 g durchwachsener, geräucherter Speck, 2 EL Öl, 30 g Mehl, 1 kleine Dose Tomatenmark (= 2 EL), 1 Kräuterbündel (bestehend aus Petersilie, Kerbel, 1 Zweig Thymian, 1 Möhre, 1 Stück Sellerieknolle), 1/8–1/4 l Fleischbrühe, 500 g frische Steinpilze (Butterpilze oder Mischpilze), 2 Zwiebeln, 30 g Butter.

Arbeitsgeräte

Schneidbrett, Messer, große Schüssel, Bratentopf mit Deckel, Rührlöffel, Pfanne (oder große Kasserolle), Dosenöffner.

Zubereitungszeit

120–130 Minuten (ohne Marinierzeit), davon 15 Minuten Vorbereitung und 100–110 Minuten Garzeit (Garzeit im Dampfdrucktopf 45–50 Minuten).

Vom Fleisch das Fett und die Sehnen entfernen. Das Fleisch in 1 1/2 cm große Würfel schneiden und in die Schüssel geben. Pfeffer, Salz, Thymian, die zerdrückten Wacholderbeeren und das Lorbeerblatt hinzufügen, mit dem Wein begießen und alles durchrühren.
Zugedeckt mindestens 3 Stunden (besser 1 Tag) marinieren. Das Fleisch aus der Schüssel nehmen, abtropfen lassen und mit Küchenkrepp abtrocknen.
Den Speck in kleine Würfel schneiden und mit dem Öl im Bratentopf bei starker Wärmezufuhr ausbraten.
Die Fleischwürfel hineingeben und 10 Minuten anbraten.
Mit Mehl bestäuben und unter Rühren 5 Minuten schmoren.
Das Tomatenmark, das Kräuterbündel (die einzelnen Zutaten vorher waschen und mit Baumwollgarn zusammenbinden!) und 1/8 l Fleischbrühe in den Topf geben. Alles zum Kochen bringen, den Topf schließen und den Herd auf kleinste Wärmestufe schalten. Das Fleisch in 80–90 Minuten langsam gar schmoren. Zwischendurch jeweils bei Bedarf etwas Fleischbrühe und Weinbeize dazugießen.
Während der Garzeit die Pilze zubereiten. Dazu von den Pilzen sandige und schadhafte Stellen abschneiden. Die Pilze nur dann ganz kurz kalt abspülen, wenn sie sehr sandig sind. Die Pilze in Scheiben schneiden.
Die Zwiebeln schälen und in Scheiben schneiden.
Die Butter in der Pfanne (oder Kasserolle) zerlassen, die Pilze und Zwiebelscheiben hineingeben und 10 Minuten bei starker Wärmezufuhr schmoren.
Dann in den letzten 10 Minuten der Garzeit zum Hirschgulasch geben und zusammen fertiggaren.
Das Gulasch mit Pfeffer, Salz und Thymian abschmecken und in einer Schüssel anrichten.

Pro Portion bei 4: 59 g E 37 g F 17 g KH 672 kcal 2810 kJ
Pro Portion bei 6: 39 g E 24 g F 11 g KH 448 kcal 1870 kJ

Serviervorschlag

Mit Spätzle, Kartoffel- oder Semmelknödeln (siehe „Beilagen") und frischen Salaten servieren; nach persönlichem Geschmack mit Tafelwasser, kühlem Bier oder Rotwein.

HINWEIS

Anstelle von Hirschgulasch kann auch Reh- oder Wildschweingulasch nach diesem Rezept zubereitet werden. Die Garzeit verkürzt sich dann je nach Fleischbeschaffenheit um 30–40 Minuten.

Hirschgulasch Försterin.

Rehrücken nach Kreolenart

🍷 ♥ ✻✻✻

Zutaten für 4 Personen

1 kg Rehrücken,
1/2 TL Pfeffer,
1 TL Salz,
3 EL Öl,
3 Scheiben Ananas (aus der Dose),
1/8 l Ananassaft (aus der Dose),
etwa 1/4 l Wasser,
1/8 l Weißwein,
2 Schächtelchen Rahmbratensoße,
2 EL Johannisbeergelee,
frisch gemahlener Pfeffer,
4 kleine Bananen,
1 Ei,
30 g Paniermehl,
30 g Butter.

Arbeitsgeräte

Schneidbrett, Messer, Schüssel, Sieb, Bratentopf mit Deckel, Schneebesen, 2 Teller, Pfanne, Pfannenwender, Dosenöffner.

Zubereitungszeit

50–55 Minuten, davon 10 Minuten Vorbereitung und 35–45 Minuten Garzeit.

Rehrücken, der frisch verwendet wird, vor der Zubereitung kalt abspülen und gut abtrocknen. Oder nur mit einem Tuch abreiben, das mit Essig getränkt wurde.
Die Häute und Sehnen vorsichtig vom Fleisch ablösen. Das Fleisch mit etwas Pfeffer und Salz einreiben.
Das Öl im Bratentopf bei starker Wärmezufuhr erhitzen und das Fleisch darin von allen Seiten in etwa 10 Minuten gut anbraten. Dann den Topf schließen, den Herd auf kleine Wärmestufe schalten und das Fleisch 10 Minuten braten. Etwas Wasser oder Ananassaft dazugießen und das Fleisch in weiteren 15–20 Minuten gar schmoren.
Die Ananasscheiben aus der Dose in kleine Stücke schneiden. Den Rehrücken aus dem Topf nehmen und warm stellen.
Den Bratenfond mit Ananassaft, Wasser und dem Weißwein auf 1/2 l Flüssigkeit ergänzen. Das Soßenpulver einrühren und aufkochen lassen. Johannisbeergelee und die Ananasstücke in die Soße geben und bei Bedarf mit frisch gemahlenem Pfeffer abschmecken.
Die Bananen schälen und vierteln. Das Ei in einem Teller verrühren, das Paniermehl in den zweiten Teller geben.
Die Butter in der Pfanne erhitzen. Die Bananenstücke in Ei eintauchen, in Paniermehl wenden und in der Butter goldbraun braten.
Die Filets vorsichtig vom Rehrücken lösen und in 1 cm dicke schräge Scheiben schneiden. Auf einer vorgewärmten Platte anrichten und mit den Bananenstücken umlegen.
Die Soße in einer Sauciere dazu reichen.

Pro Portion: 45 g E 29 g F 53 g KH 708 kcal 2960 kJ

Serviervorschlag
Mit Mandelkroketten oder Reis und frischem Salat reichen, einen leichten Rotwein oder Weißwein dazu trinken.

Rehkeule nach schwäbischer Art

🍷 ✻✻✻

Zutaten für 4–6 Personen

1 Rehkeule (etwa 1,5 kg),
1–1 1/2 l Buttermilch (Dickmilch oder Kefir),
100 g fetter Speck,
1/2 TL Pfeffer,
1/2 TL Paprika,
1/2 TL Thymian,
2–3 Knoblauchzehen,
1 TL Salz,
4 EL Öl,
30 g Butter,
2 Scheiben Schwarzbrot (dunkles Vollkornbrot oder Pumpernickel),
1 kleine Dose Tomatenmark (= 2 EL),
1 Zitrone,
1/8 l Rotwein,
1 Msp. Zucker,
frisch gemahlener Pfeffer.

Arbeitsgeräte

große Schüssel, Schneidbrett, Messer, Teller, Spicknadel, großer Bratentopf mit Deckel (oder tiefe Pfanne), Fleischgabel, kleine Schüssel, Zitronenpresse, Löffel, Schneebesen, Dosenöffner.

Zubereitungszeit

etwa 90 Minuten (ohne Marinierzeit), davon 15 Minuten Vorbereitung und 60–75 Minuten Garzeit (Garzeit im Dampfdrucktopf 35 Minuten).

Die gut abgehangene Rehkeule gründlich waschen und mit Küchenkrepp abtrocknen. In die Schüssel (oder einen großen emaillierten Bratentopf) legen und mit soviel Buttermilch übergießen, daß die Keule bedeckt ist. Zugedeckt kalt stellen und 2–3 Tage marinieren. Zwischendurch einige Male in der Buttermilch wenden.
Die Rehkeule aus der Beize nehmen und mit Küchenkrepp abtrocknen. Häute und Sehnen rundherum abschneiden.
Den Speck (vor Verwendung ins Tiefkühlfach legen, siehe auch „Spicken" S. 361) in 1/2 cm dicke und 6–8 cm lange Streifen schneiden.
Die Gewürze und die zerdrückten Knoblauchzehen im Teller vermischen. Die Speckstreifen darin wälzen. Dann mit der Spicknadel schräg zum Fleischfaserverlauf durch das Fleisch ziehen. Gleichmäßig spicken.
Mit den restlichen Gewürzen die Keule einreiben.
Das Öl und die Butter im Bratentopf bei starker Wärmezufuhr erhitzen. Die Keule hineinlegen und rundherum in 10–15 Minuten kräftig anbraten.
Dann etwas von der Buttermilchbeize dazugießen und den Topf schließen. Den Herd auf kleine Wärmestufe (E-Herd 1–1,5; Automatik 3–5; G-Herd kleine Flamme) schalten. Pro Zentimeter Fleischhöhe etwa 12 Minuten Garzeit, insgesamt etwa 60 Minuten rechnen. Die Keule zwischendurch wenden und jeweils mit dem Bratenfond und der Buttermilchbeize übergießen.
Während der Garzeit weitere Beilagen zubereiten.
Das Brot fein zerkrümeln und mit Tomatenmark, Zitronensaft und etwas Buttermilchbeize verrühren.
In den letzten 10 Minuten der Garzeit mit in den Topf geben und leicht sämig kochen.

Rehkeule nach schwäbischer Art mit Spätzle und Pfifferlingen.

Die Rehkeule aus dem Topf nehmen und in großen Scheiben (schräg vom Knochen weg!) aufschneiden. Auf einer Platte schuppenartig anrichten.
Die Soße mit dem Rotwein, dem Zucker und frisch gemahlenem Pfeffer aufkochen. Einige Löffel Soße über die Fleischscheiben verteilen, die restliche Soße in eine Sauciere gießen.

Pro Portion bei 4: 68 g E 43 g F 14 g KH 784 kcal 3280 kJ
Pro Portion bei 6: 46 g E 28 g F 9 g KH 523 kcal 2180 kJ

Serviervorschlag
Typische Beilagen zur Rehkeule nach schwäbischer Art sind Spätzle, Pfifferlinge und als Getränk ein badischer Rotwein.

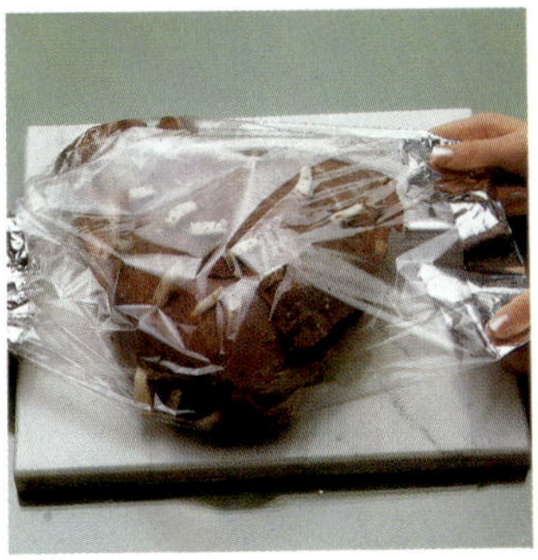

1 Die Rehkeule mit Bratfolie bedecken …

2 … und im Backofen braten.

HINWEIS
Die Rehkeule kann auch im Backofen gebraten werden. In diesem Fall eventuell auf das Spicken verzichten. Dann den Speck in sehr dünne Scheiben schneiden und auf die mit den Gewürzen eingeriebene Keule legen. Nur mit 50 g heißer Butter (kein weiteres Öl!) übergießen und in den vorgeheizten Backofen (E-Herd 225° C; Heißluftherd Bratstufe 160° C; G-Herd Stufe 4) auf der unteren Schiene einschieben.
Eventuell zum Braten auch Bratfolie (Bild) oder Alufolie verwenden, damit der Backofen sauber bleibt.

Rehrücken Baden-Baden

***

Zutaten für 6–8 Personen

2 kg Rehrücken,
1 TL Pfeffer,
1–2 TL Salz,
1/2 TL Thymian,
1/2 TL Liebstöckel,
1 Msp. gemahlener Rosmarin,
3 Wacholderbeeren,
1 EL Senf,
2 EL Öl,
100 g Schinkenspeck (große dünne Scheiben),
1/8 l heiße Fleischbrühe,
1/8 l Rotwein,
2 Schächtelchen Rahmbratensoße (oder Pfeffersoße),
1/8 l Weißwein,
1 TL Zucker,
1 Zitrone,
4 Birnen,
1 kleines Glas Preiselbeeren (200 g).

Arbeitsgeräte

Schneidbrett, Messer, Tasse, feuerfeste große Form (oder Bräter), Sieb, Kasserolle, Schneebesen, Topf, Zitronenpresse.

Zubereitungszeit

50 Minuten, davon 15 Minuten Vorbereitung und 30–35 Minuten Garzeit.

Den Rehrücken kalt abspülen und mit Küchenkrepp abtrocknen. Die Häute und Sehnen von den Filets ablösen.
Die Gewürze, die zerdrückten Wacholderbeeren, den Senf und das Öl in einer Tasse miteinander verrühren. Den Rehrücken damit bestreichen und mit den dünnen Schinkenspeckscheiben belegen.
Den Backofen vorheizen (E-Herd 225° C; Heißluftherd Bratstufe 160° C; G-Herd Stufe 4) und den Bratenrost auf der unteren Schiene mit der Rostwölbung nach oben (bei 4 Schienen die 2. von unten benutzen, Rostwölbung nach unten) einschieben.
Den Rehrücken in die Auflaufform legen. Die heiße Brühe hineingießen und die Form in den Backofen schieben.
In 30–35 Minuten gar braten und zwischendurch mit der Brühe übergießen. Nach 25 Minuten die Schinkenspeckscheiben abnehmen, damit das Fleisch nachbräunen kann.
Den Speck fein hacken.

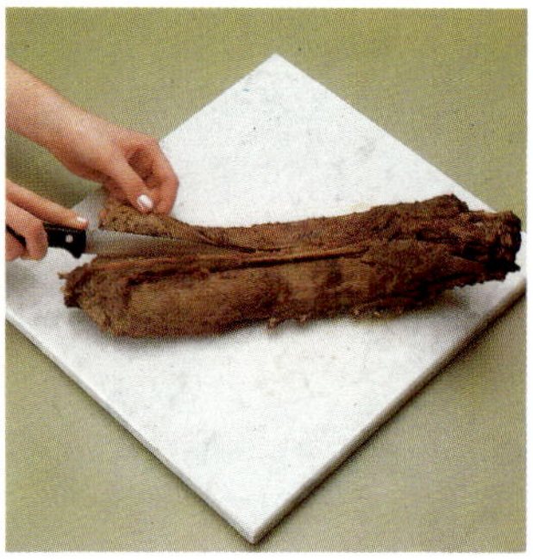

1 Die Filets vom Rehrücken ablösen ...

2 ... und in schräge Scheiben schneiden.

Rehrücken Baden-Baden mit Kartoffelkroketten.

3/8 l Wasser und den Rotwein in die Kasserolle geben und erhitzen. Die Rahmbratensoße mit dem Schneebesen einrühren und einmal aufkochen lassen. Nach Geschmack mit frisch gemahlenem Pfeffer nachwürzen. Den feingehackten Schinkenspeck – eventuell mit dem Bratenfond – in die Soße rühren. In eine Sauciere gießen.
Die Rehfilets vorsichtig vom Rehrücken ablösen und in 1/2 cm dicke schräge Scheiben schneiden. Schuppenartig auf dem Knochengerüst anrichten und auf einer großen vorgewärmten Platte warm halten.
Die Birnen zubereiten, während der Rehrücken im Backofen brät. Die Birnen waschen, schälen und der Länge nach halbieren. Die Kerngehäuse vorsichtig herausschneiden.
Im Topf den Weißwein mit Zucker und Zitronensaft aufkochen. Die Birnenhälften hineinlegen und – je nach Sorte – 8–15 Minuten kochen. Sie dürfen aber nicht zu weich werden. Anschließend auf dem Sieb abtropfen und abkühlen lassen.

Mit der Kernhöhlung nach oben rund um den angerichteten Rehrücken legen und jeweils einen Löffel Preiselbeeren in die Birnenhälften füllen.

Pro Portion bei 8: 43 g E 17 g F 27 g KH 482 kcal 2010 kJ
Pro Portion bei 6: 57 g E 22 g F 36 g KH 642 kcal 2690 kJ

Serviervorschlag
Zu dem festlichen Rehrücken passen am besten Kartoffelkroketten (Mandelkroketten) oder Strohkartoffeln und ein badischer Rot- oder Roséwein. Zum festlichen Anlaß einen guten Weinjahrgang wählen!

HINWEIS
Die Zubereitungszeit für ein festliches Menü läßt sich durch Verwendung von Konserven oder Fertigprodukten verringern.
Birnen aus der Konserve (z.B. Williams Christ) sollten etwas in Wein und Zitronensaft eingelegt werden, damit sie ausgewogener im Geschmack werden.

Rehrücken mit gefüllten Äpfeln

♥ ***

Zutaten für 4 Personen

1 kg Rehrücken,
1/4 TL Pfeffer,
1/2–1 TL Salz,
1 Msp. Thymian,
1 Msp. Rosmarin,
50 g fetter Speck,
2 EL Öl,
1/4 l Fleischbrühe,
4 mittelgroße säuerliche Äpfel (etwa 700 g),
1/8 l Weißwein,
1 Zitrone,
1 TL Zucker,
1 Msp. gemahlene Nelken,
1 Stück Stangenzimt,
4 EL rotes Johannisbeergelee (oder Preiselbeeren),
Instant-Soßenpulver.

Arbeitsgeräte

Schneidbrett, Messer, Bratentopf mit Deckel, Fleischgabel, große Kasserolle (oder flacher Topf), Zitronenpresse, Löffel, Apfelausstecher.

Zubereitungszeit

etwa 50 Minuten, davon 10 Minuten Vorbereitung und 30–35 Minuten Garzeit.

Den Rehrücken kalt abspülen und mit Küchenkrepp abtrocknen. Häute und Sehnen von den Filets vorsichtig ablösen.
Das Fleisch mit einer Mischung aus Pfeffer, Salz, Thymian und Rosmarin einreiben.
Den Speck in kleine Würfel schneiden.
Das Öl im Bratentopf bei starker Wärmezufuhr erhitzen. Die Speckwürfel darin glasig ausbraten, dann den Rehrücken hineinlegen und von allen Seiten in 10 Minuten gut anbräunen.
Die Hälfte der Fleischbrühe dazugießen, den Topf schließen und den Herd auf kleine Wärmestufe schalten. Das Fleisch in weiteren 20–25 Minuten gar schmoren. Bei Bedarf zwischendurch etwas Fleischbrühe nachgießen.
Während der Bratzeit die Äpfel schälen und waschen. Die Kerngehäuse mit einem Apfelausstecher herausbohren. Die Äpfel in die Kasserolle setzen. Den Weißwein und den Zitronensaft darübergießen, Zucker, Nelken und Zimt hinzufügen. Bei starker Wärmezufuhr zum Kochen bringen, dann den Herd auf kleinste Stufe schalten und die Äpfel bei geschlossenem Topf gar, aber nicht zu weich dünsten. Je nach Apfelsorte 5–12 Minuten bei geschlossenem Topf dünsten, dann herausnehmen.
Das Fleisch vom Rehrücken ablösen, in schräge Scheiben schneiden und auf einer Platte anrichten. Die gedünsteten Äpfel dazusetzen. In die Höhlung Johannisbeergelee (oder Preiselbeeren) geben. Den Soßenfond mit einer Fertigsoße binden.

Pro Portion: 41 g E 25 g F 39 g KH 594 kcal 2480 kJ

Serviervorschlag
Mit Kartoffelklößen, Spätzle oder Kartoffelkroketten und einem Rotwein reichen.

Festliche Hirschkeule

***

Zutaten für 4–6 Personen

1 Hirschkeule (etwa 2 kg), 1–2 TL Salz, 1 TL Pfeffer, 1 TL Rosenpaprika, 1 TL Majoran, 1/2 TL gemahlener Ingwer, 3–4 Wacholderbeeren, 1/2 TL Thymian, 1 EL Sardellenpaste, 1 TL französischer Kräutersenf, 1 Zitrone, 100 g durchwachsener, geräucherter Speck, 3 EL Öl, 2 Zwiebeln, 1/8 l Rotwein, 1/4 l Fleischbrühe (Instant oder Würfel), 1 EL Stärkemehl, 3 EL saure Sahne, 2 naturreine Orangen, 250 g blaue oder grüne Weintrauben.

Arbeitsgeräte

großes Schneidbrett, Messer, Schüssel, Löffel, großer Bräter, Bratenwender, Kasserolle, Schneebesen, Zitronenpresse.

Zubereitungszeit

140–170 Minuten (ohne Marinierzeit), davon 30 Minuten Vorbereitung und 100–120 Minuten Garzeit.

Die gut abgehangene Hirschkeule kalt abwaschen und mit Küchenkrepp abtrocknen. Mit einem scharfen Messer vorsichtig die Häute und Sehnen vom Fleisch lösen.

Die Gewürze, die Sardellenpaste, die zerdrückten Wacholderbeeren, den Senf und den ausgepreßten Saft der Zitrone in der Schüssel verrühren. Die Hirschkeule damit rundherum einreiben. In ein großes Gefäß legen und zugedeckt 1–2 Tage kalt stellen. Oder die Keule in Alufolie einwickeln und in den Kühlschrank legen.

Den Speck in kleine Würfel schneiden und mit Öl in den Bräter geben. Bei starker Wärmezufuhr glasig ausbraten. Die Hirschkeule in den Bräter legen und von allen Seiten in 15–20 Minuten gut anbräunen.

In der Zwischenzeit die Zwiebeln schälen und in Stücke schneiden.

Den Backofen vorheizen (E-Herd 200–225° C; Heißluftherd Bratstufe 160° C; G-Herd Stufe 3–4).

Die Zwiebeln zusammen mit dem Rotwein und der Hälfte der Brühe in den Bräter geben und diesen auf der unteren Schiene (Bratrostwölbung nach oben) in den Backofen einschieben. Die Keule in etwa 1 1/2 Stunden gar braten. Zwischendurch einige Male mit dem Bratenfond und der Fleischbrühe übergießen.

Die Hirschkeule aus dem Bräter nehmen und auf einer großen Platte anrichten.

Den Bratenfond – eventuell durch ein Sieb passieren – mit etwas Wasser lösen und mit dem in Sahne angerührten Stärkemehl binden. Die Soße nach Geschmack mit Pfeffer, Salz, Thymian und Paprika nachwürzen und in eine Sauciere gießen.

Festliche Hirschkeule mit Kartoffelkroketten.

Die Orangen waschen und abtrocknen, dann mit Schale waagerecht in 1/2 cm dicke Scheiben schneiden.

Die Weintrauben waschen und von den Stielen zupfen.

Die Hirschkeule mit Orangenscheiben umlegen und mit den Weintrauben garnieren.

Pro Portion bei 8: 44 g E 20 g F 11 g KH 437 kcal 1830 kJ
Pro Portion bei 6: 59 g E 26 g F 15 g KH 582 kcal 2430 kJ

Serviervorschlag

Zu diesem festlichen Braten schmecken Kartoffelkroketten oder Jägerklöße (siehe Kapitel „Beilagen"), gedünstete Pilze und Preiselbeeren. Einen guttemperierten Burgunder Rotwein (oder Bordeaux) oder trockenen Weißwein als Getränk wählen.

Hirschsteaks mit Pfirsichen

Zutaten für 4 Personen

4 Hirschsteaks (à 150 g, aus der Keule geschnitten), 6 EL Öl, 1/2 TL frisch gemahlener Pfeffer, 1 TL Salz, 1 Msp. gemahlener Salbei, 8 halbe Pfirsiche (aus der Dose), 1/8 l Pfirsichsaft (aus der Dose), 1 Schächtelchen Rahmbratensoße (oder Instant-Bratensoße), 1 Msp. Cayennepfeffer, 1–2 EL Cognac.

Arbeitsgeräte

Schneidbrett, Messer, Fleischklopfer, Schüssel, Tasse, Pfanne, Pfannenwender (oder Grill), Dosenöffner.

Zubereitungszeit

etwa 30 Minuten, davon 15 Minuten Vorbereitung und 10–15 Minuten Garzeit.

Die Steaks aus gut abgehangener Hirschkeule (oder Lende) schneiden lassen. Häute und Sehnen von den Steaks entfernen und das Fleisch leicht klopfen. In die Schüssel legen.
Das Öl mit Pfeffer, Salz und Salbei verrühren und über die Steaks gießen. Gut in das Fleisch einmassieren und dieses zugedeckt 10 Minuten stehen lassen.
In der Zwischenzeit die Pfirsiche in Spalten schneiden.
Die Pfanne auf die Kochstelle setzen und bei starker Wärmezufuhr erhitzen (oder den Grill vorheizen). Die Steaks in die heiße Pfanne legen und mit dem Pfannenwender leicht andrükken. Zunächst von einer Seite etwa 4 Minuten braten, dann wenden und von der 2. Seite ebenfalls 3–4 Minuten braten.
Die Steaks auf einer Platte warm halten.
Die Pfirsiche in der Pfanne kurz erhitzen und auf den Steaks verteilen.
Den Pfirsichsaft und 1/8 l Wasser in der Pfanne mit dem Bratenfond verrühren, erhitzen und die Rahmbratensoße einrühren. Einmal aufkochen lassen, mit Cayennepfeffer und Cognac abschmecken und zu den Steaks servieren.

Pro Portion: 34 g E 24 g F 26 g KH 484 kcal 2020 kJ

Serviervorschlag

Dazu schmecken Kartoffelkroketten, Pommes frites oder Spätzle und frischer grüner oder gemischter Salat. Einen kräftigen Rotwein oder nach Geschmack auch ein kühles Bier dazu trinken.

HINWEIS

Fleisch eines nicht sehr jungen Hirsches sollte vor der Zubereitung 3–4 Tage in eine Beize gelegt werden (z.B. Rotweinbeize). Am Tag vor der Zubereitung die Hirschkeule mit der Würzpaste einreiben und in den Kühlschrank legen. Eventuell bei einem älteren Hirsch das Fleisch auch spicken, bevor es mit der Würzpaste eingerieben wird. Für die Keule benötigt man etwa 100 g fetten Speck zum Spicken.

Schwarzwild

Wildschwein oder Schwarzwild, wie es in der Jägersprache genannt wird, läßt sich fast so vielseitig verwenden wie Schweinefleisch. Allerdings ist der Preis wesentlich höher, und es sind einige weitere Vorbehandlungen erforderlich.
Ohne Vorbehandlung kann nur das Fleisch von Frischlingen verwendet werden. Bei jungen Wildschweinen ist ein kurzes Einlegen in eine Beize (z.B. Buttermilch) ratsam, ältere Wildschweine müssen gut abgehangen sein und sehr gründlich mariniert werden, um den starken Eigengeschmack zu mildern.

Wildschweinkeule nach Jägerart.

Wildschweinkoteletts mit Früchten

Zutaten für 4 Personen

4 Wildschweinkoteletts (à 125 g),
2 Wacholderbeeren,
1/4 TL Pfeffer,
1/2 TL Salz,
1 Msp. Oregano (oder Majoran),
1 TL Paprika,
4 EL Öl,
1 Zitrone,
1/2 Bund Petersilie (oder 1 Kästchen Kresse),
2 EL Cognac,
2 EL süße Sahne,
20 g Butter,
1 kleines Glas entsteinte Sauerkirschen (200 g),
frisch gemahlener Pfeffer.

Arbeitsgeräte

Schneidbrett, Messer, Fleischklopfer, Schüssel, Pfanne (oder Grill), Pfannenwender.

Zubereitungszeit

etwa 30 Minuten, davon 20 Minuten Vorbereitung und 6–10 Minuten Bratzeit.

Die Wildschweinkoteletts kalt abspülen und mit Küchenkrepp gut abtrocknen. Die Koteletts leicht klopfen und in die Schüssel geben.
Die Wacholderbeeren zerdrücken (mit einem breiten Messer oder im Gewürzmörser) und mit den anderen Gewürzen und dem Öl über die Koteletts verteilen. Etwas in das Fleisch einmassieren und zugedeckt 10–15 Minuten ziehen lassen.
Die Pfanne bei starker Wärmezufuhr aufheizen (E-Herd 2,5–3; Automatik 10–12; G-Herd große Flamme), aber nicht überhitzen. Die marinierten Koteletts in die Pfanne legen und mit dem Pfannenwender leicht am Pfannenboden andrücken. Von beiden Seiten je nach Dicke des Koteletts in 6–10 Minuten braten. Koteletts von jungen Wildschweinen nur kurz braten, damit das Fleisch nicht zu trocken wird.
Die Koteletts aus der Pfanne nehmen und auf einer Platte warm halten.

HINWEISE

Die Wildschweinkoteletts können auch im Grill zubereitet werden.
Anstelle von Sauerkirschen Mandarinen, Weintrauben oder Fruchtcocktail, Pfirsiche usw. dazu reichen.

Die Zitrone in Achtel schneiden und mit Petersilien- oder Kressebüscheln zum Garnieren verwenden.
Den Bratenfond aus der Pfanne mit Cognac und Sahne verrühren und über die Koteletts gießen.
Die Butter in der Pfanne schmelzen, die Sauerkirschen (Saft zurückbehalten) darin ganz kurz erhitzen und über die Koteletts verteilen oder in einer Schüssel dazu reichen.

Pro Portion: 22 g E 19 g F 11 g KH 331 kcal 1380 kJ

Serviervorschlag
Mit Kartoffelkroketten oder Spätzle reichen, einen leichten Rotwein oder Fruchtsaft als Getränk dazu.

Wildschweinkeule nach Jägerart

***

Zutaten für 6 Personen

1,5 kg Wildschweinkeule (ohne Knochen), 1 1/2 l Buttermilch (oder Kefir), 1/2 TL Cayennepfeffer, 1–2 TL Salz, 1 Msp. gemahlener Zimt, 1 Msp. gemahlene Nelken, 2 Wacholderbeeren, 100 g fetter Speck, 1/4 l Fleischbrühe (Instant), 1/4 l süße Sahne, 1/2 Tasse Preiselbeeren (aus dem Glas), 1/2 Tasse geriebenes Pumpernickel.

Arbeitsgeräte

Schneidbrett, Messer, große und kleine Schüssel, Bratenpfanne (für den Backofen), Sieb, Kasserolle, Schneebesen.

Zubereitungszeit

etwa 2 Stunden (ohne Marinierzeit), davon 15 Minuten Vorbereitung und 90–100 Minuten Garzeit.

Gut abgehangene Wildschweinkeule von einem jungen Tier kaufen. Das Fleisch kalt abwaschen und mit Küchenkrepp abtrocknen. In die große Schüssel legen, mit Buttermilch begießen und 1–2 Tage marinieren. Zwischendurch einige Male wenden.
Die Keule herausnehmen und mit Küchenkrepp abtrocknen.
Den Backofen vorheizen (E-Herd 200–225° C; Heißluftherd Bratstufe 160° C; G-Herd Stufe 3–4).
Die Gewürze und zerdrückten Wacholderbeeren vermischen und das Fleisch damit von allen Seiten einreiben.
Den Speck in dünne Scheiben schneiden oder bereits in große Scheiben geschnitten kaufen. Mit der einen Hälfte die Bratenpfanne auslegen. Die Wildschweinkeule daraufsetzen und mit den restlichen Speckscheiben bedecken. In den heißen Backofen einschieben und in 90–100 Minuten gar braten. Zwischendurch einige Male mit etwas Fleischbrühe und der Buttermilchbeize begießen.
Die süße Sahne sehr steif schlagen, die Preiselbeeren und das geriebene Pumpernickelbrot unterziehen.
Diese Masse über die gebratene Wildschweinkeule streichen, nachdem die Speckscheiben abgenommen wurden. Die Keule noch kurz im Ofen lassen.
Dann herausnehmen und anrichten.

TIP
Wenn Sie die Wildschweinkeule ohne Preiselbeer-Sahne-Haube servieren wollen, dann rühren Sie die Soße mit saurer Sahne an und geben noch zerdrückte Wacholderbeeren, Salz und Pfeffer daran.

Pro Portion: 55 g E 24 g F 4 g KH 479 kcal 2000 kJ

Serviervorschlag
Kartoffel- oder Semmelklöße, Rotkohl, Pilze oder Eßkastanien dazu reichen. Kühles Bier oder Rotwein sind passende Getränke.

Geflügel

Geflügelfleisch erfreut sich in den letzten Jahren zunehmender Beliebtheit. Kein Wunder bei den vielen Pluspunkten, die Geflügelfleisch für sich verbuchen kann.

Dank der modernen Zuchtverfahren und Haltbarmachungsmethoden wird Geflügelfleisch während des ganzen Jahres in guter Qualität angeboten. Geflügelfleisch, vor allem Hähnchen, Poularden und Suppenhühner, ist preiswerter als anderes Fleisch. Daneben bietet es alles, was den Anforderungen der modernen Ernährung entspricht.

Das Geflügelfleisch – mit Ausnahme von Gans und Ente – ist fettarm und enthält viel leichtverdauliches Eiweiß, so daß es auch für Schonkost und die verschiedensten Diäten zu empfehlen ist. Das Fleisch enthält außerdem wichtige Vitamine (wie Vitamin A und Vitamine der B-Gruppe) und Mineralstoffe (wie Phosphor, Eisen, Kalium, Natrium, Calcium).

Kleine Warenkunde

Geflügel wird unterteilt in Haus- und Wildgeflügel.

Hausgeflügel
Dazu zählen Hähnchen, Poularden, Hühner, Enten, Gänse, Puten und Haustauben.

Wildgeflügel
Dazu gehören Fasane, Rebhühner, Birkhühner, Auerhähne, Wildenten und Wildgänse, Schnepfen, Wachteln, Wildtauben.

Angebotsformen bei Geflügel
Geflügel wird frisch, gefroren oder tiefgefroren, jeweils im Ganzen oder in Einzelteilen angeboten.
Es wird koch- oder bratfertig verkauft, d.h. bereits gerupft und ausgenommen. Die Geflügelinnereien werden häufig getrennt verpackt und gesondert verkauft. Es muß auf der Packung angegeben sein, wenn Geflügel im Ganzen ohne Innereien verkauft wird!
Wildgeflügel wird zum Teil im Federkleid abgehängt und auch so zum Verkauf angeboten. Vorsichtiges Rupfen des Geflügels ist dann vor der Verwendung in der Küche nötig. Diese Vorarbeit entfällt, wenn tiefgefrorenes, gerupftes Wildgeflügel gekauft wird.

Tips für den Geflügeleinkauf

Geflügelfleisch wird in Handelsklassen unterteilt angeboten. In welche der Handelsklasse A, B oder C eingestuft wird, ergibt sich aus dem Körperbau des Tieres, dem Fleisch- und Fettansatz und der Beschaffenheit der Haut.

Frisches Geflügel:
Möglichst junges Geflügel der Handelsklasse A kaufen.
Die Haut des Geflügels soll weiß und frisch aussehen, keine angetrockneten Stellen aufweisen.
Gelbliche Haut und feste Hornhaut an den Füßen, gelbes Geflügelfett weisen auf höheres Alter des Geflügels hin. Das Fleisch ist dann noch zum Kochen oder Schmoren, weniger zum Grillen oder Braten geeignet.
Frisches Geflügel kann in der Küche sofort (1–2 Tage nach dem Schlachten) verwendet werden.

Tiefgefrorenes Geflügel

Das Geflügel wird bei –40° C schockgefroren und soll bei einer Lagertemperatur von mindestens –18° C gelagert werden. Beim Kauf von tiefgefrorener Ware muß auf einwandfreie Beschaffenheit geachtet werden.

Einwandfreie Ware
Die Verpackung muß klar und unbeschädigt sein, ohne Schnee- oder Eisbildung auf der Verpackung. Handelsklasse, Sorte, Herrichtungsform, Angebotszustand und Mindesthaltbarkeitsdatum müssen klar erkennbar sein.
Beim Kauf sollte man bedenken, daß länger gelagertes Geflügel zwar genießbar ist, aber Geschmackseinbußen auftreten können. Bei Hähnchen, Puter und Fasan sind z.B. ab dem 6. Lagermonat, bei fettreichem Geflügel (wie Ente und Gans) ab dem 4. Monat geschmackliche Veränderungen spürbar.

Minderwertige Ware
Besonders kritisch sollte man beim Einkauf den Zustand der Tiefkühltruhen (-schränke) prüfen. Vereiste Tiefkühltruhen können einen Hinweis für unsachgemäße Lagerung der Ware geben. Blutige Eisbildung in der Verpackung oder weiße Frostflecken auf der Geflügelhaut sind Indizien für minderwertige und falsch gelagerte Tiefkühlkost, bei der die nötige Lagertemperatur von –18° C nicht eingehalten wurde.
Möglichst auch keine Ware kaufen, bei der das Mindesthaltbarkeitsdatum nicht erkennbar ist.
Bei Sonderangeboten darauf achten, daß die Gewichtsklassenangabe und das Verfalldatum der Ware lesbar sind.
Möglichst bei Sonderangeboten den Kilopreis vergleichen und nicht nur nach der Stückzahl kaufen, da sich große Gewichtsunterschiede beim Stück ergeben. Hähnchen gibt es z.B. in Gewichtsklassen zwischen 700 und 1150 g!

Verwendung in der Küche

Frisches Geflügel kann sofort zubereitet, tiefgefrorenes dagegen muß vor der Verwendung aufgetaut werden.
Dazu wird das Geflügel aus der Verpackung genommen und bei Raumtemperatur oder im Kühlschrank langsam aufgetaut. Je nach Größe des Geflügels ergeben sich kürzere oder längere Auftauzeiten.
Nur in Ausnahmefällen kann der Auftauvorgang abgekürzt werden, wenn die Zubereitung schnell erfolgen muß. Das sollte aber die Ausnahme sein, da die Fleischqualität darunter leidet. Zum Schnellauftauen das Geflügel in der geschlossenen Verpackung in eine Schüssel mit lauwarmem (keinesfalls heißem) Wasser legen. Erst nach dem Auftauen das Geflügel aus der Verpackung nehmen, gründlich waschen und dann verwenden!

Durchschnittliche Auftauzeit für Geflügel

Geflügelart	Gewicht	Küche (+20°C)	Kühlschrank (+5°C)
Hähnchen	600– 800 g	5– 7 Std.	12–16 Std.
Poularde	1000–1500 g	12–15 Std.	22–25 Std.
Suppenhuhn	1200–2000 g	12–15 Std.	22–25 Std.
Ente	1500–3000 g	12–15 Std.	22–25 Std.
Gans	3500–4000 g	16–20 Std.	35–38 Std.
Puter	4000–6000 g	16–20 Std.	35–38 Std.

Quelle: AID-Verbraucherdienst,
Gefrierkost-Tiefgefrierkost A bis Z, Bonn, 1980

Vorbereitung von Geflügel in der Küche

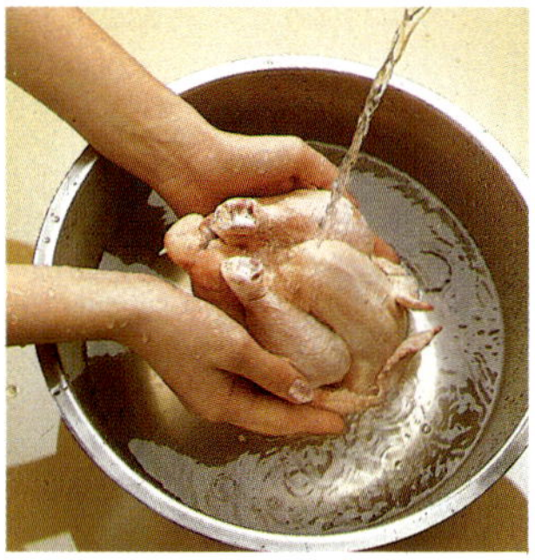

1 Das frische oder aufgetaute Geflügel unter fließendem kaltem Wasser innen und außen gründlich waschen. Abgepackte Geflügelinnereien aus der Bauchhöhlung entfernen.

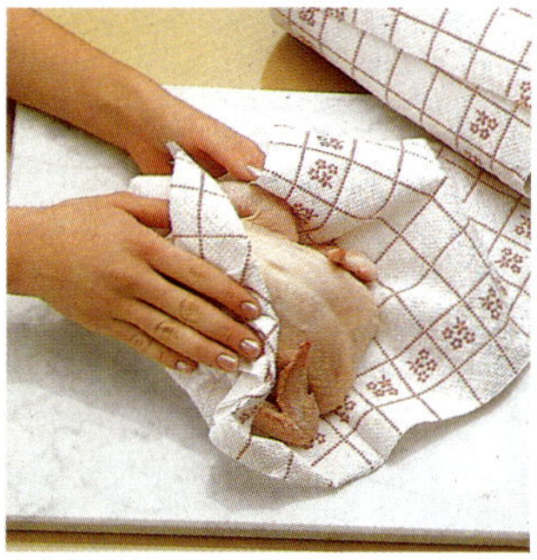

2 Innen und außen mit Küchenkrepp abtrocknen.

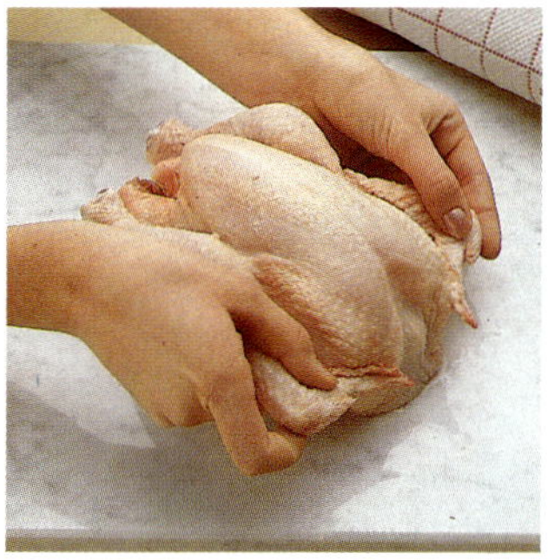

3 In die gewünschte Form bringen, d.h. dressieren. Dazu die Flügel im Gelenk verdrehen und nach unten unter den Rücken stecken.

4 Das Geflügel würzen, innen mit Salz und den gewünschten Gewürzen, außen eventuell nur mit Pfeffer.

5 Geflügel nach Wunsch mit einer Farce (= Füllmasse) füllen. Einen kleinen Hohlraum lassen, damit die Farce Platz zum Aufquellen hat.

6 Die Öffnung mit Holzspießchen zusammenstecken. Um die Spießchen einen dicken Baumwollfaden im „Schnürschuhprinzip" wickeln und beide zusammenknoten!

7 Zum Braten im Backofen auf den Rost oder in eine feuerfeste Form (Bräter) legen.

8 Zum Grillen am Drehspieß den Spieß waagrecht durch das Geflügel stecken und befestigen.

Tranchieren von Geflügel (Beispiel Hähnchen)

Tranchieren von Rohgeflügel.

1 Das gebratene (gegrillte) Geflügel auf ein großes Schneidbrett legen.

2 Die Keulen mit einem scharfen Tranchiermesser abtrennen.

3 Das Geflügel der Länge nach mit der Geflügelschere halbieren.

4 Den Rumpf noch einmal mit der Geflügelschere durchteilen.

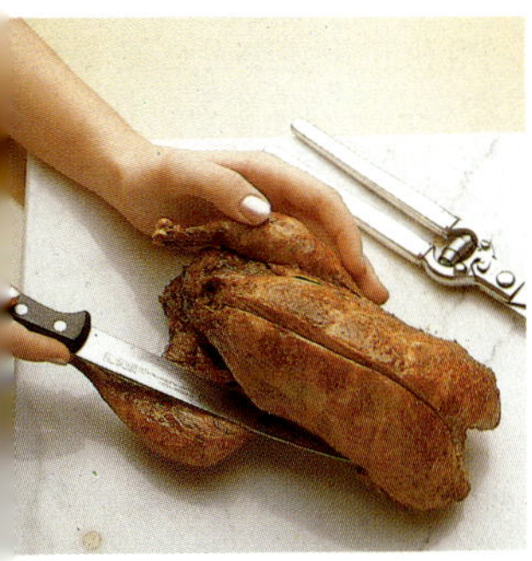

1 Mit einem scharfen Messer die Gänsekeulen abtrennen.

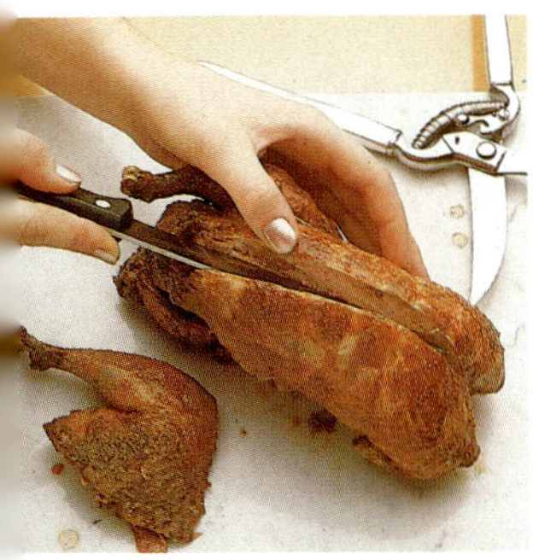

2 Das Fleisch vom Knochengerüst lösen.

So wird eine Gans tranchiert.

Hausgeflügel Hähnchen, Poularde, Huhn

Hühner werden seit 4000 Jahren als Haustiere gehalten. In den letzten Jahren steigt der Verzehr von Geflügelfleisch zunehmend, vor allem von Hähnchen, Poularden und Hühnern.
Grund ist einerseits das wertvolle, leicht verdauliche Geflügelfleisch und andererseits der im Verhältnis zu anderem Fleisch niedriger liegende Preis.
Hähnchen und Poularden kommen nach einer etwa 7wöchigen Mast auf den Markt. Hähnchen wiegen dann zwischen 700 und 1150 g, Poularden zwischen 1150 und 1500 g. Junge Brathühner haben ein Gewicht von 1000 bis 1500 g, Suppenhühner wiegen 1500–1800 g.
Ein Hähnchen reicht je nach Größe und Zubereitungsart für 2–3 Personen, eine Poularde oder ein Brathuhn für 3–4 Personen, ein Suppenhuhn für 4–6 Personen.

Überbackene Brathähnchen.

Brathähnchen

GRUNDREZEPT ***

Zutaten für 2–3 Personen	Arbeitsgeräte
1 tiefgefrorenes oder frisches Hähnchen (etwa 900 g), Pfeffer und Salz, 2 EL Öl, 1 TL Paprika, eventuell 1/2 TL Curry, 1–2 Knoblauchzehen.	**Tasse, feuerfeste Form (für den Backofen), Backpinsel, Schneidbrett, großes Messer oder Geflügelschere.**

Zubereitungszeit

40 Minuten, davon 10 Minuten Vorbereitung und 30 Minuten Bratzeit.

Den Backofen vorheizen (E-Herd 220° C; Heißluftherd Bratstufe 160° C; G-Herd Stufe 4).
Das aufgetaute oder frische Hähnchen unter kaltem Wasser innen und außen gründlich waschen. Anschließend mit Küchenkrepp abtrocknen. Innen leicht mit Pfeffer und Salz würzen.
Die Flügel im Gelenk verdrehen (siehe Bild) und unter den Rücken stecken. Die Beine mit einem Baumwollfaden zusammenbinden.

In der Tasse das Öl mit Salz, Pfeffer, Paprika und nach Geschmack auch mit Curry und den zerdrückten Knoblauchzehen verrühren.
Das Hähnchen mit der Brustseite nach oben in die Auflaufform legen, mit der Würzmischung bepinseln und auf dem Bratenrost (untere Einschiebleiste, Rostwölbung nach oben) in den vorgeheizten Backofen schieben. Je nach Größe des Hähnchens in 25–30 Minuten goldbraun braten. Zwischendurch einige Male mit der Würzmischung bepinseln.
Das fertig gebratene Hähnchen noch einige Minuten stehenlassen, damit sich der Fleischsaft wieder gleichmäßig im Fleisch verteilt. Dann das Hähnchen auf dem Schneidbrett mit dem Messer oder einer Geflügelschere halbieren. Eventuell die Hälften noch einmal durchteilen (siehe Tranchierbilder).

Pro Portion bei 2: 68 g E 29 g F 1 g KH 575 kcal 2400 kJ
Pro Portion bei 3: 46 g E 19 g F 1 g KH 383 kcal 1600 kJ

Serviervorschlag

Zu Hähnchen ist als Beilage alles erlaubt, was schmeckt. Am gesündesten dazu ist eine Salatplatte mit verschiedenen frischen Salaten und Rohkost. Es können aber auch Beilagen wie Reis, Kartoffelpüree oder Pommes frites, und Getränke, wie Tomaten- oder Gemüsesaft, Tafelwasser, Bier oder Wein, gereicht werden.

Überbackene Brathähnchen

Zutaten für 2 Personen	Arbeitsgeräte
wie bei dem Brathähnchen; **zum Überbacken:** **6 Aprikosenhälften (aus der Dose),** **1 Tasse gekochter Reis,** **10 g Butter,** **etwas Pfeffer,** **Salz und Paprika,** **1–2 EL Paniermehl,** **1 Zitrone.**	**wie oben,** **Schüssel, Kasserolle,** **Rührlöffel,** **feuerfeste Platte.** **Zubereitungszeit** **etwa 45 Minuten, davon 10 Minuten Vorbereitung und 30–35 Minuten Garzeit.**

Das Hähnchen nach dem Grundrezept vorbereiten und nach Wahl braten oder grillen.
Während der Bratzeit die Masse zum Überbacken bereiten. Dazu die Aprikosenhälften in kleine Würfel schneiden und mit dem Reis in der Schüssel vermischen.
Die Butter in der Kasserolle bei mittlerer Wärmestufe erhitzen. Den Aprikosenreis hineingeben und 5 Minuten durchschmoren.
Mit Pfeffer, Salz und etwas Paprika abschmecken.
Die gebratenen oder gegrillten Hähnchen der Länge nach halbieren und mit der Innenseite nach oben auf die feuerfeste Platte legen. Den Aprikosenreis darauf verteilen und mit Paniermehl bestreuen. Eventuell noch einige Butterflöckchen darübergeben.
Die Hähnchenhälften unter dem vorgeheizten Grill (oder bei stärkster Wärmestufe im Backofen) 5–10 Minuten überbacken.
Die Hähnchen mit Zitronenscheiben garniert servieren.

Pro Portion: 73 g E 33 g F 50 g KH 840 kcal 3510 kJ

Serviervorschlag

Als Beilage grünen Salat reichen, eventuell auch Toastbrot und Butter. Ein leichter Weißwein oder Weinschorle, Tafelwasser oder Apfelsaft sind passende Getränke.

TIP

Für berufstätige Gastgeber empfiehlt es sich z.B. bei einem kleinen Feierabendessen, Grillhähnchen fertig zu kaufen und zu Hause noch schnell individuell abzuwandeln. Mit frischem Salat und knusprigem Stangenweißbrot gereicht, ergibt sich ein leckeres Schnellgericht.

Hähnchen, gegrillt

***

Zutaten für 2–3 Personen	Arbeitsgeräte
wie bei dem Brathähnchen	**Grill (mit Drehspieß),** **Tasse, Backpinsel,** **Schneidbrett,** **großes Messer oder Geflügelschere.** **Zubereitungszeit** **etwa 35 Minuten, davon 5 Minuten Vorbereitung und 25–30 Minuten Grillzeit.**

Den Grill vorheizen.
Das Hähnchen waschen, abtrocknen, innen würzen.
Die Flügel im Gelenk verdrehen und unter den Hähnchenrücken stecken. Die Beine mit einem Baumwollfaden zusammenbinden. Bei einem Grill mit Drehspieß das Hähnchen der Länge nach auf den Spieß stecken und festklammern.
Das Öl mit den Gewürzen verrühren und das Hähnchen damit rundherum einpinseln. Unter den Grill schieben (oder einhängen) und je nach Hähnchengröße in 25–30 Minuten grillen.
Beim Tischgrill ohne Drehvorrichtung ist es zweckmäßig, das Hähnchen der Länge nach zu halbieren. Mit Öl bepinseln und zunächst 10 Minuten von der Innenseite grillen. Dann umdrehen und in weiteren 15–20 Minuten fertiggrillen. Zwischendurch mit der Würzmischung einpinseln.

Pro Portion bei 2: 68 g E 29 g F 1 g KH 575 kcal 2400 kJ
Pro Portion bei 3: 46 g E 19 g F 1 g KH 383 kcal 1600 kJ

Serviervorschlag

Als Beilage zu gegrilltem Hähnchen schmecken besonders gut gegrillte Tomaten oder frische Salate. Auch Ratatouille (siehe Kapitel Gemüse) und frisches Stangenweißbrot sind sehr zu empfehlen. Als Getränke Tomaten- oder frische Gemüsesäfte, Zitronensprudel oder Bier reichen.

Brasilianische Hähnchen

******

Zutaten für 4–6 Personen

2 kleine Hähnchen, (je 800 g), 1 TL Salz, 1/2 TL Pfeffer, 1 Msp. Cayennepfeffer, 1 TL Curry, 1 Msp. gemahlene Nelken, 2 Knoblauchzehen, 80 g durchwachsener, geräucherter Speck, 2 Bund Petersilie, 20 g Butter (oder 2 EL Öl), 1 Zwiebel, 1 Knoblauchzehe, 1 grüne Paprikaschote, 10 grüne Oliven (mit Paprikafüllung), 2 EL gehackte Mandeln, 1 kleine Dose geschälte Tomaten (etwa 200 g), 1/2 TL Oregano (oder Mayoran), 1–2 TL Instant-Hühnersuppe, Pfeffer.

Arbeitsgeräte

Tasse, großes Schneidbrett, Messer, Spicknadel, feuerfeste Auflaufform, Kasserolle.

Zubereitungszeit

50–55 Minuten, davon 20 Minuten Vorbereitung und 30–35 Minuten Garzeit.

Den Backofen vorheizen (E-Herd 225° C; Heißluftherd Bratstufe 160° C; G-Herd Stufe 4).
Die Hähnchen (tiefgefrorene vorher auftauen) unter fließendem kalten Wasser außen und innen waschen. Mit Küchenkrepp abtrocknen. Innen und außen leicht mit Salz und Pfeffer einreiben.
Die übrigen Gewürze und die durch die Knoblauchpresse gedrückten Knoblauchzehen in einer Tasse miteinander vermischen.
Den Speck in Streifen schneiden (6–8 cm lang, 1/2 cm dick) und diese in der Würzmischung wenden.
Mit Hilfe der Spicknadel die Speckstreifen schräg zum Fleischfaserverlauf durch die Hähnchenbrust und die Schenkel ziehen.
Die Petersilie kalt abspülen und das Wasser zwischen Küchenkrepp ausdrücken. Die Petersilie fein hacken und in die Hähnchen füllen. Die Hähnchen mit der Brustseite nach oben in die Auflaufform legen und in den Backofen schieben (Bratenrost auf der mittleren Schiene).
20 Minuten braten und zwischendurch mit Butter und Öl bepinseln.
Während die Hähnchen braten, die Zwiebel und Knoblauchzehe schälen und fein hacken. In einer Kasserolle in Butter oder Öl andünsten.
Die Paprikaschote entkernen, waschen und in dünne Streifen, die Oliven waagrecht in Scheiben schneiden. Beides zusammen mit den gehackten Mandeln, den Tomaten und dem Tomatensaft in die Kasserolle geben. 5 Minuten durchschmoren lassen.
Mit Oregano und Instant-Hühnersuppe und etwas frisch gemahlenem Pfeffer abschmecken und rund um die Hähnchen in die Auflaufform geben. Zusammen weitere 5–10 Minuten schmoren lassen (den Backofen dabei abstellen und die Speicherwärme nutzen).
Die Hähnchen je nach Personenzahl vierteln oder in 6 Stücke teilen und in der Auflaufform servieren.

Pro Portion bei 4: 65 g E 37 g F 6 g KH 660 kcal 2760 kJ
Pro Portion bei 6: 43 g E 25 g F 4 g KH 440 kcal 1840 kJ

Serviervorschlag
Als Beilage schmecken dazu knuspriges Stangenweißbrot oder kleine, in Butter gebratene Kartoffeln. Nach Wahl Rot- oder Weißwein, Bier oder Tomatensaft dazu trinken.

Brasilianisches Hähnchen.

Suppenhuhn

GRUNDREZEPT ***

Zutaten für 4 Personen

1 EL Salz,
5 Pfefferkörner,
1 Lorbeerblatt,
1 Suppenhuhn (etwa 1,5 kg),
1 Bund Suppengrün,
1 Zwiebel.

Arbeitsgeräte

großer Topf
(3 l oder Dampfdrucktopf),
Schneidbrett,
Messer,
Schaumkelle.

Zubereitungszeit

etwa 2 Stunden, davon 10 Minuten Vorbereitung und etwa 110 Minuten Garzeit (Garzeit im Dampfdrucktopf 30–50 Minuten).

1 Zutaten Suppenhuhn.

2 Das Huhn waschen.

3 Mit den Gewürzzutaten kochen.

4 Mit der Schaumkelle aus der Brühe heben.

2 l Wasser mit dem Salz, den Pfefferkörnern und dem Lorbeerblatt in den Topf geben. Bei starker Wärmestufe (E-Herd Normalplatte 2,5–3; Automatik 10–12; G-Herd große Flamme) zum Kochen bringen.
Unterdessen das Huhn innen und außen kalt waschen und abtropfen lassen. In das kochende Wasser legen, dieses wieder aufkochen und dann den Herd auf kleinste Wärmestufe schalten. Bei geschlossenem Topf 90 Minuten kochen lassen.
Das Suppengrün putzen, gründlich waschen und in große Stücke schneiden. Die Zwiebel schälen und vierteln.
Mit der Schaumkelle den Schaum der Hühnerbrühe abschöpfen.
Das Gemüse in die Brühe geben und das Huhn in weiteren 20 Minuten (je nach Alter des Suppenhuhns muß die Garzeit eventuell verlängert werden) gar kochen.
Das Huhn aus der Brühe heben und abtropfen lassen. Dann die Haut rundherum ablösen. Das Fleisch von den Knochen abheben und – je nach Verwendungszweck – in Stücke schneiden.

Pro Portion: 52 g E 56 g F 9 g KH 791 kcal 3300 kJ

Serviervorschlag

Das Suppenhuhn kann als Suppe mit Fleischeinlage gereicht werden. Oder die Brühe wird als Vorsuppe serviert (dann noch gut mit Pfeffer und Salz abschmecken) und das Fleisch für Frikassee oder andere Gerichte, auch für Geflügelsalat verwendet.

TIP

Wenn man die Zwiebel ungeschält mitkocht, bekommt die Brühe eine schöne Farbe.

Hühnerfrikassee

GRUNDREZEPT ***

Zutaten für 4–6 Personen

1 Suppenhuhn (etwa 1,5 kg), 1 EL Salz, 1 Zwiebel, 1 Bund Suppengrün, 1 Lorbeerblatt, 3–5 Pfefferkörner; 2 Schächtelchen Holländische Soße (für je 1/4 l oder helle Soße), 1 kleine Dose Champignons (200 g), 1/2 Glas Weißwein, eventuell Saft von 1/2 Zitrone, 1 EL feingehackte Kräuter (Petersilie, Kerbel, Dill).

Arbeitsgeräte

großer Topf (3 l oder Dampfdrucktopf), Schaumkelle, Dosenöffner, Schneidbrett, Messer, große Kasserolle, Schneebesen, Durchschlag.

Zubereitungszeit

etwa 130 Minuten, davon 10 Minuten Vorbereitung und etwa 120 Minuten Garzeit (Garzeit im Dampfdrucktopf 35–50 Minuten).

Das Suppenhuhn gründlich waschen.
2 l Wasser mit Salz im Topf bei starker Wärmestufe (siehe Grundrezept) aufkochen! Das Huhn hineingeben und in etwa 2 Stunden gar kochen.
Die Zwiebel schälen und vierteln, das Suppengrün putzen, waschen und in Stücke schneiden. Beides nach 90 Minuten Garzeit mit dem Lorbeerblatt und den Pfefferkörnern in den Topf geben.
Für die Frikasseesoße 1/2 l von der milden Hühnerbrühe abmessen und in die Kasserolle gießen.
Die Holländische Soße mit dem Schneebesen einrühren, damit sich keine Klümpchen bilden. Einmal aufkochen lassen.
Die Champignons abtropfen lassen, eventuell in Scheiben oder Viertel schneiden und in die Soße geben.
Das gargekochte Huhn aus der Brühe heben und abtropfen lassen.
Die Haut und das Fleisch von den Knochen ablösen. Das Fleisch in Würfel schneiden und in die Soße geben.
Mit dem Weißwein, eventuell auch Zitronensaft abschmecken und mit den feingehackten Kräutern bestreut anrichten.

Pro Portion bei 4: 56 g E 63 g F 21 g KH 932 kcal 3890 kJ
Pro Portion bei 6: 37 g E 42 g F 14 g KH 621 kcal 2600 kJ

Serviervorschlag

Zu Hühnerfrikassee passen gekochte Nudeln oder Reis und frischer Salat. Tafelwasser oder einen trockenen Weißwein dazu reichen.

HINWEIS

Anstelle von Fertigsoße kann auch eine hausgemachte helle Soße (siehe Grundrezept Kapitel Soßen) zubereitet werden.

Das Hühnerfleisch in Würfel schneiden und in die Soße geben.

Frikassee Kopenhagener Art

Hühnerfrikassee mit Spargel

Zusätzlich zum Grundrezept 1 kleine Dose Spargelstücke (200 g) oder frischer, gekochter Spargel, 2 EL süße Sahne, 1 Msp. Zucker, 1 Msp. Cayennepfeffer.
Die abgetropften Spargelstücke – eventuell die Stücke noch einmal durchschneiden – , Sahne, Zucker und Cayennepfeffer in das fertig zubereitete Frikassee geben und noch kurz durchziehen lassen. Gut abgeschmeckt servieren.

1 Portion bei 4: 57 g E 65 g F 22 g KH 965 kcal 4030 kJ

Für Feinschmecker oder für festliche Anlässe kann das Frikassee auch auf folgende Art abgewandelt werden.

Frikassee Kopenhagener Art

Zusätzlich zum Grundrezept 100 g frische oder tiefgefrorene Krabben, 1 kleine Dose Spargelköpfe (etwa 200 g), Saft von 1/2 l Zitrone, Zucker, 1 Bund Dill (anstelle der gemischten Kräuter).
Die Krabben mit Zitronensaft beträufeln (tiefgefrorene auftauen lassen). Die Spargelköpfe abtropfen lassen.
Krabben und Spargelköpfe in das Frikassee geben und 5 Minuten bei geringer Wärmestufe erhitzen. Dann mit Zukker, eventuell etwas Pfeffer und Salz abschmecken.
Anrichten und mit feingehacktem Dill servieren.

Serviervorschlag
Das Frikassee im Reisrand anrichten. Den Reisrand mit einigen zurückbehaltenen Krabben und Dillsträußchen garnieren. Einen festlichen guten Tropfen (weißen Rhein- oder Moselwein) und frische Salate dazu reichen.

1 Portion bei 4: 61 g E 63 g F 23 g KH 967 kcal 4040 kJ

Huhn nach Art von Korma

***

Zutaten für 4–6 Personen

1 Brathuhn oder Poularde (etwa 1,5 kg), 1 TL Pfeffer, 1 TL Salz, 1/2 l Joghurt (oder Kefir), 2 Knoblauchzehen, 2 Zwiebeln, 2 EL Öl, 1 Beutel Mandelblättchen (50 g), 1–2 TL Curry hot, 1 Msp. gemahlener Koriander, 1 Msp. Cayennepfeffer, 1 Msp. Kurkuma (= Gelbwurz), 1 kleine Dose Champignons (150 g), 250 g blaue oder grüne Weintrauben.

Arbeitsgeräte

großes Schneidbrett, scharfes Messer, Geflügelschere, Tasse, große Schüssel, große Pfanne (mit Deckel), Pfannenwender, Durchschlag, Dosenöffner.

Zubereitungszeit

etwa 2 Stunden (ohne Marinierzeit von 2 Stunden), davon 20 Minuten Vorbereitung und 50–60 Minuten Garzeit.

Das Huhn oder die Poularde unter fließendem kalten Wasser waschen. Mit Küchenkrepp abtrocknen.

Bei Verwendung eines tiefgefrorenen Huhnes die Auftauzeit mit einkalkulieren!

Das Huhn in 12 Stücke schneiden. Zunächst die Keulen abtrennen und einmal halbieren. Die Flügel vom Rumpf schneiden. Den Rumpf halbieren und die Stücke nochmals in 6 Teile zerschneiden.

1 Zutaten.

2 Das Huhn in Stücke schneiden.

3 Die Hühnerteile in Joghurt legen.

4 Alles in der Pfanne schmoren.

In einer Tasse Pfeffer und Salz vermischen. Die Geflügelstücke damit einreiben und in die Schüssel legen.
Den Joghurt darübergießen.
Die Knoblauchzehen schälen, fein hacken und darüber verteilen. Die Schüssel mit Sichtfolie (oder einem großen Teller) abdecken und für 2 Stunden in den Kühlschrank stellen.
Die Zwiebeln schälen und in Würfel schneiden.
Das Öl in die Bratpfanne geben und bei starker Wärmestufe erhitzen. Die Zwiebelwürfel und Mandelblättchen hineingeben und 4 Minuten andünsten.
Die Hühnerteile über der Schüssel leicht abtropfen lassen, aber nicht abtrocknen. In die Pfanne geben und 15 Minuten anschmoren. Zwischendurch die Stücke einmal wenden.
Die Gewürze und die Joghurtmarinade über die Hühnerteile geben, alles aufkochen. Dann die Pfanne schließen und den Herd auf kleinste Wärmestufe schalten. In etwa 30 Minuten fast gar schmoren, zwischendurch in der Soße wenden.
Die Champignons aus der Dose zum Abtropfen auf den Durchschlag geben. Die Weintrauben waschen, abtrocknen und die einzelnen Beeren halbieren und entkernen.
Champignons und Weintrauben in die Pfanne geben und alles in weiteren 10 Minuten gar schmoren. Bei Bedarf mit Pfeffer, Salz oder Curry nachwürzen.
Auf einer vorgewärmten tiefen Platte angerichtet servieren.

Pro Portion bei 4: 66 g E 32 g F 21 g KH 678 kcal 2830 kJ
Pro Portion bei 6: 44 g E 22 g F 14 g KH 452 kcal 1890 kJ

Serviervorschlag

Mit Reis oder Nudeln und frischen Salaten, Tafelwasser oder einem leichten, spritzigen Weißwein servieren.

Huhn nach Art von Korma.

Chinesisches Huhn mit Gemüse

✱✱

Zutaten für 4 Personen

400 g gekochtes Hühnerfleisch (oder 1/2 gegrilltes Hähnchen), 1 kleine Zwiebel, 3 EL Sherry (extra dry), 2 EL Sojasoße, 1 gehäufter TL Stärkemehl; 1 Stange Porree (200 g), 250 g Chinakohl (oder Wirsing), 1 kleine Dose Bambusschößlinge (etwa 220 g Einwaage), 1 kleine Dose Champignons (100 g Einwaage), 1 Stück getrocknete Ingwerwurzel, 1 kleine Dose Sojakeimlinge (100 g Einwaage), 1 Tasse grüne Erbsen (etwa 150 g tiefgefrorene = 1/2 Packung), 6 EL Öl, 1/2 Tasse Hühnerbrühe (Instant oder Würfel), 1 Prise Zucker, Pfeffer und Salz nach Geschmack.

Arbeitsgeräte

Schneidbrett, Messer, Schüssel, Dosenöffner, Durchschlag (oder Sieb), Pfanne, Rührlöffel.

Zubereitungszeit

50–55 Minuten, davon 30–35 Minuten Vorbereitung und 20 Minuten Garzeit.

Das gekochte oder gegrillte Geflügelfleisch in dünne (bleistiftdicke) Streifen schneiden. Die Zwiebel schälen und fein hakken.
Das Hühnerfleisch, Zwiebel, Sherry, Sojasoße und Stärkemehl in der Schüssel vermischen. Zugedeckt 10–15 Minuten marinieren.
In der Zwischenzeit das Gemüse vorbereiten.
Porree und Chinakohl putzen, d.h. welke Blätter entfernen, gründlich waschen und abtropfen lassen. In sehr feine Streifen schneiden. Die Bambusschößlinge und Champignons auf dem Durchschlag abtropfen lassen, dann in feine Scheibchen schneiden. Die Sojakeimlinge abtropfen lassen.
Das Öl in die Pfanne geben und bei starker Wärmestufe (E-Herd Normalplatte 2,5–3; Automatik 10–12; G-Herd große Flamme) erhitzen.
Das Hühnerfleisch hineingeben und in 5–6 Minuten goldbraun braten. Aus der Pfanne nehmen.
Dann das Gemüse in das heiße Öl geben und 3 Minuten anbraten.
Das Hühnerfleisch, die Hühnerbrühe und die Gewürze in die Pfanne geben und zusammen unter Rühren 5 Minuten schmoren. Gut abschmecken und in einer Schüssel anrichten.

Pro Portion: 27 g E 21 g F 14 g KH 387 kcal 1620 kJ

Chinesisches Huhn mit Gemüse.

Serviervorschlag

Als Beilage körnig gekochten Reis (siehe Kapitel Beilagen) dazu reichen. Als Getränke eignen sich Weißwein, Bier oder Jasmintee.

Variationen

Mit chinesischen Trockenpilzen

2 Eßlöffel chinesische Trockenpilze (chinesische Morcheln) in kaltem Wasser 10 Minuten einweichen.
Das Gemüse vorbereiten, dann die Pilze mit dem Gemüse in der Pfanne durchschmoren.
Weitere Zubereitung siehe oben.

Mit Mandeln

50 g abgezogene Mandeln oder Mandelblättchen zusammen mit dem Hühnerfleisch in der Pfanne goldbraun braten. Aus der Pfanne nehmen und danach das Gemüse schmoren.
Weitere Zubereitung siehe oben.

Poularde au Whisky

Zutaten für 4 Personen

1 Poularde
(etwa 1,250 kg),
1–2 TL Salz,
1 TL frisch gemahlener
Pfeffer,
2 EL Öl,
1 EL Butter;
30 g Butter,
1 EL süßer Senf
(bayerischer Senf),
2 EL Tomatenketchup,
1 TL Curry,
1 TL Rosenpaprika,
Pfeffer und Salz,
1/8 l Weißwein,
1/2 Glas Whisky (10 ml),
1/8 l süße Sahne.

Arbeitsgeräte

feuerfeste Auflaufform,
Tasse, Backpinsel,
Rührlöffel,
großes Schneidbrett,
Geflügelschere,
Messer,
große Pfanne,
Kasserolle.

Zubereitungszeit

etwa 50 Minuten, davon
10 Minuten Vorbereitung
und 35–40 Minuten Garzeit.

Den Backofen vorheizen (E-Herd 225° C; Heißluftherd Bratstufe 160° C; G-Herd Stufe 4).
Bei Verwendung einer tiefgefrorenen Poularde diese vorher auftauen (siehe Zeittafel Seite 382).
Die Poularde unter kaltem Wasser innen und außen gründlich waschen. Mit Küchenkrepp trockentupfen, danach innen und außen leicht mit Pfeffer und Salz würzen.
Die Auflaufform mit Öl auspinseln, die Poularde mit der Brustseite nach unten hineinlegen. In den Backofen einschieben (Bratenrost mittlere Schiene) und in 40–45 Minuten zu schöner Farbe braten.

1 Die Poulardenstücke in der Soße erhitzen.

2 Den brennenden Whisky über die Poularde gießen.

Öl, Butter, etwas Pfeffer und Salz in die Tasse geben, kurz mit in den Backofen stellen. Die Poularde damit während des Bratens einige Male bepinseln.
Nach 15 Minuten Bratzeit die Poularde mit der Brustseite nach oben drehen und fertigbraten. Nach dem Braten die Poularde mit der Geflügelschere in 12 Stücke zerteilen.
Für die Soße die Butter in der Pfanne zerlaufen lassen. Den Senf, das Tomatenketchup, Curry, Paprika, etwas Pfeffer, Salz und den Weißwein hineingeben und miteinander verrühren.
Die Poulardenstücke in die Soße legen und 5 Minuten darin erhitzen.
Den Whisky in einer kleinen Kasserolle erwärmen, anzünden und brennend über die Poulardenstücke gießen.
Wenn die Flammen erloschen sind, die Sahne in die Soße rühren. Nach Geschmack mit Pfeffer, Salz und Paprika nachwürzen.

Pro Portion: 48 g E 37 g F 3 g KH 594 kcal 2480 kJ

Serviervorschlag

Dazu passen Kartoffelpüree, Pommes frites oder Kartoffelkroketten, grüne Erbsen oder frischer grüner Salat. Passende Getränke sind Tafelwasser, Rosé- oder Weißwein.

Zubereitung auf dem Rechaud

Wenn Sie Gäste haben, können Sie bei Tisch auf dem Rechaud flambieren. Die Vorbereitungen werden in der Küche getroffen. Die Soße mit den Poulardenstücken wird auf dem Rechaud erwärmt.
Den Whisky in einer Kelle über der Rechaudflamme erhitzen, anzünden und dann brennend über die Poulardenstücke gießen.

HINWEIS

Zum Flambieren keine beschichtete Pfanne verwenden, da die Beschichtung durch die Hitze beschädigt werden könnte. Zum Flambieren geeignet sind Edelstahl-, Emaille-, Eisen- oder Kupferpfannen, auch eine feuerfeste Auflaufform.

Baskisches Huhn

Zutaten für 4 Personen

1 junges Brathuhn (etwa 1,5 kg), 1 gestrichener TL Pfeffer, 1–2 TL Salz, 2–3 EL Mehl, 40 g Schweineschmalz (oder 3 EL Öl), 250 g Tomaten, 500 g Paprikaschoten, 100 g frische Champignons, 100 g roher Schinken, 1–2 Glas (je 125 ml) Weißwein, 1 TL Rosenpaprika, 1 Msp. Thymian.

Arbeitsgeräte

großes Schneidbrett, Geflügelschere, scharfes Messer, Teller, große Pfanne mit Deckel.

Zubereitungszeit

45–55 Minuten, davon 15 Minuten Vorbereitung und 30–40 Minuten Garzeit.

Das Brathuhn (tiefgefrorenes vorher auftauen) unter fließendem kalten Wasser innen und außen gründlich waschen. Mit Küchenkrepp abtrocknen. Das Huhn mit der Geflügelschere oder einem großen, scharfen Messer in 12 Stücke teilen (siehe auch Seite 383). Jedes Stück mit Pfeffer und Salz einreiben und in einem Teller in Mehl wälzen.

Das Schmalz in die Pfanne geben und bei starker Wärmestufe erhitzen. Die Geflügelteile in die Pfanne geben und von allen Seiten in 10–12 Minuten goldbraun anbraten.

Unterdessen die Tomaten häuten und entkernen (siehe Seite 158).

Die Paprikaschoten halbieren, das Kerngehäuse herauslösen. Die Paprikahälften waschen und in dünne Streifen schneiden. Die Champignons putzen, bei großen Pilzen die Haut von den Köpfen pellen. Die Champignons nur waschen, wenn sie sehr sandig sind. Die Champignons in Scheiben und den Schinken in kleine Würfel schneiden.

Alles in die Pfanne geben und 5 Minuten durchschmoren.

Den Wein (zunächst nur 1 Glas), den Rosenpaprika, eventuell noch etwas Pfeffer und Salz hinzufügen. Den Deckel der Pfanne schließen, den Herd auf kleine Wärmestufe zurückschalten und das Fleisch in 15 Minuten (bei älterem Geflügel 25 Minuten) gar schmoren.

Pro Portion: 65 g E 34 g F 12 g KH 693 kcal 2900 kJ

Serviervorschlag

Frisches, knuspriges Stangenweißbrot, Reis oder Nudeln dazu reichen. Französischen Rotwein (Burgunder oder Beaujolais) oder Tafelwasser dazu trinken.

Baskisches Huhn.

Coq au vin (Hahn in Burgunder)

***

Zutaten für 4 Personen

**1 frisches,
junges Hähnchen oder
Poularde (etwa 1,2 kg),
Pfeffer und Salz,
2 Zwiebeln,
60 g fetter Speck,
2 EL Öl,
2 cl Cognac,
2 TL Instant-Hühnersuppe,
1/2 l Burgunderwein
(rot oder weiß),
2 Knoblauchzehen,
1 Kräutersträußchen
(siehe Kapitel Kräuter
und Gewürze),
1 EL Mehl,
20 g Butter
(oder Margarine),
150 g frische Champignons
(oder 1 kleine Dose),
etwas Pfeffer,
Salz,
Thymian zum Abschmecken.**

Arbeitsgeräte

**großes Schneidbrett,
Geflügelschere,
großes Messer,
große Pfanne mit Deckel
(oder Bratentopf),
Teller, Gabel.**

Zubereitungszeit

**60–75 Minuten, davon
10–15 Minuten Vorbereitung
und 50–60 Minuten Garzeit.**

Das Hähnchen unter fließendem kalten Wasser innen und außen gründlich waschen. Mit Küchenkrepp abtrocknen. Das Hähnchen mit der Geflügelschere oder dem Messer in 8–12 Stücke teilen (siehe Bild Seite 383).
Die Stücke leicht mit Pfeffer und Salz einreiben.
Die Zwiebeln schälen und ebenso wie den Speck in kleine Würfel schneiden.
Das Öl in die Pfanne geben und bei starker Wärmestufe (E-Herd Normalplatte 2,5–3; Automatik 10–12; G-Herd große Flamme) erhitzen. Die Zwiebel- und Speckwürfel hineingeben und 5 Minuten anbraten.

Den Cognac über den Hahn gießen.

Die geputzten Champignons zum Geflügel geben.

Die Geflügelstücke in die Pfanne geben und 10–12 Minuten kräftig anbraten.
Den Cognac über die Stücke gießen und anzünden (= flambieren, möglichst nicht in einer beschichteten Pfanne. Dann lieber den Cognac so hinzufügen).
1/4 l heißes Wasser mit der Instant-Hühnersuppe und den Wein dazugießen.
Die geschälten Knoblauchzehen und das Kräutersträußchen mit in die Pfanne geben.
Alles aufkochen lassen, die Pfanne schließen und den Herd auf kleinste Wärmestufe zurückschalten. Das Gericht in 20–25 Minuten gar schmoren.
Die Champignons putzen, vierteln und nach 15 Minuten Garzeit zum Geflügel geben (Champignons aus der Dose erst in den letzten 5 Minuten der Garzeit dazugeben).
Das Kräutersträußchen aus der Pfanne nehmen.
Das Mehl und die Butter auf dem Teller mit der Gabel verkneten. Zum Binden des Schmorsaftes mit in die Pfanne geben.
Coq au vin mit Pfeffer, Salz und Thymian abschmecken und in einer vorgewärmten Schüssel oder auf einer tiefen Platte anrichten.

Pro Portion: 48 g E 35 g F 6 g KH 669 kcal 2800 kJ

Coq au vin mit frischem Weißbrot.

Hühnerbrüstchen Lukull

Zutaten für 4 Personen

4 frische Hühnerbrüstchen (je 150 g), Pfeffer, Salz, 40 g Mehl, 2 EL Öl, 1 EL Butter, 1/8 l Hühnerbrühe (Wasser und Instantbrühe), 1 Glas Portwein (4 cl), 60 g gemahlene Haselnüsse, 1/2 TL Paprika (scharf), 500 g Äpfel, 20 g Butter, 1 Zitrone.

Arbeitsgeräte

Teller, Pfanne, Pfannenwender, Kasserolle, Messer.

Zubereitungszeit

30–35 Minuten, davon 10 Minuten Vorbereitung und 20–25 Minuten Garzeit.

Die Hühnerbrüstchen unter kaltem Wasser abspülen und mit Küchenkrepp abtrocknen.

Auf dem Teller etwas Pfeffer, Salz und Mehl vermischen. Die Hühnerbrüstchen darin wälzen.

Öl und Butter in die Pfanne geben und bei starker Wärmestufe (E-Herd Normalplatte 2,5; Automatik 10; G-Herd große Flamme) erhitzen. Die Hühnerbrüstchen hineinlegen und von beiden Seiten in 10–12 Minuten gar braten (nach 5 Minuten auf kleine Wärmestufe schalten). Aus der Pfanne nehmen und auf einer Platte warm halten.

Den Bratensatz mit Hühnerbrühe und Portwein aufkochen. Darauf achten, daß der Bratensatz nicht zu dunkel ist, da die Soße sonst bitter schmeckt!

Die gemahlenen Haselnüsse in die Pfanne geben und unter Rühren 5 Minuten kochen, bis eine leicht sämige Soße entstanden ist. Bei Bedarf mit etwas Pfeffer, Salz und Paprika nachwürzen.

Die Hühnerbrüstchen mit der Nußsoße überziehen.

Hühnerbrüstchen Lukull mit Nußsoße.

Während die Soße kocht, die Äpfel waschen, vierteln und die Kerngehäuse herausschneiden. Die Apfelviertel jeweils in 3–4 dünne Scheiben schneiden.

Die Butter in der Kasserolle (oder der Pfanne) erhitzen und die Apfelscheiben darin 5 Minuten braten.

Als Garnierung rund um die Hühnerbrüstchen legen und alles mit Zitronensaft beträufeln oder mit Zitronenscheiben garnieren.

Pro Portion: 28 g E 23 g F 26 g KH 451 kcal 1890 kJ

Serviervorschlag

Als leichtes Abendessen mit Reis oder getoastetem Weißbrot und grünem Salat reichen. Einen Roséwein oder trockenen Weißwein dazu reichen.

Hühnerbrüstchen, gefüllt

Gefüllte Hühnerbrüstchen.

Zutaten für 4 Personen

4 Hühnerbrüstchen (je 150 g), Pfeffer und Salz, 150 g Hähnchen- oder Putenleber, 1 kleine Dose Champignons (100 g), 2 Eier, 2 EL Paniermehl (= Semmelbrösel), 1 Msp. Cayennepfeffer, 1/2 TL Basilikum, 1 Msp. geriebene Muskatnuß, 1/2 TL Rosenpaprika, 1 EL Dosenmilch, 20 g Mehl, 50 g Paniermehl, 6 EL Öl (oder Schweineschmalz);

Soße:
1/2 Bund Petersilie, 1 Schächtelchen Instant-Geflügelsoße, 1 Zitrone.

Arbeitsgeräte

Schneidbrett, Messer, Schüssel, Dosenöffner, Tasse, Holzspießchen (Zahnstocher), Paniertablett (oder 3 Teller), tiefe Pfanne, Kasserolle, Schneebesen.

Zubereitungszeit

etwa 35 Minuten, davon 15 Minuten Vorbereitung und 20–25 Minuten Garzeit.

Bei Verwendung von tiefgefrorenen Hühnerbrüstchen diese zunächst auftauen.
Die Brüstchen kalt abspülen und mit Küchenkrepp ganz trocken tupfen. Dann leicht mit Pfeffer und Salz einreiben.
Die Geflügelleber auf dem Schneidbrett ganz fein hacken und in die Schüssel geben. Die Champignons aus der Dose nehmen (das Wasser eventuell für die Soße aufbewahren) und die Hälfte in dünne Scheiben schneiden und beiseite stellen. Die restlichen fein hacken und in die Schüssel geben.
Die Eier über einer Tasse vorsichtig trennen. Die Eiweiße in einen Teller geben, die Eigelbe in die Schüssel.
Paniermehl, Cayennepfeffer, Basilikum, Muskatnuß, Rosenpaprika, etwas Pfeffer und Salz hinzufügen. Alles zu einer glatten, würzigen Masse vermischen.
Die Geflügelbrüstchen waagrecht aufschneiden, so daß eine Tasche entsteht. Die Leberfarce hineinfüllen. Die Taschen mit Holzspießchen zusammenstecken.
Die Dosenmilch zum Eiweiß in den Teller geben und mit dem Schneebesen schaumig schlagen.
Mehl und Paniermehl jeweils auf Teller geben (oder das Paniertablett mit Dreiteilung benutzen).
Die Hühnerbrüstchen nacheinander in Mehl wälzen, in den Eischaum tauchen und in Paniermehl wenden. Die Panade gut andrücken.
In der Pfanne das Öl bei starker Wärmezufuhr erhitzen. Die Hühnerbrüstchen hineinlegen und rundherum in 12–15 Minuten goldbraun braten (nach 5 Minuten auf kleine Wärmestufe schalten).
Aus der Pfanne nehmen und auf einer Platte warm halten.
Vom Bratfett 2 Eßlöffel in die Kasserolle geben. Die zurückbehaltenen Champignonscheiben hineingeben.

Die Petersilie fein hacken und hinzufügen. Etwa 3 Minuten dünsten, dann 1/4 l warmes Wasser (oder Champignonwasse und Wasser) dazugießen, die Geflügelsoße mit dem Schneebesen einrühren und aufkochen lassen. Die Soße in eine Sauciere gießen.
Die Zitrone waschen, abtrocknen und in Achtel schneiden.
Die Geflügelbrüstchen mit Zitronenachteln und Petersiliensträußchen garniert servieren.

Pro Portion: 41 g E 23 g F 23 g KH 485 kcal 2030 kJ

Serviervorschlag

Zu diesem festlichen Gericht passen Kartoffelpüree und zarte gedünstete Erbsen, aber auch Brokkoli oder Spargel. Als Getränk einen leichten Weißherbst oder spritzigen Rheinwein reichen.

TIP

Bei einem Festmenü zu den Geflügelbrüstchen Kartoffelnestchen mit gedünsteten Erbsen reichen. Dazu Kartoffelpüree (siehe Kapitel Beilagen) in einen Spritzbeutel mit großer Sterntülle füllen. Auf ein gefettetes Backblech Kreise (etwa 6 cm Durchmesser) aufspritzen. Unter dem vorgeheizten Grill oder im Backofen überbacken. Vorsichtig vom Blech lösen und auf einer Platte anrichten, die Erbsen in die Nestchen füllen.

Hausgeflügel Ente und Gans

Enten und Gänse werden überall auf der Erde als Haustiere gehalten.
Enten werden bei uns während des ganzen Jahres angeboten (frisch vor allem ab Spätsommer bis zum Frühjahr, tiefgekühlt während des ganzen Jahres). Am besten sind Frühmastenten (etwa 6 Monate alt) im Gewicht zwischen 1500 und 2500 g. Beim Kauf von Enten ist darauf zu achten, daß sie wirklich gut ausgemästet sind, sonst ist der Knochenanteil des Gesamtgewichtes zu hoch.
Eine Ente für 4 Personen sollte mindestens 2000 g wiegen, damit die Fleischportionen nicht zu klein ausfallen.
Eine gut gebratene Gans wurde als »gute Gabe Gottes« über viele Jahrzehnte als Weihnachtsbraten geschätzt. Inzwischen ist Gänsebraten nicht mehr der obligatorische Festtagsbraten, denn veränderte Eßgewohnheiten und Familiengröße haben ihn vom 1. Platz traditioneller Weihnachtsmenüs verdrängt.
Gänsefleisch ist fettreicher und schwerer verdaulich als anderes Geflügelfleisch und für Schonkost deshalb ungeeignet.
Zum kräftigen Geschmack des Gänsefleisches harmonieren am besten kräftige Beilagen, wie Rosen- oder Rotkohl, Sauerkraut, Maronen usw. Gänsebraten oder Gerichte mit Gänsefleisch eignen sich besonders zur Zubereitung in den kühlen Herbst- und Wintermonaten, da man dann eine kräftigere Kost häufig besser verträgt.
Gänse werden frisch ab Oktober (bis März/April) angeboten, tiefgekühlt während des ganzen Jahres.
Für Kleinhaushalte sind Einzelteile (Brust, Keulen, Gänseklein usw.) im Handel.

HINWEIS
Beim Kauf von tiefgefrorenen Sonderangeboten (Ente, Gans) daran denken, daß etwa ab dem 6. Lagermonat geschmackliche Veränderungen spürbar werden!

Ente mit Orangen (Canard à l'orange)

**

Zutaten für 4–6 Personen

1 frische, junge Ente (1,8–2 kg), 1 TL Salz, 1/2 TL Pfeffer, 1/2 TL Thymian, 4 EL Öl, 1/4 l Hühnerbrühe (Wasser und Instantbrühe), 2 EL Instant-Bratensaft, 3 große naturreine Orangen, Saft von 1 Zitrone, eventuell 2 cl Orangenlikör oder Cognac, frisch gemahlener Pfeffer.

Arbeitsgeräte

großer Bräter (für den Backofen), Tasse, Backpinsel, Schneidbrett, Messer, Sieb, Kasserolle, Schneebesen, Geflügelschere.

Zubereitungszeit

80–95 Minuten, davon 20 Minuten Vorbereitung und 60–75 Minuten Garzeit.

Die Ente innen und außen unter fließendem kalten Wasser waschen. Mit Haushaltspapier abtrocknen. Außen leicht mit Salz und Pfeffer einreiben, innen mit Salz, Pfeffer und Thymian würzen.

In einem großen Bräter das Öl erhitzen, die Ente darin rundherum 10–15 Minuten anbraten – dann mit der Brustseite nach oben legen und auf der unteren Schiene (oder der 2. von unten) in den vorgeheizten Backofen (E-Herd 225° C; Heißluftherd Bratstufe 160° C; G-Herd Stufe 4) schieben. In etwa 60 Minuten (je nach Entensorte eventuell 15 Minuten länger) gar braten. Zwischendurch mit dem Bratenfett bepinseln.

In der Zwischenzeit die Orangen waschen und abtrocknen. Die Schale von 2 Orangen hauchdünn abschälen – ohne das Weiße – und in feinste Streifen (1 mm dünn) schneiden.

Die restliche Orangenschale gut abschälen, so daß keine weiße Haut an den Orangen verbleibt. Die Orangen waagrecht in etwa 1/2 cm dicke Scheiben schneiden.

Die Ente aus dem Bräter nehmen.

Den Bratenfond mit milder Hühnerbrühe (oder 1/8 l Wasser und 1/8 l Rotwein) lösen und durch ein Sieb in eine Kasserolle gießen. Den Instant-Bratensaft einrühren und einmal aufkochen lassen. Die Orangenscheiben und feinen Streifen in die Soße geben, mit frisch gemahlenem Pfeffer und dem Zitronensaft – eventuell noch mit Cognac oder Orangenlikör – abschmecken.

Bei geringer Wärmezufuhr 5 Minuten ziehen (nicht kochen!) lassen.

Die Ente auf einer vorgewärmten Platte im Ganzen anrichten, mit einigen Orangenscheiben und Orangenstreifen garnieren. Etwas Soße mit auf die Platte geben oder gesondert dazu reichen.

Die Ente erst bei Tisch tranchieren (siehe Seite 383).

Pro Portion bei 4: 71 g E 77 g F 18 g KH 1118 kcal 4670 kJ
Pro Portion bei 6: 47 g E 51 g F 12 g KH 745 kcal 3120 kJ

Ente mit Orangen.

Ente im Römertopf

******

Zutaten für 3–4 Personen	Arbeitsgeräte
1 junge Ente (etwa 1,8 kg), 1 TL Pfeffer, 1–2 TL Salz, 1/2 TL Thymian, 2 Knoblauchzehen, 100 g Oliven mit Paprikafüllung, 1/1 Dose geschälte Tomaten, 4 EL Weinbrand, 1/2 Glas Weißwein, 1 Msp. Oregano, 1 Msp. Rosmarin, 1 Msp. gemahlener Salbei, 2 TL Instant-Hühnersuppe (oder Bouillonwürfel), eventuell 4 EL Sahne, frisch gemahlener Pfeffer, Salz.	**großer Römertopf (oder Bräter), Schneidbrett, Messer, Knoblauchpresse, Schüssel, Dosenöffner, Sieb, Geflügelschere.**

Zubereitungszeit

2–2 1/2 Stunden, davon 15–20 Minuten Vorbereitung und 100–130 Minuten Garzeit.

Den Römertopf in kaltem Wasser wässern (10 Minuten).
Die Ente unter fließendem kalten Wasser waschen und mit Haushaltspapier abtrocknen.
Pfeffer, Salz, Thymian und die geschälten, zerdrückten Knoblauchzehen in einem Schüsselchen vermischen. Die Ente damit innen und außen einreiben.
Die Oliven in Scheiben schneiden (waagrecht, damit die Füllung im Innenrand bleibt), die Tomaten auf einem Sieb abtropfen lassen.
Die abgetropften Tomaten und die Oliven in den Römertopf geben und die Ente darauflegen.
Den Weißwein, die Gewürze und die Hühnersuppe (oder zerdrückte Bouillonwürfel) vermischen und über die Ente gießen.
Den Römertopf schließen und auf den Rost – untere Schiene – in den kalten Backofen stellen.
Die Ente in etwa 1 3/4–2 1/4 Stunden (E-Herd 220–240° C; G-Herd Stufe 4–5) gar schmoren. Eventuell während der letzten 15 Minuten Garzeit bei geöffneter Form weiterbraten, damit die Ente nachbräunen kann.
Die Ente herausnehmen und tranchieren (siehe Seite 383).
Die Soße mit Sahne binden und mit Pfeffer und Salz abschmecken.

Pro Portion bei 4: 67 g E 71 g F 6 g KH 1036 kcal 4330 kJ

Serviervorschlag

Kartoffelklöße oder gekochte Kartoffeln dazu reichen und Tafelwasser, herben Weißwein oder Bier dazu trinken.

HINWEIS

Die Zubereitung kann auch im geschlossenen Bräter auf der Kochstelle erfolgen. Die Garzeit ist dann 20–30 Minuten kürzer. Eventuell 1/4 l mehr Flüssigkeit nehmen.

Ente in Kokos-Sahne-Soße

**

Zutaten für 4 Personen

1 junge Ente (Jungmastente, 1,8–2 kg),
1–2 TL Salz,
1 TL Pfeffer,
1/2 TL gemahlener Thymian,
3 EL Öl;

Soße:
2 EL Öl,
1 EL Butter,
500 g rote Zwiebeln (Rosenzwiebeln),
1–2 Knoblauchzehen,
3 EL Kokosflocken,
1 Msp. Ingwerpulver,
1 Msp. Cayennepfeffer,
1 Becher süße Sahne (200 ml).

Arbeitsgeräte

Schneidbrett, Messer, Geflügelschere, Schüssel, Bratenpfanne mit Rost (für den Backofen, oder Bräter), hoher Rührbecher, Handmixer (Handrührgerät), große Kasserolle, Rührlöffel.

Zubereitungszeit

85–100 Minuten, davon 10 Minuten Vorbereitung und 75–90 Minuten Garzeit.

Den Backofen vorheizen (E-Herd 225° C; Heißluftherd Bratstufe 160° C; G-Herd Stufe 4).
Die Ente unter kaltem Wasser waschen und mit Haushaltspapier abtrocknen. Außen leicht mit Salz und Pfeffer, innen außerdem mit Thymian würzen.
Die Ente mit der Brustseite nach oben auf den Rost der Bratenpfanne oder in den Bräter legen, mit Öl bepinseln und auf der unteren Schiene in den Backofen schieben. In 60–75 Minuten gar braten.
Zwischendurch einige Male mit Öl oder Bratensaft bepinseln.
In der Zwischenzeit die Vorbereitungen für die Soße treffen:
Die Zwiebeln schälen und vierteln, die geschälten Knoblauchzehen fein hacken.
Die Sahne in einem hohen Rührbecher leicht cremig – aber nicht ganz steif – schlagen.
Die Ente tranchieren und in mundgerechte Stücke schneiden (eventuell alle Knochen vorsichtig herauslösen).
Eine große Kasserolle auf den Herd stellen, Öl und Butter hineingeben und bei starker Wärmezufuhr erhitzen. Die Zwiebelviertel und den Knoblauch hineingeben und 5 Minuten anbraten.
Kokosflocken und Gewürze hinzufügen und anschwitzen.
Die Entenstücke mit in die Kasserolle geben und alles zusammen 5 Minuten durchschmoren. Unter Rühren die cremige Sahne dazugeben.
Bei kleinster Wärmestufe (E-Herd-Platte kann ausgeschaltet werden!) noch 5 Minuten ziehen lassen.
In der Kasserolle (oder auf einer vorgewärmten Platte) servieren.

Pro Portion: 71 g E 99 g F 21 g KH 1327 kcal 5550 kJ

Serviervorschlag

Geeignete Beilagen sind körnig gekochter Reis oder Nudeln, passende Getränke Tafelwasser, Bier oder Weißwein.

Ente in Kokos-Sahne-Soße.

Gans

Es gibt Familien, die es zu viert schaffen, bei einer Mahlzeit eine Gans zu vertilgen. Bei Personen mit normalem Appetit reicht eine gut ausgemästete Gans (3,5–4 kg) für etwa 8 Personen, mit Füllung für etwa 10 Personen.

Gans nach elsässischer Art

Zutaten für 8–10 Personen

1 gut ausgemästete Frühmastgans (etwa 4 kg),
Salz, Pfeffer, Majoran,
4 große säuerliche Äpfel (etwa 750 g),
700 g rohe, grobe Bratwurstfülle,
300 g durchwachsener, geräucherter Speck,
2 große Zwiebeln,
1500 g mildes Sauerkraut,
0,2 l Apfelsaft.

Arbeitsgeräte

Schneidbrett, Messer, Schüssel, Rost mit Bratenpfanne für den Backofen, großer Bräter oder Auflaufform, Bratpfanne.

Zubereitungszeit

3–4 Stunden, davon etwa 30 Minuten Vorbereitung und 2 1/2–3 1/2 Stunden Garzeit.

Möglichst eine frische Gans verwenden. Eine tiefgefrorene Gans muß aufgetaut werden. Unter fließendem kalten Wasser innen und außen gründlich waschen. Mit Haushaltspapier (= Küchenkrepp) abtrocknen.
Den Bürzel mit den beiden Fettdrüsen wegschneiden. Gänsefett aus der Bauchhöhle herauslösen (in der Bratenpfanne mit auslassen).
Die Gans außen rundherum mit Salz einreiben, innen mit Salz, Pfeffer und Majoran (je 1 gestrichener Teelöffel!) würzen.

1 Zutaten.

2 Die Gans füllen.

Die Äpfel schälen und die Kerngehäuse herausschneiden. In kleine Würfel schneiden und mit der Bratwurstmasse in einer Schüssel vermischen.
In die Gans füllen, einen kleinen Hohlraum lassen und die Gans zunähen und zustecken. Die Beine zusammenbinden (siehe auch Seite 383).
Keulen und Brust einige Male einstechen, damit das Fett gut ausbraten kann.
Die Gans auf den Rost der Bratenpfanne legen und etwas Wasser hineingießen. Auf der unteren Schiene in den vorgeheizten Backofen (E-Herd 200–220° C; Heißluftherd Bratstufe 160° C; G-Herd Stufe 3–4) einschieben.
Etwa 1 1/2 Stunden braten, dabei immer wieder mit dem Bratenfett übergießen.
Unterdessen die übrigen Vorbereitungen für die Beilagen treffen.
Den Speck in kleine Würfel schneiden. In die Bratpfanne einige Eßlöffel vom Bratenfett geben, die Speckwürfel hineingeben und bei starker Wärmezufuhr knusprig braun braten.

Gans nach elsässischer Art.

Das Sauerkraut kleinschneiden und gleichmäßig in eine große Auflaufform oder einen Bräter verteilen.
(Es kann aber auch die Bratenpfanne dazu benutzt werden. In diesem Fall das Fett und den Bratenfond in ein Gefäß gießen, dann Sauerkraut in die Pfanne verteilen und die Gans in das Krautbett legen!)
Die Gans mit der Brustseite nach oben auf das Sauerkraut legen. Den Apfelsaft darübergießen, etwas vom Gänsebratfett über die Gans und das Sauerkraut träufeln.
Im Backofen weitere 60 (je nach Gans auch 90–100) Minuten braten.
Wie bei der Gans nach Mecklenburger Art die Gans zunächst auf Sauerkraut angerichtet servieren, dann tranchieren.

Pro Portion bei 8: 75 g E 167 g F 23 g KH 1989 kcal 8320 kJ
Pro Portion bei 10: 60 g E 133 g F 18 g KH 1592 kcal 6650 kJ

Gans nach Mecklenburger Art

Gans nach Mecklenburger Art auf Rotkraut mit Maronen.

Zutaten für 8–10 Personen

1 gut ausgemästete Frühmastgans (3,5–4 kg),
etwa 2 TL Salz,
1 TL Pfeffer,
1 TL Beifuß,
1–1,5 kg säuerliche Äpfel,
40 g Butter oder Margarine,
125 g Rosinen oder Korinthen,
Wasser, Salz.

Arbeitsgeräte

Pfanne oder Topf, großes Schneidbrett, Messer, Bratenpfanne für den Backofen (oder großer Bräter), Geflügelschere.

Zubereitungszeit

3–4 Stunden, davon 30 Minuten Vorbereitung und 2 1/2–3 1/2 Stunden Garzeit.

Die Gans unter fließendem kalten Wasser innen und außen gründlich waschen, dann mit Haushaltspapier abtrocknen.
Wenn eine tiefgefrorene Gans verwendet wird, diese rechtzeitig aus der Verpackung nehmen und auftauen (siehe Tabelle Seite 382).
Die Gans außen nur mit Salz einreiben, innen mit einer Mischung aus Salz, Pfeffer und Beifuß würzen.
Die Äpfel waschen, schälen, vierteln und die Kerngehäuse herausschneiden.
In der Pfanne oder einem Topf Butter oder Margarine zerlaufen lassen, die Apfelstücke hineingeben und bei starker Wärmestufe 5–10 Minuten dünsten.
Die Rosinen oder Korinthen kurz waschen und zwischen zwei Bogen Haushaltspapier abtrocknen. Bei Verwendung von ungeschwefelten, naturreinen Rosinen entfällt das Waschen.
Rosinen und Apfelstücke mischen und in die Gans füllen. Die Öffnung nach dem »Schnürschuhprinzip« (siehe Seite 382) verschließen. Die Gans auf den Rost der Bratenpfanne oder in den großen Bräter legen und etwa 1/2 l Wasser in die Bratenpfanne gießen.
Die Keulen und Brust einige Male mit einer Gabel einstechen, damit das Fett besser ausbraten kann.
In den vorgeheizten Backofen (E-Herd 200–220° C; Heißluftherd nach Geräteangabe; G-Herd Stufe 3–4) auf der unteren Schiene einschieben.
In 2 1/2–3 1/2 Stunden – je nach Alter der Gans auch länger – braten. Zwischendurch die Gans immer wieder mit dem Bratenfett übergießen.
Bevor die Gans zerlegt (= tranchiert) wird, sollte sie etwa 10 Minuten stehen, damit sich der Fleischsaft wieder gleichmäßig im Fleisch verteilt.
Die Gans wird zunächst im Ganzen angerichtet, damit sich alle Tischgäste bei ihrem Anblick den richtigen Appetit holen. Dann erst tranchieren. Wer die Kunst des Zerlegens gut beherrscht, kann das vor den Augen der Tischgäste zelebrieren. Praktischer ist es allerdings, den Vogel in der Küche zu zerlegen und dann zu servieren.
Wie die Gans fachgerecht zerlegt wird, zeigen die Schnitte auf dem Bild Seite 383.

Pro Portion bei 8: 55 g E 111 g F 28 g KH 1405 kcal 5870 kJ
Pro Portion bei 10: 44 g E 89 g F 23 g KH 1124 kcal 4700 kJ

Serviervorschlag

Typische Beilagen für die Gans nach Mecklenburger Art sind Rotkraut mit Äpfeln oder Maronen. Dazu Kartoffel- oder Semmelklöße reichen (hausgemachte oder aus Fertigprodukten). Als Garnierung passen auch ausgehöhlte, in Weißwein gedünstete Äpfel, die mit Preiselbeeren gefüllt werden.
Einen kräftigen Rotwein oder Bier dazu trinken.

TIPS FÜR GÄNSEBRATEN

Damit die Gans eine schön knusprige Haut bekommt, wird sie in den letzten 10–15 Minuten der Bratzeit einige Male mit kaltem Salzwasser eingepinselt. Dazu 1 Eßlöffel Salz in 1 Tasse (Normalgröße) kaltem Wasser auflösen.
Garprobe: Die Gans ist richtig durchgebraten und gar, wenn sich die Keulen leicht im Gelenk drehen lassen.

Füllungen für Gans

(jeweils für 3,5–4 kg Gansgewicht)

Maronenfüllung

Zutaten

**1 EL Salz,
2 kg frische Maronen (Eßkastanien),
100 g durchwachsener, geräucherter Speck,
50 g Butter oder Margarine,
1–2 gestrichene TL Beifuß,
1/2 TL Pfeffer,
2 TL Instant-Hühnersuppe (oder Fleischbrühe).**

Arbeitsgeräte

großer Topf, Bratentopf, Schaumlöffel, Messer, Schneidbrett.

Zubereitungszeit

etwa 50 Minuten.

2–3 l Wasser und das Salz im großen Topf bei starker Wärmezufuhr zum Kochen bringen. Wenn der Topf groß genug ist, können alle Kastanien auf einmal hineingegeben werden. Sonst zunächst eine Hälfte der Kastanien hineingeben und 10 Minuten kochen. Dann jeweils einige der Kastanien mit dem Schaumlöffel herausheben, abtropfen lassen und die Schale mit der Haut abziehen. Erst wenn die Kastanien geschält sind, die nächste Hälfte ins kochende Wasser geben.

1 Die Maronen kochen.

2 Die Eßkastanien schälen.

Den Speck in kleine Würfel schneiden.
Die Butter oder Margarine im Bratentopf bei starker Wärmezufuhr schmelzen, die Speckwürfel hineingeben und goldbraun braten.
Die geschälten Maronen, die Gewürze, 1/4 l heißes Wasser und die Instant-Hühnersuppe hinzufügen. Alles aufkochen und bei geschlossenem Topf 5–10 Minuten dünsten.
Dann die vorbereiteten Maronen in die Gans füllen. So viel Platz lassen (etwa faustdick), daß die Füllung beim Braten nicht aus der Gans quillt. Die Bauchöffnung der Gans zunähen oder nach dem »Schnürschuhprinzip« verschließen. Dann im Gansbräter oder auf dem Rost der Bratenpfanne im Backofen braten.

Pro Portion bei 8: 7 g E 17 g F 86 g KH 551 kcal 2300 kJ

Semmel-Apfel-Füllung

Zutaten

**6 altbackene Brötchen (Semmeln),
1/4 l Vollmilch,
3 mittelgroße säuerliche Äpfel (600 g),
1 Bund Petersilie,
2 Eier, 1–2 TL Salz,
1 Tl frisch gemahlener Pfeffer,
1 TL Paprika,
1/2 TL Thymian,
1 Msp. Beifuß.**

Arbeitsgeräte

Schneidbrett, Messer, große Schüssel, Milchtopf, Rührlöffel.

Zubereitungszeit

30 Minuten.

Die Brötchen in dünne Scheiben schneiden und in die Schüssel geben.
Die Milch im Topf aufkochen und über die Brötchen gießen. 10 Minuten quellen lassen, dann die überschüssige Milch ausdrücken und ablaufen lassen.
Unterdessen die Äpfel schälen und das Kerngehäuse herausschneiden. Die Äpfel in kleine Würfel schneiden und in die Schüssel geben.
Die gewaschene Petersilie in Haushaltspapier ausdrücken, dann sehr fein hacken. Mit den Eiern und Gewürzen unter die Semmelmasse mischen.
In die vorbereitete Gans füllen, etwas Hohlraum lassen.
Die Gans zunähen oder nach dem »Schnürschuhprinzip« verschließen. Auf den Rost der Bratenpfanne – oder in den großen Gänsebräter – legen und wie gewohnt braten.

Pro Portion bei 8: 6 g E 4 g F 30 g KH 184 kcal 770 kJ

Füllungen für Gänse.

Hausgeflügel
Pute (Truthahn)

Der Truthahn wurde im 17. Jahrhundert in Europa heimisch. Seine Urheimat ist Nordamerika.
Putenfleisch – am besten ist das von Tieren bis zu 1 Jahr – ist eiweißreich, sehr fettarm und leicht verdaulich.
Das Fleisch der einzelnen Körperpartien ist sehr unterschiedlich im Geschmack. Die besten Stücke liefert die Putenbrust.

Puten können 5 kg oder mehr wiegen, das entspricht aber nicht den modernen Verzehrgewohnheiten kleinerer Haushalte.
Im Handel werden deshalb verstärkt Babyputen (Gewicht zwischen 1,5 und 3 kg) und Einzelteile angeboten, die für den normalgroßen Familienhaushalt und auch Kleinhaushalte sinnvoller sind.
Angeboten werden vor allem Putenbrust (daraus Steaks und Schnitzel), Putenschenkel, Rollbraten und die beliebte Putenleber. Einen großen Puterbraten wird man nur zu besonderen Anlässen (zum Weihnachtsfest z.B.) in größeren Familien zubereiten.

Gefüllte Babypute (mit Weintraubenfüllung)

♥ **

Zutaten für 4–6 Personen

1 Babypute (etwa 2,5 kg; nicht kleiner, sonst reicht sie nur für 2–3 Personen),
1 TL Pfeffer,
2 TL Salz,
1 kg Weintrauben (blaue/grüne),
50 g Butter (oder Margarine),
100 g Schinkenspeck (in großen Scheiben),
etwa 1/4 l Wasser,
2 TL Instantbrühe,
1/8 l süße Sahne,
4 EL Madeira oder Sherry.

Arbeitsgeräte

großes Schneidbrett, Messer, Schüssel, Durchschlag, große feuerfeste Form (Bräter), Bratenrost für den Backofen, Kasserolle, Schneebesen, Geflügelschere.

Zubereitungszeit

etwa 2 1/2 Stunden, davon 20 Minuten Vorbereitung und 120–130 Minuten Garzeit.

Die bratfertige Babypute waschen und mit Haushaltspapier abtrocknen. Innen leicht mit Pfeffer und Salz einreiben, außen mit Pfeffer würzen.
Die Weintrauben waschen, trockentupfen, halbieren und entkernen. 1/2 Tasse mit Weintraubenstücken beiseite stellen. Die restlichen in die Pute füllen und die Öffnung zunähen (oder mit Holzspießchen zustecken, siehe Seite 382).
Die Butter schmelzen und die Pute damit bepinseln.
Die Brustseite der Pute mit Schinkenspeck belegen.
Die Pute auf einen großen Bogen Alufolie (extra dick) legen. Die Folie oben schließen, aber einen 2–3 cm hohen Hohlraum lassen. Die Seiten nach oben hochbiegen und luftdicht zusammenfalzen.
Den Backofen vorheizen (E-Herd 220° C; Heißluftherd Bratstufe 160° C; G-Herd Stufe 4).

Die Pute vorsichtig auf den Rost der Bratenpfanne legen und auf der unteren Schiene in den Backofen schieben. 40 Minuten braten, dann die Wärmezufuhr um 1 Stufe zurückschalten und die Pute in weiteren 80–90 Minuten gar braten.
Wer die Pute gebräunt wünscht, öffnet nach 60–70 Minuten Bratzeit oben die Folie, entfernt die Speckscheiben und läßt die Pute bei stärkerer Wärmezufuhr nachbräunen.
Den Bratenfond aus der Folie vorsichtig in die Kasserolle abgießen und eventuell mit Brühe auf 3/8 l ergänzen. Mit der süßen Sahne und Madeira oder Sherry verrühren, bei Bedarf mit Pfeffer, Salz und Paprika nachwürzen.
Die zurückbehaltenen Weintrauben in die Soße geben und 5 Minuten ziehen lassen.
Die knusprigen Schinkenspeckscheiben fein hacken und in die Soße rühren.
Die Pute aus der Folie nehmen, auf einer großen Platte im Ganzen servieren und erst bei Tisch tranchieren. Die Soße in eine Sauciere füllen und dazu reichen.

Pro Portion bei 4: 109 g E 60 g F 42 g KH 1235 kcal 5160 kJ
Pro Portion bei 6: 73 g E 40 g F 28 g KH 823 kcal 3440 kJ

Serviervorschlag
Semmelknödel (hausgemacht oder aus Fertigprodukt) und frische gemischte Salate dazu reichen. Eventuell auch Kartoffelkroketten oder Pommes frites als Beilage reichen.
Geeignete Getränke sind Tafelwasser und ein trockener Weiß- oder Roséwein.

Junge Pute, gefüllt

GRUNDREZEPT

Zutaten für 4–8 Personen

1 Babypute (etwa 1700 g),
300 g Schweinemett,
150 g fetter Speck,
200 g tiefgekühlte Putenleber,
1 Zwiebel,
1 altbackenes Brötchen,
1 Ei,
1/2 TL Salz,
Pfeffer nach Geschmack,
3 dünne Speckscheiben,
100 g Butter,
1 Becher saure Sahne à 200 g.

Arbeitsgeräte

Schneidbrett, spitzes Messer, Fleischwolf, Schüssel, Schneebesen.

Zubereitungszeit

110 Minuten, davon 90 Minuten Garzeit.

Die junge vorbereitete Pute auf ein großes Holzbrett legen. Den Brustknochen vorsichtig mit einem spitzen Küchenmesser auslösen, ohne die Haut dabei zu verletzen (Haut oberhalb des Brustbeins aufschneiden, Fleisch vorsichtig vom Brustbein lösen).
Für die Fülle das Schweinemett mit dem kleingehackten Speck, der geschabten Putenleber (Speck und Leber eventuell durch den Fleischwolf drehen), der gewiegten Zwiebel, dem eingeweichten und ausgedrückten Brötchen, Ei, Salz und Pfeffer in einer Schüssel gut vermengen.
Die Masse in das Innere der Pute füllen und diese säuberlich zunähen.
Die dünngeschnittenen Speckscheiben um die Brust der Pute binden.
Den Vogel in der Pfanne des Backofens unter Beschöpfen mit der flüssigen Butter etwa 1 1/2 Stunden braten.
Dabei wenden und nach 2/3 der Bratzeit den Speck abnehmen, damit die Pute rundherum braun wird.
Den Speck kleinwürfeln und in das Batfett geben.
Die fertige Pute herausnehmen. Den Bratenfond mit der sauren Sahne verquirlen, eventuell noch würzen und gesondert der Pute reichen.

Pro Portion bei 4:	**91 g E**	**142 g F**	**10 g KH**	**1495 kcal**	**6240 kJ**
Pro Portion bei 6:	**61 g E**	**95 g F**	**7 g KH**	**995 kcal**	**4165 kJ**
Pro Portion bei 8:	**46 g E**	**81 g F**	**5 g KH**	**850 kcal**	**3560 kJ**

Serviervorschlag

Dazu passen Kartoffelkroketten. Die Pute mit Möhren und glasierten Zwiebeln umlegen und mit Petersilie bestecken.

Gegrillte Putenschnitzel

Zutaten für 4 Personen

4 Putenschnitzel (je 150 g), 3 EL Öl, 1 EL Cognac (oder Weinbrand), 1 Msp. Salz, 1 TL flüssige Pfefferwürze, 1/2 TL Rosenpaprika, 4 Tomaten, 1 EL Butter, 4 EL Mango-Chutney, eventuell Pfeffer und Salz.

Arbeitsgeräte

Schüssel oder großer tiefer Teller, Messer, Grill (oder Pfanne).

Zubereitungszeit

25–30 Minuten, davon 15 Minuten Vorbereitung und 10–15 Minuten Garzeit.

Putenschnitzel mit Mango-Chutney.

Die Putenschnitzel in eine Schüssel legen. Öl, Cognac und die Gewürze verrühren und über die Schnitzel gießen. 10 Minuten darin marinieren.
In der Zwischenzeit die Beilagen und eventuell einen frischen Salat zubereiten.
Die Tomaten waschen und abtrocknen. Oben kreuzweise einschneiden und die Einschnitte etwas auseinanderdrücken. Etwas Pfefferwürze hineinträufeln und ein Butterflöckchen hineinstecken.
Den Grill vorheizen. Die Putenschnitzel abtropfen lassen und von jeder Seite je nach Dicke 3–5 Minuten grillen. Die Tomaten dabei mit unter den Grill legen.
Die Putenschnitzel mit den Tomaten auf einer vorgewärmten Platte anrichten. Auf jedes Schnitzel 1 Eßlöffel Mango-Chutney geben. Nach Geschmack mit etwas frisch gemahlenem Pfeffer und Salz würzen.

Putenschnitzel mit Kumquats.

Pro Portion: 37 g E 12 g F 8 g KH 310 kcal 1290 kJ

Serviervorschlag

Mit getoastetem Weißbrot und frischem Salat oder körnig gekochtem Reis als leichtes Mittag- oder Abendessen reichen. Tafelwasser, einen vitaminreichen Gemüsesaft oder Weinschorle dazu trinken.

HINWEIS

Die Schnitzel können auch in der Pfanne gebraten werden. Dann die Tomaten in der Pfanne mitdünsten.

Variationen für Putenschnitzel

Anstelle von Mango-Chutney z.B. auf jedem Putenschnitzel 1 Teelöffel Kräuterbutter zerlaufen lassen.

Mit Kräuterkäse

2 EL Frischkäse, 1 EL feingehackte Kräuter, 1/2 TL frischer grüner Pfeffer.
Die Zutaten miteinander vermischen und auf die fertig gegrillten oder gebratenen Putenschnitzel verteilen.

Für Feinschmecker

1 kleines Glas Kumquats (=Zwergorangen) abtropfen lassen. Mit in die Pfanne geben und erhitzen.

Putenkeulen California

Zutaten für 4 Personen

2 Putenkeulen (je etwa 1 kg), Pfeffer und Salz, 3 EL Orangenkonfitüre, 1–2 EL Sherry (oder Portwein), 4–6 große Scheiben Schinkenspeck (= 125 g), 1 TL Öl.

Arbeitsgeräte

Schneidbrett, kleine Schüssel, Löffel, Pfanne (oder Bratentopf) oder Alufolie, wenn im Backofen gebraten wird.

Zubereitungszeit

70–80 Minuten, davon 10 Minuten Vorbereitung und 60–70 Minuten Garzeit.

Den Backofen vorheizen (E-Herd 220–240° C; Heißluftherd Bratstufe 160° C; G-Herd Stufe 4–5).
Aufgetaute oder frische Putenkeulen unter fließendem kalten Wasser abspülen. Mit Küchenkrepp abtrocknen und die Keulen rundherum mit Pfeffer und Salz einreiben.
In der Schüssel die Orangenkonfitüre mit dem Sherry glattrühren und die Keulen damit bestreichen. Jede Keule mit 2–3 großen Schinkenspeckscheiben umhüllen und mit Baumwollgarn festbinden.
2 große Stücke Alufolie (am besten extra dicke Folie verwenden) mit Öl bepinseln. Jeweils 1 Keule so einschlagen, daß über der Keule ein etwa 1 cm hoher Luftraum ist, damit die Folie beim Braten nicht platzt. (Das Fleisch dehnt sich zunächst beim Garen aus!) Die Folie luftdicht zusammenfalten.
Die Keulen auf den Rost oder in die Bratenpfanne legen und in den vorgeheizten Backofen einschieben. Nach 50 Minuten Bratzeit die Folie oben öffnen, etwas zur Seite herunterdrücken, ohne daß der Bratensaft ausläuft. Je nach Alter und Größe der Keulen in weiteren 10–20 Minuten gar braten.
Wenn die Folie als Rand gut heruntergedrückt wird, können die Keulen so auf einer Platte angerichtet werden. Das Fleisch erst bei Tisch aufschneiden. Oder die Keulen aus der Folie nehmen und anrichten und den Bratensaft dazu reichen.

Zutaten.

Pro Portion: 89 g E 26 g F 10 g KH 681 kcal 2870 kJ

Serviervorschlag

Besonders leicht verdaulich ist das Gericht, wenn Reis oder Kartoffelpüree und frische Salate dazu gereicht werden. Sehr zu empfehlen sind als Beilagen aber auch Kartoffelkroketten oder Backkartoffeln (siehe Kapitel Beilagen). Tomatensaft oder Weißwein als Getränk dazu reichen.

TIP

Wenn die Putenkeulen in Alu- oder Bratfolie im Backofen gegart werden, eine Beilage wählen, die ebenfalls im Backofen zubereitet werden kann. So wird die Energie besser genutzt. Reis oder Backkartoffeln lassen sich z.B. gleichzeitig im Backofen zubereiten.
Reis wird im Backofen wie folgt zubereitet:
Kochendes Wasser mit Instantbrühe in eine feuerfeste Schüssel oder einen Topf mit backofenfesten Griffen geben. Den abgemessenen Reis und die Gewürze hinzufügen. Die Form oder den Topf schließen (z.B. mit Alufolie abdecken) und etwa 35 Minuten mit in den Backofen stellen.

Putenkeulen lassen sich auch im Bratentopf oder in der Pfanne zubereiten. Vor allem für 1–2 Personen lohnt sich die Zubereitung im Backofen nicht.

Zubereitung im Dampfdrucktopf

Die vorbereiteten Keulen zunächst im offenen Topf in 2 bis 3 Eßlöffel Öl rundherum 8–10 Minuten kräftig anbraten. 1/2 Tasse Brühe hinzufügen, den Topf nach Betriebsanleitung schließen. Die Keulen in etwa 30 Minuten gar schmoren.

Die Putenkeulen in Alufolie einpacken.

Tauben

Tauben zählen zu den seltenen Delikatessen, die auch im Fachhandel nicht immer erhältlich sind.
Daß Taubenfleisch besonders zart und leicht verdaulich ist, weiß man schon seit dem Altertum; denn es wurde schon immer als kräftigende Speise für Liebende oder schwache Kranke empfohlen.
Wild- oder Haustauben werden auf die gleiche Art zubereitet. Wildtauben sind häufig kleiner als die Haustauben.
Bei beiden sind nur die jungen Vögel zum Braten geeignet, ältere sollten für Schmorgerichte oder Suppen verwendet werden.
Pro Person muß als Hauptgericht 1 Taube gerechnet werden, bei großen Haustauben genügt je nach Art der Beilagen auch eine halbe. Für Vorspeisen oder kleine Mahlzeiten 1/4–1/2 Taube rechnen.

1 Zutaten.

2 Die Tauben mit der Geflügelschere zerteilen.

3 Die Taubenstücke 10 Minuten anbraten.

Geschmorte Tauben Burgunder Art.

Geschmorte Tauben Burgunder Art

Zutaten für 4 Personen

3 Tauben (Wild- oder Haustauben, je 300 g), 1/2 TL Pfeffer, 1 TL Salz, 60 g durchwachsener, geräucherter Speck, 1 EL Öl, 2 Zwiebeln, 200 g frische Champignons (oder 1 kleine Dose), 1/2 Lorbeerblatt, 1 kleine Dose Tomatenmark (= 2 EL), 1 EL Mehl, 1/8–1/4 l Fleischbrühe, 1/8 l Burgunder Rotwein, 1 Msp. Cayennepfeffer, 1 Msp. Zucker.

Arbeitsgeräte

Geflügelschere, Schneidbrett, Messer, tiefe Pfanne, kleine Schüssel, Pfannerwender, Dosenöffner.

Zubereitungszeit

45 Minuten, davon 15 Minuten Vorbereitung und 30 Minuten Garzeit.

Die gerupften und ausgenommenen Tauben kalt abspülen und mit Küchenkrepp abtrocknen. Die Tauben mit der Geflügelschere oder einem sehr scharfen Messer vierteln und die Teile mit dem Pfeffer und Salz einreiben.

Den Speck in Würfel schneiden und mit dem Öl in die Pfanne geben. Bei starker Wärmezufuhr knusprig ausbraten.

Dann die Taubenstücke hineingeben und 10 Minuten anbraten. Die Stücke dabei wenden.

Unterdessen die Zwiebeln schälen, in kleine Würfel schneiden und in die Pfanne geben. Die Champignons putzen, d.h. schadhafte Stellen wegschneiden und bei großen Pilzen die Haut von den Köpfen abziehen (abpellen). Die Pilze je nach Größe halbieren oder vierteln und mit dem Lorbeerblatt in die Pfanne geben.

In der Schüssel Tomatenmark, das Mehl und 1/8 l Fleischbrühe verrühren. Mit dem Rotwein über die Taubenstücke gießen. Bei starker Wärmezufuhr zum Kochen bringen, dann die Pfanne schließen und den Herd auf kleinste Wärmestufe schalten. Je nach Alter der Tauben in weiteren 15–20 Minuten gar schmoren.

Zwischendurch umrühren und bei Bedarf etwas Brühe nachgießen.

Die Soße mit Cayennepfeffer, Zucker und eventuell etwas Pfeffer abschmecken.

Die Tauben in der Soße in einer Schüssel anrichten.

Pro Portion: 41 g E 14 g F 7 g KH 351 kcal 1470 kJ

Serviervorschlag

Als Beilagen eignen sich in Butter gebratene kleine Weißbrotscheiben, Polentaschnitten oder Kartoffelpüree und Rotkraut. Gut temperierten Burgunder Rotwein oder Tafelwasser dazu trinken.

Gebratene Tauben

Zutaten für 2 Personen

2 junge Tauben (Wild- oder Haustauben, je 300 g) etwas Pfeffer und Salz, 2 EL Öl, 1 EL Butter, 1 Knoblauchzehe, eventuell 1/2 Tasse Fleischbrühe, 2 Scheiben Weißbrot, 2 Tomaten, frische Kräuter (z.B. Petersilie, Brunnenkresse oder Basilikum).

Arbeitsgeräte

Pfanne, Fleischgabel, Messer, Schneidbrett, Toaster (oder Grill).

Zubereitungszeit

etwa 30 Minuten, davon 5 Minuten Vorbereitung und 25 Minuten Garzeit.

Die küchenfertigen Tauben, also gerupft und ausgenommen, unter kaltem Wasser abspülen und mit Küchenkrepp abtrocknen. Innen mit wenig Pfeffer und Salz, außen nur mit etwas Pfeffer einreiben.

Das Öl und die Butter in die Pfanne geben und bei starker Wärmezufuhr erhitzen (E-Herd Normalplatte 2, 5–3; Automatik 10–12; G-Herd große Flamme). Die Tauben darin von allen Seiten etwa 10 Minuten braten.

Die Knoblauchzehe schälen, mit dem Messerrücken zerdrükken und mit etwas Fleischbrühe über die Tauben geben. Nach 5 Minuten die Pfanne schließen und den Herd auf kleine Wärmestufe schalten. Die Tauben in weiteren 10 Minuten gar braten.

Unterdessen die Weißbrotscheiben im Toaster goldbraun toasten (unter dem Grill bräunen oder in einer Pfanne in etwas Butter goldbraun braten).

Die Tomaten waschen, abtrocknen und in Achtel schneiden. Die Toastscheiben auf Teller legen und jeweils 1 Taube daraufgeben. Mit Tomatenachteln und frischen Kräutern garnieren.

Pro Portion: 52 g E 12 g F 14 g KH 386 kcal 1610 kJ

Serviervorschlag

Dazu eine hausgemachte Mayonnaise (siehe Kapitel Soßen) und grünen Salat reichen. Einen vollmundigen Rot- oder Weißwein (Spätlese) als Getränk wählen.

TIP

Gebratene Tauben sind als kleine besondere Festmahlzeit für Verliebte zu empfehlen, da Tauben seit Jahrhunderten als zärtliches Symbol für in Zuneigung verbundene Menschen gelten.

TIP

Nicht ganz junge Tauben werden vor der Zubereitung 3–6 Tage in eine Öl-Wein-Beize (siehe Seite 362) eingelegt, damit das Fleisch mürbe wird.

Perlhuhn

In freier Wildbahn leben Perlhühner nur noch in Afrika. In Europa werden sie seit Jahrzehnten vor allem in Frankreich in Geflügelfarmen gezüchtet.
Die Größe des Perlhuhns entspricht der des Haushuhns. Das Fleisch dagegen ist etwas kräftiger im Geschmack. Die Zubereitung kann außer nach den angegebenen Rezepten auch nach den Rezepten von Huhn und Poularde erfolgen.
1 Perlhuhn genügt für 4 Personen.

Perlhuhn mit Estragon

♥✱✱✱

Zutaten für 4 Personen

1 junges Perlhuhn (etwa 1,2 kg), 1 naturreine Zitrone, Pfeffer, Salz, 4–6 Zweige frischer Estragon, 10 g Butter, 1 Schächtelchen Instant-Geflügelsoße, 2 EL Sahne.

Arbeitsgeräte

großes Schneidbrett, Messer, Zitronenpresse, Bratfolie (bei Zubereitung im Backofen), Kasserolle, Schneebesen, Geflügelschere.

Zubereitungszeit

etwa 75 Minuten, davon 10 Minuten Vorbereitung und 55–65 Minuten Garzeit.

Das küchenfertige Perlhuhn kalt waschen und mit Küchenkrepp abtrocknen. Die Zitrone waschen, abtrocknen und die Schale hauchdünn abschälen. Den Saft auspressen und das Perlhuhn damit außen einreiben. Innen mit Pfeffer und Salz würzen und den restlichen Zitronensaft hineinträufeln.
Den Estragon waschen und bis auf 1–2 Zweige (für die Soße) in die Bauchhöhlung stecken. Die Zitronenschale ebenfalls in das Huhn geben. Die Flügel im Gelenk verdrehen und unter den Rücken stecken, die Beine mit Baumwollgarn zusammenbinden (siehe auch Geflügelvorbereitung Seite 382).
Den Backofen vorheizen (E-Herd 225° C; Heißluftherd Bratstufe 160° C; G-Herd Stufe 4).
Ein großes Stück Bratfolie (oder Bratschlauch) abtrennen und eine Seite mit den Klammern verschließen. Das Perlhuhn mit Butterflöckchen belegen und mit der Brustseite nach oben in die Bratfolie schieben. Die zweite Seite ebenfalls verschließen (Bild); oben ein Luftloch einstechen.
Das Perlhuhn in der Bratfolie vorsichtig in die Bratenpfanne (oder auf den Bratenrost) legen und auf der unteren Schiene (oder der 2. von unten bei 4 Schienen) in den heißen Backofen schieben. In 55–60 Minuten je nach Größe das Perlhuhn gar braten.
Die Bratfolie an einer Seite vorsichtig aufschneiden und den Bratensaft aus der Folie in die Kasserolle gießen. Mit Wasser auf 1/4 l Flüssigkeit ergänzen. Die Geflügelsoße mit dem Schneebesen einrühren und einmal aufkochen lassen. Feingehackten, frischen Estragon in die Soße geben, mit Sahne und bei Bedarf etwas Pfeffer abschmecken.
Das Perlhuhn mit der Geflügelschere oder einem großen Messer in Portionsstücke zerteilen und anrichten. Die Soße in einer Sauciere dazu reichen.

Pro Portion: 49 g E 19 g F 6 g KH 432 kcal 1800 kJ

Serviervorschlag
Gekochte Kartoffeln oder Kartoffelpüree, aber auch Reis mit Kräutern und frische Salate passen als Beilagen. Tafelwasser oder einen leichten Weißwein dazu trinken.

So wird das Perlhuhn vorbereitet.

Perlhuhn mit Estragon.

Perlhuhn nach afrikanischer Art

***

Zutaten für 4 Personen

1 junges Perlhuhn (etwa 1,2 kg), 1/2–1 TL Pfeffer, 1 TL Salz, 1 Msp. gemahlener Thymian, 2 EL Butter, 2 EL Öl, 2 Zwiebeln, 1–2 Knoblauchzehen, 20 g Mehl, 1 kleine Dose geschälte Tomaten (etwa 200 g), 1 Glas Weißwein, 1–2 TL Instant-Hühnerbrühe, 600 g neue, kleine Kartoffeln, 3 große Bananen, Saft von 1 Zitrone, 2 EL Butter.

Arbeitsgeräte

Schneidbrett, Messer, Geflügelschere, kleine Schüssel, große Pfanne mit Deckel, Fleischgabel, Rührlöffel, Dosenöffner, kleine Pfanne.

Zubereitungszeit

70–80 Minuten , davon 15 Minuten Vorbereitung und 55–65 Minuten Garzeit.

Das küchenfertige Perlhuhn kalt waschen und mit Küchenkrepp abtrocknen. Das Huhn in vier Teile schneiden.
Pfeffer, Salz und Thymian in der Schüssel vermischen und die Teile damit einreiben.
Die Butter und das Öl in der Pfanne erhitzen, die Stücke hineinlegen und bei starker Wärmezufuhr von allen Seiten in etwa 10 Minuten anbraten.
In der Zwischenzeit die Zwiebeln schälen und in Würfel schneiden, die Knoblauchzehe häuten und fein hacken. Beides über die Geflügelstücke geben, mit dem Mehl bestäuben und kurz durchbraten.
Die Tomaten mit dem Tomatensaft, dem Weißwein und der Hühnerbrühe hinzufügen. Aufkochen, dann die Pfanne schließen und den Herd auf kleinste Wärmestufe schalten. In weiteren 40–50 Minuten gar schmoren.
Zwischendurch umrühren und bei Bedarf etwas Wasser nachgießen.
Die Kartoffeln schälen, waschen und nach 20 Minuten Schmorzeit in die Pfanne geben. Eventuell für einige Minuten wieder auf höhere Wärmestufe schalten, bis alles wieder kocht.
Wenn das Perlhuhn gar ist, die Soße gut abschmecken, eventuell mit etwas Pfeffer und Thymian nachwürzen.
Das Perlhuhn mit der Soße in die Mitte einer vorgewärmten Platte, die Kartoffeln auf eine Seite geben. Warm halten.
Die Bananen schälen, in 1 cm dicke Scheiben schneiden oder vierteln. Mit Zitronensaft beträufeln und in der Pfanne in heißer Butter goldbraun braten. Auf die freie Seite der Platte geben und servieren.

Pro Portion: 57 g E 30 g F 55 g KH 764 kcal 3190 kJ

Serviervorschlag
Dazu einen leichten roten oder weißen Tafelwein oder kühles Bier trinken. Ohne weitere Beilagen – oder mit frischem Stangenbrot – reichen.

Wildgeflügel

Fasan und Rebhuhn

Das Fleisch von Fasan und Rebhuhn wird von Wildliebhabern als äußerst delikat anerkannt. Der zarte Fleischgeschmack läßt sich mit nichts anderem vergleichen.
Schon die alten Römer züchteten Fasane in Vogelhäusern, und die gekrönten Häupter späterer Epochen machten es ihnen nach, um zu keiner Zeit auf den Genuß verzichten zu müssen.
Seit dem 17. Jahrhundert werden Fasane und auch Rebhühner in Fasanerien (und Vogelfarmen) gezüchtet. Aber auch in freier Wildbahn sind sie wieder häufig anzutreffen.
Frisch im Handel sind Fasane in der Jagdzeit zwischen Oktober und Dezember, Rebhühner zwischen September und Dezember.

Beim Kauf sollten nur die jungen Tiere gewählt werden, da ältere meist zähes Fleisch haben und sich nur noch für Schmorgerichte oder Suppen eignen.
Junge Fasane sind zu erkennen an dunklen Beinen und kleinem Sporenansatz (ältere an hellen Beinen und großem Sporen). Junge Rebhühner erkennt man an hellgelben bis hellbraunen Beinen und schwarzem Schnabel (ältere am hellen Schnabel und braunen Beinen).
Tiefgekühlte Fasane und Rebhühner gibt es während des ganzen Jahres.
1 junger, fetter Fasan genügt je nach Größe für 3–5 Personen, 1 Rebhuhn als Hauptgericht für 1 Person, als Vorspeise für 2 Personen.

HINWEIS

Fasane und Rebhühner werden häufig im Federkleid angeboten. Beim Rupfen ist darauf zu achten, daß die Haut möglichst nicht eingerissen wird. Es ist allerdings sinnvoller, einen bereits gerupften Vogel zu kaufen, um die aufwendige Mehrarbeit zu sparen.

Gefüllter Fasan

♥ **

Zutaten für 6–8 Personen

2 junge Fasanen (je 1000 g), Pfeffer und Salz, 200 g durchwachsener, geräucherter Speck in Scheiben, 1 Zwiebel, 100 g Geflügelleber, 150 g frische Champignons, 200 g Schweinefleisch (Keule), 1 Ei, 2 EL Paniermehl, 1/4 TL Majoran, (oder Pastetengewürz), 4 cl Cognac, 30 g Butter, 0,2 l Rotwein, 1/2 Tasse Wasser, 3 EL süße Sahne, 1 TL Tomatenmark, 1 gehäufter TL Stärkemehl, frisch gemahlener Pfeffer.

Arbeitsgeräte

Schneidbrett, Messer, Pfanne, Fleischwolf, große Schüssel, Bräter (oder große feuerfeste Form), Tasse, Backpinsel, Sieb, Kasserolle, Schneebesen, Tranchierbesteck.

Zubereitungszeit

90–105 Minuten, davon 40 Minuten Vorbereitung und 50–55 Minuten Garzeit.

Die küchenfertigen Fasane unter kaltem Wasser innen und außen waschen und mit Haushaltskrepp abtrocknen. Außen mit wenig Pfeffer und Salz einreiben.

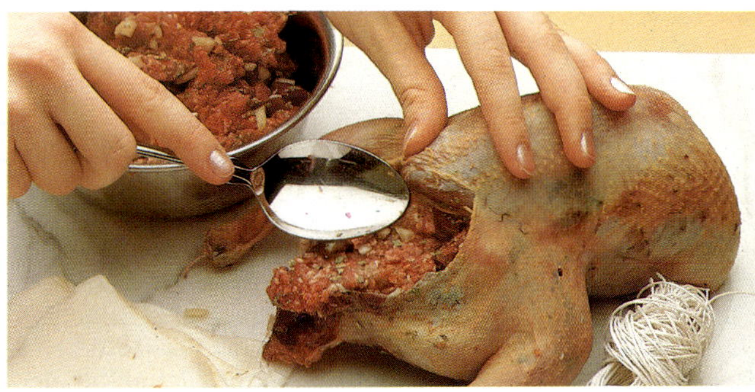

1 Den Fasan mit der Farce füllen.

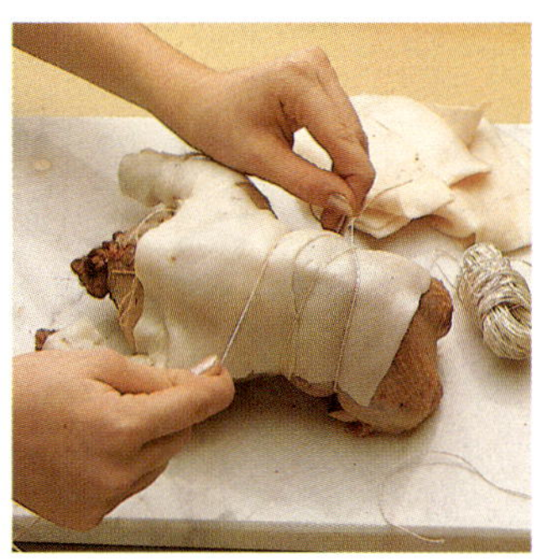

2 Speckscheiben auf dem Fasan festbinden.

3 Den Fasan braten.

Vom Speck 50 g in kleine Würfel schneiden, in die Pfanne geben und glasig ausbraten.
Die Zwiebel schälen und ebenso wie die Geflügelleber in Würfel schneiden. Zum Speck in die Pfanne geben, kräftig anbraten.
Die Champignons putzen und in Scheiben schneiden.
Das Schweinefleisch zweimal durch den Fleischwolf drehen. In die Schüssel geben, die Champignons, gebratene Geflügelleber, das Ei, das Paniermehl, den Majoran, Salz, Pfeffer und den Cognac hinzufügen. Alles miteinander vermischen und die Farce gut abschmecken.
In die Fasane füllen und die Öffnungen zustecken oder zunähen.
Die restlichen Speckscheiben auf die Fasanenbrüste legen und mit Baumwollgarn festbinden. Dann die Beine der Fasane zusammenbinden.
Den Backofen vorheizen (E-Herd 225° C; Heißluftherd Bratstufe 160° C; G-Herd Stufe 4).
Die Fasane mit der Brustseite nach oben in den Bräter legen und in den Backofen schieben. In 35–45 Minuten (größere Vögel 50–55 Minuten) zu schöner Farbe braten. Zwischendurch mit flüssiger Butter und dem ausbratenden Saft bepinseln, eventuell auch etwas Rotwein über die Fasane träufeln.
Die Fasane aus dem Bräter nehmen, 5 Minuten ruhen lassen. Dann die Keulen abtrennen, die Brustfilets ablösen und in schräge Scheiben schneiden. Mit der Füllung auf einer vorgewärmten Platte anrichten.
Für die Soße den Bratenfond mit Rotwein und Wasser lösen und durch ein Sieb in die Kasserolle gießen.
Das Tomatenmark in einer Tasse mit dem Stärkemehl und der Sahne glatt verrühren. In den Bratenfond rühren und aufkochen lassen. Nach Geschmack würzen und in eine Sauciere geben.

Pro Portion bei 8: 53 g E 32 g F 5 g KH 578 kcal 2420 kJ
Pro Portion bei 6: 70 g E 43 g F 7 g KH 771 kcal 3220 kJ

Fasan mit Rosenkohl

**

Zutaten für 4 Personen	**Arbeitsgeräte**
1 junger Fasan (etwa 1,5 kg), 1 Zitrone, 1/2 TL Pfeffer (oder Zitronenpfeffer), 1 TL Paprika, 1 TL Salz, 100 g fetter Speck (in großen Scheiben), 3 EL Öl (oder Pflanzenfett), 1 Tasse Fleischbrühe (aus Würfeln oder Instant), 1/8 l Weißwein.	**großes Schneidbrett, Messer, Zitronenpresse, Tasse, Pfanne (oder Bräter), feuerfeste Form (für den Backofen), Tranchierbesteck.**

Zubereitungszeit

65–80 Minuten, davon 15–20 Minuten Vorbereitung und 45–60 Minuten Garzeit.

Fasan mit Rosenkohl.

Einen küchenfertig vorbereiteten jungen Fasan kaufen. Unter kaltem Wasser gründlich waschen und mit Haushaltspapier abtrocknen.
Die Zitrone auspressen und den Saft in den Fasan träufeln.
Pfeffer, Paprika und Salz in einer Tasse vermischen. Den Fasan innen und außen mit der Mischung einreiben.
Die Fasanenbrust und Keulen mit den Speckscheiben belegen und mit Baumwollgarn festbinden.
Das Öl in die Pfanne geben und bei starker Wärmezufuhr erhitzen. Den Fasan in die Pfanne legen und rundherum in 8–10 Minuten kräftig anbraten.
In der Zwischenzeit den Backofen vorheizen (E-Herd 220° C; Heißluftherd Bratstufe 160° C; G-Herd Stufe 4).
Den Bratenrost auf der unteren Schiene (Rostwölbung nach oben) einschieben.
Den Fasan mit der Brustseite nach oben in die feuerfeste Form (oder Bräter) legen, mit dem Bratenfett übergießen und in den Backofen einschieben. 20 Minuten braten, zwischendurch mit Fleischbrühe und Weißwein übergießen.
Den Speck vom Fasan nehmen, damit das Fleisch nachbräunen kann (stärkere Oberhitze einstellen) und in 8–10 Minuten fertigbraten.
Den Speck fein hacken, mit dem Bratenfond vermischen und als Soße reichen.
Den Fasan auf einer vorgewärmten Platte anrichten.

Pro Portion: 63 g E 36 g F 3 g KH 629 kcal 2630 kJ

Serviervorschlag

Kartoffelpüree oder Kartoffelkroketten und einen Weißwein oder Rosé dazu reichen.

Rebhühner am Spieß

Zutaten für 4–6 Personen

4 junge Rebhühner,
1/2–1 TL Pfeffer, 2 TL Salz,
3 Scheiben Pumpernickel,
1/8 l Öl,
1–2 TL Rosenpaprika,
1 Msp. gemahlener Thymian.

Arbeitsgeräte

Grill mit Drehspieß, Schüssel, Backpinsel, Tranchierbesteck (oder Geflügelschere).

Zubereitungszeit

45–50 Minuten, davon 15 Minuten Vorbereitung und 30–35 Minuten Garzeit.

Die küchenfertig vorbereiteten Rebhühner kalt abspülen und mit Küchenkrepp abtrocknen. Innen mit wenig Pfeffer und Salz würzen.
Die Beine mit Baumwollgarn fest an den Körper binden. Die Rebhühner dicht aneinander auf den Drehspieß des Grills stekken. In den Grill einhängen und unter Drehen in 30–35 Minuten gar und braun grillen.
Die Pumpernickel ganz fein zerkrümeln und in der Schüssel mit Pfeffer, Salz, dem Öl, Paprika und Thymian verrühren.
Die Rebhühner während des Grillens einige Male mit dieser pikanten Mischung bepinseln.
Die gegrillten Rebhühner im Ganzen oder halbiert auf einer Platte anrichten.

Pro Portion bei 4: 92 g E 36 g F 14 g KH 771 kcal 3220 kJ
Pro Portion bei 6: 61 g E 24 g F 9 g KH 514 kcal 2150 kJ

Serviervorschlag

Mit einer großen Platte frischer Salate (siehe Kapitel Salate) oder gedünstetem Gemüse (Brokkoli, Rosenkohl mit Maronen, siehe Kapitel Gemüse) und Stangenbrot oder Kartoffelpüree servieren.
Dazu schmeckt ein Roséwein oder trockener Weißwein.

TIP

Rebhühner am Spieß sind gut geeignet für ein zünftiges Jagdessen, eventuell auch beim Grillen im Freien!
Wer keinen Grill besitzt, kann die Rebhühner im Backofen braten (E-Herd 220° C; Heißluftherd Bratstufe 160° C; G-Herd Stufe 4).

Rebhühner am Spieß.

Rebhühner nach Art der Winzerin.

Rebhühner nach Art der Winzerin

Zutaten für 3–4 Personen

3 junge Rebhühner (je 500 g), Pfeffer, Salz, 600 g Weintrauben (grüne oder blaue), 100 g Mandelblättchen, 150 g durchwachsener geräucherter Speck (in großen Scheiben), 1 Zwiebel, 30 g Schweineschmalz, 750 g Sauerkraut, 1 Glas Traubensaft (oder 1 Tasse Fleischbrühe), 2 zerdrückte Wacholderbeeren, 1/2 Lorbeerblatt, 1/2 TL Zucker, 2–3 EL Öl.

Arbeitsgeräte

Sieb, Kasserolle, Tasse, Schüssel, großer Bräter (oder große Pfanne), Pfanne, Pfannenwender, Geflügelschere (oder Tranchierbesteck).

Zubereitungszeit

75–80 Minuten, davon 40 Minuten Vorbereitung und 35–40 Minuten Garzeit.

Die Rebhühner küchenfertig, d.h. gerupft und ausgenommen, kaufen. Unter kaltem Wasser gründlich waschen und mit Küchenkrepp abtrocknen. Innen und außen mit wenig Pfeffer und Salz würzen.
Die Weintrauben waschen, von den Stielen zupfen und in das Sieb geben.
In der Kasserolle etwa 1 l Wasser aufkochen. Die Weintrauben damit überbrühen. Die Haut abziehen und die Weintrauben halbieren und entkernen. Eine kleine Tasse voll Weintrauben beiseite stellen.
Die restlichen in der Schüssel mit den Mandelblättchen, etwas Pfeffer und Salz vermischen.
In die Rebhühner füllen und die Öffnungen mit Baumwollgarn zunähen. Die Brust der Rebhühner mit den dünnen Speckscheiben belegen und mit Baumwollgarn festbinden.
Die Zwiebel schälen und in Würfel schneiden. Das Schmalz im Bräter (oder Bratentopf) erhitzen und die Zwiebelwürfel hineingeben. Das Sauerkraut locker auseinanderzupfen und hinzufügen.
Den Traubensaft (eventuell beim Entkernen der Trauben den frischen Saft auffangen!) oder Fleischbrühe darübergießen. Wacholderbeeren, Lorbeerblatt und Zucker dazugeben. Bei geschlossenem Bräter etwa 15 Minuten schmoren.
In der Zwischenzeit in der Pfanne bei starker Wärmezufuhr das Öl erhitzen. Die Rebhühner hineingeben und rundherum in 8–10 Minuten anbraten. Dann die Rebhühner auf das Sauerkrautbett legen, das Bratfett und die zurückbehaltenen Weintrauben darüber verteilen.
Den Bräter wieder schließen und die Rebhühner bei kleiner Wärmezufuhr in 10–20 Minuten (Garzeit richtet sich nach Alter und Größe der Rebhühner) gar schmoren. Die Rebhühner halbieren und auf einer großen Platte anrichten.

Pro Portion bei 3: 106 g E 75 g F 61 g KH 1391 kcal 5810 kJ
Pro Portion bei 4: 80 g E 56 g F 46 g KH 1043 kcal 4360 kJ

Serviervorschlag

Mit Kartoffelpüree reichen. Das Püree eventuell als Nester auf die Platte spritzen.
Als Getränk Roséwein oder einen badischen Weißwein wählen.

HINWEIS

Den Speck und die Baumwollfäden vor dem Anrichten abnehmen; den Speck feingehackt unter das Sauerkraut mischen.

TIP

Sehr zu empfehlen ist auch die Zubereitung im Römertopf.

Schnepfen

Schnepfen müssen vor der Verwendung in der Küche (mit Eingeweiden und im Federkleid) abhängen, damit das Fleisch mürbe wird.
Die Eingeweide, der »Schnepfendreck« (ohne Magen, Darm und Galle), werden bei der Zubereitung in den Schnepfen gelassen oder für die Soße verwendet.
Frische Schnepfen gibt es im Handel während der Jagdzeit (im Frühjahr während des Schnepfenstrichs und im Herbst während des Schnepfenzuges) und tiefgefrorene während des ganzen Jahres.
Schnepfen (1 Vogel pro Person rechnen) können auch nach den Rezepten für Rebhühner zubereitet werden.

Schnepfen auf Ananaskraut.

Schnepfen auf Ananaskraut

**

Zutaten für 4 Personen

4 Schnepfen (je 250 g), frisch gemahlener Pfeffer, Salz, 4 große Scheiben Schinkenspeck (oder 8 kleine = 100 g), 60 g Butter (oder 1/2 Butter, 1/2 Öl), 1 Glas Weißwein, 1 Glas Wasser, 1–2 EL Instant-Bratensoße, 1/2 Becher süße Sahne, 1/1 Dose Weinkraut, 1 Zwiebel, 2 EL Schweineschmalz, 3 Wacholderbeeren, 2 Gewürznelken, 1 Lorbeerblatt, 1 Dose Ananasstücke (200 g), 1 Glas Weißwein (oder trockener Sekt), Salz, Pfeffer.

Arbeitsgeräte

Schneidbrett, Messer, Pfanne, Rührlöffel, Bratentopf, Dosenöffner.

Zubereitungszeit

45–50 Minuten, davon 15–20 Minuten Vorbereitung und 25–30 Minuten Garzeit.

Die gerupften Schnepfen ausnehmen (d.h. die Schnepfen am unteren Bauchende aufschneiden und die Innereien herauslösen). Magen, Galle und Darmende entfernen, die restlichen Innereien beiseite stellen. Die Schnepfen kalt abspülen und mit Küchenkrepp abtrocknen. Innen und außen leicht mit Pfeffer und Salz würzen. Um die Brust jeder Schnepfe eine große (oder zwei kleine) Scheibe Schinkenspeck legen und mit Baumwollgarn festbinden.

Die Butter in einer großen Pfanne erhitzen und die Schnepfen darin von allen Seiten 6 Minuten anbraten.
Den Weißwein über die Schnepfen gießen, die Pfanne schließen und den Herd auf kleine Wärmestufe schalten. In etwa 20 Minuten gar schmoren.
Die Schnepfen aus der Pfanne nehmen und warm stellen.
Die Innereien (»Schnepfendreck«) kleinhacken, in den Bratenfond geben und 3–4 Minuten durchschmoren, Wasser hinzugießen und die Instant-Bratensoße einrühren. Die Soße aufkochen lassen, dann mit Pfeffer und Sahne abschmecken. Die Soße zu den Schnepfen reichen.
Das Ananaskraut zubereiten, während die Schnepfen schmoren, damit alles zur gleichen Zeit fertig ist.
Das Weinkraut kleinschneiden.
Die Zwiebel in kleine Würfel schneiden und im Topf mit heißem Schmalz andünsten.
Das Weinkraut dazugeben und 5 Minuten unter Rühren schmoren.

Dann die Würzzutaten, 1 Glas vom Ananassaft (aus der Dose), den Weißwein, etwas Salz und Pfeffer dazugeben. Bei geschlossenem Topf auf kleiner Wärmestufe 15 Minuten schmoren. Die Ananasstücke untermischen und noch einige Minuten ziehen lassen.
Das Ananaskraut mit Pfeffer und Salz abschmecken.
Auf einer großen vorgewärmten Platte anrichten und die Schnepfen darauflegen.

Pro Portion: 52 g E 35 g F 24 g KH 693 kcal 2890 kJ

Serviervorschlag
Kartoffelpüree dazu reichen oder das Kartoffelpüree als Nestchen spritzen und überbacken. Einen milden oder trockenen Rheinwein als Getränk wählen.

Schnepfen in Sahnesoße

**

Zutaten für 2 Personen

**2 junge Schnepfen (je 250 g, küchenfertig),
1/2 TL Salz, 1/4 TL Pfeffer,
2 Wacholderbeeren,
30 g Butter (oder
20 g Butter, 1 EL Öl),
1 Bund Suppengrün,
1 Tasse Fleischbrühe,
1 EL Instant-Bratensoße,
6 EL süße Sahne,
1 naturreine Zitrone,
frisch gemahlener
Pfeffer.**

Arbeitsgeräte

Schneidbrett, Messer, Bratentopf, Sieb, Kasserolle, Schneebesen, Zitronenreibe, Zitronenpresse.

Zubereitungszeit

25–35 Minuten, davon 10 Minuten Vorbereitung und 15–25 Minuten Garzeit.

Die küchenfertigen Schnepfen (gerupft, ohne Magen und Galle) kalt abspülen und mit Küchenkrepp abtrocknen. Außen mit Salz einreiben, innen mit Pfeffer und den zerdrückten Wacholderbeeren würzen.
Die Butter im Bratentopf bei mittlerer Wärmestufe (E-Herd Normalplatte 2–2,5; Automatik 8–10; G-Herd große Flamme) zerlaufen lassen. Die Schnepfen hineinlegen, den Herd auf starke Wärmestufe schalten und die Schnepfen rundherum in 8 Minuten anbraten.
Unterdessen das Suppengrün putzen, waschen und in kleine Stücke schneiden. In den Topf geben, den Topf schließen und die Schnepfen in etwa 15 Minuten bei geringer Wärmezufuhr gar schmoren. Bei Bedarf zwischendurch Fleischbrühe dazugießen.
Die Schnepfen aus dem Topf nehmen, die Keulen und Brustfilets ablösen. Auf einer tiefen Platte anrichten und warm halten (mit Alufolie abdecken, damit das Fleisch saftig bleibt!).
Den Bratenfond mit der Fleischbrühe lösen und durch das Sieb in die Kasserolle passieren. Die Bratensoße mit dem Schneebesen einrühren und einmal aufkochen lassen. Die Soße mit der Sahne, der abgeriebenen Zitronenschale, Zitronensaft, nach Bedarf Salz und frisch gemahlenem Pfeffer abschmecken. Über das Schnepfenfleisch gießen und servieren.

Pro Portion: 50 g E 31 g F 21 g KH 571 kcal 2390 kJ

Serviervorschlag
Als Beilagen schmecken Kartoffelkroketten und Reis mit Weintrauben (siehe Kapitel Beilagen), eventuell auch Ananaskraut (siehe voriges Rezept).
Einen trockenen oder nach Geschmack milden Rheinwein (Rheinhessen oder badischen) als Getränk wählen.

Wachteln

Die kleinen Wildvögel sind hierzulande in freier Wildbahn selten und stehen unter Naturschutz. Die Wachteln, die im Geflügel- und Feinkosthandel angeboten werden, stammen aus Geflügelfarmen oder Importen.
Frische Wachteln gibt es im Geflügelhandel (oft auf Bestellung) stückweise, tiefgekühlte Wachteln werden in Packungen verschiedener Größe angeboten (6, 8 oder 12 Stück z. B.). Auch in den Tiefkühlregalen großer Kaufhäuser und Supermärkte findet man zunehmend Wachteln. So wird es für den normalen Bürger leichter, sich diese Delikatesse zu besonderen Anlässen zuzubereiten. Als Vorspeise rechnet man pro Person 1 Wachtel, als leichte Hauptmahlzeit je nach Beilagen 2–3 Stück. Die Garzeiten der Vögelchen sind sehr kurz und sollten nicht überschritten werden, damit das Fleisch nicht zu trocken wird.

Wachteln auf Früchten

Zutaten für 2–3 Personen

**6 tiefgefrorene oder frische Wachteln (je 90 g),
etwas Salz,
125 g feine Kalbsleberwurst,
2 cl Cognac (Weinbrand),
eventuell 1 kleine Dose Trüffeln (Einwaage 12,5 g),
40 g Butter,
1/2 Tasse Fleischbrühe,
250 g grüne Weintrauben,
6 Mandarinen (oder 1 kleine Dose Mandarinenscheiben, 190 g Einwaage).**

Arbeitsgeräte

Schneidbrett, Messer, kleine Schüssel, Löffel, Holzspießchen (Zahnstocher), Pfanne (oder Bratentopf mit Deckel), Kasserolle.

Zubereitungszeit

25–30 Minuten, davon 10 Minuten Vorbereitung und 15–20 Minuten Garzeit.

Tiefgefrorene Wachteln auftauen lassen. Die Wachteln unter kaltem Wasser innen und außen waschen. Rundherum mit

1 Zutaten.

2 Die Wachteln füllen.

Wachteln auf Früchten.

Haushaltspapier (Küchenkrepp) abtrocknen und mit wenig Salz würzen.
Die Kalbsleberwurst in ein Schüsselchen geben, den Cognac und die ganz fein gehackten Trüffeln hinzufügen und alles miteinander vermischen. Die Wachteln mit dieser Farce füllen und die Öffnungen mit Holzspießchen zustecken.
30 g der Butter in der Pfanne schmelzen – aber nicht bräunen –, die Wachteln hineingeben und rundherum in 8 Minuten braun braten. Die Brühe dazugießen und die Wachteln bei geschlossener Pfanne in 6–8 Minuten gar schmoren.
In der Zwischenzeit die Weintrauben waschen und abzupfen. Die Mandarinen schälen und in Scheiben teilen (oder Mandarinen aus der Dose auf einem Sieb abtropfen lassen).
In einer kleinen Kasserolle die restliche Butter schmelzen. Die Früchte hineingeben und 5 Minuten dünsten.
Die Wachteln auf einer vorgewärmten Platte anrichten und mit den Früchten umlegen.

Pro Portion bei 2: 58 g E 45 g F 42 g KH 860 kcal 3600 kJ
Pro Portion bei 3: 39 g E 30 g F 28 g KH 574 kcal 2400 kJ

Serviervorschlag
Frisch getoastetes Weißbrot und einen milden Weißwein oder Rosé dazu reichen. Als leichtes Abendessen für 2–3 Feinschmecker servieren.

Wachteln im Nest

Zutaten für 2–4 Personen

1 kleine Dose Eßkastanien (= Maronen, 200 g Einwaage),
1 TL Butter,
1 EL Zitronensaft,
1 Msp. Pfeffer,
1/4–1/2 TL Salz,
4 EL Madeira,
1 EL Instant-Bratensoße,
4 junge Wachteln (je 90 g),
Pfeffer und Salz,
30 g Butter,
4 Scheiben Toastbrot,
frische Brunnenkresse oder Dill.

Arbeitsgeräte

Dosenöffner, Sieb, Schüssel, Spritzbeutel mit Sterntülle, Kasserolle, Schneebesen, Bratentopf, kleine Pfanne.

Zubereitungszeit

35 Minuten, davon 15–20 Minuten Vorbereitung und 15 Minuten Garzeit.

Die Kastanien aus der Dose auf dem Sieb abtropfen lassen. In den Mixer geben und pürieren. Falls kein Mixer vorhanden ist, die Eßkastanien zerdrücken und mit einem Holzlöffel durch das Sieb streichen. In der Schüssel mit der Butter, dem Zitronensaft, Pfeffer und Salz zu einer glatten Creme verrühren. In den Spritzbeutel (Sterntülle verwenden) füllen und beiseite legen.
1/8 l Wasser und den Madeira in der Kasserolle aufkochen. Die Instant-Bratensoße mit dem Schneebesen einrühren und aufkochen.
Die Wachteln kalt abspülen und mit Küchenkrepp (Haushaltspapier) abtrocknen.
Die Hälfte der Butter im Bratentopf zerlaufen lassen. Die Wachteln hineinlegen und rundherum in etwa 5 Minuten gut anbraten. Mit der Madeirasoße übergießen, den Topf schließen, den Herd auf kleine Wärmestufe schalten und die Wachteln in weiteren 8–10 Minuten gar schmoren.
In der Zwischenzeit aus den Toastscheiben runde Scheiben (mit einem großen Glas oder einer Tasse) ausschneiden.
Die restliche Butter in der Pfanne zerlaufen lassen und die Weißbrotscheiben darin von beiden Seiten goldbraun braten.
Die Weißbrotscheiben auf eine vorgewärmte Platte (oder portionsweise auf Teller) legen. In die Mitte jeweils eine Wachtel setzen. Rund um die Wachteln einen Kranz Maronenpüree spritzen, so daß die Wachteln im »Nest« liegen.
Mit frischer Brunnenkresse oder Dillsträußchen garnieren.

Pro Portion bei 4: 19 g E 10 g F 34 g KH 327 kcal 1370 kJ

Wachteln im Nest.

Serviervorschlag
Als festliches leichtes Abendessen für 2 Personen reichen (Nährwertangaben dann doppelt) oder als leichte Vorspeise für 4 Personen.
Frische Salate (z.B. Brunnenkresse, Eissalat usw.) und als Getränk einen Roséwein.

Fische und Schalentiere

Über die Vielzahl der Fischarten und ihre Zubereitung nur annähernd einen Überblick zu geben, ist hier nicht möglich. Die Rezeptauswahl gibt nur einen Einblick in die wichtigsten Zubereitungsmethoden.
Das Fischangebot ist einem zunehmendem Wandel unterworfen. Das gilt für Seefische und für Süßwasserfische. Die Umweltbelastung der Flüsse und Meere hat die Fischbestände stark reduziert. Zusätzlich wurden die Fischbestände zum Teil so stark abgefischt (z.B. der Hering), daß einige Arten vom Aussterben bedroht sind. Die Fanggründe der Hochseefischerei haben sich aus diesen Gründen verlagert, und die bekannten Fischarten werden in Zukunft im Handel durch das Angebot von neuen Arten ergänzt werden.
Das Angebot der Süßwasserfische stammt größtenteils aus den inländischen Seen oder aus Fischzüchtereien (z.B. vor allem Forellen, Karpfen und Aale).

Ernährungsphysiologisches

Gesunde Fische (aus gesunden Gewässern) liefern für unsere Ernährung wertvolle Nährstoffe. Fischfleisch ist besonders leicht verdaulich, da es ein lockereres Bindegewebe aufweist als das Fleisch von Schlachttieren.
Mit etwa 200 g Fischfleisch kann z. B. der Tagesbedarf an tierischem Eiweiß gut – und auch preiswerter als bei Fleisch- gedeckt werden. Der Fettgehalt des Fischfleisches variiert zwischen den einzelnen Arten – und der Fangzeit. Die Fische werden nach dem unterschiedlichen Fettgehalt in Fett- und Magerfische unterteilt. Zu den Magerfischen zählen z. B. Kabeljau, Seelachs, Schellfisch, Hecht, Forellen usw., die besonders wenig Fett, deshalb auch wenig Kalorien/Joule enthalten.
Zu den Fettfischen gehören z. B. Aal, Hering, Lachs, Makrele, Thunfisch.
Fischfleisch enthält wichtige Vitamine, vor allem in der Fischleber und im Rogen, wie Vitamin A, D und solche vom B-Komplex. In Seefischen sind Spurenelemente (wie Fluor und Jod) zu finden.

Kleine Warenkunde

Fischfleisch ist bis auf die Ausnahme der Spezialitäten (z.B. Lachs, Seezunge) preiswerter als Fleisch. Ohne große Kosten lassen sich interessante Fischgerichte zubereiten.
Süßwasserfische werden lebend als ganzer Fisch (Forellen, Karpfen), frisch geschlachtet auf Eis oder tiefgefroren angeboten.
Seefische haben zum Teil einen sehr weiten Weg hinter sich, bevor sie im Angebot zu finden sind. Sie kommen als ganze Fische, als Fischfilet oder tiefgefroren in den Handel.
Frischen Fisch erkennt man an fester, leicht schleimiger Fischhaut, festem Fischfleisch und noch glänzenden Augen. Weniger frische Ware weist diese Merkmale nicht mehr auf.
Achten Sie deshalb auch bei Sonderangeboten auf den Zustand der Ware. Möglichst die Angebote nur für den sofortigen Gebrauch nutzen.

Einfrieren

Das Einfrieren von Fischfleisch ist nur bei frisch gefangenen Fischen oder fertigen Gerichten sinnvoll.
Frische Fische werden ausgenommen, geschuppt, gesäubert und abgetrocknet, eventuell portioniert oder filetiert eingefroren.
Fisch nicht zu lange (maximal 3–5 Monate) lagern, da der Geschmack sonst leidet.

Tips für die Fischzubereitung

Die Fischzubereitung ist häufig mit Gerüchen verbunden, die geruchsempfindlichen Personen manchmal den Genuß der Fischgerichte verleiden. Lästige Fischgerüche lassen sich aber weitgehend vermeiden, wenn die Vor- und Zubereitung entsprechend sorgfältig geschieht.

- Fisch soll möglichst am Tag des Einkaufs verwendet werden, da Fisch schneller verdirbt als z.B. Fleisch.
- Frisch eingekaufte Ware sofort aus dem Papier oder der Verpackung nehmen und nach dem 3-S-System vorbereiten.
- Soll der Fisch erst am nächsten Tag gegessen werden, so ist es ratsam, ihn zumindest gründlich zu säubern und eventuell zu säuern. Dann in Alufolie einpacken oder mit Sichtfolie abdecken und in den Kühlschrank stellen.
- Für die Vorbereitung möglichst Plastikschneidbrett und -geschirr verwenden, da dieses die Gerüche nicht so stark annimmt wie ein Holzbrett.
- Benutztes Geschirr gleich kalt abspülen, später mit warmem Wasser (+ Spülmittel) reinigen. Abfälle dick in Zeitungspapier verpackt in den Mülleimer geben oder diesen sofort leeren.
- Für die Zubereitung beim Kochen oder Dünsten gut schließende Töpfe oder Pfannen verwenden. Oder ein mit Essig getränktes Tuch zwischen Topfdeckel und Topf legen.
- Das Geschirr nach dem Essen gleich abspülen.

Zubereitung in der Küche

Frische Fische müssen vor dem Garprozeß vorbereitet werden. Das geschieht nach dem **3-S-System.** Die 3 S bedeuten SÄUBERN – SÄUERN – SALZEN!
Jeder dieser Arbeitsgänge hat eine wichtige Funktion.

1. S = Säubern

Zum Säubern des Fisches gehört bei ganzen Fischen auch das Schuppen und das Ausnehmen. Zum Schuppen wird der Fisch mit der linken Hand am Schwanzende festgehalten. Mit einem stumpfen Messerrücken, der mit der rechten Hand geführt wird, kann man nun die Schuppen vom Schwanzende in Richtung zum Kopf abschrubben (= schuppen). Die Fischhaut darf dabei möglichst nicht beschädigt werden (Bild 1).
Zum Ausnehmen den Bauch von der Afteröffnung bis unter die Kiemen mit einem scharfen Messer aufschlitzen. Die Gedärme herauslösen, dabei darauf achten, daß die Galle (sie liegt direkt unter den Kiemen am Kopfende) nicht verletzt wird.
Rogen (Fischeier) oder Milch (Samen) aufbewahren (Bild 2).
Kopf, Schwanz und Flossen je nach weiterer Zubereitung mit einer scharfen Küchenschere oder einem Messer abschneiden (Bild 3).

1 Schuppen von Fisch.

2 Ausnehmen von Fisch.

3 Kopf und Schwanz abschneiden.

4 Den Fisch waschen.

Den Fisch immer unter fließendem kalten Wasser waschen. Ganze Fische innen und außen gründlich waschen, Fischfilet kalt abspülen (Bild 4). Dann mit Küchenkrepp abtrocknen.

2. S = Säuern

Mit dem Säuern des Fisches wird erreicht, daß der Fisch weniger riecht. Außerdem wird das lockere Bindegewebe des Fischfleisches durch die Säure etwas gefestigt, so daß der Fisch beim Garen nicht so schnell auseinan-

derfällt. Das Fischfleisch wird durch gutes Säuern geschmackvoller und bleibt schön hell.
Je nach gewünschter Geschmacksrichtung kann zum Säuern reiner Zitronensaft, Essig oder Wein verwendet werden (Bild 5).

3. S = Salzen

Fisch wird erst unmittelbar vor der Zubereitung mit Salz oder Gewürzen eingerieben. Zu frühzeitiges Salzen schadet, da das Fischfleisch dann auslaugt und das Bindegewebe aufgelockert wird (Bild 6).

Zum Würzen eignen sich Gewürze und Zutaten, die den Eigengeschmack des Fisches intensivieren.

Tip für festliche Fischgerichte

Werden Fische für festliche Mahlzeiten im Ganzen gedünstet, geschmort oder gegrillt, so ist es beim Essen angenehmer, wenn der Fisch entgrätet serviert wird. Allerdings ist die Vorbereitung in der Küche dann mit mehr Mühe verbunden. Aber diese Mehrarbeit sollte uns nicht davon abhalten, ein schönes Gericht noch vollkommener und delikater zu servieren.
Fische im Ganzen können auf verschiedene Art entgrätet werden. Z.B. von der Bauchseite aus, wenn die Fische mit einer Füllmasse zubereitet werden, oder vom Rücken, wenn sie filetiert werden sollen.

Entgräten von der Bauchseite aus

Mit einem spitzen Messer zwischen Bauchlappen und Mittelgräte das Fleisch lösen. Mit den Fingern die Gräte vorsichtig bis zum Rücken hin lösen, dann herausschneiden. Die Hälften wieder übereinanderklappen.

Entgräten von der Rückenseite aus

Von der Rückenflosse aus mit einem spitzen Messer waagrecht bis zur Mittelgräte durchstechen. Die Filets vorsichtig von der Mittelgräte lösen.

Fische, blau gekocht

Zum Blaukochen eignen sich Fische, die keine (oder nur vereinzelte) Schuppen, dafür aber eine Schleimschutzschicht haben. Forellen, Schleien oder Karpfen eignen sich besonders gut zum Blaukochen. Bei der Vorbereitung muß darauf geachtet werden, daß die Schleimschicht, die das Blauwerden bewirkt, nicht beschädigt wird. Fische zum Blaukochen werden ganz vorsichtig – möglichst unter leicht fließendem Wasser – ausgenommen und gesäubert.

Forelle blau

GRUNDREZEPT

Zutaten für 2 Personen

2 frische Forellen (je 200 g), 3 EL Weinessig, 1/8 l Weißwein, 1/2 Lorbeerblatt, 4–6 Pfefferkörner, 2 TL Salz, 1 Zweig frischer Estragon (oder 2 Zweige Petersilie), 4 El süße Sahne, 1 TL geriebener Meerrettich, 1 Prise Zucker, 1 Prise Salz, 1 naturreine Zitrone.

Arbeitsgeräte

Schneidbrett (aus Porzellan oder Kunststoff), Messer, Kasserolle, große Platte, großer flacher Topf, Schaumkelle, Rührbecher, Löffel, Nadel.

Zubereitungszeit

etwa 35 Minuten, davon 15–20 Minuten Vorbereitung und 10–15 Minuten Garzeit.

Die Forellen unter kaltem, langsam fließendem Wasser ausnehmen und vorsichtig säubern, damit die Schleimhaut unbeschädigt bleibt.
Die Forellen rundbiegen (= dressieren) und Kopf und Schwanzflossen zusammenbinden. Dazu einen Faden mit Hilfe einer Nadel durch das Fischmaul und den Schwanzflossenansatz stechen und durchziehen (Bild 1).
Die zusammengebogenen und gebundenen Forellen auf die Platte legen.
In der Kasserolle 1/8 l Wasser und den Weinessig aufkochen. Über die Forellen gießen, damit diese blau anlaufen (Bild 2).

1 Kopf und Schwanzflossen der Forelle zusammenbinden.

2 Das Wasser-Essig-Gemisch über die Forellen gießen.

Forelle blau.

Das Blauwerden geht schneller, wenn die Fische in Zugluft gestellt werden (oder mit einer zusammengefalteten Zeitung durch Fächeln Zugluft erzeugen!).
Im Topf (oder einem Fischkocher) Weißwein, 1 l Wasser, die Würzzutaten und den Estragon aufkochen. Die Forellen mit Hilfe der Schaumkelle vorsichtig in den Fischsud setzen. Den Herd auf kleine Wärmestufe zurückschalten und die Forellen in 10–15 Minuten gar ziehen lassen.

3 Die Forellen in den Sud setzen.

In der Zwischenzeit die gutgekühlte Sahne steif schlagen. Meerrettich, Zucker und Salz unterschlagen. Die Zitrone in Scheiben oder Achtel schneiden.
Die Forellen vorsichtig aus dem Fischsud heben, abtropfen lassen und auf der Platte anrichten. Mit Zitronenscheiben und Petersilie garnieren. Die Meerrettichsahne in einem Schälchen dazu reichen.

Pro Portion: 21 g E 12 g F 4 g KH 223 kcal 930 kJ

Serviervorschlag
Mit Petersilien- oder Fischkartoffeln (siehe Seite 228), frischem grünen Salat und einem leichten Weißwein servieren.

HINWEIS
Anstelle von Meerrettichsahne kann man die Forellen auch mit Zitronen-Butter-Soße oder Kräuterbutter servieren.
Für Zitronen-Butter-Soße 30 g Butter zerlaufen lassen und mit dem Saft von 1/2 Zitrone, etwas Pfeffer und Salz vermischen.

Karpfen blau

GRUNDREZEPT

Karpfen blau ist in vielen Familien am Weihnachtsabend oder auch an Silvester beliebt. Die Zubereitung ist nicht kompliziert, wie sich durch Erproben schnell nachweisen läßt.

Zutaten für 4 Personen

1 frischer Karpfen (etwa 1,5 kg), 4 EL Weinessig, 1 EL Salz, 1/8 l Weißwein, 1 kleine Gewürzzwiebel (= Zwiebel mit Nelken, Pfefferkörnern und Lorbeerblatt), 1/2 Bund Petersilie, 1/2 naturreine Zitrone.

Arbeitsgeräte

Schneidbrett (aus Porzellan oder Kunststoff), Messer, Kasserolle, großer ovaler Topf (oder Bratenpfanne für den Backofen oder Fischkocher).

Zubereitungszeit

etwa 40 Minuten, davon 15 Minuten Vorbereitung und etwa 25 Minuten Garzeit.

Den Fisch vorsichtig ausnehmen und säubern, damit die Schleimschicht nicht beschädigt wird. Möglichst nicht schuppen. Den Karpfen auf eine Platte legen.
1/8 l Wasser und den Essig in der Kasserolle aufkochen. Über den Karpfen gießen und diesen in Zugluft (oder siehe auch Forelle blau) stellen, damit er schneller blau anläuft. 10 Minuten stehenlassen.
Unterdessen den Fischsud aus 1 1/2–2 l Wasser, den Gewürzzutaten und dem Wein bereiten. Die Gewürzzwiebel mit der Petersilie im Sud aufkochen.
Den Karpfen vorsichtig hineinsetzen, den Sud aufkochen lassen. Den Topf schließen und bei kleinster Wärmestufe den Karpfen in 20–25 Minuten gar ziehen lassen.
Der Fisch ist gar, wenn sich die Rückenflosse vorsichtig herauszupfen läßt.
Den Karpfen aus dem Fischsud heben und auf einer vorgewärmten Platte anrichten. Mit Zitronenscheiben und Petersilie garnieren.

Pro Portion: 35 g E 9 g F 1 g KH 246 kcal 1030 kJ

Serviervorschlag

Typische Beilagen zu diesem Festessen sind Petersilien- oder Fischkartoffeln. Nach Wahl Meerrettichsahne, Kräuterbutter oder Zitronen-Butter-Soße (siehe auch Forelle blau) dazu reichen. Als Getränk einen trockenen Weißwein wählen.

TIPS FÜR KARPFEN BLAU

Am einfachsten ist die Zubereitung in einem Fischkocher mit Einsatz. Der Karpfen kann dann leichter aus dem Fischsud gehoben und angerichtet werden.
Wer keinen Fischkocher oder großen ovalen Topf besitzt, kann den Karpfen im Backofen zubereiten. In diesem Fall den Backofen vorheizen, während der Karpfen blau anläuft (E-Herd 200–225° C; Heißluftherd 160° C; G-Herd Stufe 3–4).
Damit der Karpfen in der großen Auflaufform (oder der Bratenpfanne des Backofens) besser steht, kann man eine dicke geschälte Kartoffel in den Bauch stecken (Bild 1).
Den Karpfen dann auch rechts und links jeweils mit einer geschälten Kartoffel abstützen, damit er besseren Halt hat (Bild 2).

1 Eine geschälte Kartoffel wird in den Bauch des Fisches gesteckt.

2 Der Karpfen wird rechts und links mit je einer Kartoffel gestützt.

Karpfen blau mit Petersilienkartoffeln und Meerrettichsahne.

Zander, gekocht

Zutaten für 4 Personen

1 Zander (oder Hecht, etwa 1 kg), 6 Pfefferkörner, 1 Bund Suppengrün, 1/2 Lorbeerblatt, 1/2 TL Zucker, 6 EL Essig, 2 TL Instant-Hühnersuppe, 30 g Butter, 30 g Mehl, 1/8 l Milch, Pfeffer und Salz, 1 Zitrone, 1 Bund Petersilie.

Arbeitsgeräte

Schneidbrett (aus Porzellan oder Kunststoff), Messer, Baumwollgarn (oder Holzspießchen), Topf (oder Fischkessel), Schaumkelle, Kasserolle, Sieb, Schneebesen, Zitronenpresse.

Zubereitungszeit

etwa 50 Minuten, davon 15 Minuten Vorbereitung und 30 Minuten Garzeit.

Den Zander (oder Hecht) schuppen, ausnehmen und unter fließendem Wasser reinigen. Bei der Zubereitung in einem normalen Topf den Fisch rundbiegen, d.h. die Schwanzflosse ins Maul des Fisches stecken und mit einem Baumwollfaden festbinden oder mit Holzspießchen zusammenstecken. Im Topf 1/2 l Wasser bei starker Wärmezufuhr mit den Pfefferkörnern zum Kochen bringen.

Unterdessen das Suppengrün putzen, waschen und in Stücke schneiden. Zusammen mit dem Lorbeeerblatt, dem Zucker, dem Essig und der Hühnersuppe in das Wasser geben.

Den Zander vorsichtig mit der Schaumkelle in den kochenden Sud setzen. Den Topf schließen, den Herd auf kleinste Wärmestufe schalten und den Fisch in etwa 30 Minuten langsam gar ziehen lassen.

Für die Soße die Butter in der Kasserolle zerlaufen lassen. Das Mehl einrühren und hellgelb anschwitzen (siehe auch Seite 174), dann die lauwarme Milch und nach und nach etwas von der Fischbrühe unter Rühren dazugießen. Die Fischbrühe dafür durch das Sieb gießen.

Die Soße etwa 10 Minuten bei geringer Wärmestufe kochen lassen.

Die Zitrone halbieren, eine Hälfte in Scheiben schneiden, die andere Hälfte auspressen und den Saft in die Soße rühren.

Die Petersilie waschen, zwischen Küchenkrepp ausdrücken. Die Hälfte der Petersilie fein hacken.

Den Zander mit der Schaumkelle aus dem Topf heben, abtropfen lassen und auf einer vorgewärmten Platte anrichten. Mit der Soße übergießen und mit feingehackter Petersilie bestreuen.

Pro Portion: 26 g E 8 g F 9 g KH 219 kcal 920 kJ

Serviervorschlag:

Petersilienkartoffeln oder Kartoffelpüree, das mit feingehackten Kräutern vermischt wurde, schmecken dazu. Außerdem frischen grünen Salat – mit Gurken- und Tomatenscheiben – und einen leichten Weißwein oder Tafelwasser dazu reichen.

Forellen in Alufolie

Die Zubereitung in Alufolie oder auch in Bratfolie ist für alle Haushalte gut geeignet, in denen Fischgerüche bei der Zubereitung nicht erwünscht sind, aber Wert auf schonend gegarte und leicht verdauliche Fischgerichte gelegt wird. Anstelle von Forellen können Fische wie Makrelen, Zander, Hecht, Fischfilet usw. verwendet werden.

GRUNDREZEPT

Zutaten für 4 Personen	**Arbeitsgeräte**
4 frische oder gefrorene Forellen (je 200 g), 2 Zitronen, Pfeffer und Salz, 1 Bund Dill, 4 TL Butter, 1 TL Öl.	**Schneidbrett, Messer, Zitronenpresse, kleine Schüssel, Alufolie, Bratenpfanne (für den Backofen).**
	Zubereitungszeit
	etwa 35 Minuten, davon 10 Minuten Vorbereitung und 25 Minuten Garzeit.

Die Forellen nach dem 3-S-System vorbereiten, also ausnehmen und gründlich waschen, mit Küchenkrepp abtrocknen. Mit dem Saft von 1 Zitrone innen beträufeln und mit Pfeffer und Salz würzen.

Die Hälfte des Dills fein hacken und mit der Butter verkneten. Jeweils 1 Teelöffel der Kräuterbutter in die Forellen füllen. Den Backofen vorheizen (E-Herd 225° C; Heißluftherd 160° C; G-Herd Stufe 4).

4 große Stücke Alufolie (etwa 30 x 30 cm) abtrennen und die eine Seite leicht mit Öl bepinseln. Jeweils 1 Forelle in die Mitte eines Bogens legen, diese von den Seiten aus nach oben zusammenfalten und einen kleinen Hohlraum über den Forellen lassen. Auch die Längsseiten hochbiegen und zusammendrücken.

Die Forellen auf den Bratenrost der Bratenpfanne legen und zur Mitte des vorgeheizten Backofens einschieben. In 20–25 Minuten gar dünsten.

Zum Anrichten die Folie oben aufreißen und zu den Seiten hin aufrollen und zusammendrücken. Die Forellen in der Folie im eigenen Saft servieren. Die 2. Zitrone in Scheiben schneiden und mit Dillsträußchen zum Garnieren der Forellen verwenden.

Pro Portion: 20 g E 7 g F 2 g KH 165 kcal 690 kJ

Serviervorschlag

Mit gekochten Kartoffeln (junge, zarte Kartoffeln mit Kräutern z.B.) oder Kartoffelpüree und frischen grünen Salaten reichen. Dazu schmeckt ein leichter trockener Weißwein oder Tafelwasser. Auch gegrillte Tomaten oder gedünstetes Gemüse (Fenchel in Weißwein oder Brokkoli) passen dazu.

Forellen nach Ohridsee-Art

Zutaten für 4 Personen

4 frische Forellen (oder tiefgefrorene, je 200 g), etwas Salz, etwas Pfeffer, 150 g weiche, eßfertige Backpflaumen (= entsteinte Kurpflaumen), 1 Bund Petersilie, 1 Knoblauchzehe, 4 EL Öl, 2 EL Kräuteressig, 4 EL Fleischbrühe, 1–2 Zitronen, 1 Bund Petersilie, 1 Knoblauchzehe, 4 Eier, Pfeffer, Salz, 2 EL Sahne (oder Milch), 2 EL Öl.

Arbeitsgeräte

Schneidbrett (aus Porzellan oder Kunststoff), Messer, kleine Schüssel, Kasserolle, Rührlöffel, feuerfeste Auflaufform (für den Backofen), Pfanne.

Zubereitungszeit

etwa 40 Minuten, davon 15–20 Minuten Vorbereitung und 20 Minuten Garzeit.

Die Forellen ausnehmen, unter fließendem Wasser kalt abspülen und mit Küchenkrepp abtrocknen. Innen und außen ganz leicht mit etwas Salz und Pfeffer würzen.
Den Backofen vorheizen (E-Herd 225° C; Heißluftherd 160° C; G-Herd Stufe 4) und den Bratenrost auf der mittleren Schiene einschieben.
Die Backpflaumen in kleine Stücke schneiden. Nur sehr trockene Pflaumen müssen vorher 10–15 Minuten eingeweicht werden (in Wasser, Wein oder Zitronensaft z.B.).
Die Forellen mit den Backpflaumen füllen.
Die Petersilie und die geschälte Knoblauchzehe fein hacken und in der Kasserolle in 2 Eßlöffel heißem Öl 5 Minuten bei starker Wärmezufuhr dünsten. Diese Mischung gleichmäßig in die Auflaufform verteilen. Die Forellen nebeneinander darauflegen.
2 Eßlöffel Öl mit dem Kräuteressig und der Fleischbrühe verrühren und über die Forellen träufeln. Diese in den vorgeheizten Backofen einschieben und in etwa 20 Minuten gar dünsten.
Nach 15 Minuten Garzeit die gewaschenen, abgetrockneten Zitronen in Scheiben schneiden, die Hälfte der Petersilie und die geschälte Knoblauchzehe fein hacken. In der Schüssel mit Sahne, den Eiern, etwas Pfeffer und Salz verquirlen.
Das Öl in der Pfanne (oder Kasserolle) erhitzen. Die Eimasse hineingeben und unter Rühren stocken lassen.

Pro Portion: 29 g E 26 g F 29 g KH 491 kcal 2050 kJ

Serviervorschlag

Die Forellen auf einer großen Platte anrichten, auf einer Seite mit Rührei, auf der anderen Seite mit Zitronenscheiben und Petersilie garnieren. Petersilienkartoffeln, frischen Salat und Weißwein zu diesem köstlichen Gericht reichen.

Forellen nach Ohridsee-Art mit Rührei, Zitronen und gemischtem Salat.

Zander im grünen Mantel

Zutaten für 2 Personen

1 frischer Zander (etwa 500 g, Hecht oder Makrele), 1 Zitrone, etwas Pfeffer und Salz, 1 Kopfsalat, 1 kleine Zwiebel, 1 Knoblauchzehe, 1/2 Bund Petersilie, 20 g Butter, 1 Msp. geriebene Muskatnuß, 1/2 Glas Weißwein.

Arbeitsgeräte

Schneidbrett, Messer, Zitronenpresse, Durchschlag, Kasserolle, Auflaufform (oval).

Zubereitungszeit

etwa 40 Minuten, davon 15 Minuten Vorbereitung und 25 Minuten Garzeit.

Den Backofen vorheizen (E-Herd 225° C; Heißluftherd 160° C; G-Herd Stufe 4) und den Bratenrost auf der mittleren Schiene – Rostwölbung nach unten – einschieben.
Den Zander unter kaltem Wasser schuppen, ausnehmen, Kopf, Schwanz- und Rückenflosse abschneiden (siehe Seite 423). Gründlich waschen und mit Küchenkrepp abtrocknen. Innen und außen mit dem Saft der Zitrone beträufeln und mit etwas Pfeffer und Salz einreiben.
Den Salat putzen, d.h. welke Außenblätter und den Strunk entfernen. Die Salatblätter lösen, gründlich waschen und gut abtropfen lassen. Am besten die Blätter mit Küchenkrepp trockentupfen.
Die Salatblätter auf den Boden und die Seitenwände der Auflaufform legen, so daß die Blätter nach außen über den Rand der Form hängen. Den Zander in die Mitte darauflegen. Die Salatblätter nach oben über dem Fisch zusammenlegen, eventuell mit 1–2 großen Blättern abdecken.
Die Zwiebel und die Knoblauchzehe schälen, die Petersilie waschen und zwischen Küchenkrepp ausdrücken. Alles sehr fein hacken.
Die Butter in der Kasserolle bei starker Wärmezufuhr erhitzen. Die feingehackten Zutaten 5 Minuten darin andünsten, mit etwas Pfeffer, Salz und geriebener Muskatnuß würzen. Gleichmäßig über den eingewickelten Fisch verteilen. Den Wein in die Form gießen, diese mit Alufolie verschließen und in den Backofen schieben. In etwa 25 Minuten gar schmoren und in der Form servieren.

Pro Portion: 25 g E 9 g F 6 g KH 235 kcal 980 kJ

Serviervorschlag

Mit Kartoffelpüree oder Petersilienkartoffeln, Tomatensalat und einem milden Rhein- oder Moselwein servieren.

HINWEIS

Anstelle von Zander können auch Hecht, gehäuteter Aal, Forellen oder Makrelen auf diese Art zubereitet werden.

Barsch auf Spinat

Zutaten für 4 Personen

1 Barsch (etwa 1 kg oder 2 Stück zu je 500 g), 1 Zitrone, 1/2 TL Pfeffer, 1 TL Salz, 750 g frischer Spinat, 2 Zwiebeln, 1–2 Knoblauchzehen, 20 g Butter, 1 Msp. geriebene Muskatnuß, 1 kleiner Becher Crème fraiche (125 g).

Arbeitsgeräte

Schneidbrett, Messer, Zitronenpresse, Durchschlag, Topf, Rührlöffel, große Auflaufform (Backofen), kleine Schüssel.

Zubereitungszeit

etwa 50 Minuten, davon 20 Minuten Vorbereitung und 25–30 Minuten Garzeit.

Den Barsch unter fließendem Wasser schuppen und ausnehmen, gründlich waschen und mit Küchenkrepp abtrocknen. Den Kopf, die Schwanzflossen und Flossen mit einem Messer (oder scharfer Küchenschere) abschneiden.
Den Fisch innen und außen mit Zitronensaft beträufeln und mit etwas Pfeffer und Salz einreiben.
Den Spinat verlesen, feste Stiele und welke Blätter entfernen. Mehrmals sehr gründlich in kaltem Wasser waschen, damit kein Sand zwischen den Blättern bleibt. Dann auf dem Durchschlag gut abtropfen lassen oder in einer Salatschleuder trocknen und in 1 cm breite Streifen schneiden.
Die Zwiebeln schälen und in kleine Würfel schneiden. Die Knoblauchzehen häuten und fein hacken oder durch die Knoblauchpresse drücken.
Den Backofen vorheizen (E-Herd 225° C; Heißluftherd 160° C; G-Herd Stufe 4) und den Bratenrost auf der mittleren Schiene (Rostwölbung nach unten) einschieben.
Die Butter im Topf schmelzen, die Zwiebelwürfel und den Knoblauch hineingeben und 5 Minuten andünsten.
Den Spinat hinzufügen und etwa 3 Minuten bei starker Wärmezufuhr dünsten, bis er leicht zusammensackt. Rund um den Fisch in der Auflaufform verteilen.
Die Crème fraîche mit geriebener Muskatnuß, Pfeffer und Salz verrühren und über den Spinat gießen. In den Backofen schieben und den Fisch in etwa 25 Minuten gar schmoren lassen. In der Auflaufform servieren.

Pro Portion: 24 g E 15 g F 10 g KH 271 kcal 1130 kJ

Serviervorschlag

Mit gekochten Kartoffeln und Weißwein oder Bier servieren. Eventuell aber auch im Backofen gebackene Kartoffeln dazu reichen.

Gebackener Fisch in Kräutern

Zutaten für 4 Personen

1 kg Kabeljaufilet, 2 Zitronen, Pfeffer, Salz, Paprika, 6 Tomaten, 3 EL Öl, 1 Zwiebel, 2–3 Knoblauchzehen, 1 Bund Petersilie (Dill, Basilikum oder andere frische Kräuter), 1 EL Kapern, 1/4 TL Rosmarin.

Arbeitsgeräte

Schneidbrett (aus Porzellan oder Kunststoff), Zitronenpresse, Messer, feuerfeste Auflaufform, Kasserolle, Rührlöffel.

Zubereitungszeit

etwa 35 Minuten, davon 10 Minuten Vorbereitung und 20–25 Minuten Garzeit.

Den Backofen vorheizen (E-Herd 225° C; Heißluftherd 160° C; G-Herd Stufe 4) und den Bratenrost auf der mittleren Schiene einschieben.
Das Fischfilet unter kaltem Wasser abspülen und mit Küchenkrepp abtrocknen. In Portionsstücke schneiden und mit dem Saft von 1 1/2 Zitronen beträufeln. Je 1/2 Teelöffel Pfeffer, Salz und Paprika vermischen und die Fischstücke damit einreiben. Nebeneinander in die Auflaufform legen.
Die Tomaten waschen, abtrocknen und in dünne Scheiben schneiden. Schuppenartig über die Fischstücke verteilen.
Das Öl in die Kasserolle geben und erhitzen.
Die geschälte Zwiebel in kleine Würfel schneiden und darin andünsten.
Unterdessen die Knoblauchzehen schälen und mit der Petersilie (oder anderen frischen Kräutern) fein hacken. In der Kasserolle mit Kapern und Rosmarin 5 Minuten dünsten.
Gleichmäßig über die Fischfilets verteilen. Diese in den Backofen schieben und in etwa 20 Minuten gar dünsten.

Pro Portion: 44 g E 8 g F 7 g KH 298 kcal 1250 kJ

Serviervorschlag

Mit körnig gekochtem Reis und grünem Salat servieren. Tafelwasser, Bier oder ein trockener Weißwein passen dazu.

HINWEIS

Bei Zubereitung mit Dill oder Basilikum auf Rosmarin und Kapern als Würzzutaten verzichten, da der Geschmack sonst überdeckt wird!

Gebackener Fisch in Kräutern

Geschmorter Aal

Zutaten für 4 Personen

1 kg frische, mittelgroße Aale (etwa 2 Stück), 1/2–1 TL Pfeffer, 1–2 TL Salz, 1–2 Knoblauchzehen, 3 EL Öl (oder Pflanzenfett), 1/8 l Fleischbrühe, 3 EL Tomatenmark, 4 EL Weißwein, 1 Paket tiefgefrorene Erbsen (450 g, oder Leipziger Allerlei), 1–2 TL Instant-Hühnerbrühe.

Arbeitsgeräte

Schneidbrett, scharfes Messer (eventuell kleine Kneifzange), kleine Schüssel, Bratentopf (oder Pfanne), Pfannenwender, Rührlöffel.

Zubereitungszeit

etwa 45 Minuten, davon 15 Minuten Vorbereitung und 25–30 Minuten Garzeit.

Am einfachsten ist es, wenn man sich den Aal beim Kauf gleich im Fischgeschäft abziehen läßt. Arbeitsaufwendiger ist das Häuten zu Hause. Wie es gemacht wird, ist auf den Bildern zu sehen.

Den gehäuteten Aal kalt abspülen und mit Küchenkrepp abtrocknen. In 6 cm lange Stücke schneiden. Pfeffer, Salz und den zerdrückten Knoblauch in der Schüssel vermischen und die Aalstücke damit einreiben.

Das Öl im Bratentopf (oder in der Pfanne) bei starker Wärmezufuhr erhitzen. Die Aalstücke im heißen Fett rundherum in 6–8 Minuten anbraten.

Fleischbrühe, Tomatenmark und Weißwein in der Schüssel mit etwas Pfeffer und Salz verrühren. Über die Aalstücke gießen und aufkochen lassen.

Den Topf schließen und den Herd auf mittlere Wärmestufe schalten. Nach 8 Minuten die gefrorenen Erbsen in den Topf geben, nochmals kurz bei starker Wärmezufuhr aufkochen. Dann den Topf wieder schließen und den Herd auf kleinste Wärmestufe zurückschalten. Alles in 10–12 Minuten gar schmoren lassen. Das Gericht gut abschmecken und in einer Schüssel anrichten.

Pro Portion: 34 g E 51 g F 16 g KH 711 kcal 2970 kJ

Serviervorschlag

Mit körnig gekochtem Reis, gekochten Kartoffeln oder frischem Stangenweißbrot servieren. Als Getränk paßt kühles Bier, aber auch ein trockener Weißwein oder leichter Roséwein dazu.

TIP

Als festliches Gericht z.B. mit Leipziger Allerlei zubereiten und mit 2 Eßlöffel Sahne oder Crème fraîche verfeinern!

Aal häuten

Frische Aale lassen sich nicht ganz einfach häuten, da die Haut sehr fest sitzt.

Mit einem scharfen Messer rund um den Kopf hinter dem Kiemenansatz einen Schnitt machen (Bild 1).

Die Haut zunächst vorsichtig an einer Stelle lösen und abzupfen. Dazu am besten eine kleine Kneifzange (Kombizange) benutzen (Bild 2).

1 Den Aal hinter dem Kopf einschneiden.

2 Die Haut mit einer Zange abziehen.

Den Kopf des Aals mit einem Tuch festhalten, um die Hanc nicht zu verletzen. Mit einer Kneifzange die Haut nun Stück fü Stück langsam zurückziehen (so, als ob ein Strumpf vom Beir gerollt wird!).

Den Aal ausnehmen und anschließend gründlich unter kalten Wasser waschen.

Goldbrassen mit Zucchini

Zutaten für 4 Personen

**500 g kleine Zucchini,
250 g Tomaten, 2 EL Öl,
etwas Pfeffer und Salz,
10 frische Basilikumblätter (oder 1 gehäufter TL getrockneter),
1/4 TL Rosmarin,
4 Goldbrassen (je 300 g),
Saft von 1–2 Zitronen,
3 EL Mehl, 1/2 TL Pfeffer,
1 TL Salz, 2 EL Öl,
2 EL Paniermehl (= Semmelbrösel), 2 EL geriebener Käse, 1 TL Butter.**

Arbeitsgeräte

Durchschlag, Schneidbrett, Messer, Kasserolle, Rührlöffel, Teller, Pfanne, Pfannenwender, Auflaufform.

Zubereitungszeit

etwa 40 Minuten, davon 20 Minuten Vorbereitung und 20 Minuten Garzeit.

Das Gemüse waschen und abtropfen lassen. Die Zucchini – den Stielansatz wegschneiden – in 1 cm dicke Scheiben schneiden, nicht schälen. Die Tomaten mit kochendem Wasser überbrühen, häuten und entkernen.
Das Öl in der Kasserolle bei starker Wärmezufuhr erhitzen. Die Zucchinischeiben darin 5 Minuten andünsten, dann die Tomaten, Pfeffer, Salz, die feingehackten Basilikumblätter und Rosmarin dazugeben. Bei geschlossener Kasserolle auf kleiner Wärmestufe weitere 5 Minuten dünsten.

Goldbrassen mit Zucchini.

1 Die Fische in Mehl wälzen.

2 Die Fische braten.

3 Das Gemüse über den Fischen verteilen.

4 Den geriebenen Käse darüberstreuen.

In der Zwischenzeit den Backofen vorheizen (E-Herd 225 bis 250° C; Heißluftherd 180° C; G-Herd Stufe 4–5, oder den Grill benutzen).
Die Fische vorbereiten. Schwanzflossen, Flossen und Köpfe abschneiden, die Fische ausnehmen und kalt waschen. Die Brassen mit Küchenkrepp abtrocknen und mit dem Zitronensaft beträufeln.
Das Mehl mit dem Pfeffer und Salz vermischen und die Fische darin wälzen (Bild 1).
Das Öl in der Pfanne bei starker Wärmezufuhr erhitzen. Die Fische darin von beiden Seiten in etwa 8 Minuten goldbraun braten (Bild 2).
Die Goldbrassen nebeneinander in die Auflaufform legen. Das gut abgeschmeckte Gemüse darüber verteilen (Bild 3).
Paniermehl und den geriebenen Käse darüberstreuen. Kleine Butterflöckchen darauflegen (Bild 4).
Zur Mitte des Backofens einschieben und 10–15 Minuten überbacken.

Pro Portion: 35 g E 20 g F 16 g KH 404 kcal 1690 kJ

Serviervorschlag

Mit knusprigem Stangen- oder Bauernbrot servieren. Tomatensaft oder einen weißen herben Wein dazu reichen.

HINWEIS

Nach der gleichen Methode können Makrelen oder Seezungenfilets zubereitet werden.

Karpfen in Biersoße

Zutaten für 4 Personen

1 Karpfen (frisch oder tiefgefroren, etwa 1,5 kg), 1/2 TL Pfeffer, 1 TL Salz, Kartoffeln, 2 Zwiebeln, 30 g Butter, 50 g Pumpernickel (oder Lebkuchen), 1/2 l Malzbier, eventuell 2 EL Rosinen, 1 EL Mandelblättchen, Paprika.

Arbeitsgeräte

Schneidbrett (aus Porzellan oder Kunststoff), Messer, großer Topf (oder tiefe Pfanne mit Deckel), kleine Schüssel, Rührlöffel, Schaumkelle.

Zubereitungszeit

etwa 50 Minuten, davon 15 Minuten Vorbereitung und 35 Minuten Garzeit.

Den Karpfen unter fließendem Wasser schuppen, dann ausnehmen und innen und außen waschen. Mit Küchenkrepp abtrocknen. Den Karpfen innen und außen leicht mit Pfeffer und Salz einreiben.
Die Kartoffeln waschen, schälen und in den Bauch des Karpfens stecken, damit dieser mehr Halt bekommt.
Die Zwiebeln schälen und in dünne Scheiben schneiden.
Die Butter im Topf bei mittlerer Wärmezufuhr erhitzen, die Zwiebelscheiben gleichmäßig auf dem Topfboden verteilen. Den Karpfen vorsichtig daraufsetzen.
Pumpernickel (oder Lebkuchen) mit den Händen fein zerkrümeln und zusammen mit dem Malzbier rund um den Karpfen verteilen. Bei starker Wärmezufuhr zum Kochen bringen, dann den Topf schließen und den Herd auf kleinste Wärmestufe zurückschalten.
Den Karpfen in 30–35 Minuten gar ziehen lassen. Der Fisch ist gar, wenn sich die Rückenflosse leicht herauszupfen läßt.
Den Karpfen vorsichtig aus dem Biersud heben und auf einer großen Platte anrichten.
Den Biersud – eventuell – noch einige Minuten einkochen lassen. Nach Geschmack auch Rosinen oder Mandelblättchen mitkochen lassen. Die Soße mit Pfeffer, Salz und Paprika abschmecken. Etwas Soße über den Karpfen gießen, die restliche in einer Sauciere dazu reichen.

Pro Portion: 37 g E 17 g F 26 g KH 449 kcal 1880 kJ

Serviervorschlag

Zum Karpfen in Biersoße werden gekochte Kartoffeln und – eventuell – grüner Salat (mit Gurkenscheiben) gereicht. Kühles Bier als Getränk dazu wählen.

Lachsscheiben im Gemüsekranz

Zutaten für 2 Personen

2 Lachskoteletts (frisch, je 150 g), 1 Zitrone, etwas Pfeffer, 1 Fenchelknolle (etwa 150 g), 2 Möhren (etwa 125 g), 1 Stange Porree (Lauch, etwa 150 g), 2 EL Öl, 1 TL Butter, 1–2 TL Instant-Hühnersuppe (Fleischbrühe), 1 EL Butter, 1/2 Bund Dill, 1 Msp. Salz.

Arbeitsgeräte

Schneidbrett, Messer, Teller, Zitronenpresse, Durchschlag, Pfanne, Pfannenwender, Gabel.

Zubereitungszeit

25–30 Minuten, davon 10 Minuten Vorbereitung und 15–20 Minuten Garzeit.

Die Lachskoteletts kalt abspülen und mit Küchenkrepp abtrocknen. Mit dem Saft der Zitrone beträufeln und mit wenig Pfeffer würzen.
Das Gemüse vorbereiten. Von der Fenchelknolle harte Außenblätter und die Stiele abschneiden, die Möhren schälen, vom Porree harte Außenblätter ablösen. Das Gemüse kalt waschen

Seezungenfilets mit Champignons

Zutaten für 4 Personen

700 g Seezungenfilet (oder etwa 1 kg Seezunge), 1 Zitrone, etwas Pfeffer und Salz, 500 g frische Champignons, 1 Zwiebel, 20 g Butter, 1/2 Glas Weißwein, 4 EL Crème fraîche, 1 Msp. Cayennepfeffer, 1/2 Bund Petersilie.

Arbeitsgeräte

Schneidbrett (aus Porzellan oder Kunststoff), Messer, Teller, Zitronenpresse, Schüssel, Pfanne (oder Kasserolle), Rührlöffel, Pfannenwender.

Zubereitungszeit

30–35 Minuten, davon 15 Minuten Vorbereitung und 15–20 Minuten Garzeit.

Die Seezungen möglichst beim Fischhändler filetieren lassen oder selbst filetieren (siehe Arbeitsfotos).
Die Filets kalt abspülen und mit Küchenkrepp vorsichtig trokkentupfen. Auf den Teller legen und mit dem Saft der Zitrone beträufeln. Mit etwas Pfeffer würzen.
Die Champignons putzen, sandige und schadhafte Stellen wegschneiden, von großen Köpfen die Haut abziehen. Die Pilze nur kalt abspülen (aber dann wieder abtrocknen!), wenn sie sehr sandig sind. Die Champignons in Scheiben schneiden, mit etwas Pfeffer und Salz würzen.

Serviervorschlag

Zu Seezungenfilets mit Champignons kann man Fischkartoffeln oder Petersilienkartoffeln (siehe Kapitel Beilagen) sowie frische Salate reichen. Als Getränk einen leichten Rhein- oder Moselwein oder Tafelwasser wählen.

und abtropfen lassen. Die Fenchelknolle vierteln und in dünne Streifen, die Möhren und den Porree in dünne Scheiben schneiden.
Öl und Butter in der Pfanne bei starker Wärmezufuhr erhitzen. Die Lachskoteletts darin von jeder Seite 3 Minuten anbraten. Das kleingeschnittene Gemüse rund um die Koteletts in der Pfanne verteilen. Mit Instant-Hühnerbrühe, eventuell auch etwas Pfeffer bestreuen und die Pfanne schließen. Den Herd auf kleinste Wärmestufe schalten und alles in 12–15 Minuten gar dünsten.
Die Butter mit der Hälfte des feingehackten Dills und Salz verrühen und zu 2 Kugeln formen.
Den restlichen Dill über das Gemüse streuen, die Dillbutter auf den Lachskoteletts zerlaufen lassen.

Pro Portion: 34 g E 38 g F 16 g KH 542 kcal 2270 kJ

Serviervorschlag
Auf einer Platte (oder bei Verwendung von feuerfestem Koch- und Bratgeschirr in der Pfanne) angerichtet mit jungen Kartoffeln oder Kartoffelpüree servieren. Als Getränk einen leichten Weißwein oder Tafelwasser wählen.

TIP
Auch mit tiefgefrorenem Butter- oder Balkangemüse ist die Zubereitung empfehlenswert.

Engräten und Filetieren von Plattfischen (Schollen, Seezungen usw.)

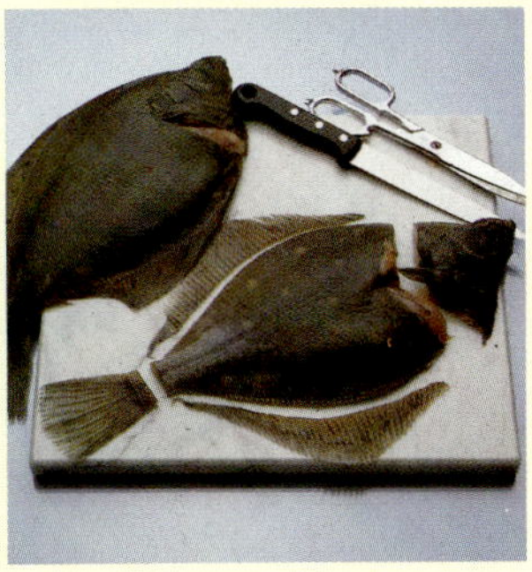
1

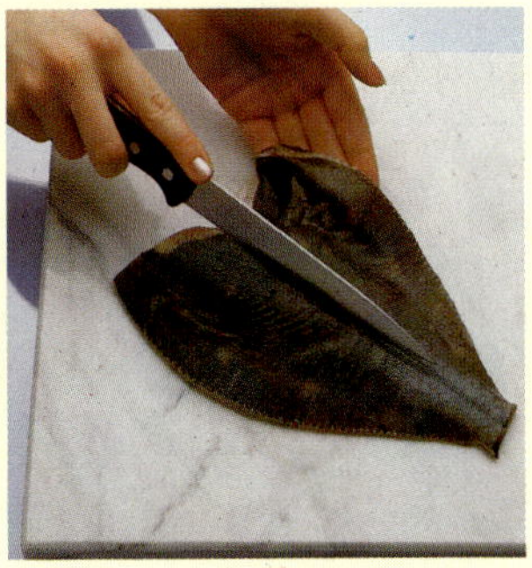
2

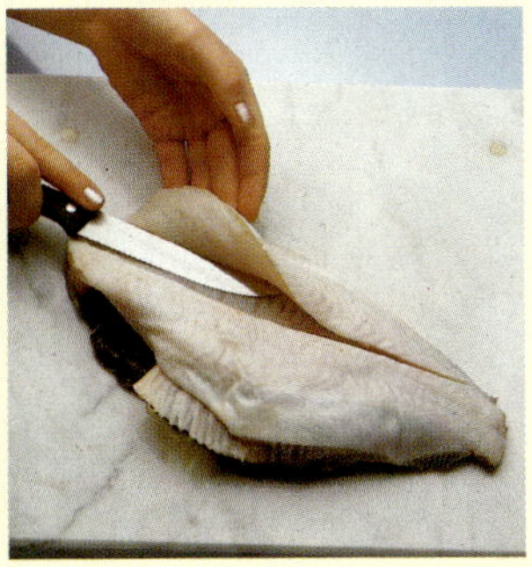
3

4

Plattfische (Steinbutt, Schollen, Seezunge usw.) werden für besondere Zubereitungsformen gerne entgrätet und filetiert.
Die Fische zunächst säubern, ausnehmen, Köpfe, Flossen abschneiden (Bild 1).
In der Mitte, entlang der Mittelgräte, mit einem spitzen Messer einen Schnitt machen (Bild 2).
Die Filets nun nach den Seiten hin vorsichtig von der Mittelgräte lösen. Dazu ein scharfes Messer mit dünner Klinge benutzen (Bild 3).
Die Mittelgräte entfernen und die Filets von der unteren Fischhaut lösen (Bild 4).

Die Zwiebel schälen und in kleine Würfel schneiden.
In der Pfanne die Butter bei mittlerer Wärmezufuhr erhitzen und die Zwiebelwürfel darin 3 Minuten andünsten. Die Champignons hinzufügen und bei starker Wärmezufuhr 5 Minuten dünsten.
Den Weißwein, die Crème fraîche, etwas Salz und den Cayennepfeffer unterrühren. Die Fischfilets zusammenfalten oder leicht aufrollen und auf die Champignons legen. Die Pfanne schließen, den Herd auf kleinste Wärmestufe schalten und die Seezungenfilets in etwa 8 Minuten gar dünsten.
Auf einer Platte anrichten und mit der feingehackten Petersilie bestreuen.

Pro Portion: 34 g E 11 g F 7 g KH 294 kcal 1230 kJ

Fischcurry

Zutaten für 4 Personen

750 g Kabeljau-(Goldbarsch- oder Heilbutt-)filet, 1 Zitrone, 2 EL Öl, 1 EL Butter, 2 Zwiebeln, 2 Knoblauchzehen, 1/2 Bund Petersilie, 1 TL Kurkuma (= Gelbwurz), 1–2 TL Curry, 1 EL Kokosflocken, 1–2 TL Salz, 6 Tomaten, 1 kleiner Becher Vollmilchjoghurt, evtl. Cayennepfeffer.

Arbeitsgeräte

Schneidbrett (aus Porzellan oder Kunststoff), Messer, Zitronenpresse, großer flacher Topf (oder Pfanne), Durchschlag, kleine Schüssel, Rührlöffel.

Zubereitungszeit

etwa 30 Minuten, davon 15 Minuten Vorbereitung und etwa 15 Minuten Garzeit.

Den Fisch unter kaltem Wasser abspülen und mit Küchenkrepp abtrocknen. In 4 cm große Stücke schneiden und mit dem Saft der Zitrone beträufeln.
Öl und Butter in den Topf geben.
Die Zwiebeln und Knoblauchzehen schälen und ebenso wie die Petersilie sehr fein hacken.
Öl und Butter erhitzen, die feingehackten Zutaten und Gewürze hineingeben und unter Rühren 5 Minuten anschwitzen (= andünsten).
Die Tomaten in den Durchschlag legen und mit kochendem Wasser überbrühen. Die Tomaten häuten, entkernen und in den Topf geben; weitere 5 Minuten schmoren.
Den Joghurt einrühren und erhitzen.
Die Fischstücke in die Soße legen, den Topf schließen und den Herd auf kleinste Wärmestufe schalten. Den Fisch in etwa 10 Minuten gar ziehen lassen. Das Gericht nur ganz vorsichtig durchrühren, da der Fisch nicht zerfallen soll. Gut abschmecken und in einer Schüssel oder auf einer tiefen Platte anrichten.

Pro Portion: 35 g E 10 g F 11 g KH 292 kcal 1220 kJ

Serviervorschlag

Zum Fischcurry paßt körnig gekochter Reis und frischer grüner Salat – eventuell mit Gurken – und Tomatenscheiben gemischt. Als Getränk Tafelwasser, Tomatensaft oder ein kühles Bier wählen.

HINWEIS

Anstelle von Fischfilet das Gericht mit Seeaalstücken zubereiten.

Fischpfanne, indonesische Art

Zutaten für 4 Personen

600 g Fischfilet (Kabeljau, Rotbarsch oder Seelachs), 1 Zitrone, 2 EL Mehl, 1/2 TL Pfeffer, 1/2 TL Curry, 1 TL Salz, 1 kleine Dose Bambussprossen (etwa 200 g), 1 kleine Dose Sojakeimlinge (etwa 200 g oder 300 g frische), 6–8 Tropfen Tabasco, 1/2 TL Curry, 3 Eier, 3 EL Milch, 3 EL Öl, 1 kleiner Beutel Mandelblättchen (oder -stifte, 40 g).

Arbeitsgeräte

Schneidbrett, Messer, Zitronenpresse, Teller, Durchschlag (Sieb), Pfanne, Pfannenwender, kleine Schüssel.

Zubereitungszeit

25–30 Minuten, davon 10–15 Minuten Vorbereitung und 15 Minuten Garzeit.

Das Fischfilet kalt abspülen und mit Küchenkrepp trockentupfen. Die Filets in 3–4 cm große Stücke schneiden und mit dem Saft der Zitrone beträufeln.
Mehl, Pfeffer, Curry und Salz im Teller vermischen und die Fischstücke darin wenden.
Die Bambussprossen und Sojakeimlinge auf dem Durchschlag abtropfen lassen. Die Bambussprossen in hauchdünne Scheiben oder Streifen schneiden.
Tabasco, Curry, die Eier und die Milch in der Schüssel verrühren.
Das Öl in der Pfanne bei starker Wärmezufuhr (E-Herd Schaltstufe 2,5; Automatikplatte 10; G-Herd große Flamme) erhitzen. Die Fischstücke hineingeben und von allen Seiten goldbraun anbraten. Die Mandelblättchen dazugeben und anbräunen.
Dann die Bambusscheibchen und Sojakeimlinge darüber verteilen. Die Pfanne schließen und 5 Minuten schmoren lassen. Die verrührten Eier darübergießen und in weiteren 3–5 Minuten stocken lassen. In der Pfanne (oder auf einer Platte) servieren.

Pro Portion: 35 g E 18 g F 16 g KH 425 kcal 1780 kJ

Serviervorschlag

Zu diesem Gericht passen am besten körnig gekochter Reis und frische Salate, als Getränk Tafelwasser, kühles Bier oder ein trockener Weißwein.

HINWEIS

Das Gericht kann auch im Backofen zubereitet werden, in diesem Fall verlängert sich die Garzeit um 5–10 Minuten.

Fischröllchen, kreolische Art.

Fischröllchen, kreolische Art

Zutaten für 4 Personen

1 kg Seelachs- oder Kabeljaufilet, 1 Zitrone, 1/2 TL Pfeffer, 1/2 TL Salz, 1/2 TL Paprika, 2 TL Kräutersenf, 1 Zwiebel, 2 EL Öl, 500 g reife Tomaten, 0,2 l Weißwein, 1 TL Instant-Hühnersuppe, 1 Tasse tiefgefrorene Erbsen (= 150 g), einige Tropfen Tabasco.

Arbeitsgeräte

Schneidbrett (aus Porzellan oder Kunststoff), Messer, Zitronenpresse, flacher Teller, Holzspießchen (Zahnstocher), Durchschlag (Sieb), großer flacher Topf (oder tiefe Pfanne), Rührlöffel.

Zubereitungszeit

etwa 35 Minuten, davon 20 Minuten Vorbereitung und 15 Minuten Garzeit.

Die Fischfilets kalt abspülen und mit Küchenkrepp abtrocknen. In 8 Stücke schneiden und diese mit Zitronensaft beträufeln. Pfeffer, Salz und Paprika vermischen und die Fischstücke damit leicht würzen. Von einer Seite dünn mit Kräutersenf bestreichen. Die Stücke zu Röllchen aufdrehen und mit Holzspießchen zusammenstecken.
Die Zwiebel schälen und in kleine Würfel schneiden.
Das Öl im Topf erhitzen und die Zwiebelwürfel darin 5 Minuten andünsten.
Unterdessen die Tomaten in den Durchschlag legen, mit kochendem Wasser überbrühen, die Haut abziehen und die Kerngehäuse herauslösen. Das Tomatenfleisch in den Topf geben und weitere 5 Minuten dünsten, bis alles musig wird.
Weißwein, Instantbrühe und die restliche Mischung aus Pfeffer, Salz und Paprika unterrühren. Die Fischröllchen in das Tomatenbett legen und mit den tiefgefrorenen Erbsen bestreuen. Zum Kochen kommen lassen, dann den Herd auf kleinste Wärmestufe schalten und das Gericht bei geschlossenem Topf in 12–15 Minuten gar ziehen lassen. Vor dem Anrichten nach Geschmack etwas Tabasco über die Fischröllchen träufeln. Mit der Dosierung vorsichtig sein, da Tabasco sehr konzentriert (= scharf) ist.

Pro Portion: 50 g E 8 g F 11 g KH 368 kcal 1540 kJ

Serviervorschlag

Grüner Salat und Reis sind die passende Ergänzung. Tafelwasser, Sangrita (= scharfes, mexikanisches Tomatengetränk) oder kühles Bier als Getränk wählen.

Gedünsteter Goldbarsch

Zutaten für 4 Personen

750 g Goldbarschfilet (Kabeljau oder Seelachs), 1 Zitrone, etwas Pfeffer und Salz, 3 rote Paprikaschoten (etwa 500 g), 1–2 Knoblauchzehen, 2 EL Öl, 1 TL Butter, 1 Bund Petersilie, 1 Msp. Cayennepfeffer.

Arbeitsgeräte

Schneidbrett (aus Porzellan oder Kunststoff), Zitronenpresse, Sieb, Messer, kleine Schüssel, große Pfanne, Pfannenwender.

Zubereitungszeit

30–35 Minuten, davon 10–15 Minuten Vorbereitung und 15–20 Minuten Garzeit.

Das Fischfilet kalt abspülen und mit Küchenkrepp trockentupfen. In 4 Portionsstücke schneiden. Die Zitrone auspressen und den Saft gleichmäßig über die Stücke träufeln. Mit etwas Pfeffer und Salz würzen.
Die Paprikaschoten der Länge nach aufschneiden und die Kerngehäuse herauslösen (siehe auch Kapitel Gemüse Seite 186). Die Paprikaschoten waschen, abtropfen lassen und in dünne Streifen schneiden. Die Knoblauchzehen schälen und fein hacken (oder durch die Knoblauchpresse drücken).
Das Öl und die Butter in der Pfanne bei starker Wärmezufuhr erhitzen. Die Fischstücke nebeneinander in die Pfanne legen. Die Paprikastreifen und den kleingehackten Knoblauch darüber verteilen. Die Pfanne schließen, den Herd auf kleinste Wärmestufe schalten und Fisch und Gemüse in etwa 15 Minuten gar dünsten.
Die Petersilie kalt abspülen und zwischen Küchenkrepp ausdrücken. Die Petersilie fein hacken und über den gedünsteten Fisch streuen. Eventuell mit etwas Salz und Cayennepfeffer nachwürzen.
Das Fischgericht auf einer Platte anrichten und servieren.

Pro Portion: 35 g E 13 g F 6 g KH 301 kcal 1260 kJ

Serviervorschlag

Dazu schmecken gekochter Reis oder Petersilienkartoffeln, als Getränk einen Tomatensaft, Tafelwasser oder leichten Weißwein wählen.

TIP

Vor dem Servieren 2 Eßlöffel Crème fraîche – mit der feingehackten Petersilie, Cayennepfeffer und etwas Salz vermischt – über die Fischstücke verteilen.

Schollen, in Cidre gedünstet

Zutaten für 2 Personen

2 Schollen (je 250 g), 1/4 l Cidre (= Apfelwein), 1 Lorbeerblatt, 2 TL Salz, 6 Pfefferkörner, 100 g saure Sahne, 1 Msp. Cayennepfeffer, 1/2 Bund Dill, eventuell 50 g Krabben (frisch oder konserviert).

Arbeitsgeräte

Schneidbrett (aus Porzellan oder Kunststoff), Messer, Küchenschere, großer flacher Topf, kleine Schüssel, Löffel.

Zubereitungszeit

25–30 Minuten, davon 15 Minuten Vorbereitung und 10 Minuten Garzeit.

Die Schollen ausnehmen, mit der Küchenschere Flossen und Köpfe abschneiden. Die Fische unter fließendem kalten Wasser waschen und mit Küchenkrepp abtrocknen.
Auf beiden Seiten der Mittelgräte die Schollen 3- bis 4mal einschneiden, damit der Gewürzsud besser eindringen kann.
Den Cidre, 1/4 l Wasser, das Lorbeerblatt, Salz und die Pfefferkörner im Topf zum Kochen bringen. Die Schollen hineinlegen und aufkochen lassen. Dann den Topf schließen, den Herd auf kleinste Wärmestufe schalten und die Schollen in 10 Minuten gar ziehen lassen.
Unterdessen die saure Sahne mit etwas Salz, Cayennepfeffer und feingehacktem Dill in der Schüssel verrühren. Eventuell die Krabben untermischen.
Die Schollen aus dem Gewürzsud heben und auf Tellern anrichten. Mit der Soße übergießen und servieren.

Pro Portion: 30 g E 6 g F 2 g KH 198 kcal 830 kJ

Serviervorschlag

Mit Petersilienkartoffeln und frischem grünen oder gemischten Salaten servieren. Als Getränk paßt Cidre oder ein leichter Weißwein.

HINWEIS

Die Schollen können auch als kalte Speise, z.B. als Vorspeise für 4 Personen, gereicht werden. In diesem Fall ist es ratsam, sie im Sud nur 7 Minuten ziehen zu lassen. Dann im Sud abkühlen. Das Fischfleisch vorsichtig von der Mittelgräte lösen und auf Portionstellern anrichten. Mit der Krabbensoße, Toastbrot und Butterkugeln reichen.

Schollen, in Speck gebraten

Zutaten für 2 Personen

2 Schollen (je 250 g), 1 Zitrone, etwas Pfeffer, Salz, 2 EL Mehl, 80 g dünne Scheiben Frühstücksspeck, 2 EL Öl.

Arbeitsgeräte

Schneidbrett (aus Porzellan oder Kunststoff), scharfe Küchenschere, Zitronenpresse, Messer, großer Teller, große Pfanne, Pfannenwender.

Zubereitungszeit

etwa 30 Minuten, davon 10 Minuten Vorbereitung und 20 Minuten Bratzeit (pro Scholle etwa 10 Minuten).

Von den Schollen mit der Küchenschere die Flossen und den Kopf abschneiden. Die Schollen unter fließendem kalten Wasser gründlich waschen und mit Küchenkrepp abtrocknen. Innen und außen mit etwas Zitronensaft beträufeln und mit Pfeffer und Salz einreiben. Die Schollen in Mehl wälzen.

Die Speckscheiben in der Pfanne in heißem Öl knusprig braten und wieder aus der Pfanne nehmen. Die Schollen in das Fett legen und je nach Größe der Schollen und der Pfanne erst eine, dann die zweite jeweils 10–12 Minuten braten.
Auf einer Platte oder portionsweise auf Tellern anrichten und die Speckscheiben darüber verteilen.

Pro Portion: 29 g E 37 g F 10 g KH 516 kcal 2160 kJ

Serviervorschlag

In Speck gebratene Schollen schmecken zu gekochten Kartoffeln oder Kartoffelsalat. Aber auch zu körnig gekochtem Reis und gebratenen Bananen (oder Bananengemüse) und frischem grünen Salat sind sie zu empfehlen. Nach Geschmack Tomatensaft, Tafelwasser oder Weinschorle dazu trinken.

HINWEIS

Schollen gibt es häufig als preiswertes Sonderangebot. Frische Schollen lassen sich gut einfrieren und dann vielseitig zubereiten.
Die Zubereitung für Steinbutt oder Seezunge kann nach dem gleichen Rezept erfolgen.

Schollen, in Speck gebraten.

Gebackener Kabeljau

(Grundrezept für das Ausbacken von Fisch in der Friteuse)

GRUNDREZEPT

Zutaten für 4 Personen

800 g Kabeljaufilet (Schellfisch, Seelachs oder Goldbarsch),
1 Zitrone,
1/2 TL Pfeffer,
3 kleine Eier,
150 g Mehl,
1 TL Salz, 1/4 TL Curry,
1 Msp. geriebene Muskatnuß,
etwa 1/8 l Milch,
Ausbackfett für die Friteuse (etwa 1 l oder 1 kg Pflanzenfett),
2 Bund Petersilie, 1 Zitrone.

Arbeitsgeräte

Schneidbrett (Porzellan oder Kunststoff), Messer, Teller, Zitronenpresse, Rührschüssel, elektrischer Handmixer (oder Schneebesen), Friteuse (oder tiefe Pfanne), Durchschlag.

Zubereitungszeit

30–35 Minuten, davon 10 Minuten Vorbereitung und 20 Minuten Ausbackzeit.

Die Fischfilets kalt abspülen und mit Küchenkrepp trockentupfen. In etwa acht 4–5 cm große Stücke schneiden. Diese auf einen Teller legen, mit Zitronensaft beträufeln und mit etwas Pfeffer würzen.
Die Eier in der Rührschüssel schaumig schlagen. Das Mehl mit Salz, Curry und Muskatnuß vermischen und löffelweise unterrühren. So viel Milch unterschlagen, daß ein dickflüssiger Eierkuchenteig entsteht. Diesen 5 Minuten quellen lassen.
Das Fett in die Friteuse geben und auf 180° C erhitzen. Bei einer nicht thermostatisch geregelten Friteuse (oder beim Ausbacken in der Pfanne) die Backtemperatur mit einem Holzlöffelstiel (oder Schaschlikholzspieß) prüfen. Beim Eintauchen ins Fett müssen sich um den Löffelstiel sofort kleine Bläschen bilden, dann kann mit dem Ausbacken begonnen werden.
Die Fischstücke mit Küchenkrepp abtupfen, in den Teig eintauchen und überschüssigen Teig ablaufen lassen. Die Stücke ins heiße Ausbackfett geben und in etwa 8 Minuten (dicke Stücke etwas länger) goldbraun und gar ausbacken.
Mit dem Gittereinsatz der Friteuse (oder einer Schaumkelle) die Fischstücke aus dem Fett heben und abtropfen lassen. Zum Abtropfen den Durchschlag mit Küchenkrepp auslegen, so daß das Fett gut aufgesaugt wird.
Je nach Größe der Stücke nur 2–3 auf einmal ausbacken, damit die Fettemperatur nicht zu stark absinkt (bei zu niedriger Temperatur saugt der Fisch zu viel Fett auf und wird schwer verdaulich!).
Während die Stücke ausbacken, die Petersilie waschen und in einem Geschirrtuch ganz gründlich abtrocknen. Zu lange Stiele abbrechen.
Die Fischstücke auf einer Platte anrichten und warm stellen. Dann nacheinander die Petersilienbüschelchen im heißen Frittierfett ausbacken. Rund um den Fisch als Garnierung – und gutschmeckende Beilage – auf die Platte legen.
Die Zitrone in Scheiben oder Achtel schneiden und zum Fisch reichen.

Pro Portion: 44 g E 31 g F 32 g KH 612 kcal 2560 kJ

Gebackener Kabeljau mit Kartoffelsalat.

Serviervorschlag:
Mit gekochten Kartoffeln oder Kartoffelsalat und einer Remouladensoße servieren. Nach Geschmack ein kühles Bier, Tafelwasser oder Tomatensaft dazu trinken.

TIP

Sehr zu empfehlen, aber nicht gerade preiswert, ist das Ausbacken von frischen Lachsstücken. Diese mit ausgebackener Petersilie garniert servieren. Preiselbeerkompott oder Crème fraîche (mit Dill verrührt) dazu reichen.

Fischsteaks mit Mandeln

Zutaten für 2 Personen

**500 g Rotbarsch- oder Kabeljaufilet,
1 Zitrone,
etwas Pfeffer und Salz,
1 Ei, 2 EL Milch,
1/2 TL Paprika, 2 EL Mehl,
1 kleiner Beutel Mandelblättchen (= 40 g), 2 EL Öl,
1 TL Butter.**

Arbeitsgeräte

Schneidbrett (Porzellan oder Kunststoff), Messer, Teller, Zitronenpresse, Paniertablett (mit Dreiteilung) oder Teller, Pfanne, Pfannenwender.

Zubereitungszeit

25 Minuten, davon 10 Minuten Vorbereitung und 12–15 Minuten Bratzeit.

Die Fischfilets unter kaltem Wasser abspülen und mit Küchenkrepp abtrocknen. In Portionsstücke schneiden und diese mit dem Saft von 1/2 Zitrone beträufeln. Leicht mit Pfeffer und Salz einreiben.
Das Ei, die Milch und den Paprika verrühren, mit Mehl und Mandelblättchen jeweils in die Vertiefungen des Paniertabletts (oder auf Teller) geben.

Das Öl und die Butter in der Pfanne bei starker Wärmezufuhr erhitzen. Die Fischfilets mit Mehl bestäuben, im verrührten Ei wenden und in den Mandelblättchen wälzen. In das heiße Fett legen und in 12–15 Minuten von beiden Seiten goldbraun backen.
Die Fischsteaks auf Portionstellern anrichten und mit Zitronenscheiben garnieren.

Pro Portion: 54 g E 35 g F 14 g KH 623 kcal 2610 kJ

Serviervorschlag:
Mit Kartoffelpüree, Kartoffelsalat oder Reis und frischen grünen Salaten servieren. Tomatensaft oder kühles Bier als Getränk wählen.

HINWEIS

Fischsteaks schmecken gut mit gebackenen Bananen oder Curry-Bananen-Gemüse und Reis oder zu einer frischen Rohkostsalatplatte (siehe Kapitel Salate Seite 146).
Es können auch pikante Beilagen wie Mangochutney, Meerrettichsoße (Fertigprodukte) oder Curryketchup dazu gereicht werden.

Muscheln und Schalentiere

Frische Muscheln gehören bei uns inzwischen auch zu den gewohnten Genüssen, da durch die schnellen Transportmöglichkeiten auch die Binnenländer gut versorgt werden können. Je nach jahreszeitlichem Angebot sind frische Muscheln auch eine preiswerte Bereicherung für den Küchenzettel. Sie sind vor allem auch bestens für kleine Gästebewirtungen geeignet, da Muschelessen nun mal besonders viel Spaß macht.
Weniger preiswert dagegen sind Köstlichkeiten wie Austern, Hummer, Langusten usw., deren Zubereitung den ganz besonderen Anlässen des Jahres vorbehalten bleibt.

Austern auf Eis

Zutaten für 2–4 Personen	Arbeitsgeräte
12–16 große Austern (je etwa 80 g), 2 Zitronen, frisch gemahlener Pfeffer, eventuell Salz.	**Austernmesser (oder stabiles Tranchiermesser), Küchentuch (Geschirrtuch), Messer, Schneidbrett.**
	Zubereitungszeit
	10 Minuten.

Die Austern unter kaltem Wasser gründlich mit einer kleinen Bürste (Hand-/Nagelbürste) abbürsten, damit kein Sand anhaften bleibt (Bild 2).
Die Austern nun nacheinander öffnen. Dazu jeweils eine Auster mit dem Küchentuch in die linke Hand nehmen. Das Tuch ist nötig, damit die scharfen Muschelkanten die Haut nicht verletzen! Das Austernmesser (= Messer mit ganz kurzer und stabiler Schneide) zwischen die beiden Schalen stecken. Durch leichte Hebelbewegung die Schalen öffnen. Im Scharnier auseinanderschneiden. Die Schale mit der Auster vorsichtig absetzen, dann die nächste öffnen (Bild 3 und 4).
Eine große Platte mit zerstossenem Eis (die Eiswürfel aus dem Gefrierfach in ein Küchentuch geben und mit einem Hammer zerkleinern!) belegen. Die Austernschalen in das Eisbett setzen. Die Zitronen in Achtel schneiden und die Platte damit umlegen.

Pro Portion bei 2: 5 g E 1 g F 7 g KH 54 kcal 230 kJ

Serviervorschlag:
Als besonders festlichen Auftakt eines Menüs oder Sektfrühstücks reichen. Dazu Weißbrot, Butterkugeln und gutgekühlten Sekt (Champagner) oder Weißwein reichen.

HINWEIS
Wer zum ersten Male Austern ißt: Sie werden nur mit Zitronensaft beträufelt – eventuell mit Pfeffer und Salz gewürzt – und roh aus der Schale geschlürft!
Wer kein Liebhaber von rohen Austern ist, sollte einmal das folgende Rezept probieren.

1 Zutaten.

2 Die Austern gründlich abbürsten.

3 Mit dem Austernmesser öffnen.

4 Öffnen.

Austern auf Eis.

Austernbeignets (Austernkrapfen)

Zutaten für 2–4 Personen	Arbeitsgeräte
12–16 große Austern (je 80 g), 1 TL Salz, 1 Ei, 80 g Mehl, 1 Prise Salz, 1 Prise Pfeffer, 1 Prise Curry, 1 Glas Weißwein, 6 EL Öl, 1 Zitrone, 1 Bund Petersilie (Dill oder frische Brunnenkresse).	Austernmesser (oder stabiles Tranchiermesser mit kurzer Schneide), Küchentuch (Geschirrtuch), Messer, Topf, Schüssel, Schneebesen, Pfanne, Löffel.

Zubereitungszeit

etwa 20 Minuten, davon 10 Minuten Vorbereitung und 10 Minuten Garzeit.

Die Austern nach dem Grundrezept säubern und öffnen. Im Topf 1/2 l Wasser mit Salz aufkochen. Die Austern hineingeben und 3 Minuten kochen lassen.
Dann in die Schüssel geben, mit kaltem Wasser abschrecken. Das Austernfleisch vorsichtig aus der Schale lösen und mit Küchenkrepp abtrocknen. Die Schüssel austrocknen.
Das Ei, Mehl und die Gewürze hineingeben und mit dem Schneebesen verrühren. Unter Rühren den Wein dazugießen. Das Öl in der Pfanne bei starker Wärmezufuhr erhitzen. Die Austern in den Teig eintauchen und in das heiße Öl legen. Rundherum in etwa 8 Minuten goldbraun ausbacken. Aus der Pfanne nehmen und auf Küchenkrepp abtropfen lassen.
Die Austernbeignets auf einer vorgewärmten Platte oder portionsweise auf kleinen Tellern anrichten. Die Zitrone in Achtel schneiden, die Petersilie waschen und zwischen Küchenkrepp ausdrücken. Die Platte – oder den Teller – mit Zitronenachteln und Petersilienbüscheln garnieren.

Pro Portion bei 4: 7 g E 17 g F 17 g KH 287 kcal 1200 kJ

Austernbeignets.

Muscheln auf Matrosenart

GRUNDREZEPT

Zutaten für 2–4 Personen	**Arbeitsgeräte**
2 kg Miesmuscheln, 2 Zwiebeln, 1–2 Knoblauchzehen, 3 EL Öl, 1 Bund Petersilie, 1/4 l Weißwein, 1 TL Salz, 1/4–1/2 TL Pfeffer, 1 Msp. Thymian, 4 EL süße Sahne (oder Crème fraîche).	**kleine Nagelbürste, Schneidbrett, Messer, großer Topf (etwa 3 l Inhalt), Rührlöffel.** **Zubereitungszeit** **30–35 Minuten, davon 10–15 Minuten Vorbereitung und 15–20 Minuten Garzeit.**

Die Muscheln sorgfältig aussortieren. Es dürfen nur fest geschlossene Muscheln verwendet werden. Haben sich (bei Lagerung im Kühlschrank z.B.) ein Teil der Muscheln geöffnet, die vorher geschlossen waren, kann man die Frische wie folgt prüfen:

In das Muschelfleisch mit einem Holzspießchen oder Messer pieksen. Schließt sich die Muschel durch die Berührung, so kann sie noch verwendet werden. Bleibt die Schale geöffnet, muß die Muschel auf jeden Fall weggeworfen werden (Bild 1).

Die Muscheln nun unter fließendem kalten Wasser gründlich waschen und die Schalen mit einer kleinen Nagelbürste abschrubben (Bild 2). Bartenden eventuell abreißen. Es darf kein Sand an den Schalen bleiben, sonst knirscht es nachher beim Essen zwischen den Zähnen!

Die Zwiebeln schälen und in kleine Würfel schneiden, die Knoblauchzehen abziehen und fein hacken.

Das Öl im Topf bei starker Wärmezufuhr erhitzen. Zwiebeln und Knoblauch darin andünsten. Die Petersilie fein hacken und hinzufügen. Den Weißwein und die Gewürze mit in den Topf geben. Zum Kochen bringen, dann alle Muscheln in den Sud schütten. Bei geschlossenem Topf etwa 15 Minuten kochen, zwischendurch einige Male vorsichtig durchrühren. Die Muscheln können angerichtet werden, wenn sich alle Schalen geöffnet haben.

Die Muscheln in eine vorgewärmte Schüssel geben.

Den Sud mit Sahne (oder Crème fraîche) verrühren, eventuell noch mit etwas Salz und Pfeffer abschmecken und über die Muscheln gießen. (Vorsichtig gießen, damit eventuell restlicher Sand zurückbleibt!)

Pro Portion bei 4: 10 g E 13 g F 7 g KH 237 kcal 990 kJ

Serviervorschlag:
Mit knusprigem Weißbrot als Vorspeise für 4 Personen reichen oder als größere Mahlzeit für 2 Personen (Näherwertangaben dann doppelt). Nach Wahl einen französischen Rotwein oder auch Rhein-/Moselwein trinken.

HINWEIS
Muscheln, die sich beim Kochen nicht geöffnet haben, dürfen nicht gegessen werden, sie sind ungenießbar!

1 Frische prüfen.

2 Die Muscheln gründlich waschen.

Muscheln auf Matrosenart.

Muscheln auf provenzalische Art.

Muscheln provenzalische Art

Zutaten für 2–4 Personen	Arbeitsgeräte
2 kg Miesmuscheln, 1 große Zwiebel, 2 Knoblauchzehen, 100 g Debrecziner Wurst (oder Knoblauchwürstchen), 2 EL Öl, 250 g Tomaten, 1 kleine Stange Lauch (Porree), 1/4 l Rotwein, 2 TL Instant-Fleischbrühe, 1/2 TL Thymian, 1/4 TL Oregano, 1/2 TL frisch gemahlener Pfeffer.	**wie Grundrezept.** **Zubereitungszeit** **wie Grundrezept.**

Die Muscheln vorbereiten wie im Grundrezept.
Die Zwiebel schälen und in Würfel schneiden, die Knoblauchzehen abziehen und fein hacken. Die Wurst in kleine Würfel schneiden. Im Topf im heißen Öl anbraten.
Die Tomaten mit kochendem Wasser überbrühen, häuten, entkernen und hinzufügen.
Den Lauch putzen, gründlich waschen und in Streifen schneiden. Zusammen mit Rotwein, der Instantbrühe und den Gewürzen in den Topf geben. Alles aufkochen, dann die Muscheln hineingeben und bei geschlossenem Topf garen, bis sich alle Schalen geöffnet haben. Im Topf oder einer großen Schüssel servieren.

Pro Portion bei 4: 13 g E 14 g F 9 g KH 266 kcal 1110 kJ

Serviervorschlag:
Als Vorspeise für 4 Personen, als leichtes Essen für 2 Personen ausreichend (Nährwertangaben dann doppelt). Dazu Weißbrot und anschließend z.B. eine Käseplatte reichen. Einen französichen Rotwein oder Rose dazu trinken.

Variation
Eventuell eine größere Portion zubereiten. Von den überbleibenden Muscheln das Muschelfleisch auslösen. Im Kühlschrank 1–2 Tage aufbewahren (oder anfrieren).
Dann mit verrührten Eiern in der Pfanne zu Rührei stocken lassen.
Auf getoasteten Weißbrotecken anrichten.
Als leichte Vorspeise mit Weißwein servieren.

Das folgende Rezept ist keine preiswerte Zubereitung. Aber es gibt bekanntlich Anlässe im Leben, die man auf besondere Art würdigen möchte und für die man keine Kosten und keinen Arbeitsaufwand scheut, um den nötigen festlichen Rahmen zu schaffen. Die Zubereitung ist vor allem für ein kleines feierliches Essen zu zweit oder zu viert geeignet.

Hummer auf Kreolenart (Grundrezept für Hummer und Languste)

GRUNDREZEPT

Zutaten für 2 Personen

1 Hummer (oder 1 Languste) von 600–700 g,
2 EL Salz,
6 Pfefferkörner,
1 Lorbeerblatt,
1 Zweig Thymian;

Soße:
1/8 l Milch,
50 g frische Kokosflocken,
1 Zwiebel,
20 g Butter,
1 gehäufter TL Curry,
1/4 l Hummersud,
3 EL süße Sahne,
1/2 Zitrone,
1 EL Butter,
Pfeffer und Salz.

Arbeitsgeräte

großer Topf, schweres großes Messer (Küchenbeil), Schere, Schneidbrett, 1 kleine und 1 große Kasserolle, Schneebesen, Sieb, Zitronenpresse.

Zubereitungszeit

etwa 1 Stunde, davon 30 Minuten Vorbereitung und 20–30 Minuten Kochzeit.

Einen lebenden Hummer (oder Languste) unter fließendem kalten Wasser gründlich abbürsten. Vorsicht vor den kräftigen Zangen! Beim Reinigen den Hummer hinter den Zangen greifen und gut festhalten.

2–3 l Wasser im Topf bei starker Wärmezufuhr aufkochen, Salz und Gewürze hineingeben. Den Hummer mit dem Kopf voran in das sehr stark kochende Wasser werfen, damit er sofort getötet wird. Nach 5 Minuten die Wärmezufuhr auf kleine Stufe zurückschalten. Den Hummer bei geschlossenem Topf in weiteren 25 Minuten gar kochen. Dann aus dem Topf heben und unter kaltem Wasser abschrecken.

Die Soße kann zubereitet werden, während der Hummer kocht. Dazu zunächst die Milch erhitzen und über die Kokosflocken gießen. Nach 10 Minuten durch ein Tuch gießen und fest ausdrücken. Diese Kokosmilch ersetzt frische aus Kokosnüssen.

Die Zwiebel schälen und in kleine Würfel schneiden.

In der kleinen Kasserolle die Butter zerlaufen lassen. Die Zwiebelwürfel hineingeben und bei mittlerer Wärmezufuhr glasig dünsten, nicht bräunen. Mit Curry bestäuben und 5 Minuten durchschwitzen lassen, dann unter Rühren die Kokosmilch dazugießen.

1 Den lebenden Hummer in das kochende Wasser werfen.

2 Nach etwa 30 Minuten herausholen.

3 Die Scheren abdrehen und aufbrechen.

4 Den Körper von unten aufschneiden.

5 Die Hälften auseinanderbiegen und das Fleisch herauslösen.

Hummer auf Kreolenart.

In 5–8 Minuten leicht sämig einkochen lassen, dann den Hummersud durch das Sieb dazugießen. Weitere 10 Minuten kochen lassen, bis eine leicht gebundene Soße entstanden ist. Während die Soße kocht, den Hummer aufbrechen und das Fleisch herauslösen.
Die Scheren (= Zangen) abdrehen und mit einem schweren Messer (Küchenbeil) aufschlagen. Das Fleisch herauslösen.
Den Hummerkörper von unten her aufbrechen. Dazu mit dem Messer oder einer festen Schere der Länge nach einen Schnitt machen. Die Hälften auseinanderbiegen und das Fleisch herauslösen. Den dunklen Darm entfernen.
Das Hummerfleisch in gleichmäßige, etwa 1/3 cm dicke Scheiben schneiden.
In der großen Kasserolle Butter zerlaufen lassen, die Hummerstücke hineingeben und darin leicht erwärmen.
Die Soße mit der Sahne, dem Zitronensaft, Salz und Pfeffer abschmecken. Über die Hummerstücke gießen und bei geschlossener Kasserolle noch 10 Minuten bei geringer Wärmestufe ziehen lassen.
Dann auf einer vorgewärmten Platte anrichten.

Pro Portion: 22 g E 29 g F 24 g KH 464 kcal 1940 kJ

Serviervorschlag:
Mit körnig gekochtem Reis reichen. Zu diesem festlichen Essen einen besonders guten Weißwein reichen.

Desserts

Gehören auch Sie zu den Menschen, für die ein kleines Essen oder ein großes Menü erst dann als vollständig akzeptiert wird, wenn eine süße Speise den Abschluß bildet? Nun, dann befinden Sie sich in guter Gesellschaft. Denn bei der Mehrzahl der Erdbewohner wird die Geschmacksrichtung »süß« als die angenehmste empfunden. Süße Speisen haben – als Abschluß gereicht – eine wichtige Funktion zu erfüllen. Sie liefern für die Verdauungsarbeit schnell verfügbare Energie, da der in süßen Speisen enthaltene Zucker (in Form von Trauben- oder Fruchtzucker) im Körper schnell abgebaut und in Energie umgewandelt wird.
Man hat herausgefunden, daß sich der nach einem größeren Essen auftretenden Müdigkeit am besten abhelfen läßt, indem schnell verdauliche Desserts gereicht werden, z.B. ein frischer Fruchtsalat oder ein erfrischendes Fruchtsorbet. Ernährungsbewußte Personen unserer Zeit sind heute auch soweit informiert, daß die süßen Speisen nicht nur als heimliche Dickmacher zu bezeichnen sind.
Es kommt auf die Wahl der süßen Speise an und natürlich auch auf die Größe der servierten Portionen.
Süße Speisen, die mit Quark, Joghurt oder Früchten zubereitet werden, müssen nicht sehr kalorien-/joulereich sein. Sie enthalten aber viele wichtige und unentbehrliche Nährstoffe, wie leichtverdauliches Eiweiß oder Mineralstoffe wie Kalzium.
Denken Sie bei der Wahl der Süßspeise an die Zusammensetzung der Hauptmahlzeit. Nach einem größeren Menü reicht immer ein kleines und kalorienarmes Dessert (z.B. Fruchtsalate), bei einem Eintopfgericht dagegen kann eine Quarkspeise oder ein Flammeri mit Früchten die passende Ergänzung sein.

Vorgefertigte Desserts

Das Marktangebot ist in den letzten Jahren fast unüberschaubar geworden. Es werden viele Produkte mit ausgezeichneter Qualität angeboten, die sich mit geringem Zeitaufwand zubereiten lassen. Bei der Verwendung sollte immer die Gebrauchsanweisung beachtet werden. Beim individuellen Variieren ist zu bedenken, daß die Mengenverhältnisse (Produkt + Flüssigkeitszugabe) eingehalten werden müssen. Bei einer Angabe von z.B. 300 ml Milchzugabe kann die Flüssigkeit sich aus 150 ml Milch + 150 ml Sahne zusammensetzen (allerdings erhöht sich dadurch der Nährwert beträchtlich!).
Geschmacksgebende weitere Zugaben, wie Zitronensaft, Rum und Wein, erst hinzufügen, wenn die Speise fertiggestellt ist.
Wie leicht sich interessante Desserts mit Fertigprodukten abwandeln lassen, zeigen die folgenden Beispiele. Sie sollen nur Anregungen geben für die vielseitigen Möglichkeiten, auch mit anderen als den gezeigten Geschmacksrichtungen Desserts zu zaubern.

Variationen für Desserts (ohne zu kochen)

1. Vanillecreme (ohne zu kochen) nach Gebrauchsanweisung zubereiten. Mit 2–3 EL Haselnußkrokant (Schokoladenstreuseln oder Nußblättchen) verrühren.
2. 250 g frische, eventuell leicht gezuckerte Früchte (wie Erdbeeren, Himbeeren, Heidelbeeren, Brombeeren usw.) in 4–5 Glasschälchen verteilen und mit der nach Gebrauchsanweisung zubereiteten Creme überziehen.
3. Die Creme nach Anweisung zubereiten, 1 TL gemahlenen Zimt und 1 EL Rum unterrühren und als **Zimtcreme** servieren.
4. Für eine **Teecreme** 2 TL Instanttee und 1–2 EL Grand Marnier (oder Cointreau) in die Creme rühren. Eventuell mit 2–3 EL steif geschlagener Sahne vermischen und in Gläsern anrichten. Mit Sahnetupfen verzieren und mit kleinen Makrönchen servieren.
5. Schokoladencreme (ohne zu kochen) nach Gebrauchsanweisung – aber 2 EL weniger Flüssigkeit – zubereiten. 1–2 EL Orangenkonfitüre unterrühren.
6. **Herrencreme:** Dafür 2 Ingwerpflaumen (in Sirup) in feine Streifen schneiden. 1 TL Ingwerstreifen zurückbehalten, die übrigen in die nach Anweisung zubereitete Creme mischen. In Glasschalen anrichten, mit Sahnetupfen verzieren und mit den restlichen Ingwerstreifchen verzieren.
7. **Schokoladen-Kirsch-Becher:** 1 kleines Glas entsteinte Sauerkirschen abtropfen lassen. Die Hälfte in 4 Glasschalen verteilen. Die Schokoladencreme zubereiten und einfüllen. Mit einem Kranz Kirschen verzieren. In die Mitte einen dikken Sahnetupfen setzen und mit grob geraspelter Schokolade bestreuen.
8. **Schokoladencreme mit Kiwis:** 2 Kiwis schälen, eine in 1/2 cm dicke Scheiben schneiden und diese halbieren. Die zweite Kiwi in kleine Stücke schneiden und in 4 Glasschälchen verteilen. Die Schokoladencreme nach Anweisung zubereiten und mit 1 EL Kaffeelikör (Cognac oder Rum) abschmecken. In die Schälchen verteilen und kalt stellen. Vor dem Servieren mit den Kiwischeiben und – eventuell – einem Sahnetupfen verzieren.

(Variationsangaben ohne Nährwertberechnung, da keine einheitlichen Packungsgrößen und Packungsinhalte der Produkte!)
Ein festliches und sehr gut schmeckendes Dessert kann nach der folgenden Angabe zubereitet werden!

Mangocharlotte

Zutaten für 4–6 Personen	Arbeitsgeräte
1/2 TL Öl, 1 Packung Löffelbiskuits (20–24 Stück), 1 Dose Mango (in Scheiben, etwa 280 g), 1 Dose Flair Tropic Creme (Mango mit Aprikose), 300 ml kalte Milch, 1/8 l süße Sahne.	kleine Springform (Rand, Durchmesser 20–22 cm), großer flacher Teller (Glasplatte), Messer, Schneidbrett, Dosenöffner, Durchschlag, Schüssel, Rührschüssel, Löffel, hoher Rührbecher, elektrischer Handmixer, Spritzbeutel mit Sterntülle.

Zubereitungszeit

15–20 Minuten (Kühlzeit etwa 30 Minuten).

Den Rand der Springform innen leicht einölen und auf den Teller stellen. Die Löffelbiskuits abmessen und passend zur Randhöhe mit einem scharfen Messer abschneiden. Entlang dem Innenrand hochstellen und den Boden ebenfalls mit den Biskuits auslegen (Bild 1).
Die Mangoscheiben auf dem Durchschlag abtropfen lassen. 1–3 schöne Scheiben zum Verzieren zurückbehalten. Die übrigen in Stücke schneiden und in der Form verteilen (dadurch bekommen die Löffelbiskuits auch mehr Halt!).
Die Sahne im hohen Rührbecher steif schlagen.
Flair-Creme und die knapp gemessene Milch (die Dose als Meßbecher benutzen!) in die Schüssel gießen. Mit dem Löffel durchrühren, bis die Masse dick wird. Dann die Hälfte der Sahne unterheben und die Creme gleichmäßig in der Form verteilen und glattstreichen (Bild 2). Etwa 25 Minuten kalt stellen. Die restliche Sahne in den Spritzbeutel füllen und kalt stellen. Vor dem Servieren entlang dem Biskuitrand einen Sahnekranz spritzen. Die Mitte der Charlotte mit Mangoscheiben verzieren. Den Rand der Springform vorsichtig lösen – vorher mit einem Messer rundherum lockern – und die Charlotte servieren.

Pro Portion bei 4: 5 g E 15 g F 56 g KH 384 kcal 1610 kJ
Pro Portion bei 6: 3 g E 10 g F 38 g KH 256 kcal 1070 kJ

Serviervorschlag:
Als Festtagsdessert servieren oder anstelle von Gebäck zum Nachmittagstee oder -kaffee reichen.

TIP

Sehr dekorativ sieht die Charlotte aus, wenn sie auf einer flachen Glasplatte mit hohem Fuß serviert wird. Den unteren Außenrand der Charlotte kann man ebenfalls mit Sahnetupfen (dann 1/4 l Sahne verwenden!) oder Früchten verzieren.
Zum Aufschneiden ein großes Messer verwenden, das vorher in heißes Wasser eingetaucht wurde. In Form von Tortenstükken aufschneiden. Anstelle von Flair für die Charlotte eine Quarkcreme (mit Gelatine steifen!) und Früchte (wie Erdbeeren, Himbeeren, Aprikosen usw.) verwenden.

1 Die Löffelbiskuits entlang dem Innenrand der Springform hochstellen.

2 Die Creme gleichmäßig in die Form verteilen.

Mangocharlotte.

Früchte-Quark-Speise

Zutaten für 2–3 Personen	Arbeitsgeräte
250 g Erdbeeren (oder andere frische Früchte), 250 g Quark (Magerstufe), 2 EL Zucker, 1/2 Zitrone, 1/2–1 Tasse Milch (etwa 1/8 l), evtl. 1 EL Schokoladenstreusel.	**Schüssel, Löffel, Schneebesen, Zitronenpresse, Sieb (Durchschlag), Teller, evtl. Küchenmesser.**
	Zubereitungszeit
	etwa 10 Minuten.

Die Erdbeeren unter kaltem Wasser vorsichtig waschen und im Sieb abtropfen lassen. Die Stielchen abzupfen und die Früchte halbieren oder vierteln. Einige Früchte zum Verzieren zurückbehalten.
Den Quark und Zucker in die Schüssel geben. Die Zitrone auspressen, den Saft und die Milch in die Schüssel geben. Alles mit dem Schneebesen glatt verrühren.
Die Erdbeerstücke vorsichtig unter den Quark mischen. Die Speise in 2–3 Schüsselchen verteilen und servieren.

Pro Portion bei 2: 20 g E 3 g F 33 g KH 245 kcal 1030 kJ
Pro Portion bei 3: 13 g E 2 g F 22 g KH 163 kcal 680 kJ

Serviervorschlag:
Quarkspeise mit Früchten ist ein gesunder Nachtisch zu den alltäglichen Mahlzeiten.
Mit Vollkornbrot und Butter schmeckt die Quarkspeise auch beim Frühstück oder zur Stärkung (vor allem für Kinder) am Nachmittag.

TIP
Je nach Jahreszeit für die Quarkspeise frische Früchte, wie Himbeeren, Johannisbeeren, Aprikosen, Pfirsiche, Brombeeren, Äpfel, Orangen und Mandarinen, Kirschen, Heidelbeeren usw., verwenden.
Anstelle von frischen Früchten können auch tiefgefrorene verwendet werden.

Sanddorn-Quark-Speise

Zutaten für 2–3 Personen	Arbeitsgeräte
250 g Quark (Magerstufe), 4 EL Sanddornsaft (mit Fruchtzucker), 2–3 EL Milch.	**Schüssel, Löffel, Schneebesen.**
	Zubereitungszeit
	5 Minuten.

Den Quark, den Sanddornsaft und die Milch in die Schüssel geben und mit dem Schneebesen glatt verrühren. In 2–3 Dessertschälchen verteilen und servieren.

Pro Portion bei 2: 18 g E 2 g F 7 g KH 122 kcal 510 kJ
Pro Portion bei 3: 12 g E 1 g F 5 g KH 81 kcal 340 kJ

Serviervorschlag:
Diese gesunde Quarkspeise eignet sich als Ergänzung zur Hauptmahlzeit ebenso wie für das tägliche Frühstück und die kleine Pause zwischendurch.

HINWEIS
Sanddorn enthält sehr viel Vitamin C. Der Saft ist in Drogerien, Apotheken oder Reformhäusern erhältlich. Vor allem in den Wintermonaten sollte häufiger Sanddornsaft verwendet werden als gute Vorbeugung gegen Erkältungskrankheiten.
Sanddornsaft schmeckt übrigens auch gut als »Soße« über Vanillepudding oder Grießbrei ober zum morgendlichen Müsli.

Sanddorn-Quark-Speise.

Mokka-Quark-Speise

Zutaten für 4 Personen

500 g Quark (Magerstufe), etwa 1/8 l Milch, 75 g Zucker, 30 g Kakaopulver (oder anstelle von Zucker und Kakao 100 g Nesquik, Kaba usw.), 1–2 TL Instantkaffee (koffeinfrei oder Malzkaffee), 20 Mokkaschokoladenbohnen.

Arbeitsgeräte

große Rührschüssel, Schneebesen, Löffel.

Zubereitungszeit

etwa 10 Minuten.

Den Quark, die Milch, den Zucker, Kakao und Instantkaffee in die Schüssel geben. Alles mit dem Schneebesen (oder elektrischen Handmixer) zu einer glatten Creme verrühren. Die Quarkspeise in eine Glasschüssel oder in Portionsgläser verteilen. Mit Mokkaschokoladenbohnen verzieren und servieren.

Pro Portion: 20 g E 6 g F 32 g KH 266 kcal 1110 kJ

Serviervorschlag:
Als Nachspeise z.B. zu Eintopfgerichten reichen.

VARIATION

Die Quarkspeise wird lockerer – aber auch gehaltvoller –, wenn steif geschlagenes Eiweiß (von 1–2 Eiweiß) oder geschlagene süße Sahne (etwa 1/8 l) untergemischt wird.
Anstelle von Mokkaschokoladenbohnen kann die Speise auch mit frischen Orangen- oder Mandarinenscheiben verziert werden.
Vor dem Servieren die Speise etwas durchkühlen lassen!

1 Zutaten.

2 Alles zu einer Creme verrühren.

Fruchtschaumspeisen

Diese Desserts lassen sich besonders schnell zubereiten. Für die Zubereitung eignen sich frische, reife Früchte besonders gut. Unmittelbar vor dem Servieren zubereitet, bleiben alle wichtigen Vitamine der Früchte erhalten. Für Fruchtschaumspeisen läßt sich z.B. auch sehr gut Eiweiß verwerten, das beim Backen oder der Soßenzubereitung übriggeblieben ist.

Aprikosenschaumcreme.

Aprikosenschaumcreme

Zutaten für 4 Personen

300 g reife, weiche Aprikosen, 1 Zitrone, 50 g Zucker (oder 2–3 EL Honig), 1 Msp. Zimt, 2–3 Eiweiß (oder 1 kleiner Becher süße Sahne = 150 g).

Arbeitsgeräte

hoher Rührbecher (oder Schüssel), elektrischer Handmixer (= Handrührgerät), Durchschlag, Zitronenpresse, Messer, Mixer (oder Passierstab).

Zubereitungszeit

10–15 Minuten.

Möglichst reife und weiche Früchte verwenden, da diese das beste Aroma haben. Die Aprikosen waschen, abtropfen lassen, dann entsteinen und in kleine Stücke schneiden. Eine der Aprikosen in dünne Scheiben schneiden und zurückbehalten. Die Aprikosenstücke in den Mixer geben und auf höchster Schaltstufe in 2 Minuten pürieren.
Die Zitrone auspressen. Den Saft, Zucker und Zimt unter das Aprikosenpüree mischen.
Gutgekühltes Eiweiß (es läßt sich dann besser steif schlagen!) im Rührbecher zu steifem Schnee schlagen. Er muß so steif sein, daß an den Rührbesen steife Spitzen bleiben. Dann das Püree ganz kurz unterschlagen.
Die Schaumcreme in Gläser verteilen und mit Aprikosenscheibchen garnieren.

Pro Portion: 3 g E – F 22 g KH 101 kcal 420 kJ

Serviervorschlag:
Dieses leichte Dessert paßt als Abschluß eines größeren Menüs.

TIP

Für Erwachsene eventuell noch pro Portion 1 Eßlöffel Marillenlikör (= Aprikosenlikör) darübergießen.
Wird anstelle von Eiweiß Sahne (150 g) verwendet, dann enthält 1 Portion: 2 g E 12 g F 23 g KH 206 kcal 860 kJ

Fruchtsülzchen
(Grundrezept für Gelatinespeise)

Zutaten für 4–6 Personen

6 Blatt weiße Gelatine (oder Instantgelatine), 1/2 l roter Traubensaft (Kirsch-, Himbeer- oder Johannisbeersaft), 100 g blaue oder grüne Weintrauben (oder andere frische Früchte).

Arbeitsgeräte

Schüssel, Rührlöffel, Kasserolle, 4–6 kleine Puddingförmchen (Plastik, Metall oder Porzellan).

Zubereitungszeit

etwa 15 Minuten (Kühlzeit 30–45 Minuten).

Die Gelatine in kaltem Wasser einweichen, dann das Wasser abgießen, die Gelatine gut ausdrücken und in die Kasserolle

1 Die ausgedrückte Gelatine in die Kasserolle geben.

2 Die aufgelöste Gelatine in den Fruchtsaft rühren.

Fruchtsülzchen.

geben. 4–6 Eßlöffel Traubensaft dazugeben. Den Topf auf die Kochstelle setzen und unter Rühren erhitzen, bis sich die Gelatine aufgelöst hat. Achtung dabei, denn die Gelatine darf auf keinen Fall kochen (sie geliert sonst nicht mehr).
Den Traubensaft in der Schüssel nur bei Bedarf mit etwas Zukker nachsüßen. Die aufgelöste Gelatine schnell in den Saft rühren, damit sich keine Klümpchen bilden.
Jeweils 1 Eßlöffel der Flüssigkeit in die Förmchen füllen. Diese einige Minuten ins Tiefkühlfach (oder in den Kühlschrank) stellen, damit die Flüssigkeit fest wird.
Unterdessen die Weintrauben waschen und abtrocknen. Von den Stielen zupfen. Eventuell halbieren. Dann auf die gelierte Flüssigkeit legen, wieder etwas Saft darübergeben und kurz erstarren lassen. Dann den restlichen Saft (falls er schon leicht geliert, einfach mit einigen Tropfen heißem Wasser wieder verflüssigen!) in die Förmchen verteilen. Zum vollständigen Erstarren in den Kühlschrank stellen.

Pro Portion bei 4: 3 g E	**– F**	**26 g KH**	**115 kcal**	**480 kJ**
Pro Portion bei 6: 2 g E	**– F**	**17 g KH**	**76 kcal**	**320 kJ**

Serviervorschlag:
Eventuell auf Glastellerchen gestürzt servieren. Dazu eine kalte Vanille- oder Weinschaumsoße oder leicht geschlagene Sahne reichen.

HINWEIS
Sollen die Förmchen gestürzt werden, rundherum mit dem Finger vorsichtig den Rand lockern. Die Förmchen unten ganz kurz in heißes Wasser tauchen. Dann die Teller über die Förmchen legen und das Ganze mit Schwung umdrehen. Die Förmchen von den Sülzen abnehmen.

Kaffeegelee

Zutaten für 4 Personen

**1/2 l kalte Milch,
2 EL Nesquik-Kakao,
2 EL Nescafé,
2 EL Zucker,
2–3 EL Rum,
6 Blatt weiße Gelatine
(oder 1 Päckchen gemahlene Gelatine), 1/8 l süße Sahne,
1 Päckchen Vanillezucker.**

Arbeitsgeräte

Schüssel, Schneebesen, Kasserolle, hoher Rührbecher, elektrischer Handmixer (mit Schneebesen), Löffel, evtl. Spritzbeutel (Sterntülle).

Zubereitungszeit

etwa 10 Minuten (Kühlzeit 30–40 Minuten).

Die Milch in der Schüssel mit Nesquik, Nescafé, Zucker und Rum verrühren.
Die Gelatine in der Kasserolle in kaltem Wasser einweichen. Dann gut ausdrücken und das Wasser bis auf zwei Eßlöffel ausgießen. Das Wasser auf der Kochstelle erhitzen, die ausgedrückte Gelatine hineingeben und auflösen. Dabei die Kasserolle von der Kochstelle nehmen, da die Gelatine auf keinen Fall kochen darf (sie geliert dann nicht mehr!).
Die aufgelöste Gelatine unter schnellem Rühren in die Milch gießen, damit sich keine Klümpchen bilden.
Das Kaffeegelee in Dessertgläser verteilen und in den Kühlschrank stellen. In etwa 30 Minuten erstarren lassen.
Vor dem Servieren die Sahne im Rührbecher steif schlagen und den Vanillezucker unterschlagen. Die Sahne – eventuell in einen Spritzbeutel mit Sterntülle füllen – als dicken Tuff auf das Kaffeegelee setzen oder ein Muster aufspritzen.

Pro Portion: 7 g E 15 g F 20 g KH 277 kcal 1160 kJ

Serviervorschlag:
Als erfrischendes Dessert vor allem in der warmen Jahreszeit gut geeignet.

TIPS
Das Gelee ist für Kinder oder als Schonkostdessert gut geeignet, wenn es mit koffeinfreiem Instantkaffee und ohne Rum zubereitet wird!
Sehr nährstoffarm – trotzdem gutschmeckend und erfrischend – ist Kaffeegelee, das ohne Milch zubereitet wird. Dann nur einen starken, süßen Kaffee bereiten und die aufgelöste Gelatine unterrühren.
1 Portion (mit Sahne) enthält dann nur:
3 g E 10 g F 14 g KH 194 kcal 810 kJ

Süße Dessertsoßen

Zu einigen Desserts sind süße Soßen unentbehrliche Zutat. Sie werden zu frischen oder gedünsteten Früchten, zu Obstsalaten, Eis, Flammeris oder Pudding gereicht. Viele der beliebten Soßen gibt es bereits als Fertigprodukte, die sich im Handumdrehen zubereiten lassen oder sofort verwendbar sind.
Wer Wert auf seine individuelle Geschmacksnote legt, wird aber bei besonderen Anlässen sicher gerne eine hausgemachte Schokoladensoße oder Weinschaumsoße servieren.

Schokoladensoße

Zutaten für 4 Personen	Arbeitsgeräte
150 g halbbittere Schokolade (Vollmilch oder Mokka), 4 EL Dosenmilch (oder Sahne), 2 EL Rum (oder Grand Marnier), 1 Msp. Zimt.	**kleine Porzellan- oder Metallschüssel, kleiner Topf (passend zur Schüsselgröße), Rührlöffel.**
	Zubereitungszeit
	10 Minuten.

Die Schokolade zerbröckeln und in die Schüssel geben.
In den Topf heißes Wasser gießen (etwa bis halbe Höhe) und bei starker Wärmestufe (E-Herd Schaltstufe 2,5–3; Automatik 10–12; G-Herd große Flamme) zum Kochen bringen. Dann den Herd auf kleine Stufe zurückschalten. Die Schüssel so in den Topf stellen, daß kein Wasser hineinspritzen kann (siehe auch Bild 3, Wasserbad).
Die Schokolade schmelzen lassen, dann 4 Eßlöffel heißes Wasser, die Dosenmilch, den Rum und Zimt hinzufügen und alles zu einer glatten Soße verrühren. Sofort zum Überziehen vom Dessert verwenden und servieren.

Pro Portion: 5 g E 14 g F 22 g KH 266 kcal 1110 kJ

Serviervorschlag:
Schokoladensoße eignet sich gut zum Überziehen von Eis, gedünsteten Birnen (z.B. Birne Hélène), Obstsalat oder Eierkuchen (auch Waffeln und Crêpes).

TIP
Probieren Sie Ihre individuelle Geschmacksrichtung aus, z.B. durch Wahl der Schokoladensorte. Durch Zugabe von etwas Instantkaffee, Zimt, Gewürznelke oder Kardamom läßt sich der Geschmack leicht verändern. Sehr zu empfehlen ist z.B. zu Vanilleeis eine Schokoladensoße, in die ganz fein gehackte Ingwerknolle (in Sirup) oder gehackte Mandeln gerührt wurden.

Weinschaumsoße (Zabaione)

Zutaten für 4 Personen	Arbeitsgeräte
1/8 l Marsalawein (Portwein oder Sherry medium dry), 4 Eigelb, 75 g Zucker, 1 Päckchen Vanillezucker (oder 1/2 Vanilleschote).	**Topf (für das Wasserbad), kleiner Topf oder Schüssel (zum Einhängen), große Tasse, Löffel, elektrischer Handmixer.**
	Zubereitungszeit
	10–15 Minuten.

Für das Wasserbad Wasser in den Topf (1/3–1/2 Höhe) gießen und bei starker Wärmezufuhr zum Kochen bringen. Dann den Herd auf kleine Stufe zurückschalten.
In den kleinen Topf (oder eine Schüssel) die Eigelbe (die Eier über einer Tasse trennen und das Eiweiß aufbewahren!), den Zucker und Vanillezucker geben.

1 Zutaten.

2 Eigelb und Zucker in einen Topf geben.

3 Die Zutaten mit dem Handmixer im Wasserbad schaumig schlagen.

Bei Verwendung von echter Vanille die Schote der Länge nach mit einem spitzen Messer aufschlitzen. Das Mark (= kleine Samenkörner) herausschaben und in den Topf geben.
Die Zutaten mit dem elektrischen Handmixer auf höchster Schaltstufe schaumig schlagen. Dann in das heiße Wasserbad einhängen. Auf kleiner Stufe so lange weiterschlagen, bis eine dickschaumige Masse entsteht, Auf keinen Fall kochen lassen, da die Masse sonst ausflockt!

Heiße Weinschaumsoße über Weintrauben.

Den Topf aus dem heißen Wasserbad nehmen und die Soße sofort servieren, da sie leicht zusammensackt.

Pro Portion: 3 g E 6 g F 22 g KH 190 kcal 800 kJ

Serviervorschlag:
Heiße Weinschaumsoße schmeckt köstlich zu frischen, leicht gezuckerten Früchten (Erdbeeren, Himbeeren, Heidelbeeren, Weintrauben und Fruchtsalat) oder auch solo.

HINWEIS
Wird die Weinschaumsoße kalt gereicht, muß sie im Wasserbad unter Rühren abgekühlt werden. Dazu kaltes Wasser – eventuell mit Eiswürfeln – in das Spülbecken laufen lassen und die Schüssel hineinstellen. Beim Kaltrühren kein Wasser in die Masse spritzen lassen.
Eventuell auch zum Stabilisieren als Creme 3 Blatt weiße Gelatine (nach Gebrauchsanweisung aufgelöst) unterrühren.

Pfirsiche unter der Haube

Zutaten für 4 Personen

200 g frische Himbeeren (oder 1/2 Packung tiefgefrorene), 30 g Zucker, 1/2 Zitrone, 4 Pfirsichhälften aus der Dose, 1/8 l süße Sahne, 1 Päckchen Vanillezucker.

Arbeitsgeräte

Schüssel, Mixer (oder Passiersieb), Rührlöffel, Dosenöffner, Durchschlag, hoher Rührbecher, elektrischer Handmixer, Zitronenpresse, Spritzbeutel mit Sterntülle.

Zubereitungszeit

15 Minuten.

Frische Himbeeren verlesen, aber möglichst nicht waschen, da sie sonst vermatschen. Bei Verwendung von tiefgefrorenen diese vorher 15 Minuten antauen lassen.
Die Himbeeren im Mixer auf Stufe II pürieren. Zucker und den ausgepreßten Saft der Zitrone hinzufügen.
Die Pfirsiche abtropfen lassen, dann mit der Außenrundung nach oben auf 4 Glasteller legen.
Die gutgekühlte Sahne in den Rührbecher gießen. Mit dem elektrischen Handmixer (Schneebesen verwenden) auf höchster Schaltstufe steif schlagen. Den Vanillezucker unter die steife Sahne schlagen. Die Sahne in den Spritzbeutel füllen.
Erst unmittelbar vor dem Servieren das Himbeerpüree (= dicke Himbeersoße) so über die Pfirsiche gießen, daß diese vollständig überzogen sind. Rund um die roten Pfirsiche einen Kranz Sahnetupfen spritzen.

Pro Portion: 2 g E 10 g F 25 g KH 196 kcal 820 kJ

Serviervorschlag:
Dieses schnell zubereitete und leichtbekömmliche Dessert eignet sich besonders gut als Abschluß eines größeren festlichen Menüs.

TIP
Für Erwachsene kann das Himbeerpüree mit 1–2 Eßlöffel Himbeergeist aromatisiert werden.

Gedünstete Birnen in Himbeersoße

Zutaten für 6 Personen

6 mittelgroße Williams-Christ-Birnen, 1 naturreine Zitrone, 100 g Zucker, 1/4 TL gemahlener Zimt, 1 Msp. gemahlene Gewürznelken, 250 g frische (oder tiefgefrorene) Himbeeren, eventuell 1 EL Himbeergeist.

Arbeitsgeräte

Durchschlag, Messer, Topf (oder Dampfdrucktopf), Zitronenpresse, Tasse, Mixer (oder Passiersieb), Eßlöffel.

Zubereitungszeit

15–20 Minuten (Kühlzeit 30 Minuten).

Die Birnen und die Zitrone waschen und abtrocknen. Die Zitrone dünn abschälen und den Saft auspressen. Zitronenschale und -saft, 1/8 l Wasser, den Zucker, Zimt und die Gewürznelken in den Topf geben und bei starker Wärmezufuhr aufkochen.
Unterdessen die Birnen schälen, aber die Stiele nicht entfernen. Die Birnen – mit Stiel nach oben – in den kochenden Sud setzen. Den Topf schließen und den Herd auf kleine Wärmestufe schalten, wenn die Birnen zu kochen beginnen. Dann in 10–15 Minuten gar dünsten. Zwischendurch mit Fingerdruck prüfen, ob die Birnen weich sind. Sie dürfen nicht zerfallen!
Die Himbeeren (tiefgefrorene vorher leicht antauen lassen) verlesen, aber möglichst nicht waschen, da sie sehr leicht zerfallen. Die Himbeeren in den Mixer geben und auf Stufe II–III pürieren (oder durch das Passiersieb streichen).
Die Birnen aus dem Sud heben und in eine Schüssel setzen. Den Sud mit dem Himbeerpüree verrühren und – eventuell – mit Himbeergeist abschmecken. Die Himbeersoße über die Birnen gießen, so daß diese eine rote Färbung erhalten. Im Kühlschrank etwa 30 Minuten durchkühlen lassen.

Pro Portion: 1 g E 1 g F 37 g KH 158 kcal 660 kJ

Serviervorschlag:
Als leichtes Dessert nach einem festlichen Menü reichen.

TIP
Anstelle von Zitronensaft zum Dünsten 1 Glas Weiß- oder Rotwein mit dem Wasser und Zucker verwenden, wenn das Dessert für Erwachsene vorgesehen ist.

Birne Hélène (Birne Schöne Helene)

Zutaten für 4 Personen	**Arbeitsgeräte**
2 reife Williams-Christ-Birnen (je 250 g oder 4 kleine Birnen), 1 Zitrone, 1 EL Zucker, 1 kleine Stange Zimt, 3 Gewürznelken, 1 Packung Vanille-Eiscreme (500 ml), 100 g halbbittere Schokolade (oder Kuvertüre).	**Küchenmesser, Zitronenpresse, flacher Topf, Eisportionierer (oder Löffel), kleine Kasserolle.**

Zubereitungszeit

etwa 25 Minuten, davon 10 Minuten Vorbereitung und 10 Minuten Garzeit (Abkühlzeit zwischendurch etwa 30 Minuten).

Die Birnen waschen. Die Zitrone auspressen und den Saft mit 1/8 l Wasser, dem Zucker, der Zimtstange und den Gewürznelken in den Topf geben. Bei mittlerer Wärmezufuhr zum Kochen bringen.
Unterdessen die Birnen der Länge nach halbieren und die Kerngehäuse herausschneiden. Die Birnenhälften in den Topf geben und – je nach Reifegrad – in 5–8 Minuten gar dünsten. Sie sollten nicht zu weich gedünstet werden.
Vor der weiteren Verwendung etwa 30 Minuten abkühlen lassen.
Zum Anrichten auf 4 Glasteller Eiskugeln – jeweils zwei – geben. Dazu mit dem Eisportionierer, der vorher in kaltes Wasser getaucht wird, Eiskugeln aus dem Vanilleeis herausstechen oder das Eis mit einem Messer in große Würfel schneiden.
Auf das Eis jeweils 1 Birnenhälfte (bei kleinen Birnen 2) mit der Außenrundung nach oben legen.
Die Schokolade in die Kasserolle bröckeln und – mit etwas Wasser – bei geringer Wärmezufuhr schmelzen (oder im Wasserbad schmelzen). Die flüssige Schokolade über die Birnen verteilen und das Dessert servieren.

Pro Portion: 7 g E 23 g F 58 g KH 470 kcal 1960 kJ

Serviervorschlag:
Dieses klassische Dessert eignet sich gut als Abschluß eines festlichen Menüs, aber auch für den sonntäglichen Familientisch.

TIP
Bei Verwendung von konservierten Birnen kann der Arbeitsaufwand vor allem bei einem Essen mit größerer Personenzahl verkürzt werden. Dazu dann Schokoladensoße (siehe S. 456) reichen.

Birnenigel

Zutaten für 4 Personen	**Arbeitsgeräte**
4 halbe Birnen (aus der Dose), 1 Beutel Mandelblättchen (etwa 40 g), 1 EL Rosinen, 100 g Vollmilchschokolade (oder halbbittere).	**Dosenöffner, Durchschlag, kleine Kasserolle.** **Zubereitungszeit** **etwa 10 Minuten.**

Die Birnen aus der Dose auf dem Durchschlag abtropfen lassen. Bei Verwendung von gedünsteten, frischen Birnen diese nach dem Rezept »Birne Hélène« vorbereiten.

Die Birnenhälften mit der Außenrundung nach oben auf Glasteller verteilen. Die Birnen so mit den Mandelstiften bestecken, daß sie wie Igelchen aussehen. Vorne ein Stück frei lassen und diesen Igelkopf mit Rosinen – für Augen und Schnäuzchen – bestecken.

Die Schokolade zerbröckeln und in der Kasserolle bei ganz geringer Wärmezufuhr schmelzen. Eventuell etwas Wasser (oder Milch) unterrühren. Die Igelchen mit der Schokoladensoße umgießen und servieren.

Pro Portion: 4 g E 14 g F 27 g KH 255 kcal 1070 kJ

Serviervorschlag:
Vor allem gut geeignet für Kindergeburtstage und Feste mit kleinen Gästen.

Früchte in Melone

Zutaten für 4 Personen	**Arbeitsgeräte**
1 kleine Wasser-, Ogen- oder Honigmelone (etwa 1,5 kg), 1 Orange, 200 g Erdbeeren, 200 g Weintrauben (blau oder grün), 1 Zitrone, 30 g Zucker (oder 2 EL Honig), 2 cl Sherry.	**großes scharfes Messer, Schneidbrett, Löffel, 2 Schüsseln, Sieb, Zitronenpresse, Salatbesteck.** **Zubereitungszeit** **15–20 Minuten (Kühlzeit 15–30 Minuten).**

Die Melone waschen und abtrocknen. Das obere Viertel mit einem scharfen Messer waagrecht abschneiden. Die Kerne mit einem Löffel herauslösen. Dann das Fruchtfleisch – bis auf einen etwa 1/2 cm dicken Rand – mit dem Löffel (oder einem Messer) herausstechen. Das Melonenfleisch in Würfel schneiden und in die Schüssel geben. Den Rand der Melone in gleichmäßigen Zacken ausschneiden.

Die Orange schälen, die Scheiben auseinanderlösen und in Stücke schneiden.

Die Erdbeeren und Weintrauben waschen, gut abtropfen lassen und von den Stielen zupfen. Große Erdbeeren halbieren oder in Viertel schneiden. Die Weintrauben halbieren und – eventuell – entkernen. Die Früchte mit in die Schüssel geben.

Die Zitrone auspressen, den Saft mit dem Zucker und Sherry verrühren und über den Fruchtsalat gießen. Alles ganz locker mit dem Salatbesteck durchheben. Den Salat und die Melone kalt stellen.

Den Fruchtsalat erst unmittelbar vor dem Servieren in die Melone einfüllen.

Pro Portion: 2 g E 1 g F 33 g KH 148 kcal 620 kJ

Serviervorschlag:
Besonders gut als erfrischender Sommersalat oder als Abschluß eines größeren Menüs geeignet.

TIP

Bei einer größeren Personenzahl eine große Wassermelone verwenden. Aus dem Melonenfleisch eventuell mit einem runden Gemüseausbohrer Kugeln ausstechen. Anstelle der angegebenen Früchte kann man nach eigener Wahl andere – auch exotische – verwenden. Es können auch tiefgefrorene oder konservierte Früchte ideal mit den frischen kombiniert werden. Damit die Melone auf einer Platte besser stehen kann, unten eine flache Scheibe abschneiden!

HINWEIS

Eventuell die Birnenigel auf Schokoladenpudding anrichten und dazu eine Vanillesoße (Fertigsoße) oder leicht geschlagene süße Sahne reichen.

Orangenkörbchen mit Granatapfelkernen

Zutaten für 4 Personen	Arbeitsgeräte
4 mittelgroße Orangen (je 200 g), 1 reifer Granatapfel (etwa 350 g), 1 Zitrone, 1 Päckchen Vanillezucker, 1 EL Zucker, eventuell 2 EL Rum.	Schneidbrett, scharfes Messer (Tomatenmesser), Schüssel, Zitronenpresse, Löffel, Salatbesteck.
	Zubereitungszeit
	etwa 20 Minuten.

Orangenkörbchen mit Granatapfelkernen.

Die Orangen waschen und abtrocknen. Mit einem scharfen Messer vom oberen Drittel jeweils waagerecht bis fast zur Mitte einen Schnitt anbringen. Von oben bis zum waagerechten Schnitt jeweils senkrecht nach unten schneiden, dabei in der Mitte einen 1 cm breiten Streifen für den Korbhenkel lassen (Bild 1). Die Orangen vorsichtig aushöhlen, das Fruchtfleisch in Stücke schneiden und in die Schüssel geben.

1 So werden die Körbchen hergestellt.

2 Die roten Kerne aus dem Granatapfel herauslösen.

Vom Granatapfel an der Spitze eine kleine Kappe abschneiden. Senkrecht rundherum die Schale 1/2 cm tief einschneiden, dann die Frucht mit beiden Händen aufbrechen. Die roten Kerne aus dem Fruchtmantel herauslösen. Die eßbaren Kerne in die Schüssel geben (Bild 2).
Den ausgepreßten Saft der Zitrone, Vanillezucker, Zucker und – eventuell – Rum darübergeben. Alles mit dem Salatbesteck locker durchmischen.
In die ausgehöhlten Orangenkörbchen füllen und servieren.

Pro Portion: 2 g E – F 35 g KH 148 kcal 620 kJ

Serviervorschlag:
Für Kenner als erfrischendes Dessert reichen.

Apfel-Orangen-Salat

Zutaten für 4 Personen	Arbeitsgeräte
2 Orangen (etwa 400 g), 2 Äpfel (etwa 400 g), 2 EL Mandelstifte, 1 Zitrone, 2 EL Honig (oder Zucker), 1 Msp. Zimt, 2 EL Rum (oder Armagnac).	scharfes Messer, Schneidbrett, Schüssel, Zitronenpresse, Löffel, Salatbesteck.
	Zubereitungszeit
	10 Minuten.

Die Orangen, Äpfel und Zitrone waschen und abtrocknen. Orangen und Äpfel schälen. Die Orangen in Spalten teilen, in dünne Scheibchen schneiden und in die Schüssel geben.
Die Äpfel vierteln und das Kerngehäuse herausschneiden. Dann die Stücke in dünne Scheiben und diese in Streifen schneiden. Mit den Mandelstiften in die Schüssel geben.
Die Zitrone auspressen und den Saft über die kleingeschnittenen Zutaten träufeln.
Honig, Zimt und Rum verrühren, in die Schüssel geben und alles ganz locker mit dem Salatbesteck durchheben.
Den Salat möglichst gleich in Portionsschälchen anrichten und genießen, damit die Vitamine erhalten bleiben.

Pro Portion: 2 g E 3 g F 26 g KH 169 kcal 710 kJ

Serviervorschlag:
Als erfrischender, vitaminreicher Salat für das ganze Jahr gut geeignet zur Hauptmahlzeit, zum Frühstück oder für die Pause zwischendurch.

Exotischer Früchtesalat

Zutaten für 4–6 Personen

**1 reife Mango (250 g),
2 Kakis (oder Loquat),
2 Kiwis,
250 g blaue Weintrauben,
1 Packung tiefgefrorene Himbeeren (300 g oder frische),
1 Orange,
2 EL Zucker (oder Honig),
2 EL Bacardi Rum (= weißer Rum),
1 Msp. gemahlene Nelken und Zimt.**

Arbeitsgeräte

Messer, Schneidbrett, Durchschlag (Sieb), Schüssel, Zitronenpresse, Löffel, Salatbesteck.

Zubereitungszeit

etwa 20 Minuten (Kühlzeit 15 Minuten).

Die Mango und Kaki kalt abwaschen und mit Küchenkrepp abtrocknen. Die Weintrauben waschen und im Durchschlag abtropfen lassen.
Aus der Mangofrucht den flachen Kern herauslösen. Dazu die Frucht waagrecht mit einem scharfen Messer aufschneiden (Bild 2). Dann den Kern herausschneiden (Bild 3). Die Hälften schälen und das Fruchtfleisch in Würfel oder Scheiben schneiden.
Die Kakis halbieren, die Kerne herauslösen und das Fruchtfleisch in Würfel schneiden (Bild 4). Die Kiwis schälen (pellen), der Länge nach halbieren und in Scheiben schneiden (Bild 5).

1 Zutaten.

2 Die Mangofrucht waagrecht aufschneiden.

3 Dann den Kern herausschneiden.

Die Weintrauben von den Stielen zupfen,halbieren und entkernen. Die tiefgefrorenen Himbeeren mit den anderen Früchten locker in der Schüssel vermischen (Bild 6).
Die Orange auspressen. Den Saft mit Zucker (oder Honig), Rum, Nelken und Zimt verrühren. Über den Salat gießen und diesen 10 Minuten durchziehen lassen. So lange, bis die Himbeeren aufgetaut sind. Bei Verwendung von frischen Himbeeren den Salat 10 Minuten im Kühlschrank durchziehen lassen! Den Fruchtsalat vor dem Servieren ganz locker mit dem Salatbesteck durchheben.

Pro Portion bei 4: 3 g E – F 64 g KH 301 kcal 1260 kJ
Pro Portion bei 6: 2 g E – F 42 g KH 201 kcal 840 kJ

Serviervorschlag:
Dieser köstliche – und auch kostspielige – Salat ist als Abschluß eines festlichen Menüs ideal. Zum Beispiel in einer schönen Glas- oder Silberschale anrichten und dazu geschlagene süße Sahne reichen.

TIP
Eventuell auch in einer großen ausgehöhlten Melone (siehe auch Früchte in Melone) anrichten. Dann das Melonenfleisch mit für den Salat verwenden.
Nach einem leichten Menü kann der Salat auch mit Vanilleeis serviert werden!

4 Das Fruchtfleisch der Kakis kleinschneiden.

5 Die Kiwis in Scheiben schneiden.

6 Alle Früchte in der Schüssel vermischen.

Für kleine Haushalte

60% aller Haushalte in der Bundesrepublik Deutschland umfassen nur 1 oder 2 Personen. Früher wurden alleinlebende Personen schlicht und ergreifend als Junggeselle oder Junggesellin bezeichnet, nach modernem Sprachjargon heißen sie Single (= Einzelperson). Singles sind also Personen beiderlei Geschlechts, junge oder ältere, die aus Überzeugung oder nur zeitweise alleine leben.
Wer nur für sich selbst kocht, kann natürlich mit Rezepten wenig anfangen, bei denen die Zutatenmengen für mehrere Personen angegeben sind. Schließlich ißt niemand gerne über mehrere Tage dasselbe – und durchs Aufwärmen werden die wenigsten Gerichte besser.
Singles sind natürlich auch Personen, die in ganz unterschiedlichen Lebensverhältnissen leben und ganz verschiedene Geschmäcker haben. Mit den ausgewählten Rezeptvorschlägen können deshalb auch nur Anregungen gegeben werden. Jeder Single wird selbst herausfinden, was schmeckt und wie groß der Appetit ist. Die Rezeptvorschläge können wahlweise als Mittags- oder Abendmahlzeit zubereitet werden.
Singlerezepte sind nicht nur für Einzelpersonen geeignet. Sie können für alle Personenzahlen zubereitet werden.
Auch in der Familie ergeben sich manchmal Situationen, in denen gerne nach Singlerezepten gekocht wird. Beispielsweise sind die Portionen ausreichend, um 1 erwachsene Person und 1–2 kleine Kinder tagsüber zu sättigen, wenn die Familienmahlzeit erst abends im größeren Kreis eingenommen wird. Oder Schüler, Studenten usw., die sich mittags selbst versorgen, können danach kochen.
Singles finden in allen weiteren Kapiteln des Buches Rezepte mit dem Zeichen (⌂), die auch für den Kleinhaushalt geeignet sind.

EINKAUFS- UND VORRATSTIPS FÜR SINGLES

Einkaufen ist für viele Singles häufig mit besonderen Problemen verbunden. Die meisten üblichen Verpackungsgrößen der Nahrungsmittel entsprechen nicht den Bedürfnisssen kleiner Haushalte. Zwar stellt sich die Nahrungsmittelindustrie zunehmend in ihrem Angebot auf die Bedürfnisse der Singles ein und bietet für 1–2 Personen Kleinpackungen, Konserven und Fertiggerichte an. Allerdings zu Preisen, die weit über dem liegen, was die normalen Verpackungseinheiten üblicherweise kosten.
Das ist ein ständiges Ärgernis für Einzelpersonen – entweder man kauft die passende, aber teure Menge ein oder eine zu große aber billigere Menge.

- Wer sich für die billigere, aber größere Menge entschließt, sollte beim Einkauf gleich mitüberlegen, was mit dem Rest geschieht. Für welches Gericht ist er z.B. gut geeignet?
- Singles, zu deren Küchenausstattung auch ein Tiefgefriergerät gehört, haben beim Einkauf eher die Chance, auch Sonderangebote nutzen zu können. Diese lassen sich dann eventuell portionsweise einfrieren und bei Bedarf zubereiten.
- Haltbare Nahrungsmittel und Konserven sind auch für den Vorrat im Kleinhaushalt sehr sinnvoll. Der Einkauf kann zeitsparender eingeteilt und die Mahlzeitenzubereitung vereinfacht werden.

UND NOCH EINIGE TIPS

Wer zum ersten Mal einen eigenen Haushalt hat, sollte besonders gut überlegen, mit welchen Arbeitsgeräten die Küche ausgestattet wird. Singles sollten überlegen:
Wieviel Platz ist vorhanden. Wie häufig werde ich kochen?
Danach kann die Auswahl der Arbeitsgeräte erfolgen. Wichtig ist vor allem, gutes Topf- oder Pfannenmaterial (siehe auch Kapitel Küchengeräte) zu wählen. Nicht unbedingt alles auf einmal kaufen, sondern je nach Finanzlage den Bestand nach und nach vergrößern.
Mit Töpfen und Pfannen aus gutem Material haben auch Anfänger weniger Schwierigkeiten bei der Zubereitung von Gerichten, während bei weniger gutem Material häufiger etwas anbrennt oder mißlingt.
Wählen sie außerdem Töpfe oder Pfannen, die nicht zu groß sind, wenn nur für 1 Portion oder eventuell auch 2 gekocht wird. In großen Töpfen verkochen kleine Portionen zu stark.

Vom Kaffee-kochen-Können

Mit dem »Kaffee-kochen-Können« beginnt für viele der Weg in die Selbständigkeit. Die meisten lernen es schon, wenn sie noch in den Kinderschuhen stecken, andere erst dann, wenn sie einen eigenen Haushalt haben.
Wem beim Kaffeekochen nicht mehr das »Wasser anbrennt«, befindet sich nach freundlicher Einschätzung der Umwelt bereits auf dem besten Weg, ein guter Hausmann oder eine perfekte Hausfrau zu werden.
Kaffeekochen ist heute natürlich überhaupt kein Problem, und die meisten Singles lösen es, indem sie Instantkaffee, also schnellöslichen Kaffee verwenden.
Aber gleich, ob man aus Zeitgründen für die schnelle Tasse Kaffee aus Instantprodukten plädiert oder mehr für den auf herkömmliche Art gefilterten Kaffee eintritt, einige der folgenden Tips geben sicher Anregung, wie ein guter, aromatischer Kaffee bereitet werden kann.

TIPS FÜR INSTANTKAFFEE

Es gibt eine große Zahl der schnellöslichen Instantkaffees, vergleichen Sie Menge und Preis beim Einkauf.

- Für 1-Personen-Haushalte keine zu große Menge kaufen. Je größer das Glas, um so größer ist beim längeren Gebrauch auch der Aromaverlust.
- Instantkaffee löst sich zwar auch mit warmem Wasser, der Geschmack ist aber auf jeden Fall besser, wenn zum Auflösen kochendheißes Wasser verwendet wird.
- Wer mehr als 1 Tasse Kaffee trinkt, sollte den Instantkaffee in einer heiß ausgespülten Kaffeekanne auflösen. Das Aroma des Kaffees verflüchtigt sich dann nicht so schnell wie beim Auflösen in der Tasse.
- Instantkaffee läßt sich nach persönlichem Geschmack dosieren. Für 1 Tasse Kaffee benötigt man 1 gehäuften Teelöffel Instantkaffee. Soll der Kaffee besonders stark sein, wird die Menge erhöht.
- Instantkaffee läßt sich auch für kalte Getränke oder Süßspeisen verwenden, da er sich leicht löst. Kakaogetränke schmecken z.B. besonders gut, wenn pro Tasse oder Glas 1/2–1 Teelöffel Instantkaffee hinzugefügt wird.

Filterkaffee

GRUNDREZEPT

Zutaten für 1 Person	Arbeitsgeräte
1/4 l Wasser, 2 stark gehäufte TL gemahlener Kaffee.	**Wasserkessel (Kasserolle), Kaffeekanne, Kaffeefilter mit Filterpapier.**

Zubereitungszeit

etwa 6 Minuten.

Das Wasser in den Topf gießen und auf der Kochstelle bei starker Wärmestufe (E-Herd Normalplatte 3, Automatik 12, G-Herd große Flamme) erhitzen, bis das Wasser kocht (Blasen wirft). Das Filterpapier in den Kaffeefilter stecken und den gemahlenen Kaffee hineingeben (Bild 1).

1 Den gemahlenen Kaffee in den Filter geben.

2 Das kochende Wasser in den Filter gießen.

Die Kaffeekanne eventuell mit etwas kochendem Wasser (2–3 EL Wasser genügen) anwärmen. Wasser wieder ausgießen. Den Kaffeefilter auf die Kanne setzen und das kochende Wasser langsam in den Filter gießen (Bild 2).
Durchlaufen lassen, dann den Filter abnehmen und den Kaffee in die Tasse gießen. Zucker oder Milch nach Geschmack hinzufügen.
Nährwert ohne Zucker und Milch: keiner

TIP

Wer Kaffee gerne aus einer großen Tasse trinkt, z.B. morgens zum Frühstück, filtert den Kaffee gleich in die Tasse. Mit der großen Tasse (etwa 1/4 l Inhalt) das Wasser abmessen und im Topf aufkochen. Den Filter mit Filterpapier und Kaffeepulver auf die Tasse setzen. Kochendes Wasser langsam in den Filter gießen und durchlaufen lassen. Dann den Filter abnehmen und den Kaffee nach Geschmack mit Zucker und/oder Milch trinken.

TIPS ZUM KAFFEEKOCHEN

Die Zahl der auf dem Markt angebotenen Kaffeesorten ist nicht überschaubar. Jeder muß für sich selbst herausfinden, welche Geschmacksrichtung ihm mehr zusagt, ob ihm z.B. ein stark gebrannter Mokka oder magen- und kreislaufschonender Kaffee besser bekommt.

- Bei weniger großem Bedarf im Kleinhaushalt möglichst nicht mehr gemahlenen Kaffee kaufen als z.B. innerhalb 1 Woche verbraucht wird. Jedes Öffnen der Kaffeedose führt zu Aromaverlust. Deshalb den Kaffee immer auch schnell entnehmen und die Dose sofort wieder schließen.
- Eventuell anstelle von gemahlenem Kaffee Kaffeebohnen

kaufen und diese nach Bedarf mahlen, z.B. in der elektrischen Kaffeemühle oder auch auf altbewährte Art mit der Handmühle.
- Dem Kaffeepulver beim Aufbrühen (Übergießen) 1 Prise Salz, nach Geschmack eventuell auch 1 Prise Zimt oder Kardamom hinzufügen. Das Aroma wird dadurch intensiver.
- Beim Kaffeefiltern in der Kaffeemaschine muß jeweils die Gebrauchsanweisung des Geräteherstellers beachtet werden. Je nach Fabrikat ist es möglich, daß etwas mehr oder weniger gemahlener Kaffee nötig ist als im Grundrezept angegeben.
- Weitere Kaffeerezepte sind im Kapitel „Getränke" zu finden.

Tee

GRUNDREZEPT

Zutaten für 1 Person	Arbeitsgeräte
1/4 l Wasser + 3–4 EL zusätzlich, 1 leicht oder stärker gehäufter TL Tee (ostfriesische Mischung, Darjeeling usw.)	**Wassertopf (-kessel), kleine Teekanne mit Siebeinsatz.**
	Zubereitungszeit
	etwa 7 Minuten.

Das Wasser bei stärkster Wärmestufe aufkochen. Etwas zum Erwärmen der Kanne in diese gießen und wieder ausgießen.

1 Die Teekanne mit heißem Wasser erwärmen.

2 Den Tee in den Siebeinsatz geben.

3 Das kochende Wasser über den Tee gießen.

4 Den Tee eingießen.

Den Tee in den Siebeinsatz geben und in die Teekanne einhängen. Das sprudelnd kochende Wasser darübergießen und den Deckel der Kanne auflegen. Je nach gewünschter Teewirkung 2–5 Minuten ziehen lassen.
Dann den Teesatz herausnehmen und den Tee eingießen.
Nach Geschmack mit Zucker süßen, mit Milch oder Zitronensaft trinken.
Anregend für den Kopf (zum besseren Denken) wirkt Tee, der nur 2–3 Minuten zieht. Beruhigend für Magen und Kreislauf wirkt der Tee, wenn man ihn 3–5 Minuten ziehen läßt.
Nährwert ohne Zucker, Milch, Zitronensaft: keiner

TIPS ZUM TEEKOCHEN

Die Qual der Entscheidung für eine besondere Geschmacksrichtung wird bei den derzeit angebotenen Teesorten immer größer. Sie können zwischen den herkömmlichen und den aromatisierten Teemischungen wählen.

- Tee sollte möglichst in gut schließenden Dosen oder Gläsern lichtdicht aufbewahrt werden. Aromatisierte Mischungen verlieren innerhalb einiger Wochen viel vom Aroma, deshalb den Vorrat möglichst auch nur für 1–2 Monate einkaufen (herkömmliche Mischungen halten länger).
- Wird Tee in einer Kanne aufgebrüht, diese immer erst mit kochendem Wasser ausspülen. Dann den Tee im Teesieb einhängen oder 1 Teebeutel hineingeben.
- Tee möglichst in einer Teekanne aus Glas, Porzellan oder Ton zubereiten. Metall kann Teegeschmack beeinflussen.
- Bei Verwendung von Teebeuteln darauf achten, daß der Inhalt variiert. Es gibt kleine Beutel (für 1 Tasse) und Teebeutel für 2–3 Tassen (etwa 1,75 g Inhalt).

Flowery Orange Pekoe mit viel Tips (Blattspitzen junger Teeblätter) ist wegen des ausgezeichneten Aromas sehr beliebt.

Fannings ist eine feine Aussiebung der geschnittenen Teesorten, die häufig für Aufgußbeutel verwendet wird.

HINWEISE

Man rechnet pro Tasse 1 Teelöffel, allerdings sind richtige Teelöffel kleiner als viele der sonst gebräuchlichen Löffel.
Wer gerne wie die Engländer oder Friesen starken Tee trinkt, sollte entsprechend mehr Tee für den Aufguß verwenden.
Zutaten zu Kaffee oder Tee wie Zucker und Milch haben folgende Nährwerte:

1 Stück Würfelzucker (3 g)					
	– E	**– F**	**3 g KH**	**12 kcal**	**50 kJ**
1 gestr. TL Zucker (etwa 5 g)					
	– E	**– F**	**5 g KH**	**20 kcal**	**80 kJ**
1 TL Dosenmilch (7,5 % F)					
	– E	**– F**	**– KH**	**7 kcal**	**30 kJ**
1 TL Sahne (30 % F)					
	– E	**1 g F**	**– KH**	**15 kcal**	**60 kJ**

Frühstücks-vorschläge für Singles

Mit einem guten Frühstück beginnt der Tag besser. Das gilt für Singles, die tagsüber zu Hause sind, genauso wie für diejenigen, die außer Haus berufstätig sind.
Lassen Sie sich für das Frühstück Zeit! Denn gerade berufstätige Singles sollten sich morgens nicht nüchtern in die Hektik des Berufsverkehrs begeben. Auch die hastig heruntergetrunkene Tasse Kaffee oder Tee ist keine gute Grundlage für einen Start in den Tag.
Auf den folgenden Seiten sind verschiedene Vorschläge gemacht, wie sich ein vollwertiges Frühstück zusammenstellen läßt.

TIP

Singles und andere Personen, die schlank bleiben möchten, sollten immer in Ruhe frühstücken, die späteren Mahlzeiten des Tages (vor allem am Abend) weniger groß ausfallen lassen und darauf achten, daß zwischendurch nicht soviel genascht wird. Denn häufig schaden die kleinen Naschereien der Linie mehr als die normalen Mahlzeiten.

Das schmeckt zum Frühstück.

Frühstücksvorschlag 1

Zutaten für 1 Person

Kaffee oder Tee (siehe Grundrezept), 1 Ei, Wasser, 1 Scheibe Vollkornbrot (etwa 45 g), 1 TL Butter, 1/2 Grapefruit (etwa 125 g).

Arbeitsgeräte

Messer, Schneidbrett, kleine Kasserolle.

Zubereitungszeit

etwa 10 Minuten.

Den Kaffee oder Tee nach dem Grundrezept zubereiten.
Das Ei in der Kasserolle mit Wasser bedeckt zum Kochen bringen und je nach Eigröße in 3–5 Minuten kochen. Kurz kalt abspülen.
Unterdessen die Brotscheibe mit Butter bestreichen.
Das Fruchtfleisch der Pampelmuse lösen, indem mit dem Messer zwischen Schale und Fruchtfleisch entlanggeschnitten wird. Dann das Fruchtfleisch mit einem Teelöffel herauslöffeln oder herauslösen, kleinschneiden und in ein Schüsselchen geben.

Pro Portion: 11 g E 11 g F 30 g KH 278 kcal 1160 kJ

TIP

Die 2. Pampelmusenhälfte mit Sichtfolie abgedeckt im Kühlschrank aufbewahren. Entweder zum 2. Frühstück so essen oder als kleine Mahlzeit mit Hüttenkäse servieren.

Frühstücksvorschlag 2

Zutaten für 1 Person

1/2 Grapefruit (etwa 125 g), 2 EL Hüttenkäse (= 50 g, Cottage Cheese oder Frischkäse Halbfettstufe), 1 Prise Pfeffer, 1 Scheibe gekochter Schinken (30 g), 2 Scheiben Knäckebrot, 1 TL Butter.

Arbeitsgeräte

Schneidbrett, Messer, kleine Schüssel.

Zubereitungszeit

5 Minuten.

Das Fruchtfleisch so aus der Schale lösen, daß diese ganz bleibt. In kleine Stücke schneiden und in die Schüssel geben, den Hüttenkäse und Pfeffer hinzufügen, leicht vermischen und wieder in die Pampelmuse füllen und auf einem Teller anrichten.
Die Schinkenscheibe halbieren und zu zwei lockeren Rollen aufdrehen. Über die Pampelmuse legen.
Die Knäckebrotscheiben mit Butter bestreichen und dazu essen.

Pro Portion: 17 g E 11 g F 26 g KH 281 kcal 1180 kJ

Vorschlag 3.

Orangenfisch mit Kakao.

Frühstücksvorschlag 3

Zutaten für 1 Person

1 große Scheibe Bauernbrot (Landbrot, etwa 45 g), 1 TL Butter (5 g), 2 EL Speisequark Magerstufe (etwa 80 g), 1–2 TL Honig, 1 EL Milch, 1 kleiner Apfel (etwa 125 g).

Arbeitsgeräte

Schneidbrett, Messer, kleine Schüssel, Löffel.

Zubereitungszeit

etwa 3 Minuten (ohne Kaffeekochen).

Die Brotscheibe mit Butter bestreichen.
Speisequark, Honig und Milch im Schüsselchen verrühren und auf die Brotscheibe streichen.
Den gewaschenen Apfel vierteln und das Kerngehäuse herausschneiden; eventuell auch schälen. In dünne Spalten schneiden und diese fächerartig auf die Quarkschnitte legen.
Als Frühstücksbrot für das 1. oder 2. Frühstück reichen.

Pro Portion: 15 g E 6 g F 53 g KH 334 kcal 1400 kJ

TIP

Mit Milch oder Kakao wird das Quark-Apfel-Brot besonders gerne von Kindern gegessen. Mit 1/8 l Milch gereicht, enthält das Frühstück dann

pro Portion: 19 g E 10 g F 59 g KH 416 kcal 1740 kJ

Frühstücksvorschlag 4

Zutaten für 1 Person

1 große Scheibe Vollkornbrot (etwa 45 g), 1 TL Butter (5 g), 2 EL Speisequark Magerstufe (etwa 80 g), 1–2 TL Honig (oder Zucker), 1 EL Milch, 1 mittelgroße Orange (etwa 200 g), 1 kandierte oder frische Kirsche.

Arbeitsgeräte

Schneidbrett, Messer, kleine Schüssel, Löffel.

Zubereitungszeit

etwa 5 Minuten (ohne Kaffeekochen).

Die Brotscheibe mit Butter bestreichen.
Speisequark, Honig und Milch in der Schüssel verrühren und auf die Brotscheibe streichen.
Die Orange schälen und waagrecht in dünne Scheiben schneiden. Die Quarkschnitte damit schuppenartig belegen und eventuell mit kandierter Kirsche verzieren.
Als erfrischendes Frühstücksbrot (1. oder 2. Frühstück oder auch nachmittags) reichen.

Pro Portion: 17 g E 6 g F 58 g KH 358 kcal 1500 kJ

TIP

Für Kinder z.B. als **Orangenfisch mit Kakao** reichen.
Einen Fisch bereitet man, indem aus der mit Quark bestrichenen Brotscheibe an einer Längsseite ein Dreieck herausge-

schnitten wird. Dieses dann ans andere Ende als Fischschwanz anlegen. Dann den Fisch bis auf den Kopfteil mit den Orangenscheiben schuppenartig belegen. Die kandierte Kirsche als Fischauge verwenden und evtl. mit Schokostreuseln verzieren. Mit 1/8 l Kakao enthält der Orangenfisch

pro Portion: 22 g E 11 g F 76 g KH 498 kcal 2080 kJ

Frühstücksvorschlag 5

Zutaten für 1 Person	Arbeitsgeräte
1 Glas Tomatensaft (1/8 l), 1 Ei, 1 EL Milch (oder Dosenmilch), 1 Prise Pfeffer, 1 Prise Salz, 1 dicke Scheibe Weißbrot (etwa 40 g), 1 EL Öl (Butter oder Margarine), 1 Scheibe Goudakäse (30 g), 1 Tomate (65 g).	**tiefer Teller, Gabel, Pfanne (beschichtet), Pfannenwender.** **Zubereitungszeit** **etwa 12 Minuten.**

Das Ei über dem Teller aufschlagen, Milch, Pfeffer und Salz hinzufügen. Mit der Gabel leicht schaumig schlagen. Die Weißbrotscheibe hineinlegen und wenden, bis das Ei aufgesogen ist.
In der Zwischenzeit das Öl in die Pfanne geben und bei starker Wärmestufe (E-Herd Normalplatte 2,5; Automatik 10; G-Herd große Flamme) erhitzen.
Die Weißbrotscheibe hineinlegen und von einer Seite in 2–3 Minuten goldbraun backen. Dann wenden und mit der Goudascheibe belegen. Die Pfanne schließen, den Herd auf kleinste Wärmestufe zurückschalten und weitere 3–4 Minuten backen, bis der Käse leicht geschmolzen ist.
Unterdessen die Tomate waschen, abtrocknen und in Achtel schneiden.
Den Käsetoast auf einem Teller anrichten und mit den Tomatenachteln garnieren.
Anstelle von Tomatensaft eventuell Kaffee oder Tee dazu trinken.

Pro Portion: 20 g E 26 g F 31 g KH 454 kcal 1900 kJ

TIP

Mit einer heißen Tassenbrühe oder Suppe kann der Toast auch als kleiner Mittags- oder Abendimbiß gereicht werden.
Variation für Hungrige:

Nach dem Wenden den Toast erst mit 1 Scheibe gekochtem Schinken (30 g), dann mit der Goudascheibe belegen und in etwa 5 Minuten bei geschlossener Pfanne fertigbacken.

Pro Portion: 26 g E 30 g F 31 g KH 519 kcal 2170 kJ

Vorschlag 6.

Frühstücksvorschlag 6

Zutaten für 1 Person	Arbeitsgeräte
2 kleine Orangen (oder 100 ml Orangensaft), 2 TL Öl, 30 g Schinkenspeck (Frühstücksspeck, etwa 2–4 Scheiben), 2 Eier, 2 Scheiben Vollkornbrot, 2 TL Butter, 1 Tomate (65 g), etwas Petersilie (oder Schnittlauch), Pfeffer und Salz.	**Zitronenpresse, Glas, kleine Pfanne (beschichtet), Pfannenwender, Schneidbrett, Messer.** **Zubereitungszeit** **etwa 10 Minuten.**

Die Orangen waschen, abtrocknen und halbieren. Auf der Zitronenpresse ausdrücken und in das Glas gießen. Als Auftakt des Frühstücks trinken.
Das Öl in die Pfanne geben und auf der Kochstelle (E-Herd Normalplatte 2,5; Automatik 10; G-Herd große Flamme) erhitzen.
Die Schinkenspeckscheiben hineinlegen und braun braten. Zur Seite schieben.
Die Eier aufschlagen (eventuell erst über einer Tasse wie Seite 246) und in die Pfanne geben. In etwa 4 Minuten zu Spiegeleiern stocken lassen.
Unterdessen die Brotscheiben mit Butter bestreichen und auf einen flachen, großen Eßteller legen. Die Tomate waschen, abtrocknen und in Viertel schneiden.
Die Spiegeleier mit den Schinkenspeckscheiben auf die Brotscheiben geben. Mit den Tomatenvierteln und etwas Petersilie (oder feingeschnittenem Schnittlauch) garnieren. Nach Geschmack mit frisch gemahlenem Pfeffer und Salz würzen.
Dieses gehaltvolle Frühstück eignet sich besonders für Personen mit großem Appetit und Kalorien-/Joulebedarf. Eventuell auch als spätes Frühstück anstelle des Mittagessens am Wochenende oder nach dem Frühsport servieren.

Pro Portion: 26 g E 47 g F 70 g KH 856 kcal 3580 kJ

Müslivorschläge für Singles

Müslis eignen sich besonders gut für das Frühstück, gleich, ob man in Ruhe zu Hause frühstückt oder erst am Arbeitsplatz. Die Zubereitung geht schnell, und die Zutaten lassen sich täglich beliebig variieren. Welche der Vorschläge mehr dem persönlichen Geschmack und den Bedürfnissen entspricht, wird jeder selbst herausfinden.

TIP FÜR BERUFSTÄTIGE:
Nehmen Sie sich die nach Ihrem Geschmack gemischte Müsligrundlage mit an den Arbeitsplatz, z.B. eine Grundmischung mit Haferflocken, Leinsamen, gehackten Nüssen. Frische Früchte, Milch oder Joghurt werden dann erst unmittelbar vor der Verwendung hinzugefügt. Das Müsli in der Arbeitspause am Vormittag oder auch Nachmittag ist für das körperliche Wohlbefinden besser als viele andere der üblichen Magenfüller (wie Kuchenstücke, Gebäck usw.).

Müslis lassen sich täglich neu zusammenstellen.

TIPS FÜR MÜSLIS
Sehr gesundheitsbewußte Personen werden das tägliche Müsli selbst aus vollwertigen Vollkornprodukten zusammenstellen. Wer aus Zeitgründen lieber das Angebot vorgefertigter Müslis nutzt, sollte beim Kauf darauf achten, Produkte zu wählen, die ballaststoffreich – also gut für die Verdauung – sind und aus dem vollen Korn hergestellt wurden.
Wer die leichtverdaulichen Müslis mit Cornflakes, Frosties usw. bevorzugt, sollte zur Ergänzung viel frisches Obst und Vollkornbrot essen.
Werten Sie das Müsli möglichst immer durch den Zusatz frischer, vitaminreicher Früchte auf. Im Frühsommer und Sommer eignen sich vor allem die Beerenfrüchte (Erdbeeren, Himbeeren, Johannisbeeren usw.) und das Steinobst (Kirschen, Aprikosen, Pflaumen) als Zugabe. Im Herbst und den Wintermonaten sind Weintrauben, Birnen, Äpfel, Pampelmusen, Orangen und Kiwis eine gute Ergänzung, ebenso Nüsse und getrocknete oder tiefgefrorene Früchte.

Sommermüsli

Zutaten für 1 Person

150 g Aprikosen (etwa 3 Stück), 1 Becher fettarmer Joghurt (150 g), 2 TL Honig, 30 g Cornflakes.

Arbeitsgeräte

Schneidbrett, Messer, Eßteller, Eßlöffel.

Zubereitungszeit

3 Minuten.

Die Aprikosen waschen, abtrocknen und aufschneiden. Die Kerne herauslösen. Die Aprikosen in kleine Stücke schneiden und in den Teller geben.
Joghurt, Honig und Cornflakes hinzufügen. Leicht verrühren und servieren.

Pro Portion: 9 g E 3 g F 57 g KH 296 kcal 1240 kJ

Serviervorschlag:
Im Sommer zum 1. oder 2. Frühstück reichen, Vollkornbrot und Butter dazu. Eventuell auch als Erfrischung zwischendurch am Nachmittag reichen (z.B. für Kinder in der Spielpause oder nach der Schule).

Schrotmüsli (gekocht)

Zutaten für 1 Person	**Arbeitsgeräte**
2 gehäufte EL Roggen-vollkornschrot (30 g), 6 EL Wasser, 1/8 l Milch, 1 EL Honig (oder Zucker), 1 mittelgroße Orange (etwa 150 g, oder andere Früchte).	**Kleine Kasserolle, Kochlöffel, Eßteller, Eßlöffel, Küchenmesser, Schneidbrett.**
	Zubereitungszeit
	etwa 10 Minuten.

Das Roggenvollkornschrot und Wasser in die Kasserolle geben und über Nacht quellen lassen.
Morgens die Milch hinzufügen und die Kasserolle auf den Herd stellen. Bei starker Wärmezufuhr (E-Herd Normalplatte 2,5; Automatik 10; G-Herd große Flamme) unter Rühren aufkochen. Dann 3–5 Minuten kochen und in den Teller gießen. Honig oder Zucker unterrühren.
Die Orange schälen, in Spalten teilen und diese in Stücke schneiden. Auf das Müsli geben.

Pro Portion: 9 g E 5 g F 56 g KH 308 kcal 1290 kJ

Sehr verdauungsfördernd ist das Schrotmüsli, wenn es roh zubereitet wird. Es ist dann allerdings für magenempfindliche Personen weniger gut geeignet!

Schrotmüsli (roh)

Zutaten für 1 Person	**Arbeitsgeräte**
2 gehäufte EL Roggen-vollkornschrot (30 g), 6 EL Wasser, 1/8 l Milch, (Buttermilch oder Kefir), 1 EL Honig (oder Zucker), 1 mittelgroße Orange (etwa 150 g, oder andere Früchte).	**Eßteller, Eßlöffel, Küchenmesser, Schneidbrett.**
	Zubereitungszeit
	3 Minuten.

Das Vollkornschrot und Wasser in den Eßteller geben und über Nacht (oder 2–3 Stunden, bis zum 2. Frühstück) quellen lassen.
Morgens dann die Milch und den Honig unterrühren.
Die Orange schälen, in Spalten teilen und diese in kleine Stücke schneiden. Auf das Müsli geben und servieren.

Pro Portion: 9 g E 5 g F 56 g KH 308 kcal 1290 kJ

Haferflocken-Apfel-Müsli

Zutaten für 1 Person	**Arbeitsgeräte**
30 g grobe Haferflocken (= 3 gehäufte EL), 1 EL Honig, 1/8 l Milch, 1 mittelgroßer Apfel (etwa 150 g).	**Messer, evtl. Schneidbrett, Eßteller (oder Schale), Eßlöffel.**
	Zubereitungszeit
	3 Minuten.

Die Haferflocken, den Honig und die Milch in den Teller geben und verrühren.
Den Apfel waschen, eventuell schälen, vierteln und das Kerngehäuse herausschneiden. Die Apfelviertel in dünne Scheibchen schneiden und untermischen.

Pro Portion: 9 g E 7 g F 59 g KH 340 kcal 1420 kJ

Variante
Besonders beliebt bei Kindern und Jugendlichen ist das Apfelmüsli, wenn anstelle des Honigs 1 Eßlöffel Nesquik (Kaba) untergemischt wird.

Müsli mit Nüssen

Zutaten für 1 Person	**Arbeitsgeräte**
2 gehäufte EL grobe Haferflocken (20 g), 1 gestrichener EL Leinsamen (10 g), 1 EL Rosinen, 2 EL gehackte Haselnüsse (20 g, Mandeln oder Paranüsse), 1/8 l Milch (oder Kefir), 1 EL Honig (oder Zucker).	**Eßteller, Eßlöffel, evtl. Schneidbrett, Messer.**
	Zubereitungszeit
	1 Minute.

Alle Zutaten in den Teller geben und leicht verrühren.
Eventuell Haselnüsse mit dem Messer kleinhacken und untermischen.

Pro Portion: 13 g E 22 g F 51 g KH 460 kcal 1930 kJ

Variation
Mit frischen Früchten (z.B. Beerenobst) oder kleingeschnittenen Trockenfrüchten wie Feigen und Datteln zubereiten.

Leichte süße Mahlzeiten

Auch Singles mögen süße Sachen. Warum dann nicht einmal die üblichen Mahlzeiten durch ein leichtes süßes Gericht, wie z.B. Milchbrei, ersetzen? Junge und ältere Alleinlebende können vor allem auch dann, wenn sie sich gesundheitlich einmal nicht topfit fühlen und keinen richtigen Appetit haben, einen Milchbrei zubereiten. Dieser belastet den Magen und Kreislauf nicht, trotzdem werden wichtige Nährstoffe aufgenommen.
Daß es kaum Kinder gibt, die Milchbrei nicht mögen, muß nicht erst besonders betont werden. Vor allem mit frischem Obstkompott oder Obstsalat gereicht, kann im Sommer nach dem Kindergarten oder der Schule ein kalter Grieß- oder Reisbrei Kinder sehr erfreuen.

Grießbrei mit Zucker und Zimt sowie Milchreis mit Aprikosen.

Grießbrei mit Zucker und Zimt

Zutaten für 1 Person

1/4 l Milch,
30 g Weizengrieß
(= 1 1/2 gehäufte EL),
1 TL Butter,
1 EL Zucker,
1 Msp. Zimt.

Arbeitsgeräte

Topf (oder Kasserolle, 1 l), Schneebesen (oder Rührlöffel), Tasse, Löffel.

Zubereitungszeit

etwa 12 Minuten.

Für den Grießbrei möglichst einen beschichteten Topf verwenden. Diesen mit kaltem Wasser ausspülen und die Milch hineingießen. Auf die Kochstelle setzen und bei starker Wärmezufuhr (E-Herd Normalplatte 2,5; Automatik 10; G-Herd große Flamme) aufkochen.
Den Grieß unter ständigem Rühren mit dem Schneebesen in die Milch rieseln lassen. Den Herd auf kleinste Wärmestufe zurückschalten und den Brei 5–7 Minuten (das richtet sich nach der Grießsorte, also Packungsaufdruck und Zeitangabe beachten!) kochen. Dabei möglichst ständig leicht rühren.
Die Butter in den Brei rühren und diesen in einen tiefen Teller geben.
Zucker und Zimt in der Tasse vermischen – durch leichtes Schütteln oder Rühren mit einem Löffelchen – und über den Brei streuen.

Pro Portion: 11 g E 13 g F 49 g KH 374 kcal 1570 kJ

Serviervorschlag
Dazu eventuell 1 Scheibe Vollkornbrot mit Butter essen oder Obstkompott, frische, leicht gesüßte Beeren oder Fruchtsirup reichen.

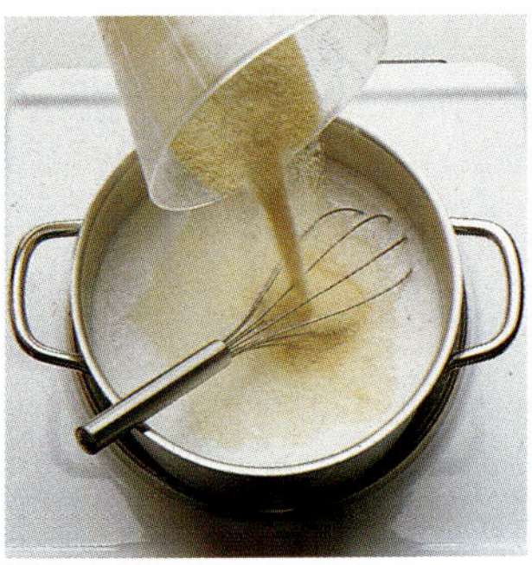

1 Den Grieß in die Milch rieseln lassen.

2 Den Grießbrei 5–7 Minuten kochen und ständig rühren.

Haferbrei

Zutaten für 1 Person	Arbeitsgeräte
1/4 l Milch, 30 g Haferflocken (= 3 gehäufte EL), 1 EL Honig (oder Zucker), 1 TL Butter, 1 Prise Salz.	**Topf (oder Kasserolle, beschichtet), Rührlöffel, Eßlöffel.**
	Zubereitungszeit
	etwa 12 Minuten.

Möglichst einen beschichteten Topf verwenden, damit der Brei beim Kochen nicht anbrennt.
Den Topf innen mit kaltem Wasser ausspülen, dann die Milch hineingießen. Den Topf auf die Kochstelle setzen und bei starker Wärmezufuhr (E-Herd Normalplatte 2,5; Automatik 10; G-Herd große Flamme) aufkochen. Den Topf von der Kochstelle ziehen und die Haferflocken einrühren. Dann den Topf wieder auf die Kochstelle setzen und den Herd auf kleine Wärmestufe zurückschalten. Den Haferbrei unter Rühren 5–8 Minuten kochen lassen.
Honig, Butter und Salz unterrühren und den Brei in einen tiefen Teller gießen.

Pro Portion: 12 g E 15 g F 48 g KH 387 kcal 1620 kJ

HINWEIS
Möglichst kernige Vollkornflocken verwenden. Falls der Haferbrei allerdings als Schonkost für Kranke gereicht wird, möglichst zarte Schmelzflocken verwenden oder den Brei durch ein Sieb rühren.
Als *Haferschleim* wird zur Zubereitung keine Milch, sondern Wasser verwendet. Dann möglichst auch nur mit wenig Honig oder gar nicht süßen, da das den Magen besser entlastet!

Milchreis

Zutaten für 1 Person	Arbeitsgeräte
1/4 l Milch, 1 Prise Salz, eventuell 1 Stück Stangenzimt, 50 g Milchreis (= 3 gehäufte EL), 1 EL Zucker.	**Topf oder Kasserolle (beschichtet), Rührlöffel, Löffel.**
	Zubereitungszeit
	etwa 35 Minuten.

Möglichst einen innen beschichteten Topf verwenden, damit der Brei beim Kochen nicht anbrennt.
Den Topf mit kaltem Wasser ausspülen, dann die Milch hineingießen. Auf der Kochstelle bei starker Wärmezufuhr (E-Herd Normalplatte 2,5; Automatik 10; G-Herd große Flamme) aufkochen.
Den Topf von der Kochstelle ziehen und den Milchreis in die Milch rühren. Eventuell 1 Stück Stangenzimt mit in den Topf geben. Wieder auf die Kochstelle setzen und unter Rühren aufkochen.
Den Herd auf kleine Wärmestufe zurückschalten und den Reis in 25–30 Minuten ausquellen lassen. Der Milchreis muß einige Male zwischendurch umgerührt werden. Eventuell den Topfdeckel auflegen, dabei aber 1–2 mm offen lassen, da der Reis sonst überkocht.
Die Zimtstange aus dem Brei nehmen und den Zucker unterrühren.
Den Milchreis in einen tiefen Teller gießen. Entweder so essen oder mit Aprikosenkompott (oder anderem Obstkompott) reichen.

Pro Portion: 12 g E 9 g F 66 g KH 408 kcal 1710 kJ

HINWEIS
Sehr hübsch sieht der Reisbrei aus, wenn Aprikosenhälften als Außenrand herumgelegt werden. Der Obstsaft kann nach Geschmack darübergegossen werden.
Bei 150 g Aprikosenkompott zum Reisbrei enthält

1 Portion: 13 g E 9 g F 101 g KH 548 kcal 2290 kJ

Apfelreis

Zutaten für 1 Person	Arbeitsgeräte
wie bei Milchreis, 1 mittelgroßer Apfel (200 g), 1/2 Zitrone, eventuell 2 EL süße Sahne.	**Topf, Rührlöffel, Löffel, Küchenmesser, Schneidbrett, Zitronenpresse.**
	Zubereitungszeit
	etwa 35 Minuten.

Den Reis nach dem vorherigen Rezept kochen.
Während der Garzeit den Apfel waschen, schälen und vierteln. Das Kerngehäuse herausschneiden. Die Apfelstücke in dünne Scheiben oder kleine Stücke schneiden. Nach 20–25 Minuten unter den Milchreis mischen und diesen fertiggaren. Zucker und den Saft der halben Zitrone unterrühren.
Eventuell etwas Sahne steif schlagen und unterheben, wenn der Reis als kaltes Gericht gereicht wird. Sonst flüssige Sahne in den warmen Reisbrei rühren.

Pro Portion:	**12 g E**	**10 g F**	**92 g KH**	**517 kcal**	**2160 kJ**
mit Sahne:	**13 g E**	**20 g F**	**93 g KH**	**609 kcal**	**2550 kJ**

Schokoladenreis
Den Reis zubereiten.
Anstelle von Zucker 1 gehäuften Eßlöffel Instantkakao (Kaba, Nesquik usw.) unterrühren.
Schokoladenreis schmeckt gut als leichtes Abendessen oder auch kalt als Nachspeise. Als Nachspeise z.B. ausreichend für 2 Personen.

Kleine Obstmahlzeit

Junge und ältere Singles sollten als kleine erfrischende Mahlzeit zwischendurch öfter Früchte oder andere leichte Speisen zu sich nehmen. Obst eignet sich als Erfrischung zu Hause genauso wie für die Pause am Arbeitsplatz. Hübsch angerichtet sollte es immer werden, denn auch die Augen von Singles sind für appetitanregende Reize nicht unempfänglich!

Die Orangen-Apfel-Blüte kann luftdicht eingepackt werden.

Orangen-Apfel-Blüte.

Orangen-Apfel-Blüte

Zutaten für 1 Person	Arbeitsgeräte
1 mittelgroße Orange (etwa 200 g), 1 kleiner Apfel (etwa 125 g, oder 1/2 großer Apfel).	**Küchenmesser, Obstteller.**
	Zubereitungszeit
	etwa 3 Minuten.

Die Orange und den Apfel zunächst unter lauwarmem Wasser gründlich waschen, dann unter kaltem Wasser abspülen. Die Früchte abtrocknen.
Die Orange von der kleinen Blüte oben mit dem Messer nach unter hin 8–10mal einschneiden. Die so entstehenden Blütenblätter vorsichtig von der Innenfrucht ablösen, aber unten zusammenlassen. Die einzelnen Orangenspalten auseinanderlösen und die Orangenblume auf den Obstteller legen.
Den Apfel vierteln und das Kerngehäuse herausschneiden. Einen Apfel mit schöner Schale nicht schälen. Die Apfelstücke in Spalten schneiden. Diese jeweils zwischen die Orangenspalten stecken und gleich genießen.

Pro Portion: 2 g E 1 g F 32 g KH 141 g kcal 590 kJ

Variation
Als Obstmahlzeit eventuell noch mit einigen frischen Kirschen oder roten Johannisbeeren garnieren.

TIP
Als kleine Obstmahlzeit für die Pause am Arbeitsplatz, aber auch für Kindergarten oder Schulpause, kann die Orangen-Apfel-Blüte (dann nur mit 1/2 Apfel) in der Orangenschale leicht zusammengedrückt und luftdicht in Sicht- oder Alufolie eingepackt werden. Gerade kleinere Kinder haben dann weniger Schwierigkeiten, das mitgegebene Obst auch zu essen.

Kiwibecher.

Melonenkaltschale.

Kiwibecher

Zutaten für 1 Person

1 kleiner Becher fettarmer Joghurt (150 g), 1 EL Honig (oder Zucker), 1–2 TL Zitronensaft (evtl. Konzentrat), 1 Kiwi, 1 TL geraspelte Schokolade (Schokoladenstreusel).

Arbeitsgeräte

kleine Schüssel, Glasschale, Löffel, Messer, Schneidbrett.

Zubereitungszeit

etwa 5 Minuten.

Joghurt, Honig und Zitronensaft in der Schüssel verrühren. In ein hohes Dessertglas oder eine Glasschale geben.
Die Kiwi schälen. Eine reife Kiwi läßt sich so einfach wie Pellkartoffel schälen – vom Blütenansatz aus die Schale abpellen. Die Frucht waagrecht in dünne Scheiben schneiden und kranzartig auf die Joghurtspeise legen. In die Mitte geraspelte Schokolade (oder Schokoladenstreusel) streuen.

Pro Portion: 7 g E 4 g F 35 g KH 216 kcal 900 kJ

Melonenkaltschale

Zutaten für 1 Person

200 g Wassermelone (oder Honigmelone), 1–2 TL Zitronensaft (oder Rum), 200 g Kefir (oder fettarmer Joghurt), 1 Päckchen Vanillezucker, 1 Prise Zimt, 1 TL Zucker.

Arbeitsgeräte

Schneidbrett, Messer, Teller, Schüssel, kleiner Schneebesen, Löffel.

Zubereitungszeit

5 Minuten.

Von einer etwa 2 cm dicken Scheibe Wassermelone die Schale abschälen. Das Melonenfleisch in dünne Scheiben oder kleine Würfel schneiden. In einen tiefen Eßteller oder eine Glasschale geben und mit Zitronensaft beträufeln.
Kefir, Vanillezucker, Zimt und Zucker in die Schüssel geben und mit dem Schneebesen leicht schaumig schlagen. Über die Melonenscheiben gießen und sofort genießen.

Pro Portion: 9 g E 6 g F 29 g KH 212 kcal 890 kJ

Variation
Anstelle von Melone frische Beerenfrüchte oder verschiedene gemischte Früchte verwenden.

Salatteller für jeden Tag

Täglich mindestens einmal sollte auch im Haushalt von 1–2 Personen frischer Salat als Abrundung der Mahlzeit – oder zwischendurch zur Erfrischung – gereicht werden. Sie wissen schon – wegen der Vitamine und Mineralstoffe!
Mit etwas Vorplanung beim Einkauf nimmt das Zubereiten eines frischen Salates wenig Zeit in Anspruch. Einige Salate können ohne Angst vor großem Nährwertverlust mehrere Tage aufbewahrt werden. Voraussetzung ist die richtige Lagerung im Kühlschrank. Wer nur ein- oder zweimal in der Woche zum Einkaufen geht, sollte die Zutaten für Salate so aufbewahren, daß die knackige Frische erhalten bleibt.
Die folgenden Beispiele geben Anregungen für Salate, die jeweils aus mehreren Zutaten – und immer anders – kombiniert werden, damit für genügend Abwechslung gesorgt wird. Weitere geeignete Anregungen können dem Kapitel Salate (Seite 138 ff.) entnommen werden.

TIPS FÜR DIE AUFBEWAHRUNG

- Frische Blattsalate (Kopfsalat, Endivien, römischer Salat, Radicchio, Feldsalat) nach dem Einkauf gleich putzen, d.h. die welken Außenblätter und den Strunk entfernen. Die Salatblätter in kaltem Wasser mehrmals vorsichtig waschen und auf einem Durchschlag abtropfen lassen (siehe auch Bilder Seite 152). Die sofort benötigten Salatblätter beiseite stellen. Die übrigen in einen großen Sichtbeutel geben, diesen leicht aufblasen und oben luftdicht mit einem Gummi schließen. In den Kühlschrank legen und die Blätter bei Bedarf in den nächsten 2–3 Tagen verbrauchen.
  Nach dieser Methode können außer den Blattsalaten auch frische Kräuter, Radieschen im Bund, Chicorée oder frische Beerenfrüchte appetitlich frisch gehalten werden.
- Gemüse, wie Tomaten, Gurken, Paprikaschoten, Chinakohl, für Salate jeweils im Gemüsefach des Kühlschranks 2–6 Tage aufbewahren.

- Gemüse, wie Karotten, Sellerie, Weiß- oder Rotkohl, und Früchte, wie Äpfel, Orangen, Zitronen usw., können auch ohne Kühlschrank – aber kühl gelagert – einige Tage frisch bleiben. Im Sommer eventuell leicht befeuchten und luftig in einem großen Sichtbeutel aufbewahren.

Salatteller mit Apfel und Schinken

Zutaten für 1 Person	Arbeitsgeräte
30 g Kopfsalat (etwa 1/3 eines kleinen Salatkopfes oder 6 Blätter), 1 rotwangiger Apfel (150 g), 1 dicke Scheibe Grillschinken (40 g, oder gekochter Schinken), 2 EL Joghurt (3,5 % Fett), 1 Msp. Zucker, 1 Msp. Salz, 1 Prise Pfeffer, 1 Prise Curry.	**Durchschlag (Sieb), Schneidbrett, Salatteller, Messer, Tasse, Löffel.**

Zubereitungszeit

etwa 5 Minuten.

Die Salatblätter unter fließendem kalten Wasser vorsichtig waschen und auf dem Durchschlag abtropfen lassen. Oder im Kühlschrank aufbewahrte Salatblätter vom Vortag verwenden.
Den Apfel waschen, abtrocknen und vierteln. Das Kerngehäuse herausschneiden. Dann die Stücke mit der schönen roten Schale in dünne Spalten schneiden.
Den Grillschinken in 2 cm große Stücke oder in lange dünne Streifen schneiden.
Joghurt, Zucker, Salz, Pfeffer und Curry in die Tasse geben und leicht verrühren.
Die gut abgetropften Salatblätter (eventuell vorher noch mit etwas Küchenkrepp trockentupfen) leicht zerzupfen, damit sich die Blätter dann besser verspeisen lassen. Auf einem Salatteller (nicht zu kleinen Teller wählen, möglichst so groß wie ein Kuchenteller) die Salatblätter hübsch anrichten. Als Ring darauf die Apfelspalten anrichten und in die Mitte die Schinkenstücke geben. Die Salatsoße erst direkt vor dem Essen darüberträufeln.

Pro Portion: 11 g E 7 g F 20 g KH 195 kcal 820 kJ

Salatteller mit Apfel und Schinken.

Salatteller mit Salami und Käse

Zutaten für 1 Person

30 g Kopfsalat (etwa 1/3 eines kleinen Salatkopfes oder 6 Blätter), 30 g Salami in Scheiben (3 große oder 6 kleine Scheiben), 40 g Goudakäse (1 große oder 2 kleine Scheiben), 2 TL Öl, 1 TL Essig, 1 Msp. Zucker, 1 Msp. Salz, 1 Prise Pfeffer, eventuell etwas Petersilie.

Arbeitsgeräte

Durchschlag (Sieb), Teller, Schneidbrett, Messer, Teelöffel, Tasse.

Zubereitungszeit

etwa 5 Minuten.

Schöne Salatblätter unter fließendem kalten Wasser vorsichtig waschen und auf dem Durchschlag abtropfen lassen. Oder die im Kühlschrank aufbewahrten Salatblätter vom Vortag verwenden.
Die Salamischeiben zu kleinen spitzen Tüten aufrollen. Sind die Scheiben sehr groß, ist es besser, diese einmal durchzuschneiden. Dann geht das Tütenrollen einfacher!
Den Goudakäse in dünne Streifen schneiden.
Die gut abgetropften Salatblätter auf einen nicht zu kleinen Salatteller legen (die Größe eines Kuchentellers z.B. ist ausreichend).
In der Tasse das Öl mit dem Essig und den Würzzutaten verrühren. Über die Salatblätter träufeln.
Dann die Salamitüten als Kreis auf den Teller legen und die Käsestreifen in die Mitte geben. Eventuell noch mit etwas Petersilie garnieren.

Pro Portion: 16 g E 33 g F 3 g KH 387 kcal 1610 kJ

Serviervorschlag

Als kleine leichte Mahlzeit mit Vollkorn- oder Roggenknäkkebrot und Butter reichen. Eventuell auch mit einer heißen Suppe (z.B. Fertigsuppe aus der Dose oder Packung) als Suppenimbiß servieren.

TIP

Auch andere Wurst, z.B. Mortadella, Bierschinken usw., kann für den Salatteller verwendet werden. Anstelle von Käsestreifen 1 gehäuften Eßlöffel Hüttenkäse (Cottage Cheese) in die Mitte geben.

Salatteller mit Salami und Käse.

Salat-Rohkost-Teller.

Salat-Rohkost-Teller

Zutaten für 1 Person

30 g Kopfsalat (etwa 1/3 eines kleinen Salatkopfes oder 6 Blätter), 1 Mohrrübe (etwa 100 g), 1 kleiner Apfel (etwa 125 g), 1 TL Zitronensaft (evtl. auch einige Tropfen haltbare Zitronensäure), 1 Msp. Knoblauchsalz (oder Salz), 1 Prise Curry, 1 Msp. Zucker.

Arbeitsgeräte

Durchschlag (Sieb), Messer, Teller, Rohkostreibe.

Zubereitungszeit

etwa 5 Minuten.

Schöne Blätter vom Salat vorsichtig unter fließendem kalten Wasser abspülen und im Durchschlag abtropfen lassen, eventuell mit Küchenkrepp trockentupfen. Oder die im Kühlschrank aufbewahrten Blätter vom Vortag verwenden.
Die Mohrrübe und den Apfel waschen und schälen. Beides auf der Rohkostreibe – aber möglichst getrennt und nicht vermischt – fein raspeln. Die geraspelte Mohrrübe mit etwas Zitronensaft, Knoblauchsalz und Curry vermischen. Den geraspelten Apfel mit etwas Zitronensaft und Zucker vermischen.
Die Salatblätter ganz klein zerzupfen oder in feine Streifen schneiden und auf einen Salatteller geben. Mit ganz wenig Knoblauchsalz – etwa 1 Prise – würzen und mit Zitronensaft beträufeln. Dann die Möhren- und Apfelrohkost daraufgeben. Sofort servieren.

Pro Portion: 2 g E 19 g F 22 g KH 98 kcal 410 kJ

Serviervorschlag

Dieser Salat paßt als Vorspeise, kleine Erfrischung zwischendurch, z.B. mit Vollkornknäckebrot und Butter, oder als Beilage zur leichten Mittags- oder Abendmahlzeit.

TIP

Als Beilage zu gegrilltem Geflügel oder Fisch den Rohkostteller noch mit Gartenkresse und Datteln garnieren.
Wird der Rohkostteller z.B. mit 1/2 Kästchen Gartenkresse und 3 in Streifen geschnittenen Datteln angerichtet, dann enthält

1 Portion: 2 g E 1 g F 37 g KH 166 kcal 690 kJ

Sommer-Salatteller. Schlemmerteller.

Schlemmerteller

Zutaten für 1 Person	**Arbeitsgeräte**
30 g Kopfsalat (etwa 1/3 eines kleinen Salates), 1 Mohrrübe (etwa 100 g), 1/4 Salatgurke (etwa 100 g), 1 Tomate (65 g), 1/2 Kästchen Gartenkresse, 100 g gegrillte Hähnchenbrust (fertig gekauft oder Rest), 1 Scheibe Emmentaler Käse (etwa 30 g), 2 EL Joghurt (3,5 % Fett), 1/2 Zitrone, 1 Msp. Salz, 1 Msp. Pfeffer, eventuell Paprika, 1 Msp. Zucker.	**Durchschlag (Sieb), Teller, Rohkostreibe, Schneidbrett, Messer, Küchenschere, Zitronenpresse, Tasse, Löffel.** **Zubereitungszeit** **etwa 10 Minuten.**

Die Salatblätter unter kaltem Wasser abspülen und auf dem Durchschlag abtropfen lassen. Oder die im Kühlschrank aufbewahrten Blätter vom Vortag verwenden.
Die Mohrrübe, Gurke, Tomate und Kresse kalt abspülen und abtropfen lassen. Die Kresse dabei ohne das Pappkästchen, aber mit dem Nährboden nur ganz wenig abspülen, dann die gewünschte Menge vorsichtig mit der Schere abschneiden.
Die Mohrrübe schälen und in hauchdünne Streifen schneiden oder auf der Rohkostreibe fein raspeln. Die Tomate in Achtel schneiden, den Blütenansatz dabei herausschneiden. Die Gurke mit Schale verwenden und in dünne Scheiben, die Hähnchenbrust in schräge Scheiben und den Käse in lange dünne Streifen schneiden.
Auf einem großen flachen Eßteller nun die einzelnen Salatzutaten hübsch anrichten. Am besten nach den einzelnen Zutaten unterteilt, also zunächst die kleinzerzupften Salatblätter, dann geraspelte Mohrrübe, Tomatenachtel, Gurkenscheiben, die Hähnchenbrust und Käsestreifen. Die Gartenkresse wird als kleines Büschel in die Mitte gesetzt.
Die Salatsoße aus Joghurt, dem ausgepreßten Zitronensaft, Salz, Pfeffer, Paprika und Zucker rühren (oder eine Fertigsoße, Salatdressing verwenden). Über die Salatzutaten verteilen und servieren.

Pro Portion: 29 g E 12 g F 14 g KH 288 kcal 1210 kJ

Sommer-Salatteller

Zutaten für 1 Person	**Arbeitsgeräte**
30 g Kopfsalat etwa 1/3 eines kleinen Salatkopfes oder 6 Blätter), 1 kleine rote Paprikaschote (etwa 75 g oder 1/2 mittelgroße), 1/4 Salatgurke (etwa 100 g), 4 Stengel großblättrige Petersilie (= italienische Petersilie, etwa 20 g), 3 TL Öl, 1 TL Kräuteressig, 1 Msp. Zucker, 1 Msp. Salz, 1 Msp. Pfeffer.	**Durchschlag (Sieb), Schüssel oder Teller, Schneidbrett, Messer, Tasse, Teelöffel.** **Zubereitungszeit** **etwa 10 Minuten.**

Schöne Blätter vom Salat vorsichtig unter fließendem kalten Wasser abspülen und danach im Durchschlag abtropfen lassen. Oder die im Kühlschrank aufbewahrten Blätter vom Vortag verwenden.
Die Paprikaschote der Länge nach aufschneiden, den Stiel und die Samenwände herausschneiden.
Die Paprikaschote, Salatgurke und Petersilie kalt abspülen und am besten mit Küchenkrepp abtrocknen, damit kein Wasser anhaftet.
Die Paprikaschote in dünne Streifen schneiden. Das Gurkenstück der Länge nach halbieren und dann in Scheiben schneiden. Die Petersilie in grobe Stücke schneiden.
Die abgetropften Salatblätter leicht zerzupfen, mit den übrigen Zutaten in einer Schüssel oder auf einem Salatteller locker mischen.
Öl, Kräuteressig und die Würzzutaten zu einer pikanten Salatsoße verrühren und über den Salat träufeln.

Pro Portion: 3 g E 10 g F 7 g KH 159 kcal 660 kJ

Schnellgerichte aus Topf und Pfanne

Ausnahmen bestätigen die Regel, heißt es so schön. Wir gehen aber aus Erfahrung davon aus, daß die meisten alleinlebenden Personen für das Kochen nicht zu viel Zeit aufwenden möchten.
Deshalb wurden vor allem Gerichte ausgewählt, die in kurzer Zeit zubereitet werden können. Singles, die besonders gerne kochen – und bei denen auch eine aufwendigere Zubereitung akzeptiert wird –, finden in den Kapiteln des allgemeinen Kochteils viele Rezeptvorschläge, die schwieriger und langwieriger herzustellen sind.
Da auch die mit dem Kochen verbundenen Zusatzarbeiten, wie Abwaschen und Aufräumen, von vielen Singles nicht übermäßig geschätzt werden, wurden möglichst Rezepte ausgewählt, bei denen wenig Geschirr und Arbeitsgeräte erforderlich sind. Für Haushalte, die nur über eine kleine Grundausstattung der nötigsten Geräte verfügen, ist das von Vorteil.
Für die meisten der folgenden Vorschläge kommen Sie mit 1–2 Kochstellen, Topf oder Pfanne aus, um ein Gericht zuzubereiten.
Um die notwendige Mahlzeitenzubereitung etwas zu rationalisieren, sind zunächst einige Vorschläge gemacht, wie z.B. Reis, Nudeln oder Kartoffeln im kleinen Haushalt gekocht und verschieden verwendet werden können.
Auch bei den weiteren Vorschlägen sind häufig ähnliche Grundzutaten verwendet worden, die nur durch eine andere Art der Zubereitung zu einem neuen Gericht werden.

Aus eins mach zwei

Viele der üblichen Beilagen, wie Reis, Nudeln oder auch Kartoffeln, lassen sich leichter, energie- und zeitsparender in einer größeren Menge zubereiten.
Wer nur für sich allein kocht, sollte gleich mitüberlegen, was eventuell aus dem Rest zubereitet werden kann. Bekanntlich halten die nicht sofort verbrauchten Reste im Kühlschrank ein oder mehrere Tage.
Durch die folgenden Beispiele werden Anregungen gegeben, wie aus gleichen Grundzutaten andere Gerichte entstehen; denn niemand ißt gerne über mehrere Tage das gleiche!

Verwendung von Reis

Kochen Sie Reis nach dem Grundrezept Seite 236 (1/2 Grundrezept = 2 Portionen = 2 Mahlzeiten für Singles) oder 1 Beutel Schnellkochreis. Eine Portion wird frisch gekocht als Beilage zu einem Gericht verwendet. Der restliche Reis kann z.B. als Reisgericht oder als Reissalat Verwendung finden.

Reis-Schinken-Salat

Zutaten für 1 Person

**50 g gekochter Schinken,
1 kleine Zwiebel,
1 Tasse gekochter Reis,
1/2 Packung tiefgefrorene Erbsen (150 g) oder
1 kleine Dose Erbsen,
2 EL Salatmayonnaise,
1/2 TL Senf,
1 Msp. Pfeffer,
1 Msp. Curry,
etwas Salz,
eventuell Petersilie oder Schnittlauch.**

Arbeitsgeräte

**Schneidbrett,
Messer, Schüssel,
Löffel (oder Salatbesteck),
Tasse.**

Zubereitungszeit

10 Minuten.

Den Schinken in dünne Streifen oder Würfel schneiden und in die Schüssel geben.
Die Zwiebel schälen und in sehr kleine Würfel schneiden. Mit dem gekochten Reis und den tiefgefrorenen Erbsen zum Schinken geben.
In der Tasse Mayonnaise mit dem Senf und den Gewürzen verrühren. Über die Salatzutaten gießen und alles locker durchmischen.
Bis zum Gebrauch eventuell noch 1/2 Stunde durchziehen lassen, mindestens aber 10 Minuten, bis die Erbsen vollständig aufgetaut sind.
Falls vorhanden, frische Kräuter, wie Petersilie oder Schnittlauch, fein schneiden und über den gut abgeschmeckten Salat streuen.

Pro Portion: 25 g E 23 g F 65 g KH 590 kcal 2470 kJ

Serviervorschlag

Mit Vollkornbrot und Butter als leichte kleine Mahlzeit reichen. Eventuell auch eine heiße Tomatensuppe (Dose oder Päckchen) dazu essen.

TIP

Anstelle von Schinken z.B. auch mit Salami, Fleischwurst oder Mortadella zubereiten. Eventuell anstelle der Mayonnaise eine Joghurtmarinade oder auch Essig-Öl-Marinade für den Salat verwenden.

Gebratener Reis mit Schinken.

Gebratener Reis mit Schinken

Zutaten für 1 Person	Arbeitsgeräte
50 g gekochter Schinken, 1 Tasse gekochter Reis (= 1 Portion), 1 EL Butter (oder Margarine), 1/2 Packung tiefgefrorene Erbsen (150 g) oder 1 kleine Dosen Erbsen, Pfeffer und etwas Salz nach Geschmack, eventuell Petersilie.	**Schneidbrett, Messer, Pfanne (beschichtet), Pfannenwender.**

Zubereitungszeit

12–15 Minuten.

Den Schinken in Streifen schneiden.
Die Butter in die Pfanne geben und bei starker Wärmestufe schmelzen, nicht bräunen. Den Reis hineingeben und unter leichtem Rühren etwas anbraten. Dann den Schinken und die tiefgefrorenen Erbsen untermischen. Mit etwas Pfeffer und Salz abschmecken und bei geschlossener Pfanne etwa 5 Minuten dünsten, bis die Erbsen vollständig aufgetaut und heiß sind.
In der Zwischenzeit eventuell Petersilie fein hacken und über den angerichteten Reis streuen.

Pro Portion: 24 g E 16 g F 60 g KH 500 kcal 2090 kJ

Verwendung von Nudeln

Kochen Sie Nudeln (z.B. Spaghetti) nach dem Grundrezept Seite 238.
Eine Portion kann frisch zubereitet als Beilage verwendet werden, z.B. zu einer Hackfleischsoße oder Tomatensoße. Die restlichen Spaghetti lassen sich z.B. als schnelles Pfannengericht zubereiten oder auch als Salat für den nächsten Abend vorbereiten.

Spaghetti-Würstchen-Pfanne

Zutaten für 1 Person	Arbeitsgeräte
1 Portion gekochte Spaghetti, 1 Frankfurter Würstchen (50 g oder Wiener Würstchen), 1 EL Butter (oder Margarine), 1 kleine Dose Champignons (etwa 100 g Einwaage oder frische), 1 Ei, 2 EL süße Sahne (oder Dosenmilch), Pfeffer und Salz nach Geschmack, eventuell 1 EL feingehackte Kräuter (Petersilie, Schnittlauch oder Dill).	**Schneidbrett, Messer, Pfanne, Pfannenwender, Dosenöffner, kleine Schüssel, Gabel.**

Zubereitungszeit

etwa 12 Minuten.

Die Spaghetti etwas kleinschneiden, falls sie im Ganzen gekocht wurden.
Das Würstchen in dünne Scheiben schneiden.
In der Pfanne die Butter bei starker Wärmezufuhr schmelzen, die Nudeln und Wurstscheiben hineingeben und 5 Minuten braten. Dabei mit dem Pfannenwender einige Male durchrühren.
Die Champignondose öffnen und das Wasser abgießen. Die Pilze in Scheiben oder Viertel schneiden und mit in die Pfanne geben.
Das Ei über der Schüssel aufschlagen und mit der Sahne leicht verrühren. Über die Spaghetti gießen und in 2–3 Minuten stokken lassen, dann auf einen Teller geben.
Falls vorhanden, frische Kräuter fein schneiden und darüberstreuen.

Pro Portion: 23 g E 36 g F 41 g KH 613 kcal 2560 kJ

Serviervorschlag
Zu diesem leichten Schnellgericht sollte als Abrundung eine große Portion frischer Salat und Tomaten- oder Gemüsesaft als Getränk gereicht werden.

Verwendung von gekochten Kartoffeln

Für 1 Portion Kartoffeln zu kochen, ist häufig besonders schwierig. Denn einerseits möchte man gesund und zeitgemäß kochen, also in ganz wenig Wasser garen, damit die Nährstoffe nicht auslaugen, andererseits besteht beim Garen von sehr kleinen Mengen leicht die Gefahr, daß etwas anbrennt, weil sich die Herdtemperatur nicht genügend reduzieren läßt.
Da ist es schon praktischer, gleich eine etwas größere Portion (nach dem Grundrezept Seite 220, etwa 500 g) zu kochen. Eine Portion der Kartoffeln wird frisch verwendet. Die restlichen lassen sich auf bewährte Art als Bratkartoffeln, Rösti oder für Kartoffelsalat verwenden (siehe auch Rezepte Seite 224, 226, 163).
Für Singles, die eine kräftige Kost vertragen, gibt es noch einige sehr schnell zu bereitende Gerichte, die sich ausgezeichnet für übriggebliebene Kartoffeln eignen und gleichzeitig die Haushaltskasse entlasten.

Käsekartoffeln.

Käsekartoffeln

Zutaten für 1 Person	Arbeitsgeräte
1 EL Öl (bei unbeschichteter Pfanne 2 EL), 250 g gekochte Kartoffeln, 50 g Gouda oder Emmentaler Käse, einige Stengel Schnittlauch (etwa 1/3 Bund), 2 Tomaten.	**Pfanne (beschichtet), Pfannenwender, Schneidbrett, Messer.**

Zubereitungszeit

12–15 Minuten.

Das Öl in die Pfanne geben und diese auf die Kochstelle setzen. Bei starker Wärmezufuhr (E-Herd Normalplatte 2,5–3; Automatik 10–12; G-Herd große Flamme) erhitzen.
Unterdessen die gekochten, geschälten Kartoffeln in 1 cm große Würfel schneiden. In die Pfanne geben und in 5 Minuten unter leichtem Wenden mit dem Pfannenwender goldbraun braten.
In der Zwischenzeit den Käse in kleine Würfel schneiden. Über die Kartoffeln verteilen, die Pfanne schließen und den Herd auf kleine Wärmestufe zurückschalten. Den Käse in etwa 2 Minuten schmelzen lassen. Die Käsekartoffeln auf einen Teller schieben. Den Schnittlauch fein schneiden und darüber verteilen.
Die gewaschenen Tomaten in dünne Scheiben schneiden und kranzartig um die Käsekartoffeln legen.

Pro Portion: 19 g E 30 g F 53 g KH 585 kcal 2450 kJ

Bauernfrühstück

Zutaten für 1 Person	Arbeitsgeräte
1 Zwiebel, 50 g Fleischwurst (oder beliebige Wurst- und Schinkenreste), 1 EL Öl, 200 g gekochte Kartoffeln, 2 Eier, einige Stielchen Schnittlauch (etwa 1/3 Bund), Pfeffer und Salz.	**Schneidbrett, Messer, Pfanne (beschichtet), Pfannenwender, Tasse.**

Zubereitungszeit

12–15 Minuten.

Die Zwiebel schälen. Zwiebel und Wurst in Würfel schneiden. Das Öl in die Pfanne geben und bei starker Wärmezufuhr (E-Herd Normalplatte 2,5–3; Automatik 10–12; G-Herd große Flamme) erhitzen. Dann die Zwiebel- und Wurstwürfel darin anbraten.

Die Kartoffeln in Scheiben oder große Würfel schneiden, in die Pfanne geben und goldbraun braten. Mit dem Pfannenwender umwenden.

Die Eier zunächst über der Tasse vorsichtig aufschlagen (siehe auch Seite 246) und dann über die Kartoffeln gießen. In 2–3 Minuten stocken lassen, dabei die Pfanne ganz leicht rütteln, damit nichts am Pfannenboden anhängt.

Bauernfrühstück.

Den Schnittlauch unter kaltem Wasser abspülen, dann fein schneiden und über das Bauernfrühstück streuen und nach Geschmack würzen.
Das Gericht mit Hilfe des Pfannenwenders auf einen flachen Teller schieben.

Pro Portion: 24 g E 37 g F 42 g KH 630 kcal 2630 kJ

Serviervorschlag
Dazu sollte frischer grüner Salat (oder mit Tomaten, Gurken usw.) gereicht werden. Vitaminreicher Gemüsesaft oder Milch als Getränk wählen, in der kalten Jahreszeit z.B. auch eine heiße Fleischbrühe oder Tee.

TIP
Sehr gute schmeckt das Bauernfrühstück, wenn verschiedene Wurstsorten verwendet werden, z.B. auch Scheiben von Blut- und Leberwurst.

Variation
Anstelle von gekochten Kartoffeln kann Weiß- oder Graubrot verwendet werden. Dieses ebenfalls in Würfel schneiden und in der Pfanne anbraten. Die Eier aufschlagen, leicht verrühren und darübergießen. Stocken lassen, anrichten und würzen.

Fischerpfanne

Zutaten für 1 Person

**200 g gekochte Kartoffeln (Pellkartoffeln),
1 Zwiebel,
1 EL Öl,
100 g geräucherter Fisch (Makrele, Rotbarsch oder Schellfisch),
1 kleine Dose Champignons (Einwaage 100 g),
eventuell 1 Ei,
1 kleine Gewürzgurke,
etwas Schnittlauch (etwa 1/3 Bund),
Pfeffer, Salz.**

Arbeitsgeräte

**Teller,
Messer, Schneidbrett,
Pfanne, Pfannenwender,
Dosenöffner.**

Zubereitungszeit

10–12 Minuten.

Die gekochten, geschälten Kartoffeln in Würfel schneiden.
Die Zwiebel schälen und in kleine Würfel schneiden. Das Öl in die Pfanne geben und auf der Kochstelle bei starker Wärmezufuhr (E-Herd Normalplatte 2,5–3; Automatik 10–12; G-Herd große Flamme) erhitzen. Die Kartoffel- und Zwiebelwürfel darin 5 Minuten braten und dabei zwischendurch wenden.
Den geräucherten Fisch vorsichtig in etwa 2 cm große Stücke zerteilen, dabei alle Gräten entfernen.
Die Champignons aus der Dose nehmen und in Scheiben schneiden.
Fisch und Champignons in die Pfanne geben und einige Minuten mitbraten.
Nach Größe des Appetits noch 1 Ei darüber aufschlagen und stocken lassen.
Auf einen großen Teller geben, nach Geschmack mit etwas frisch gemahlenem Pfeffer und Salz würzen. Die Gewürzgurke in Scheiben oder Streifen schneiden und zum Garnieren verwenden. Schnittlauch fein schneiden und darüberstreuen.

Pro Portion: 29 g E 28 g F 46 g KH 576 kcal 2410 kJ
Pro Portion (ohne Ei): 22 g E 22 g F 46 g KH 484 kcal 2020 kJ

Variation
Anstelle von Champignons können tiefgefrorene Erbsen (etwa 100 g) oder Maiskörner aus der Dose verwendet werden.
Eventuell aus dem Ei in einer kleinen Kasserolle mit 1 Teelöffel Butter und 1 Eßlöffel Milch Rührei bereiten. Erst vor dem Servieren unter das fertige Gericht mischen. Dann mit feingeschnittenem Schnittlauch (oder Kerbel) bestreuen.

Spanische Gemüsetortilla

Zutaten für 1 Person

1 rote Paprikaschote (etwa 150 g), 1 Zwiebel, 100 g frische Champignons (oder 1 kleine Dose), 1 EL Öl (Butter oder Margarine), 2 Eier, 1 EL Sahne (oder Dosenmilch), 1 Msp. Pfeffer, 1 Msp. Paprika, etwas Salz, 1 EL gehackte Petersilie.

Arbeitsgeräte

Schneidbrett, Messer, kleine Schüssel, Pfanne (beschichtet), Pfannenwender, Löffel.

Zubereitungszeit

etwa 15 Minuten.

Die Paprikaschote aufschneiden und das Kerngehäuse herauslösen. Die Paprikaschote kalt abspülen und in dünne Streifen schneiden.
Die Zwiebel schälen und in kleine Würfel schneiden.
Die Champignons putzen, d.h. sandige und schadhafte Stellen wegschneiden und bei größeren Pilzen eventuell die Haut von den Köpfen abpellen. Die Pilze nur dann ganz kurz unter kaltem Wasser abspülen, wenn sie sehr sandig sind. Die Pilze in dünne Scheiben schneiden.
Das Öl in die Pfanne geben und auf der Kochstelle bei starker Wärmezufuhr (E-Herd Normalplatte 2,5; Automatik 10; G-Herd große Flamme) erhitzen. Paprikastreifen, Zwiebelwürfel und Champignonscheiben hineingeben und 5 Minuten dünsten. Dabei mit dem Pfannenwender umrühren.
Die Eier über der Schüssel aufschlagen. Sahne und die Würzzutaten dazugeben. Alles leicht mit dem Löffel verrühren.

1 Zutaten.

2 Paprika, Zwiebel und Pilze kleinschneiden.

3 Die Eier und Sahne verrühren und über das Gemüse gießen.

4 Spanische Gemüsetortilla.

Über das Gemüse gießen, die Pfanne schließen und den Herd auf kleinste Wärmestufe zurückschalten. Die Eier in etwa 3 Minuten stocken lassen. Mit gehackter Petersilie bestreuen. Die Gemüsetortilla auf einen Teller schieben und servieren.

Pro Portion: 19 g E 27 g F 14 g KH 400 kcal 1670 kJ

Rheinische Schnippelkartoffeln

Zutaten für 1 Person

1 TL Mehl, 2 EL Milch, 2 kleine Eier, 1–2 Kartoffeln (etwa 250 g), 1 EL Öl, 50 g Schinkenspeck, etwa 1/3 Bund Schnittlauch, Pfeffer und Salz.

Arbeitsgeräte

kleine Schüssel, Gabel, Löffel, Messer, Schneidbrett, Pfanne (beschichtet), Pfannenwender.

Zubereitungszeit

etwa 15 Minuten, davon 5 Minuten Vorbereitung und 10 Minuten Garzeit.

Mehl und Milch in der Schüssel verrühren. Die Eier aufschlagen, hinzufügen und mit der Gabel leicht schaumig verrühren.
Die Kartoffeln gründlich waschen, schälen und in dünne Streifen oder Scheiben schneiden.

Das Öl in die Pfanne geben und auf der Kochstelle bei starker Wärmezufuhr (E-Herd Normalplatte 2,5–3; Automatik 10–12; G-Herd große Flamme) erhitzen. Die Schinkenspeckscheiben hineingeben und knusprig braten. Wieder aus der Pfanne nehmen und die Kartoffelscheiben in das heiße Fett geben.
Etwa 5 Minuten braten und dabei wenden.
Dann die verrührten Eier darübergießen. Die Pfanne schließen und in 3–5 Minuten die Schnippelkartoffeln fertigbraten.
In der Zwischenzeit den Schnittlauch kalt abspülen und fein schneiden. Die Schnippelkartoffeln auf einen Teller geben und leicht mit Pfeffer und Salz würzen. Mit Schnittlauch bestreuen und mit den knusprigen Schinkenspeckscheiben belegen.

Pro Portion: 26 g E 38 g F 42 g KH 646 kcal 2700 kJ

Tortilla mit Schinken

Zutaten für 1 Person

1 kleine rote Paprikaschote (etwa 100 g), 1 kleine Stange Porree (Lauch, 100 g), 1 Zwiebel, 1 Scheibe gekochter Schinken (etwa 30 g), 1 EL Öl, 2 Eier, 1 EL Sahne (oder Dosenmilch), 1 Msp. Salz, 1 Msp. Paprika, etwas Pfeffer.

Arbeitsgeräte

wie bei der spanischen Gemüsetortilla.

Zubereitungszeit

wie bei der spanischen Gemüsetortilla.

Die Paprikaschote aufschneiden und das Kernghäuse herauslösen. Vom Porree die harten Außenblätter und das Wurzelende wegschneiden.
Die Paprikaschote und den Porree unter kaltem Wasser gründlich waschen. Beim Porree dabei die einzelnen langen Blätter weit auseinanderbiegen, damit kein Sand in den Zwischenräumen verbleibt.
Die Paprika und den Porree in dünne Streifen schneiden.
Die Zwiebel schälen und in kleine Würfel, den gekochten Schinken in Stücke schneiden.
Das Öl in die Pfanne geben und bei starker Wärmezufuhr (E-Herd Normalplatte 2,5; Automatik 10; G-Herd große Flamme) erhitzen. Das Gemüse hineingeben und 3 Minuten dünsten. Die Pfanne dabei schließen.
Die Eier über der kleinen Schüssel aufschlagen. Sahne und Gewürze hinzufügen und leicht verrühren.
Die Schinkenstücke in die Pfanne geben und die verrührten Eier darübergießen. Mit dem Pfannenwender leicht durchrühren. Dann die Pfanne wieder schließen und den Herd auf kleinste Wärmestufe zurückschalten (bei Gas kleinste Flamme, bei E-Herd die Platte ausschalten und die Speicherwärme nutzen). Die Eier in etwa 3 Minuten stocken lassen, dann die Tortilla anrichten.

Pro Portion: 24 g E 31 g F 14 g KH 459 kcal 1920 kJ

Serviervorschlag

Mit Stangenweißbrot oder Bauernbrot, Butter und Tomaten- oder Gemüsesaft als leichte Mittags- oder Abendmahlzeit reichen.

HINWEIS

Tortillas können auch – wie Eierkuchen – von zwei Seiten gebacken werden. Dann wenden, wenn die Eiermasse gestockt ist, und nochmals etwa 2 Minuten backen. Die Tortilla wird durch längeres Backen und Bräunen etwas schwerer verdaulich!

Variation

Tortillas können z.B. nur mit Zwiebeln, Speck und Eiern zubereitet werden. Nach Geschmack aber auch mit gekochten Kartoffeln, Resten von Braten, gegrilltem Geflügel oder Wurst, Käse usw..

Milchkartoffeln mit Rostbratwürstchen

Zutaten für 1 Person

250 g Kartoffeln (= 1 große oder 2 kleine), 1/8 l Milch, 1 TL Butter, 1 Prise geriebene Muskatnuß, 2 TL helle Instantsoße, 2–3 Stielchen Petersilie (oder Dill), 100 g Rostbratwurst (Thüringer oder Nürnberger), 1–2 TL Öl, 1 kleine Zwiebel.

Arbeitsgeräte

kleiner Topf (oder Kasserolle mit Deckel), Messer, Meßbecher, Rührlöffel, Löffel, kleine Pfanne, Schneidbrett.

Zubereitungszeit

etwa 15 Minuten.

Zum Kochen der Milchkartoffeln möglichst einen innen beschichteten kleinen Topf verwenden, damit nichts anhängt.
Die Kartoffeln gründlich waschen und schälen.
Den Topf mit kaltem Wasser ausspülen, die Milch hineingeben. Butter und geriebene Muskatnuß hinzufügen.
Die Milch im Topf bei starker Wärmezufuhr (E-Herd Normalplatte 2,5–3; Automatik 10–12; G-Herd große Flamme) aufkochen.
Die Kartoffeln in etwa 1/2 cm dicke Scheiben schneiden und in den Topf geben. Den Herd auf kleine Wärmestufe zurückschalten, wenn die Kartoffeln kochen. Den Topf schließen und die Milchkartoffeln in 8–10 Minuten gar kochen.
Dann die Instantsoße vorsichtig – ohne daß die Kartoffelscheiben zu sehr zerdrückt werden – einrühren. Einmal aufkochen lassen und den Topf von der Kochstelle nehmen.
Die Kartoffeln anrichten und mit feingehackter Petersilie bestreuen.
Während die Milchkartoffeln kochen, die Rostbratwurst in der Pfanne mit ganz wenig Öl rundherum braun braten. Die Zwiebel schälen, in dünne Scheiben schneiden und in der Pfanne mitbraten. Zu den Milchkartoffeln servieren.

Pro Portion: 21 g E 45 g F 50 g KH 692 kcal 2890 kJ

Serviervorschlag

Zu diesem einfachen, aber gut schmeckenden Gericht sollte noch ein frischer Salatteller (z.B. grüner Salat mit Tomate und Gurke) und ein vitaminreicher Gemüsesaft gereicht werden.

TIP

Milchkartoffeln lassen sich auch gut mit Pellkartoffeln vom Vortag zubereiten. In diesem Fall wird die Milch mit der Instantsoße und den Würzzutaten aufgekocht. Die in Scheiben oder Würfel geschnittenen Kartoffeln dann 3–5 Minuten in der Soße erhitzen. Mit feingehackter Petersilie oder Dill bestreuen und servieren.

Rostbratwürstchen auf Apfelscheiben

Zutaten für 1 Person

1 mittelgroßer Apfel (etwa 150 g),
1/2 Zitrone,
1 EL Rosinen,
1 EL Öl,
100 g Rostbratwürstchen (lange, dünne),
Pfeffer,
Salz.

Arbeitsgeräte

Schneidbrett, Messer, Zitronenpresse, kleine Pfanne, Pfannenwender.

Zubereitungszeit

etwa 10 Minuten.

Den Apfel waschen, vierteln und schälen, das Kerngehäuse herausschneiden. Die Apfelviertel in dünne Scheiben schneiden und mit dem ausgepreßten Saft der Zitrone beträufeln.

Die lange Bratwurst zu kleinen Würsten abdrehen und kleine Klößchen formen.

In der Pfanne bei starker Wärmezufuhr (E-Herd Normalplatte 2,5–3; Automatik 10–12; G-Herd große Flamme) das Öl erhitzen.
Die lange Bratwurst eventuell zu 2 oder 3 kleinen Würsten abdrehen. Dazu die Wurst an 1 oder 2 Stellen mit Daumen und Zeigefinger zusammendrücken. Das abgeteilte Stück jeweils 2- bis 3mal drehen (wie beim Einwickeln von Bonbons).
Die Bratwürstchen in die Pfanne geben und von einer Seite etwa 3 Minuten braten.
Dann wenden und in der Pfanne zur Seite schieben. Die Apfelscheiben und Rosinen in die Pfanne geben. Die Bratwurst in weiteren 3–5 Minuten braten und die Apfelscheiben dabei leicht dünsten. Nach Bedarf mit etwas Pfeffer und Salz würzen (vorsichtig würzen, falls die Würstchen scharf sind).
Die Rostbratwürstchen auf den Apfelscheiben auf einem Teller anrichten.

Pro Portion: 12 g E 39 g F 33 g KH 534 kcal 2230 kJ

Serviervorschlag
Mit Kartoffelpüree (eventuell aus der Packung zubereitet) und frischem grünen Salat reichen. Gespritzter Apfelsaft oder Apfelwein als Getränk wählen.

Bratwurst am Spieß.

Bratwurst am Spieß

Zutaten für 1 Person

1 gebrühte Kalbsbratwurst (etwa 100 g),
1 kleiner Apfel (125 g),
1 Tomate (65 g),
1 EL Öl, 2 EL Sahne (oder Dosenmilch),
etwas Pfeffer und Salz,
1 Scheibe Roggenbrot (45 g).

Arbeitsgeräte

Schneidbrett, Messer, Holzspieß (Schaschlikspieß), kleine Pfanne, Pfannenwender.

Zubereitungszeit

etwa 12 Minuten.

Den Apfel und die Tomate waschen. Den Apfel vierteln, schälen und das Kerngehäuse herausschneiden. Die Tomate halbieren.
Die Bratwurst an einem Ende mit dem Holzspieß durchstechen. Dann die Apfelstücke aufspießen und das obere Spießende durch das andere Bratwurstende stecken, so daß diese wie ein Segel gebogen ist. Jeweils eine Tomatenhälfte an die Spießenden stecken.
Das Öl in die Pfanne geben und bei starker Wärmezufuhr auf der Kochstelle erhitzen (E-Herd Normalplatte 2,5; Automatik 10; G-Herd große Flamme). Die Bratwurst am Spieß hineinlegen und etwa 4 Minuten braten, dann wenden und auch von der zweiten Seite braten. Die Wärmezufuhr dabei etwas zurückschalten. Die Bratwurst aus der Pfanne nehmen und anrichten.
Das Bratfett mit Sahne verrühren, mit Pfeffer und Salz abschmecken und über die Wurst gießen.

Pro Portion: 15 g E 52 g F 41 g KH 701 kcal 2930 kJ

Schweineragout mit Bandnudeln und Möhrenrohkost.

Schweineragout

Zutaten für 1 Person

1 Schweineschnitzel (125 g),
1 EL Öl,
1 Zwiebel,
2 kleine Tomaten (100 g),
1 kleine Dose Champignons (100 g),
1 Msp. Pfeffer,
1 Msp. Paprika,
etwas Salz,
eventuell 2 EL Dosenmilch.

Arbeitsgeräte

Schneidbrett, Messer, Kasserolle, kleine Schüssel, Pfanne (beschichtet), Pfannenwender, Dosenöffner.

Zubereitungszeit

25 Minuten, davon 5–10 Minuten Vorbereitung und etwa 15 Minuten Garzeit.

Das Schnitzel in 1 cm dicke Streifen schneiden.
Das Öl in die Pfanne geben und auf der Kochstelle bei starker Wärmezufuhr (E-Herd Normalplatte 2,5–3; Automatik 10–12; G-Herd große Flamme) erhitzen. Das Fleisch hinzufügen und 5 Minuten kräftig anbraten.

In der Zwischenzeit die Zwiebel schälen und in Würfel schneiden.
In der Kasserolle etwa 1/4 l Wasser bei starker Wärmestufe erhitzen. Die Tomaten hineingeben und etwa 1 Minute brühen, bis sich die Haut leicht abziehen läßt. Dazu natürlich vorher das heiße Wasser abgießen.
Die Tomaten vierteln und mit den Zwiebelwürfeln zum Fleisch geben. Die Pfanne schließen, den Herd auf kleinste Wärmestufe schalten und alles etwa 5 Minuten schmoren lassen.
Unterdessen die Champignonsdose öffnen und das Wasser abgießen. Große Pilze in Scheiben schneiden oder vierteln. Die Champignons in die Pfanne geben und weitere 3 Minuten schmoren lassen.
Mit Pfeffer, Paprika und Salz abschmecken und mit Dosenmilch abrunden.

Pro Portion: 32 g E 24 g F 14 g KH 416 kcal 1740 kJ

Serviervorschlag
Als Beilage schmecken gekochte Kartoffeln, Reis oder Nudeln und ein Teller mit frischem Salat (siehe auch Vorschläge dieses Kapitels). Mineralwasser oder Fruchtsaft dazu trinken.

Schweineschnitzel, garniert

Zutaten für 1 Person

1 Schweineschnitzel (125 g),
1 Msp. Pfeffer,
1 Msp. Paprika,
etwas Salz,
1 EL Öl,
2 Tomaten (130 g),
1 Zwiebel,
1 kleine Dose Champignons (100 g),
eventuell 2 EL Dosenmilch.

Arbeitsgeräte

Schneidbrett,
Messer,
Kasserolle,
kleine Schüssel,
Pfanne (beschichtet),
Pfannenwender,
Dosenöffner.

Zubereitungszeit

etwa 20 Minuten.

Das Schweineschnitzel auf das Schneidbrett legen, Fett und Sehnen abschneiden. Das Fleisch mit dem Handballen (oder einem Fleischklopfer) leicht klopfen, dann mit Pfeffer würzen.
In der Kasserolle etwa 1/4 l Wasser bei starker Wärmezufuhr aufkochen. Die Tomaten hineinlegen, bis die Haut platzt. Dann das Wasser abgießen und die Haut der Tomaten abziehen (siehe auch Bild Seite 158). Die Tomaten vierteln.
Das Öl in die Pfanne geben und auf der Kochstelle (E-Herd Normalplatte 2,5–3; Automatik 10–12; G-Herd große Flamme) erhitzen. Das Schnitzel hineinlegen und mit dem Pfannenwender leicht am Pfannenboden andrücken. Von einer Seite etwa 5 Minuten (dicke Schnitzel 6–7) braten, dann wenden und auch von der zweiten Seite 5–6 Minuten braten.
Unterdessen die Zwiebel schälen und in dünne Scheiben schneiden.
Die Champignondose öffnen, das Wasser abgießen und die Pilze in Scheiben schneiden.
Das Schnitzel aus der Pfanne nehmen und auf einem vorgewärmten Teller anrichten.
Die Zwiebelscheiben im heißen Bratfett anbraten, die Tomatenstücke und Champignons hinzufügen und unter leichtem Rühren 3–5 Minuten dünsten.
Mit Pfeffer, Paprika und Salz würzen, eventuell mit Dosenmilch abrunden. Über das Schnitzel verteilen.

Pro Portion: 32 g E 24 g F 15 g KH 423 kcal 1770 kJ

Serviervorschlag
Dazu können gekochte Kartoffeln, Reis, Nudeln oder Brot gegessen werden. Einen Fruchtsaft oder Apfelwein dazu trinken.

Sanftes Schwein in der Pfanne

**

Zutaten für 1 Person

1 Schweineschnitzel (100 g),
1–2 TL Sojasoße,
1 Msp. Pfeffer,
1 Msp. Curry,
1 Msp. Paprika,
1 Zwiebel,
1 Möhre (etwa 100 g),
1 kleine Stange Porree (etwa 100 g),
1 kleine Fenchelknolle (etwa 150 g),
3 TL Öl,
evtl. etwas Knoblauchsalz (oder Salz).

Arbeitsgeräte

Schneidbrett, Messer,
Sieb,
kleine Schüssel (Teller),
Löffel,
Pfanne, Pfannenwender.

Zubereitungszeit

etwa 20 Minuten, davon 8 Minuten Vorbereitung und etwa 10 Minuten Garzeit.

Das Schnitzel in 1/2 cm dünne Streifen schneiden und in die Schüssel geben. Sojasoße, Pfeffer, Curry und Paprika hinzufügen und alles mit dem Löffel gut vermischen. Zugedeckt 5 Minuten stehenlassen.

1 Zutaten.

2 Das Gemüse vorbereiten.

In der Zwischenzeit das Gemüse vorbereiten. Die Zwiebel und die Möhre schälen. Vom Porree die Wurzeln und festen Blattenden wegschneiden. Von der Fenchelknolle die harten Außenblätter ablösen und die Stiele abschneiden. Das Gemüse kalt abspülen und abtropfen lassen. Dann die Zwiebel in kleine Würfel, Möhre, Porree und Fenchel in dünne Streifen (etwa 3 mm dick, 3 cm lang) schneiden.
Das Öl in die Pfanne geben und auf der Kochstelle bei starker Wärmezufuhr (E-Herd Normalplatte 2,5–3; Automatik 10–12; G-Herd große Flamme) erhitzen. Die Fleischstreifen hineingeben und unter Rühren etwa 5 Minuten braten.
Dann das vorbereitete Gemüse dazugeben und in weiteren 3–5 Minuten unter Rühren gar schmoren. Das Gemüse darf ruhig noch leicht bißfest sein, auf keinen Fall zerkochen!

Nach Geschmack mit etwas Knoblauchsalz, Sojasoße oder Pfeffer und Curry nachwürzen, dann anrichten.

Pro Portion: 28 g E 21 g F 27 g KH 428 kcal 1790 kJ

Serviervorschlag
Dieses chinesische Gericht schmeckt gut mit körnig gekochtem Reis (siehe Seite 236), Nudeln oder einfach mit Brot. Heiße Instantbrühe oder Tee dazu trinken.

Variante
Anstelle von Schweinefleisch kann Kalb-, Rind- oder Geflügelfleisch verwendet werden. Auch mit gekochtem Fleisch ist die Zubereitung recht schmackhaft!

Fleisch-Gemüse-Pfanne

Zutaten für 1 Person

**1 kleine Zwiebel,
1 grüne Paprikaschote (etwa 150 g),
2 Tomaten (130 g),
evtl. 1 Knoblauchzehe,
1 EL Öl,
100 g Hackfleisch (Rind),
1 Msp. Pfeffer,
1 Msp. Oregano (oder Thymian),
etwas Salz.**

Arbeitsgeräte

Schneidbrett, Messer, Teller, Pfanne (beschichtet), Pfannnenwender.

Zubereitungszeit

etwa 15 Minuten.

Die Zwiebel schälen und in Scheiben schneiden.
Die Paprikaschote der Länge nach aufschneiden. Den Samenstand und den Stiel herausschneiden. Die Paprika und die Tomaten unter kaltem Wasser abspülen.
Die Paprika in dünne Streifen und die Tomaten in Achtel schneiden. Die Knoblauchzehe schälen und fein hacken (oder durch eine Knoblauchpresse drücken).
Das Öl in die Pfanne geben und bei starker Wärmezufuhr (E-Herd Normalplatte 2,5–3; Automatik 10–12; G-Herd große Flamme) erhitzen. Das Hackfleisch hineingeben und in 5 Minuten anbraten.
Dann das vorbereitete Gemüse und den Knoblauch hinzufügen, mit Pfeffer, Oregano und Salz würzen. Die Pfanne schließen, den Herd auf kleine Wärmestufe zurückschalten und alles in weiteren 5 Minuten gar schmoren.

Pro Portion: 25 g E 23 g F 14 g KH 368 kcal 1540 kJ

Sanftes Schwein in der Pfanne.

Griechisches Hacksteak (mit Käsefüllung)

Zutaten für 1 Person

100 g Rinderhackfleisch (oder Lammhackfleisch), 2 EL Dosenmilch, etwas Pfeffer und Salz, einige Stielchen Petersilie, 1 Msp. Knoblauchsalz, 1 Stück griechischer Schafskäse (Feta, etwa 20 g), 1 EL Paniermehl, 3 TL Öl.

Arbeitsgeräte

kleine Schüssel, Löffel, Schneidbrett, Messer, beschichtete Pfanne, Pfannenwender.

Zubereitungszeit

etwa 15 Minuten.

Rinderhackfleisch, Dosenmilch, etwas Pfeffer und Salz in die Schüssel geben und vermischen.
Die Petersilie kalt abspülen und fein schneiden. Mit Knoblauchsalz unter das Hackfleisch mischen.
Ein großes rundes und flaches Steak formen. Den Schafskäse im Stück in die Mitte geben und das Hackfleisch darüberschlagen, dann zu einem ovalen Hacksteak formen. Dazu die Hände mit Wasser etwas anfeuchten. Das Hacksteak in Paniermehl wenden.
Das Öl in die Pfanne geben und bei starker Wärmezufuhr auf der Kochstelle erhitzen (E-Herd Normalplatte 2,5; Automatik 10; G-Herd große Flamme). Das Hacksteak hineinlegen und rundherum in 8–10 Minuten goldbraun braten.

Pro Portion: 31 g E 34 g F 11 g KH 477 kcal 1990 kJ

Serviervorschlag
Als leichte Mittags- oder Abendmahlzeit mit frischen Salaten (siehe auch Weißkrautsalat Seite 148) und Reis reichen oder mit Brötchen oder Brot essen. Dazu Kefir oder Gemüsesaft trinken.

TIP
Anstelle von Dosenmilch z.B. 1 EL Tomatenmark und 1 Msp. Senf in den Fleischteig mischen, nach Geschmack auch 1/2 feingeschnittene Zwiebel untermischen.
Eventuell eine andere Käsesorte zum Füllen verwenden. Wer eine milde Geschmacksrichtung mag, wählt z.B. Gouda oder Butterkäse, für einen kräftigen und herzhaften Geschmack Roquefort oder Bavaria blue.

Vogelnest (Hacksteak mit Ei)

Zutaten für 1 Person

100 g Rinderhackfleisch (oder Schweinemett), 1 EL Tomatenmark, 1/2 TL Senf, etwas Pfeffer und Salz, 1 kleine Zwiebel, 1 kleine Knoblauchzehe, 1 EL Öl, 1 Ei, Schnittlauch (oder Petersilie).

Arbeitsgeräte

Teller, Gabel, Schneidbrett, Messer, Pfanne, Löffel.

Zubereitungszeit

etwa 15 Minuten.

Das Hackfleisch auf den Teller geben, Tomatenmark, Senf, Pfeffer und Salz hinzufügen.

1 Das Hacksteak in der Pfanne anbraten.

2 Mit dem Löffel eine Delle eindrücken.

3 Das aufgeschlagene Ei in die Vertiefung geben.

Hacksteak mit Ei.

Serviervorschlag
Das Vogelnest als Mittag- oder Abendmahlzeit mit Kartoffelpüree (viel feingehackte Kräuter darunter mischen) und frischem Salat sowie Buttermilch reichen.

Die Zwiebel und Knoblauchzehe schälen und fein hacken. Zum Hackfleisch geben und alles mit der Gabel gründlich vermischen.
Ein großes, ovales Hacksteak formen. Die Hände mit kaltem Wasser anfeuchten, damit das Steak schön glatt wird.
Das Öl in die Pfanne geben und auf der Kochstelle bei starker Wärmezufuhr (E-Herd Normalplatte 2,5–3; Automatik 10–12; G-Herd große Flamme) erhitzen. Das Hacksteak hineingeben und 3 Minuten von einer Seite anbraten.
Dann wenden und in die angebratene Seite mit der Löffelrundung eine tiefe Delle eindrücken. Das Ei aufschlagen und vorsichtig in die Vertiefung geben. Die Pfanne schließen, den Herd auf kleine Wärmestufe schalten und das Hacksteak in weiteren 5–8 Minuten fertigbraten.
Mit feingeschnittenem Schnittlauch bestreuen.

Pro Portion: 30 g E 29 g F 6 g KH 417 kcal 1740 kJ

Serbischer Reistopf

***

Zutaten für 1 Person

**100 g Schweinenacken (oder Nackenkotelett),
1 EL Öl,
1 Zwiebel,
1 EL Tomatenmark,
50 g Langkornreis (Vollwertreis),
1/4 l heißes Wasser,
1–2 TL Instant-Hühnerbrühe,
1 Msp. Thymian,
2 Msp. Paprika,
1 Msp. Pfeffer,
1 rote/grüne Paprikaschote (150 g).**

Arbeitsgeräte

Schneidbrett, Messer, Topf (1 l), Eßlöffel, Rührlöffel.

Zubereitungszeit

etwa 35 Minuten, davon 5 Minuten Vorbereitung und 25–30 Minuten Garzeit.

Das Fleisch in etwa 2 cm große Würfel schneiden.
Das Öl in den Bratentopf geben und auf der Kochstelle bei starker Wärmezufuhr (E-Herd Normalplatte 2,5–3; Automatik 10–12; G-Herd große Flamme) erhitzen. Die Fleischstücke hineingeben und in 5–6 Minuten anbraten.
Unterdessen die Zwiebel schälen und in Würfel schneiden. Die Zwiebelwürfel, das Tomatenmark und den Reis zum Fleisch geben und unter Rühren mit dem Rührlöffel (Kochlöffel) 3 Minuten dünsten.
Dann das heiße Wasser – eventuell im Wasserkessel oder in der Kasserolle erhitzt – dazugießen, die Hühnerbrühe und Gewürze hinzufügen. Alles unter Rühren einmal aufkochen, dann den Herd auf kleine Wärmestufe zurückschalten und den Topf schließen. 15 Minuten garen lassen.
Die Paprikaschote aufschneiden. Den Stielansatz und das Kerngehäuse (Samen) herausschneiden. Die Paprika kalt abspülen und in sehr dünne Streifen oder kleine Würfel schneiden. Nach 15 Minuten unter das Reisgericht mischen und noch weitere 5–8 Minuten garen, bis der Reis weich ist.
Das Gericht eventuell mit etwas Pfeffer oder Paprika nachwürzen und auf einem Teller anrichten.

Pro Portion: 21 g E 44 g F 53 g KH 728 kcal 3040 kJ

Serviervorschlag

Mit Buttermilch oder Kefir und einem frischen Salat als Mittags- oder Abendmahlzeit reichen.

TIP

Eventuell auch mit Gemüse, wie Erbsen, Porree, Zucchini, variieren oder ½ Packung tiefgefrorenes Balkangemüse (etwa 150 g) anstelle der Paprikaschote verwenden.

Möhrentopf.

Möhrentopf

***

Zutaten für 1 Person	Arbeitsgeräte
150 g Möhren, 1 Kartoffel (etwa 100 g), 1 kleine Stange Porree (etwa 100 g), 1 EL Butter, 100 g Rinderhackfleisch, 1 Msp. Pfeffer, 1 Msp. Paprika, etwas Salz (oder Knoblauchsalz), etwa 3 Stielchen Petersilie.	**Messer, Schneidbrett, Sieb, Pfanne (oder Topf), Pfannenwender.**

Zubereitungszeit

etwa 15 Minuten.

Die Möhren und die Kartoffel schälen, vom Porree die harten Blattenden und Wurzeln abschneiden.
Das Gemüse unter kaltem Wasser gründlich waschen. Beim Porree dabei die Blätter gut auseinanderbiegen, damit kein Sand dazwischen bleibt. Das Gemüse abtropfen lassen. Die Möhren, Kartoffel und den Porree in dünne Streifen (etwa 3 cm lang, 3 mm dünn) schneiden.
Die Butter in die Pfanne geben und bei starker Wärmezufuhr (E-Herd Normalplatte 2,5; Automatik 10; G-Herd große Flamme) schmelzen, aber nicht bräunen. Das vorbereitete Gemüse hineingeben und 5 Minuten dünsten. Dabei die Pfanne schließen. Dann das Hackfleisch hinzufügen, mit Pfeffer, Paprika und Salz würzen und weitere 5 Minuten dünsten.
Die Petersilie kalt abspülen und in Küchenkrepp ausdrücken, damit kein Wasser haften bleibt. Dann fein schneiden und über den angerichteten Möhrentopf streuen.

Pro Portion: 27 g E 23 g F 29 g KH 442 kcal 1850 kJ

Westernbohnen

Zutaten für 1 Person	Arbeitsgeräte
1 kleine Zwiebel, 1 EL Öl, 1 Dose rote Bohnen (= Indianerbohnen, Einwaage 290 g), 1 EL Tomatenmark (oder Ketchup hot), 1/2 TL Paprika, 1 Msp. Pfeffer, Salz nach Geschmack, 1 EL Öl, 2 Scheiben Schinkenspeck (30 g, roher Schinken oder Dörrfleisch), 1 Ei, etwas Schnittlauch (6–8 Stielchen).	**Schneidbrett, Messer, Dosenöffner, Kasserolle (oder kleiner Topf), Rührlöffel, kleine Pfanne, Pfannenwender.**

Zubereitungszeit

12–15 Minuten.

Die Zwiebel schälen und in kleine Würfel schneiden.
Das Öl in die Kasserolle geben und auf der Kochstelle bei starker Wärmezufuhr (E-Herd Normalplatte 2,5–3; Automatik 10–12; G-Herd große Flamme) erhitzen. Die Zwiebelwürfel hineingeben und 3 Minuten anbraten.
In der Zwischenzeit die Dose öffnen, etwas von dem Bohnenwasser durch leichtes Schräghalten der Dose – der Deckel bleibt solange noch obendrauf – ablaufen lassen. Dann die Bohnen mit dem restlichen Bohnenwasser in die Kasserolle geben und Tomatenmark, Paprika, Pfeffer und Salz hinzufügen. Alles unter Rühren aufkochen lassen, dann ohne weitere Wärmezufuhr beim E-Herd (G-Herd kleinste Flamme) noch 2–3 Minuten bei geschlossener Kasserolle ziehen lassen.
In der Zwischenzeit in der Pfanne bei starker Wärmezufuhr das Öl erhitzen. Die Schinkenspeckscheiben darin knusprig anbraten.
Das Ei über einer Tasse aufschlagen und vorsichtig in die Pfanne gleiten lassen. Zu einem Spiegelei stocken lassen. Den Schnittlauch ganz fein schneiden.
Die gut abgeschmeckten Bohnen auf einen großen Teller geben (eventuell auch in einer flachen feuerfesten Form anrichten), die Schinkenspeckscheiben und das Spiegelei vorsichtig daraufsetzen. Mit Schnittlauch überstreuen und servieren.

Pro Portion: 46 g E 38 g F 88 g KH 923 kcal 3860 kJ

Serviervorschlag

Zu diesem kräftigen Bohnengericht eventuell Bauern- oder Vollkornbrot und eine Portion frischen grünen Salat (siehe Salatvorschläge) reichen. Nach Geschmack ein kühles Bier, besser ein Glas Kefir oder Tomatensaft trinken.

Bunter Gemüsetopf.

Bunter Gemüsetopf

Zutaten für 1 Person

1/2 l Wasser,
2 TL Instant-Hühnerbrühe (oder Fleischbrühe),
1 Packung tiefgefrorenes Sommergemüse (300 g),
1 grobe rohe Bratwurst (100 g oder Schweinemett),
frisch gemahlener Pfeffer,
eventuell Petersilie.

Arbeitsgeräte

Topf (1 1/2 l), Teller, Rührlöffel.

Zubereitungszeit

etwa 20 Minuten.

Das Wasser in den Topf gießen und auf der Kochstelle bei starker Wärmezufuhr (E-Herd Normalplatte 2,5–3; Automatik 10–12; G-Herd große Flamme) aufkochen. Die Instant-Hühnerbrühe und das tiefgefrorene Gemüse hineingeben.

In der Zwischenzeit, bis die Suppe wieder zum Kochen kommt, aus der Bratwurst kleine Klößchen herausdrücken oder aus Schweinemett mit den Händen nußgroße Klößchen formen.

Die Fleischklößchen in die kochende Gemüsesuppe geben und den Herd auf kleinste Wärmestufe zurückschalten. Bei geschlossenem Topf in weiteren 8 Minuten gar ziehen lassen (bitte auch Hinweis über Garzeit auf der Tiefkühlpackung beachten, da die Zeitangaben bei unterschiedlichen Produkten variieren!).

Die Suppe nach Bedarf und Geschmack eventuell mit Pfeffer würzen. Falls vorhanden, können frische Petersilie oder andere Kräuter feingehackt über die angerichtete Suppe gestreut werden.

Pro Portion: 24 g E 34 g F 26 g KH 509 kcal 2130 kJ

Roter Bohnentopf

Zutaten für 1 Person

1 Zwiebel,
2 EL Öl,
100 g Rinderhackfleisch,
1 Dose rote Bohnen (= Indianerbohnen, Einwaage 290 g),
1 EL Chilisoße (oder Ketchup hot),
1 Msp. Cayennepfeffer (oder einige Tropfen Tabasco),
etwas Pfeffer und Salz,
2–3 Stielchen Petersilie.

Arbeitsgeräte

Schneidbrett, Messer, kleine Kasserolle (oder Topf), Rührlöffel, Dosenöffner, Löffel.

Zubereitungszeit

etwa 12 Minuten.

Die Zwiebel schälen und in Würfel schneiden.

Das Öl in die Kasserolle geben und auf der Kochstelle bei starker Wärmezufuhr (E-Herd Normalplatte 2,5–3; Automatik 10–12; G-Herd große Flamme) erhitzen.

Die Zwiebelwürfel und das Hackfleisch hineingeben und 5 Minuten kräftig anbraten, dabei einige Male durchrühren.

Die Dose öffnen und die roten Bohnen mit der Flüssigkeit in die Kasserolle geben. Chilisoße, Cayennepfeffer, etwas Pfeffer und Salz nach Geschmack hinzufügen. Alles unter Rühren aufkochen und noch 2–3 Minuten bei geschlossener Kasserolle ziehen lassen. Dabei die Wärmezufuhr beim E-Herd abschalten, beim G-Herd auf kleinste Stufe zurückschalten.

Die Petersilie fein schneiden. Die Bohnen anrichten und mit der Petersilie bestreuen.

Pro Portion: 57 g E 36 g F 91 g KH 940 kcal 3930 kJ

Serviervorschlag

Zu diesem schnellen Bohnengericht knuspriges Stangenweißbrot oder frische Zwiebelbrötchen mit Butter reichen, als Ergänzung eine Portion frischen Salat. Tomatensaft, Mineralwasser oder Buttermilch dazu trinken.

Roter Bohnentopf.

Getränke

Kaffee und Tee gehören zu den beliebtesten Getränken der Bundesbürger. Der Prokopf-Verbrauch zeigt noch immer steigende Tendenz. Nicht nur als heiße Tasse Kaffee oder Tee zur Aufmunterung, sondern auch in vielen interessanten Variationen werden diese beiden Getränke serviert.

Milchkaffee (Wiener Melange)

Zutaten für 4 Personen	Arbeitsgeräte
6 gehäufte TL gemahlener Kaffee (oder Instantkaffee), 1/2 l Wasser, 1/4 l Milch.	**Kaffeemaschine (oder Kaffeekanne, Filter, Wassertopf), Teelöffel, Kasserolle.**

Zubereitungszeit

10–15 Minuten.

Den Kaffee in den Aufsatz der Kaffeemaschine (oder den Kaffeefilter) geben und 1/2 l Wasser einfüllen. Einen starken Kaffee filtern.
(Oder Wasser im Topf zum Kochen bringen, den Kaffeefilter auf die heiß ausgespülte Kaffeekanne setzen. Mit dem kochenden Wasser den Kaffee überbrühen und durchlaufen lassen.)
Während der Kaffee gefiltert wird, die Milch in die Kasserolle gießen. Diese vorher mit kaltem Wasser ausspülen, damit die Milch nicht ansetzt. Die Milch auf der Kochstelle bei Stufe 2 (Automatik 8–9, Gas mittlere Flamme) heiß werden lassen, aber nicht aufkochen.
Den gefilterten Kaffee in große Kaffeetassen (etwa 200 ml) verteilen und mit der heißen Milch auffüllen.

Pro Portion: 2 g E 2 g F 3 g KH 41 kcal 170 kJ

Serviervorschlag
Milchkaffee ist besonders fürs Frühstück oder zu frischem Hefegebäck am Nachmittag beliebt.
Für Kinder oder Schonkost geeignet, wenn koffeinfreier Kaffee verwendet wird.

Rüdesheimer Kaffee

Zutaten für 4 Personen	Arbeitsgeräte
1/2 l Wasser, 4–6 gehäufte TL gemahlener Kaffee, 4 TL Zucker, 1 Msp. gemahlener Zimt, 1/2 TL Kakao, 4 Gläser Asbach Uralt (oder Weinbrand, je 2 cl), 1/2 Becher süße Sahne (100 ml).	**Kaffeemaschine (oder Kaffeekanne, Kaffeefilter, Wassertopf), Cognacglas, 4 dickwandige Tassen (oder feuerfeste Kaffeegläser), Löffel, hoher Rührbecher, Handmixer (Schneebesen).**

Zubereitungszeit

15 Minuten.

Aus Wasser, Kaffee, Zucker, Zimt und Kakao einen starken, heißen Kaffee filtern.
Die Tassen (oder Kaffeegläser) mit kochendheißem Wasser erwärmen und wieder austrocknen (oder über einer Rechaudflamme erhitzen). In jede Tasse 1 Glas Asbach Uralt geben und leicht hin- und herschwenken, damit sich der Alkohol erwärmt. Dann den Alkohol anzünden und mit heißem Kaffee übergießen.
Die Sahne steif schlagen, während der Kaffee gefiltert wird. Auf den flambierten Kaffee dann jeweils einen Schlag der süßen Sahne geben.

Pro Portion: 1 g E 8 g F 6 g KH 148 kcal 620 kJ

Serviervorschlag
Dieser Kaffee eignet sich besonders gut als festlicher Abschluß eines schönen Menüs (auch anstelle eines Desserts z.B.).

TIP
Wer ein Rechaud besitzt, sollte die Zeremonie der Zubereitung bei Tisch vollziehen. Den Kaffee dann vorher filtern und die übrigen Zutaten und Geräte auf einem Tablett bereithalten!

Irish Coffee

Zutaten für 4 Personen

4–6 gehäufte TL Kaffee (filterfein gemahlen), 1/2 l Wasser, 4 TL Zucker, 4 Glas Whisky (je 2 cl), 4 EL süße Sahne.

Arbeitsgeräte

Kaffeemaschine, Rechaud (Spiritus- oder auch Kerzenrechaud), 4 dickwandige Irish-Coffee-Gläser (oder Teegläser), hoher Rührbecher, Handmixer, Löffel.

Zubereitungszeit

etwa 15 Minuten.

Einen starken, heißen Kaffee bereiten und süßen.
In den Gläsern jeweils 1 Glas Whisky über der Rechaudflamme unter vorsichtigem Drehen des Glases erhitzen. Anzünden und mit Kaffee auffüllen. Mit geschlagener Sahne krönen und genießen.

Pro Portion: – E 5 g F 6 g KH 116 kcal 490 kJ

Serviervorschlag

Als köstlichen und festlichen Abschluß eines Festmenüs servieren. Jede Portion getrennt zubereiten.

Teepunsch

Zutaten für 4 Personen

3/4 l Wasser,
4 EL Tee (nach Wahl z.B. Orange Pekoe, ostfriesische Mischung),
1 Stange Zimt,
1 Sternanis,
3–4 Gewürznelken,
1/2 l Rotwein,
100 g brauner Zucker (Rohr- oder Farinzucker),
1/8 l Rum (54%ig),
2 Orangen,
1 Zitrone.

Arbeitsgeräte

Topf (2 l Inhalt), Teekanne, Löffel, Rührlöffel, Teesieb, Zitronenpresse.

Zubereitungszeit

etwa 15 Minuten.

Das Wasser im Topf bei starker Wärmezufuhr zum Kochen bringen.
Die Teekanne mit etwas Wasser heiß ausspülen. Tee und die Gewürze hineingeben. Mit kochendem Wasser überbrühen und zugedeckt 3–5 Minuten ziehen lassen.
In dieser Zeit den Rotwein und Zucker im Topf erhitzen – aber nicht kochen –, bis sich der Zucker aufgelöst hat.
Den Tee durch das Sieb in den Wein gießen (oder einen Tee-Einsatz verwenden!), Rum und den ausgepreßten Saft der Orangen und Zitrone hinzufügen. Noch 2–3 Minuten bei geringer Wärmezufuhr und geschlossenem Topf ziehen lassen. Dann in feuerfeste Teegläser oder dickwandige Tassen verteilen.

Pro Portion: 1 g E – F 35 g KH 358 kcal 1500 kJ

Serviervorschlag

Teepunsch ist zum Aufwärmen nach einem Winterspaziergang gut geeignet. Er schmeckt am Nachmittag zu Teegebäck, am Abend zu salzigem Kleingebäck.

Schwedenpunsch (Glögg)

Zutaten für 6–8 Personen

1 l Rotwein (Burgunder oder Côte du Rhône),
1/2 l Aquavit (oder 54%iger Rum),
100 g Rosinen,
50 g abgezogene Mandeln,
100 g brauner Zucker (Rohr-/Farin- oder Kandiszucker),
1 naturreine Orange,
1 Stange Zimt,
8 Gewürznelken,
1 Msp. gemahlener Kardamom,
1 Msp. gemahlener Ingwer.

Arbeitsgeräte

großer Topf (2–3 l Inhalt), Rührlöffel, Messer, Zitronenpresse.

Zubereitungszeit

etwa 10 Minuten.

Den Rotwein, die Häfte des Aquavits, Rosinen, Mandeln und Zucker in den Topf geben.
Die Orange waschen, abtrocknen und die Schale zur Hälfte dünn abschälen. Die Zimtstange an die Schale klemmen, die Gewürznelken in die Schale drücken. Diese Gewürzschale mit Kardamom und Ingwer in den Topf geben. Die Orange auspressen und den Saft hinzufügen.

Alles bei mittlerer Wärmezufuhr erhitzen – aber nicht kochen lassen. Den restlichen Aquavit dazugießen und das Getränk servieren.

Pro Portion bei 8: 2 g E 4 g F 24 g KH 391 kcal 1640 kJ
Pro Portion bei 6: 2 g E 5 g F 32 g KH 522 kcal 2180 kJ

Serviervorschlag

Dieser Punsch eignet sich besonders gut als Getränk am Weihnachtsabend, Silvester oder an weiteren Winterabenden. (Nicht für Autofahrer zu empfehlen, da die Wirkung des Punsches sehr stark ist!)

Heiße Schokolade (Wiener Schokolade)

Zutaten für 4 Personen	Arbeitsgeräte
100 g Edelbitter-Schokolade, 1/8 l Wasser, 1/2 l Milch, 1 Eigelb, 1/2 kleiner Becher süße Sahne (= 100 ml), 2 EL Schokoladensirup (Fertigprodukt).	**Topf (oder Kasserolle), Schneebesen, Tasse, hoher Rührbecher, Handmixer.**
	Zubereitungszeit
	etwa 10 Minuten.

Die Schokolade in den Topf bröckeln. Wasser hinzufügen und den Topf auf die Kochstelle setzen. Bei geringer Wärmezufuhr (E-Herd Schaltstufe 1; Automatik 3–4; G-Herd kleine Flamme) unter Rühren schmelzen.
Dann die Milch unter Rühren hinzufügen und bei stärkerer Wärmezufuhr aufkochen lassen. Dabei ständig rühren, damit die Schokolade nicht ansetzt.
Den Topf von der Kochstelle nehmen.
Das Eigelb und 3–4 Eßlöffel Schokolade in der Tasse miteinander verrühren. Dann in den Topf geben.
Die Sahne im hohen Rührbecher mit dem elektrischen Handmixer steif schlagen.
Die heiße Schokolade in 4 Tassen verteilen. Auf jede Portion 1 Löffel Sahne geben und mit etwas Schokoladensirup übergießen.

Pro Portion: 7 g E 23 g F 22 g KH 331 kcal 1390 kJ

Serviervorschlag
Heiße Schokolade ist ein sättigendes und kräftiges Getränk für kalte Winternachmittage. Es schmeckt Kindern und Erwachsenen gut. Zu leichtem Gebäck oder Kuchen reichen.

Variation
In der heißen Schokolade unter Rühren 2 Eßlöffel Instantkaffee auflösen. Für Erwachsene eventuell pro Tasse noch 2 Eßlöffel Rum oder Sherry mit in die Schokolade geben.

1 Die Schokolade mit Wasser schmelzen lassen.

2 Die Sahne steif schlagen.

Heiße Schokolade.

Milchmixgetränke

sind für Kinder, Jugendliche und Erwachsene eine gesunde, Erfrischung, die täglich serviert werden kann. Geeignet z.B. als Getränk zum Frühstück, für die kleinen Pausen zwischendurch am Tag. Auch Personen, die reine Milch nicht mögen, können sich vielleicht dafür begeistern.
Beachten Sie bitte bei der Zubereitung:

- Milchmixgetränke sollten sofort serviert werden, da durch die Fruchtsäure die Milch leicht flockig wird. Außerdem kommen dem Körper die Vitamine voll zugute, wenn das Getränk nicht lange steht.
- Anstelle von Vollmilch kann auch fettarme Milch, Buttermilch oder Kefir verwendet werden. Dadurch verändert sich der Nährwert.
- Ein köstlicher Nachtisch wird aus einem Milchmix, wenn z.B. eine Vanilleeiskugel (Schokoladen- oder Erdbeereis) mit ins Glas gegeben wird.

Erdbeerdrink

GRUNDREZEPT

Zutaten für 2–4 Personen	**Arbeitsgeräte**
250 g frische Erdbeeren, 2 EL Puderzucker (oder Honig), 1/2 l Milch (oder Buttermilch).	**Durchschlag, Mixer.** **Zubereitungszeit** **5 Minuten (ohne Mixer 10 Minuten).**

Die Erdbeeren waschen und auf dem Durchschlag gut abtropfen lassen. Die Blüten und Stiele abzupfen. Große Früchte eventuell in Stücke schneiden. Die Erdbeeren mit Puderzucker in den Mixer geben. Auf höchster Schaltstufe pürieren. Dabei langsam die kalte Milch einlaufen lassen.
Den Erdbeerdrink in Gläser verteilen und sofort servieren.

Pro Portion bei 4: 5 g E 5 g F 18 g KH 135 kcal 560 kJ

1 Die Erdbeeren im Mixer pürieren.

2 Die Milch einlaufen lassen.

Serviervorschlag
Zum 1. oder 2. Frühstück oder als erfrischendes, vitaminreiches Getränk zwischendurch reichen.
Anstelle von Erdbeeren kann man auch andere frische Beerenfrüchte (Himbeeren, Johannisbeeren, Heidelbeeren, Brombeeren usw.) verwenden.

Bananenmix

Zutaten für 2–4 Personen

2 mittelgroße Bananen (etwa 300 g), 1 Päckchen Vanillezucker, 1 Zitrone, 1/2 l Vollmilch.

Arbeitsgeräte

Messer, Mixer (oder hoher Rührbecher und Schneebesen), Zitronenpresse.

Zubereitungszeit

5 Minuten.

Die Bananen schälen, in Stücke schneiden und in den Mixer geben. Auf Stufe II pürieren. Vanillezucker, den ausgepreßten Saft der Zitrone und die kalte Milch langsam hinzufügen. Auf höchster Schaltstufe 1 Minute mixen.
Das Getränk sofort in 4 Gläser verteilen und servieren.

Pro Portion bei 4: 5 g E 5 g F 21 g KH 146 kcal 610 kJ

Serviervorschlag
Als Erfrischungsgetränk im Sommer, besonders auch für Kinder zum Frühstück, nach der Schule oder nachmittags.

Eismix

Zutaten für 4 Personen

1/2 l Milch (oder Buttermilch), 2 EL Puderzucker, 1/2 Familienpackung (= 250 ml) Erdbeereiscreme, eventuell 4 frische Erdbeeren oder Pfefferminzblätter.

Arbeitsgeräte

hoher Rührbecher, Schneebesen, Messer (Eislöffel).

Zubereitungszeit

5 Minuten.

Die gut gekühlte Milch im Rührbecher mit dem Puderzucker verrühren. In 4 hohe Gläser verteilen.
Das Erdbeereis in Würfel schneiden oder mit einem Löffel portionieren (Stücke herausstechen). In die Milch geben und als Garnierung jeweils die gewaschene Erdbeere auf den Rand stecken (oder mit frischen Pfefferminzblättern garnieren). Mit einem Strohhalm oder langem Eislöffel servieren.

Pro Portion bei 4: 7 g E 12 g F 22 g KH 225 kcal 940 kJ

Serviervorschlag
Als erfrischendes Dessert an heißen Sommertagen servieren.

Sonnenmix

Zutaten für 4 Personen

250 g reife Aprikosen, 1 EL Honig (oder Farinzucker/Rohrzucker), 1 Orange, 3/4 l Buttermilch, 4 lange Eiswaffeln (oder Löffelbiskuits).

Arbeitsgeräte

Sieb, Messer, Mixer, Zitronenpresse.

Zubereitungszeit

10 Minuten.

Möglichst reife, weiche Früchte verwenden.
Die Aprikosen unter kaltem Wasser waschen und gut abtropfen lassen. Dann entkernen und in Stücke schneiden. Den Mixer auf Stufe I schalten und die Aprikosenstücke hineingeben.
Den Honig und den ausgepreßten Saft von 1/2 Orange hinzufügen. Den Mixer auf höchste Stufe schalten und die kalte Buttermilch einlaufen lassen. 1–2 Minuten durchmixen, dann in 4 hohe Gläser verteilen.
Aus der halben Orange waagrecht – mit Schale – 4 dünne Scheiben schneiden. Die Scheiben an einer Stelle jeweils 1–2 cm einschneiden und als Garnierung an den Glasrand stecken.

Pro Portion: 7 g E 1 g F 27 g KH 153 kcal 640 kJ

Serviervorschlag
Als gesundes, erfrischendes Getränk zum Frühstück oder an heißen Sommertagen zwischendurch reichen.

TIP
Auch als Kaltschale sehr zu empfehlen.
Dann zusätzlich 2–3 Aprikosen in kleine Stücke schneiden. In 4 Teller verteilen und den Buttermilchmix hineingießen. Pro Portion eventuell jeweils 1 Eßlöffel Cornflakes (Rice Crispies, Bran Buds usw.) auf die Kaltschale streuen.

Cocktails und andere Drinks

Cocktails und erfrischende, anregende Drinks werden gerne als Begrüßung bei kleinen Empfängen oder bei zwangloser abendlicher Unterhaltung im Freundeskreis gereicht.
Vor festlichen Menüs sollte man auf starke alkoholische Cocktails verzichten, da sie schnell »zu Kopf steigen«. Dann besser einen Fruchtsaft (oder Sorbet) oder Sekt als Begrüßungsgetränk reichen.

1 Eiswürfel zwischen einem Tuch zerkleinern.

2 Die Eiswürfel in ein Glas geben.

Manhattancocktail

Zutaten für 1 Person

3 Eiswürfel,
2 cl roter Wermut,
4 cl Whisky,
1 Spritzer Angostura (Bittertropfen),
1 Cocktailkirsche.

Arbeitsgeräte

Shaker (oder Schüttelbecher), Meßglas (cl-Einteilung).

Zubereitungszeit

5 Minuten.

Die Zutaten – außer der Cocktailkirsche – in den Shaker geben und 1 Minute kräftig durchschütteln. In ein Cocktailglas gießen und mit der Cocktailkirsche garniert servieren.

– E – F 4 g KH 162 kcal 680 kJ

Madeiraflip

Zutaten für 1 Person

3 Eiswürfel,
1 Eigelb,
2 TL Puderzucker (oder Zuckersirup),
4 cl Madeirawein,
1 EL Campari,
1 Msp. geriebene Muskatnuß.

Arbeitsgeräte

Shaker, Tasse, Meßglas (cl-Einteilung).

Zubereitungszeit

5 Minuten.

Die Eiswürfel, das Eigelb, den Puderzucker, Madeira und Campari in den Shaker geben. 1 Minute kräftig durchschütteln.
In das Cocktailglas gießen und etwas Muskatnuß darüberreiben. Als Cocktail reichen.

3 g E 6 g F 12 g KH 195 kcal 815 kJ

Highball

Zutaten für 1 Person

3 Eiswürfel,
3 cl Gin,
1/2 Zitrone,
Ginger Ale (0,1 l),
1 Cocktailkirsche.

Arbeitsgeräte

Shaker, Zitronenpresse, Messer, Meßglas (cl-Einteilung).

Zubereitungszeit

5 Minuten.

Die Eiswürfel und den Gin in den Shaker geben. Von der 1/2 Zitrone 1 Scheibe abschneiden. Die Zitrone auspressen und den Saft mit in den Shaker geben. 1 Minute kräftig durchschütteln und in ein Longdrinkglas füllen.
Die Zitronenscheibe und Cocktailkirsche als Garnierung hineingeben. Mit eiskaltem Ginger Ale auffüllen und servieren.

– E – F 14 g KH 147 kcal 620 kJ

Yellow Daisy

Zutaten für 1 Person

3 Eiswürfel,
2 cl Wermut,
3 cl Gin,
1 cl Apricot Brandy,
2 TL Zitronensaft,
Sodawasser.

Arbeitsgeräte

Shaker, Meßglas (cl-Einteilung), Zitronenpresse.

Zubereitungszeit

5 Minuten.

Die Eiswürfel, den Wermut, Gin, Apricot Brandy und Zitronensaft in den Shaker geben, 1 Minute kräftig durchschütteln, dann in ein hohes Longdrinkglas gießen.
Mit eisgekühltem Sodawasser auffüllen. Als klassischen Longdrink reichen.

– E – F 5 g KH 161 kcal 670 kJ

Highball (hinten), Madeiraflip (links) und Manhattancocktail (rechts).

Rezeptverzeichnis

Sachregister

Autorin und Verlag danken den folgenden Firmen, die ihre Produkte für die Fotoaufnahmen zur Verfügung gestellt haben:

Firma ARKO / Bauscher Weiden, 7015 Korntal-Münchingen 1;

Asta Ullrich GmbH, 6747 Annweiler am Trifels;

Porzellanfabrik Friesland, 2930 Varel;

Gustavsberg Vertriebsgesellschaft mbH 4500 Osnabrück;

Höganäs-Keramik GmbH, 2000 Hamburg 60;

Karl Klaes KG, 6000 Frankfurt-Oberrad;

Mercantile, Fritz Lindenau, 8033 Planegg / München;

Moulinex Marketing GmbH, 5000 Köln 60;

Artur Schmitz Import, 5650 Solingen 1;

Villeroy & Boch Keramische Werke, 6640 Merzig 1;

Württembergische Metallwarenfabrik WMF, 7340 Geislingen-Steige;

Zassenhaus GmbH, 5830 Schwelm